Joe Hembus · Western-Geschichte

Joe Hembus
Western-Geschichte

1540 bis 1894

Chronologie/Mythologie/Filmographie

Carl Hanser Verlag

ISBN 3-446-12344-X

Umschlag: Klaus Detjen
Satz und Druck: Kösel, Kempten
Printed in Germany

Western-Geschichte

Für meinen Onkel Julius Hembus

Einleitung

Western-Geschichte und Western-Lexikon. Dieses Buch ist eine erste Ergänzung zu dem 1976 erschienenen *Western-Lexikon* und handelt von dem Stoff, aus dem die Western sind; ein weiterer Band mit der Filmgeschichte des Western wird folgen. Ursprünglich vorgesehen war ein einziger Band, der als Chronologie eine Geschichte des amerikanischen Westens und seine Medien-, vor allem seine Filmgeschichte, sowie als Lexikon, quasi als registermäßiger Anhang, eine Filmographie des Genres bieten sollte. Wie sich schon bei der Arbeit am Lexikon herausstellte, ließ sich dieser Plan wegen der Stoff-Fülle nicht durchführen. Wie sich dann bei der Arbeit an dem vorliegenden Buch weiter herausstellte, ist auch eine vom 16. Jahrhundert bis auf den heutigen Tag reichende Western-Geschichte nicht in einem einzigen Band unterzubringen. Verlag und Autor haben sich deshalb entschlossen, einen sinnvollen Einschnitt vorzunehmen und die Western-Geschichte in zwei Bänden vorzulegen. 1893 verkündete der Historiker Frederic Jackson Turner in seinem Vortrag *The Significance of the Frontier in American History,* der dann zu einem der berühmtesten Dokumente der amerikanischen Geschichte wurde, das Ende der Grenze und damit der Pionierzeit der USA. 1894 drehte Thomas A. Edison mit den Wildwest-Show-Sujets von Buffalo Bill die ersten richtigen Filme; in diesem Jahr wurde auch John Ford geboren, der als der größte Western-Macher gilt. Hier ist der Einschnitt: das Ende des Westens, der Beginn des Western. Hier endet der erste Band der Western-Geschichte. Der Einschnitt ist möglichst sanft vorgenommen worden: die Ereignisse und die Biographien, die wesentlich zum Bestandteil dieses Bandes gehören, sind über 1894 hinaus perspektivisch verlängert und durch die dazugehörigen Filmographien abgeschlossen worden.

Aufbau der Western-Geschichte. Das Buch erzählt chronologisch, wie sich der amerikanische Westen entwickelt und wie die Ereignisse, Figuren und Ideologien dieser Entwicklung zum Stoff einer nationalen Kultur werden, die in den vielfältigen Erscheinungen von Literatur, Groschenheft, Poesie, Folklore, Malerei, Photographie, Theater, Wildwest-Show und schließlich Film wieder auf das Bewußtsein der Nation einwirkt. Die Stationen der Entwicklung werden unter den betreffenden Jahreszahlen beschrieben. Größere Zusammenhänge und Entwicklungen, die sich unter keinem bestimmten Datum abhandeln lassen (*Der Amerikaner zwischen Rot und Weiß, Die Bank, Sheriffs und Marshals* etc.) werden als möglichst sinnvoll plazierte, kursiv gesetzte Aufsätze referiert. Notabene erhebt die *Western-Geschichte* nicht den Anspruch, als Geschichte der Vereinigten Staaten gelten zu wollen; wie in der Behandlung zum Beispiel des Revolutionskrieges und des Bürgerkrieges besonders deutlich wird, konzentriert sich die Darstellung auf die Ereignisse, Ideen und Figuren, die für die Geschichte des Westens bedeutsam sind; vom übrigen wird nur so viel geboten, wie es für das Verständnis der Zusammenhänge nötig erscheint. Freilich wird der Leser auch eingedenk dieses Hinweises den völlig richtigen Eindruck gewinnen, daß die Geschichte des amerikanischen Westens sehr weitgehend die Geschichte Amerikas ist.

Wirklichkeit und Mythos. Der größte Teil der heute erscheinenden Bücher über den amerikanischen Westen und viele der neueren Western kaprizieren sich darauf darzustellen, »daß die Wirklichkeit ganz anders aussah« (als in den Filmen und Romanen); hier ist eine Mentalität am Werk, die sich eine sehr simple Polarität von Wahrheit und Lüge vorstellen kann und im Entlarven und Zertrümmern von Mythen automatisch die höchste Form von Wahrheitsfindung sieht. Ich war bemüht, mich dieser Versuchung zu entziehen und den Mythos zu betrachten als das gereinigte, brauchbare, nützliche Abbild einer Sache oder

Person, brauchbar und nützlich im gefährlichen wie im fruchtbaren Sinn. (Wenn ich mir den neueren deutschen Film ansehe, fällt mir auf, daß die besten und erfolgreichsten Filmemacher auch die besten Mythenmacher und Virtuosen der Selbst-Mythifizierung sind, und das erinnert mich wieder an viele neue Western, deren Macher glauben, daß sie mit banalen Wahrheiten weiter kommen als mit den Wahrheiten der Mythologie.)

Filmographien. Die Themen dieses Buches führen jeweils zur Filmographie der Werke, die diesen Themen gewidmet sind. Die Filmographien finden sich am jeweils sinnvollen Platz, in Zweifelsfällen findet der Leser auch Verweise. Bei Personen folgt die Filmographie entweder unter ihrem Todesjahr oder an dem Datum, das den Abschluß ihrer relevanten Karriere darstellt (Wyatt Earps Filmographie zum Beispiel steht unter dem Datum des Gunfight am OK Corral). Ein Register der Filmographien findet sich im Anhang. Die Angaben zu den einzelnen Filmen umfassen: 1. Jahreszahl (das Jahr der Uraufführung, nicht immer identisch mit dem Herstellungsjahr); 2. R=Regisseur; 3. D=Darsteller (bei der Darstellung historischer Figuren in Klammern den Namen dieser Figur); 4. in den meisten Fällen eine Skizzierung des Inhalts; 5. P=Produktion. Bei vielen Filmen der frühen Stummfilmzeit ist außerdem die Länge angegeben; zu dieser Zeit war der Einakter oder Zweiakter, also ein Film von ca. 10–20 Minuten, der Regelfall, so daß hier die Differenzierung in längere und kürzere Filme angebracht scheint. Eine in Klammern gesetzte römische Ziffer (II) zeigt an, der wievielte unter mehreren Filmen gleichen Titels der betreffende Film ist. Die deutschen Verleihtitel der Filme, die nach 1945 in der BRD gelaufen sind, findet man in dem entsprechenden Register des *Western-Lexikon.* Der Hinweis *Film* oder *Filme* bedeutet, daß es sich um eine Auswahl von Filmen zu dem betreffenden Stichwort handelt, bei den unter *Filmographien* geführten Listen wurde Vollständigkeit angestrebt.

Danksagung. Für Rat und Hilfe dankt der Autor Christa Bandmann, Herbert Bauermeister, Heinz Bielemann, Heiko R. Blum, Klaus Brüne, Annette Carducci, H. K. Denicke und den Stammkunden seiner Filmland Presse, Klaus Detjen, Meinhard Hasenbein, Frauke Hanck, Thomas Kuchenreuther, Gino Malerba, Gisela Nass, Volker Schlöndorff, Laurens Straub, Burkhart Kroeber, Eberhard Spiess, Eydo von Hadeln, Margarethe von Trotta, Patricia Wiedenhöft, Angela Marquis und vor allem Katharina & Benjamin. Ohne Michael Krüger hätte ich das Ganze gar nicht erst angefangen.

1540

Die sieben goldenen Städte von Cibola und der Traum vom goldenen Westen. Im Auftrag des spanischen Vizekönigs von Mexiko führt Francisco Vasquez de Coronado eine Expedition von rund 250 Reitern, 1000 Pferden und 500 andalusischen Longhorn-Rindern über den Rio Grande nordwärts in das Herz des amerikanischen Westens, durch Kansas hinauf bis nach Colorado und Nebraska.

Diese erste europäische Erkundung des Westens, die zugleich der erste Viehtreck im Westen ist (ungefähr auf der Route der späteren Cattle-Drives), verfolgt wirtschaftliche Zwecke: Coronado soll die sagenhaften »sieben goldenen Städte von Cibola« finden, von denen kalifornische Indianer früheren spanischen Reisenden erzählt hatten. Er lernt die Indianer und die Büffel der großen Ebenen kennen, aber die sieben goldenen Städte findet er nicht. Der Westen profitiert von Coronados Unternehmung mehr als dieser vom Westen: Der größte Teil der mitgeführten Pferde und Rinder bleibt bei Coronados Heimkehr zurück, und die zuvor in Nordamerika unbekannten Tiere vermehren sich schnell zu riesigen, wildlebenden Herden. Die Pferde ermöglichen es ein halbes Jahrhundert später den Apachen, Comanchen und Utes, zu Reitervölkern zu werden. Die Rinder bilden den Grundstock der späteren Vieh-Reiche des Südens. Die Sage von den sieben goldenen Städten lebt als Traum und Trauma vom goldenen Westen fort. »Wenn es eine Insel mit einem Binnensee ist, der wieder etliche Inselchen hat, dann lächelt uns das Glück, wie es Coronado nie gelächelt hat, denn dann ist es Cibola, die Insel der sieben goldenen Städte!« So spekuliert lustvoll der Held von John Barths Roman *The Sod-Weed Factor* (1967) beim Vordringen in das wilde Maryland des 17. Jahrhunderts.

Filme: 1955 *Seven Cities of Gold. R* Robert D. Webb. *D* Richard Egan, Anthony Quinn. *P* Twentieth Century-Fox. Der Film schildert nicht Coronados Expedition von 1540, sondern die Abenteuer einer Gruppe

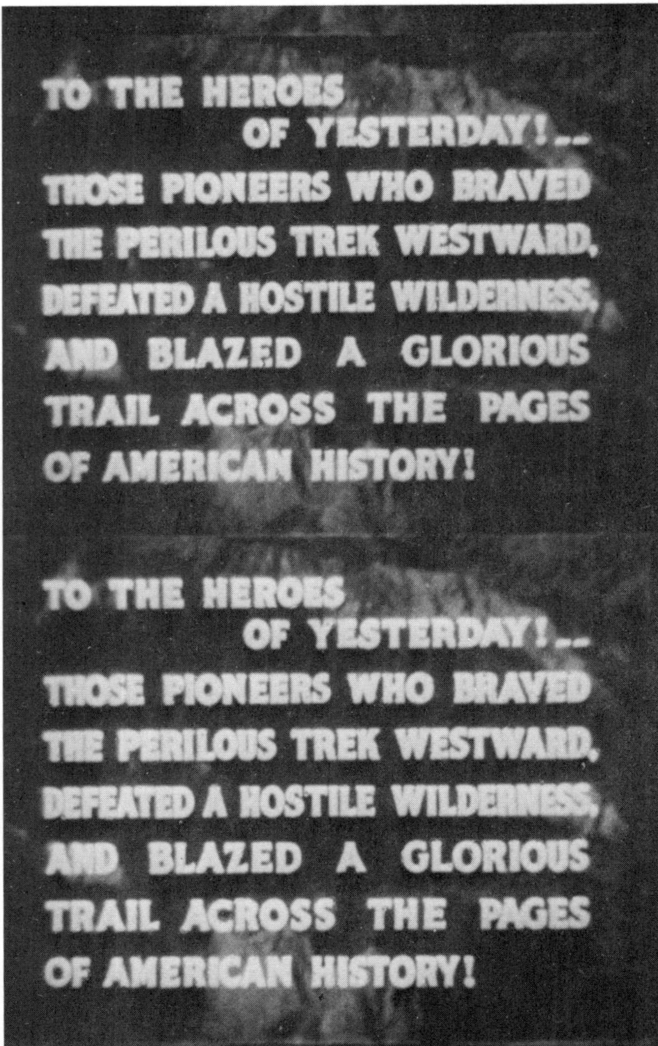
TO THE HEROES
OF YESTERDAY!...
THOSE PIONEERS WHO BRAVED
THE PERILOUS TREK WESTWARD,
DEFEATED A HOSTILE WILDERNESS,
AND BLAZED A GLORIOUS
TRAIL ACROSS THE PAGES
OF AMERICAN HISTORY!
TO THE HEROES
OF YESTERDAY!...
THOSE PIONEERS WHO BRAVED
THE PERILOUS TREK WESTWARD,
DEFEATED A HOSTILE WILDERNESS,
AND BLAZED A GLORIOUS
TRAIL ACROSS THE PAGES
OF AMERICAN HISTORY!

Widmung im Vorspann des Serials *The Painted Stallion* von William Witney, Alan James und Ray Taylor, 1937 (links).
Michael Rennie und Rita Moreno in *Seven Cities of Gold,* 1955 (oben).

spanischer Soldaten und Missionare, die im Kalifornien von 1769 noch immer nach Cibola suchen. 1971 *Conquista. R* Michael Syson. *D* José Maria Serrano. Die erste Begegnung eines Indianers mit einem der Pferde, die die Spanier nach Nordamerika bringen. 49 Minuten. *P* Michael Syson-Omnibus.

Die frühe Grenze und der Pre-Western

Western sind Filme über amerikanische Grenz-Situationen. Die Grenze, the frontier, ist der Schauplatz der weißen Landnahme und Amerikanisierung der Gebiete, die heute die Vereinigten Staaten von Nordamerika ausmachen. »Zuerst war die Atlantik-Küste die Grenze. Sie war in einem ganz realen Sinn die Grenze Europas. Westwärts wandernd wurde die Grenze mehr und mehr amerikanisch. Wie ein Ablauf von Gletscher-Bildungen aufeinanderfolgende Endmoränen hinterläßt, so hinterläßt jede einzelne Grenze ihre Spuren, und wenn eine Region zu besiedeltem Gebiet wird, bleibt sie doch immer noch vom Grenz-Charakter geprägt. Auf diese Weise wurde das Vorrücken der Grenze gleichbedeutend mit einem beständigen Abrücken vom europäischen Einfluß und einer immer stärkeren Ausprägung unabhängig amerikanischer Züge« (Frederick Jackson Turner, The Significance of the Frontier in American History*). Die erste Grenz-Region wurde also von den englischen, nach Europa hin orientierten Kolonien der Ostküste gebildet. Am Vorabend der amerikanischen Revolution war die Grenze bis Pennsylvanien, Tennessee und Georgia gewandert; aber diese Gebiete hatten ihren Orientierungspunkt immer noch im Osten, in den Küstenstaaten. Mit dem Anbruch des 19. Jahrhunderts wurden das Ohio- und das Mississippi-Tal zur dritten großen Grenz-Region, »und die Menschen dieser Grenze blickten eher nach Westen als nach Osten« (Allan Nevins/Henry Steele Commager,* A Pocket History of the United States*).*

Die Zeit der frühen Grenze beginnt mit der ersten englischen

Ansiedlung an der Ostküste 1607. Sie endet mit der Lewis und Clark-Expedition von 1804, die den Far West, den fernen Westen, aufschließt, und mit dem amerikanisch-englischen Krieg von 1812, der die letzten englischen Hoffnungen auf eine Zurückgewinnung der verlorenen Kolonien begräbt und damit zugleich die Hoffnungen der von dem Shawnee Tecumseh inspirierten Indianer-Konföderation, die weißen Amerikaner wieder ins Meer zu treiben.

Die Western, die in dieser Zeit spielen und die Konflikte der frühen Grenze beschreiben, werden in Europa Pre-Western (Vor-Western) genannt, in England und den USA meist Colonial Period-Western. Den Terminus Pre-Western hat Jean-Louis Rieupeyrout in seinem Buch Le Western ou le Cinéma Américain par excellence *kreiert, das das Pionierwerk der Western-Geschichtsschreibung ist. Nach Rieupeyrout dient der Pre-Western der Verherrlichung des Modell-Amerikaners und weicht in seinen Helden- und Schurken-Kategorien vom allgemeinen Western-Schema ab: »Der Held ist weit tugendhafter als in den Western, und der Bösewicht ist meist ein Ausländer. Der Unwert der Verräter im Pre-Western ist schon damit signalisiert, daß sie einer fremden und feindlichen Macht angehören. So wird der Pre-Western noch mehr als der Western, in dem sich Gegner derselben Nation gegenüberstehen, zum amerikanischen Nationalfilm par excellence, dessen ehrenwerte, von patriotischen Gefühlen bewegte Gestalten von jenem ›1776er Geist‹ belebt sind, der den amerikanischen Maler A. M. Williard anläßlich der Hundertjahrfeier der Unabhängigkeitserklärung zu dem heroischen Bild ›The Spirit of '76‹ angeregt hat.«*

Interessanterweise bewegt sich die Western-Geschichte insofern parallel zur Geschichte des Westens, als die Western aus der Frühzeit des Genres Themen aus dem frühen Westen, dem Vor-Westen, bevorzugen, während die modernen Western sich fast nur noch für den heutigen Westen interessieren; der Pre-Western ist aus der Mode gekommen, es gibt fast nur noch Post-Western.

1607

Captain John Smith und Pocahontas

Durch die Luft zu seinem Haupte
Das grause Kriegsbeil fliegt:
Das Mädchen mit wildem Mute
Die Arme um ihn legt.
George P. Morris, 1842

Captain Smith and Pocahontas
Had a very strange affair.
When her daddy tried to kill him
She said: Daddy, oh don't you dare!
He give me
Fever!
With his kisses
Fever!
When he holds me tight.
I'm his missus –
Daddy, won't you treat him right?
Johnny Deavenport, Eddie Cooley:
Fever, gesungen von Elvis Presley

Im April 1607 landen 105 englische Kolonisten in der Chesapeake Bay in Virginia und gründen Jamestown, das zur ersten englischen Kolonie auf amerikanischem Boden wird. Zum Anführer der Gruppe hat die Londoner Handelsgesellschaft, welche die Expedition veranstaltet, Edward Maria Wingfield bestimmt. Captain John Smith, ein erfahrener, energischer und intelligenter Abenteurer, läuft Wingfield bald den Rang ab. Die Siedler treten in freundschaftliche Beziehungen zu den Indianern der Powhatan-Konföderation unter ihrem Häuptling Wahunsonacook. Gelegentlich kommt es aber auch zu Kampfhandlungen.

Bei einem einsamen Erkundungsgang in die Wildnis wird John Smith gefangengenommen, gefesselt und zum Tode verurteilt. Sein Kopf wird auf eine Art Opferstein gelegt und soll mit einer Kriegskeule zerschmettert werden. Da geschieht etwas, was die Phantasie der Amerikaner noch nach Jahrhunderten aufwühlen wird und die erste, schönste und trügerischste Mythologie der Neuen Welt begründet. Die 13jährige Tochter des Häuptlings, Matoaka, von den Weißen dann Pocahontas genannt, bittet um das Leben des Gefangenen. John Smith hat den dramatischen Augenblick in seinen 1624 erschienenen Erinnerungen *The Generall Historie of Virginia, New England and the Summer Islands* geschildert (in der dritten Person):

»Als Pocahontas, des Königs liebste Tochter, sah, daß ihr Flehen nichts ausrichtete, nahm sie seinen Kopf in ihre Arme und legte ihren eigenen Kopf auf den seinen, um ihn vorm Tode zu retten.« Vielleicht hat diese Begebenheit so viele Phantasien beflügelt, weil sie aus der Phantasie geboren wurde; außer Smith gibt es keinen Zeugen für ihren Wahrheitsgehalt. Vielleicht hat Smith das Ganze auch nur falsch verstanden; neuere Historiker neigen zu der Ansicht, es habe sich um einen indianischen Adoptions- und Initiations-Ritus gehandelt, mit Pocahontas als Patin. Für die im 19. Jahrhundert aufblühende Legende der Pocahontas, die stets »Prinzessin« genannt wird, oft eine »heidnische Göttin der Wildnis« und manchmal auch »dunkle Madonna« (in unserem Jahrhundert besingt Hart Crane sie als »bride immortal in the maize«), ist das gleichgültig: Was zählt, ist das märchenhafte Bild der halbnackten Königstochter aus den tiefen Wäldern, die bereit ist, für die überragende Führungspersönlichkeit der Weißen ihr Leben hinzugeben. Dieses Bild der edlen, adeligen Wilden vermittelt dem Amerikaner die Vorstellung vom akzeptablen Indianer, und auch der Film vergißt seine rassistischen Vorbehalte gegen eine weiß-rote Rassenmischung, wenn er seinem Helden eine Eingeborene beigeben kann, die als Prinzessin hingehen mag.

Anthony Dexter und Jody Lawrance als John Smith und Pocahontas in *Burning Arrows,* 1953.

Die weitere Geschichte der Pocahontas steigert noch ihre Akzeptabilität. John Smith kehrt nach England zurück. Pocahontas wird gefangengenommen. Sie läßt sich taufen und heiratet den Begründer der Tabakindustrie von Virginia, John Rolfe. Die Heirat stiftet Frieden zwischen Siedlern und Indianern. Die Engländer setzen Häuptling Wahunsonacook eine goldene Krone auf und ernennen ihn zum König der Powhatan. Pocahontas schenkt John Rolfe einen Sohn. John Rolfe nimmt seine Frau mit zu einem Besuch nach London; sie erregt bei Hof Aufsehen. Auf der Rückreise stirbt Pocahontas, erst 22 Jahre alt. Als zwei Jahre später, 1618, auch ihr Vater stirbt, erheben sich die Powhatans gegen die Engländer und werden von diesen vernichtend geschlagen. Unter denen, die um 1630 den Powhatans die letzten Ausrottungskämpfe liefern, ist Pocahontas' Sohn, Thomas Rolfe.

Pocahontas-Filme: 1908 *Captain John Smith and Pocahontas,* auch *Pocahontas.* 1000 Fuß. *P* Edison. 1910 *Pocahontas.* 1000 Fuß. *P* Thanhouser. 1923 *Jamestown. R* Edwin L. Hollywood. *D* Dolores Cassinelli (Pocahontas), Leslie Austin (John Rolfe). 4 Akte. *P* Chronicles of America Pictures. 1924 *Pocahontas and John Smith. R* Bryan Foy. Burleske aus der Serie Hysterical History Comedy. 1 Akt. Universal. 1953 *Captain John Smith and Pocahontas,* auch *Burning Arrows. R* Lew Landers. *D* Anthony Dexter (John Smith), Jody Lawrance (Pocahontas), Robert Clark (Rolfe), James Seay (Wingfield), Douglas Dumbrille (Powhatan). *P* Eclipse/UA.

Andere Filme mit Indianer-Prinzessinnen: 1911 *Call of the Wilderness.* 1000 Fuß. *P* Melies. 1911 *The Indian Flute.* 1000 Fuß. *P* Vitagraph. 1911 *An Indian Legend. P* Bison. 1911 *The Sacrifice of Silver Cloud. P* Bison. 1911 *The Totem Mark. D* Kathlyn Williams. 1000 Fuß. *P* Selig. 1912 *The Price He Paid. D* Hobart Bosworth. 1000 Fuß. *P* Selig. 1914 *A Waif of the Plains.* 3 Akte. 1925 *The Red Rider. R* Clifford S. Smith. *D* Jack Hoxie, Mary McAllister, Natalie Warfield. Indianer-Prinzessin opfert sich für ihre weiße Rivalin um die Gunst eines Häuptlings, der, wie sich herausstellt, in Wirklichkeit ein Weißer ist. *P* Universal. 1950 *Broken Arrow. R* Delmer Daves. *D* James Stewart (Tom Jeffords), Debra Paget (Sonseeahray). Jeffords heiratet Sonseeahray, die von Weißen getötet wird. *P* 20th Century-Fox. 1951 *Distant Drums. R* Raoul Walsh. *D* Gary Cooper. Army-Captain zieht Sohn aus der Ehe mit einer verstorbenen Indianer-Prinzessin auf. *P* Warner Bros. 1952 *The Big Sky. R* Howard Hawks. *D* Dewey Martin, Elizabeth Threatt. Trapper verliebt sich in Häuptlingstochter. *P* Winchester. 1956 *Mohawk. R* Kurt Neumann. *D* Scott Brady, Rita Gam. 1850. Weißer Maler verliebt sich in Häuptlingstochter. *P* National Pictures.

1610

Neu-Mexiko. Die Spanier gründen Santa Fé und kolonialisieren Neu-Mexiko.

Film: 1955 *Kiss of Fire. R* Joseph Newman. *D* Jack Palance. Abenteurer schützt spanische Prinzessin vor den Indianern und den Intrigen des Vizekönigs von Mexiko. *P* Universal.

1626

Kauf Manhattans. Die Holländer unter Peter Minuit kaufen den Manhatten-Indianern für 60 Gulden die Insel ab, die sie dann Manhattan nennen. Einer der Nachfolger Minuits, Willem Krieft, führt 1643 einen Vernichtungskrieg gegen die Manhattens. Die Insel Manhattan wird 1664 kampflos den Engländern übergeben.

Filme: 1909 *Buying Manhattan.* 400 Fuß. *P* Edison. 1914 *When Broadway Was a Trail. R* O. A. C. Lund. *D* O. A. C. Lund, Barbara Tenant. *P* Shubert/World.

1636

Pequod-Krieg. Die englischen Siedler in der Massachusetts Bay überfallen und zerstören ein Dorf der Pequods, die zur Nation der Mohawks gehören. Der anschließende Krieg führt zur Ausrottung der Pequods. Literarisch verewigt sind sie in Herman Melvilles *Moby Dick;* Kapitän Ahabs Schiff heißt Pequod. »Die Pequod ist das Schiff der amerikanischen Seele« (D. H. Lawrence, *Studies in Classic American Literature*).

Filme: 1911 *Priscilla and the Pequod. D* Irene Shannon. 925 Fuß. *P* Kalem. 1911 *Puritans and Indians.* 970 Fuß. *P* Kalem.

1649

Irokesen und Huronen. Die sechs Nationen der Irokesen-Föderation (Mohawks, Senecas, Cayugas, Onondagas, Oneidas, Tuscaroras) führen einen Vernichtungskrieg gegen die Huronen. Anschließend überfallen die Irokesen verschiedene Stämme, die mit den Huronen sympathisiert hatten, in einer Serie von Blitzkriegen. Die Huronen waren die Haupt-Handelspartner der kanadischen Franzosen im Pelzgeschäft, das sich im 16. Jahrhundert seit dem Vordringen der Franzosen in das Landesinnere entwickelt hatte; die Irokesen machten ihnen die Kontrolle über die Pelzlieferungen streitig, die über die Großen Seen auf dem St. Lawrence-Strom zu den Franzosen kamen. Nach ihrem Sieg über die Huronen halten die Irokesen wiederholten Angriffen der Franzosen stand und verbünden sich gelegentlich mit den Briten.

Filme: 1910 *Fighting the Iroquois in Canada.* 795 Fuß. *P* Kalem. 1910 *A Mohawk's Way. R* D. W. Griffith. *D* Claire McDowell, Mack Sennett. 991 Fuß. *P* Biograph. 1911 *Prisoner of the Mohicans. R* Joseph Golden. 1000 Fuß. *P* Pathé. 1911 *In the Days of the Six Nations.* 2 Akte. *P* Republic. 1911 *Gathering of the Council of the Six Nations.* 1915 *The Huron Converts. D* Joseph Henabery. 2 Akte. *P* Reliance. (Es ist nicht auszuschließen, daß einzelne dieser Titel andere historische Ereignisse in der Geschichte dieser Nationen zum Inhalt haben oder historisch überhaupt nicht datierbar sind.)

1675

König Philips Krieg. Der Wampanoag-Häuptling Metacom (auch Metamore), von den Engländern König Philip genannt, verbündet die Indianer-Nationen Neu-Englands zum Kampf gegen die weißen Siedler. Nach anfänglichen Erfolgen völlige Vernichtung der Indianer, die damit Neu-England für immer verlieren. Metacom selbst wird am 12. August 1676 mit Hilfe eines indianischen Verräters getötet. 1829 wird er zum Titelhelden des Bühnen-Melodrams *Metamora, or The Last of the Wampanoags.*

1680

Pueblo-Revolution. Die Pueblo-Indianer verjagen die Spanier aus Neu-Mexiko. »Nirgends im Westen kamen die Indianer ihrem Ziel, die weiße Herrschaft abzuschütteln, so nahe wie hier« (Dale Morgan). Zehn Jahre später kehren die Spanier zurück und unterwerfen die Pueblo-Indianer für immer.
Film: 1912 *The Indian Uprising at Santa Fé. P* Kalem.

1683

Quäker und Delawaren. Die Quäker-Kolonie von Pennsylvanien unter ihrem Anführer William Penn schließt einen Vertrag mit der Delawaren-Konföderation unter dem Häuptling Tamanend (auch Tammany). Der Vertrag garantiert den Indianern ihre Landrechte, »solange Gras wächst und Wasser fließt« (die berühmte Formel wird hier wahrscheinlich zum erstenmal benutzt). 50 Jahre später werden die Delawaren von ihrem Land vertrieben, nicht von den Quäkern, sondern von den schottisch-irischen Zuwanderern, die die Indianer hassen und von denen es heißt: »They kept the Sabbath and everything else they could lay their hands on.« Häuptling Tammany wird 1784 Titelheld der ersten amerikanischen Oper.

1697

Heldin Hannah Duston. Die amerikanische Grenze findet ihre erste Heldin in Hannah Duston aus der Siedlung Haverhill, Massachusetts. Seit 1690 kommt es immer wieder zu Überfällen der Franzosen und ihrer indianischen Verbündeten auf die neuenglischen Siedlungen. Bei einem dieser Überfälle wird Hannah Duston von den Indianern gefangen und verschleppt. Bevor sie aus der Gefangenschaft flüchtet, tötet und skalpiert sie fünf ihrer Bewacher; auf Indianer-Skalps sind Prämien von je 10 Pfund ausgesetzt. In der Aufregung der Flucht vergißt sie die Skalps, kehrt noch einmal zurück und trägt dann die blutigen Trophäen 150 Meilen durch die Wildnis nach Hause; dort aber sind inzwischen die Skalp-Prämien abgeschafft. In der Grenzer-Literatur, die ihre Tat alsbald verherrlicht, erscheint Hannah als die edle Frau und alttestamentarische Rächerin, die über die heidnischen Bestien triumphiert (die skalpierten Indianer waren in Wirklichkeit gute Katholiken). Die Kulturkritik unseres Jahrhunderts sieht in Hannah Duston eher eine »echte Amerikanerin mit dem Bedürfnis nach Ruhm und Profit, eine Vorläuferin der kommenden großen geschäftlichen Abenteurer« (Leslie Fiedler, *The Return of the Vanishing American*).

Film: 1908 *Hannah Dustin. P* Kalem.

1720

Spanier gegen Franzosen in Louisiana. Aus dem kanadischen Norden und aus der neuen Siedlung New Orleans im Süden kommende Franzosen erschließen die Region des Mississippi und des unteren Missouri, die sie Louisiana nennen (nicht identisch mit dem späteren Bundesstaat Louisiana). In der Gegend des späteren St. Louis errichten sie ein Fort. Als Unternehmer betreiben sie Tauschhandel mit den Indianern. Als Einzelgänger, als Trapper, Coureurs de Bois und Voyageurs gehen sie in die Wildnis und heiraten nicht selten Indianerinnen: Vorläufer der amerikanischen Mountain Men des 19. Jahrhunderts. Die Spanier im Südosten, über die französische Landnahme beunruhigt, senden von Santa Fé aus eine militärische Expedition von 110 Mann, darunter viele Pueblo-Indianer, gegen die Franzosen. Diese kleine Armee kommt bis zum Platte-River und wird dort von den Shawnees vernichtend geschlagen; es ist der größte militärische Sieg von Indianern über Weiße vor dem Fetterman-Massaker von 1866.

1725

Aufblühen der Frontier-Folklore. Die häufigen Zusammenstöße an der Grenze bilden den Hauptstoff für die aufblühende Folklore des Westens. »On the frontier in Maine every man was his own poet«, heißt es in einem Brief der Zeit. Die Unfähigkeit zu Reimen und Singen ist gleichbedeutend mit sozialem Deklassement:

In the good old colony times
When we lived under the King
Three roguish chaps fell into mishaps
Because they could not sing.

Die meisten dieser Lieder sind schon geprägt von den ungeheuerlichen Übertreibungen und dem schwarzen Humor, der für die Poesie der Grenze typisch wird. Benjamin Franklin veröffentlicht 1725 eine Ballade über ein Scharmützel zwischen der Kompanie von Captain Lovewell und den Indianern von Pigwocket, in der es heißt:

Thus up spake Captain Lovewell when first the fight began:
»Fight on, my gallant heroes, you see them fall like rain!«
For as we are informed, the Indians were so thick
A man could scarce fire a gun and not some of them hit.

1734

Geboren: Daniel Boone, in Reading, Berks County, Pennsylvanien; kämpft als 21jähriger im French and Indian War; siedelt 1756 in Carolina und heiratet Rebecca Bryan; beginnt 1769 mit der Erschließung Kentuckys die Serie der Abenteuer, die ihn zur »größten Grenzer-Legende der Nation« (Dana Ann Rush, *Collier's*) machen.

1754–1763

French and Indian War. In Europa bricht der Siebenjährige Krieg aus, der in den überseeischen Besitzungen der Kriegführenden zu einem Kampf um die Weltmacht wird. Der Siebenjährige Krieg Nordamerikas ist der French and Indian War.

Bei Ausbruch des Konflikts liegen die nordamerikanischen Besitzungen Frankreichs wie ein weitgezogener Sperrgürtel um die Westgrenze der englischen Kolonien – vom St. Lawrence-Strom über die Großen Seen bis zum Mississippi-Delta.

Der French and Indian War beginnt am oberen Ohio. Hier verbünden sich die Delawaren, Shawnees, Ottawas und andere Stämme mit den Franzosen und schlagen ein britisches Heer unter General Braddock. Die amerikanischen Siedler dieser Region flüchten daraufhin bis zu 100 Meilen ostwärts. Die britische Niederlage wird nicht zuletzt darauf zurückgeführt, daß General Braddock nicht auf die Ratschläge seiner in Indianerkämpfen erfahrenen amerikanischen Offiziere, darunter Colonel George Washington, hört. Konflikte wie diese stärken das Selbstbewußtsein der amerikanischen Soldaten gegenüber ihren britischen Vorgesetzten, was ihnen später den Mut zur Revolution geben wird.

Die Irokesen-Föderation engagiert sich zurückhaltend für die Briten. Für die Franzosen ist aber auch eine relativ neutrale Haltung der Irokesen hinderlich, da diese die Gebiete kontrollieren, durch die die Wasserwege von Kanada nach Ohio und Louisiana und ins Zentrum der britischen Kolonien führen. Als die Franzosen versuchen, sich in den Besitz des Hudson River Valley zu setzen, werden sie von den Briten und einem 300-Mann-Aufgebot der Irokesen am Lake George geschlagen. Ab 1757 erleidet Frankreich eine Niederlage nach der anderen. 1758 fallen Louisburg und Fort Duquesne, 1759 Ticonderoga, Crown Point und Fort Niagara. Zu einem der amerikanischen Helden des French and Indian War wird Major Robert Rogers, der erfolgreiche Operationen mit der von ihm aufgestellten und befehligten Ranger-Truppe ›Rogers' Rangers‹ durchführt; zu seinen fragwürdigen Heldentaten gehört die Zerstörung eines Dorfes der Abenaki-Indianer am St. Francis River in Kanada.

Bei der Einnahme von Quebec 1759 fallen der französische Befehlshaber Marquis de Montcalm und der britische Befehlshaber General James Wolfe.

Im Friedensvertrag von 1763 bekommt England von Frankreich ganz Kanada und von Spanien, das sich dem Krieg gegen England angeschlossen hatte, die Halbinsel Florida. Amerika

Rolf Römer als Natty und Lilo Grahn als Judith Hutter in *Chingachgook – Die große Schlange* von Richard Groschopp, 1967.

wird vom Atlantik bis zum Mississippi britisch; New Orleans und die ehemals französischen Besitzungen jenseits des Mississippi, Louisiana genannt, werden spanisch.

Filme: 1909 *Washington Under the British Flag. R* J. Stuart Blackton. *D* Joseph Kilgour (George Washington). 990 Fuß. *P* Vitagraph. 1911 *The Capture of Fort Ticonderoga. R* J. Searle Dawley. *D* James Gordon. 4 Szenen, 1000 Fuß. *P* Edison. 1914 *Wolfe, or The Conquest of Quebeck. R* Sidney Olcott. *D* Gene Gaunthier. *P* Kalem. 1923 *In the Days of Daniel Boone. R* Frank Messenger. *D* Jack Mower. Serial. *P* Universal. 1924 *Wolfe and Montcalm. R* Kenneth Webb. *P* The Chronicles of America Picture Corp. 1927 *Winners of the Wilderness. R* W. S. Van Dyke. *D* Tim McCoy. *P* MGM. 1936 *The Last of the Mohicans. R* George B. Seitz. *D* Randolph Scott. *P* United Artists. 1939 *North West Passage. R* King Vidor. *D* Spencer Tracy (Robert Rogers). *P* MGM. 1948 *The Pathfinder. R* Sidney Salkow. *D* George Montgomery. 1950 *The Iroquois Trail. R* Phil Karlson. *D* George Montgomery. *P* Reliance. 1951 *When the Redskins Rode. R* Lew Landers. *D* Jon Hall. *P* Columbia. 1953 *Fort Ti. R* Robert E. Kent. *D* George Montgomery. *P* Columbia. 1959 *Frontier Rangers. R* Jacques Tourneur. *D* Keith Larsen (Robert Rogers). *P.* MGM. 1959 *Fury River. R* Jacques Tourneur. *D* Keith Larsen (Robert Rogers). *P* MGM. 1959 *Mission of Danger. R* Jacques Tourneur. *D* Keith Larsen (Robert Rogers). *P* MGM. 1967 *Chingachgook, die große Schlange. R* Richard Groschopp. *D* Gojko Mitić. *P* Defa.

1763

Pontiac-Verschwörung. In der Pontiac Conspiracy vereinigt der Ottawa-Kriegshäuptling Pontiac die Ottawas, Huronen, Shawnees, Delawaren, Kickapoos und andere Stämme zum Kampf gegen die Engländer; die Indianer sind aufgebracht über die britischen Handelsgesetze, wehren sich gegen die zunehmende Besiedlung der Gebiete westlich der Alleghenies und hoffen außerdem, daß die Franzosen zurückkehren werden. Die Stämme überrennen zahlreiche britische Posten und belagern

Don Burnett und Buddy Ebsen in *Fury River* von Jacques Tourneur, 1959.

monatelang Detroit und Fort Pitt. Dann gewinnen die Engländer die Überhand, und der Aufstand bricht zusammen. Die Pontiac Conspiracy stellt die umfassendste Vereinigung indianischer Völker im Kampf gegen die Weißen dar. Pontiac selbst wird 1769 von einem anderen Indianer ermordet.

Filme: 1910 *The Pontiac Conspiracy,* auch *The Conspiracy of Pontiac. R* Sidney Olcott. *P* Kalem. 1927 *Winners of the Wilderness. R* W. S. Van Dyke. *D* Tim McCoy. *P* MGM. 1939 *Allegheny Uprising. R* William A. Seiter. *D* John Wayne. *P* RKO. 1947 *Unconquered. R* Cecil B. DeMille. *D* Gary Cooper. *P* Paramount. 1952 *Battles of Chief Pontiac. D* Felix Feist. *D* Lex Barker. *P* British Lion.

Eine amtliche Besiedlungs-Grenze. Nach den Siegen über Franzosen und Indianer drängt es die Amerikaner nach Westen, doch die britische Krone versucht, diesen Drang zu zügeln. »Die Mehrzahl der einfachen Leute von Pennsylvanien, Virginia und den Carolinas waren landhungrig. Nach Ende des Krieges war es klar, daß es bald zu einer großen Stampede in den Westen kommen würde« (Allan Nevins/Henry S. Commager, *A Pocket History of the United States*). Die Regierung versucht, dieser Stampede einen Riegel vorzuschieben, indem sie die Appalachen als westliche Besiedlungs-Grenze (Proclamation Line) erklärt. Offiziell wird diese Maßnahme damit begründet, daß die Indianer nicht weiter gereizt werden sollen. In Wirklichkeit will die Regierung ihre Kolonisten nicht aus der Kontrolle verlieren. Lord Egremont, der Secretary of State, schreibt in einem vertraulichen Papier, man solle Leuten, die von ihren bisherigen Besitzungen wegziehen wollen, den Weg in das Innere des Landes verwehren und sie statt dessen nach Nova Scotia oder Georgia schicken, »wo sie ihrem Mutterland nützlich sein können anstatt sich im Herzen Amerikas niederzulassen, außerhalb der Reichweite der Regierung, abgeschnitten von europäischen Annehmlichkeiten und auf eine Art von Handel und Manufaktieren angewiesen, der Britanien nur zum unendlichen Nachteil gereichen kann«. Mit anderen Worten: Englische

Untertanen sollen davon abgehalten werden, im Westen unabhängige Amerikaner zu werden.

Geboren: John Jacob Astor, am 17. Juli in der Nähe von Heidelberg; geht 1783 nach Amerika und gründet 1808 die American Fur Company, die er zum Zentrum des Pelzhandels im Westen macht.

1766

Der dramatisierte Pontiac. Major Robert Rogers, der Held des French and Indian War, der 1763 zu den siegreichen Gegnern Pontiacs gehört hat, veröffentlicht ein Bühnenstück: *Ponteach: or The Savages of America.* Das Drama, das nie aufgeführt wird, begründet die Tradition der romantischen Verklärung des edlen Wilden, die in vielen Bühnenwerken, Romanen und auch im frühen Stummfilm fortgesetzt wird:

Britons may boast, the Gods may have their will
Ponteach I am, and shall be Ponteach still!

1768

Geboren: Tecumseh, als Sohn eines Shawnee-Häuptlings in Ohio; nach dem Tod seines Vaters erzogen von dem Shawnee-Häuptling Blackfish; lernt durch die Jugendfreundschaft mit einem weißen Mädchen, Rebecca Galloway, die Sprache und Sitten der Weißen kennen; nimmt 1783 zum erstenmal an einer Schlacht gegen die Amerikaner teil.

1769

Daniel Boone zieht nach Kentucky. Daniel Boone zieht mit Freunden und Verwandten durch den Cumberland Gap, einen 1750 von Dr. Thomas Walker gefundenen Paß in den Cumberland Mountains, in die »dark and bloody grounds« von Kentucky. Sie bleiben zwei Jahre lang, jagen und erforschen das Land und geraten vorübergehend in die Gefangenschaft des Shawnee-Häuptlings Blackfish.

The first white man in Cumberland Gap
Was Doctor Walker, an English chap.
Daniel Boone on Pinnacle Rock,
He killed Indians with his old flintlock.
Folksong

Kalifornien. Die Spanier fürchten die Kolonialisierung Kaliforniens durch England und Rußland und beginnen, von San Diego Bay aus nordwärts eine Kette von Missionsstationen zu errichten. **Filme:** 1912 *The Little Indian Martyr.* 1000 Fuß. *P* Selig. 1955 *Seven Cities of Gold. R* Robert D. Webb. *D* Richard Egan, Anthony Quinn. *P* 20th Century-Fox.

1775

Boonesborough. Daniel Boone gründet Boonesborough und schließt im Auftrag einer Gruppe von Landspekulanten aus Carolina einen Vertrag mit den Cherokees, in dem diese sich verpflichten, ein riesiges Gebiet südlich des Ohio und beiderseits des Kentucky-River zu verkaufen: für 10000 Pfund in Waren.

1775–1783

Der Revolutionskrieg. Mit dem Ausbruch der amerikanischen Revolution versuchen Amerikaner wie Briten, die Indianer als Verbündete zu gewinnen. Das wichtigste und möglicherweise kriegsentscheidende Ergebnis dieser Bemühungen ist das Auseinanderbrechen der Irokesen-Föderation. Der Mohawk-Häuptling Thayendanegra, von den Weißen Joseph Brant, später nur das »Monster Brant« genannt, bewegt die Mohawks, Onondagas, Cayugas und Senecas, für die Briten zu kämpfen (der gelegentlich in Filmen vorkommende englische Captain Walter Butler, der ihn dazu aufhetzt, ist eine fiktive Figur). Die beiden anderen Irokesen-Nationen, die Tuscaroras und Oneidas, kämpfen auf seiten der Amerikaner, denen auch die Delawaren zu Hilfe kommen. Nach einigen brutalen Überfällen und Massakern werden die proenglischen Irokesen von einer amerikanischen Expedition unter General John Sullivan geschlagen und fliehen nach Ontario.

Nach Kriegsende garantiert die neue amerikanische Regierung den Indianern das Recht an dem Land, das sie zu diesem Zeitpunkt bewohnen.

Hollywood hat mehr Filme über die Französische Revolution und alle möglichen anderen Auseinandersetzungen, an denen die USA nur mittelbar oder überhaupt nicht beteiligt waren, gedreht als über den Krieg, dem das Land seine Unabhängigkeit und seine Existenz als Staat verdankt; die Filmographie des Revolutionskrieges umfaßt ein knappes Dutzend Titel.

Über die Gründe dieser Zurückhaltung ist viel spekuliert worden. Die Produzenten halten es für erwiesen, daß Filme über die amerikanische Geschichte unkommerziell sind (interessanterweise gelten Filme über den amerikanischen Westen des 19. Jahrhunderts nicht als historische Filme). Der Produzent Sam Goldwyn hat einmal gesagt, »Never write a film with a feathered pen!« (Schreibe niemals einen Film mit einem Federkiel), und sein Kollege Darryl F. Zanuck pflichtet ihm darin bei: »Pictures about American history never make a nickel« (Filme über die amerikanische Geschichte spielen keinen einzigen Nickel ein).

Es ist aber nicht nur der Film, der diesem Thema aus dem Weg geht; es gibt auch keine nennenswerte Unterhaltungs-Literatur über den Revolutionskrieg – angesichts der Abhängigkeit von verfilmbarer Literatur, in die sich der Film von jeher begeben hat, fast schon ein hinreichender Grund für den Mangel an Filmen über den Revolutionskrieg. Patrick McGilligan findet einen weiteren Grund in der heiklen Natur des Feindbildes, das solche Filme darstellen müssen: »England, der ›Feind‹ des Revolutionskrieges, ist seit dem Krieg von 1812 immer der loyale und standhafte, durch Verträge und Tradition zu einer Politik der Freundschaft verpflichtete Alliierte der Vereinigten Staaten gewesen. Nationale Mythen verlangen üblicherweise nach nationalen ›Feinden‹, und es ist ein heikler Umstand der Geschichte, daß der nationale Feind der Revolution seither immer der engste politische Alliierte der Vereinigten Staaten war. Es kommt auch nicht von ungefähr, daß der populäre Mythos des Revolutionskrieges, gleichgültig ob er sich in der Belletristik oder in der Geschichtsschreibung niederschlägt, die Verantwortung für Englands Haltung im Revolutionskrieg dem korrupten und tyrannischen König Georg III. zuschiebt und es so sorgfältig vermeidet, dem ›guten und wohlmeinenden‹ englischen Volk zu nahe zu treten« (*Thomas Jefferson Still Survives,* in *The Velver Light Trap*).

Filmographie des Revolutionskrieges: 1911 *The Pride of Lexington.* Eine amerikanische Patriotin und ihr Geliebter, Held der Schlacht von Lexington, fallen bei einem Indianerangriff im Mohawk-Valley. *P* Republic. 1911 *General Marion, the Swamp Fox.* Francis Marion (eine historische Figur) kämpft mit seiner Guerillatruppe aus South Carolina in den Schlachten von Fort Warren und Eutaw Springs, 1781. 950 Fuß. *P* Champion. 1914 *Francis Marion, the Swamp Fox. D* Guy Coombs (Marion). 10 Jahre vor Ausbruch der Revolution rettet Marion ein

Mädchen (seine spätere Frau) aus den Händen der Cherokees. Als Guerillaführer im Krieg lockt er die Engländer in die Sümpfe und verdient sich so seinen Ehrennamen »Sumpf-Fuchs«. 3 Akte. *P* Kalem. 1917 *The Spirit of '76. R* George Siegman. *D* Adda Gleason, Noah Beery sr. (George Washington). Mitten im Revolutionskrieg versucht eine Halbblut-Indianerin zur Herrscherin der Kolonien zu werden; Höhepunkt ein Massaker im Mohawk-Valley. 12 Akte. *P* Continental Producing Co. of California. 1922 *Cardigan. R* John W. Noble. *D* William Collier. Amerikanischer Patriot bewegt die Cayugas, für die Revolutionäre zu kämpfen, und wird in die Kämpfe gegen die mit den Briten verbündeten Indianer im Mohawk-Valley verwickelt. *P* Messmore Kendall. 1924 *America. R* D. W. Griffith. *D* Neil Hamilton, Riley Hatch (Mohawk-Häuptling Joseph Brant), Harry Semels (Seneca-Häuptling Hikatoo). *P* D. W. Griffith/UA. 1925 *Janice Meredith. R* E. Mason Hopper. *D* Marion Davis. Liebesgeschichte einer Landbarons-Tochter im Revolutionskrieg, nach dem gleichnamigen Roman von Paul L. Ford. *P* William Randolph Hearst. 1931 *The Great Meadow. R* Charles Brabin. *D* Johnny Mack Brown. Geschichte eines Pioniertrecks während des Revolutionskrieges. *P* MGM. 1939 *Drums Along the Mohawk. R* John Ford. *D* Henry Fonda. Kämpfe gegen Briten und Indianer im Mohawk-Valley. *P* Darryl F. Zanuck – 20th Century-Fox. 1940 *The Howards of Virginia. R* Frank Lloyd. *D* Gary Grant. Grenzer wird Politiker und Revolutionskämpfer. *P* Frank Lloyd – Columbia. 1955 *The Scarlet Coat. R* John Sturges. *D* Cornel Wilde. Spionage-Geschichte ohne Western-Elemente. *P* MGM 1972 *1776. R* Peter Hunt. *D* William Daniels (John Adams), Howard da Silva (Benjamin Franklin). Nach dem gleichnamigen Musical: Geschichte der Unabhängigkeitserklärung und Verfassunggebung. *P* Columbia.

Jeffersonismus – eine Demokratie für den Westen

Die Amerikaner, die sich im Revolutionskrieg ihre Unabhängigkeit erkämpften, waren in sich gespalten über die Frage, ob es hier um eine einfache oder um eine doppelte Revolution ging. Die konservativen, feudalen Vertreter der herrschenden Bank- und Kaufleute und der kolonialen Aristokratie strebten aus wirtschaft-

lichen Gründen die Loslösung vom Mutterland und die Bildung eines unabhängigen Staates an, dessen soziale und wirtschaftliche Struktur aber nach dem Muster dieses Mutterlandes modelliert sein sollte.

Alexander Hamilton, einer der Väter der Nation, der erste Finanzminister der USA und der brillanteste Kopf unter den Konservativen, hatte ein klares Bild von der Gesellschaft: »Alle Arten von Gesellschaften teilen sich in die wenigen und die vielen. Die ersten sind reich und hochgeboren; die anderen sind die Masse des Volkes.« Die Reichen und Hochgeborenen sind nach Hamilton ein Garant für Recht und Ordnung und deshalb zum Herrschen bestimmt; die Masse ist »turbulent and changing« (unruhig und auf Wechsel bedacht). Folgerichtig strebten die Konservativen einen Staat alter Ordnung an, eine mit starker Zentralgewalt ausgestattete Regierung, nicht zuviel Demokratie (»das schlimmste aller politischen Übel«, Konservativen-Führer Elbridge Gerry) und eine auf Industrialisierung gerichtete Wirtschaft, die den Bauer und Arbeiter als Kunden und wie selbstverständlich als Schuldner sieht.

Die Masse der Amerikaner, unter der Führung von Männern wie Thomas Jefferson, wollte mehr als die nur staatliche Emanzipation vom Mutterland: die Abschaffung der alten sozialen und ökonomischen Privilegien und die Schaffung einer neuen demokratischen Ordnung, die Wohlstand und Freiheit für alle ermöglichte. Die Wortführer dieser Richtung wurden »die Radikalen« genannt; aus dieser Gruppe entwickelte sich die Republikanische Partei.

Jefferson, Hauptautor der Unabhängigkeitserklärung und im Kabinett George Washingtons als Kollege seines Gegenspielers Hamilton der erste Außenminister der Vereinigten Staaten, verband die radikale Vision mit der Vorstellung, daß die USA sich nicht auf die Entwicklung des industriellen urbanen Ostens und eines Imperiums von Bank- und Kaufleuten beschränken durfte, sondern vor allem im Westen zu einer agrarischen Nation werden mußte. Zur Durchsetzung dieses Zieles propagierte Jefferson einen entschiedenen Westwärts-Expansionismus, eine relativ große Eigenständigkeit der im Westen neu zu erobernden Gebiete und den Schutz der den Westen erschließenden Pioniere, vor allem der Farmer, vor der Zinswucher-Politik der Banken (zur Zeit des Revolutionskrieges war der Ausdruck »Farmer« so gut wie gleichbedeutend mit dem Ausdruck »Farmer Debtor«, Farmer-Schuldner). Jeffersonianism, der Jeffersonismus, eine Grundhaltung vieler Amerikaner, die viele Mitteleuropäer noch heute mißverstehen, wenn sie zum Beispiel so vehement vertreten wird wie von John Wayne, verbindet entschiedenen Nationalismus und Föderalismus mit den besten Tugenden von Liberalismus, Antikapitalismus und Demokratismus. Der Unabhängigkeitskrieg der agrarischen Westerner gegen das östliche Kapital ist aber niemals ganz gewonnen worden; unzählige Western sind nichts anderes als Beschreibungen dieses Kampfes.

Eine ausgezeichnete Beschreibung des Kampfes zwischen Jeffersons Radikalen und Hamiltons Konservativen findet man in dem Broadway-Musical 1776 *von Peter Stone und Sherman Edwards. In der Kernszene dieses Werkes sagt ein Vertreter der Radikalen: »Glücklicherweise sind die vermögenden Männer in Amerika nicht so zahlreich, als daß sie die Politik bestimmen könnten.« Mit umwerfendem Zynismus antwortet darauf ein Vertreter der Konservativen: »Mag sein, aber vergessen Sie nicht, daß die meisten Menschen, die nichts haben, eher die Möglichkeit schützen, reich zu werden, als der Realität ins Gesicht zu sehen, arm zu sein. Und deshalb werden sie uns folgen.« Und der Chor der Konservativen singt:*

To the Right,
Ever to the Right,
Never to the Left,
Forever to the Right.
Where there is gold,

A market that will hold,
Tradition that is old
A reluctance to be bold.

Für ein Musical ist das eine sehr kühne Szene. Für Hollywood war sie zu kühn; als 1776 *verfilmt wurde, strich die Columbia-Produktion die ganze Szene zugunsten einer ausführlicheren Darstellung des jungen Eheglücks von Thomas Jefferson und des Leids, das der alte Benjamin Franklin mit seinem Gichtbein hat.*

1776

Daniel Boones Taten. Daniel Boones Tochter wird von Indianern aus Boonesborough entführt. Zusammen mit anderen Grenzern holt er sie zurück. Die weithin kolportierte Tat begründet seinen Ruhm als großer Grenzer; Cooper verwendet die Geschichte später in seinen *Lederstrumpf*-Romanen.

1778

Daniel Boones weitere Taten. Boone wird von den Shawnees gefangengenommen und »adoptiert«. Als er von den Plänen einer Indianer-Attacke auf Boonesborough hört, entflieht er und gelangt auf langer, gefahrvoller Flucht zu den Seinen, um sie zu warnen und zu schützen.

1782

Der Amerikaner, dieser neue Mensch. Seine erste literarische Verklärung findet »der Amerikaner« in dem Essay-Werk *Letters from an American Farmer* von J. Hector St. John de Crèvecoeur.

In der Form von Briefen eines fiktiven Farmers namens James werden Natur, Lebensumstände und geschichtliche Sendung dieser »neuen Rasse« beschrieben. Das Buch kommt vor allem zu schnellem Ruhm durch seine seither berühmte Definition des Amerikanismus: »Wer also ist der Amerikaner, dieser neue Mensch? Es ist derjenige ein Amerikaner, der alle seine alten Vorurteile und Sitten hinter sich läßt und eine neue Lebensweise erringt durch die neue Lebensart, der er sich ergeben hat, durch die neue Regierung, der er gehorcht und den neuen Rang, den er einnimmt. Amerikaner sind die Pilger des Westens, die mit sich führen die große Masse der Künste, Wissenschaften, Talente und Fleiß, die ihren Ursprung in der langen Vergangenheit des Ostens haben; sie werden den großen Kreis schließen.« Ganz im Gegensatz zu solch visionärem Pathos steht allerdings das Bild, das Crèvecoeur von den Pionieren der amerikanischen Grenze malt. Sie erscheinen dem Erzähler »als der verabscheuungswürdigste Teil unserer Gesellschaft, eine Art verlorene Hoffnung, die um zehn oder zwölf Jahre der respektabelsten Armee von Veteranen, die nach ihnen kommt, vorauseilen. Solche Außenseiter finden sich in allen Gesellschaften; sie sind die unreinen Elemente, die als unsere Vorläufer oder Pioniere dienen. Die schlimmsten unter ihnen sind die, welche vollends zum Entwicklungsstadium des Jägers degeneriert sind. Als ehemalige Männer des Pfluges und neue Männer der Wälder, als Europäer und nachgemachte Indianer haben sie die Laster von beiden angenommen.« Die Indianer sind für den fiktiven Briefschreiber »eine Rasse, die dazu verdammt ist, vor dem höheren Genie der Europäer zurückzuweichen und zu verschwinden«. Es mutet freilich seltsam an, daß Crèvecoeur hier das Genie Europas beschwört, während es ihm sonst nur darum geht, Amerikas autonomes Genie zu feiern. So oder so: Den wahren Seelenfrieden und das Glück auf Erden wird der neue Mensch nur finden, wenn er westwärts zieht, »wenn es sein muß, sogar bis zum Mississippi«.

1783

Tecumseh der Shawnee. Von Kanada her durch die Engländer unterstützt, setzen die Shawnees den Kampf um ihr Land fort, müssen sich aber langsam über den Mississippi zurückziehen. Mit 15 Jahren nimmt der Häuptlingssohn Tecumseh zum erstenmal an einem Gefecht gegen die Amerikaner teil und tötet dabei vier Männer.

1784

Die erste Daniel Boone-Biographie. Mit seinem Buch *The Discovery, Settlement and present State of Kentucke* wird John Filson der erste Architekt der Daniel Boone-Legende, die zum Modell aller Westernhelden-Mythen wird. Filson kreiert einen Boone von edlem Pioniergeist, der entzückt ist von dem Gedanken, daß Kentucky bald einer der blühendsten Staaten des Kontinents sein wird, und der die Liebe und Dankbarkeit seiner Landsleute als hinreichenden Lohn für seine Mühen ansieht. Ironischerweise wird der wirkliche, jetzt 50jährige Boone um diese Zeit von seinen wenig dankbaren Landsleuten in eine Serie langdauernder Prozesse um Landrechte und Steuerschulden verwickelt; diese Schwierigkeiten werden den Pionier des Landes schließlich dazu bringen, Kentucky zu verlassen.

1786

Geboren: Davy Crockett, als David Crockett, Sohn eines irischen Einwanderers, in Greene County, Tennessee; gilt mit 9 Jahren bereits als ausgezeichneter Jäger, wird mit 12 Jahren Cowboy, mit 14 Wagoner (Frachtgehilfe), geht 1811 nach Alabama und kämpft 1813–1814 unter General Andrew Jackson gegen die Creek.

1787

Ein Gesetz zur Besiedlung des Westens. Auf der Grundlage eines von Thomas Jefferson entworfenen, 1885 erlassenen Land-Gesetzes (Land Ordinance), das die ersten Prinzipien zur Besiedlung der Gebiete westlich der Alleghenies festlegt, verabschiedet der Kongreß das Nordwest-Gesetz (Northwest Ordinance, so genannt, weil es zunächst um das Gebiet nördlich des Ohio geht), »einen weisen Plan, der viel dazu beigetragen hat, aus den Vereinigten Staaten das Land zu machen, das es heute ist« (Allan Nevins/Henry Steele Commager, *A Pocket History of the United States*). Das Gesetz sieht für die neuerschlossenen Gebiete drei Entwicklungs-Stadien vor. Als erstes schafft der Kongreß ein »Territorium« (territory) und ernennt dafür einen Gouverneur und Richter, deren Gesetzgebung dem Veto des Kongresses unterliegt. Erreicht die Bevölkerungszahl eines Territoriums 5000, so erhält es einen Kongreß mit zwei Kammern. Bei einer Bevölkerungszahl ab 60000 kann das Territorium als gleichrangiger Staat in die Union aufgenommen werden.

1794

Indianer-Oper. Mit *Tammany* wird die erste amerikanische Oper uraufgeführt. Ihr Titelheld ist der Delawaren-Häuptling, der 1683 mit William Penn einen Vertrag um Landrechte geschlossen hatte. »Diese Oper hat wahrscheinlich jenen unmöglichen Typ von Bühnen-Indianer kreiert, der, nach Mark Twain, ›einem ausgestorbenen Stamm angehört, der nie existiert hat‹« (*The New York Dramatic Mirror,* 1907).

General Wayne und die Shawnees. General Anthony Wayne besiegt die Shawnees und andere Indianer, die ihr Land am Ohio gegen vordrängende weiße Siedler verteidigen, und zwingt sie zur Hergabe ihrer Gebiete, die sofort von weißen Siedlern besetzt werden; es handelt sich um die größten Teile des heutigen Ohio und Indiana. (Nach diesem General Wayne, der auch »Mad Anthony Wayne« genannt wird, gibt Raoul Walsh 1930 dem jungen Schauspieler Marion Michael Morrison, der bei ihm in *The Big Trail* seine erste Hauptrolle spielt, das Pseudonym John Wayne.)

1796

Geboren: Jim Bowie, als James Bowie, in Kentucky; kommt 1800 mit seiner Familie nach Louisiana, betätigt sich ab 1818 im Sklavenhandel, läßt sich 1830 sein berühmtes Messer schmieden.

1797

Indian Atrocity Novel. Während einerseits in Romanen und Bühnenstücken der Idealtyp des edlen Wilden sentimentalisiert wird, entsteht zugleich das Genre der »Indian Atrocity Novel«, das die Indianer als blutdürstige Ungeheuer beschreibt. Prototyp dieses Genres ist der 1797 erscheinende Roman *History of Maria Kittle* von Ann Eliza Bleecker. Auf dem Höhepunkt dieser Schauergeschichte entreißen Indianer der weißen Mutter »ihr lachendes Baby«, um »seine kleine Stirn« an Steinen zu zerschmettern.

Plakat des D. W. Griffith-Films *The Battle of Elderbush Gulch,* 1913.

1799

Daniel Boone verläßt Kentucky. Nachdem man den größten Teil seines Landbesitzes in Kentucky wegen Steuer- und anderer Schulden gepfändet hat, verläßt Daniel Boone das Land und zieht nach Missouri. Auf die Frage nach seinen Gründen gibt er die berühmte, wenn auch nicht verbürgte Antwort: »Zuviel Menschen! Ich brauche Ellbogenfreiheit!«

1801

Jefferson Präsident. Thomas Jefferson wird Präsident der Vereinigten Staaten. Der »intellektuelle Vater des amerikanischen Vormarsches zum Pazifik« (Henry Nash Smith, *Virgin Land*) geht nun an die Verwirklichung seines Plans, vom »Originalnest« der atlantischen Siedlungen aus den ganzen Kontinent zu besiedeln.

Louisiana wird französisch. Im selben Jahr, in dem Jefferson Präsident wird, zwingt Napoleon die Spanier, die ehemals französischen, seit dem French and Indian War an Spanien geratenen Besitzungen westlich des Mississippi (genannt Louisiana, nicht identisch mit dem späteren Staat Louisiana) an Frankreich zurückzugeben. Napoleons Plan eines französischen Kolonialreiches westlich der USA steht damit Jeffersons erstrebter Expansion der USA nach Westen entgegen.

Harrison und Tecumseh. William Henry Harrison wird Gouverneur des Territoriums Indiana und macht sich daran, den Indianern immer mehr Land abzuhandeln. Er findet seinen Widersacher in dem Shawnee Tecumseh, der die Landabtretungen anderer Indianer nicht anerkennt.

1803

Jefferson kauft den fernen Westen. Um Napoleons Pläne eines französischen Kolonialreiches zu zerschlagen, den Weg Amerikas in den Westen freizumachen und den für die amerikanische Wirtschaft wichtigen Hafen New Orleans in die Hand zu bekommen, droht Jefferson Frankreich, sich mit England zu verbünden und mit einer angloamerikanischen Armee in das Louisiana-Gebiet einzumarschieren.

Napoleon, der die Freundschaft der USA in seinen Auseinandersetzungen mit England braucht, seine Kriegskassen auffüllen muß und ohnehin weiß, daß er in einem Krieg auf dem amerikanischen Kontinent unterliegen würde, erklärt sich zum Verkauf seiner amerikanischen Besitzungen bereit. So kommt der Louisiana Purchase zustande: Die USA kaufen von Frankreich für 15 Millionen Dollar das Louisiana Territory, das sich von Kanada entlang dem Mississippi bis zum Golf von Mexiko erstreckt. Die exakte Breite dieses Korridors wird allerdings erst in den Verträgen von 1818 (mit Großbritannien) und 1819 (mit Spanien) festgelegt.

1803 gehören zum unbestrittenen Bestand des Louisiana Territory das Gebiet der späteren Staaten Louisiana, Oklahoma, Arkansas, Missouri, Kansas, Nebraska, Iowa, Süd-Dakota, Nord-Dakota, Minnesota, Montana und die östlichen Teile von Wyoming und Colorado. Zum vorerst umstrittenen, erst später den USA zuerkannten Bereich gehören Texas, die östliche Hälfte von Neu-Mexiko, Teile von Colorado und Wyoming, Idaho, Washington und Oregon. Insgesamt handelt es sich dabei um das ganze klassische Gebiet des amerikanischen Westens.

Film: 1937 *Old Louisiana. R* Irvin V. Willat. *D* Tom Keene, Rita Cansino (später Hayworth). Lokale spanisch-amerikanische Auseinandersetzungen zur Zeit des Louisiana Purchase. *P* Crescent.

1804

Geboren: Jim Bridger, in Richmond, Virginia; kommt als Kind mit seiner Tante, die den elternlosen Jungen aufzieht, nach St. Louis und wird dort Schmiedelehrling; läßt sich 1822 von William H. Ashley als Trapper engagieren und wird neben Kit Carson der berühmteste aller Mountain Men.

1804–1806

Die Lewis und Clark-Expedition. Nach dem Kauf des Louisiana Territory macht Jefferson den zweiten Schritt zur Realisierung seiner kontinentalen Vision: Er entsendet eine Expedition unter Meriwether Lewis und William Clark zur Erforschung und Erschließung der neuen amerikanischen Gebiete. Offiziell ist die Lewis und Clark-Expedition eine wissenschaftliche Unternehmung, schon weil die US-Regierung in Madrid die Genehmigung zum Betreten noch spanischer Gebiete einholen muß. In einer Secret Message an die Expeditionsleiter schreibt Jefferson jedoch: »Das Ziel der Expedition ist es, den Missourifluß zu erforschen und festzustellen, ob er in seinem Hauptverlauf und in seinen Verbindungen mit den Wassern des Pazifischen Ozeans die direkteste und praktischste Kommunikation über diesen Kontinent erlaubt, zum Zwecke von Handel und Kommerz.«

Die Expedition fährt den Missouri aufwärts, überschreitet die Rocky Mountains und gelangt über den Columbia-River zum Pazifik, an dessen Strand William Clark in eine Pinie die Inschrift schneidet: »December 3, 1805 – By Land from the U. States in 1804 & 1805.« Mit dieser Expedition beginnt die Erschließung des fernen Westens. »Lewis und Clark vollbrachten eine epochale Erkundungs-Leistung, die den Ruf genießt, unvergleichlich in der ganzen Weltgeschichte zu sein. Sie begegneten wenigen

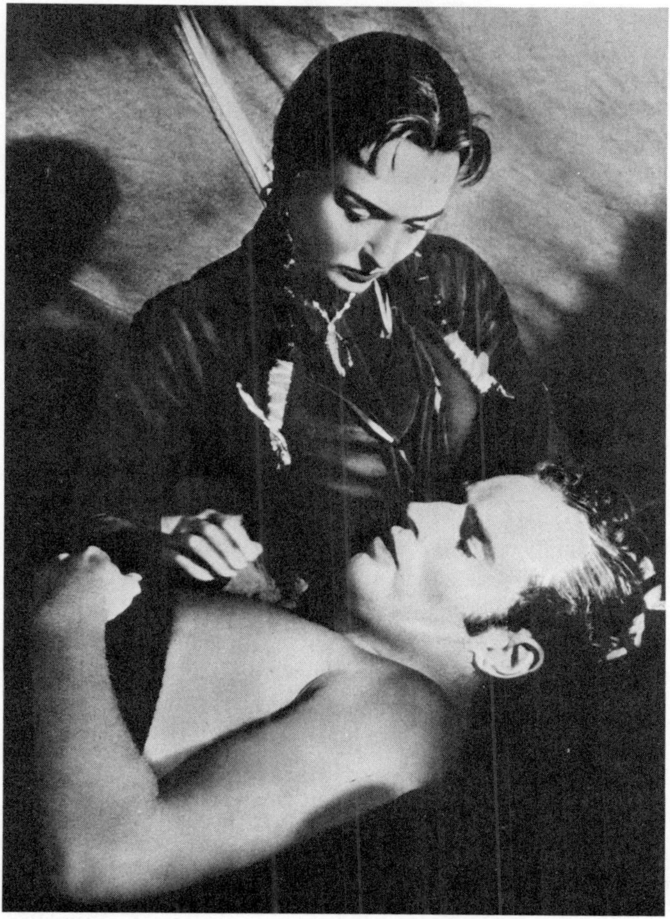

Charlton Heston als William Clark und Donna Reed als Sacajawea in *The Far Horizons* von Rudolph Maté, 1955.

wirklichen Gefahren, da sie den kriegerischen Sioux aus dem Weg gingen. Sie legten auf der Hinreise ungefähr zweitausend Meilen in achtzehn Monaten zurück und kartographierten und beschrieben das Land sorgfältig. Außerdem legten sie die Basis für die amerikanische Konkurrenz zu den reichen englischen Pelzhandels-Gesellschaften und wiesen die Möglichkeit einer Überlandroute zum Pazifik nach« (Allan Nevins/Henry S. Commager).

Nächst Lewis und Clark ist das berühmteste Mitglied dieser Expedition die Shoshonen-Indianerin Sacajawea, eine neue Pocahontas und zugleich das proletarische Gegenmodell zum Prinzessinnen-Typus. Sacajawea (was entweder »Vogel-Frau« heißt oder »Die Frau, die das Kanu zu Wasser bringt«) wurde um 1788 geboren und kam als Kind in die Gefangenschaft der Hidatsa-Indianer, die sie an den Trapper Toussaint Charbonneau verkauften. Charbonneau nahm sie zur Frau. Als er von der Lewis und Clark-Expedition als Scout verpflichtet wird, nimmt er sie mit, und wegen ihrer Kenntnis der Indianersprachen und Landschaft wird sie zu einer wichtigen Hilfe für das Unternehmen. Unterwegs bringt sie einen Jungen zur Welt; Meriwether Lewis gibt der »Squar«, wie er sie nennt, gemahlene Klapperschlangen gegen die Wehen. Obwohl Sacajawea durch die Expeditionsberichte zu einer wahren Volksheldin und beliebten Figur der Folklore wird, liegt ihr weiteres Schicksal im dunkeln. Charbonneau hatte zwei indianische Frauen, von denen eine 1812 gestorben ist. 1884 stirbt in einer Reservation eine alte Indianerin, die behauptet hatte, Sacajawea zu sein, was durch ihre genaue Kenntnis der Expedition glaubhaft erschien. Sollte diese Frau tatsächlich Sacajawea gewesen sein, so muß sie einen Teil ihres Nachruhms miterlebt haben: Je ein Berg, Fluß und Paß sind nach ihr benannt worden, und keiner anderen Amerikanerin, ob weiß, rot oder schwarz, sind so viele Denkmäler errichtet worden wie Sacajawea.

Filme: 1923 *The Oregon Trail. R* Edward Laemmle. *D* Art Acord. Serial.

P Universal. 1955 *The Far Horizons. R* Rudolph Maté. *D* Charlton Heston (Clark), Fred MacMurray (Lewis), Donna Reed (Sacajawea), Herbert Heyes (Jefferson).

1807

Erste Folgen der Lewis und Clark-Expedition. Auf den Spuren von Lewis und Clark ziehen viele Trapper und Händler in die Rockies. Die Missouri Fur Company, gegründet unter der Mitwirkung von William Clark und geleitet von Manuel Lisa, der bis 1820 die dominierende Figur im Pelzhandel am Missouri bleibt, baut am Big Horn River ein Fort als erste Pelzhandelsstation in dieser Region.

1808

Bühnenheldin Pocahontas. Mit *The Indian Princess: or La Belle Sauvage* von James N. Parker kommt das erste von vielen Pocahontas-Stücken auf die Bühne. Die seit fast 200 Jahren tote Powhatan-Prinzessin wird als Symbolfigur des guten Indianers verklärt, was dem noch lebenden und um sein Recht kämpfenden Indianer niemals zuteil wird. Während auf einer New Yorker Bühne des Jahres 1808 die Pocahontas-Darstellerin deklamiert: »White man, thou shalt not die; or I will die with thee!«, weigern sich die Weißen am Mississippi, der Rhetorik des leibhaftigen Tecumseh Gehör zu schenken: »Land ist unteilbar und gehört allen! Kein Stamm hat das Recht, etwas davon zu verkaufen, nicht an einen anderen Stamm und schon gar nicht an Fremde. Wie kann man Erde verkaufen?! Warum nicht gleich auch die Luft und das weite Meer verkaufen?!«

Die wichtigsten weiteren Pocahontas-Dramen sind *Pocahon-*

tas, or The Settlers of Virginia von George Washington Parke Custis (1830), *Pocahontas: A Historical Drama* von Robert Dale Owen (1838) und *The Forest Princess, or Two Centuries Ago* von Charlotte M. S. Barnes (1848).

1809

Geboren: Kit Carson, als Christopher Carson, im Madison County, Kentucky; entläuft als 15jähriger einer Sattler-Lehre und schließt sich einem Wagentreck nach Santa Fé an, geht von dort in die Rocky Mountains und wird neben Jim Bridger der berühmteste aller Mountain Men.

1810

Mexiko. In Mexiko führt ein katholischer Priester ein Heer von Indianern, Mestizen und Kreolen mit der Losung »Freiheit! Und Tod den Spaniern!« zum Marsch auf die Hauptstadt. Die Revolution wird niedergeschlagen.

1811

Astor gründet Astoria. John Jacob Astor gründet an der Mündung des Columbia River in den Pazifik die Handelsstation Astoria und läßt von seinen Scouts einen Weg durch die Rocky Mountains suchen, der für den Transport von Frachtgütern günstiger sein soll als die von Lewis und Clark erschlossene Route.

Sammy McKim als junger Kit Carson in einem Vorspann des Serials *The Painted Stallion* von W. Witney, A. James und R. Taylor, 1937.

Harrison und Tecumseh. Nach mehreren erfolglosen Konferenzen zwischen dem indianerfeindlichen Gouverneur von Indiana, Harrison, und dem Shawnee-Häuptling Tecumseh zieht Harrison in Tecumsehs Abwesenheit mit 100 Mann gegen das Shawnee-Dorf am Tippecanoe. Tecumsehs Bruder, genannt »Der Prophet«, verschuldet die Niederlage des Stammes. Das Dorf wird vernichtet. Die Niederlage zerstört Tecumsehs Ruf unter den Indianern und damit seinen Traum von einer großen Föderation aller Indianer gegen die Weißen.

1812

Der Krieg von 1812. Die Vereinigten Staaten erklären England den Krieg, in der Hoffnung, sich in den Besitz von Kanada und des noch in spanischer Hand befindlichen Florida zu bringen. Tecumseh verbündet sich mit den Engländern, um im Falle eines englischen Sieges doch noch seine Vision eines großen indianischen Staates realisieren zu können. Die Verbündeten nehmen Detroit, erleiden dann aber mehrere Niederlagen und müssen sich zurückziehen. Tecumseh zwingt die Engländer, sich den verfolgenden Amerikanern unter Harrison zu einem letzten Kampf zu stellen. In dieser Schlacht fällt Tecumseh.

Filme: 1952 *Brave Warrior. R* Spencer G. Bennet. *D* Jay Silverheels (Tecumseh). *P* Columbia. 1972 *Tecumseh. R* Hans Katzert. *D* Gojko Mitić (Tecumseh). *P* Defa.

Die USA erreichen ihre Kriegsziele weder im Norden noch im Süden. Den einzigen bedeutenden amerikanischen Sieg erringt General Andrew Jackson, als er nach seinem Sieg über die Creek (siehe 1813–1814) mit seiner Armee von Grenzer-Soldaten nach New Orleans zieht und dort im Januar 1815 eine englische Armee schlägt.

Film: 1938 *The Buccaneer.* *R* Cecil B. DeMille. *D* Hugh Sothern (Jackson). *P* Paramount.

Louisiana. Das bisherige Territorium Louisiana wird als Staat in die USA aufgenommen.

1813–1814

Der Creek-Krieg. Der Creek War ist eine Episode des Kriegs von 1812. Die Creek-Indianer in Alabama sympathisieren mit Tecumsehs Zielen eines großen Indianer-Staates und nützen die Gelegenheit des britisch-amerikanischen Krieges, um ihre Rechte und ihr Land gegen die vordrängenden Weißen zu behaupten. Im August 1813 überfallen sie das Fort Mims. General Andrew Jackson zieht mit 2500 Mann (darunter Davy Crockett) gegen die Creek und schlägt sie in der Schlacht von Tohopeka im März 1814, wobei 2000 Indianer getötet werden. Im Friedensvertrag von Fort Jackson zwingt der General die Creek, zwei Drittel ihres Landes an die USA abzutreten. Viele der überlebenden Creek flüchten nach Florida, wo sie in die Nation der Seminolen-Indianer aufgenommen werden.

Filme: 1927 *The Frontiersman.* *R* Reginald Barker. *D* Tim McCoy. *P* MGM. 1953 *The President's Lady.* *R* Henry Levin. *D* Charlton Heston (Jackson). *P* 20th Century-Fox. 1955 *Davy Crockett, King of the Wild Frontier.* *R* Norman Foster. *D* Fess Parker (Crockett), Basil Ruysdael (Jackson). *P* Disney.

1813

Ein Paß für den Oregon Trail. Auf der Suche nach einem Frachtweg durch die Rocky Mountains finden die Scouts von

John Jacob Astor den South Pass. Es dauert zwar noch Jahre, bis bewiesen werden kann, daß der Paß für große Planwagen passierbar ist, aber dann ist die Route für den Oregon Trail erschlossen.

Daniel Boone, der Auserwählte des Himmels. Während der 79jährige Daniel Boone in Missouri verarmt, erscheint in einem Verlag des Ostens eine Boone-Biographie, die eine bombastische literarische Heiligsprechung des Pioniers von Kentucky darstellt. Ihr vollständiger Titel lautet *The Mountain Muse: Comprising the Adventures of Daniel Boone; and the Power of Virtuous and Refined Beauty*. Der Autor Daniel Bryan ist ein Neffe Boones. Er beschreibt, wie Daniel Boone von einem himmlischen Konzilium dazu auserwählt wird, die Zivilisation in die Wildnis jenseits der Alleghenies zu tragen. In einer homerischen Abschiedsszene teilt der Erwählte seiner Frau mit, der Herr des Himmels fordere seine Dienste, um die frohe Botschaft menschlichen Unternehmungsgeistes in die heidnische Wüstenei zu tragen. Dann zieht er los und gründet in Kentucky den Gottesstaat auf Erden.

1814

Alexander Henry und Wawatam. Am 22. Mai 1814 ertrinkt in einem Fluß nahe dem Fort George in Britisch-Kolumbien der kanadische Trapper und Forschungsreisende Alexander Henry. Er hinterläßt das Manuskript zu einem dreibändigen Werk *New Light on the History of the Great Northwest; The Manuscript Journals of Alexander Henry and David Thomson 1799–1814*. Diese Tagebücher enthalten sorgfältige und liebevolle Schilderungen der Reisen, die Henry im westlichen Kanada und in den nordwestlichen USA unternommen hatte, und machen Henry zum ersten wichtigen Reiseschriftsteller des Westens. Ihre

Bedeutung liegt aber vor allem in der Wirkung, die Henrys Bericht seiner Freundschaft zu einem Indianer namens Wawatam auf die Mythologie des Westens hat. Er begründet den Mythos von der freundschaftlichen Begegnung des weißen und des roten Mannes in der Wildnis; Alexander Henry und Wawatam sind die authentischen Vorbilder für Coopers Lederstrumpf und Chingachgook sowie für die vielen Kopien dieses Paares bis hin zu Old Shatterhand und Winnetou, dem Lone Ranger und Tonto. Leslie Fiedler: »Das Herzstück des Western ist nicht etwa die Konfrontation mit dem unbekannten Land, vielmehr das Zusammentreffen mit dem Indianer, dem ganz Fremden, dessen Alte Heimat unsere Neue Welt wird. Der Mythos von den guten Kameraden in der Wildnis beinhaltet die Geschichte vom weißen und roten Mann, die in der Liebe zueinander Trost und Kraft finden.«

In Henrys Bericht erfahren wir, daß der Krieger Wawatam nach einer Zeit des Fastens und der Einkehr zur Hütte des weißen Mannes kommt und ihm erklärt, Henry sei der weiße Bruder, den er im Traum gesehen habe. »In unseren Träumen täuschen wir uns nicht und werden nicht getäuscht. Am wahrhaftigsten ist das Leben, das wir wachend im Traum erleben«, schreibt später (1845) Henry David Thoreau in einem Henry und Wawatam gewidmeten Kapitel seines *A Week on the Concord and Merrimack Rivers.* Der Kanadier und der Indianer jagen und fischen gemeinsam und machen Ahorn-Zucker. Henry: »Metalle vereinigen sich bei ihrer Verflüssigung; Vögel und Bestien aus Motiven der Annehmlichkeit; Narren aus Angst und Torheit; Menschen durch ihr Erblicken.« Wawatam nimmt Henry in den Kreis seiner Familie auf. Nach einem Winter der Freundschaft muß Henry weiterreisen. »Die ganze Familie brachte mich bis zum Ufer; und mein Kanu hatte kaum abgelegt, da begann Wawatam den Kichi Manito anzurufen und ihn zu bitten, mich, seinen Bruder, in Obhut zu nehmen, bis wir uns wiedersehen sollten.«

Daniel Boone, der Zivilisationsfeind. Während die ersten Boone-Biographen ihren Helden als heiligmäßigen Pionier und Philanthropen beschrieben haben, entsteht jetzt die Legende des Mannes, der immer weiter westwärts zieht, weil er es nicht ertragen kann, wenn ein verdammter Yankee kommt und sich nur 100 Meilen entfernt von ihm ansiedelt. Aus dem großen Propheten und Menschenführer wird der menschenscheue Flüchtling vor der Zivilisation. Ein Bericht aus der Zeitung *Nile's Register* vom 15. Juni 1816: »Dieser einzigartige Mann hielt es nicht länger in Kentucky aus, als das Land besiedelt wurde. Er hätte Reichtümer ansammeln können, so leicht wie jeder andere Mann in Kentucky, aber er zog es vor, in die Wälder zu gehen, wo man ihn im Gewand des rauhesten, ärmsten Jägers sehen kann.« In Wirklichkeit hätte Boone in Kentucky schon gerne Reichtümer gesammelt, wenn ihm das möglich gewesen wäre.

1817

Das erste Dampfschiff auf dem Mississippi. Die *Pike,* das erste Dampfschiff auf dem Mississippi, legt in St. Louis an. »Die Entwicklung des Transportwesens trug viel zur Besiedlung des Westens bei. 1807 wurde ein brauchbares Flußdampfschiff auf dem Hudson von Robert Fulton in Dienst gestellt. Vier Jahre später lief das erste Dampfschiff auf westlichen Gewässern vom Stapel, und die lange Verkehrsader des Ohio und Mississippi von Pittsburgh bis New Orleans wurde zu einer Hauptstraße des Handels und der Westwanderung, vor allem, als der geniale Henry M. Shreve, der im Pelzhandel tätig gewesen war, einige Dampfschiffe baute, die als direkte Vorläufer der schwimmenden Paläste anzusehen sind, die Mark Twain beschreibt. Sie benutzten Hochdruckmaschinen, die mit der gesamten technischen Einrichtung auf dem Hauptdeck untergebracht waren, worüber sich ein zweites Deck erhob; und sie wurden, und zwar mit enormem Tempo, mit Schaufelrädern an den Seiten oder am Heck vorwärtsbewegt. Manchmal flogen sie auch in die Luft« (Allan Nevins, *Geschichte der USA*).

1817–1819

Der erste Seminolen-Krieg. Im Grenzbereich zwischen dem noch spanischen Florida und dem amerikanischen Georgia kommt es zu Zwischenfällen, als die Amerikaner die Seminolen anklagen, entflohenen Sklaven Zuflucht zu gewähren. Als die US-Truppen die Grenze überschreiten, um einen Seminolen-Häuptling festzunehmen, bricht offener Krieg aus. Unter dem Kommando von Andrew Jackson besetzen die US-Truppen das spanische Territorium, verjagen die Indianer und zerstören ihre Dörfer. Die Seminolen werden in einer Reservation zusammengetrieben. Spanien tritt Florida an die USA ab.

1818

Thomas Hart Benton. Beginn der öffentlichen Tätigkeit des Publizisten und Politikers Thomas Hart Benton, der für die nächsten 30 Jahre der leidenschaftlichste Propagandist der westwärts gerichteten Expansion, der transkontinentalen Verkehrsmittel und der Kontrolle über den Pazifik und ganz Asien wird.

Benton beginnt seine Karriere als Leitartikler des *Enquirer,* einer Zeitung in St. Louis. Wie er dort schreibt, ist »der Zug nach Westen schon von Anbeginn der Zeiten die Bahn, die den himmlischen Gestirnen, der menschlichen Rasse, der Wissenschaft, der Zivilisation und der nationalen Macht, die ihnen folgt, vorgeschrieben«. 1818 attackiert Benton einen soeben geschlossenen Vertrag zwischen den USA und England, der die gemeinsame Verwaltung von Oregon vorsieht, sowie einen mit Spanien geschlossenen Vertrag, der den Sabine und den Red River als Grenzflüsse festlegt; in beiden Fällen, so Benton, seien Konzessionen gemacht worden, die die amerikanische Westexpansion behindern könnten.

Joseph Thompson Hare wird hingerichtet. Amerikas erster berühmter Bandit, der Postkutschenräuber und Mississippi-Flußpirat Joseph Thompson Hare, wird in Baltimore hingerichtet.

Das Hängen wird zu einem beliebten Sujet für Volksballaden. Das folgende Lied muß man sich in einer gemütvollen Darbietung Bing Crosbys vorstellen (er singt es auf der LP *How the West Was Won*):

Hang me, oh hang me
Until I'm dead and gone.
I don't mind you hangin' me:
It's lying in the grave so long!
Lord knows – I've been all around the world.

Franzosen in Alabama. Unter den vielen europäischen Auswanderern, die in Amerika eine neue Heimat suchen, sind auch viele ehemalige Gefolgsleute Napoleons; sie siedeln vornehmlich in Alabama.

Film: 1949 *The Fighting Kentuckian. R* George Waggner. *D* John Wayne. Die Miliz von Kentucky steht französischen Einwanderern gegen Schurken bei, die ihnen ihre neue Heimat streitig machen wollen. *P* John Wayne – Republic.

Der Mythos vom Ausreißer. Die Erzählung *Rip Van Winkle – A Posthumous Writing of Diedrich Knickerbocker* von Washington Irving begründet den Mythos vom Amerikaner als

Ausreißer: Rip entflieht seiner Frau in einen zwanzigjährigen Schlaf, in dem er in den Bergen mit Hendrick Hudson, dem Entdecker des Hudson River, Kegel spielt; bei seiner Rückkehr findet er die Gattin glücklicherweise verstorben vor. »Westwärts ziehen bedeutet in Amerika, die Domäne der Frau zu verlassen. Trotz all seiner mythologischen Schwächen ist Rip der erste in einer Reihe von männlichen Ausreißern (runaway males), die sich vor dem, was die Frauen Verantwortung nennen, davonmachen. Rip ist der erste amerikanische Charaktertyp, der sich als Müßiggänger die Sympathie seiner Leser zu sichern weiß, derjenigen Leser, die sich für Coopers Lederstrumpf, Melvilles Ishmael und Mark Twains Huck Finn gleichermaßen zu begeistern vermögen wie für Saul Bellows Regenkönig Henderson und für die Helden von Ken Keseys *Einer flog übers Kuckucksnest*« (Leslie Fiedler).

Verfilmungen: 1908 *Rip Van Winkle. R* Otis Turner. *D* Hobart Bosworth. 1000 Fuß. *P* Selig. 1910 *Rip Van Winkle* (II). 920 Fuß. *P* Columbia. 1910 *Rip Van Winkle* (III). *R* Theodore Marston. *D* Frank Crane. 1000 Fuß. *P* Thanhouser. 1912 *Rip Van Winkle* (IV). *P* Reliance. 1912 *Rip Van Winkle* (V). *R* Charles Kent. *D* Robert McWade. 2000 Fuß. *P* J. Stuart Blackton-Vitagraph. 1912 *Rip Van Winkle* (VI). Zweiakter. *P* Union. 1914 *Rip Van Winkle* (VII). *D* Thomas Jefferson. 5 Akte. *P* B. A. Rolfe. 1915 *Rip Van Winkle Badly Ripped. D* Will Browning. *P* Novelty. 1921 *Rip Van Winkle* (VIII). *R* Ward Lascelle. *D* Thomas Jefferson. *P* Ward Lascelle.

1820

Postkutschen im Westen. Ab 1820 der erste reguläre Postkutschen-Betrieb westlich des Mississippi, von und nach St. Louis am Missouri. In den folgenden zwanzig Jahren entwickelt sich ein Netz von Postkutschen-Linien, das bis nach Neu-Mexiko und Kalifornien reicht.

Ein Weg in den Nordwesten. Der zwischen den amerikanischen und englischen Pelzhandelsgesellschaften geführte Konkurrenzkampf um die wirtschaftliche Vormachtstellung im Nordwesten entwickelt sich zugunsten der Amerikaner, als William Ashley und Jebediah Smith die bereits teilweise erschlossene Überlandroute durch das Platte Valley und den South Pass zum Oregon-Trail entwickeln. Die Bedeutung, die der Oregon-Trail für den Pelzhandel hat, verblaßt aber vor der Wichtigkeit, die er für den allgemeinen Zug nach Westen gewinnt.

»Um 1840 ließ die schlechte Wirtschaftslage im Mississippital die Westerner sehnsüchtig nach dem freien Land und den vermutlich besseren Märkten von Oregon blicken. Als dem Grenzer-Farmer klar wurde, daß er mit seiner Familie bis zum Pazifik gelangen konnte mit nicht mehr Gepäck als seinem Gewehr, seinem Planwagen und seinem Vieh, setzte er sich mit neuer Energie der Kraftprobe mit dem Briten im Nordwesten aus« (Henry Nash Smith, *Virgin Land*).

Daniel Boones Ende. Daniel Boone stirbt 86jährig in Missouri. 25 Jahre später wird seine Leiche nach Kentucky überführt; so findet er schließlich doch noch eine Heimat in dem Land, das er erschlossen hat.

Filmographie Daniel Boone: 1906 *Attack on Fort Boonesborough.* Indianer greifen Boonesborough an. »All of the persons comport themselves generally as if they were at a Picnic or public gathering« (Motion Picture, 1894–1912). *P* American Mutoscope & Biograph. 1907 *Daniel Boone or: Pioneer Days in America.* 13 Szenen. *P* Edison. 1911 *Daniel Boone's Bravery.* 1000 Fuß. *P* Kalem. 1923 *In the Days of Daniel Boone. R* Frank Messenger, William Kraft. *D* Jack Mower (Boone). Boone kämpft im French and Indian War und, am Vorabend der Revolution, gegen Engländer und Indianer. Serial. *P* Universal. 1926 *Daniel Boone Thru the Wilderness. R* Robert N. Bradbury. *D* Roy Stewart (Boone). *P* Sunset. 1936 *Daniel Boone. R* David Howard. *D* George O'Brien (Boone). Boone erschließt Kentucky und kämpft mit den Wyandotte, die von einem Weißen aufgehetzt und bewaffnet werden.

P RKO. 1941 *The Return of Daniel Boone. R* Lambert Hillyer. *D* William Elliott (Boone). *P* Columbia. 1950 *Young Daniel Boone. R* Reginald LeBorg. *D* David Bruce (Boone). *P* Monogram. 1956 *Daniel Boone Trail Blazer. R* Albert C. Gannaway, Ismael Rodriguez. *D* Bruce Bennet (Boone). *P* Republic. 1966 *Daniel Boone – Frontier Trail Rider. R* George Sherman. *D* Fess Parker (Boone). Boone führt einen Treck nach Kentucky und gründet Boonesborough. Kinofassung von Episoden der TV-Serie *Daniel Boone. P* Disney.

TV-Serie: 1964–1970 *Daniel Boone. D* Fess Parker (Boone). *P* Disney.

1821

Mexiko unabhängig. Mexiko erringt seine Unabhängigkeit von Spanien. Kalifornien wird mexikanische Provinz. Die dominierende politische Figur Mexikos wird für die nächsten dreißig Jahre Antonio Lopez de Santa Anna.

Santa Fé Trail. William Becknell erschließt den Santa Fé Trail von Missouri nach Santa Fé. Bei seiner Rückkehr erfahren die Amerikaner zum erstenmal von den neuen politischen Verhältnissen in Mexiko.

Film: 1937 *The Painted Stallion. R* William Witney, Alan James, Ray Taylor. *D* Ray Corrigan, Hal Taliaferro (Jim Bowie), Jack Perrin (Davy Crockett), Sammy McKim (Kit Carson). Geschichte des ersten amerikanischen Frachttrecks von Missouri nach Santa Fé. *P* Republic.

Laramie. Ein Trapper namens Jacques Laramie wird an dem Fluß, der von nun an seinen Namen trägt, von Indianern getötet.

Geboren: Red Cloud, am Platte River in Nebraska; wird 1866 Führer der Oglala-Sioux in dem nach ihm benannten Red Cloud's War.

Die Mountain Men

The old Mizzoo (Missouri), she's a mighty river
Away, you rolling river!
The Indians camp along her border.
Away, we're bound away,
'cross the wide Missouri.

Oh Shenandoah, I love your daughter,
Away, you rolling river!
I'll take her 'cross your rolling water.
Away, we're bound away,
'cross the wide Missouri.

Fare you well, I'm bound to leave you,
Away, you rolling river!
Oh Shenandoah I'll not deceive you.
Away, we're bound away,
'cross the wide Missouri.

(Lied der Mountain Men, später
als Seemanns-Shanty populär)

Im Februar 1822 veröffentlicht die im Vorjahr gegründete Pelzhandelsgesellschaft von William H. Ashley und Andrew Henry in einer Zeitung in St. Louis folgende Anzeige: »AN ALLE UNTERNEHMUNGSLUSTIGEN JUNGEN MÄNNER: *Der Unterzeichnete wünscht* EINHUNDERT MÄNNER *zu engagieren, die den Missouri River aufwärts bis zu seiner Quelle reisen und dort für ein, zwei oder drei Jahre beschäftigt sein werden. Nähere Auskünfte erteilt Major Andrew Henry, nahe den Lead Mines, im County Washington (der die Reise mitmachen und die Truppe befehligen wird) oder der Unterzeichnete in St. Louis. Wm. H. Ashley.« Mit dem Aufbruch von Henrys erster Expedition im April 1822 beginnt die große Zeit der Mountain Men, der Bergmänner, der einzigen Sorte von Westernern, die nicht in zivilisatorischer Absicht in die Wildnis gehen, sondern um im eigenen Verwildern ihre Wiedergeburt zu erleben. Bernard DeVoto: »Die Mountain Men waren eine rauhe Rasse, wie viele selektive Rassen von Amerikanern es aus Notwendigkeit sein mußten. Ihr Mut, ihr Geschick und ihre Meisterschaft in der Bewältigung der Konditionen ihrer frei gewählten Lebensumstände waren absolut, sonst hätten sie sich dieses Leben nicht ausgesucht. Sie hätten sich dieses Leben auch nicht ausgesucht, hätten sie nicht ein Empfinden für die Schönheit des Landes gehabt und in ihrer Lebensweise etwas Wertvolles gefunden, das über Sicherheit, Gewinn, Komfort und Familienleben hinausging. Von den spezifischen Attributen dieser Lebensweise und der Landschaft abgesehen, scheint es fair, auf das extreme, vielleicht maximale Maß an amerikanischem Individualismus und Gusto hinzuweisen. Im übrigen hatte die Einsamkeit ihnen eine überreiche Gabe an Freundlichkeit verliehen, und noch im simplen Überleben zeigte sich die Schärfe ihres Witzes«* (Across the Wide Missouri).

Bevor Ashley und Henry ihre Mannschaft aus »freien Trappern« rekrutierten, hatten die Pelzgesellschaften mit festangestellten Trappern gearbeitet, die pro Monat oder Saison ein Gehalt bekamen und nach Abschluß der Saison meist zu ihren Familien zurückkehrten. Zwischen den freien Trappern und Ashley und Henry gab es keinerlei Verpflichtung, nur die Absichtserklärung der beiden Händler, den Trappern ihre Beute abzukaufen. Die freien Trapper zogen auch nicht in die Rockies wie auf einen Arbeitsplatz, sondern um dort zu leben. Viele von ihnen heirateten vorübergehend oder für immer Indianerinnen. Frühling und Herbst war die Zeit für das »trapping«, hauptsächlich auf Biber. Im Winter wurde gejagt, meist für den eigenen Bedarf. Im Sommer kam man zum Handeln und zu turbulenten Feiern und Spielen zusammen: Das jährliche Treffen der Mountain Men, genannt »Rendezvous«, wurde für fünfzehn Jahre die dominierende gesellschaftliche Einrichtung der Rocky Mountains. Die Höhe-

Clark Gable in *Across the Wide Missouri* von William A. Wellman, 1951 (linke Seite oben).
John Huston als Captain Henry (ganz vorn) in *Man in the Wilderness* von Richard C. Sarafian, 1971 (linke Seite unten).
Robert Redford in *Jeremiah Johnson* von Sydney Pollack, 1972 (oben).

punkte jedes Rendezvous' wurden weithin kolportiert; so verdankt Kit Carson, der neben Jim Bridger zum berühmtesten aller Mountain Men wurde, seinen ersten Ruhm einem wilden Duell, das er beim Rendezvous 1835 mit einem französischen Trapper um die Gunst eines Arapaho-Mädchens austrug.

Viele Mountain Men gingen in der jagdfreien Zeit auf Entdeckungsreisen. Von Jim Bridger, der sich als Achtzehnjähriger auf das Inserat von Ashley und Henry gemeldet hatte, heißt es, er habe während seiner Reisen im Westen mehr unerforschtes Land erkundet als irgendein anderer weißer Mann seines Jahrhunderts: unter anderem kam er als erster Weißer zum Großen Salzsee (den er zuerst für den Pazifik hielt) und zu den Geysiren des Yellowstone Park.

Unter den Überlebens-Abenteuern, die die Mountain Men in den Augen ihrer Zeitgenossen und mehr noch in der Perspektive der Mythenmacher als Berggötter und Fabelwesen (»ha'f hoss, ha'f Alligator«) erscheinen ließen, nimmt die Odyssee des Hugh Glass einen besonderen Rang ein. »Die Abenteuer von Glass gehören zu den bleibenden Epen von physischer Kraft, seelischer Stärke, gutem Glück und Überlebenswillen« (Dale Morgan, Book of the West). Glass gehörte zu einem Trupp Mountain Men, die Captain Henry im Frühjahr 1823 nach verlustreichen Auseinandersetzungen mit den Blackfeet auf dem Landweg vom Missouri zum Yellowstone führte. Er wurde von einem Grizzly angefallen und so zerfleischt, daß Henry ihn aufgab und weiterzog; zwei Freiwillige, der noch namenlose Jim Bridger und John Fitzgerald, sollten bei dem Sterbenden bleiben und ihn nach seinem Ende begraben. Auch sie aber gaben Glass bald auf, nahmen sein Gewehr mit und folgten dem Haupttrupp. Wider alles Erwarten überlebte der hilf- und waffenlose Glass, heilte seine Wunden aus und schlug sich in monatelangen Märschen, immer wieder von Indianern und Wölfen bedroht und angefallen, bis zum Handelsposten der Pelzgesellschaft am Big Horn durch. Beim Anblick des Totgeglaubten wurden Bridger und Fitzgerald von Panik ergriffen, *zumal Glass keinen Zweifel daran ließ, daß er sich an den beiden rächen wollte. Aber schließlich verzieh er ihnen und empfahl den Schuften, die Sache mit ihrem Gewissen und Gott abzumachen. Einen Winter später wurde Glass von Ree-Indianern getötet und skalpiert.*

Von den mystisch-barbarischen Herausforderungen dieser Welt und der emotionellen Maßlosigkeit derer, die sich ihr aussetzten, ist auch die Geschichte von John Johnson bestimmt. Johnson hatte wie viele andere Mountain Men eine Indianerin zur Frau genommen. Als diese Frau von Crows getötet wurde, nahm Johnson kannibalische Rache, indem er an die 300 Crows tötete und ihre Leber aß; seither wurde er »Liver-eating Johnson« genannt.

Die große Zeit der Mountain Men dauerte nur wenige Jahrzehnte. Gegen 1870 verlor der Pelzhandel an Bedeutung, die Jagdgründe hatten ihren Reichtum eingebüßt, und die Zivilisierung des Westens nahm Ausmaße an, die ihn als Lebensraum für eine archaische Rasse unmöglich machte. Für den Film wurden die Mountain Men erst interessant, als der Western die übrigen Mythologien des Westens aufgebraucht hatte und das Genre für eine zivilisationsfeindliche, vom modernen Ökologiedenken beeinflußte Neo-Mythologie reif wurde: das heißt, in den sechziger Jahren, »in denen die indianische Lebensweise ein wichtiges Konter-Kultur-Symbol wurde« (Leslie Fiedler, The Return of the Vanishing American*).*

Filme: 1951 *Across the Wide Missouri. R* William A. Wellman. *D* Clark Gable. *P* MGM. 1952 *The Big Sky. R* Howard Hawks. *D* Kirk Douglas. *P* RKO. 1967 *The Scalphunters. R* Sydney Pollack. *D* Burt Lancaster. *P* Bristol. 1971 *Man in the Wilderness. R* Richard C. Sarafian. *D* Richard Harris (Zachary Bass=Hugh Glass), John Huston (Captain Henry). *P* Wilderness. 1972 *Jeremiah Johnson. R* Sydney Pollack. *D* Robert Redford (Jeremiah Johnson=John Johnson). *P* Joe Wizard – Sanford. Siehe auch Filmographien ›Kit Carson‹, 1868, und ›Jim Bridger‹, 1881.

1823

Der erste Lederstrumpf-Roman. Als erster Band der *Lederstrumpf*-Romane von James Fenimore Cooper erscheint *The Pioneers; or, The Sources of the Susquehanna.* In diesem Roman ist Coopers Held Natty Bumppo bereits 70 Jahre alt oder darüber; hier eine Orientierungshilfe zur Chronologie der fünf *Lederstrumpf*-Romane und ihrer Entstehung:

The Deerslayer erscheint 1841 und spielt 1740–1745; Natty ist Anfang 20.

The Last of the Mohicans erscheint 1826 und spielt 1757, im French and Indian War; Natty ist Ende 30.

The Pathfinder erscheint 1840 und spielt 1759, immer noch im French and Indian War.

The Pioneers erscheint 1823 und spielt 1793–1794; Natty ist Anfang 70.

The Prairie erscheint 1827 und spielt 1804; Natty ist Anfang 80.

Der Schauplatz der *Pioneers* ist die Grenze des späten 18. Jahrhunderts, der Osten des Staates New York. Als Gegenspieler treten auf: Natty Bumppo, der gealterte Lederstrumpf, der seine letzten Kämpfe um die Freiheit der Wildnis ausficht, und Richter Temple, der die neuen Jagdgesetze durchsetzen will, als Teil jener zivilisatorischen Notwendigkeiten, die dem ungezügelten Individualismus in freier Natur Grenzen setzen. »Temple und Bumppo stimmen überein in der Ansicht, daß die Gaben der Natur weise verwendet werden müssen. Aber sie stoßen zusammen, weil Bumppo ein Ritter der Wildnis ist und Richter Temple zu der Klasse wahrer Gentlemen gehört, deren Aufgabe es ist, die Zivilisation voranzutreiben. Bumppos Gesetz ist richtig zu seiner Zeit und an seinem Ort, und des Richters Gesetz zu der seinen. Aber Cooper meint, daß Bumppo dem Richter weichen muß, ebenso wie höhere Herren eines Tages kommen müssen, um ihrerseits Temple und die Pionierperiode zu ersetzen« (Edwin H.

Cady, *The Gentleman in America*). Diese »höheren Herren« sind jene Vertreter der Business-Zivilisation, die nicht nach Freiheit oder Gesetz, sondern nach Profit rechnen.

Coopers erster *Lederstrumpf*-Roman hat eine Komik, die später zur Basis vieler Comedy-Western wird: die Komik der Inkompetenz und der unangemessenen Verhaltensweisen, die entsteht, wenn der Westen dem Zivilisationsmenschen Aufgaben stellt, denen er nicht gewachsen ist. Coopers Pioniere können weder ordentlich reiten noch schießen, versuchen aber ständig, ihre Meisterschaft in diesen Disziplinen zu beweisen. Die Holzfäller laufen ständig Gefahr, von den Bäumen, die sie fällen, erschlagen zu werden. Und Richter Temple ist samt seinen Leuten nicht in der Lage, ein Gefängnis zu bauen, das die Gefangenen sicher verwahrt; er ist auf deren Bereitschaft angewiesen, freiwillig in ihrem Verschlag zu bleiben. In Umkehrung dieses komischen Einfalls sind die Gefangenen in der Lage, ihr Gefängnis von innen so zu verriegeln, daß sie von den Gesetzeshütern nicht belästigt werden können.

Natty Bumppo verliert schließlich die Grenze des Ostens, um eine neue Grenze weiter im Westen zu suchen. Der klassische letzte Satz der *Pioneers:* »Er war weiter nach Westen gezogen – der erste in der Schar der Ansiedler, welche der Wanderung eines ganzen Volkes den Weg quer durch unser Festland zeigten.«

Eine Daniel Boone-Biographie, teilweise von ihm selbst. Die Gestalt des Mannes, der als erster den Weg in den Westen zeigt, erinnert schon die ersten *Pioneers*-Kritiker an Daniel Boone, dessen Tod erst drei Jahre zurückliegt. In der Zeitschrift *Port Folio* vom März 1823 schreibt ein Rezensent, Natty Bumppo sei »modelled from the effigies of old Daniel Boone«.

Im selben Jahr wie der erste *Lederstrumpf*-Roman erscheint auch eine neue Daniel Boone-Biographie, teilweise (angeblich) von ihm selbst verfaßt: *Life and Adventures of Colonel Daniel*

Boone, the First White Settler of the State of Kentucky; Written by Himself. Annexed is an Eulogy on Col. Boone and Choice of Life, by Lord Byron. Die Frage, bei deren Beantwortung sich alle frühen Boone-Biographen in Widersprüche verwickeln, ob nämlich Boone der Vorkämpfer der Zivilisation war oder ihr Todfeind, beantwortet der anonyme Biograph mit seltener Entschiedenheit: »Er würde mit Gewißheit den Zustand der Natur dem Zustand der Zivilisation vorziehen, sähe er sich gezwungen, zwischen dem einen und dem anderen zu wählen.«

Der Beitrag Lord Byrons ist ein längeres Zitat aus dem 8. Gesang des *Don Juan,* in dem Byron den amerikanischen Pionier besingt.

Ned Buntline. Im Jahr der ersten posthumen Boone-Biographie und Boones Verwandlung in eine literarische Figur wird der Mann geboren, der die von Cooper geschaffene Persona für den Massengeschmack vulgarisieren und popularisieren wird: Edward Zane Carroll Judson, zunächst Schiffsjunge, Soldat, Glücksritter, Kopfgeldjäger, dann unter dem Pseudonym Ned Buntline der erste große Groschenheft-Autor Amerikas.

Indianer-Agenten. Das Kriegsministerium richtet das Bureau of Indian Affairs ein, das sich um alle indianischen Angelegenheiten der USA kümmern soll. Das Büro geht 1849 in die Zuständigkeit des Innenministeriums über, was aber Kompetenz-Streitigkeiten zwischen den beiden Ministerien in der Indianerfrage für die Zukunft nicht ausschließt. Das Agentensystem, die Organisationsstruktur der Indianerpolitik, geht in seinen Anfängen auf die Zeit der englischen Herrschaft zurück. Den Stämmen und später den Reservationen wurden Agenten zugeteilt, die die Indianer friedlich halten, ihre Rechte wahren, ihre in den Verträgen geregelte Versorgung sicherstellen und sie vor der Ausbeutung durch freie Handelsgesellschaften und weiße Geschäftemacher bewahren sollten. In den Zeiten der zunehmenden Korrumpierung des ganzen öffentlichen Lebens der USA und vor allem der oft schwer zu kontrollierenden Westgebiete erwies es sich, daß man damit letzten Endes nur Monopole geschaffen hatte, die ihren Inhabern, den Agenten, enorme kommerzielle Möglichkeiten eröffneten; das Agentensystem wandelte sich weithin zum Indian Ring, einer Mafia, die den Indianermarkt kontrollierte und unter Mißbrauch öffentlicher Mittel und Mißachtung der indianischen Bedürfnisse die Profitmaximierung der Racketeers betrieb.

»Es begann an höchster Stelle damit, daß der Innenminister Agentenposten nicht vergab, sondern verkaufte. Der Agent wiederum hielt sich schadlos an den Vertragspartnern, denen er Aufträge nicht vergab, sondern verkaufte. So wurden unter dem Tisch entweder saftige Provisionen oder einmalige Abschlagssummen vereinbart, oder es wurden minderwertige Waren billig eingekauft, aber Preise für erstklassige berechnet und der Profit unter den Mitwissern aufgeteilt. Ungezählt sind die Beispiele solcher Manipulationen. Wenn zum Beispiel die Regierung für einen Stamm vertraglich die Lieferung von 1000 Rindern monatlich vereinbart hatte, so lieferte der Viehzüchter nur 600 miserabelster Rinder, von denen der Agent dreihundert auf Regierungsweide wieder herausfütterte und dann verkaufte. So zahlte die Regierung für 1000 gute, fette Rinder, aber die Indianer erhielten nur 300 miserable, häufig sogar noch weniger, manchmal überhaupt nichts« (H. J. Stammel, *Solange Gras wächst und Wasser fließt*).

Für den Western, der sich der Schuldfrage bei Indianerkriegen stellen muß, aber die Kavallerie von Anfang an und in späteren Zeiten auch die Indianer exkulpiert, ist der korrupte, profitgierige Agent der ideale Bösewicht, was das Publikum um so leichter akzeptiert, als es daran gewöhnt ist, die Western-Schurken unter den Geschäftsleuten und Politikern zu suchen.

Filme: 1925 *The Golden Strain. R* Victor Schertzinger. *D* Hobart Bosworth. Apachen gehen auf den Kriegspfad, weil ihr Reservations-

Agent sie um ihre Zuteilungen betrügt. *P* Fox. 1925 *The Vanishing Frontier.* *R* George B. Seitz. *D* Richard Dix. Um 1910: Auseinandersetzungen eines Navajo mit einem schurkischen Agenten. *P* Famous Players-Lasky. 1926 *The Flaming Frontier.* *R* Edward Sedgwick. *D* Hoot Gibson. Offizier der 7. Kavallerie bringt nach der Little Big Horn-Schlacht einen korrupten Agenten vor Gericht. *P* Universal. 1927 *Hawk of the Hills.* *R* Spencer G. Bennet. *D* Jack Ganghorn. Im Montana-Goldrausch: Outlaw nimmt die Stelle eines Indianer-Agenten ein. Serial. *P* Pathé. 1948 *Indian Agent.* *R* Lesley Selander. *D* Tim Holt. Indianer-Agent und Frachtunternehmer führen die für Indianer bestimmten Rinder lukrativeren Märkten zu. *P* RKO. 1948 *Fort Apache.* *R* John Ford. *D* John Wayne, Henry Fonda, Grant Withers. Die Methoden eines korrupten Agenten führen eine Schlacht zwischen Apachen und Kavallerie herbei. *P* Argosy. 1965 *The Great Sioux Massacre.* *R* Sidney Salkow. *D* Philip Carey (Custer). George A. Custer fällt in Washington in Ungnade, weil er die Korruption im Agentensystem bekämpft. *P* F & F/Columbia. 1967 *Hombre.* *R* Martin Ritt. *D* Paul Newman, Frederic March. Agent unterschlägt 12000 Dollar Regierungsgelder, die für Rinder-Lieferungen an die Reservations-Apachen bestimmt waren. *P* Hombre/20th Century-Fox.

Eine englisch-amerikanische Konfrontation. Eine Trappertruppe der englischen Hudson Bay Company zieht südwärts bis zum Great Salt Lake und stößt dort auf amerikanische Trapper, unter ihnen Jim Bridger. Die Amerikaner fordern die Engländer auf, das Land sofort zu verlassen, obwohl Engländer wie Amerikaner sich auf einem Gebiet befinden, das zu dieser Zeit noch mexikanisch ist.

Der Erie-Kanal.

I got a mule and her name is Sal –
Fifteen miles on the Erie Canal.
She's a good worker and a good old pal –
Fifteen miles on the Erie Canal. Folksong

Die Eröffnung des Erie-Kanals in *How the West Was Won* von Henry Hathaway, 1962.

Nach acht Jahren Bauzeit wird der Erie-Kanal fertiggestellt, der den Hudson River und den Atlantischen Ozean mit den Großen Seen verbindet und so einen Wasserweg direkt in das Herz des Kontinents eröffnet.

Film: 1962 *How the West Was Won,* Episode *The River. R* Henry Hathaway. *D* Karl Malden. *P* MGM.

Geboren:

Roy Bean, in Mason County, Kentucky; wächst auf in Mexiko; flieht nach einem Mord in das Kalifornien des Goldrauschs; kommt dort wegen Totschlags ins Gefängnis; überlebt nach seiner Entlassung das Gehängtwerden durch einen eifersüchtigen Mexikaner; führt im Bürgerkrieg eine »die vierzig Diebe« genannte Guerillabande der Südstaaten; taucht 1882 in Vinegaroon, Texas, auf, wo er seine berüchtigte Karriere als Judge Roy Bean beginnt.

Cochise; wird in den fünfziger Jahren zu einem der Führer der Chiricahua-Apachen; seine ungerechtfertigte Festnahme löst 1860 die Apachen-Kriege aus.

Agnes Lake Thatcher, als Agnes Mersmann, im Elsaß; kommt 1829 mit ihrer Familie nach Amerika; läuft als 16jährige mit dem Zirkus-Clown William Lake davon, den sie später heiratet; wird eine der bedeutendsten Zirkusartistinnen und -managerinnen des Westens; 1869 verwitwet, heiratet sie 1876 Wild Bill Hickok.

1826

Der zweite Lederstrumpf-Roman. James Fenimore Cooper berichtet in seinem zweiten *Lederstrumpf*-Roman *The Last of the Mohicans: A Narrative of 1757* von den Abenteuern seines Helden im French and Indian War; ironischerweise ist zu dem Zeitpunkt, da dieser Roman erscheint, keiner der kriegführenden Engländer, Franzosen und Indianer mehr im Besitz der Gebiete, um die der Krieg ausgetragen wurde.

The Last of the Mohicans ist der grausamste und blutigste aller

Randolph Scott als Hawkeye und Binnie Barnes als Alice Munro in *The Last of the Mohicans* von George B. Seitz, 1936.

Lederstrumpf-Romane, was teils durch die kriegerische Kulisse der Erzählung bedingt ist, mehr noch aber durch eine zunehmende Abkehr Coopers von der Idylle. Die Ursache vieler Grausamkeiten wird dabei oft zur Quelle der Komik, ähnlich wie in den *Pioneers.* »Die wilde Erbarmungslosigkeit der Wildnis enthüllt indirekt des weißen Mannes Unfähigkeit, sich den Bedingungen einer Existenz anzupassen, für die seine Talente und Erfahrungen ihn nicht vorbereitet haben; er wird im Roman durchgehend als irrelevant, ineffektiv und verantwortungslos gezeichnet. Die respektablen weißen Charaktere begehen eine Torheit nach der anderen und wären verloren, würden sie vor den Folgen dieser Torheiten nicht durch Hawkeye, Chingachgook oder Uncas gerettet« (Edwin Fussell, *Frontier*).

Ein Weg nach Kalifornien. Als erster Amerikaner durchquert der Mountain Man und Scout Jebediah Smith die westliche Hälfte des Kontinents vom Missouri nach Kalifornien. Er gelangt bis in die Gegend des heutigen Los Angeles, wo er mexikanischen Franziskanern begegnet. Die Erkenntnis, daß die Amerikaner die Rocky Mountains überqueren können, beunruhigt die mexikanische Regierung, die bislang angenommen hatte, Kalifornien sei nur von der Seeseite her angreifbar.

Gestorben: Thomas Jefferson, einer der Väter der Nation, mit 73 Jahren auf seinem Landsitz Monticelli bei Charlottsville, Virginia; in seinem politischen, ideologischen, sozialen und wirtschaftlichen Wirken der erste große Amerikaner, der die Bedeutung des Westens für die USA erkannt hat und zum Protektor des agrarischen Westens vor dem merkantilen Osten geworden ist.
Filme: 1924 *America. R* D. W. Griffith. *D* Frank Walsh (Jefferson). *P* D. W. Griffith. 1925 *Janice Meredith. R* E. Mason Hopper. *D* Lionel Adams (Jefferson). *P* W. R. Hearst. 1931 *Alexander Hamilton. R* John Adolfi. *D* Montagu Love (Jefferson). 1940 *The Howards of Virginia. R* Frank Lloyd. *D* Richard Carlson (Jefferson). *P* Columbia. 1955 *The Far Horizons. R* Rudolph Maté. *D* Herbert Heyes (Jefferson). *P* Warner

Bros. 1956 *Williamsburg – The Story of a Patriot*. *R* George Seaton. *D* Frederic Warriner (Jefferson). *P* Paramount. 1972 *1776*. *R* Peter H. Hunt. *D* Ken Howard (Jefferson). *P* Warner Bros. 1975 *Independence*. *R* John Huston. *D* Ken Howard (Jefferson). *P* 20th Century-Fox.

1827

Der dritte Lederstrumpf-Roman. In seinem dritten *Lederstrumpf*-Roman *The Prairie* führt Cooper seinen greisen Helden Natty Bumppo bis an das Ende des Westens, bis zum Pazifischen Ozean, und zwar im selben Jahr 1804, in dem auch die Lewis und Clark-Expedition dieses Ziel erreicht. *The Prairie* ist das erste einer langen Reihe von Werken, die vom Ende einer Epoche des Westens sprechen und vom Verschwinden eines Menschenschlags, der diese Epoche geprägt hat; in der Western-Produktion der siebziger Jahre gibt es fast nur noch solche Werke, die jetzt von der Kritik End-of-the-Line-Western genannt werden.

»›Wenn ich nicht mehr bin‹, sagt Natty in *The Prairie*, ›ist meine Rasse zu Ende‹. Das Wort Rasse ist doppeldeutig, aber es kann kein Zweifel darüber bestehen, daß Natty wie Chingachgook in den Augen Coopers ein im Verschwinden begriffener Indianer ist – verschwindend aus der Literatur wie aus unserem Leben und die Möglichkeit weiterer Western mit sich in den Sonnenuntergang nehmend« (Leslie Fiedler, *The Return of the Vanishing American*).

Davy Crockett im Kongreß. Der 41jährige Davy Crockett, Veteran des Creek War, Held vieler echter und von ihm selbst erfundener Jagdabenteuer im Westen, von 1821–1825 Mitglied des Abgeordnetenhauses von Tennessee, wird von seinem Staat in den Kongreß gewählt. Seine Bemühungen um Landrechte für Siedler verwickeln ihn in heftige politische Kontroversen. Als er

1834 bei den Kongreß-Neuwahlen geschlagen wird, erklärt er verbittert seinen »Abfall« von der Union und seine »Auswanderung« in das noch mexikanische Texas: »Ihr könnt alle zur Hölle fahren – ich gehe nach Texas!« Durch den Kampf ums Alamo wird er dann endgültig ein Nationalheld.

Jacksonismus – eine Demokratie aus dem Westen

1828 wird der 61jährige Andrew Jackson der 7. Präsident der Vereinigten Staaten. In Süd-Carolina geboren, mit 13 Jahren Soldat im Revolutionskrieg, als Selfmade-Man zum Anwalt aufgestiegen, Plantagenbesitzer und als Abgeordneter Tennessees in das Repräsentantenhaus und dann in den Senat gewählt, ist er seit seinen siegreichen Kampagnen im Krieg gegen die Engländer von 1812 und in den darauffolgenden Kriegen gegen die Creek und die Seminolen als »Old Hickory« zu einem Volksheld geworden, dessen politische Karriere vom Westen und seinen kleinen Leuten mit Enthusiasmus, vom Osten und seinem Establishment mit Mißtrauen verfolgt wird. Er ist der erste Volkspräsident der USA, ein Mann des Westens, eine Hoffnung des Westens und eine Führergestalt, in der die Ideale des Westens und die Ideale der Demokratie zusammenfließen.

»Ein halbes Jahrhundert zuvor hatte Jefferson den Gedanken, daß ›alle Menschen gleich geschaffen‹ sind, zur philosophischen Grundlage der Unabhängigkeitserklärung gemacht, und in der unblutigen ›Revolution von 1800‹ hatten die entschlossenen Schüler des Jeffersonismus den schon geschwächten Zentralismus überwunden. Indessen waren die Jeffersonianer selbst in ihren Ansichten wesentlich aristokratisch und mißtrauten der Idee einer Volksherrschaft. Sie glaubten an eine Regierung des *Volkes* für *das Volk, aber nicht unbedingt* durch *das Volk, und erst im Zeitalter Jacksons wurde der Egalitarismus das alles durchdringende Thema des amerikanischen Lebens. Die politischen Institutionen*

wurden nun einer tiefgreifenden Umgestaltung unterzogen, und die politische Kontrolle ging von einer Aristokratie der gebildeten Leute von Rang und Reichtum auf den einfachen Bürger, den Durchschnittsamerikaner über« (Richard D. Heffner, A Documentary History of the United States*).*

Der Westen, dessen Ideen Jackson nach Washington trug, hatte in seinen neuen Territorien und Staaten meist von Anfang an das allgemeine aktive und passive Wahlrecht für alle erwachsenen, männlichen Weißen eingeführt (auch in der Frage des Frauen-Wahlrechts waren die Weststaaten progressiver als die Oststaaten). Für den Osten mit seinen aus der Kolonialzeit rührenden Traditionen war es nichts Außergewöhnliches, die Wählbarkeit eines Kandidaten von seinem Besitzstand abhängig zu machen (property qualification); für den traditionslosen Westen, den sich nur Pioniere als Heimat wählten, die neu anfangen und sich aus eigener Kraft behaupten wollten, waren solche und ähnliche Privilegien ein Greuel. So hatte der Westen ganz automatisch einen Demokratie-Vorsprung gewonnen, den der Osten aufholen mußte; Jackson forcierte diese Entwicklung. Seine Verbündeten im Osten fand er in der Arbeiterschaft und unter den Klein-Unternehmern, die ihm seinen Kampf gegen die Monopole zu danken wußten; der Westen sah in ihm seine aus den Erfahrungen der Grenze erwachsenen unerschütterlichen Überzeugung an die Kraft des kleinen Mannes bestätigt und glorifiziert. Seine rauhen Sitten und seine allem Zeremoniell und Protokoll abgeneigte Lebens- und Amtsführung taten ein übriges, ihn beim Volk beliebt zu machen. Seinen wichtigsten Kampf gegen das Geldestablishment und die kapitalistische Organisation des Ostens trug er 1832 in den Auseinandersetzungen um die amerikanische Nationalbank aus.

1829

Der Fluch des Bühnen-Häuptlings. Mit *Metamora, or The Last of the Wampanoags* von John Augustus Stone wird das erfolgreichste aller Indianer-Melodramen und eines der populärsten US-Bühnenstücke des 19. Jahrhunderts uraufgeführt. Sein Titelheld Metamore, auch Metacom und König Philip genannt, führte 1675 den als »König Philips Krieg« bekannten Aufstand der Indianer Neu-Englands gegen die weißen Siedler.

In Stones Stück verwünscht der sterbende Häuptling den weißen Mann: »Mein Fluch auf dich, weißer Mann! Möge der große Geist dich verfluchen, wenn er in seiner Kriegsstimme aus den Wolken spricht! Mögen seine Worte wie der gespaltene Blitz sein, so wild und vernichtend! Mögen deine Gräber und die Gräber deiner Kinder die Wege bedecken, auf denen der rote Mann wandelt und handelt, und mögen der Wolf und der Puma über deinen fleischlosen Knochen heulen!«

1830

Indianer-Aussiedlungs-Gesetz. Daß Andrew Jackson ein Freund des Westens ist, bedeutet nicht, daß er ein positives Interesse an den Indianern hat; schließlich verdankt er einen Großteil seiner Popularität seinen Vernichtungsfeldzügen gegen die Creek und Seminolen. Unter seiner Präsidentschaft verabschiedet der Kongreß das Indian Removal Bill (Indianer-Aussiedlungs-Gesetz), das »nicht seinesgleichen hat in den Gesetzestexten der gesamten Menschheitsgeschichte« (H. J. Stammel, *Solange Gras wächst und Wasser fließt*). Der Kernsatz des Gesetzes lautet: »Durch dieses Gesetz hebt die Legislatur alle Rechte, Privilegien, Freiheiten und Bürgerrechte, die jene Personen, die sich Indianer nennen, besitzen, beanspruchen oder deren sie sich erfreuen, durch welche Rechtskraft irgendeiner Art von Politik, Gewohnheitsrecht oder Lebenssitten sie auch immer erworben, versprochen oder zugesagt sein mögen, innerhalb der verfassungsmäßigen Grenzen dieses Staatenbundes auf.«

Fürs erste gibt das Gesetz dem Präsidenten die Handhabe, die sogenannten vier zivilisierten Nationen (Cherokee, Creek, Choctaw und Chicasaw) von ihrer Heimat östlich des Mississippi in das von nun an Indian Territory genannte Gebiet westlich des Mississippi, das spätere Oklahoma, umzusiedeln (Oklahoma bedeutet in der Sprache der Choctaw »rotes Volk«). Die großenteils unter Gewaltanwendung und hohen Verlusten für die Indianer durchgesetzte Umsiedlung beginnt 1831 und wird 1839 mit dem »Marsch der Tränen« abgeschlossen.

Der erste Mountain-Men-Roman. Die Mountain Men und der Rocky Mountain-Pelzhandel finden ihre erste literarische Darstellung in dem zweibändigen Roman *The Shoshonee Valley; A Romance* von Timothy Flint. Der Autor schildert die Mountain Men als »seltsame, furchtlose und granitharte Männer, die mit der Angst auch gleich alle allgemeinen Impulse und Affektionen unserer Natur ablegen und in ihrer eigenen Ingeniosität, ihrem Messer, ihrem Gewehr und ihren Fallen die ganze Göttlichkeit finden, deren Notwendigkeit ihre strenge Art und Kondition ihnen gelehrt hat; sie sind unempfindlich gegen Leidenschaften und Begierden, und sie genügen sich selbst, ähnlich wie die Bäume oder die Felsen, die ihre Gesprächspartner sind«.

Liebesleben eines Squaw Man. Der Trapper und Händler Maurice Leduc, der 1830 den nach ihm benannten Handelsposten Fort Maurice gründet, bietet mit dem Familienleben, das er dort führt, ein schönes Beispiel für die unproblematische Rassen-Vermählung, wie sie an der noch unzivilisierten Grenze üblich ist; mit dem Fortschritt der Zivilisation wird der Ausdruck »Squaw Man« zum Schimpfwort und die Ehe mit einer Indianerin fast unmöglich. »Leduc teilte sein Boudoir mit einem Ute-, einem Sioux- und einem Blackfeet-Mädchen, und dieses Trio der sanften Leidenschaften bereicherte die Leducsche Menage um drei männliche ›Bündel der Freude‹« (Denis McLoughlin, *Wild and Wooly*). Auch gegen Mexikaner hat Leduc, anders als viele »zivilisierte« Amerikaner, keine rassischen Vorurteile; er heiratet später eine Mexikanerin und lebt nach deren Tod jahrelang mit einer anderen Señorita zusammen.

Jim Bowie läßt sich ein Messer schmieden. Der 34jährige Jim Bowie, der in Louisiana und Texas Sklavenhändler, Landmakler und Zuckerrohr-Farmer geworden ist, läßt sich von dem Schmied James Black das Messer schmieden, das seither als Bowie-Messer bekannt ist. Bowie hatte schon als Kind Alligatoren mit einem Messer getötet, später war er in einige blutige Messerstechereien verwickelt. Sein neues Kampfmesser bewährt sich zum erstenmal, als er bei einem Banditenüberfall drei der Angreifer ersticht. Bowie und sein Messer, das bald in Tausenden von Exemplaren Verbreitung findet, werden berühmt, und die vielen Ehrenhändel des Südens werden von nun an vornehmlich mit einem Bowie-Messer statt mit der Pistole ausgetragen.

Krieg der Sioux und Pawnees. Die Sioux ziehen vom White River zum North Platte River und verwickeln sich in jahrelange kriegerische Auseinandersetzungen mit den Pawnees, die als Folge dieser Kämpfe später mit der US-Armee zusammen gegen die Sioux ziehen. 1864 stellt Major Frank North ein 100 Mann starkes Pawnee-Bataillon auf.

1831

Exodus der vier zivilisierten Nationen. Als erste der vier zivilisierten Nationen geben die Choctaws dem Druck der

Weißen nach und ziehen nach Oklahoma. Die Creek beschweren sich in Washington, daß sich auf ihrem Land in Alabama 1500 Weiße als Farmer niedergelassen haben. Washington zwingt sie, ihr Land aufzugeben. Die letzten Creek verlassen Alabama 1835 nach einem erfolglosen Aufstand. Die Cherokee versuchen, sich ihr Heimatrecht vor dem Obersten Bundesgericht zu erkämpfen. Im Verlauf dieses Verfahrens entscheidet das Gericht, daß die Indianer keine amerikanischen Bürger seien, sondern Angehörige binnenländisch abhängiger Nationen, und an die Verfassung der USA weder gebunden noch von dieser geschützt sind.

Die Bank

When the farmer comes to town
With his wagon broken down
Oh, the farmer is the man who feeds them all
If you'll only look and see,
I think you will agree
That the farmer is the man who feeds them all.

Chorus:
The farmer is the man,
The farmer ist the man,
Lives on credit till the fall;
Then they take him by the hand,
And they lead him from the land,
And the middle man's the one who gets it all.
With the int'rest rate so high,
It's a wonder he don't die,
For the mortgage man's the one who gets it all.

Folksong

Schon Thomas Jefferson, besorgt um ein soziales Wirtschaftssystem, das die föderalistischen Prinzipien des neuen Staates USA respektiert und unter anderem verhindert, daß die agrarischen Weststaaten zu einem leicht ausbeutbaren Kolonialgebiet für das merkantile »Mutterland«, die Oststaaten werden, hatte 1791 einen leidenschaftlichen Kampf gegen die Konstituierung einer Nationalbank, der Bank of the United States, geführt. Er unterlag gegen seinen Antipoden Alexander Hamilton, für den eine Nationalbank, in die Aktionäre aus den Kreisen der »rich and wellborn« unter staatlichen Garantien profitabel investierten, zu den Grundfesten des zentralistischen Law and Order-Staates gehörten, den er anstrebte. Die Bank wurde für eine befristete Periode konstituiert. Unter der Präsidentschaft von Andrew Jackson wurde eine gesetzliche Regelung zur Fortführung der Bank oder deren Liquidierung fällig. Wieder kam es über diese Frage zu einer heftigen öffentlichen Kontroverse.

»Zwar wurden die konservativen Business-Führer durch die Bank und ihren aristokratischen Präsidenten, Nicholas Biddle, gut bedient, aber für die öffentliche Meinung war die Bank etwas Verdächtiges, das nur Mißtrauen verdiente. Bald sprachen die Repräsentanten der unterprivilegierten Klassen von der Bank als von einem ›Finanz-Octopus‹ und protestierten gegen ihre Allmacht über das Wirtschaftsleben der Nation. Jackson teilte dieses öffentliche Vorurteil gegen die Bank, und wie Jefferson vor ihm zog er ihre Verfassungsmäßigkeit in Zweifel« (Richard D. Heffner, A Documentary History of the United States*). 1832 verabschiedete der Kongreß auf Betreiben des Bank-Präsidenten Biddle das Bank Renewal Bill (Bank-Weiterführungs-Gesetz). Das Veto, das Jackson gegen das Gesetz einlegte, enthält die radikalsten antikapitalistischen Ausführungen, die je ein Präsident der USA öffentlich gemacht hat; zugleich reißen sie die ganze Problematik auf, die während der nächsten hundert Jahre das Verhältnis zwischen dem Kapital und der Landbevölkerung des Westens beherrscht und zum Thema ungezählter Western wird.*

Andrew Jackson in seinem Veto gegen das Bank Renewal Bill: »[...] Die Bank der Vereinigten Staaten erfreut sich des exklusiven

Privilegs der Bankgeschäfte unter der Autorität der Regierung, ein Monopol ihrer Gunst und Unterstützung und, als notwendige Folge, fast ein Monopol des in- und ausländischen Geldhandels. Die Macht, die Privilegien und Begünstigungen, mit denen sie durch die Original-Charta ausgestattet wurde, haben den Wert der Aktien weit über ihren Nominalwert ansteigen lassen und infolgedessen den Aktionären einen Gewinn von vielen Millionen gebracht. [...] Das vorliegende Gesetz gestattet keinen Wettbewerb beim Erwerb dieses Monopols. Es scheint von der irrigen Annahme auszugehen, daß die gegenwärtigen Aktionäre ein präskriptives Recht nicht nur auf die Gunst, sondern auch auf die Freigebigkeit der Regierung haben. Wie es scheint, wird ein Viertel der Aktien von Ausländern gehalten, und der Rest verteilt sich auf wenige Hundert unserer Bürger, vornehmlich aus den reichsten Klassen. Zu ihren Gunsten schließt das Gesetz das ganze amerikanische Volk vom Wettbewerb beim Erwerb dieses Monopols aus und vergibt es um viele Millionen unter seinem Wert. [...] Von den fünfundzwanzig Direktoren der Bank werden fünf von der Regierung bestimmt und zwanzig von den inländischen Aktionären. [...] Es läßt sich leicht vorstellen, daß unserem Land und unseren Institutionen durch eine solche Konzentration von Macht in den Händen einiger weniger Männer, die dem Volk nicht verantwortlich sind, großer Schaden zugefügt werden kann. [...] Man kann es nur bedauern, daß die Reichen und Mächtigen nur zu oft die Handlungen der Regierung zu ihren eigennützigen Zwekken umbiegen. Gesellschaftliche Unterschiede wird es immer, auch unter jeder gerechten Regierung geben. Gleichheit des Talents, der Erziehung und des Besitztums kann nicht von menschlichen Institutionen geschaffen werden. Im Genuß der Gaben des Himmels und der Früchte einer hervorragenden Industrie, Ökonomie und Tatkraft hat jeder Mensch den gleichen Anspruch auf den Schutz des Rechtes. Wenn aber die Gesetze es unternehmen, diesen natürlichen und gerechten Vorteilen künstliche Unterschiede hinzuzufügen, wenn sie Titel, Dividende und exklusive Privile-

gien verleihen, damit die Reichen noch reicher und die Mächtigen noch mächtiger werden, dann haben die einfachen Mitglieder der Gesellschaft – die Farmer und Arbeiter –, die weder die Zeit noch die Mittel haben, gleiche Vorteile für sich selbst zu sichern, das Recht, sich bei ihrer Regierung über diese Ungerechtigkeit zu beschweren. Es gibt keine notwendigen Übel beim Regieren.«

Jacksons Veto und sein Entschluß, die Regierungsgelder aus der Bank zu ziehen, besiegelten das Schicksal der Nationalbank. Aber das von ihm vertretene Prinzip, daß Banken der allgemeinen Wohlfahrt zu dienen haben und daß der Bürger in seinem Umgang mit Banken vom Staat geschützt werden muß, setzte sich in der Praxis nicht durch, weder unter Jackson, und noch viel weniger unter späteren Regierungen, die den Banken gegenüber, seien es die Banken der Einzelstaaten, lokale oder private Banken, eine Politik des laissez-faire und der offenen Begünstigung befolgten. Am härtesten betroffen wurde davon der kleine Mann des Westens.

Die Farmer- und Rancher-Pioniere, die den USA den Reichtum des Westens erschlossen, konnten das nur unter erheblichen Investitionen. Sie hatten aber selbst kaum mehr zu investieren als ihre eigene Arbeitskraft, waren also im besonderen Maße auf die faire Partnerschaft der Banken und Lieferanten angewiesen. »Pioniergebiete waren traditionell Schuldnergebiete. Bezahlungen für Land, Zäune, Farmausrüstungen und Saatgut flossen in andere, zivilisierte Staaten, die hierdurch immer liquider wurden. Nur durch Verkäufe von Vieh und landwirtschaftlichen Produkten war an Bargeld zu kommen. Es dauerte aber mindestens zehn Jahre, ehe Überschüsse erzielt werden konnten« (H. J. Stammel, Solange Gras wächst und Wasser fließt*). Von Finanzhaien, Gläubiger-Lieferanten und der Eisenbahn, die sich ihren Profit mit stets steigenden Frachtraten holte, bedrängt, und vom Staat ungenügend oder gar nicht geschützt, konnten viele Farmer und Rancher diese Durststrecke nicht durchhalten. Das Volkslied sagt, wie es dann jeweils weiterging: »Der Farmer ist der Mann / Lebt* *auf Kredit bis in den Herbst / Und dann nimmt man ihn an der Hand / Und dann führt man ihn von seinem Land / Und der Mittelsmann ist der, der alles erbt.« Der Mittelsmann, der Gläubiger, läßt den Pionier die Kastanien aus dem Feuer holen und setzt sich dann in den Besitz des nunmehr erschlossenen und entsprechend wertvollen Landes.*

In einem Film aus den dreißiger Jahren, Gunsmoke Ranch, *sieht das so aus: Eine Siedlungsfirma vermittelt Farmern aus dem Mittelwesten, die durch eine Überschwemmungskatastrophe Haus und Hof verloren haben, neues Land in Arizona; dieses Land hat die Firma für billiges Geld erworben und verkauft es mit einem hohen Profit, räumt dabei aber außerordentlich günstige Ratenzahlungen ein und behält sich dafür das Eigentumsrecht vor. Was die Siedler nicht wissen, das Siedlungs-Büro aber sehr wohl, ist, daß die Regierung das ganze Land aufkaufen und durch einen Dammbau überschwemmen wird. Durch die Besiedlung ist der Bodenwert des vorher ungenutzten Landes gestiegen, die Regierung wird diesen Preis zahlen, die Siedler haben kein Anrecht auf das Land, das sie erschlossen haben, und außerdem, wie sich herausstellt, das Kleingedruckte in den Verträgen nicht gelesen, das die Dammbau-Möglichkeit, hinreichend verklausuliert, enthält.*

Gunsmoke Ranch *ist ein Film, der im modernen Westen spielt; von ähnlichen Naturkatastrophen wie den im Film geschilderten wurden damals, mitten in der Depression, weite Teile der Landbevölkerung heimgesucht. Die Heimsuchungen lieferten sie aufs neue Banken und anderen Kreditinstituten und damit neuen schlimmen Erfahrungen aus. Und vor diesem Hintergrund erklärt es sich, daß in den späten dreißiger Jahren eine Schurkenfigur im Western beliebt wird, die bis dahin kaum eine Rolle gespielt hat: der redliche Farmer wird nicht länger vom Banditen bedroht, der den Colt zückt, sondern vom Bankmensch, der den Hypothekenbrief zückt. Ihre wirkliche Inthronisation im Königreich der Western-Badmen erfährt diese Figur in John Fords* Stagecoach; *hier erleben wir, wie der Bankier Gatewood von der Miner's*

& Cattlemen's Bank (Kapital 50 000 Dollar, wie deutlich auf dem Firmenschild zu lesen ist) mit dem Geld seiner Kunden das Weite sucht, wobei er aber ausführlich Gelegenheit erhält, die Philosophie eines echten Western-Bankiers vorzutragen:

»Seitdem ich diese Bank aufgemacht habe, versuche ich den Leuten klarzumachen, daß sie ihre Lohngelder sechs Monate im voraus bei mir deponieren sollen! Das wär ein gesundes, gutes Geschäft.« Ein Bankkunde: »Es wär ein gutes Geschäft für Sie!« Gatewood: »Vergessen Sie nicht – was gut ist für die Bank, ist auch gut für den Staat.« Und später sagt er zu einem Offizier, der sich zu Recht weigert, von dem Bankier Befehle entgegenzunehmen: »Ich werde das mit Ihrem vorgesetzten Offizier austragen. Und wenn nötig, werde ich es mit Washington austragen. Wir zahlen der Regierung Steuern, und was kriegen wir dafür? Nicht einmal Schutz durch die Armee. Ich weiß nicht, was der Regierung einfällt! Statt uns Geschäftsleute zu beschützen, steckt sie ihre Nase in unsere Geschäfte. Jetzt wird sogar schon von einer Bankaufsicht gesprochen, als ob die Bankiers nicht wüßten, wie sie ihre Geschäfte zu führen haben. Ich habe doch tatsächlich einen Brief von so einem Hanswurst von Beamten bekommen, der ankündigte, er werde meine Bücher prüfen. Ich habe ein Schlagwort, Gentlemen, das jede Zeitung des Landes im Titel führen sollte: Amerika den Amerikanern! Die Regierung darf sich nicht in die Geschäfte mischen. Senkt die Steuern! Unsere nationale Verschuldung ist schockierend – über eine Million Dollar pro Jahr. Was das Land braucht, ist ein Geschäftsmann als Präsident!«

Filme mit betrügerischen Bankiers: 1939 *Stagecoach. R* John Ford. *D* Berton Churchill. *P* John Ford/UA. 1939 *Days of Jesse James. R* Joe Kane. *D* Hardie Albright. *P* Republic. 1939 *Wallstreet Cowboy. R* Joe Kane. *D* Edgar Nixton. *P* Republic. 1941 *Bad Men of Missouri. R* Ray Enright. *D* Victor Jory. *P* Warner Bros. 1943 *The Kansan. R* George Archainbaud. *D* Albert Dekker. *P* Harry Sherman. 1943 *The Desperadoes. R.* Charles Vidor. *D* Edgar Buchanan. *P* Columbia. 1946 *Canyon Passage. R* Jacques Tourneur. *D* Brian Donlevy. *P* Universal. 1947 *The*

Last Round-Up. R John English. *D* Ralph Morgan. *P* Gene Autry. 1950 *Frenchie. R* Louis King. *D* John Emery. *P* Universal. 1956 *Star in the Dust. R* Charles Haas. *D* Leif Erickson. *P* Universal. 1956 *Dakota Incident. R* Lewis R. Foster. *D* John Doucette. 1963 *Four For Texas. R* Robert Aldrich. *D* Victor Buono. *P* Sam Co/Warner Bros. 1964 *Inivitation to a Gunfighter. R* Richard Wilson. *D* Pat Hingle. *P* Stanley Kramer/UA. 1965 *All'ombra di una colt. R* Gianni Grimaldi. *D* Frank Ressel. 1966 *Ride Beyond Vengeance. R* Bernard McEveety. *D* Michael Rennie. *P* Tiger. 1966 *Stagecoach* (II). *R* Gordon Douglas. *D* Bob Cummings. *P* Martin Rackin/20th Century-Fox. 1968 *Dio li crea – io li ammazo. R* Paolo Bianchi. *D* Peter Martell. 1973 *Tequila. R* Tulio Demicheli. *D* Roberto Carmadiel. *P* Tritone-Mundial. (Die Darsteller-Angabe bezieht sich jeweils auf den Bankiers-Darsteller, nicht auf den Hauptdarsteller.)

1832

Black Hawk War. Als letzte noch östlich des Mississippi lebende Indianer der nördlichen Region erheben sich die Sauk und Foxes unter dem Häuptling Black Hawk, um die Vertreibung aus ihrer Heimat im heutigen Rock Island, Illinois, abzuwenden. Sie werden von der Armee durch ganz Illinois und Wisconsin gejagt und in einem brutalen Massaker bei Bad Axe vernichtet. Der alte Häuptling Black Hawk ergibt sich und wird nach Iowa in die Gefangenschaft verschleppt, wo er 1838 stirbt.
Film: 1912 *The Fall of Black Hawk. P* American Film.

Anfänge der Kavallerie. Zur Durchführung des Black Hawk War billigt der Kongreß die Aufstellung eines Bataillons von berittenen Rangern; seit dem Krieg von 1812 hatte es keine berittenen amerikanischen Truppen mehr gegeben. Die Rangertruppe kommt gegen Black Hawk nicht mehr zum Einsatz und hinterläßt ihre einzige Spur in der Literatur: Washington Irving hat sie in *A Tour of the Prairies* (1835) beschrieben. Schon 1833 werden die berittenen Ranger durch ein Regiment Dragoons (Dragoner) ersetzt.

Der erste Wagentreck nach Westen. Captain Benjamin L. Bonneville führt den ersten Wagentreck – 20 Wagen mit Frachtgut – über die Rocky Mountains nach Oregon.

Catlin malt den Westen. Als erster bedeutender Maler geht George Catlin in den Westen und hält das Leben der Plains-Indianer in Hunderten von Bildern fest. »Catlins Gemälde sind die ersten Porträts, die von den Plains-Indianern in ihrer Heimat gemacht wurden, und die ersten bildlichen Darstellungen des Westens. Catlin hat niemals seine Rousseauschen Vorstellungen vom Wilden in seiner natürlichen Umwelt aufgegeben; er hat viele Fehler gemacht; und er hat sogar Details verfälscht und erfunden. Trotzdem ist er im allgemeinen zuverlässig, und seine Bücher und Gemälde sind für die amerikanische Ethnologie seit 1837 von enormer Bedeutung. Was die Plains-Indianer im besonderen angeht, darf man ungeachtet der Berichte anderer Reisender sagen, daß die amerikanische Ethnologie mit Catlin beginnt« (Bernard DeVoto, *Across the Wide Missouri*).

Ab 1837 veranstaltet Catlin Ausstellungen seiner Gemälde im amerikanischen Osten und später auch in Europa; da zeigt sich dann, daß auch die Wildwest-Show mit Catlin beginnt.

Poker

»Sir, I really like poker – every hand has its different problems.«
Henry Fonda als Wyatt Earp in
My Darling Clementine

Anfang der dreißiger Jahre wird Poker der Nationalsport Amerikas und der beliebteste wie gefährlichste Zeitvertreib der Grenze.

Französische Matrosen hatten das Spiel als Poque-As (im Südstaaten-Dialekt dann zu Pokah abgeschliffen) in New Orleans bekannt gemacht, einer Stadt, die ihre Gründung als französische *Siedlung einem klassischen Bluff verdankt. Um 1700 stieß eine französische Expedition bei der Erkundung der Mississippi-Mündung auf ein englisches Kriegsschiff und wurde von dessen Kapitän gefragt, ob er sich hier auf dem Mississippi befände. Die Franzosen antworteten, der Mississippi läge viele Meilen westlich, und dies hier sei französisches Territorium. Der Engländer zog ab, und 1718 gründeten die Franzosen an dieser Stelle New Orleans.*

Später wurden die Mississippi-Dampfboote die ersten Poker-Spielhöllen; zu denen, die dort zu gefürchteten Spielern wurden, gehörte Jim Bowie. 1832 wurde er auf dem Dampfer ›New Orleans‹ Zeuge, wie ein ahnungsloser junger Mann aus Natchez von einer Runde Falschspieler um 50000 Dollar gebracht wurde. Bowie hielt den jungen Mann davon ab, über Bord zu springen. Dann stieg er in die Runde ein. Als 70000 Dollar auf dem Tisch lagen, sah er die Hand eines Mitspielers in den Ärmel fahren. Er zog sein berühmtes Messer und sagte: »Zeigen Sie mir Ihre Hand. Wenn sie mehr als fünf Karten enthält, bringe ich Sie um!« Der Betrüger kapitulierte, und Bowie strich den Pott ein. Dem Jüngling aus Natchez gab er seine 50000 Dollar zurück, unter der Bedingung, daß er nie wieder eine Karte anrühre.

Von den vielen lebensgefährlichen Partien, die an der Grenze ausgetragen wurden, künden eine Reihe teils wahrer, teils erfundener Grabinschriften. Auf einem Grabstein in Tombstone stand: »Er spielte mit fünf Assen. Jetzt spielt er Harfe.« Einen ähnlich launigen Epitaph überliefert Alfred Henry Lewis in seinen Wolfville-*Geschichten: »Es kommt nicht darauf an, eine gute Hand zu haben, sondern eine schlechte Hand gut zu spielen.«*

Die berühmteste Pokerpartie des Westens fand 1889 in Santa Fé statt. Hier trugen der Berufsspieler John Dougherty und der Viehbaron Ike Jackson die Poker-Meisterschaft des Westens aus. Unter den zahlreichen Zuschauern in ›Bowen's Saloon‹ war auch

Henry Fonda in *A Big Hand For the Little Lady* von Fielder Cook, 1966.

Angie Dickinson in *Rio Bravo* von Howard Hawks, 1958.

der Gouverneur von Neu-Mexiko. Als bereits 100 000 Dollar auf dem Tisch lagen, erhöhte Jackson mit einem Gutschein über seine Ranch samt 10 000 Stück Vieh. Dougherty, der da nicht mithalten konnte, ließ sich ein Blatt Papier und eine Feder geben, schrieb etwas auf den Zettel und reichte ihn dem Gouverneur, indem er gleichzeitig den Revolver zog. Er sagte: »Gouverneur, Sie unterschreiben das oder ich töte Sie!« Der Gouverneur unterschrieb, Dougherty legte das Dokument auf den Tisch und sagte: »Ich erhöhe um das Territory of New Mexico!« Jackson gab auf und sagte: »Sie haben gewonnen. Aber Sie haben auch verdammtes Glück, daß hier nicht der Gouverneur von Texas sitzt!«

Poker ist nicht nur »ein perfekter Mikrokosmos des auf freien Wettbewerb basierenden kapitalistischen Systems« (G. Barry Golson, Playboy*), sondern auch »ein Mikrokosmos oder genauer gesagt ein Paradigma der Westernform; das Spiel läßt sich beschreiben als eine unaufhaltsame Entwicklung, deren Aktionsrichtungen teilweise unaufgedeckt bleiben und die auf eine finale Konfrontation zwischen zwei Männern hinausläuft, nachdem die vorsichtigeren und ängstlicheren Mitspieler – meist identifiziert als der Familienvater, der Spießer und der Schwächling – ausgestiegen sind« (Philip French,* Westerns*). Poker ritualisiert und kodifiziert das Western-Modell zu einer Spielform, die nach riskanten Regeln und unter Vermeidung von Emotionen vom* Dealen *über das* Raisen *und* Bluffen *bis zum* Showdown *geführt wird, jenem Augenblick der Wahrheit, da man die Karten zum Sehen auf den Tisch legt: wobei immer nur einer lebend oder vermögend davonkommen kann.*

So funktioniert fast jeder Western der klassischen Schule wie eine Poker-Partie; aber außerdem gibt es natürlich auch viele Western, die tüchtige Poker-Spieler (und sogar Spielerinnen, siehe A Big Hand for the Little Lady*) in Aktion zeigen:*

1899 *Poker at Dawson City. P* Edison. 1913 *Poker Payed. R* Joseph Smiley. *D* George Terwilliger. *P* Lubin. 1917 *The Cold Deck. R* und

D William S. Hart. *P* S. A. Lynch. 1926 *The Ace of Clubs. R* J. P. McGowan. *D* Al Hoxie. *P* Anchor. 1928 *Avalanche. R* Otto Brower. *D* Jack Holt. *P* Paramount. 1936 *Ivory-Handled Guns. R* Ray Taylor. *D* Ken Maynard. *P* Universal. 1937 *The Plainsman. R* Cecil B. DeMille. *D* Gary Cooper. *P* Paramount. 1940 *The Westerner. R* William Wyler. *D* Gary Cooper, Walter Brennan. *P* Sam Goldwyn. 1952 *Gunsmoke. R* Nathan Juran. *D* Audie Murphy. *P* Universal. 1953 *The Mississippi Gambler. R* Rudolph Maté. *D* Tyrone Power. *P* Universal. 1955 *The Rawhide Years. R* Rudolph Maté. *D* Tony Curtis. *P* Universal. 1966 *A Big Hand for the Little Lady. R* Fielder Cook. *D* Joanne Woodward, Henry Fonda. *P* Eden. 1967 *Il mio corpo per un poker. R* Nathan Wich. *D* Elsa Martinelli. 1968 *Five Card Stud. R* Henry Hathaway. *D* Robert Mitchum, Dean Martin. *P* Hal Wallis. 1972 *The Life and Times of Judge Roy Bean. R* John Huston. *D* Paul Newman.

1833

Noch eine Daniel Boone-Biographie. Timothy Flint, der Autor des Mountain-Men-Romans *The Shoshonee Valley* von 1830, veröffentlicht eine neue Daniel Boone-Biographie, die in der ersten Hälfte des 19. Jahrhunderts zum meistgelesenen Buch über einen Helden des Westens und für viele kommende Autoren zur Modellschilderung des Western-Helden wird: *The Life and Adventures of Daniel Boone, the First Settler of Kentucky, Interspersed with Incidents in the Early Annals of the Country.* Flint stellt ziemlich naiv die Zwiespältigkeit der Motive Boones dar, ohne auf Widersprüche in seinem Charakterbild näher einzugehen. Boone ist einerseits der prophetische Patriot, dessen »Herz schwillt vor Freude bei der Vorstellung, daß dieses große Tal bald die Heimstatt von Millionen freier Männer sein wird«, andererseits kehrt er Kentucky den Rücken, weil »die Woge der Einwanderer an seine Behausung brandet und das Wild vertreibt«.

1834

Fort Laramie. Der Pelzhändler William Sublette gründet Fort Laramie: zunächst nur als Handelsstation mit einer Belegschaft von 15 Mann.

Kit Carson wird berühmt. »Die Trapper tranken so viele Pinten Alkohol wie immer (die Pinte zu fünf Dollar), sangen so viele Lieder wie immer, veranstalteten so viele Pferderennen wie immer, kauften sich so viele Squaws wie immer (oder gar mehr als üblich, weil mehr zur Hand waren) und entlockten den Bergen so viele Echos wie immer. Das Rendezvous war des Mountain Man's Weihnachtsfest, Jahrmarkt, Erntedankfest und saturnalischer Karneval – alle Jahre wieder« (Bernard DeVoto).

Beim ›Rendezvous‹, dem Jahrestreffen der Mountain Men von 1834, zeichnet sich der 24jährige Kit Carson auf besondere Weise aus. Der französische Trapper Shumar, ein gefürchteter Raufbold, erklärt nach dem Genuß vieler Pinten Alkohol, er habe gute Lust, ein paar amerikanische Knochen zu brechen. Carson fragt pro forma, ob er seine Knochen anbieten dürfe. Die beiden steigen auf ihre Pferde und galoppieren brüllend und schießend aufeinander los. Carson bekommt einen Streifschuß am Kopf, sein eigener Schuß zerschmettert die Schußhand Shumars. Dann versagt Carsons Revolver. Er holt sich eine neue Waffe und erschießt den Franzosen. Das Duell wird weithin kolportiert und macht aus Kit Carson eine nationale Berühmtheit.

Der Westen und der europäische Geist. In ihrer neu erwachten Leidenschaft für Dualismus und Dialektik sehen europäische Autoren fasziniert auf die Neue Welt, die sich ihnen über die vertrauten Paarungen Leben–Tod, Gut–Böse, Spiritualismus–Materialismus hinaus in einer dramatischen Dialektik von Natur und Zivilisation zu entwickeln scheint. Ein Textbuch für dieses

Schauspiel finden sie vor allem in Coopers *Lederstrumpf*-Romanen. »Manchmal steigt es in mir wie ein verrückter prophetischer Traum auf, daß ich in den Wäldern des Westens enden könnte; Natty Leatherstockings Hütte in diesen Wäldern wäre mir noch willkommener als Rom«, schreibt der Engländer Thomas Carlyle 1834 an den Amerikaner Ralph Waldo Emerson; der Romantiker und Philosoph Carlyle empfindet sich selbst als Westerner und ist vom Dualismus der Grenze fasziniert. Emerson teilt diese Faszination und verteidigt sie gegen den Bipolarismus, die Philosophie des »a Two: a Me and It«. Anstelle des »infernal Two« propagiert Emerson mit einem Ausdruck Edgar Allan Poes die »supernal Oneness«, und darunter hat man wohl nichts anderes zu verstehen als einen »polaren, paradoxen und ambivalenten Monismus, der bis heute die Signatur des amerikanischen Denkens geblieben ist« (Edwin Fussell, *Frontier*); eines Denkens also, in dem Naturverherrlichung und Zivilisationshaß, menschlich-politischer Chauvinismus und Solidarität im Kollektivbewußtsein sich immer wieder wechselseitig spiegeln.

Geboren: Tatanka Yotanka von den Hunkpapa-Sioux, den die Weißen dann Sitting Bull nennen; zeichnet sich in jungen Jahren als Jäger und Krieger aus und propagiert in allen Stammes-Konferenzen kompromißlose Opposition gegen das Vordringen der Weißen. (Das Geburtsjahr Sitting Bulls ist nicht verbürgt; gelegentlich werden auch 1831 und 1844 genannt.)

1835–1842

Der zweite Seminolen-Krieg. Als Regierung und Armee versuchen, die im ersten Seminolen-Krieg geschlagenen und in eine Reservation in den Florida Everglades zusammengetriebenen Seminolen gewaltsam auszusiedeln und nach Oklahoma zu schaffen, bricht der zweite Seminolen-Krieg aus. Zum Führer der

Seminolen wird in diesem Konflikt der 30jährige Osceola. Im Sumpfgelände Floridas müssen die Amerikaner eine Reihe von Niederlagen hinnehmen. Als die Armee Friedensverhandlungen anbietet, begibt sich Osceola im Schutz einer weißen Flagge zu General Joseph M. Hernandez, der ihn gefangensetzt und nach Fort Moultrie in South Carolina verschleppen läßt, wo Osceola 1838 stirbt. Der Krieg geht weiter bis 1842 und kostet die USA mehr als 2000 Tote und rund 60 Millionen Dollar. Die bei Einstellung der Kampfhandlungen in Gefangenschaft befindlichen Seminolen werden in den Westen verschleppt, ihre ungeschlagenen Stammesgenossen behaupten ihre Stellung und ihre Heimat in den Sümpfen des südlichen Florida.

Filme über die Seminolen-Kriege, zugleich Osceola-Filmographie: 1906 *The Indian's Revenge, or Osceola, the Last of the Seminoles.* *P* Vitagraph. 1909 *Seminole's Vengeance, or The Slave Catchers of Florida.* *R* Sidney Olcott. Behandelt den einzigen Versuch in der amerikanischen Geschichte, Indianer einzufangen, um sie als Sklaven an die Plantagen des Südens zu verkaufen. 920 Fuß. *P* Kalem. 1910 *The Seminole Half Breeds.* *P* Kalem. 1910 *The Seminole's Trust.* 960 Fuß. *P* Kalem. 1910 *The Exiled Chief.* Vermutlich ein Osceola-Film. *P* Kalem. 1911 *The Seminole's Sacrifice.* *P* Selig. 1911 *Silver Tail and his Squaw.* *P* Kalem. 1924 *Ramshackle House.* *R* Harmon Weight. *D* Betty Compson. Im modernen Florida hilft ein Seminole einem weißen Mädchen bei der Jagd nach einem Mörder. *P* Tilford. 1951 *Distant Drums.* *R* Raoul Walsh. *D* Gary Cooper. 1840. Ein Kommando-Unternehmen gegen die Seminolen. *P* United States/Warner Bros. 1953 *Seminole.* *R* Budd Boetticher. *D* Rock Hudson, Anthony Quinn (Osceola). 1835. Osceola und ein US-Offizier sind Jugendfreunde und suchen eine friedliche Lösung des Konflikts. Osceola wird in der Gefangenschaft von einem anderen Seminolen ermordet. *P* Universal. 1954 *War Arrow.* *R* George Sherman. *D* Jeff Chandler. US-Offizier gewinnt die Hilfe der Seminolen beim Kampf gegen die Kiowas. *P* Universal. 1954 *Seminole Uprising.* *R* Earl Bellamy. *D* George Montgomery. Seminolen liefern nach einer vernichtenden Niederlage ihren Häuptling an die US-Armee aus. *P* Columbia. 1955 *Yellowneck.* *P* Republic. 1957 *Naked in the Sun.* *R* John Hugh. *D* James Craig (Osceola). Osceola jagt Sklavenhändlern ihre indianischen und schwarzen Gefangenen ab und gerät schließlich selbst in Gefangenschaft. *P* Allied Artists. 1973 *Osceola. R* Konrad Petzold. *D* Gojko Mitić (Osceola). Der Seminolen-Krieg als Folge des Sklavenhungers des Südstaaten-Plantagenbesitzer betrachtet. *P* Defa.

1835

Die Texas Rangers. In dem noch mexikanischen Texas werden die Texas Rangers als Schutztruppe gegen die Indianer aufgestellt. Einen Vorläufer hatte die Truppe in einer Abteilung von 14 Mann unter einem Sergeanten, die der spanische Gouverneur 1823 auf Bitten der amerikanischen Kolonisten zum Schutz der frühen Siedlungen abgestellt hatte. Die Texas Rangers, die 1835 als feste Organisation formiert werden, rekrutieren sich aus Männern, »die reiten wie Mexikaner, sich im Gelände zurechtfinden wie Indianer, schießen wie die Leute aus Tennessee und kämpfen wie die Teufel« (John S. Ford, *Book of the West*); sie stellen ihre eigenen Pferde und erhalten einen Tagessold von 1,25 Dollar. Neben dem Kampf gegen die Indianer widmen sie sich hauptsächlich der Jagd auf Viehdiebe und Desperados und allen anderen Aktivitäten, die unter dem Begriff »policing the frontier« zusammengefaßt werden.

In ihrem eigenen Selbstverständnis macht es die Qualität der Truppe aus, daß jeder einzelne Texas Ranger so gut wie eine kleine Armee ist. Als Captain W. J. McDonald zur Verhinderung eines illegalen Preiskampfes nach Dallas geschickt wird und dort allein aus dem Zug steigt, fragt der entsetzte Bürgermeister: »Wo sind denn die anderen?« Der Captain antwortet: »Ist *einer* nicht genug? Es gibt doch auch nur *einen* Kampf?« Wie es heißt, trägt ein Texas Ranger immer zwei Bücher bei sich, die »Bibel 1« und die »Bibel 2«; Nummer 1 ist die Heilige Schrift, Nummer 2 die Fahndungsliste. Die Truppe ist bis weit in das 20. Jahrhundert hinein tätig; zu dem Aufgebot, das am 23. Mai 1934 Clyde Barrow und Bonnie Parker stellt und erschießt, gehören die beiden Texas Ranger Frank Hamer und Manny Gault. Der Darsteller Denver Pyle, der in Arthur Penns *Bonnie and Clyde* den Captain Hamer spielt: »Ich spielte den Texas Ranger Frank Hamer wie einen B-Western-Sheriff.« Hundert Jahre nach ihrer Gründung, am 10. August 1935, gehen die Texas Rangers in der State Highway Patrol of Texas auf.

Das Lied der Texas Rangers wurde schon im Gründungsjahr der Truppe gesungen:

Come all you Texas Rangers, wherever you may be,
I hope you'll pay attention and listen unto me;
My name is nothing extra, the truth to you I'll tell,
I am a roving ranger and I'm sure I wish you well.

'Twas at the age of sixteen I joined this jolly band,
We marched from San Antonio unto the Rio Grande,
Our captain, he informed us, perhaps he thought it right:
»Before you reach the station, boys, I'm sure you'll have to fight.«

We fought full nine hours before the strife was o'er,
The like of dead and wounded I never saw before;
And when the sun was rising and the Indians they had fled,
We loaded up our rifles and counted up our dead.

Filme über die Texas Rangers (TR): 1921 *The Border Raiders. R* James P. Hogan. *D* Harry Carey. Kampf gegen mexikanische Whisky-Schmuggler. *P* Charles R. Rogers. 1922 *The Kick Back. R* Val Paul. *D* Harry Carey. TR verhindern einen Lynchmord. *P* R-C. 1922 *The Stranger of the Hills. R* Bruce Mitchell. *D* Edward Coxen. Ein irrtümlich wegen Mordes verfolgter geheimnisvoller Unbekannter, The Stranger, stellt sich als Captain der TR heraus. *P* Farra. 1923 *The Grail. R* Colin Campbell. *D* Dustin Farnum. TR stellt als Wanderprediger verkleidet einen Mörder. *P* Fox. 1923 *King's Creek Law. R* Leo Maloney. *D* Leo Maloney. Nach dem Bürgerkrieg; TR bricht die Herrschaft eines Südstaatlers, der sich als Richter aufspielt und seinen eigenen, unschuldigen Sohn hinrichten will. *P* William Steiner. 1923 *Lone Fighter. R* Albert Russell. *D* Vester Pegg. TR gegen Viehräuber. *P* Sunset. 1923 *Pure Grit. R* Nat Ross. *D* Roy Steward. Nach *A Texas Ranger* von William McLeod Raine. 1911: TR jagt einen Mörder und Viehdiebe. *P* Universal. 1923 *Salty Saunders. R* Neal Hart. *D* Neal Hart. TR gegen Viehdiebe. *P* William Steiner. 1923 *The Web of the Law. R* Tom Gibson. *D* Bill Barton (»Ranger Bill« Miller). TR »Ranger Bill« Miller (eine historische Figur) entlarvt einen Vormann, der das Vieh seines Chefs nach Mexiko verschiebt. *P* Gibson-Dyer. 1924 *Border Women. R* Alvin J. Neitz. *D* William Fairbanks. TR liquidiert die Bande des beiderseits der mexikanischen Grenze operierenden Cocas Kid. *P* Phil Goldstone. 1924 *The Smoking Trail. R* William Bertram. *D* Bill Patton. Als Cowboy verkleidet entlarvt TR Viehdiebe. *P* Frank D. Hutter. 1924 *Trigger Finger. R* Reeves Eason. *D* Bob Custer. Als Outlaw getarnt liquidiert TR mit Hilfe einer Indianerin einen Bandenführer. *P* Independent. 1925 *Border Justice. R* Reeves Eason. *D* Bill Cody. TR jagt einen Indianermörder, der, wie sich herausstellt, sein eigener Bruder ist; der mißratene Bruder wird nach dem Sturz von einer Klippe wahnsinnig. *P* Independent. 1925 *Canyon Rustlers. R* Harry Webb. *D* Jack Perrin. TR unterwandert die mysteriöse Wolf Riders-Bande, die Heimstätter durch Terror von ihrem Land vertreibt. *P* Harry Webb. 1925 *Galopping Vengeance. R* William James Craft. *D* Bob Custer. TR im Kampf gegen eine Bande, die einen Indianer-Häuptling entführt hat. *P* Independent. 1925 *Hidden Loot. R* Robert N. Bradbury. *D* Jack Hoxie. TR jagt inkognito Lohngeld-Räuber. *P* Universal. 1925 *The Range Terror. R* William James Craft. *D* Bob Custer. TR jagt einen Mörder, der schließlich von des toten Mannes Hund zerrissen wird; unser Held dekoriert den Hund mit dem Ranger-Abzeichen. *P* Independent. 1925 *Range Vultures. D* Lester Cuneo. TR unterwandert eine Bande, die sich auf Kidnapping und Erpressung spezialisiert hat. *P* Ward Lascelle. 1925 *A Ropin' Ridin' Fool. D* Pete Morrison. TR jagt und tötet seinen eigenen Bruder, der wegen Raub und Kidnapping gesucht wird. *P* William Steiner. 1926 *Ahead of the Law. R* Forrest Sheldon. *D* Bruce Gordon. TR entlarvt angesehenen Geschäftsmann als Viehdieb. *P* B. A. Goodman. 1926 *The Ridin' Rascal. R* Clifford S. Smith. *D* Art Acord. Als Heimstätter getarnt entlarvt TR Viehdiebe. *P* Universal. 1926 *The*

Terror. R Clifford S. Smith. *D* Art Acord. Ein Mann, der für den notorischen Banditen ›The Terror‹ gehalten wird, erledigt Viehdiebe und Kidnapper und gibt sich dann als TR zu erkennen. *P* Universal. 1927 *Land of the Lawless. R* Thomas Buckingham. *D* Jack Padjan. TR unterwandert eine Desperado-Bande. *P* Liberty. 1927 *Outlaws of Red River. R* Lewis Seiler. *D* Tom Mix. TR unterwandert eine Postkutschenräuber-Bande und findet den langgesuchten Mörder seiner Eltern; der finale Sturmangriff auf die Banditen-Festung erfolgt mit Hilfe einer gepanzerten Kutsche. *P* Fox. 1927 *Wolf's Trail. R* Francis Ford. *D* Edmund Cobb. TR unterwandert eine Schmuggler-Bande. *P* Universal. 1928 *The Black Ace. R* Leo Maloney. *D* Don Coleman. TR jagt den Mörder seines Vaters. *P* Leo Maloney. 1928 *The Border Patrol. R* James P. Hogan. *D* Harry Carey. Im modernen Texas: TR liquidiert Falschgeld-Hersteller. *P* Charles R. Roger 1928 *Daredevil's Reward. R* Eugene Forde. *D* Tom Mix. Im modernen Texas: TR liquidiert Straßenräuber-Bande. *P* Fox. 1928 *The Four-Footed Ranger. R* Stuart Paton. *D* Edmund Cobb und der Hund Dynamite (Titelheld). TR und sein Hund jagen Viehdiebe. *P* Universal. 1928 *The Law of the Range. R* William Nigh. *D* Tim McCoy, Rex Lease, Joan Crawford. Zwei Brüder werden in ihrer Kindheit bei einem Banditen-Überfall getrennt. Der eine wird Texas Ranger, der andere unter dem Namen ›The Solitaire Kid‹ ein Bandit. Der Texas Ranger jagt den Banditen. Dadurch, daß sie ähnliche Tätowierungen tragen, entdecken sie, daß sie Brüder sind. Der Bandit rettet seinen Bruder aus einem Hinterhalt und kommt dabei selbst ums Leben. *P* MGM. 1928 *Riders of the Dark. R* Nick Grinde. *D* Tim McCoy. TR jagt den Mörder eines Zeitungs-Redakteurs. *P* MGM. 1928 *The Sunset Legion. R* Lloyd Ingraham, Alfred Werker. *D* Fred Thomson und sein Pferd Silver King. TR tarnt sich abwechselnd als maskierter Fremder und als Waffen-Händler, um eine Outlaw-Bande zu erledigen. Das Pferd Silver King, ein Schimmel, macht die Verkleidung mit; wenn Thomson den maskierten Banditen spielt, trägt es ein maßgeschneidertes schwarzes Kostüm. *P* Paramount. 1931 *Border Law. R* Louis King. *D* Buck Jones. *P* Columbia. 1932 *Brothers of the West. R* Bob Hill. *D* Forrest Taylor. 1934 *The Fighting Ranger. R* George B. Seitz. *D* Buck Jones. *P* Columbia. 1936 *The Texas Rangers. R* King Vidor. *D* Fred MacMurray. Ehemaliger Zugräuber wird TR und muß gegen seine alten Kollegen kämpfen. *P* Paramount. 1938 *Law of the Texan. R* Elmer Clifton. *D* Buck Jones.

P Columbia. 1940 *Texas Rangers Ride Again. R* James Hogan. *D* John Howard. *P* Paramount. 1948 *The Gallant Legion. R* Joe Kane. *D* William Elliott. Nach dem Bürgerkrieg: TR gegen korrupte und separatistische Politiker. *P* Republic. 1949 *Streets of Laredo. R* Leslie Fenton. *D* William Holden. Remake der *Texas Rangers* von 1936. *P* Paramount. 1951 *The Texas Rangers* (II). *R* Phil Karlson. *D* George Montgomery. 1878. TR gegen Sam Bass und andere prominente Banditen. *P* Columbia. 1961 *Seven Ways from Sundown. R* Harry Keller. *D* Audie Murphy. TR gegen Banditen und Indianer. *P* Universal. 1961 *El ultimo rebelde. R* Miguel Contreras Torres. *D* Carlos Thompson (Murieta), Charles Fawcett (TR-Captain Love). TR jagt Joaquin Murieta. *P* Hispano Continental. 1964 *Bullet for a Badman. R* R. G. Springsteen. *D* Audie Murphy. TR gegen ehemaligen Kamerad, der Bankräuber geworden ist. *P* Gordon Kay/Universal. 1968 *Three Guns for Texas. R* David Lowell Rich, Paul Stanley, Earl Bellamy. *D* Neville Brand. Aus drei Folgen der Fernsehserie *Laredo* zusammengeschnitten. TR und Indianer gemeinsam gegen Outlaws. 1969 *The Great Bank Robbery. R* Hy Averback. *D* Clint Walker. TR gegen Bankräuber. *P* Warner Bros. 1969 *True Grit. R* Henry Hathaway. *D* John Wayne, Glen Campbell. Marshal (Wayne) und TR (Campbell) jagen Mörder. *P* Paramount.
Siehe auch ›Comancheros‹, 1845, und in der Filmographie Zane Grey, 1939, die Titel *The Lone Star Ranger, The Last of the Duanes* und *Riders of the Purple Sage.*

Fernsehserie: 1955–1959 *Tales of the Texas Rangers. D* Willard Parker. 39 Folgen. *P* Screen Gems.

1836

Texas erklärt seine Unabhängigkeit. Nach jahrelangen Auseinandersetzungen zwischen den amerikanischen Siedlern in Texas und ihrer mexikanischen Obrigkeit erklären die Texaner am 2. März in Washington-on-the-Brazos ihre Unabhängigkeit. Sam Houston, der unter Andrew Jackson gegen die Creek gekämpft hat und Gouverneur von Tennessee gewesen ist, bevor er sich in

Texas angesiedelt hat, wird zum Oberkommandierenden der texanischen Armee gewählt. Als der mexikanische Diktator Santa Anna mit einem Heer von 7000 Mann den Rio Grande überschreitet und gegen die aufständischen Texaner vorrückt, zieht Houston sich zunächst zurück, um seine Streitmacht zu formieren.

Belagerung und Fall des Alamo.

In the southern part of Texas
In the town of San Antone
Is a fortress all in ruins
That the weeds have overgrown.
You may look in vain for crosses
And you never see a'one,
But some time between the setting
And the rising of the sun,
You can hear a ghostly thunder
As the men go marching by,
You can hear the massive answer
To the roll-call in the sky:
Colonel Travis? – Here!
Davy Crockett? – Here!
And a hundredeighty more,
Captain Dickinson – Here!
Jim Bowie? – Here!
Present and accounted for!
P. F. Webster, ›Ballad of the Alamo‹,
aus dem Film *The Alamo,* 1960

Der Rückzug Houstons wird gedeckt durch die Besatzung des Alamo, einer zum Fort umgebauten mexikanischen Missionsstation in der Stadt San Antonio de Bexar. Die rund 180 Verteidiger des Alamo werden vom 23. Februar bis zum 6. März von

3000–5000 Soldaten der Santa Anna-Armee belagert. Sie werden angeführt von dem 27jährigen Lieutenant Colonel William »Buck« Travis, im Zivilberuf Anwalt, und dem 40jährigen Colonel Jim Bowie, im Zivilberuf Abenteurer und Geschäftemacher. Neben Travis und Bowie ist der prominenteste Verteidiger des Alamo der 50jährige Davy Crockett. Zu den Offizieren, die sich beim Kampf um das Alamo auszeichnen, gehören außerdem Captain James Bonham und Lieutenant Dickinson.

Santa Anna läßt zu Beginn der Belagerung eine rote Fahne aufziehen und während der ganzen Zeit der Kampfhandlungen immer wieder das Trompetensignal »Deguello« blasen; beides zum Zeichen, daß kein Pardon gegeben wird. Travis schickt immer wieder Botschafter mit der dringenden Bitte um Verstärkungen und Entsatz durch die Belagerungskette. Am zweiten Tag der Belagerung wendet er sich mit einem Appell, der in der patriotischen Geschichtsschreibung zu »einer der größten Freiheits-Deklarationen der Geschichte« (Palmer Orr, *The Agony at the Alamo*) wird, an seine Landsleute:

»Mitbürger und Mitpatrioten! Ich werde von tausend oder mehr Mexikanern unter Santa Anna belagert. Ich habe vierundzwanzig Stunden lang ein unaufhörliches Bombardement erdulden müssen und keinen einzigen Mann verloren. Der Feind hat eine bedingungslose Kapitulation verlangt; anderenfalls sei die Garnison seinem Schwert ausgeliefert, wenn die Festung genommen wird. Ich habe diese Aufforderung mit einem Kanonenschuß beantwortet, und unsere Fahne weht immer noch stolz über den Mauern. Ich werde mich niemals ergeben noch zurückziehen. Deshalb wende ich mich an euch, im Namen der Freiheit, des Patriotismus und allem, was dem amerikanischen Charakter teuer ist: kommt uns ohne Zögern zu Hilfe. Der Feind erhält täglich Verstärkungen und wird zweifellos binnen vier oder fünf Tagen auf drei- oder viertausend Mann angewachsen sein. Sollte mein Hilferuf ungehört verhallen, so werde ich trotzdem so

Richard Boone als Sam Houston in *The Alamo* von John Wayne, 1960.
John Wayne als Davy Crockett und Richard Widmark als Jim Bowie in *The Alamo* von John Wayne, 1960 (oben).

lange wie möglich die Stellung halten und sterben wie ein Soldat, der niemals vergißt, was er seiner eigenen Ehre und der seines Landes schuldet – Sieg oder Tod!«

Als einzige Verstärkung kommen in der Nacht des 1. März 32 Freiwillige aus Gonzales in das Alamo. Eine andere, von Goliad aufgebrochene Entsatztruppe von rund 300 Mann macht aus niemals geklärten Gründen unterwegs wieder kehrt. (Diese dreihundert Mann ergeben sich später, drei Wochen nach dem Fall des Alamo, einer mexikanischen Übermacht und werden massakriert.)

Als Travis sieht, daß die Lage aussichtslos ist, läßt er der Überlieferung nach die Besatzung zusammentreten, zieht mit seinem Säbel eine Linie auf die Erde und fordert die Männer, die mit ihm bis zum Ende das Alamo verteidigen wollen, auf, über diese Linie zu treten; was alle Verteidiger tun, ausgenommen ein Zivilist namens Lewis Rose, der dann im Schutz der Nacht das Alamo verläßt. (Eine Reihe anderer Zivilisten, zum Teil mit Angehörigen, hatte schon in den ersten Tagen der Belagerung die Festung verlassen; dieser Umstand hat dazu geführt, daß die genaue Zahl derer, die bis zum bitteren Ende im Alamo waren, nie festgestellt worden ist.)

Nach 13tägiger Belagerung stürmen die Mexikaner unter schweren Verlusten das Alamo und machen alle Verteidiger nieder. Die Amerikaner, die bei den letzten Kämpfen befehlswidrig zu Gefangenen gemacht werden, läßt Santa Anna, der den Angriff persönlich befehligt, unverzüglich füsilieren. Die Frauen und Kinder, darunter die Witwe des Lieutenant Dickinson und ihr Baby, läßt er abziehen.

»Remember the Alamo!« wird das Kriegsgeschrei des weiteren texanischen Unabhängigkeitskrieges.

For every wound and every thrust
On prisoners dealt by hand accurst
A Mexican shall bite the dust:
Remember the Alamo!

Folksong

Für die tragisch-heroisch-patriotischen Filme, mit denen sich die Nationen gern beschenken, gibt es keinen besseren Stoff als eine möglichst total verlorene Schlacht (das heißt eine Schlacht ohne einen überlebenden Besiegten) in einem schließlich triumphal gewonnenen Krieg; es ist nicht auszudenken, wie viele zum innersten Erbeben erschütternde Stalingrad-Filme das Großdeutsche Reich produziert hätte, wäre der 2. Weltkrieg nach seinen Wünschen verlaufen. Die letzte Sinngebung dieser Filme hätte dann zweifellos darin gelegen, daß das Opfer einer untergegangenen Armee den Endsieg ermöglicht oder doch wesentlich zu ihm beigetragen hätte. Ähnlich sehen es auch die Filme, die sich mit dem Alamo beschäftigen; sie schreiben den Endsieg der Texaner dem Umstand zu, daß am Alamo für eine relativ lange Zeit ein starkes Aufgebot des Feindes gebunden war und der Oberkommandierende Houston so die Möglichkeit hatte, seine Streitmacht zum Endkampf zu formieren.

Vielleicht ist das wirklich so; auf jeden Fall war aber die ungeheure Kampfeswut, die die Amerikaner angesichts der Toten vom Alamo (und angesichts des Gefangenen-Massakers von Goliad) befiel, entscheidend für den weiteren Gang der Auseinandersetzung. Die von den Mexikanern tatsächlich begangenen Greuel während des Krieges (die in der amerikanisch-patriotischen Berichterstattung noch gewaltig übertrieben wurden) beseitigten schließlich bei den Zeitgenossen wie später bei den Filmemachern die etwa noch vorhandenen Zweifel an der moralischen Notwendigkeit des texanischen Aufstandes, der zwar im Namen von Freiheit und Demokratie ausgerufen wurde, hauptsächlich aber für die in einem fremden Land siedelnden Amerikaner wirtschaftliche Gründe hatte; im mexikanischen Texas war die Einfuhr amerikanischer Güter zollpflichtig und die Einführung der Sklavenhaltung nicht ohne weiteres möglich. Derart heikle Fragen werden im Film traditionell ausgeklammert; für die Helden-Epen des Alamo handelt es sich hier um »die Geschichte von 185 Männern, die sich zu dem unverbrüchlichen Pakt zusammengeschlossen hatten, den Funken der Freiheit zu einer hellen Flamme anzufachen und dafür ihr Leben einzusetzen« (John Wayne in einem Geleitwort zu seinem Alamo-Film).

Filmographie Alamo (soweit nicht anders angegeben, besteht der Inhalt der Filme aus einer relativ authentischen, patriotisch-heroisch gefärbten Darstellung des Kampfes um das Alamo): 1911 *The Immortal Alamo. D* Gaston Melies. 1000 Fuß. *P* Melies. 1913 *The Siege and Fall of the Alamo; Story of the Heroism of Travis, Crockett, Bowie, and Bonham and their Garrison, and the Battle of San Jacinto. P* Siege of the Alamo Picture Co. 1915 *The Martyrs of the Alamo. R* Christy Cabanne. *D* Sam DeGrasse, Walter Long, Tom Wilson. *P* D. W. Griffith-Triangle. 1929 *Davy Crockett at the Fall of the Alamo,* auch *With Davy Crockett at the Fall of the Alamo. R* Robert N. Bradbury. *D* Cullen Landis (Crockett), Joe Rickson (Travis), Bob Fleming (Bowie), Ralph McCullough (Bonham), Fletcher Norton (Santa Anna). *P* Sunset. 1937 *Heroes of the Alamo. R* Harry Fraser. *D* Lane Chandler (Crockett), Rex Lease (Travis), Ed Piel (Sam Houston), Julian Rivero (Santa Anna). *P* Sunset/Columbia. 1953 *The Man from the Alamo. R* Budd Boetticher. *D* Glenn Ford, Trevor Bardette (Crockett), Stuart Randall (Bowie). Geschichte eines Mannes, der während der Belagerung ausgelost wird, die Frauen und Kinder einer von Mexikanern bedrohten Siedlung zu warnen; er muß sich dann gegen den Verdacht wehren, aus dem Alamo desertiert zu sein. *P* Universal. 1955 *Davy Crockett, King of the Wild Frontier. R* Norman Foster. *D* Fess Parker (Crockett), Kenneth Tobey (Bowie). Crocketts Biographie vom Creek War 1813 bis zum Alamo. *P* Disney. 1956 *The Last Command. R* Frank Lloyd. *D* Sterling Hayden (Bowie), Richard Carlson (Travis), Arthur Hunnicutt (Crockett), J. Carroll Naish (Santa Anna), Hugh Sanders (Sam Houston). *P* Republic. 1956 *The First Texan. R* Byron Haskin. *D* Joel McCrea (Houston), Jeff Morrow (Bowie), James Griffith (Crockett). Geschichte Houstons von seiner Übersiedlung nach Texas 1832 bis zum Sieg über die Mexikaner. *P* Allied Artists. 1960 *The Alamo. R* John Wayne. *D* John Wayne (Crockett), Richard Widmark (Bowie), Laurence Harvey (Travis), Richard Boone (Houston), Ruben Padilla (Santa Anna). *P* John Wayne/Batjac.

Filmographie Jim Bowie (ohne die Alamo-Filme): 1937 *The Painted Stallion. R* William Witney, Alan James, Ray Taylor. *D* Hal Taliaferro

(Bowie). 1821. Bowie begleitet als Scout den ersten amerikanischen Wagentreck nach Santa Fé. Serial. *P* Republic. 1939 *Man of Conquest. R* George Nicholls jr. *D* Robert Armstrong (Bowie). Bowie als Nebenfigur einer Houston-Biographie. *P* Republic. 1950 *Comanche Territory. R* George Sherman. *D* MacDonald Carey (Bowie). Bowie stiftet Frieden zwischen Comanchen und weißen Siedlern. *P* Universal. 1952 *The Iron Mistress. R* Gordon Douglas. *D* Alan Ladd (Bowie). Der junge Bowie hat in New Orleans mit Politikern, Banditen und schönen Frauen zu tun und läßt sich sein berühmtes Messer schmieden, die »eiserne Geliebte« des Titels. *P* Warner Bros.

Fernsehserie: 1956–1958 *The Adventures of Jim Bowie. D* Scott Forbes (Bowie). 34 Folgen. *P* Jim Bowie Enterprises.

Filmographie Davy Crockett (ohne die Alamo-Filme): 1909 *Davy Crockett – In Hearts United. R* Fred Balshofer. *D* Charles K. French (Crockett). 835 Fuß. *P* Bison. 1910 *Davy Crockett. R* Frank Boggs. *D* Hobart Bosworth (Crockett). 1000 Fuß. *P* Selig. 1915 *Davy Crockett Up-to-Date. D* W. E. Browning (Crockett). *P* Superba. 1916 *Davy Crockett* (II). *R* William D. Taylor. *D* Dustin Farnum (Crockett). *P* J. C. Ivers. 1937 *The Painted Stallion. R* William Witney, Alan James, Ray Taylor. *D* Jack Perrin (Crockett). 1821. Crockett hilft seinen Landsleuten gegen einen Diktator von Santa Fé. Serial. *P* Republic. 1939 *Man of Conquest. R* George Nicholls jr. *D* Robert Barrat (Crockett). Crockett als Randfigur einer Houston-Biographie. *P* Republic. 1941 *The Son of Davy Crockett. R* Lambert Hillyer. *D* William Elliott (Crockett?). *P* Columbia. 1949 *Davy Crockett Indian Scout. R* Lew Landers. *D* George Montgomery (Crockett). Crockett führt einen Wagenzug in den Westen. *P* Edward Small. 1956 *Davy Crockett and the River Pirates. R* Norman Foster. *D* Fess Parker (Crockett). 1810. Crockett bringt auf dem Ohio und Mississippi seine Jagdbeute nach New Orleans und legt sich mit Flußpiraten und anderen Banditen an. *P* Disney.

Fernsehserie: 1954–1955 Davy Crockett. *D* Fess Parker. 5 Folgen. *P* Disney.

Die Schlacht von San Jacinto und ihre Folgen. Drei Wochen nach dem Fall des Alamo, am 21. April 1836, siegen die Texaner unter Sam Houston über die Mexikaner unter Santa Anna in der kriegsentscheidenden, nur 20 Minuten währenden Schlacht von

San Jacinto. Texas bleibt fast zehn Jahre unabhängige Republik, ständig bedroht von finanziellen Schwierigkeiten, einem Revanchekrieg der Mexikaner und dem inneren Streit um die Frage, ob die Republik ihre Unabhängigkeit bewahren, den Anschluß an die USA suchen oder sich gar wieder von Mexiko annektieren lassen soll. Für die Apachen und Comanchen des texanischen Bereichs, die sich jahrhundertelang gegen die Spanier und Mexikaner behauptet hatten, beginnt mit der amerikanischen Herrschaft in Texas »die rigoroseste Ausrottungspolitik, die der nordamerikanische Kontinent je erlebt hat« (H. J. Stammel, *Solange Gras wächst und Wasser fließt*).

Filmographie der Schlacht von San Jacinto, Sam Houstons und der unabhängigen Republik Texas: 1917 *The Conqueror. R* Raoul Walsh. *D* William Farnum (Houston). *P* Fox. 1939 *Man of Conquest. R* George Nicholls jr. *D* Richard Dix (Houston), Edward Ellis (Andrew Jackson), C. Henry Gordon (Santa Anna). Houston-Biographie von seiner Jugend in Tennessee bis zur texanischen Unabhängigkeit. *P* Republic. 1952 *Lone Star. R* Vincent Sherman. *D* Moroni Olson (Houston), Lionel Barrymore (Andrew Jackson). 1844. Houston als Randfigur einer Geschichte über den Anschluß Texas' an die USA. *P* MGM. 1953 *The Man from the Alamo. R* Budd Boetticher. *D* Howard J. Negley (Houston). Houston als Randfigur einer Geschichte über Randereignisse der Schlacht um das Alamo. *P* Universal. 1956. *The Last Command. R* Frank Lloyd. *D* Hugh Sanders (Houston). Houston als Randfigur einer Alamo-Geschichte. *P* Republic. 1956 *The First Texan. R* Byron Haskin. *D* Joel McCrea (Houston), David Silva (Santa Anna). Geschichte Houstons von seiner Ansiedlung in Texas bis zum Sieg über die Mexikaner. *P* Allied Artists. 1960 *The Alamo. R* John Wayne. *D* Richard Boone (Houston). Houston als Randfigur einer Alamo-Geschichte. *P* John Wayne/Batjac. 1972 *Los Amigos. R* Paolo Cavara. *D* Anthony Quinn, Franco Nero. Zwei Abenteurer kämpfen gegen Interessengruppen, die den Anschluß Texas' an die USA verhindern wollen. *P* Prima.

Kalifornien wird nicht unabhängig. Kalifornische Separatisten unter Juan Bautista Alvarado erobern Monterey, die Hauptstadt des mexikanischen Kalifornien, und proklamieren den freien und unabhängigen Staat Alta California. Nach einigen Unruhen und Konferenzen verzichten die Separatisten auf die Verwirklichung ihrer Pläne.

Oregon Trail. Als erste Siedler auf dem Oregon Trail brechen die Missionare Marcus Whitman und Henry H. Spalding mit ihren Frauen von Leavenworth, Kansas, in das Cayuse Indian Country im heutigen Bundesstaat Washington auf. Ihren Plan, mit dem Planwagen über die Rocky Mountains zu ziehen, können sie schließlich nur symbolisch verwirklichen: Als sie den Wagen aufgeben müssen, nehmen sie wenigstens dessen Räder mit.

Kavallerie und Indianer. Colonel Stephen W. Kearny übernimmt die Führung der Dragoner und führt den Brauch der jährlichen Kavallerie-Inspektionen im Gebiet der Plains-Indianer ein.

Der Amerikaner zwischen Rot und Weiß

Am 19. Mai 1836 überfallen mehr als 300 Comanchen und Kiowas Fort Parker am Navasota River im nördlichen Texas, eine im Vorjahr von der Familie Parker gegründete befestigte Siedlung. Die Indianer töten mehr als 40 Siedler. Die einzigen Überlebenden der Familie Parker, die 9jährige Cynthia Ann Parker und ihr 11jähriger Bruder, werden in die Gefangenschaft geführt. Cynthia Ann wächst unter den Nokoni-Comanchen auf, verlernt ihre Muttersprache und wird die Frau des Häuptlings Peta Nokona; der Verbindung entspringen drei Kinder, darunter der 1852 geborene Quanah Parker, der ab 1871 zu einem der bedeutendsten Führer der Comanchen wird und sich 1874 bei dem Kampf um Adobe Walls zum erstenmal auszeichnet. 1860, als Cynthia Ann bereits 24 Jahre als Comanchen-Frau lebt und ihr Sohn Quanah 8 Jahre alt ist, wird die Siedlung der Nokoni-Comanchen von einem starken Aufgebot der Texas Rangers unter Captain Sul Ross angegriffen. Der Häuptling Peta Nokona und sein Sohn Quanah können entkommen. Cynthia Ann und ihre jüngste Tochter, Prairie Flower, werden von den Rangern gefangengenommen und, als sich ihre Identität erweist, in die Welt der Weißen zurückgeführt. Es bleibt der Frau nicht viel Zeit, sich wieder in diese Welt einzuleben; Cynthia Ann Parker stirbt 1865, mit 38 Jahren. Ihr Sohn Quanah führt sein Volk nach aussichtslosen Kämpfen gegen die Weißen in die Gefangenschaft und schließlich in die Reservation; als geachteter Sprecher der Comanchen und Kiowas hat er 1905 eine Begegnung mit Präsident Theodore Roosevelt. 1911 stirbt Quanah Parker, nachdem er sich in seinen letzten Jahren, wie es heißt, von einem ganzen Harem junger Indianerinnen hat verwöhnen lassen.

*Cynthia Ann Parker und ihr Sohn Quanah sind die berühmtesten Protagonisten einer Geschichte, die sich so oder ähnlich im Westen immer wieder abgespielt hat; mit ihrem Doppelthema des Weißen (Mann oder Frau), der in der Gefangenschaft zum rot-weißen, in seinen Loyalitäten zerrissenen Amerikaner wird, und vom Halbblutsproß einer solchen Verbindung, der diese Konflikte dann in der zweiten Generation auszutragen hat, wird diese Geschichte dann ein beliebter Filmstoff. Er zieht sich in vielen Variationen und in immer wechselnden Betrachtungsweisen durch die ganze Western-Geschichte: von den Melodramen der frühesten Stummfilmzeit, die schon in ihrem Titel verraten, daß hier einfach uralte Muster adaptiert werden (*The Voice of the Blood, *1910), über das Schlüsselwerk* The Searchers *(1956), das in seiner Inspiration direkt auf die Cynthia Ann Parker-Geschichte zurückgeht, bis zu dem modernen Lehrstück* Little Big Man *(1970), dessen Inhalt vom utopischen Traum einer Neuen Welt handelt: »Die Neue Welt ist nichts als eine Illusion, solange die Weißen die Indianer verdrängen, anstatt es zu akzeptieren, sich von ihnen aufnehmen zu lassen. Erst wenn wir das, was uns an ihrer Kultur fasziniert, verstehen lernen, und wenn wir begreifen, daß das Objekt dieser Faszination zusammenfällt mit unseren* *utopischen Träumen, werden auch wir unsere Existenz als Menschenwesen beginnen« (Georges-Henri Morin,* Le Cercle Brisé *– »Menschenwesen« nennen die Cheyennes des Films sich selbst).*

*In der ersten Stunde des amerikanischen Westens scheint die glückliche Utopie ihrer Verwirklichung schon nahe zu sein; die Liebe von Pocahontas und John Smith symbolisiert die Umarmung zweier Rassen und die Hoffnung auf die Geburt des Neuen Menschen der Neuen Welt. Aber die prophetische Romanze entartet zur unglücklichen Liebesgeschichte, und der Traum von der Vermählung zweier Rassen zerrinnt im aufkommenden Rassismus, der in dem Indianer das moralisch und physisch minderwertige Wesen sehen muß, wenn er eine Rechtfertigung für seine Vernichtung haben will: »Der rote Mann verschwindet angesichts des höheren moralischen und physischen Einflusses der Weißen« (James Fenimore Cooper). Als Beweis für die moralische Verkommenheit des Indianers werden von den rassistischen amerikanischen Autoren des 18. und 19. Jahrhunderts ironischerweise immer die Leidenschaften und Laster angeführt, die sie mit den Weißen teilen oder gar von ihnen gelernt haben: sie führen blutige Kriege, sie foltern, sie skalpieren, sie vergewaltigen die Frauen ihrer Feinde, sie trinken und sie haben Religionen und Kulte mit unheimlich wirkenden Ritualen. Einige Filme (*The Last Hunt *z. B.) und einige Philosophen haben ja dann auch darüber spekuliert, ob der Indianerhaß der Weißen nicht vielleicht in Wirklichkeit ein Selbsthaß ist: »Der Indianer, so wie er in von den weißen Amerikanern verfaßten Literatur auftritt, ist eine Projektion von etwas, das sich im Wesen des weißen Amerikaners selbst findet. Wenn der Indianer eine ethnographische und soziologische Realität verkörpert, stellt die als Indianer ausgegebene Figur psychologisch gesehen das dar, was primitiv und wild am Amerikaner ist. Und wie die Attitüde des Amerikaners dieser Facette ihrer Psychologie gegenüber sich ändert, so ändert sich auch die Rolle des Indianers« (Leslie Fiedler,* Positiv*). Wer den*

Richard Dix in *The Vanishing American* von George B. Seitz, 1925.

Elsa Martinelli in *The Indian Fighter* von André de Toth, 1955.

Indianer schlachtet, schlachtet das Tier in sich selbst. Soweit diese Spekulation.

Was mit Pocahontas und John Smith unter den glücklichsten Umständen angefangen hat, ergibt sich später nur noch unter den unglücklichsten Umständen. Die Paarung mit den Wilden duldet man nur bei jenen Weißen, die sich ohnehin aus der Zivilisation ausgesiedelt haben und selbst halbe Wilde geworden sind: den Trappern und Mountain Men, denen eine Squaw so lieb oder noch lieber als eine Weiße ist und denen die Rassenvermischung keine Probleme bereitet. Die zivilisierten Weißen denken anders darüber. Radikal anders denken sie, wenn es nicht um das Verhältnis des weißen Mannes zur roten Frau, sondern der weißen Frau zum roten Mann geht; da ist eine Paarung aus freien Stücken undenkbar, und eine unfreiwillige Paarung ist ein grauenvolles Unheil. In den zwei John Ford-Filmen The Searchers *und* Two Rode Together *wird dieser dämonische Schrecken, der den weißen Mann angesichts der in indianische Gewalt geratenen weißen Frau befällt, deutlich beschrieben; das weiße weibliche Wesen (und sei es auch ein Kind), das vom Indianer gefangen, mißbraucht und seinem Hausstand eingegliedert wurde, ist für den weißen Mann keine Weiße mehr und auch durch einen Exorzismus nicht mehr zu retten – man kann es nur ächten (wie das der Linda Cristal-Figur in* Two Rode Together *geschieht), oder noch besser, man tötet es gleich (wie John Wayne in den* Searchers *das unbedingt mit seiner Nichte tun möchte).*

Schon Ford dementiert den Wahn, ein zwangsweiser Aufenthalt bei den sogenannten Wilden könne den Weißen nur deformieren; vertiert und verrückt erscheinen bei ihm eher die freien Weißen, die sich mit dem Problem ihrer in indianische Gefangenschaft geratenen Rassegenossen auseinanderzusetzen haben, was ihnen nur auf der Ebene der Hysterie gelingt, und unter den Gefangenen nur die hysterischen alten Frauen, die von der Nervosität des weißen Mannes derart angesteckt sind, daß sie mehr von ihrer Panik als durch indianische Schändung vergewaltigt scheinen. In den Filmen neuerer Regisseure erscheint dann das Schicksal einer Gefangenschaft bei den Indianern oder des Aufwachsens in indianischem Gewahrsam immer weniger als bestialisches Unglück und immer mehr als ein nützlicher Lernprozeß. Die Helden und Heldinnen von Filmen wie Duel at Diablo, Soldier Blue, A Man Called Horse, Hombre *und* Little Big Man *kann man schwerlich als Opfer indianischer Gefangenschaft und eines Ausgesetztseins in das andere Milieu bezeichnen, viel eher als die privilegierten Teilnehmer an höheren Weihen, die den Zugang zu den höheren Weisheiten (zum Beispiel den höheren religiösen und ökologischen Weisheiten) des roten Mannes öffnen. Eine Gefangenschaft kann, wie man ja auch aus anderen Welten und Kriegen weiß, auch eine vorzügliche Gelegenheit zum intimen Kennenlernen fremder Kulturen und zur Emanzipation von einer Gesellschaft der Vorurteile und des Rassismus sein; immer wieder erleben wir es in diesen Filmen, wie der in indianischer Gefangenschaft lebende Weiße die ihm zunächst aufgezwungene Lebensweise samt ihren Moral- und Glaubensbegriffen schließlich freiwillig adoptiert und zum weißen Indianer wird, ein Prozeß, der uns immer als glorreiche Form höherer Bewußtwerdung geschildert wird.*

»Ein Neuer Mensch, ein Anderer Mensch wird der Neuen Welt geboren, nachdem ihm das Flittergewand des Weißen wie eine Haut systematisch abgezogen wurde. Die Härte der ihm auferlegten Prüfungen, die Entwürdigungen, die er ertragen muß, dienten nur dazu, die Willensfreiheit des unfreiwilligen Neophyten auf die Probe zu stellen und ihn in die Disziplin zu nehmen, von innen her die Realität der indianischen Existenz zu entdecken, wie ein Kind, und nicht von außen her, wie es für einen Ethnologen angehen mag.« So beschreibt Georges-Henri Morin in Le Cercle Brisé *die indianische Wiedergeburt des englischen Lords in* A Man Called Horse; *den Nutzen einer solchen Wiedergeburt, vor allem begründet in der neugewonnenen Fähigkeit des weißen Indianers, mit seiner eigenen Natur und der Natur der Welt zu leben, illustriert*

Morin an der Heldin von Soldier Blue, *einer New Yorkerin, die als Gefangene der Cheyennes und Frau eines Häuptlings zur weißen Indianerin geworden ist:*

»Im Zusammenleben mit den Indianern hat sie die Natur entdeckt und die Möglichkeit, mit der Natur zu leben, anstatt sie zu beherrschen. Sie ist sich bei den Cheyennes ihres Körpers bewußt geworden, sie hat die Sprache ihres Körpers gelernt, und als sie gezwungenermaßen wieder bei den Weißen und in der Welt der weißen Sitten und Konventionen lebt, benutzt sie ganz natürlicherweise immer wieder eine Sprache, die sich stets auf das Körperliche bezieht; für sie ist das eine Frage der Selbstbehauptung, für die Weißen aber ein Affront, weil die Sprache der Weißen, die sich auf das Körperliche bezieht, immer eine zotige Sprache ist und nur Ausdrücke kennt, die man bei den Militärs toleriert, weil sie als Ausweise von Männlichkeit und Stärke gelten, deren Gebrauch sie aber den Frauen verweigert. Daß die New Yorkerin sich dann entscheidet, wieder bei und mit den Indianern zu leben, ist deshalb keine freiwillige Rückkehr zur Barbarei; vielmehr bekennt sie sich neuerlich zu den Gesetzen ihres Körpers und ihres individuellen Lebens. Und indem sie sich im Kontakt mit einer anderen Zivilisation zu ihrem neuen, anderen Bewußtsein bekennt, wird ihr die Entfremdung der weißen Frau bewußt. Ihre Freiheit hängt also wesentlich von ihrer Verbindung mit den Indianern ab.«

Ähnlich optieren die weißen Indianer von Hombre *und* Duel at Diablo *um ihrer Integrität und Selbstverwirklichung willen für ihr Indianertum, als sich ihnen die Möglichkeit eröffnet, als Weißer in die Welt der Weißen zurückzukehren.*

Die Qualität, um die sich der Weiße im Kontakt mit dem Indianer bereichert, wird in der populären Mythologie von jeher harmlos als »die Würde des roten Mannes« etikettiert; diese berühmte »Würde« ist nichts anderes als sein Freisein von der Nervosität des weißen Mannes, wenn man unter diesem Begriff einmal das Bündel von Zivilisations- und Kulturgebrechen der weißen Rasse subsumieren darf. Es gibt keine nervösen Indianer, außer denen, die im 20. Jahrhundert angeblich in die Welt der Weißen integriert sind. Jahrhundertelang sind der nervöse Weiße und der relaxte Indianer durch die Geschichte und die Mythologie der Neuen Welt gegeistert, bis die amerikanische Landnahme als ein Prozeß im Zeichen der Dialektik von Freiheit/Ruhe/Integrität und Zwang/Nervosität/Desintegration begriffen wurde, zuerst und am witzigsten im Roman und Film vom Little Big Man, *wo sich zwischen den Gestalten des völlig verrückten George A. Custer und des völlig entspannten Häuptlings Old Lodge Skins das Spannungsfeld aufbaut, in dem der amerikanische Simplizissimus, Little Big Man, herumstolpert.*

Daß es das indianische Gegenstück zu dem in rote Gefangenschaft geratenden und zum weißen Indianer reifenden Weißen nicht gibt, wirft auf die Kriegführung der Weißen ein schlechtes Licht und spricht nicht für die allgemeine Attraktivität der weißen Rasse. In der Geschichte wie in Literatur und Film gibt es immer nur den Indianer, der sich zu seinem Nachteil in die Welt der Weißen verirrt. Besonders beliebt in den Melodramen des frühen 20. Jahrhunderts ist die fast immer tragisch-tränenreich gesehene Figur des »educated Indian«; dieser in seiner unbewußten Arroganz sehr aufschlußreiche Terminus bezeichnet einen Indianer, der eine weiße Erziehung genossen hat; ein solcher Indianer besucht eine Schule oder ein College des weißen Mannes in den Oststaaten, häufig wird er der Star einer Universitäts-Rugbymannschaft, aber dann merkt er, daß er außer dem Status, den seine physischen Qualitäten ihm verschaffen, kaum etwas erringen kann. Er bleibt ein Außenseiter, und zwar nicht nur in der Welt der Weißen, die ihm weder eine weiße Braut noch eine weiße Karriere gönnen, sondern auch bei seinen Rassegenossen.

Die Melodramen haben für solche Konflikte ihre wundersamen Lösungen: entweder der Konfliktträger ist gar nicht der, für den man ihn gehalten hat (ein vermeintlich Roter erweist sich als Weißer, oder der böse Weiße, der seinen Rivalen als Roten diskriminiert hat, ist selbst einer), oder er stirbt irgendeine schöne

Art von Opfertod, der seine Feinde beschämt und seinen Freunden den Weg ins Glück ebnet. Im Melodram kann der »educated Indian« nur ein nobler Dummkopf sein. Wählt man sich einen intelligenten Indianer als Helden, so wird das Melodram unmöglich. In Arrowhead *(1953) studiert Jack Palance als junger Indianer-Häuptling auf den Schulen des weißen Mannes, aber nicht, um in der Welt der Weißen reüssieren zu können, sondern um sich besser zum Kampf gegen die Weißen zu rüsten. Die Rückkehr zu seinem Stamm ist mit der Art von Wiedergeburt-Effekt versehen, wie wir ihn sonst nur aus den Filmen über weiße Indianer kennen: »Palance ist feierlich in einen enggeschnittenen, schwarzen Anzug gekleidet, mit einem strengen schwarzen Hut auf seinem Kopf. Als Heston (der seinen weißen Gegenspieler verkörpert) ihn begrüßt, nimmt Palance den Hut vom Kopf, seine Haare fallen in Kaskaden über seine Schultern, und die versammelten Indianer brechen bei diesem Anblick in Jubelschreie aus« (Robert Larkins,* Focus on Film*).*

Ganz schlimm ergeht es den Indianern, die sich guten Willens so weit in die Welt der Weißen integrieren, daß sie als Soldaten amerikanischer Armeen an den Kriegen teilnehmen, die die Weißen unter sich austragen. In Devil's Doorway *(1950) ist Robert Taylor ein educated Shoshone, der sich als Nordstaaten-Soldat im Bürgerkrieg die höchste Tapferkeitsmedaille seines Landes verdient, bei seiner Heimkehr aber feststellen muß, daß ihm das keinen Anspruch auf die Wohltaten der Gesetze sichert, die für die Kriegsveteranen und einen friedlichen Neubeginn gemacht worden sind. Die Homestead-Gesetze gelten nur für Weiße, weil die Indianer keine Bürger der USA sind, egal wie sehr sie sich für die Sache der USA ausgezeichnet haben. Der Shoshone muß einsehen, daß er im Grunde dafür gekämpft hat, daß die weißen Siedler sich nun über das Land der Indianer hermachen können; er stirbt im Kampf gegen die Armee, deren Held er eben noch war, und die sich nun anschickt, einen neuen Bürgerkrieg zu führen: weiße Amerikaner gegen rote Amerikaner. Fünfzig Jahre später hat sich an dieser Lage nichts geändert: in* The Vanishing American *(1926) ist Richard Dix ein Navajo, der mit der amerikanischen Expeditions-Armee des 1. Weltkriegs kämpft und nach seiner Heimkehr seinen neuen Kampf gegen die indianerfeindliche Politik des Staates, dem er gedient hat, mit dem Leben bezahlen muß. In beiden Filmen findet der indianische Held die Unterstützung und Liebe einer weißen Frau (in* Devil's Doorway *ist es eine Rechtsanwältin, in* The Vanishing American *eine Schullehrerin); der tragische Ausgang auch der Liebesgeschichten verstärkt beidesmal noch die erdrückende Gewißheit der Unmöglichkeit eines Bundes von Rot und Weiß: kein Ausmaß von Liebe, Patriotismus, Opfergeist und Wohlverhalten macht den Indianer in den Augen des Weißen würdig, ein indianischer Weißer zu werden.*

Auch nach dem 2. Weltkrieg noch nicht: Der Titelheld des Films The Outsider *(1961), gespielt von Tony Curtis, ist der Indianer Ira Hayes, der ein berühmter Kriegsheld wird, als er mit anderen G.I.s das Sternenbanner im zurückeroberten Iwo Jima aufpflanzt; nach seiner Heimkehr zerbricht er psychisch an seiner Doppelrolle als gefeierter Held und als Angehöriger einer diskriminierten Rasse. Die Geschichte ist authentisch und zeigt, daß es subtilere, auf lange Sicht wirkungsvollere Methoden zur Vernichtung einer Rasse gibt, als sie umzubringen.*

Schon der Amerikaner, der durch freie Wahl oder gezwungenermaßen seine eigene Kultur verläßt und von der anderen Kultur aufgesogen wird, und der zur Konfliktfigur wird, weil er nicht zur Integrationsfigur werden darf, ist eine Art Mischling. Der Mischling der zweiten Generation ist das echte Halbblut, eine Konfliktfigur nicht durch die Umstände und die freie Wahl, sondern durch Geburt.

»Es gab viele Halb-Blütige im Westen. Die Mountain Men, die französischen Siedler des Nordwestens, Rancher und Drifter hatten erhebliche Quantitäten halb-indianischer Kinder gezeugt, und dazu kamen noch die Kinder der gefangenen weißen Frauen. In vielen Fäl-

Kirk Douglas und Ziva Rodann in *The Train From Gun Hill,* 1958.

Charlton Heston und Jack Palance in *Arrowhead* von Charles Marquis Warren, 1953.

len wurden die Kinder indianischer Mütter in den Stämmen großgezogen, wo sie als Indianer lebten und allgemein als Indianer akzeptiert wurden. Schwieriger war es für die Mischlinge, die versuchten, in der weißen Welt ihren Weg zu machen. Einige prominente Wyoming-Rancher hatten indianische Frauen, die aber im allgemeinen diskret zu Hause gelassen und der Öffentlichkeit vorenthalten wurden. Es war leichter für die Kinder, wenn der Vater reich und einflußreich war, aber Probleme gab es auch dann. In der Fiktion wird die Situation oft romantisiert. [. . .] Aber traditionell ist das Halbblut der Bösewicht. Heute beginnt man zwar, ihn als eine psychologisch interessante Figur zu begreifen, aber viele Dekaden lang war er der Renegat, der in sich die schlimmsten Züge beider Rassen vereinigt. Er trinkt. Er ist verschlagen. Und häufig bringt er es fertig, die Roten wie die Weißen zu verraten« (Jenni Calder, There Must be a Lone Ranger*).*

Es fiel der Neuen Welt leicht, im Halbblut etwas Minderwertiges und Gefährliches zu sehen; diese Perspektive war ein Erbe der Alten Welt und war durch älteste und schaurigste Halbblut-Mythologien als die selbstverständlichste Betrachtungsweise etabliert. Schon das Wort »Halbblut« und sein selbstverständlicher Gebrauch implizieren den Horror, den viele Kulturen vor der interrassistischen Blutvermischung haben; wäre die traditionelle Vorstellung dahingegangen, daß im Mischling das Beste zweier Rassen zutage treten könnte (was selten überhaupt je als Möglichkeit erwogen worden ist), dann wäre statt des diskriminierenden »Halbblut« das Wort »Doppelblut« in Gebrauch gekommen, und man hätte auch das amerikanische Halbblut von vornherein als die »privilegierte Figur« gesehen, als die Leslie Fiedler sie heute erkennt.

Die Chance, diese privilegierte Figur, der neue Amerikaner zu werden, haben die Weißen Amerikas (die Alte Welt, aber nicht ihre Vorstellungen hinter sich lassend) ausgeschlagen. Für die Indianer, die sich heute »Native Americans«, eingeborene Amerikaner, nennen, haben diese Weißen ihren Anspruch darauf, Amerikaner zu sein, verwirkt. Schon in den dreißiger Jahren unseres Jahrhunderts hat einer der indianischen Wortführer, Chief Standing Bear, das letzte Wort in dieser Sache gesprochen:

»Der weiße Mann versteht den Indianer nicht, weil er Amerika nicht versteht. Er hat keinen Zugang zu den formativen Prozessen dieses Landes gefunden. Die Wurzeln seines Lebensbaumes haben noch keinen Halt in seinem Boden und Stein gefunden. Der weiße Mann wird noch immer von primitiven Ängsten gejagt; sein Bewußtsein wird noch immer von den Gefahren dieses Grenz-Kontinentes beherrscht, dessen Weiten sich seinen fragenden Fußschritten und fragenden Augen noch nicht völlig erschlossen haben. Er zittert immer noch in der Erinnerung an die Verluste seiner Vorväter auf den glühenden Wüsten und abweisenden Bergen. Der Mann aus Europa ist noch immer ein Ausländer und ein Fremder. Und er haßt noch immer den Mann, der seinen Weg über diesen Kontinent hindern wollte« (zitiert nach C. Merton Babcock, The American Frontier*).*

Filme: 1903 *Rescue of Child from Indians.* Weißes Kind in indianischer Gefangenschaft. *P* American Mutoscope & Biograph. 1908 *Pioneers Crossing the Plains in '49.* Weiße Frau in indianischer Gefangenschaft. 1000 Fuß. *P* Edison. 1908 *The Cattle Rustlers.* Halbblut männlich. 960 Fuß. *P* Selig. 1908 *The Red Girl. R* D. W. Griffith. *D.* Linda Arvidson. Halbblut männlich. 1014 Fuß. *P* Biograph. 1909 *Comata, the Sioux. R* D. W. Griffith. *D* James Kirkwood, Florence Lawrence. Cowboy heiratet Indianerin und wendet sich dann einer weißen Frau zu, die ihn aber wegen seiner indianischen Frau verschmäht. 963 Fuß. *P* Biograph. 1909 *A Child of The Forest. R* Edwin S. Porter. *D* Mary Fuller. Weiße Frau in indianischer Gefangenschaft. 970 Fuß. *P.* American. 1909 *Children of the Plains.* Weiße Frau in indianischer Gefangenschaft. 555 Fuß. *P* Vitagraph. 1909 *A Friend in the Enemy's Camp. R* J. Stuart Blackton. Weiße Frau in indianischer Gefangenschaft. 520 Fuß. *P* Vitagraph. 1909 *Iona, the White Squaw.* Weiße Frau in indianischer Gefangenschaft. 2000 Fuß. *P* Bison. 1910 *Half Breed's Teachery.* Halbblut männlich. 1000 Fuß. *P* Bison. 1910 *The Cowboy's Devotion.* Weißer Mann in indianischer Gefangenschaft. 955 Fuß. *P* Lubin. 1910 *A Frontier Hero.* Weiße Frau in indianischer Gefangenschaft. *P* Edison. 1910 *Company D to the Rescue.* Weiße Frau in indianischer Gefangenschaft. 1000 Fuß. *P* Bison. 1910 *The*

Pale Faced Princess. Weiße Frau in indianischer Gefangenschaft. *P* Bison. 1910 *Indian Blood.* Halbblut weiblich. 975 Fuß. *P* Lubin. 1910 *The Heart of a Cowboy.* Halbblut männlich. *P* Defender. 1910 *The Indian Girl's Romance.* Halbblut männlich. 950 Fuß. *P Lubin. 1910 Red Wing's Constancy.* Halbblut männlich. 1000 Fuß. *P* Bison. 1910 *Red Wing's Loyalty. D* Red Wing. Halbblut männlich. 1000 Fuß. *P* Bison. 1910 *The Dumb Half Breed's Defence. D* Broncho Billy Anderson. Halbblut männlich. *P* Essanay. 1910 *The Seminole Half Breeds.* Halbblut männlich. 1910 *The Heart of a Sioux.* Weißer Reservations-Lehrer heiratet indianische Schülerin und kehrt dann zu seiner Verlobten im Osten zurück. 980 Fuß. *P* Lubin. 1911 *A Half Breed's Courage.* Halbblut männlich. *P* Champion. 1911 *The Half Breed's Daughter. D* Lillian Christy. 1000 Fuß. *P* Vitagraph. 1911 *Kit Carson's Wooing. R* Frank Boggs. *D* Hobart Bosworth, Betty Harte. Kit Carson heiratet Häuptlingstochter, die ihm das Leben gerettet hat; dann verläßt er sie und fängt in der nächsten Siedlung ein Verhältnis mit einer Weißen an. 990 Fuß. *P* Selig. 1911 *Tangled Lives.* Weißer Mann in indianischer Gefangenschaft. 1000 Fuß. *P* Kalem. 1911 *White Brave's Heritage.* Weißer Mann in indianischer Gefangenschaft. 1000 Fuß. *P* Kalem. 1911 *Charlie's Butte.* Weißer Mann in indianischer Gefangenschaft. *P* Champion. 1911 *The Chief's Daughter.* Weiße Frau in indianischer Gefangenschaft. 500 Fuß. *P* Selig. 1911 *Fighting Blood. R* D. W. Griffith. *D.* George Nicholls, Florence LaBadie. Weiße Frau in indianischer Gefangenschaft. 1056 Fuß. *P* Biograph. 1911 *An Indian Hero.* Weiße Frau in indianischer Gefangenschaft. *P* Bison. 1911 *An Indian Vestal. D* Hobart Bosworth. Weiße Frau in indianischer Gefangenschaft. 1911 *An Indian's Love.* Halbblut männlich. *P* Bison. 1911 *The Mascot of Company D.* Weiße Frau in indianischer Gefangenschaft. 961 Fuß. *P* Bison. 1911 *The Half-Breed's Atonement.* Halbblut männlich. 970 Fuß. *P* Powers. 1911 *The Half Breed's Plan.* Halbblut männlich. *P* Bison. 1911 *The White Chief.* Weißer Mann heiratet Indianerin. *P* Powers. 1911 *Only a Squaw.* Weiße Frau in indianischer Gefangenschaft. *P* Solax. 1911 *Daniel Boone's Bravery.* Weiße in indianischer Gefangenschaft. 1000 Fuß. *P* Kalem. 1911 *The Tribe's Penalty. D* Broncho Billy Anderson. Weiße Frau in indianischer Gefangenschaft. *P* Essanay. 1911 *The Peril of the Plains.* Weiße Frau in indianischer Gefangenschaft. 1000 Fuß. *P* Kalem. 1911 *Prisoner of the Mohicans. R* Joseph Golden. Weiße Frau in indianischer Gefangenschaft. 1000 Fuß. *P* Pathé. 1911 *The Blackfoot Half-Breed. D* Alice Joyce. 1000 Fuß. *P* Kalem. 1911 *The White Medicine Man. R* Milton Fahrney. *D* Harold Lockwood. Halbblut männlich. *P* Nestor. 1911 *A Branded Indian.* Halbblut männlich. *P* Powers. 1912 *A Child of the Wilderness. D* Frankie Wade. Weißer Mann in indianischer Gefangenschaft. *P* Selig. 1912 *The Redemption of White Hawk.* Weißer Mann in indianischer Gefangenschaft. 2 Akte. *P* Bison. 1912 *Blazing the Trail.* Weiße Frau in indianischer Gefangenschaft. 2 Akte. *P* Bison. 1912 *The Fall of Black Hawk. R* Joseph Sullivan, William Lee. *D* Harry Lonsdale, Zelma Barber. Weiße Frau in indianischer Gefangenschaft. 2000 Fuß. *P* American. 1912 *The Forest Rose. R* Theodore Marston. *D* Marguerite Snow. Weiße Frau in indianischer Gefangenschaft. 2 Akte. *P* Thannhouser. 1912 *Her Indian Guardian.* Weiße Frau in indianischer Gefangenschaft. *P* Comet. 1912 *An Indian Sunbeam. D* Broncho Billy Anderson. Weiße Frau in indianischer Gefangenschaft. 1000 Fuß. *P* Essanay. 1912 *The Squaw-man's Sweetheart.* Weiße Frau in indianischer Gefangenschaft. *P* Pathé. 1912 *A Squaw Man.* Weißer Mann heiratet Indianerin. 950 Fuß. *P* Champion. 1912 *The Squaw Man's Revenge.* Weißer Mann heiratet Indianerin. 1000 Fuß. *P* Pathé. 1912 *The Squaw Man's Death of Gratitude.* Weißer Mann heiratet Indianerin. *P* Pathé. 1912 *The Price of Gratitude.* Weiße Frau in indianischer Gefangenschaft. *P* Pathé. 1912 *When the Heart Calls.* Weiße Frau in indianischer Gefangenschaft. 1000 Fuß. *P* Selig. 1912 *The Wooing of Wathena. D* Mabel Emerson. Weiße Frau in indianischer Gefangenschaft. *P* American. 1912 *The Half-Breed's Treachery. D* Burton King. Halbblut männlich. 1000 Fuß. *P* Lubin. 1912 *The Half-Breed's Way. D* Harry Von Meter. Halbblut männlich. *P* Nestor. 1912 *The Half Breed's Sacrifice.* Halbblut männlich. 1000 Fuß. *P* Lubin. 1913 *Across the Chasm.* Weißer Mann in indianischer Gefangenschaft. *P* Pathé. 1913 *The Indian's Secret.* Weißer Mann in indianischer Gefangenschaft. 2 Akte. *P* Bison. 1913 *After the Massacre.* Weiße Frau in indianischer Gefangenschaft. *P* Reliance. 1913 *The Call of the Blood.* Weiße Frau in indianischer Gefangenschaft. *P* Pathé. 1913 *Campaigning with Custer.* Weiße Frau in indianischer Gefangenschaft. 2 Akte. *P* Bison. 1913 *For the Peace of Bear Valley.* Weiße Frau in indianischer Gefangenschaft. *P* Nestor. 1913 *The Squaw Man's Awakening.* Weiße Frau in indianischer Gefangenschaft. *P* Pathé. 1913 *The Pale*

Face Squaw. Weiße Frau in indianischer Gefangenschaft. 3 Akte. *P* Lloyds. 1913 *The White Squaw.* Weiße Frau in indianischer Gefangenschaft. 2 Akte. *P* Bison. 1913 *The Faithless Friend.* Weißer wächst bei Indianern auf. 2 Akte. *P* Pathé. 1913 *The Apache Kind. D* Dollie Larkin. Halbblut weiblich. 1000 Fuß. *P* Lubin. 1913 *At the Half-Breed's Mercy.* Halbblut männlich. 1000 Fuß. *P* American. 1913 *The Barrier of Blood.* Halbblut männlich. 2 Akte. *P* Ammex. 1913 *Breed of the North. D* Edgar Jones. Halbblut männlich. 2000 Fuß. *P* Lubin. 1913 *Breed in the Bone. R* Wilfred Lucas. *D* Bess Meredyth. Halbblut männlich. 3 Akte. *P* Bison. 1913 *The Half-Breed Parson.* Halbblut männlich. 2 Akte. *P* Bison. 1913 *The Half-Breed Sheriff.* Halbblut männlich. *P* Frontier. 1913 *The Last Blockhouse. R* George Melford. *D* Carlyle Blackwell. Halbblut männlich. 1913 *Trooper Billy.* Halbblut männlich. 2000 Fuß. *P* Kalem. 1913 *The Waif. R* Raymond B. West. *D* Anna Little. Halbblut männlich. *P* K. B. 1914 *The Brand of His Tribe. R* Henry McRae. *D* William Clifford. Weißer Mann in indianischer Gefangenschaft. 2 Akte. *P* Bison. 1914 *In the Days of the Thundering Herd. R* Colin Campbell. *D* Tom Mix. Weißer Mann und weiße Frau in indianischer Gefangenschaft. 5 Akte. *P* Selig. 1914 *Where the Trail Divides. R* James Neill. *D* Robert Eedeson, Winifred Kingston. Weiße Frau heiratet Indianer, läßt sich wieder scheiden, heiratet dann weißen Rechtsanwalt und hilft ihm, ihrem Exmann sein ölhaltiges Land abzuschwindeln. 5 Akte. *P* Lasky. 1914 *Broncho Billy and the Settler's Daughter. D* Broncho Billy Anderson, Marguerite Clayton. Weiße Frau in indianischer Gefangenschaft. 1000 Fuß. *P* Essanay. 1914 *Love's Sacrifice. R.* Thomas H. Ince, William Clifford. *D* Tsuru Aoki. Weiße Frau in indianischer Gefangenschaft. 2000 Fuß. *P* K. B. 1914 *The Medicine Bag.* Weiße Frau in indianischer Gefangenschaft. 3 Akte. *P* Miller's 101 Ranch. 1914 *A Romance of the Pueblo.* Weiße Frau in indianischer Gefangenschaft. *P* Biograph. 1914 *A Tale of the Desert.* Weiße Frau in indianischer Gefangenschaft. *P* Eclair. 1914 *A Waif of the Plains.* Weiße Frau in indianischer Gefangenschaft. 1914 *The Loyalty of a Savage.* Weiße Frau in indianischer Gefangenschaft. 1914 *The Paleface Brave. D* Charles Bartlett, Mona Darkfeather. Halbblut wird von einem weißen Mädchen verschmäht und kehrt zu seiner indianischen Freundin zurück. 2000 Fuß. *P* Kalem. 1914 *The Desert's Sting. R* Wilfred Lucas. *D* Wilfred Lucas, Jeanie MacPherson, Bess Meredyth. Weißer Mann heiratet Indianerin, verläßt sie einer weißen Frau wegen und wird deswegen von einem früheren Geliebten der Indianerin getötet; beide Frauen trauern gemeinsam um ihn und widmen ihr weiteres Leben der Missionsarbeit unter den Apachen. 3 Akte. *P* Criterion. 1914 *The Gambler's Reformation.* Halbblut weiblich. *P* Kalem. 1914 *The Ghost of the Mine.* Halbblut weiblich. *P* Eclair. 1914 *The Arrow's Tongue. R.* Martin Farnum. Halbblut männlich. 2 Akte. *P* Miller's 101 Ranch. 1914 *Indian Blood.* Weißer Mann heiratet Indianerin, die weiße Gesellschaft lehnt diese Ehe ab; der Mann verstößt die Indianerin, die zu ihrem Stamm zurückgeht; der Stamm foltert und tötet sie wegen ihrer Heirat mit dem Weißen. 2000 Fuß. *P* Kalem. 1914 *Indian Fate.* Halbblut männlich. 2000 Fuß. *P* Kalem. 1914 *The Line Rider.* Halbblut männlich. 2 Akte. *P* Eclair. 1914 *Pierre of the Plains. D* Edgar Selwyn. Halbblut männlich. 5 Akte. *P* All Star. 1914 *The Squatter. D* Edna Payne. Fred Hearne. Halbblut männlich. 3 Akte. *P* Eclair. 1914 *The Unlawful Trade. R* Allan Dwan. *D* Pauline Bush, Lon Chaney sr. Das Halbblut dieses Films hört auf den Namen »Cross Blood«. *P* Rex. 1914 *Red Hawk's Sacrifice.* Weißer Glücksspieler tötet seine indianische Frau, weil er irrtümlich glaubt, sie betrüge ihn mit einem Indianer. 1000 Fuß. *P* Kalem. 1915 *The Gambler of the West. D* William J. Butler. 4 Akte. *P* Biograph. 1915 *The Ceremonial Turquoise. D* Irene Hunt. Weiße in indianischer Gefangenschaft. 2 Akte. *P* Reliance. 1915 *The Heart of the Sheriff. R* und *D* Tom Mix. Weiße Frau in indianischer Gefangenschaft. *P* Selig. 1915 *Jack Chanty. R* Max Figman. *D* Max Figman, Lolita Robertson. Halbblut weiblich. 1915 *The Indian Changeling.* Halbblut weiblich. *P* Reliance. 1915 *Big Jim's Heart. R* John B. O'Brien, Eddy Sampson. Halbblut männlich. 2 Akte. *P* Majestic. 1915 *From Out of the Big Snows. R* Theodore Marston. *D* James Morrison. Halbblut männlich. 3 Akte. *P* Vitagraph. 1915 *The Ghost Wagon. R* Joseph Franz. *D* Edythe Sterling. Halbblut männlich. 3 Akte. *P* Bison. 1915 *The Heart of a Bandit. D* Harry Carey. Halbblut männlich. *P* Biograph. 1915 *The Wanderer's Pledge. D* Isabel Rea. Halbblut männlich. *P* Biograph. 1915 *The Western Border. D* Mona Darkfeather. Halbblut männlich. *P* Monty. 1915 *West Wind. D* Ned Finley. Halbblut männlich. 3 Akte. *P* Vitagraph. 1916 *The Flower of No Man's Land. R* John H. Collins. *D* Viola Dana. Indianerin heiratet New Yorker Opernsänger, der aus Gesundheitsgründen in den Westen gekommen ist; er kehrt ohne sie nach New York zurück, sie folgt ihm und entdeckt, daß er bereits verheiratet ist; der Sänger wird getötet, die Indianerin kehrt nach Arizona zurück, entdeckt, daß sie in Wirklichkeit eine Weiße ist und heiratet einen weißen Prospektor, der sie schon immer geliebt hat. 5 Akte. *P* Columbia. 1916 *The Night Riders. R* Jacques Jaccard. Halbblut männlich. 2 Akte. *P* Universal. 1916 *The Quarter Breed. R* Leon D. Kent. Halbblut männlich. 3 Akte. *P* Universal. 1916 *The Hell Cat. R* Reginald Barker. *D* Geraldine Farrar. Indianerin tötet ihren weißen Mann, der sie mit einer weißen Frau betrügt. 6 Akte. *P* Diva. 1917 *The Squaw Man's Son. R* E. J. Le Saint. *D* Wallace Reid, Dorothy Davenport. In England erzogener Sohn eines Weißen und einer Indianerin heiratet eine Weiße, die an Drogen stirbt; er geht dann in den amerikanischen Westen und verliebt sich in eine Indianerin. 5 Akte. *P* Lasky. 1918 *Hands Up. R* James W. Horne. *D* Ruth Roland. Indianer verehren eine weiße Gefangene als »Princess of Prophety«; zu der Verehrung gehört auch, daß sie dem Sonnengott geopfert werden soll. Serial. *P* Pathé. 1919 *The Wilderness Trail. R* E. J. Le Saint. Halbblut männlich. 5 Akte. *P* Pathé. 1919 *The Wilderness Trail. R* E. J. Le Saint. Halbblut männlich. 5 Akte. *P* Fox. 1921 *Across the Divide. R* John Holloway. *D* Rex Ballard (Doppelrolle). Halbblut verhilft seinem Vollblut-Stiefbruder zu seinem Erbe. *P* G. & J. Photoplay. 1920 *Behold My Wife. R* George Melford. *D* Julia S. Gordon. Englischer Aristokrat heiratet im Westen eine Indianerin und nimmt sie mit nach England, wo sie nach vielen Komplikationen doch noch glücklich werden. *P* Paramount. 1922 *The Winning of the West.* Weißes Mädchen wird von Indianern entführt und von ihrer besten Freundin, einer Indianerin, gerettet. *P* Aywon. 1922 *Blazing Arrows. R* Henry McCarty. *D* Lester Cuneo. Student verlobt sich, aber die Verlobte wendet sich von ihm ab, als sich herausstellt, daß er ein Indianer ist; der Held rettet die Exverlobte aus Todesgefahr und erfährt, daß er in Wirklichkeit ein Weißer ist, bei den Indianern aufgewachsen: Happy-End. *P* Doubleday. 1922 *The Great Alone. R* Jacques Jaccard. *D* Monroe Salisbury. Halbblut-Indianer wird an der Universität Rugby-Star; da seine Kommilitonen ihn trotzdem seiner Abstammung wegen verachten, geht er zurück in den Westen und wird glücklich mit einer Halbblut-Indianerin. *P* West Coast. 1922 *The Mohican's Daughter. R* S. E. V. Taylor. *D* Nancy Deaver, Hazel Washburn. Nach *The Story of Jees Uck* von Jack London: Die Halbblut-Indianerin Jees Uck wird von einem Häuptling begehrt, heiratet aber einen weißen Händler. *P* P. T. B.

1922 *The Half Breed* (I). *R* Charles A. Taylor. *D* Wheeler Oakman. Nach dem Bühnenstück *Halfbreed* von H. D. Cotrell und Oliver Morosco: Ein bei den Weißen erzogener Halbblut-Indianer kämpft um die Hand einer Weißen (Tochter eines rassistischen Richters) und um das Land seiner indianischen Mutter, das die Weißen ihm abschwindeln wollen. *P* Oliver Morosco. 1922 *One Eighth Apache. R* Ben Wilson. *D* Roy Stewart. Die Ehe eines Viehbaron-Sohnes mit einem Society-Girl wird gefährdet, als sich herausstellt, daß der Mann zu einem Achtel Apache ist. *P* Berwilla. 1922 *White Eagle. R* W. S. Van Dyke, Fred Jackman. *D* Ruth Roland. Eine Weiße wird aufgrund einer Tätowierung auf ihrer linken Handfläche von Indianern als Göttin verehrt. Serial. *P* Pathé. 1923 *The Secret of the Pueblo. R* Neal Hart. *D* Neal Hart, Hazel Deane. Cowboy rettet weiße Frau aus der Gefangenschaft der Pueblo-Indianer. *P* William Steiner. 1923 *The Huntress. R* Lynn Reynolds. Indianerin erfährt, daß sie in Wirklichkeit ein weißes, von den Indianern adoptiertes Waisenkind ist und verläßt ihren Stamm, um einen weißen Prospektor zu heiraten. *P* Associated First National. 1924 *The Heritage of the Desert. R* Irvin Willat. *D* Bebe Daniels. Spanisch-indianisches Halbblut-Mädchen kämpft um ihre Liebe zu einem Mann aus dem Osten. *P* Famous Players-Lasky. 1924 *The Mine With the Iron Door. R* Sam Wood. *D* Robert Frazer. Bei den Weißen erzogener Indianer im Kampf mit weißen Banditen. *P* So Lesser. 1925 *Quicker'n Lightnin'. R* Richard Thorpe. *D* Buffalo Bill jr., Dorothy Dorr. Titelheld bewahrt von Indianern entführte Weiße davor, dem Sonnengott geopfert zu werden. *P* Action. 1925 *A Daughter of the Sioux. R* Ben Wilson. Bei den Kämpfen um ein Fort wird eine als Spionin verdächtigte Indianerin als Weiße identifiziert, die als Baby von den Sioux entführt wurde; gleichzeitig stellt sich heraus, daß der Anführer der Indianer in Wirklichkeit der Halbblut-Sohn eines Weißen ist. *P* Davis. 1925 *The Red Rider,* auch *The Open Trail. R* Clifford S. Smith. *D* Jack Hoxie. Häuptling White Elk ist verlobt mit Prinzessin Natauka und verliebt sich in Weiße Lucille; Lucille wird von Indianern gefangengenommen und zum Tode bestimmt; Natauka opfert sich für Lucille; Happy-End für Natauka und White Elk, der schließlich entdeckt, daß er in Wirklichkeit der Sohn eines weißen Scouts ist. *P* Universal. 1925 *Red Love. R* Edgar Lewis. *D* John Lowell, Evangeline Russell, F. Serrano Keating. Eine Dreiecksgeschichte zwischen Thunder Cloud, Sioux und Absolvent der Carlisle Indian School,

Starlight, Halbblut-Tochter eines Sheriffs und Lehrerin, und Little Antelope, indianischer Adoptivsohn eines weißen Paares, Mitglied der Indian Police und, wie sich überraschenderweise herausstellt, in Wirklichkeit der jüngere Bruder von Thunder Cloud. *P* Lowell. 1925 *The Bad Lands. R* Dell Henderson. *D* Harry Carey, Joe Rickson. Halbblut als Waffen- und Schnapsschmuggler. *P* Hunt Stromberg. 1925 *The Bloodhound. R* William J. Craft. *D* Bob Custer. Mountie wird eines Mordes verdächtigt, den in Wirklichkeit ein Halbblut begangen hat. *P* Independent. 1926 *The Flaming Forest. R* Reginald Barker. Halbblut versucht mit Hilfe von Indianern und Banditen die Herrschaft einer kanadischen Provinz zu usurpieren. *P* Cosmopolitan/MGM. 1925 *Braveheart. R* Alan Hale. *D* Rod La Rocque. Junger Indianer wird von seinem Stamm auf die Universität geschickt, damit er Anwalt wird und die Fischrechte des Stammes gegen den Zugriff eines weißen Fischkonserven-Fabrikanten verteidigen kann. Nachdem er seine Mission erfüllt hat, entsagt er seiner Liebe zu einem weißen Mädchen und heiratet eine Indianerin. *P* Cecil B. DeMille/Cinema. 1927 *Red Clay. R* Ernst Laemmle. *D* William Desmond. Als Soldat des 1. Weltkriegs rettet Chief John Nisheto dem Sohn eines Kongreßmannes, Jack Burr, das Leben. Nach Kriegsschluß hintertreibt Burr, der von der Identität seines Retters nichts weiß, eine Verbindung zwischen seiner Schwester und dem Indianer, obwohl dieser Absolvent einer Universität und ein Rugby-Star ist. *P* Universal. 1929 *Sioux Blood. R* John Waters. *D* Tim McCoy, Robert Frazer. Bei einem Indianer-Aufstand werden zwei Brüder getrennt; der eine wächst als Weißer auf und kämpft gegen die Indianer, der andere wächst als Indianer auf und kämpft gegen die Weißen. Sie begegnen sich im Kampf, erkennen sich und kehren gemeinsam in die Welt der Weißen zurück. *P* MGM. 1929 *The Invaders. R* J. P. McGowan. *D* Bob Steele, Edna Aslin. Bruder und Schwester werden bei Indianer-Angriff auf Wagentreck getrennt; er wächst als Weißer auf und wird Kavallerie-Offizier, sie wächst als Indianerin auf. Ein Indianer-Angriff auf ein Fort führt sie wieder zusammen. *P* Big. 1929 *Redskin. R* Victor Schertzinger. *D* Richard Dix. Von seiner College-Erziehung heimgekehrt, lehnt Wing Foot Sitten und Religion seines Navajo-Stammes ab und wird ausgestoßen. Er geht in die Wüste, findet dort Öl und läßt seinen Stamm an diesem Reichtum teilhaben. *P* Paramount. 1932 *White Eagle* (II). *R* Lambert Hillyer. *D* Ward Bond. Weißer wächst bei Indianern auf. *P* Columbia.

1932 *Call Her Savage. R* John F. Dillon. Halbblut weiblich. *P* Fox. 1934 *Massacre. R* Alan Crosland. *D* Richard Barthelmess. Indianischer College-Absolvent kehrt in die Reservation seines Stammes zurück und wird zum Führer eines Aufstandes gegen weiße Ausbeuter; er hat eine weiße Freundin, die aber, wie sich herausstellt, eine Indianerin ist. *P* First National. 1935 *Behold My Wife! R* Mitchell Leisen. *D* Sylvia Sidney. Remake des gleichnamigen Films von 1921. *P* Adolph Zukor/ Paramount. 1937 *The Painted Stallion. R* William Witney, Alan James, Ray Taylor. *D* Julia Thayer. Geheimnisvolle Indianerin beschützt mit ihrem singenden Pfeil einen Wagentreck nach Santa Fé; wie sich herausstellt, ist sie eine Weiße, bei den Comanchen aufgewachsen und wegen ihres blonden Haares als goldene Göttin verehrt. Serial. *P* Republic. 1939 *Northwest-Passage. R* King Vidor. *D* Spencer Tracy. Weißer Mann in indianischer Gefangenschaft. *P* MGM. 1940 *Arizona Frontier. R* Al Herman. Weißer wächst als Indianer auf. *P* Monogram. 1945 *Navaho Kid. R* Harry Fraser. Weißer wächst als Indianer auf. *P* PRC. 1946 *Duel in The Sun. R* King Vidor. *D* Jennifer Jones. Die Geschichte von Pearl Chavez, deren weißer Vater ihre indianische Mutter umgebracht hat und dafür hingerichtet worden ist. *P* David O. Selznick/Vanguard. 1949 *Colorado Territory. R* Raoul Walsh. *D* Joel McCrea, Virginia Mayo, Dorothy Malone. Nach dem Roman *High Sierra* von W. R. Burnett: Flüchtiger Bandit wird von einem weißen Mädchen verraten und verliebt sich in ein Halbblut, das ihm bis in sein tragisches Ende folgt. *P* Warner Bros. 1949 *Daughter of the West. R* Harold Daniels. *D* Martha Vickers. Schicksal eines Halbblut-Mädchens auf einer Navajo-Reservation, gegen Ende des 19. Jahrhunderts. *P* Martin Mooney. 1950 *Broken Arrow. R* Delmer Daves. *D* James Stewart, Debra Paget. Weißer heiratet Indianerin, die dann von seinen Landsleuten getötet wird. *P* Twentieth Century-Fox. 1950 *Ambush. R* Sam Wood. *D* Robert Taylor. Kavallerie befreit eine Weiße aus indianischer Gefangenschaft. *P* MGM. 1950 *Devil's Doorway. R* Anthony Mann. *D* Robert Taylor, Paula Raymond. Shoshonen-Häuptling kehrt als dekorierter Bürgerkriegsheld nach Wyoming zurück und führt, unterstützt von einer weißen Anwältin, die sich in ihn verliebt, einen tragischen Kampf gegen die weißen Siedler, die die Existenzgrundlage seines Stammes bedrohen. *P* MGM. 1951 *Jim Thorpe – All American. R* Michael Curtiz. *D* Burt Lancaster (Thorpe). Biographie des indianischen Athleten Jim Thorpe. *P* Warner Bros. 1951

Across the Wide Missouri. R William A. Wellman. *D* Clark Gable, Maria Elena Marques. 1830. Trapper heiratet zur Erleichterung seiner Geschäftsbeziehungen zu den Blackfeet eine Indianerin, lernt sie lieben und zeugt einen Sohn mit ihr; als es zu Kämpfen kommt, wird sie von ihren Landsleuten getötet. *P* MGM. 1951 *Distant Drums. R* Raoul Walsh. *D* Gary Cooper. 1840. US-Captain, nach der Ehe mit einer Indianerin verwitwet, zieht den Sohn aus dieser Ehe groß. *P* United States/Warner Bros. 1952 *Pony Soldier. R* Joseph M. Newman. Mounties befreien mit der Hilfe eines Halbbluts Weiße aus der Gefangenschaft der Creeks. *P* Twentieth Century-Fox. 1952 *The Savage. R* George Marshall. *D* Charlton Heston. Der einzige weiße Überlebende eines Indianerüberfalls, ein 11jähriger Junge, wächst als Sioux auf, wird bei Ausbruch von Kampfhandlungen von den Weißen als Scout angeworben und bewegt seinen Adoptivstamm schließlich, Frieden zu schließen. *P* Paramount. 1952 *The Big Sky. R* Howard Hawks. *D* Dewey Martin, Elizabeth Threatt. Trapper verliebt sich in Blackfeet-Prinzessin. *P* Winchester/RKO. 1952 *Rose of Cimarron. R* Harry Keller. *D* Mala Powers. Die einzige Überlebende eines Indianerüberfalls wächst als Indianerin auf; als ihre roten Pflegeeltern von Weißen ermordet werden, wird sie als ›Rose of Cimarron‹ eine gefürchtete Banditin, um diesen Doppelmord zu rächen. *P Alco/Twentieth Century-Fox. 1952 The Half-Breed* (II). *R* Stuart Gilmore. *D* Jack Buetel. Sohn eines Weißen und einer Indianerin kämpft für die Rechte der Reservats-Apachen. *P* RKO. 1953 *Arrowhead. R* Charles Marquis Warren. *D* Charlton Heston, Jack Palance. 1878. Konfrontation eines Kavallerie-Scouts, der bei den Apachen aufgewachsen ist, und eines Häuptlings, der eine weiße Erziehung genossen hat; beide sehen nur im Kampf bis zum Letzten eine Lösung des Konflikts. *P* Paramount. 1953 *The Charge at Feather River. R* Gordon Douglas. *D* Vera Miles, Helen Westcott. Zwei Schwestern geraten in die Gefangenschaft der Indianer und werden von der Army wieder befreit, zum Leidwesen der einen Schwester, die sich inzwischen in den Häuptling verliebt hat. *P* Warner Bros. 1953 *Conquest of Cochise. R* William Castle. *D* John Hodiak, Joy Page. Eine von Cochise als Geisel festgehaltene Mexikanerin verliebt sich in den Häuptling, der sich aber zu einer Verbindung mit einer Weißen nicht entschließen kann. *P* Sam Katzman/Columbia. 1953 *Fort Ti. R* William Castle. *D* Phyllis Fowler. Indianische Frau eines Trappers verrät die Engländer an die Franzosen und büßt das mit dem Tod; eine Episode des French and Indian War. *P* Sam Satzman/Columbia. 1953 *Hondo. R* John Farrow. *D* John Wayne. Kurierreiter Hondo verbirgt seine halbindianische Herkunft. *P* Warner Bros. 1954 *Broken Lance. R* Edward Dmytryk. *D* Spencer Tracy, Robert Wagner, Katy Jurado. Konflikte zwischen einem Rancher, dessen indianischer zweiter Frau und deren Sohn einerseits und der Gesellschaft und den Rancher-Söhnen aus erster Ehe andererseits. *P* Sol C. Siegel/Twentieth Century-Fox. 1955 *Shotgun. R* Lesley Selander. *D* Sterling Hayden, Yvonne De Carlo. Häuptling schenkt seinem weißen Freund eine weiße Gefangene als Prämie für einen errungenen Sieg. *P* Allied Artists. 1955 *Apache Woman. R* Roger Corman. *D* Lloyd Bridges, Joan Taylor. Indianer-Agent verliebt sich in Halbblut-Apachin, deren Bruder eine Bande von Indianern und weißen Renegaden anführt. *P* Golden State/ARC. 1955 *The Indian Fighter. R* André de Toth. *D* Kirk Douglas, Elsa Martinelli. Liebe zwischen weißem Scout und Indianerin. *P* Bryna/UA. 1955 *The Far Horizons. R* Rudolph Maté. *D* Charlton Heston (William Clark), Donna Reed (Sacajawea), Herbert Heyes (Thomas Jefferson). Sacajawea verliebt sich in Clark, aber Jefferson macht ihr klar, daß sie verzichten muß; er verhilft ihr zur Rückkehr zu ihrem Stamm. *P* Paramount. 1956 *Comanche. R* George Sherman. *D* Dana Andrews, Kent Smith (Quanah Parker), Linda Cristal. Weißer Scout bemüht sich bei Quanah Parker um Freilassung einer weißen Gefangenen. *P* Carl Krueger/UA. 1956 *The Searchers. R* John Ford. *D* John Wayne, Natalie Wood. Weißes Mädchen wächst bei den Comanchen auf, wird die Frau eines Häuptlings und nach langer Suche von ihren Verwandten zurückgeholt. *P* C. V. Whitney/Warner Bros. 1956 *The Last Wagon. R* Delmer Daves. *D* Richard Widmark. Bei den Comanchen aufgewachsener Weißer wird nach einer Auseinandersetzung mit weißen Banditen zum Retter eines Wagentrecks vor feindlichen Apachen, dann kehrt er zu den Comanchen zurück. *P* Twentieth Century-Fox. 1956 *Reprisal. R* George Sherman. *D* Guy Madison. Halb-Indianer verleugnet seine Herkunft, um Farmer und Landbesitzer werden zu können; nach Ausschreitungen gegen seine indianischen Verwandten bekennt er sich zu seiner Rasse. *P* Columbia. 1957 *Trooper Hook. R* Charles Marquis Warren. *D* Barbara Stanwyck. Verheiratete weiße Frau, die in indianischer Gefangenschaft die Frau eines Häuptlings geworden ist und ihm einen Sohn geboren hat, wird mit diesem Kind von der Kavallerie befreit, in der Welt der Weißen dann aber als Indianer-Hure diskriminiert; ihr weißer Mann lehnt ihren Mischlings-Sohn ab, den ihr indianischer Mann mit Gewalt zu sich zurückzuholen versucht. *P* Fielding/UA. 1957 *Run of the Arrow. R* Samuel Fuller. *D* Rod Steiger, Sarita Montiel. Bürgerkriegs-Veteran kämpft mit den Sioux gegen die Weißen und heiratet eine Indianerin. *P* Globe/Universal. 1957 *Pawnee. R* George Waggner. *D* George Montgomery. Als Pawnee aufgewachsener Weißer schwankt zwischen der Loyalität zu seinem Stamm und den Weißen, die von diesem Stamm angegriffen werden, sowie zwischen der Liebe zu seiner indianischen Verlobten und einer Weißen; die Indianerin opfert sich beim Schlußkampf für die Weißen. *P* Republic. 1957 *War Drums. R* Reginald LeBorg. *D* Lex Barker, Joan Taylor. Apachen-Häuptling heiratet mexikanisch-indianisches Halbblut. *P* Bel-Air/UA. 1957 *The Halliday Brand. R* Joseph H. Lewis. *D* Ward Bond. Sheriff läßt einen Halbblut-Indianer hängen, weil seine Tochter ihn liebt und heiraten will. *P* Collie Young/UA. 1958 *Bullwhip. R* Harmon Jones. *D* Rhonda Fleming. Halbblut-Indianerin führt einen erfolgreichen Pelzhandel und heiratet aus Geschäftsgründen einen Mann, den sie dann gelegentlich auspeitscht. *P* Allied Artists. 1959 *The Last Train from Gun Hill. R* John Sturges. *D* Kirk Douglas, Ziva Rodann. Ranchers-Sohn bringt Halbblut-Frau eines Sheriffs um. *P* Hal B. Wallis/Paramount. 1959 *Gunman's Walk. R* Phil Karlson. *D* Tab Hunter, James Darren, Kathryn Grant. Rivalität zweier Brüder um eine Halbblut-Indianerin. *P* Columbia. 1960 *Comanche Station. R* Budd Boetticher. *D* Randolph Scott, Nancy Gates. Mann sucht jahrelang seine von den Comanchen entführte Frau, befreit aber schließlich nur eine andere weiße Frau aus indianischer Gefangenschaft. *P* Ranown. 1960 *The Unforgiven. R* John Huston. *D* Audrey Hepburn. Konflikte um eine Indianerin, die von einer weißen Familie zusammen mit ihren eigenen Kindern aufgezogen wurde und von ihrem Stamm zurückgefordert wird. *P* James Hill/UA. 1960 *Flaming Star. R* Don Siegel. *D* Elvis Presley, Dolores Del Rio, John McIntire. Loyalitätskonflikte des Halbblutsohns eines weißen Ranchers und einer Indianerin enden mit dem Tod von Mutter und Sohn. *P* Twentieth Century-Fox. 1961 *The Canadians. R* Burt Kennedy. *D* Teresa Stratas. Mounties befreien eine Frau, die in Gefangenschaft zur Heirat mit einem Indianer gezwungen wurde und ein Kind von ihm bekommen hat, dann von weißen Banditen entführt wurde, wobei ihr Kind ums Leben kam.

P Twentieth Century-Fox. 1961 *The Outsider. R* Delbert Mann. *D* Tony Curtis. Pima-Indianer wird im 2. Weltkrieg ein berühmter Held und geht nach seiner Heimkehr psychisch zugrunde. *P* Universal. 1961 *Two Rode Together. R* John Ford. *D* James Stewart, Richard Widmark, Linda Cristal. Marshal und Kavallerie-Offizier bemühen sich um die Freilassung weißer Frauen und Kinder, die von den Comanchen gefangen wurden. Eine alte Gefangene weigert sich, zu den Weißen zurückzugehen. Ein Junge, der in der indianischen Gefangenschaft aufgewachsen ist, wird nach der Rückkehr in die Freiheit von den Weißen gelyncht. Eine junge Frau, die zur Ehe mit einem Indianer gezwungen wurde, wird von den Weißen diskriminiert; der zynische Marshal, der seine Landsleute verachtet, nimmt sie zur Frau. *P* John Ford/Columbia. 1966 *Duel at Diablo. R* Ralph Nelson. *D* Bibi Andersson, James Garner. Scout befreit eine weiße Frau aus der Gefangenschaft der Apachen, in der sie ein Kind von einem Häuptlingssohn bekommen hat. Ihr weißer Ehemann wirft ihr vor, sie hätte sich lieber töten als gefangennehmen lassen sollen; sie kehrt zu den Indianern zurück. Der Scout entdeckt, daß dieser selbe Mann der Mörder seiner, des Scouts, Ehefrau, einer Comanchin, ist; aus Profitgründen hat er ihr sogar den Skalp genommen. *P* Rainbow/UA. 1966 *Nevada Smith. R* Henry Hathaway. *D* Steve McQueen. Der Halbblut-Titelheld rächt den Mord an seinen Eltern und erlebt eine Romanze mit einem Kiowa-Mädchen. *P* Solar-Embassy/Paramount. 1967 *Hombre. R* Martin Ritt. *D* Paul Newman. Weißer, der als Indianer aufgewachsen ist und sich als Indianer bekennt, wird bei einer Postkutschenreise von den anderen Passagieren (darunter ein Indianer-Agent, der das Versorgungsgeld seiner Schutzbefohlenen unterschlagen hat) diskriminiert und kommt bei einem Kampf um das unterschlagene Geld um. *P* Martin Ritt, Irving Ravetch-Hombre/Twentieth Century-Fox. 1968 *Day of the Evil Gun. R* Jerry Thorpe. *D* Glenn Ford, Arthur Kennedy. Zwei Männer auf der Suche nach einer von Indianern entführten Frau. *P* MGM. 1968 *The Stalking Moon. R* Robert Mulligan. *D* Gregory Peck, Eva Marie Saint, Nathaniel Narcisco. Weiße Frau wird nach zehnjähriger Gefangenschaft bei den Apachen mit dem Sohn, den sie von einem Indianer bekommen hat, befreit; der Vater des Kindes verfolgt sie und begeht Bluttaten, um seinen Sohn zurückzubekommen. *P* Alan J. Pakula/National General. 1970 *A Man Called Horse. R* Elliot Silverstein. *D* Richard Harris, Corinna Tsopei. Englischer Lord gerät bei der Jagd in die Gefangenschaft der Sioux, wird nach Prüfungen in den Stamm aufgenommen und heiratet eine Indianerin. *P* Sandy Howard/Cinema Center. 1970 *Soldier Blue.* *R* Ralph Nelson. *D* Candice Bergen, Jorge Rivero. Weiße Frau, die in indianischer Gefangenschaft die Frau eines Häuptlings geworden ist und von ihm freigelassen wurde, versucht vergeblich, zwischen ihrem friedliebenden Exmann und der blutdürstigen Kavallerie zu vermitteln; nach dem Massaker wird sie mit den überlebenden Indianern in Ketten abgeführt. *P* Katzka-Berne. 1970 *Little Big Man.* *R* Arthur Penn. *D* Dustin Hoffman. Little Big Man wächst bei den Cheyennes auf, wechselt wiederholt die Fronten und bleibt nach der Schlacht am Little Big Horn endgültig bei den Cheyennes. *P* Hiller-Stockbridge.

Siehe auch ›Ramona‹ 1884, *The Squaw Man* 1905, und in der Zane Grey-Filmographie 1939 die Titel *Heritage of the Desert, The Vanishing American, The Golden West* und *Wagon Wheels (Fighting Caravans).*

1837

George Catlin und die erste Wildwest-Show. George Catlin, der erste große Maler indianischen Lebens und indianischer Bräuche im frühen 19. Jahrhundert, eröffnet in New York die erste Ausstellung seiner Westerngemälde. Catlins Ausstellung umfaßt von Anfang an auch »indianische Kuriositäten«. Sie wird in verschiedenen amerikanischen Städten gezeigt, dann geht Catlin nach London, wo er aus seiner Ausstellung eine regelrechte Indianerschau macht. Zunächst zeigt er neben seinen Bildern indianische Waffen, Kleider und Handwerksgeräte, dann gruppiert er mit Puppen in indianischer Kleidung Tableaus des Indianerlebens, schließlich verpflichtet er Darsteller, die als Indianer hergerichtet werden und pantomimisch Szenen vom Jagen, Kriegführen und von religiösen Zeremonien aufführen. Als diese einheimischen Darsteller durch echte Indianer abgelöst werden, die Catlin selbst oder andere Exotika-Aussteller auf seinen Spuren nach England bringen, ist die erste Wildwest-

Show perfekt. »So wurde George Catlin der erste, der eine Wildwest-Ausstellung zur Unterhaltung des zahlenden Publikums präsentierte. Seine Schau markiert den Beginn einer der langlebigsten volkstümlichen Vergnügungen, die unser Land hervorgebracht hat« *(George Catlin and the Old Frontier).*

Geboren: Wild Bill Hickok, als James Butler Hickok, in Troy Grove, Illinois; geht als 18jähriger nach Kansas, lernt dort William F. Cody kennen, wird Polizist und Kutscher bei Transport- und Postkutschen-Gesellschaften, begeht 1861 die Morde, die ihn berühmt machen.

William Clark Quantrill, in Canal Dover, Ohio; wird Schullehrer in Ohio, Indiana, Illinois und Kansas, geht mit einer Armee-Expedition nach Utah, sucht Gold in Colorado, kehrt nach Kansas in den Schuldienst zurück, wechselt Namen und Beruf und wird als Charley Hart Berufsspieler, stellt 1861 in Missouri eine Guerillatruppe der Konföderierten auf und verdient sich seinen Namen als »the bloodiest man in American history«.

1838

Zug der Tränen. Nachdem in Ausführung des Indianer-Aussiedlungs-Gesetzes die Creek, Choctaw und Chickasaw bereits aus ihrer Heimat östlich des Mississippi in das Indian Territory im heutigen Oklahoma umgesiedelt sind, wird nun gewaltsam der Widerstand der vierten der »zivilisierten Nationen«, der Cherokee, gegen die Umsiedlung gebrochen. Die Cherokees hatten die Gerichte angerufen, um ihre Deportation abzuwenden. Präsident Jackson verwirft aber die indianerfreundlichen Entscheidungen des Obersten Gerichtshofes und läßt die Cherokees von der Armee westwärts treiben. Der Leidensweg der Cherokees wird bekannt als der »Zug der Tränen« (Trail of Tears). Ein Viertel der 60000 Cherokees kommt auf dem Marsch um, fast weitere 9000 sterben in den ersten zwei Jahren im Indian Territory.

1839

Zur Definition des Westens. »Der Westen? Was alles soll dieser Begriff wohl umschließen? Ich habe mich nie imstande gesehen, herauszufinden, wo seine Grenzen sind«, schreibt Caroline Kirkland in *A New Home – Who'll Follow? Or: Glimpses of Western Life,* erschienen 1839 in New York. Aber nicht nur Autoren der Oststaaten, die den Westen nur vom Hörensagen kennen, haben ihre Schwierigkeiten beim Lokalisieren und Definieren dieses Bereichs. Um die gleiche Zeit schreibt ein Mann wie George Catlin, der diesen Westen bereist hat und ihn in Gemälden und lebenden Bildern der Welt vorstellt: »Die wenigsten Leute verstehen sich auf eine wahre Definition des Ausdrucks ›Westen‹; und wo mag er sich denn wirklich befinden? Phantomgleich flieht er vor uns, während wir in ihn eindringen« (*Letters and Notes on the North American Indians,* London 1841).

Sutter am Sacramento. Der Schweizer Einwanderer Johannes Augustus Sutter kommt nach Kalifornien, kauft von den mexikanischen Behörden in Monterey Land am Sacramento und beginnt dort mit dem Aufbau seines Agrikultur-Reiches.

Geboren: George Armstrong Custer, in Ohio, als Sohn eines Hufschmieds; besucht die Offiziersschule Westpoint, tritt zu Beginn des Bürgerkriegs als 2. Lieuteant in die Armee ein, wird mit 25 Jahren zum Brigadegeneral befördert und als »Boy General« »zum jugendlichen Apollo der amerikanischen Militärgeschichte, zum Idol der Kavallerie, zum Alptraum gelernter älterer Kämpen, zum uniformierten Prinzen dreier Generationen junger und ältlicher Mädchen« (H. J. Stammel).

1840

Der Große Indianische Friedensrat. 5000 Cheyennes, Arapahos, Kiowas und Comanchen treffen sich zum Great Indian Peace Council am Arkansas in der Nähe von Bent's Fort, an der Grenze zwischen Texas und Mexiko. Das Resultat dieser Konferenz ist keine Koalition gegen die westwärts drängenden Weißen, sondern ein Nichtangriffs-Abkommen zwischen den vier Stämmen. Zu diesem Zeitpunkt sind die Indianer der Gebiete östlich des Mississippi bereits aus ihrer Heimat vertrieben oder ausgerottet. Im fernen Westen leben nur noch rund 100000 Indianer, deren letzter Kampf um Heimat und Leben nun beginnt.

Regulatoren gegen Moderatoren. Als erste von vielen kommenden Grenzfehden (Frontier Feuds), bei denen um Boden- und andere Besitzrechte konkurrierende Sippen und Gruppierungen sich bürgerkriegsähnliche Auseinandersetzungen liefern, bricht in Texas der Shelby County War aus. Charles W. Jackson erschießt im Verlauf eines Streites Joseph G. Goodbread und gründet dann die Shelby Guards, die zur Verfolgung angeblich legaler Zwecke ein Terrorregime errichten und dann unter dem Namen »Die Regulatoren« bekannt werden. »Regulator« wird später ein geläufiger Euphemismus für bezahlte Revolvermänner, die unter Umgehung des Rechtsweges und unter Anwendung krimineller Methoden Privatbesitz schützen und vermehren. Die Regulatoren von Shelby County finden ihre Feinde in den Moderatoren, die vorgeblich Recht und Ordnung wiederherstellen wollen, hauptsächlich aber auf die Vernichtung der Regulatoren bedacht sind. Der Shelby County War dauert vier Jahre, kostet rund 50 Tote und wird schließlich durch den Präsidenten von Texas, Sam Houston, geschlichtet. »Eine typische Grenz-Fehde bricht für gewöhnlich aus, wenn eine Gruppierung von Leuten das Recht in die eigenen Hände nimmt, weil sie das Gefühl hat, daß ihr ein unerträgliches Unrecht widerfahren ist. Dies ist nicht Gesetzlosigkeit! Es ist vielmehr der Appell an ein Gesetz, das als vernünftiger Ersatz für legale Regelungen angesehen wird, deren man nicht teilhaftig werden kann, und das ist manchmal ein Gesetz, das höher steht oder wertvoller ist als das in den Gesetzbüchern« (C. L. Sonnichsen, *I'll Die Before I'll Run*).

Der vierte Lederstrumpf-Roman. James Fenimore Coopers vierter *Lederstrumpf*-Roman *The Pathfinder; or, The Inland Sea* spielt 1759 während des French and Indian War an und auf dem Ontario-See. Sein Held, der Pfadfinder Natty Bumppo, ist jetzt Ende 30, verliebt sich in die Sergeanten-Tochter Mabel Dunham und verliert sie an den zivilisierteren Jasper, um sich mit Chingachgook wieder in die Wälder zurückzuziehen. Im Vergleich zu den früher entstandenen Lederstrumpf-Romanen erscheint Natty jetzt sehr idealisiert und zum Modellamerikaner stilisiert. »Lederstrumpf ist Amerika wie Amerika sein sollte, ein Paradigma des idealen demokratischen Eros in der Ära edler Gefühle und im Zeitalter Jacksons, der neue Mensch der Neuen Welt, wunderbarerweise unkorrumpiert vom (ironischerweise so genannten) freien Wettbewerb« (Edwin Fussell).

Der große Zug nach Westen

Das Vergangene lassen wir hinten,
Gehen los auf eine neue, weitere, wechselreichere Welt;
Frisch und stark ergreifen wir sie, Welt der Arbeit
und des Marsches,
Pioniere! Pioniere!

Werfen tapfere Bataillone
In die Schluchten, durch die Pässe, bis zu steilen Bergeshäuptern;
Und erobern, halten, trotzen, wagen unbekannte Wege,
Pioniere! Pioniere!

Und wir fällen Urzeitforste;
Dämmen, winden Ströme; reißen in den Tiefen Minen auf;
Messen weite Länderflächen; furchen jungfräuliche Erde,
Pioniere! Pioniere!

Walt Whitman, 1867

1841 beginnt die Zeit der großen Planwagentrecks in den fernen Westen. Schon in den ersten zwei Jahren machen rund 1000 Pioniere die Reise auf dem Oregon Trail: von Independence am Missouri über die Plains, den Platte River entlang bis Fort Laramie, durch den South Pass über die Rocky Mountains bis Fort Bridger, weiter durch schwieriges Bergterrain bis Fort Hall. Hier zweigt der California Trail vom Oregon Trail ab, der am Great Salt Lake entlang durch die Sierra Nevada ins Sacramento Valley führt. Auf der Route des Oregon Trail geht der Weg weiter über den Snake River und durch die Blue Mountains bis zum Columbia River; dann auf dem Columbia (per Floß) oder an seinen Ufern entlang bis zum Willamette Valley. Ihren ersten Chronisten finden die Wagentrecks in William Gilpin, der in Florida gegen die Seminolen gekämpft hatte und seine weitere Karriere als Soldat, Politiker und Autor als erster Gouverneur des Colorado Territory beenden sollte.

Für Henry Nash Smith nimmt die Emphase von Gilpins Settlement of Oregon *von 1846 bereits das Pathos von Walt Whitmans* Pioneers! O Pioneers! *vorweg: »Am westlichen Rande unserer Union, dort wo der Kansas und der Missouri zusammenfließen, versammelten sich amerikanische Bürger mit ihren Familien, eine Anzahl von Eintausend, jeder auf sich allein gestellt, und angestachelt von Impulsen, die ihn unwiderstehlich in den Westen trieben. Umgeben von Frau und Kindern, ausgerüstet mit Wagen, Ochsengespann und Vorräten, die keine Jagd ersetzen könnte, begleitet von seinem Gewehr und wenigen weltlichen Gütern drangen diese wagemutigen Männer in die unvermessenen Weiten vor ihnen ein. Durch die ungeheuren Ebenen ziehend, die schließlich zu den Rocky Mountains führen, große Flüsse bezwingend und ständig bedroht durch die unberechenbare Gefahr des feindlichen Indianers gaben sie sich zum allgemeinen Wohl eine zugleich republikanische und militärische Regierung und Disziplin, die von diesem Volk auf der Wanderung strikt geachtet wurden. Angekommen nach der immensen Reise an den unbevölkerten Küsten des Pazifik zur Zeit des einbrechenden Winters, erschöpft und oft der Verzweiflung nahe, empfanden sie doch weder Zögern noch Kleinmut angesichts der Arbeit, die nun zu leisten sei; energisch wurden alle Widerstände niedergekämpft, und der kommende Frühling sah Farmen, Häuser, Mühlen und Städte, weit über das Land verstreut, fast, als sei dies die Arbeit und das Werk vieler Jahre.«*

»Die unberechenbare Gefahr des feindlichen Indianers«, von der Gilpin spricht, wird zum Hauptmotiv der vielen Volkslieder, die die Wanderung in den Westen besingen, und der noch zahlreicheren Filme über die Wagon Trecks.

We travelled three weeks till we came to the Platte,
We pitched out our tents at the head of a flat;
We spread down our blankets on the green grassy ground,
While our horses and oxen were grazing all around.

While taking refreshments we heard a low yell,
The whoop of Sioux Indians coming out of the dell;
We sprang to our rifles with a flash in each eye.
»Boys«, says our brave leader, »We'll fight till we die.«

They made a bold dash and came near to our train,
The arrows fell round us like hail and like rain.
We fought them with courage we spoke not a word,
Till the end of the battle was all that was heard.

Wagentreck aus *How the West Was Won,* Episode »Der Planwagen« von Henry Hathaway, 1962.

We travelled by day, guarded camp during night,
Till Oregon's mountains looked high in their might.
Now at Pocahontas beside a clear stream,
Our journey is ended in the land of our dream.

Filmographie der Wagentrecks: 1908 *Pioneers Crossing the Plains in '49.* 5 Szenen. *P* Edison. 1909 *Children of the Plains; An Episode of Pioneer Days. P* Vitagraph. 1909 *The Indian.* 1911 *Crossing the American Prairies in the Early Fifties. R* D. W. Griffith. *P* Biograph. 1911 *The Last Drop of Water. R* D. W. Griffith. *D* Jeanie Macpherson. *P* Biograph. 1911 *A Frontier Girl's Courage.* 1911 *The Flaming Arrows.* 1912 *Across the Plains. R* Thomas H. Ince. *P* Bison 101. 1912 *The Apache Renegade.* 1912 *A Frontier Soldier of Fortune.* 1913 *After the Massacre.* 1914 *A Frontier Mother.* 1914 *The Hills of Silence.* 1914 *In the Days of the Thundering Herd. R* Colin Campbell. *P* Selig Polyscope. 1914 *The Indian Agent.* 1914 *The Indian Ambuscade.* 1914 *Love's Sacrifice.* 1914 *Orphans of the Wild.* 1914 *Out of the Valley.* 1914 *The Tigers of the Hills.* 1919 *Wagon Trecks. R* Lambert Hillyer. *D* William S. Hart. *P* William S. Hart. 1921. *White Oak. R* Lambert Hillyer. *D* William S. Hart. *P* William S. Hart. 1922 *Hellhounds of the West.* 1923 *The Covered Wagon. R* James Cruze. *D* J. Warren Kerrigan. *P* Famous Players-Lasky. 1923 *The Prairie Schooner.* 1923 *The Oregon Trail* (I). *R* Edward Laemmle. *D* Art Acord. Serial. *P* Universal. 1923 *Pioneer Trails. R* David Smith. *P* Vitagraph. 1924 *The Way of a Man. R* George B. Seitz. *D* Allene Ray. Serial. *P* Pathé. 1925 *The Bad Lands. R* Dell Henderson. *P* Hunt Stromberg. 1926 *The Devil Horse. D* Yakima Canutt. *P* Hal Roach. 1926 *The Last Frontier. R* George B. Seitz. *P* Metropolitan. 1927 *Men of Daring. R* Albert Rogell. *P* Universal. 1927 *The Overland Stage. R* Albert Rogell. *P* First National. 1927 *The Red Raiders. R* Albert Rogell. *D* Ken Maynard. *P* First National. 1928 *Orphan of the Sage. R* Louis King. *P* F. B. O. 1928 *Wyoming. R* W. S. Van Dyke. *D* William Fairbanks. *P* MGM. 1929 *The Invaders.* 1930 *The Big Trail. R* Raoul Walsh. *D* John Wayne. *P* Fox. 1931 *Trails of the Golden West.* 1934 *Wagon Wheels. R* Charles Barton. *D* Randolph Scott. *P* Paramount. 1934 *Wheels of Destiny. R* Alan James. *D* Ken Maynard. *P* Universal. 1936 *The Glory Trail.* 1936 *The Oregon Trail.* (II) *R* Scott Pembroke. *D* John Wayne. *P* Republic. 1939 *The Oregon Trail* (III). *R* Ford Beebe, Saul A. Goodkind. *D* Johnny Mack

Brown. Serial. *P* Universal. 1940 *Prairie Schooners. R* Sam Nelson. *D* Bill Elliott. 1940 *Kit Carson. R* George B. Seitz. *D* Dana Andrews, Jon Hall. *P* Edward Small. 1940 *Pioneers of the West. R* Lester Orlebeck. *P* Republic. 1940 *Wagons Westward. R* Lew Landers. *P* Republic. 1941 *The Pioneers. R* Al Herman. *P* Monogram. 1942 *Lawless Plainsmen. R* William Berke. *P* Columbia. 1943 *Wagon Tracks West. R* Howard Bretherton. *D* William Elliott. *P* Republic. 1945 *The Oregon Trail* (IV). *R* Thomas Carr. *P* Republic. 1946 *Bad Bascomb. R* S. Sylvan Simon. *D* Wallace Beery. *P* MGM. 1947 *Oregon Trail Scouts. R* R. G. Springsteen. *D* Allan Lane. *P* Republic. 1948 *Red River. R* Howard Hawks. *D* John Wayne. *P* Monterey. 1949 *Davy Crockett – Indian Scout. R* Lew Landers. *D* George Montgomery. *P* Edward Small. 1950 *The Outriders. R* Roy Rowland. *D* Joel McCrea. *P* MGM. 1950 *Wagonmaster. R* John Ford. *D* Ben Johnson. *P* Argosy. 1951 *Westward the Women. R* William A. Wellman. *D* Robert Taylor. *P* MGM. 1952 *Fort Osage. R* Lesley Selander. *D* Rod Cameron. *P* Monogram. 1952 *Bend of the River. R* Anthony Mann. *D* James Stewart. *P* Universal. 1952 *Rose of Cimarron. R* Harry Keller. *D* Mala Powers. *P* 20th Century-Fox. 1952 *Wagons West. R* Ford Beebe. *D* Rod Cameron. *P* Monogram. 1953 *Fort Vengeance. R* Lesley Selander. *P* Monogram. 1953 *Tumbleweed. R* Nathan Juran. *D* Audie Murphy. *P* Universal. 1954 *Jubilee Trail. R* Joe Kane. *D* Vera Ralston. *P* Republic. 1954 *Arrow in the Dust. R* Lesley Selander. *D* Sterling Hayden. *P* Allied Artists. 1954 *The Command. R* David Butler. *D* Guy Madison. *P* Warner Bros. 1955 *Santa Fe Passage. R* William Witney. *D* John Payne. *P* Republic. 1956 *Westward Ho the Wagons. R* William Beaudine. *D* Fess Parker. *P* Walt Disney. 1956 *The Last Wagon. R* Delmer Daves. *D* Richard Widmark. *P* 20th Century Fox. 1958 *Fort Dobbs. R* Gordon Douglas. *D* Clint Walker. *P* Warner Bros. 1959 *Thunder in the Sun. R* Russell Rouse. *D* Susan Hayward. *P* Seven Arts. 1960 *How the West Was Won. R* Henry Hathaway. *D* Gregory Peck. *P* MGM. 1961 *Frontier Uprising. R* Edward L. Cahn. *D* Jim Davis. *P* Zenith. 1967 *The Way West. R* Andrew V. McLaglen. *D* Kirk Douglas. *P* Harold Hecht.

1841

Der fünfte Lederstrumpf-Roman. Mit *The Deerslayer; or, The First War Path* beschließt James Fenimore Cooper die Reihe seiner *Lederstrumpf*-Erzählungen; in der Chronologie der Handlung eröffnet *The Deerslayer* den Zyklus, mit einem 20jährigen Natty, der in den vierziger Jahren des 18. Jahrhunderts am Lake Glimmerglass dem alten Hutter und seinen beiden Töchtern Judith und Hetty begegnet und am Schluß lieber seinem Freund Chingachgook hilft, um ein Indianermädchen zu werben, als selbst eine der Huttertöchter zu erringen. »Das faszinierendste Lederstrumpf-Buch ist das letzte, *Deerslayer.* Natty ist jetzt ein frischer Junge, genannt Wildtöter. Seine Seele ist einsam, für ewig einsam. So wird er seine Integrität bewahren, und einsam im Fleische bleiben. Es ist dies ein ehrlicher und furchtloser Stoizismus, den der Wildtöter niemals aufgeben wird, ausgenommen in seinen mittleren Jahren, wenn er um die füllige Mabel freit. Einsam läßt er sein Bewußtsein in den neuen Kontinent eindringen. Seine Kontakte sind nicht menschlicher Art. Er ringt mit dem Geist der Wälder und der amerikanischen Wildnis, so wie ein Einsiedler kämpft mit Gott und Satan. Seine einzige wirkliche Begegnung erlebt er mit Chingachgook, und diese Begegnung ist schweigsam, reserviert, über eine unüberbrückbare Distanz hinweg. Natty und die Große Schlange sind sich weder gleich noch ungleich. Jeder folgt dem anderen, wenn der Augenblick es verlangt. Und jeder ist gesammelt und verschwiegen in des anderen Gegenwart, ganz Er Selbst, ohne unnütze Illusionen. Jeder von beiden ist schlicht die unbehauene Säule eines Mannes, die unbehauene lebende Säule seiner Männlichkeit. Eine neue Beziehung. Die Lederstrumpf-Romane erschaffen den Mythos dieser neuen Beziehung. Und sie bewegen sich rückwärts, vom goldenen Alter zur goldenen Jugend. Dies ist der wahre Mythos Amerikas. Amerika beginnt alt zu werden, runzelig und schaudernd unter einer alten Haut. Und allmählich wirft es die alte Haut ab und wächst in eine neue Jugend hinein. Den Mythos Amerikas« (D. H. Lawrence).

Filmographie der Lederstrumpf-Romane: 1909 *Leather Stocking. R* D. W. Griffith. *D* James Kirkwood (Natty). 996 Fuß. *P* Biograph. 1913 *The Deerslayer* (I). *R* Hal Reid, Larry Trimble. *D* Wallace Reid (Natty). 2000 Fuß. *P* Vitagraph. 1920 *Lederstrumpf. 1. Teil: Der Wildtöter* (2096 Meter); *2. Teil: Der Letzte der Mohikaner. R* Arthur Wellin. *D* Emil Mamelok (Natty), Bela Lugosi (Magua). *P* Luna Film, Berlin. 1921 *The Last of the Mohicans. R* Maurice Tourneur. *D* Harry Lorraine (Hawkeye-Natty), Wallace Beery (Magua), Albert Roscoe (Uncas). *P* Maurice Tourneur. 1924 *Leatherstocking* (II). *R* George B. Seitz. *D* Harold Miller (Natty), Edna Murphy. Serial. *P* Pathé. 1931 *The Last of the Moe Higgins. R* Eddie Buzzel. Parodie. 1 Akt. *P* Columbia. 1932 *The Last of the Mohicans* (II). *R* Ford Beebe, B. Reeves Eason. *D* Harry Carey (Natty), Hobart Bosworth (Chingachgook), Frank Coghlan jr. (Uncas), Bob Kortman (Magua). Serial. *P* Mascot. 1936 *The Last of the Mohicans* (III). *R* George B. Seitz. *D* Randolph Scott (Hawkeye-Natty), Robert Barrat (Chingachgook), Philip Reed (Uncas), Bruce Cabot (Magua). *P* Reliance. 1941 *The Pioneers. R* Al Herman. *D* Tex Ritter. *P* Monogram. 1943 *Deerslayer* (II). *R* Lew Landers. *D* Bruce Kellogg, Yvonne De Carlo. *P* Republic. 1947 *The Last of the Redmen. R* George Sherman. *D* Jon Hall (Natty), Michael O'Shea (Uncas). *P* Columbia. 1948 *The Prairie. R* Frank Wisbar. *D* Lenore Aubert, Alan Baxter. *P* Zenith. 1948 *The Pathfinder. R* Sidney Salkow. *D* George Montgomery (Natty), Jay Silverheels (Chingachgook). *P* Columbia. 1950 *The Iroquois Trail. R* Phil Karlson. *D* George Montgomery (Hawkeye-Natty), Monte Blue (Sagamore). *P* Reliance. 1957 *The Deerslayer* (III). *R* Kurt Neumann. *D* Lex Barker (Deerslayer-Natty), Carlos Rivas (Chingachgook). *P* 20th Century-Fox. 1965 *Der letzte Mohikaner. R* Harald Reinl. *D* Anthony Steffen (Falkenauge-Natty), Dan Martin (Uncas), Ricardo Rodriguez (Magua). *P* International Germania-Balcazar. 1965 *L'ultimo dei Mohicani. R* Matteo Cano. *D* Jack Taylor (Natty), Paul Muller. *P* Italcaribe-Eguiluz. 1967 *Chingachgook – Die große Schlange. R* Richard Groschopp. *D* Gojko Mitić (Chingachgook), Rolf Römer (Wildtöter-Natty), Helmut Schreiber (Tom Hutter), Lilo Grahn (Judith Hutter). *P* Defa.

Fernsehserie: 1957–1958 *Hawkeye and the Last of the Mohicans.*

Lex Barker als Wildtöter und Carlos Rivas als Chingachgook in *The Deerslayer* von Kurt Neumann, 1957.

D John Hart (Hawkeye), Lon Chaney jr. (Chingachgook). 39 Folgen. *P* Normandie.

Sealsfields Cajüttenbuch. In Zürich erscheint das erste bedeutende deutschsprachige Werk über den amerikanischen Westen, *Das Cajüttenbuch oder Nationale Charakteristiken* von Charles Sealsfield. Der Autor heißt eigentlich Karl Postl, stammt aus Mähren und war in Prag Ordensgeistlicher, bevor er 1832, als 39jähriger, nach Amerika floh, das er jahrelang von den Neu-England-Staaten bis Mexiko bereiste. In seinen drei Teilen *Die Prärie am Jacinto, Der Krieg* und *Der Kapitän* schildert das *Cajüttenbuch* den Kampf der Texaner um ihre Unabhängigkeit von Mexiko. »Die Pioniertaten der Siedler, ihre Leiden und Abenteuer stehen im Mittelpunkt des Romans, dessen Held das ganze Volk der Vereinigten Staaten ist; Sealsfield charakterisiert es, indem er einige typische Repräsentanten auftreten läßt, und entwickelt anhand ihrer Erlebnisse das Ideal eines demokratischen Staates« (Ingo F. Walther).

Catlin als Schriftsteller. Der Maler und Wildwest-Galerist George Catlin veröffentlicht in London einen Band *Letters and Notes on the Manners, Customs and Conditions of the North American Indians,* »ein wildes und wortreiches und faszinierendes Werk« (Jack Schaefer); der malende Ethnologe Catlin erweist sich hier als ein exakter Beobachter auch jener Bereiche, die sich der bildlichen Darstellung entziehen. Der folgende Ausschnitt aus dem Bericht eines Trappers namens Baptiste gibt zum Beispiel das erheiternde Rotwelsch wieder, in dem die franko-kanadischen Mountain Men sich mit ihren amerikanischen Kollegen verständigen. Baptistes Gesprächspartner ist der Amerikaner Bogard, es geht um einen indianischen Medizinbeutel, den Baptiste für Catlin besorgen soll:

»Bien, excusez – now Monsieur Bogard, you must know first place, de ›Medicine-Bags‹ is mere humbug, he is no medicine in him – no pills; he is something mysterieux. Some witchcraft, supossé. You must know que tous les sauvages have such tings about him, pour for good luck. Ce n'est que (pardon) it is only hocus pocus, to keep off witch, supposé. You must know ces articles can nevare be sold, of course you see dey cannot be buy. So my friend here, Monsieur Cataline, who have collect all de curiosité des pays sauvages, avait made strong applique to me pour for to get one of dese medicine-bags for his Collection curieux, et I had, pour moimême, le curiosité extreme pour for to see des quelques choses ces étranges looking tings was composi.«

Der noch seitenlang weitergehende Bericht verrät auch einiges über die Selbstironie, mit der Catlin seine eigene Rolle als Aussteller indianischer Kuriositäten betrachtete.

Ende der russischen Kolonisation Kaliforniens. Johannes Augustus Sutter kauft den Russen ihre Besitzungen um Fort Ross ab und beendet damit die russische Kolonisation von Kalifornien. Sutters Kolonie wird zum Zentrum der amerikanischen Siedler, die die Unabhängigkeit von Mexiko betreiben.

John Charles Frémont und Kit Carson. Der 33jährige Trapper und Scout Kit Carson führt den Offizier, Politiker und Forschungsreisenden John Charles Frémont bei dessen Expeditionen in die Rocky Mountains und wird durch Frémonts Berichte eine populäre Figur. Der eigentliche Zweck von Frémonts Expeditionsberichten ist freilich die Propagierung der US-Expansion bis zum Pazifik; er ist der verlängerte Arm seines Schwiegervaters Thomas Hart Benton, der in Washington seit langem als Prophet der »Pacific Frontier« wirkt.

Geboren: Crazy Horse, der spätere Kriegshäuptling der Oglala-Sioux und siegreiche Gegner Custers am Little Big Horn.

1842

Geboren: Karl May, in Ernstthal (Sachsen), wird Lehrer, muß wegen betrügerischer Schliche mehrere Haftstrafen absitzen, läßt sich 1875 in Dresden als Redakteur nieder und schreibt im selben Jahr noch seine ersten *Winnetou*-Erzählungen.

1844

Dampfliteratur. Die Erfindung der Rotations-Dampfpresse bringt die Entwicklung einer Subliteratur für den Massengebrauch hervor, die zwei Jahrzehnte später der wichtigste Faktor in der Popularisierung und Romantisierung des Westens und seiner Helden wird: die wöchentlich erscheinenden Groschenblätter (Weekly Story Papers), ihrer Herstellungsmethoden wegen von den gebildeten Kreisen auch verächtlich Dampfliteratur genannt. Die ersten Erfolgs-Verleger auf diesem Gebiet sind die Partner Maturin M. Ballou und Frederick Gleason, die zur Verbreitung ihres Produktes *The Flag of our Nation* ein Vertriebssystem über die ganzen besiedelten USA entwickeln, mit Agenten in allen größeren Städten. Zur Variante der Groschenhefte wird die 1845 gegründete *National Police Gazette,* das erfolgreichste amerikanische Wochenblatt des 19. Jahrhunderts, das ab den siebziger Jahren auch als Chronik der großen Banditen-Taten des Westens dient. »Die *National Police Gazette* war wohl die erste amerikanische Zeitschrift, der es gegeben war, zur Synthese der sexuellen, moralischen und sozialen Probleme Amerikas zu gelangen. Sie referierte die Empfindungen der Zeit, indem sie die Sünden Amerikas bloßlegte, und zwar in einem Ton moralischer Entrüstung. Seinen Lesern versprach das Blatt ›die interessantesten Dokumente über schreckliche Mordtaten, brutale Raubüberfälle, ruchlose Vergewaltigungen und vulgäre Verführungen‹« (Mark Gabor, *Pin Up*).

Amerikas Western-Nationalkultur. »Im gegenwärtigen Westen steht schon die ganze Atmosphäre der Gesellschaft einer Geisteskultur entgegen, und jede Art der Verfeinerung wird so systematisch geschmäht, daß sie bereits in völligen Mißkredit geraten ist.« William Kirkland, der das in einem Essay mit dem naserümpfenden Titel *The West, The Paradise of the Poor* schreibt, empfiehlt den gebildeten Oststaatlern eine verstärkte Orientierung an den Kulturgütern der Alten Welt. Dagegen sieht ein Autor wie Ralph Waldo Emerson in einer geistigen Anlehnung an Europa die Gefahr, Amerikas Chance zur Entwicklung einer eigenständigen nationalen Kultur zu verpassen, die nur im Bekenntnis zu den besonderen Herausforderungen des Westens liegen könne. In *The Young American* schreibt Emerson: »Da nun die Dampfkraft den Atlantik zu einer schmalen Wasserstraße gemacht hat, dürfen wir uns glücklich schätzen, daß der unruhige, steinige Westen ein neues, kontinentales Element in den Nationalgeist einbringt: und wir werden doch noch den amerikanischen Genius erleben.«

Geboren: Cole Younger, als Coleman Younger, ältester von acht Söhnen eines Pferdehändlers; wächst auf in Cass County, wenige Meilen von der Farm des Dr. Reuben Samuel und seiner Stiefsöhne Frank und Jesse James.

Al Sieber, als Albert Sieber, in Deutschland; kommt als Kind nach Amerika, wächst in Minnesota auf, kämpft im Bürgerkrieg und geht dann nach Arizona, wo er einer der bekanntesten Indianer-Agenten und Kavallerie-Scouts wird.

1845

Manifest Destiny. In der Juli/August-Ausgabe des *United States Magazine and Democratic Revue* kreiert John L. Sullivan das

Schlüsselwort der amerikanischen Expansions-Politik und -Ideologie. Sullivan erklärt, es sei »unser manifestes Schicksal, uns über den Kontinent zu verbreiten, der von der Vorsehung zur freien Entwicklung unserer sich jährlich vervielfältigenden Millionen bestimmt ist« (our manifest destiny to overspread the continent alloted by Providence for the free development of our yearly multyplying millions).

Praxis der Manifest Destiny. Nahziele der amerikanischen Expansions-Politik sind Texas, Neu-Mexiko und Kalifornien. Texas wird auf Verlangen der amerikanischen Texaner annektiert und am 29. Dezember zum 28. Staat der USA. Die USA schlagen Mexiko Verkaufsverhandlungen über Neu-Mexiko und Kalifornien vor und lassen ihre Truppen in umstrittene Gebiete am Rio Grande einmarschieren. Die Mexikaner lehnen Verhandlungen ab. Im folgenden Frühjahr erklären die USA Mexiko formell den Krieg.

Die Eisenbahn. Der New Yorker Kaufmann Asa Whitney ersucht den amerikanischen Kongreß um Überlassung eines Streifens Land in einer Breite von 60 Meilen vom Michigan See bis an den Pazifik zum Bau einer transkontinentalen Eisenbahn, die in Whitneys Vision nicht nur die Besiedlung der Trans-Mississippi-Gebiete erleichtern, sondern einen Welthandelsweg schaffen soll, der gleich einer neuen Seidenstraße Amerika und Europa verbindet. Whitneys Projekt erregt ungeheures Aufsehen, zumal er kein Phantast ist wie der politische Propagandist der Pacific Frontier, Thomas Hart Benton; Whitney hat bereits mit dem Nah- und Fernost-Handel ein Vermögen gemacht und kennt sich auch in den technologischen Voraussetzungen seines Vorhabens aus.

Die Comancheros. In einem Bericht vor dem amerikanischen Kongreß macht der Armee-Offizier J. W. Albert die Menschen des Ostens mit einer neuen Sorte Westerner bekannt: »Sie waren unter der Führung eines Pueblo-Indianers von Taos zwanzig Tage gewandert und trugen komische Kegel-Sombreros, Jacken mit Querstreifen, große beutelartige Kniehosen, lange Strümpfe und Mokassins. Sie waren schlecht bewaffnet, nannten sich Comancheros und unternahmen regelmäßige Handelsreisen in das Gebiet der Comanchen.« Die Comancheros stammten ursprünglich aus den Reihen mexikanisch-indianischer Halbblüter, die auf Büffeljagd gingen, den Ciboleros. Später kommen alle möglichen Arten krimineller Elemente hinzu. Die Comancheros betreiben mit den Indianern Tauschhandel mit gestohlenen Waffen und Tieren und entführen weiße Frauen und Kinder. Ihre erbittertsten Feinde finden sie in den Texas Rangern. Mit der Forcierung der Indianerkriege in den siebziger Jahren geht auch die Zeit der Comancheros zu Ende.

Filme: 1962 *The Comancheros. R* Michael Curtiz. *D* John Wayne. *P* 20th Century-Fox. 1964 *Rio Conchos. R* Gordon Douglas. *D* Stuart Whitman. *P* 20th Century-Fox.

Fort Kearny. Um die Sioux von ihren Kriegszügen gegen die Pawnees abzubringen und die Planwagentrecks abzusichern, zieht Colonel Stephen Watts Kearny mit einem Regiment Dragoner in die Gegend von Fort Laramie, veranstaltet eine große Manöver-Schau und läßt Fort Kearny bauen.

Walt Whitmans Halbblut. Während in Romanen und Bühnenstücken des Pocahontas-Genres noch die edle rote Frau gefeiert wird, die sich dem weißen Manne fromm vermählt (und sich noch möglichst für ihn opfert), fixiert Walt Whitman in seinem Western-Roman *The Half-Breed: A Tale of the Western Frontier* den amerikanischen Horror vor der Rassenmischung von Rot und Weiß. Der Titelheld, aufgrund seiner Herkunft als Bösewicht bestimmt, verschuldet den Tod des edlen, reinblütigen Indianers Arrow-Tip. Der Bruder des Toten führt dann seinen Stamm

»weiter fort in den Westen, in Jagdgründe, wo sie niemals wieder durch die Anwesenheit der weißen Eindringlinge belästigt werden würden, wenigstens nicht in dieser Generation«.

Schullehrerinnen in den Westen! In einem weitverbreiteten Manifest mit dem Titel *The Duty of American Women to Their Country* macht Catharine Beecher warnend darauf aufmerksam, daß die sprunghaft anwachsende Bevölkerung des Westens der Verwilderung anheimfallen wird, wenn nicht eine hinreichende Anzahl beherzter und gebildeter Frauen aus dem Osten bereit ist, als Lehrerinnen in den Westen zu gehen. Der Appell verhallt nicht ungehört, obwohl zu dieser Zeit der Lehrberuf noch fast ausschließlich ein Monopol der Männer ist. Schon wenige Jahre nach dem Beecher-Manifest stellt J. L. McConnell fest, Neu-England habe sich als wahres Reservoir an Schullehrerinnen erwiesen, »und eine kompetente Anzahl von ihnen hat sich bereit gefunden, ihren heimischen Komfort zum Wohle des barbarischen Westens aufzugeben« (*Western Characters,* 1853). Und das ist erst der Anfang einer Westwanderung ganzer Armeen von »schoolmarms«, der es in den kommenden Jahrzehnten gelingt, den Feldzug gegen die Verwilderung des Westens zu einer erfolgreichen Kampagne zu gestalten. »Als eine massen-maternalische Kraft war ihre Wirkung in dem Domestizierungs-Prozeß, der aus wilden Männern der Grenze ordentliche und friedfertige Bürger machte, unvergleichlich« (Dee Brown, *Women of the Wild West*).

Der Historiker Brown erliegt hier unwillkürlich der Suggestion, die die Western-Fiktion auf ihr Publikum schon immer ausgeübt hat: als wesentliche Tätigkeit der Schullehrerin aus dem Osten wird nicht der Unterricht dargestellt, den sie den Kindern des Westens erteilen, sondern ihre domestizierende, pazifierende Arbeit an den Männern des Westens. Weder Romane noch Filme halten sich lange damit auf, eine Lehrerin im Westen an ihrem Arbeitsplatz zu zeigen, und von ihren Schülern ist meist weit und breit nichts zu sehen. Statt dessen wird die frisch aus dem Osten eintreffende Lehrerin schleunigst mit dem Mann konfrontiert, der bisher nur mit Damen zu tun hatte, die seine Moral und Lebensweise niemals in Frage stellten, erstens weil sie sie teilten, und zweitens, weil sie sich damit die Existenzgrundlage zerstören würden: den Huren sowie denen, die mehr oder weniger in diese Kategorie gezählt werden, den Tanzhallen-Mädchen, Abenteurerinnen und fahrenden Künstlerinnen.

Der Held des Westens wird nun von der Lehrerin in den Nachhilfeunterricht genommen, wobei er Gefahr läuft, seine Virilität einzubüßen und den Kodex des Westens gegen den Katechismus der Zivilisation einzuhandeln. Der Konflikt, der daraus entsteht, füllt von Owen Wisters *The Virginian* bis zu Fred Zinnemanns *High Noon,* wo die Polarisierung von Lehrerinnen- und Huren-Moral mit geradezu schulbuchhafter Banalität abgehandelt wird, zahllose Bücher und Filme. Nach *High Noon* geht den Roman- und Filmautoren der Spaß an diesem Rezept zusehends verloren, und in Augenblicken heiterer Inspiration läßt sich ein Autor sogar auf das Experiment ein, die beiden klassischen Frauen-Gestalten des Westerns in einer einzigen Figur zu integrieren: Cat Ballou kommt als Lehrerin angereist, aber anstatt die wilden Männer zu domestizieren, wird sie zur kühnen Abenteurerin, die die bereits auf dem Weg zur Domestizierung befindlichen Männer zurückreißt und auf den Kriegspfad der Freiheit führt; Cat Ballou ist »die eindimensionale Parodie der beiden klassischen Frauen-Typen des Westerns: der Schullehrerin und der Banditenbraut« (Dwight MacDonald, *Esquire*). Historisch gesehen ist das nicht ganz aus der Luft geholt: eine der berühmtesten Banditen-Bräute des Westens und des Westerns, Etta Place, die Gefährtin von Butch Cassidy und Sundance Kid, machte nie einen Versuch, ihre bösen Buben zu domestizieren, obwohl sie im Zivilberuf Lehrerin war; allerdings soll es der wilden Etta nach Meinung mancher Historiker schon vor der Begegnung mit dem Räuberpaar keine Schwierigkeiten bereitet haben, ihre Tätigkeit im Schuldienst mit der Anstellung in einem Bordell in Fort Worth unter einen Hut zu bringen.

Schullehrerinnen-Western: 1910 *The Cowboy and the School-Marm.* 975 Fuß. *P* Bison. 1910 *The School-Marm's Ride for Life. P* Defender. 1911 *The Schoolma'am of Snake. R* Allan Dwan. *P* American. 1911 *The School Ma'ams Courage.* 900 Fuß. *P* Reliance. 1911 *The School Marm of Coyote County.* 980 Fuß. *P* Melies. 1912 *Broncho Billy and the Schoolmistress. D* G. M. Anderson. *P* Essanay. 1912 *The Schoolma'm of Stone Gulch. D* Ruth Roland. 1000 Fuß. *P* Kalem. 1913 *The Schoolmarm's Shooting Match. P* Selig. 1913 *Broncho Billy and the Schoolmam's Sweetheart. D* G. M. Anderson. 1000 Fuß. *P* Essanay. 1921 *The Blazing Trail. R* Robert Thornby. *D* Frank Mayo. Arzt zwischen Lehrerin und Landmädchen. *P* Universal. 1921 *The Freeze Out. R* John Ford. *D* Harry Carey, Helen Ferguson. Lehrerin zivilisiert Spielhöllen-Besitzer. *P* Universal. 1922 *The Sagebrush Trail. R* Robert T. Thornby. Lehrerin führt ihren verkommenen Bruder auf den rechten Weg zurück. *P* Hugh B. Evans/Western. 1923 *Three Who Paid. R* Colin Campbell. *D* Dustin Farnum, Bessie Love. Gunfighter beschützt Lehrerin vor ihrem brutalen Ehemann. *P* Fox. 1924 *Daring Chances. R* Clifford S. Smith. *D* Jack Hoxie, Alta Allen. Cowboy bewährt sich als Ziehvater eines Waisenkindes und gewinnt dadurch das Herz einer Lehrerin. *P* Universal. 1924 *Reckless Riding Bill. R* Frank Morrow. *D* Dick Carter, Alys Morrell. Lehrerin zivilisiert Spielhöllen-Besitzer. *P* William Mix. 1924 *The Right of the Strongest. R* Edgar Lewis. *D* E. K. Lincoln, Helen Ferguson. Lehrerin verhindert einen Lynchmord. *P* Zenith. 1926 *Baited Trap. R* Stuart Paton. *D* Ben Wilson, Neva Gerber. Held läßt sich nach vollzogener Rache an dem Mörder seines Vaters von einer Lehrerin domestizieren. *P* Ben Wilson. 1926 *Man Rustlin'. R* Del Andrews. *D* Bob Custer. Aus Liebe zu einer Lehrerin wird aus einem Banditenjäger ein erfolgreicher Journalist. *P* Independent. 1926 *Rustling for Cupid. R* Irving Cummings. *D* George O'Brien, Anita Stewart. Lehrerin nimmt die Sünden ihres Bruders, eines Viehdiebs, auf sich. *P* Fox. 1926 *Sheriff's Girl. R* Ben Wilson. *D* Ben Wilson. Lehrerin führt ihren verkommenen Bruder auf den rechten Weg zurück und erringt Liebe eines Sheriffs. *P* Ben Wilson. 1929 *The Last Round-Up. R* J. P. McGowan. *D* Bob Custer, Hazel Mills. Ranch-Vormann befreit die neue Lehrerin aus den Händen eines Schurken und gewinnt ihre Liebe. *P* J. P. McGowan. 1930

The Utah Kid. R Richard Thorpe. *D* Rex Lease, Dorothy Sebastian. Schullehrerin domestiziert Banditenführer und entsagt um seinetwillen ihrer Liebe zu einem Sheriff. *P* Tiffany. 1958 *The Big Country. R* William Wyler. *D* Jean Simmons. Lehrerin bemüht sich um Beilegung einer Fehde um eine Wasserstelle. *P* William Wyler, Gregory Peck/UA. 1962 *Geronimo. R* Arnold Laven. *D* Chuck Connors (Geronimo), Kamala Devi. Indianische Lehrerin bringt Geronimo Lesen und Schreiben bei und wird seine Frau. *P* Arnold Laven/UA. 1964 *Cheyenne Autumn. R* John Ford. *D* Carroll Baker. Quäker-Lehrerin begleitet die Cheyennes auf ihrer letzten Flucht von Oklahoma in ihre alte Heimat. *P* Bernar Smith–John Ford/Warner Bros. 1965 *Cat Ballou. R* Elliot Silverstein. *D* Jane Fonda. Lehrerin rächt ihren ermordeten Vater, indem sie zur Outlaw-Anführerin wird. *P* Harold Hecht/Columbia. 1968 *Brand of Shame. R* Ron Elliott. *D* Donna Duzzit. Lehrerin unter Goldgräbern. Sexfilm. *P* B & B. 1969 *Butch Cassidy and the Sundance Kid. R* George Roy Hill. *D* Paul Newman, Robert Redford, Katharine Ross. Lehrerin Etta Place als Gefährtin der Banditen Butch Cassidy und Sundance Kid. *P* Campanile/20th Century-Fox.

Siehe auch *The Virginian* 1902.

Geboren: Ben Thompson, in Nova Scotia als Sohn englischer Einwanderer; kommt 8jährig mit seiner Familie nach Texas, erschießt 13jährig einen anderen Jungen, lernt in New Orleans Buchdrucker und tötet im Duell einen Franzosen, um dann wieder nach Texas zu gehen und seine Karriere als Revolvermann ernstlich zu beginnen.

Gestorben: Andrew Jackson, der Freund des Westens und der kleinen Leute, der Feind der Indianer und der Banken, mit 78 Jahren auf seiner Plantage Hermitage bei Nashville, Tennessee. »Das Volk fühlte eine Leere in seinem Herzen« (Arthur M. Schlesinger jr., *The Age of Jackson*).

Filme: 1926 *The Eagle of the Sea. R* Frank Lloyd. *D* Florence Vidor, George Irving (Jackson). Jackson als Randfigur einer Piratengeschichte in New Orleans. *P* Famous Players/Lasky. 1927 *The Frontiersman. R* Reginald Barker. *D* Tim McCoy, Russell Simpson (Jackson). Jackson als Nebenfigur einer Geschichte aus dem Creek War. *P* MGM. 1938 *Man of Conquest. R* George Nicholls jr. *D* Richard Dix (Sam Houston),

Edward Ellis (Jackson). Jackson als Randfigur einer Houston-Biographie. *P* Republic. 1952 *Lone Star. R* Vincent Sherman. *D* Clark Gable, Lionel Barrymore (Jackson). Jackson als Randfigur einer Geschichte um den texanischen Anschluß an die USA. *P* MGM. 1953 *The President's Lady. R* Henry Levin. *D* Charlton Heston (Jackson). Jackson-Biographie von seiner Jugend bis zu seiner Wahl zum Präsidenten. *P* 20th Century-Fox.

1846

Kalifornien wird amerikanisch. In der Bear Flag Revolt (der Bär ist das kalifornische Wappentier) erheben sich die amerikanischen Kalifornier gegen ihre mexikanische Obrigkeit und rufen die souveräne kalifornische Republik aus. Zu den einheimischen Kaliforniern sind amerikanische Patrioten aus dem Osten gestoßen, darunter John C. Frémont und Kit Carson. Die Geschichte Kaliforniens als einer spanisch-mexikanisch-russisch-amerikanischen Interessensphäre geht ihrem Ende entgegen.

Filme über den Kampf um Kalifornien: 1921 *The Daughter of the Don. D* Marie McKeen, Hal Cooley. Liebesgeschichte eines US-Offiziers und einer mex. Kalifornierin während der Bären-Flaggen-Revolte, in die auch ein englischer Geheimagent eingreift. *P* Sun. 1922 *The Pride of Palomar. R* Frank Borzage. *D* Forrest Stanley, Warner Oland. Kampf gegen einen japanischen Kartoffel-Baron, der Kalifornien kolonialisieren will. *P* Cosmopolitan/Paramount. 1922 *A California Romance. R* Jerome Storm. *D* John Gilbert. Mex. Kalifornier kämpft für den Anschluß des Landes an die USA. *P* Fox. 1923 *Forbidden Lover. R* Nat Deverich. *D* Noah Beery sr. Abenteuer eines US-Handels-Kapitäns im spanischen Kalifornien. *P* Sierra. 1927 *Don Mike. R* Lloyd Ingraham. *D* Fred Thomson. Konflikte zwischen Amerikanern und Mexikanern im mex. Kalifornien. *P* R-C. 1927 *Rose of the Golden West. R* George Fitzmaurice. *D* Mary Astor, Gilbert Roland. 1846. US-Patrioten vereiteln den Plan eines Generals, Kalifornien den Russen in die Hände zu spielen. *P* First National. 1928 *The Canyon of Adventure. R* Albert

Robert Livingston in *The Vigilantes Are Coming,* Serial von Mack V. Wright und Ray Taylor, 1936.

Rogell. *D* Ken Maynard. Konflikte zwischen mex. und US-Kaliforniern. *P* Charles R. Rogers/First National. 1929 *Señor Americano. R* Harry J. Brown. *D* Ken Maynard. Abenteuer eines US-Leutnants im mex. Kalifornien. *P* Ken Maynard. 1930 *The Lash. R* Frank Lloyd. *D* Richard Barthelmess. Repression mex. Kalifornier durch US-Zuwanderer. *P* First National. 1936 *The Vigilantes Are Coming. R* Mack V. Wright, Ray Taylor. *D* Bob Livingston, Ray Corrigan (Frémont). Masken-Mann kämpft gegen Goldminenbesitzer, der Kalifornien den Russen in die Hände spielen will. Serial. *P* Republic. 1936 *Rebellion. R* Lynn Shores. *D* Tom Keene. Kampf um die Eingliederung Kaliforniens in die USA. *P* Crescent. 1939 *In Old Caliente. R* Joe Kane. *D* Roy Rogers. Konflikte zwischen mex. Ranchern und US-Zuwanderern. *P* Republic. 1940 *Kit Carson. R* George B. Seitz. *D* Dana Andrews (Frémont), Jon Hall (Kit Carson). Frémont und Carson bringen Siedler nach Kalifornien und beteiligen sich an der Bear Flag Revolt. *P* Edward Small. 1946 *California* (II). *R* John Farrow. *D* Ray Milland, Barbara Stanwyck. Kampf gegen einen Mann, der aus Kalifornien ein selbständiges Kaiserreich machen will. *P* Paramount. 1947 *Pirates of Monterey. R* Alfred Werker. *D* Rod Cameron. Ein US-Abenteurer zwischen Royalisten und Republikanern im mex. Kalifornien. *P* Universal. 1947 *Northwest Outpost. R* Allan Dwan. *D* Nelson Eddy. Um 1800. Russische Kolonialisierung von Nord-Kalifornien. *P* Republic. 1951 *Mark of the Renegade. R* Hugo Fregonese. *D* Ricardo Montalban. 1830. Mex. Patriot vereitelt den Plan eines Mannes, der sich zum Kaiser von Kalifornien machen will. *P* Universal. 1952 *California Conquest. R* Robert E. Kent. *D* Cornel Wilde. Konflikte zwischen prorussischen und proamerikanischen Kaliforniern. *P* Columbia. 1952 *The Man behind the Gun. R* Felix Feist. *D* Randolph Scott. US-Geheimagent gegen Separatisten, die Süd-Kalifornien wieder an Mexiko angliedern wollen. *P* Warner Bros. 1954 *Passion. R* Allan Dwan. *D* Cornel Wilde. Großrancher gegen Kleinrancher im spanischen Kalifornien. *P* RKO. 1957 *Raiders of Old California. R* Albert C. Gannaway. *D* Jim Davis. Konflikte um die Alternative selbständiger Staat oder Anschluß an die USA. *P* Zenith. 1962 *California* (III). *R* Hamil Petroff. *D* Jock Mahoney. 1841. Amerikaner irisch-mexikanischer Herkunft kämpft für den Anschluß an die USA. *P* American.

Eroberungskrieg gegen Mexiko. General Stephen Watts Kearny marschiert mit der »Army of the West« in Neu-Mexiko ein. In Las Vegas erläßt er eine Proklamation, die die Bevölkerung von Neu-Mexiko ihrer Treuepflicht gegenüber Mexiko enthebt. In Santa Fé erläßt er eine weitere Proklamation, die Neu-Mexiko zum Besitz der USA erklärt. Dann zieht er weiter nach Kalifornien und läßt in Monterey und San Francisco die Flagge der USA aufziehen. In Neu-Mexiko wird ein Aufstand der Pueblo-Indianer, die die Gelegenheit gekommen sehen, sich von ihren mexikanischen wie amerikanischen Unterdrückern zu befreien, von Freiwilligen aus Missouri und Mountain Men niedergeschlagen; Kit Carson wird als erster US-Agent über die Taos Pueblos eingesetzt.

Film: 1927 *California* (I). *R* W. S. Van Dyke. *D* Tim McCoy, Fred Warren (Kit Carson), Edwin Terry (General Kearny). Liebesgeschichte eines US-Offiziers und einer Mexikanerin während der Mexiko-Kampagne. *P* MGM.

Die Gringos kommen.

Green grow the lilacs, all sparkling with dew
I'm lonely, my darling, since parting from you,
But the next meeting I hope to prove true
And change the green lilacs for the red, white and blue.

Dieses Lied wird so häufig von der amerikanischen Truppe in Neu-Mexiko gesungen, daß die Mexikaner die Eroberungssoldaten schließlich die »Green Grows« nennen, was, zu »Gringos« abgeschliffen, bis heute der Spitzname der Amerikaner bleibt. (Später benutzt ein Autor aus Oklahoma, Lynn Riggs, »Green grow the Lilacs« als Titelmelodie eines Folk-Musicals, das noch viel später, 1943, als Basis des ersten großen amerikanischen Western-Musicals, *Oklahoma,* dient.)

Die Oregon-Kontroverse. »Warum sollten wir nicht mutig zum 54. Breitengrad marschieren, so wie wir zum Rio Grande marschiert sind?« fragt mitten im Eroberungskrieg gegen Mexiko der Expansions-Senator Benton und spricht damit den vielen Amerikanern aus dem Herzen, die im Zeichen der »Manifest Destiny« und des »Spread-Eagleism« (der Tendenz, alles unter die Fittiche des amerikanischen Wappentiers, des Adlers, zu bringen) selbst einen Krieg mit England riskieren wollen, um die Gebiete nördlich von Kalifornien, das Oregon Country, ungeteilt der USA einzuverleiben. Das Oregon Country dieser Zeit ist nicht identisch mit dem späteren Staat Oregon, sondern umfaßt, wendet man die heutigen territorialen Bezeichnungen an, die Hälfte von Britisch-Kolumbien, die Staaten Washington, Oregon und Idaho und Teile der Staaten Montana und Wyoming, mit dem 54. Breitengrad als nördlicher Grenze. Es ist von Amerikanern und Briten gemeinsam besiedelt worden und bislang ohne staatlichen Status und Verwaltung. Die Amerikaner sind mit 5000 Siedlern (Stand von 1845) gegenüber 700 Engländern in der Überzahl, aber das beherrschende Wirtschafts-Unternehmen der Region ist die britische Hudson Bay Company. Als die amerikanische Regierung sich anschickt, zum Schutz ihrer Siedler Forts bauen zu lassen, erklärt die britische Regierung, sie würde das als Kriegserklärung betrachten. Von 1843 an bedrohen die beiden Staaten sich gegenseitig mit Krieg, bringen aber auch Kompromißvorschläge, sehr zum Ärger der amerikanischen Falken, die mit dem Schlachtruf »All of Oregon or none!« operieren. Schließlich gibt die US-Regierung ihre Ansprüche auf die heute zu Kanada gehörenden Gebiete auf und zwingt damit die Engländer, ihrerseits von der Forderung abzurücken, den Columbia-River zur Grenzlinie zu erklären; mit dieser Grenzziehung wären zwei Drittel des heutigen Staates Washington an Großbritannien gekommen. Am 15. Juni 1846 einigen sich beide Parteien, den 49. Breitengrad als Grenzlinie zu betrachten; er bildet heute noch die amerikanisch-kanadische Grenze.

Film: 1959 *The Oregon Trail. R* Gene Fowler jr. *D* Fred MacMurray. Abenteuer eines Reporters, der mit einem Treck nach Oregon geht, um über die amerikanisch-britischen Grenzkonflikte zu berichten. *P* 20th Century-Fox.

Zug der Mormonen nach Utah. Brigham Young führt die Mormonen von Nauvoo am Mississippi, der Stadt, die sie sich gebaut hatten, um den gegen sie gerichteten Feindseligkeiten im Osten zu entgehen, und die sie jetzt wegen neuer Verfolgungen aufgeben müssen, weiter in den Westen, über die Rocky Mountains bis zu den Salzseen von Utah. Der in vielen Einzeltrecks aufgespaltene »Zug der 20000 Seelen« dauert bis zum Sommer 1847.

Die wenigen Western, die sich mit den Mormonen beschäftigen, schildern die »Latter-Day Saints« als fromme und freundliche, bisweilen etwas sonderliche Menschenkinder. Warum sie Verfolgungen durch ihre Mitbürger erleiden mußten, wird auch in einem Film wie *Brigham Young – Frontiersman,* der solche Verfolgungen plastisch beschreibt, nicht deutlich gemacht. Die Wut, die sich gegen die Mormonen entlud, entstand meist aus der Angst vor den Mormonen: Wenn der Umwelt diese Religionsgemeinschaft so unheimlich und gefährlich erscheint wie die Mafia, dann deshalb, weil sie tatsächlich eine Art Racket ist, eine Gesellschaft in der Gesellschaft, ein Staat im Staat, unheimlich scheinenden Aktivitäten hingegeben und von einem elitären Selbstverständnis getragen (ähnliches läßt sich von vielen anderen Religionsgemeinschaften auch sagen).

Der Gründer der Sekte, Joseph Smith jr., will 1823, als er in der Wildnis göttliche Erleuchtung suchte, vergrabene goldene Schrifttafeln gefunden haben; *The Book of Mormon,* die Bibel der Mormonen, ist seiner Aussage nach die Transkription dieser Texte. Sie erzählen unter anderem von einer vorkolumbianischen Besiedlung durch die Hebräer, dem sogenannten Verlorenen Stamm Israels; die Indianer Nordamerikas sind nach mormoni-

Jane Darwell, Russell Simpson und Kathleen O'Malley in *Wagonmaster* von John Ford, 1950.

schem Glauben nichts anderes als die Nachkommen dieser Hebräer, und zu den sympathischen Zügen der Mormonen gehört, daß sie die einzige geschlossene Gesellschaft weißer Amerikaner sind, die konsequent eine indianerfreundliche Politik betrieben haben. Mehr noch als dies ließ sie aber ihr ausgeprägter Geschäftssinn und ihr konspirativer Separatismus den »gentiles« (mormonische Bezeichnung für die Nicht-Mormonen) verdächtig erscheinen.

1830 brechen sie auf, um sich ihr eigenes Zion zu errichten. 1836 gründen sie ihre erste eigene Bank. Ein unitarischer Autor der Zeit bemerkt: »Eine allzu große weltliche Weisheit und eine allzu große Begierde nach den vergänglichen Gütern dieser Welt sind mit ihrer Religion verbunden – sie scheinen zu glauben, daß das Reich Christi nicht nur aus Menschen besteht, sondern ebenso aus Immobilien, Herden, Silber und Gold« (zitiert nach *Oui,* November 1977). 1838 gründen die Mormonen ihre eigene Geheimpolizei, die Avenging Angels (Rache-Engel), auch die Sons of Dan oder Danites genannt, eine Truppe, die bei Verrätern aus den eigenen Reihen (Apostasie, der Abfall vom Glauben, ist für die Mormonen die schlimmste aller Sünden) und äußeren Feinden bald so gefürchtet ist wie später der Ku-Klux-Klan bei den Negern. Brigham Young, der Nachfolger Smiths als Mormonen-Führer, führt die »Blutsühne« als Strafe für Apostaten und Mormonen-Feinde ein. John D. Lee, ein Mitglied des Council of Fifty, des obersten Mormonen-Rates, bekennt offen die Praktiken der Rache-Engel: »Es war von jeher eine wohlverstandene Doktrin der Kirche, daß es gerecht und preisenswert ist, jedermann zu töten, der schlecht von dem Propheten spricht. Es vergeht kein Jahr, daß nicht einer oder mehrere von denen, die schlecht von Brigham Young gesprochen haben, auf geheime Weise getötet werden.«

So retten die Mormonen die Prinzipien der Inquisition bis ins 19. und 20. Jahrhundert hinüber: In den siebziger Jahren unseres Jahrhunderts sind sie durch ihre Kollaboration mit der CIA, dem

FBI und der militanten rechtsextremen Organisation S.A.O. (Secret Army Organization) und ihre Verwicklung in die Watergate-Affäre und die Affären von Howard Hughes ins Gerede gekommen. Ihre traditionelle Leidenschaft für das Ausforschen vermeintlicher Feinde wird auch durch ihre religiöse Überzeugung gedeckt, daß sämtliche Vorfahren neubekehrter Mormonen posthum gerettet werden können, falls ihre Daten zu Protokoll gegeben werden. Dieses Prinzip hat eine weltweite Datenrecherche zur Folge, deren Ergebnisse in der Genealogischen Bibliothek der Mormonen zusammengetragen werden. Die Bibliothek zählt (Stand 1977) mehr als 30 Millionen Bände. Sie ist untergebracht in atomsicheren Bunkern im Little Cottonwood Canyon bei Salt Lake City und leistet auch der CIA wertvolle Dienste.

Filme: 1926 *Hands Up!* *R* Clarence Badger. *D* Raymond Griffith. Burleske um einen Südstaaten-Spion, der sich nach vielen Abenteuern in zwei Schwestern verliebt und mit ihnen zu den Mormonen zieht, weil diese nichts gegen die Bigamie haben. *P* Famous Players-Lasky/Paramount. 1940 *Brigham Young. R* Henry Hathaway. *D* Dean Jagger (Brigham Young), Vincent Price (Joseph Smith). Nach dem Lynchtod Smiths führt Young die Mormonen nach Utah. *P* 20th Century-Fox. 1950 *Wagonmaster. R* John Ford. *D* Ward Bond. Einzeltreck einer Mormonengruppe. *P* Argosy. 1968 *La resa dei conti/El halcón y la presa. R* Sergio Sollima. *D* Tomas Milian. Unschuldig des Mordes Verdächtigter sucht Zuflucht bei den Mormonen. *P* P.E.A./Tulio Demicheli. 1969 *Paint Your Wagon. R* Joshua Logan. *D* Lee Marvin, Clint Eastwood, Jean Seberg. Goldgräber kauft von den Mormonen eine Frau und teilt sie mit seinem Partner. *P* Alan Jay Lerner/Paramount. 1970 *Lo chiamavano Trinita. R* E. B. Clucher. *D* Terence Hill. Trinita steht bedrohten Mormonen bei. *P* West. 1972 *The Culpepper Cattle Co. R* Dick Richards. *D* Gary Grimes. Cowboy steht Mormonen gegen Viehbaron bei. *P* 20th Century-Fox.

Fernsehserie: 1957–1965 *Wagon Train.* Inspiriert von John Fords *Wagonmaster.* Ward Bond wiederholt seine Rolle aus diesem Film, nach seinem Tod spielt John McIntire den Wagonmaster. *P* Revue.

Die Gruppe Donner

We dug a shallow grave near the creek
not striking solid mud

below the snow.
Soft snow which we smacked down with the spade.
Then we crawled back inside.

Later we had to steal out at night
and dig him up to remove
what we could find for meat.

Arms and legs at the start.
Then the heart and all
of his liver as well.

We would not have done this
but is was so long since anyone
had eaten a meal.

George Keithley: *The Donner Party,* 1972

Im Mai 1846 bricht ein Treck von rund 300 Pionieren von Independence, Missouri, nach Kalifornien auf. Im Juli ist der Treck bis ins südwestliche Wyoming gelangt; hier spaltet sich eine Gruppe von 86 Männern, Frauen und Kindern unter der Führung von George Donner, die sogenannte Donner Party, von dem Haupttreck ab, um entgegen den Warnungen erfahrener Scouts auf einer Abkürzungsroute durch Utah weiterzuziehen. Die Donner Party wird von Anfang an vom Unglück verfolgt; sie kommt langsamer voran als vorgesehen, verliert unterwegs einen Teil ihrer Viehbestände, und neben zahlreichen Krankheitsfällen kommt es auch zu einem Mord. Im November bleibt der schwer heimgesuchte Treck in der Sierra Nevada im Schnee stecken.

Nachdem alle Vorräte aufgebraucht sind, die verzweifelten Pioniere ihre Zuflucht zu allem nur irgendwie Kaubarem (wie Lederzeug und Baumrinden) genommen haben und der Hunger die ersten Todesopfer fordert, werden die Menschen der Donner Party zu Kannibalen und ernähren sich vom Fleisch der Toten. Sie bringen auch zwei indianische Scouts um und verzehren sie. Von fünfzehn Männern und Frauen, die aufbrechen, um von Fort Sutter Hilfe zu holen, gelangen sieben im Januar an ihr Ziel. Eine siebenköpfige Rettungsmannschaft erreicht am 17. Februar das Lager der Donner-Gruppe, kann aber von den Verhungernden nur die mitnehmen, die sich noch aus eigener Kraft fortbewegen können. Der Rest muß bis zum Eintreffen einer größeren Rettungsmannschaft bis zum März ausharren. Zu den letzten Todesopfern gehören der Führer der Gruppe, George Donner, und seine Frau Tamsen. Von den 86 Mitgliedern der Gruppe überleben schließlich 50; unter den Toten sind 14 Kinder.

Ein solches Drama läßt sich in der Fiktion überhaupt nicht darstellen oder nur mit sehr ungewöhnlichen Mitteln; in der Literatur ist es zum Sujet eines Versepos geworden, *The Donner Party* von George Keithley (1972), im Film zum Stoff einer Komödie, Charlie Chaplins *The Gold Rush* (1925). In seiner Autobiographie erzählt Chaplin, wie ihm anhand der Beschäftigung mit der Donner Party die Dialektik des Tragischen und des Komischen bewußt geworden ist: »Bei der Geburt der Komödie erleben wir das Paradoxon, daß die Tragödie den Geist des Komischen stimuliert, denn das Komische ist, so glaube ich, eine Haltung des Sich-Erwehrens: angesichts unserer Hilflosigkeit den Kräften der Natur gegenüber müssen wir lachen – oder den Verstand verlieren. Ich las ein Buch über die Donner Party, die auf dem Weg nach Kalifornien den Weg verfehlte und im Schnee der Sierra Nevada stecken blieb. [...] Einige von ihnen nahmen ihre Zuflucht zum Kannibalismus und aßen ihre Toten, andere kochten ihre Mokassins, um ihren Hunger zu stillen. Aus dieser beängstigenden Tragödie entwickelte ich eine unserer komischsten Szenen. Im ärgsten Hunger koche ich meinen Schuh und verspeise ihn, wobei ich die Nägel abkaue als wären sie die Knochen eines köstlichen Kapaun, und die Schuhriemen esse als wären sie Spaghetti. In seinem Hunger-Delirium sieht mein Partner mich als Huhn und bekommt Lust, mich zu fressen.« Der größte Teil der Außenaufnahmen zum *Gold Rush* wurde bei Truckee, Kalifornien, gedreht, am Originalschauplatz der Donner-Tragödie, in der Nähe eines Sees und eines Passes, die heute Donner Lake und Donner Pass heißen.

Film: 1925 *The Gold Rush. R, D* und *P* Charlie Chaplin.

Geboren: Buffalo Bill, als William Frederick Cody, in Le Claire, Iowa; wird als 11jähriger Botenjunge bei Frachtgesellschaften, als 14jähriger Pony Express-Reiter, als 17jähriger Scout in den Kriegen gegen die Kiowas und Comanchen, bekommt 1867 als Büffeljäger für die Bautrupps der Kansas Pacific Railway seinen Namen Buffalo Bill.

1847

Die erste Kit Carson-Biographie. Der Krieg um Neu-Mexiko und Kalifornien ist noch nicht entschieden, da dient er bereits als Hintergrund eines Buches, dessen Hauptanliegen freilich die Popularisierung von Kit Carson ist: *The Conquest of California and New Mexico* von James Madison Cutts. Der Autor widmet sich ausführlich der Darstellung der Mountain Men, aus denen Kit Carson hervorgegangen ist, und beschreibt sie als ungewaschene Burschen, die nur ihren niedersten Instinkten folgen. Cutts weiß aber auch, was er seinem Helden schuldig ist. Mit einer simplen, später von vielen Autoren nachgeahmten Formel hebt er seinen Helden von dem finsteren Milieu ab: »In der Schule der Männer, die dermaßen von Entbehrungen, Strapazen, Gefahren und Versuchungen geformt waren, nahm unser Held alle ihre Tugenden an, und keines ihrer Laster.«

Whitmans Ende. Der Missionar Dr. Marcus Whitman und seine Frau, 1836 erste Pioniere auf dem Oregon Trail, werden nach erfolgreicher Missionsarbeit von fünf Cayuse-Indianern getötet. Das Militär greift ein, und die Cayuse liefern die Täter aus, die dann hingerichtet werden.

Film: 1956 *Pillars of the Sky. R* George Marshall. *D* Ward Bond (Dr. Holden=Dr. Whitman). *P* Universal.

Mavericks. Der texanische Rancher Samuel A. Maverick, von anderen Geschäften in Anspruch genommen, findet keine Zeit, eine ihm zur Tilgung einer Schuld überlassene 400köpfige Rinderherde mit seinem Brandzeichen zu versehen und läßt die Tiere so lange unbeaufsichtigt auf der Mantagorda Peninsula weiden, daß sie sich unkontrolliert vermehren und verwildern. Wenn andere Rancher auf eines dieser unmarkierten Rinder stoßen, sagen sie: »That's one of Maverick's« oder »That's a Maverick«. Der Ausdruck »Maverick« bürgert sich ein für alle Rinder ohne Brandzeichen, die die Rancher einladen, sie durch das Anbringen des eigenen Brandzeichens in Beschlag zu nehmen. Gerissene Unternehmer wie die Maverick Queen des Films erwerben sich ihren ganzen Viehbestand aus Mavericks.

Filme: 1912 *The Maverick. P* Solax. 1952 *The Maverick* (II). *R* Thomas Carr. *D* William Elliott. *P* Allied Artists. 1956 *The Maverick Queen. R* Joe Kane. *D* Barbara Stanwyck. *P* Republic.

Parodien auf Bühnen-Indianer. John Broughman begründet die in den USA besonders fruchtbare Tradition der Parodierung von literarischen (Bühnen-, Film-, Fernseh-)Modewellen mit seinem Bühnenstück *Metamore; or The Last of the Pollywoags.* Darin macht er sich über das seit 1829 erfolgreiche Drama *Metamora, or The Last of the Wampanoags* lustig. Die Helden seiner »Burlesque« heißen Wiskeetoddi und Tapiokee, was andeuten soll, daß es sich um starke Säufer und Fresser handelt. 1855 läßt Brougham diesem Stück eine Parodie auf die vielen Pocahontas-Dramen folgen: *Po-Ka-Hon-Tas; or The Gentle Savage.*

Parkmans Oregon Trail. Der 24jährige Francis Parkman veröffentlicht in der New Yorker Zeitschrift *The Knickerbocker* den Fortsetzungsbericht *The Oregon Trail: Sketches of Prairie and Rocky Mountain Life,* der zwei Jahre später in revidierter Buchausgabe unter dem Titel *The California and Oregon Trail* eine der klassischen Darstellungen des amerikanischen Westens im 19. Jahrhundert wird. Parkman hat auf ausgedehnten Reisen das ganze Gebiet zwischen Missouri-Mississippi und den Rocky Mountains kennengelernt, unter Trappern gelebt, Büffel gejagt und Trecks auf ihrem Weg in den Westen begleitet. Ein Aufenthalt unter Indianern läßt in ihm vor allem den Eindruck zurück, sie seien »eine lästige und gefährliche Gattung wilder Tiere«.

Anläßlich einer Kritik des Films *The Covered Wagon,* der mittelbar auf Parkman zurückgeht (Parkmans Buch dient Emerson Hough, nach dessen Roman der Film entsteht, als Hauptquelle), schreibt Clayton Hamilton im Juni 1923 in der Zeitschrift *Theatre:* »Nur weil Parkman zufällig ein Amerikaner war, der sich mit einem amerikanischen Sujet beschäftigte, zögern wir immer ein bißchen, die Tatsache anzuerkennen, daß er einer der größten Historiker war. Band um Band seiner historischen Schriften sind angefüllt mit der aufregendsten und anziehendsten Art von Filmstoffen. Warum wird dieses Material ständig von unseren großen Produzenten vernachlässigt, während jedes Jahr Millionen Dollar damit vergeudet werden, das Publikum mit dem üblichen Schund und Humbug einzudecken?«

Geboren: Jesse James, in Clay County, Missouri, als Sohn eines Baptisten-Predigers; wird nach dem frühen Tod des Vaters zusammen mit seinem 4 Jahre älteren Bruder Frank von der Mutter Zeralda aufgezogen, die dann den Arzt Dr. Reuben Samuel heiratet; tritt 1864 mit 16 Jahren in eine von Quantrills Banden ein.

1848

Kalifornien und Neu-Mexiko kommen zu den USA. Der Frieden von Guadalupe Hidalgo beendet den mexikanisch-amerikanischen Krieg. Mexiko verliert seine Nordwest-Provinzen Kalifornien und Neu-Mexiko, die zusammen mit Texas die Hälfte seines Territoriums ausgemacht hatten, an die USA. Das Abkommen von Guadalupe Hidalgo wird 1853 ergänzt durch den Gadsden Purchase (so genannt nach James Gadsden, US-Botschafter in Mexiko), mit dem die USA für 10 Millionen Dollar von Mexiko die Landstriche erwerben, die heute den südlichen Teil von Arizona und Neu-Mexiko ausmachen. »Der Gadsden Purchase rundete die enormen territorialen Zugewinne der Vereinigten Staaten vor dem Bürgerkrieg ab. Mit dem klaren Anspruch auf Oregon und Texas und mit den mexikanischen Zessionen und dem Gadsden Purchase hatte die Republik ihr vorheriges Areal um etwa zwei Drittel erweitert. Die Vereinigten Staaten waren nun eine Zwei-Ozeane-Nation« (Thomas A. Bailey, *A Diplomatic History of the American People*).

Sutters Gold. Am 24. Januar wird auf den Besitzungen von Johannes A. Sutter am Sacramento Gold gefunden. Die Nachricht von den Goldfunden löst im nächsten Jahr den Goldrausch aus; dessen Folgen vernichten Sutters Agrarreich.

Sutter-Filmographie: 1924 *Days of '49. R* Jacques Jaccard, Ben Wilson. *D* Neva Gerber, Charles Brinkley (Sutter). Serial. *P* Arrow. 1936 *Der Kaiser von Kalifornien. R* Luis Trenker. *D* Luis Trenker (Sutter). *P* Luis Trenker. 1936 *Sutter's Gold. R* James Cruze. *D* Edward Arnold (Sutter). *P* Universal.

Gründung der Rinder-Reiche. Nach den Kriegen um Texas und Neu-Mexiko legen die künftigen großen Viehbarone (Cattle Barons) den Grund zu ihren Rinder-Reichen. Große Herden von Longhorns leben frei und werden oft als Wild geschossen, dazu

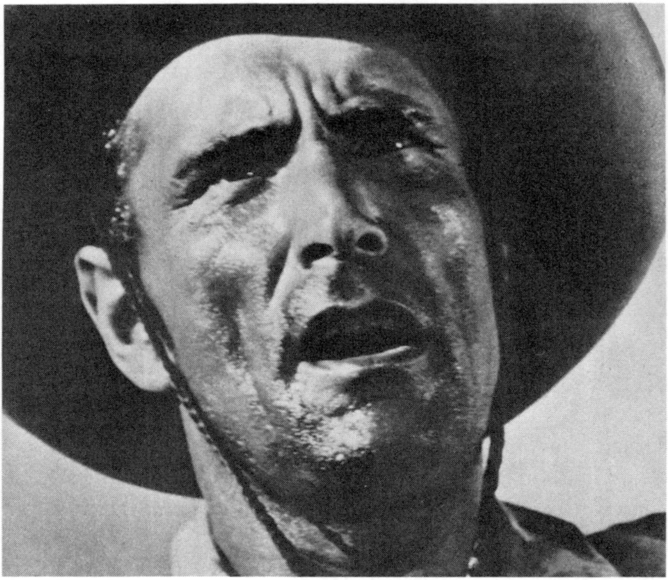

Luis Trenker als Johann August Sutter in *Der Kaiser von Kalifornien* von Luis Trenker, 1936.

kommen die von ihren mexikanischen Besitzern in Kriegen und Grenzkämpfen zurückgelassenen Herden. Das herrenlos in Texas lebende Vieh zählt 1845 300000 Stück, fünfzehn Jahre später sind es dreieinhalb Millionen.

Geboren: Wyatt Earp, in Monmouth, Illinois, als Abkomme schottischer Einwanderer; kommt 1864 mit einem Wagentreck nach Kalifornien, wird Postkutschen-Fahrer, arbeitet in Wyoming bei Eisenbahn-Bautrupps, lernt Wild Bill Hickok kennen und wird Büffeljäger; kommt 1873 nach Ellsworth, wo er seine zweifelhafte Karriere als Gesetzeshüter beginnt.

Calamity Jane, als Martha Jane Canarray in Princeton, Missouri (Geburtsjahr und -ort sind nicht verbürgt); zieht um 1863 mit ihrer Familie westwärts, ist möglicherweise vorübergehend verheiratet und kommt ihren eigenen Berichten nach 1869 nach Cheyenne.

Belle Starr, als Myra Belle Shirley, Tochter einer besseren Familie, in Carthage, Missouri; besucht die Höhere-Töchter-Schule Carthage Female Academy, zieht um 1861 mit ihrer Familie nach Texas und lernt dort 1866 Cole Younger kennen, den ersten ihrer zahlreichen Liebhaber; beginnt 1869 ihre Karriere als »Bandit Queen«.

Gestorben: John Jacob Astor, der Pionier des amerikanischen Pelzhandels, in seinen späteren Jahren ein erfolgreicher Immobilienhändler in den Oststaaten, mit 85 Jahren in New York.
Film: 1923 *Little Old New York*. *R* Sidney Olcott. *D* Marion Davies, Andrew Dillon (Astor). Astor als Randfigur einer Komödie um eine Einwanderin, die in New York Prominenten der Zeit begegnet. *P* Cosmopolitan.

Der kalifornische Goldrausch

In a cavern, in a canyon
Excavating for a mine,
Lives a miner, forty-niner
And his daughter Clementine.

Oh my darling, oh my darling,
Oh my darling Clementine!
You are lost and gone forever
Dreadful sorry, Clementine!

Das deutsche Wort »Goldrausch« bezeichnet den Zustand, in den die Amerikaner durch die Nachricht von Goldfunden in Kalifornien versetzt werden; das englische Wort »Goldrush« beschreibt die Bewegung, die diese Nachricht auslöst. Die Nachricht selbst ist lange gereist: In den Tagen vor der Einführung des Pony Express, der Eisenbahn und des Telegraphen vergeht ein halbes Jahr, bis die Oststaaten von den Goldfunden auf Sutters Besitzungen hören. Fast die Hälfte der damals rund 23 Millionen Amerikaner setzt im Rausch zum Rush auf das Goldland Kalifornien an. Als Neunundvierziger (forty-niner) kommen sie im folgenden Jahr auf dem Land- oder Wasserweg in ein Land, das nicht mehr mexikanisch und noch nicht richtig amerikanisch ist; in ein spärlich besiedeltes Land, das in keiner Weise auf diese Menschenschwemme vorbereitet ist. Ebensowenig sind die Heere der Glücksritter für die Niederlassung in einem neuen Land und die Arbeit des Goldgrabens ausgerüstet und vorbereitet. Minen werden gebaut und zerfallen wieder, Städte werden gegründet und wieder verlassen. Der eigentliche Goldrausch dauert rund zehn Jahre, von 1849 bis 1859, und in dieser Zeitspanne macht Amerika einige Erfahrungen mit Modellfällen wirtschaftlicher und gesellschaftlicher Entwicklung. In dem Maße, in dem die primitive Prospektoren-Arbeit einzelgängerischer Goldsucher von quasi-industriellen Goldabbau-Methoden frühkapitalistischer Unternehmer verdrängt wird, zeigt sich, daß die Ideale des freien Wettbewerbs nur für das Big Business mit hinreichender Wettbewerbsstärke gelten, nicht aber für die Klein- und Kleinstunternehmer. Zugleich erlebt man in kurzer Zeit auf überschaubarem Raum, wie eine primitive Gesellschaftsordnung, die von primitiven Verbrechen bedroht wird, sich zu einer komplexer organisierten Gesellschaftsform wandelt, die durch organisierte Kriminalität ergänzt wird, und zwar zumeist in der Weise, daß die Spitzen legaler und illegaler Organisationsformen miteinander verschmelzen.

Die Ballade von der Forty-Niner-Tochter Clementine endet wie die meiste Folklore des Westens in dem schwarz gefärbten Humor eines komischen Fatalismus, der jede Erfahrung des Westens in das »feel of loss«, das Gefühl des Verlustes münden läßt.

Light she was and like a fairy,
And her shoes were number nine,
Herring boxes, without topses,
Sandals were for Clementine.

Drove her duckling to the water
Every morning just at nine,
Hit her foot against a splinter
Fell into the foaming brine.

Ruby lips above the water
Blowing bubbles soft and fine
But, alas for me, I was no swimmer
So I lost my Clementine.

In a churchyard near the canyon
Where the myrtle doth entwine,
There grew roses and other posies
Fertilized by Clementine.

Percy Montross, 1880

Filmographie kalifornischer Goldrausch: 1911 *In the Days of '49. R* D. W. Griffith. *D* Del Henderson. 1033 Fuß. *P* Biograph. 1923 *California or Bust. R* Hal Roach. 3 Akte. *P* Pathé. 1925 *The Splendid Road. R* Frank Lloyd. *D* Anna Q. Nilsson. *P* Frank Lloyd. 1925 *The Devil's Cargo. R* Victor Fleming. *D* Wallace Beery. *P* Famous Players-Lasky/Paramount. 1926 *The Seventh Bandit. R* Scott R. Dunlap. *D* Harry Carey.

P Charles R. Rogers/Pathé. 1929 *The Rainbow. R* Reginald Barker. *D* Dorothy Sebastoan. *P* Tiffany/Stahl. 1930 *Fighting Thru; or California in 1878. R* William Nigh. *D* Ken Maynard. *P* Tiffany. 1935 *Barbary Coast. R* Howard Hawks. *D* Miriam Hopkins, Joel McCrea. *P* Sam Goldwyn. 1944 *Barbary Coast Gent. R* Roy Del Ruth. *D* Wallace Beery. *P* MGM. 1945 *Flame of the Barbary Coast. R* Joe Kane. *D* John Wayne. *P* Republic. 1946 *California Gold Rush. R* R. G. Springsteen. *D* William Elliott. *P* Republic. 1948 *Old Los Angeles. R* Joe Kane. *D* William Elliott. *P* Republic. 1952 *The Raiders. R* Lesley Selander. *D* Richard Conte. *P* Universal. 1954 *The Forty-Niners. R* Thomas Carr. *D* William Elliott. *P* Allied Artists. 1958 *Sierra Baron. R* James B. Clark. *D* Brian Keith. *P* 20th Century-Fox. 1967 *The Aventures of Bullwhip Griffin. R* James Neilson. *D* Roddy McDowell. *P* Walt Disney. 1969 *Paint Your Wagon. R* Joshua Logan. *D* Lee Marvin. *P* Universal.

Siehe auch ›Sutters Gold‹, 1848, und ›Joaquin Murieta‹, 1853.

1849

Epidemien unter den Plains-Indianern. Ausbruch einer Cholera-Epidemie unter den Plains-Indianern, der eine Pocken-Epidemie nachfolgt. Fast die Hälfte der Sioux, Cheyennes und Arapahoes werden Opfer der Seuchen. Die meisten Historiker sind heute davon überzeugt, daß es sich um einen Fall von bakteriologischer Kriegführung handelte: Die Armee spielte den Indianern verseuchte Decken in die Hände. Tatsächlich hat schon 1763, zur Zeit der Pontiac-Verschwörung, der englische General Jeffrey Amherst geschrieben: »Wäre es nicht erwägenswert, die Pocken unter den feindlichen Indianer-Stämmen zu verbreiten? Wir müssen in dieser Situation jedes zu unserer Verfügung stehende Mittel nützen, um sie zu reduzieren. Sie werden gut daran tun, die Indianer mit Hilfe von Decken zu infizieren, und jede andere Methode zu benützen, die dazu dienen kann, diese entsetzliche Rasse auszulöschen.«

Filmographie der bakteriologischen Kriegführung im Westen und der Epidemien unter Indianern: 1912 *Cholera on the Plains. P* Pathé. 1913 *Children of the Forest. P* Essanay. 1914 *The Legend of the Amulet. D* Mona Darkfeather. *P* Kalem. 1954 *They Rode West. R* Phil Karlson. *D* Robert Francis. *P* Columbia. 1954 *The Command. R* David Butler. *D* Guy Madison. *P* Warner Bros. 1975 *Winterhawk. R* und *P* Charles B. Pierce. *D* Michael Dante.

Wagentrecks und Indianer. Der Goldrausch gibt der Westwanderung neuen Auftrieb: 1849 ist das erste Jahr des ununterbrochenen Wagenzugs nach Westen. Im folgenden Jahr wird die Zahl der Wagen auf 50000 steigen. Die Sioux und Cheyennes, durch deren Gebiete die Trecks sich bewegen, lassen die Migranten noch ungeschoren und greifen nur gelegentlich Armee-Transporte an. Die Einsicht, daß das allmähliche Erliegen des Pelzhandels und die Ausrottung der Büffel den Stämmen die Existenzgrundlage nimmt und damit gerechnet werden muß, daß die Indianer sich früher oder später am Besitz der Weißen schadlos halten werden, läßt den Plan einer großen Friedenskonferenz reifen. Diese Konferenz kommt dann 1851 zustande.

Die Eisenbahn. Der Westwärts- und Expansions-Prophet Thomas Hart Benton bringt ein erstes Gesetz zum Bau einer transkontinentalen Eisenbahnlinie ein und entwirft ähnlich wie Asa Whitney eine Vision von der Welthandelsachse USA: »Der amerikanische Weg nach Indien wird auch der europäische Pfad in diese Region sein. Der europäische wie der amerikanische Kaufmann wird auf einer geraden Linie über unseren Kontinent nach China fliegen. Der reiche Handel Asiens wird durch unser Zentrum fließen. Und wo ist dieser Handel je geflossen, ohne Wohlstand und Herrschaft mit sich zu bringen?« Erst am Ende seiner Rede kommt Benton auf den Nutzen der Bahn für die Erschließung des Westens selbst zu sprechen: »Ein amerikanischer Weg nach Indien durch das Herz unseres Landes wird entlang seiner Fährte alle die Wunder zum Erblühen bringen, von

Indianerangriff auf einen Wagentreck aus *How the West Was Won,* Episode »The Covered Wagon« von Henry Hathaway, 1962.

denen wir gelesen haben. Die Wildnis des Westens, vom Pazifik bis zum Mississippi, wird unter seiner Berührung zum Leben erwachen.«

Eine Satire von Melville. Im Bereich der gehobenen Literatur wird erstmals Unbehagen über die im Entstehen begriffenen Mythen des Westens und des Goldrauschs formuliert. In seiner Satire *Vivenza,* erschienen in dem Band *Mardi: And a Voyage Thither,* macht Herman Melville sich über den Manifest Destiny-Kult der Westwärts-Politiker lustig und kritisiert die Goldjagd in Kalifornien.

Eine Kit Carson-Biographie. Auch in der Trivialliteratur wird das Image des Western-Helden einer rigorosen Wandlung unterzogen. Im Bestseller *Kit Carson, The Prince of the Gold Hunters; or, The Adventurers of the Sacramento* bricht Charles E. Averill mit der Tradition der bisherigen Daniel Boone- und Kit Carson-Biographien (sowie der *Lederstrumpf*-Romane), den Westerner nur als einen edlen, einsamen Heilsmann der Wildnis darzustellen, der, von seiner Mission erfüllt, in Harmonie mit Gott und der Natur lebt. Der Kit Carson von Averill ist ein tollkühner, selbstbewußter Draufgänger, »ein Indianerkämpfer, verwegener Reiter, Schlächter von Grizzly-Bären, der Vorfahre der Hunderten von Two-Gun Men, die in späteren Dekaden die Beadles-Groschenhefte bevölkern sollten« (Henry Nash Smith).

Noch bevor Averill seinen Helden persönlich auftreten läßt, präsentiert er ihn den Lesern sehr geschickt in hagiologischer Manier; eine Figur des Werkes schildert einer anderen eine Miniatur, die Kit Carson in freier Wildbahn darstellt: »Fern im Hintergrund des Bildes rollen die Graswogen der endlosen Prärie; und mitten in der schweigenden Wildnis reckt sich die noble Figur des Jägers und Reiters auf, halb Indianer und halb Weißer in der Erscheinung, mit Gewehr, Pferd und Hund als seinen einzigen Begleitern in diesem trostlos wüsten Land; doch sieht man zur Rechten ein heulendes Rudel Wölfe auf seiner Spur, und zur Linken kündigt dicker schwarzer Rauch in sich drehenden Schwaden ein Präriefeuer an; doch in den klaren, grauen Augen, die aus dem erregenden Bild in die Ferne gerichtet sind, scheint der Blick stolzer Unbekümmertheit allem gegenüber zu liegen, und das selbstbewußte Vertrauen des edlen Mannes, der nur auf sich allein angewiesen ist.«

Geboren: Doc Holliday, als John Henry Holliday, in Valdosta, Georgia, Sohn eines Kavallerie-Offiziers; lernt im Osten Zahnmedizin, geht wegen eines Lungenleidens nach Texas, arbeitet dort erfolglos als Dentist, aber erfolgreich als Spieler, begegnet 1877 in Fort Griffin Wyatt Earp.

Yellowstone Kelly, als Luther Sage Kelly in Geneva, New York; geht mit 14 Jahren zur Armee, zieht 1868 nach seiner Entlassung in den Westen und wird einer der bekanntesten Scouts der Rocky Mountains.

1850

Go West! Horace Greely, der Herausgeber der *New York Herald Tribune,* prägt den berühmtesten Westwärts-Slogan der Zeit: »Go West, young man, and grow up with the country!« Greely selbst kennt den Westen zu dieser Zeit nur aus zweiter Hand. Erst 1859 nimmt er sich seinen eigenen Rat zu Herzen und bereist Missouri, Kansas, Nebraska, Utah und Kalifornien. Die Eindrücke dieser Reise schlagen sich nieder in dem Buch *An Overland Journey from New York to San Francisco in the Summer of 1859,* in dem Greely seine eigene Manifest Destiny-Philosophie formuliert und klarmacht, auf wessen Kosten das Wachstum des Landes zu gehen hat: »Diese Menschen [die Indianer] sind zum Aussterben bestimmt; es ist ihnen nicht zu helfen. Gott hat diese Erde denen gegeben, die sie sich untertan machen und kultivieren, und es wäre eitle Mühe, sich gegen seinen weisen Ratschluß aufzulehnen.«

Pinkerton. In Chikago gründet der 31jährige Allan Pinkerton mit einer Belegschaft von neun Mann die Pinkerton National Detective Agency. Das Unternehmen schließt eine Marktlücke, da es zu dieser Zeit ein über die ganze Nation verbreitetes Netz zur Verbrechens-Bekämpfung noch nicht gibt. Durch die Rigorosität und Methodik ihrer Arbeit wird die Agentur nicht nur zum Vorbild vieler ähnlicher Unternehmen, sondern auch zu einer inoffiziellen Vorläuferin des FBI. Sie verdingt sich an staatliche Behörden wie an private Auftraggeber und sieht ihre Aufgabe in der Verfolgung der Interessen ihrer Klienten, die nicht unbedingt mit den Interessen der Gesellschaft identisch sein müssen; daß sie zu einer Art Sonderpolizei des Kapitals wird, macht sie bei der Bevölkerung des agrarischen Westens wie des industriellen Ostens unbeliebt; im Westen dient sie den als Instrumenten der Ausbeutung angesehenen Eisenbahngesellschaften, im Osten macht sie sich in der Zeit der Arbeitskämpfe als Streikbrecher verhaßt. Im Westen zeichnen sich die Pinkerton-Detektive in den kommenden Jahrzehnten unter anderem aus durch die Verfolgung der James-Bande, der Younger-Bande, der Reno-Bande, Black Barts, Sam Bass', John Wesley Hardins und der Wild Bunch (inklusive Butch Cassidy und Sundance Kid).

Im Film spielen die Pinkerton-Leute mal die Helden-, mal die Schurkenrolle, je nachdem, ob der jeweilige Film seinen Outlaw liebt oder nicht. Ist ein Film seinem Helden besonders zugetan, so erscheinen die Pinkertons in besonders üblem Licht. »Die eindrucksvollste Sequenz in *Butch Cassidy and Sundance Kid* ist die mit einer brillanten und sinistren Einfachheit inszenierte Jagd. Die anonymen Detektive verfolgen die beiden Helden. Ihre Gesichter bleiben bleiche Flecken in der Distanz. Aber als Figuren, deren Talent und Berufung die Menschenjagd ist, machen sie ihre Präsenz bedrohlich spürsam. ›Who are these guys?‹ fragen sich Butch und Kid gegenseitig« (Jenni Calder, *There Must Be a Lone Ranger*).

Filme mit Pinkerton- und anderen Detektiven: 1911 *The Pinkerton Man.*

Es ist nicht eindeutig feststellbar, ob es sich bei diesem Titel um einen Western handelt. *P* Powers. 1923 *The Devil's Dooryard. R* Lewis King. *D* William Fairbanks. Detektiv klärt Diebstahl. *P* Ben Wilson. 1927 *The Desert of the Lost. R* Richard Thorpe. *D* Wally Wales. Detektiv hilft einem unschuldig des Mordes Verdächtigten. *P* Action. 1927 *The Devil's Masterpiece. R* John P. McCarthy. *D* Gordon Brinkley. Detektiv jagt Rauschgiftschmuggler. *P* Sanford F. Arnold. 1927 *Hey! Hey! Cowboy! R* Lynn Reynolds. *D* Hoot Gibson. Als Hobo getarnter Detektiv greift in eine Fehde zwischen zwei Ranchern ein. *P* Universal. 1927 *The Heart of Maryland. R* Lloyd Bacon. *D* Dolores Costello, Lew Short (Allan Pinkerton). Pinkerton als Randfigur einer Bürgerkriegsgeschichte. *P* Warner Bros. 1955 *The Man From Bitter Ridge. R* Jack Arnold. *D* Lex Barker. Detektiv einer Postkutschengesellschaft entlarvt Banditen. *P* Universal. 1955 *Rage at Dawn. R* Tim Whelan. *D* Randolph Scott. Pinkerton-Detektiv nimmt die Reno-Brüder fest. *P* RKO. 1955 *The Return of Jack Slade. R* Harold Schuster. *D* John Ericson. Pinkerton-Detektiv jagt Outlaw-Bande. *P* Allied Artists. 1956 *The Maverick Queen. R* Joe Kane. *D* Barbara Stanwyck. Barry Sullivan. Pinkerton-Detektiv liquidiert Viehdiebe. *P* Republic. 1958 *Money, Women and Guns. R* Richard Bartlett. *D* Jack Mahoney. Detektiv sucht die Erben eines Goldgräbers. *P* Universal. 1963 *Gunfight at Comanche Creek. R* Frank McDonald. *D* Audie Murphy. Pinkerton-Detektiv gegen Outlaw-Bande. *P* Allied Artists. 1967 *The Ride to Hangman's Tree. R* Alan Rafkin. *D* Jack Lord, Robert Cornthwaite. Wells Fargo-Detektiv gegen maskierten Postkutschenräuber. *P* Universal. 1967 *Il mio corpo per un poker. R* Nathan Wich. *D* Elsa Martinelli, Bruno Corazzari (Allan Pinkerton). Pinkerton als Randfigur einer Belle Starr-Geschichte. *P* Mercurfin. 1969 *Dio perdona ... io no/Tu perdonas ... yo no. R* Giuseppe Colizzi. *D* Terence Hill, Bud Spencer. Versicherungs-Detektiv und Gauner jagen hinter einem Schatz her. *P* Crono-P.E.F.S.A. 1969 *Il prezzo del potere. R* Tonino Valerii. *D* Giuliano Gemma, Fernando Rey (Pinkerton). Pinkerton ermittelt einen Präsidentenmörder. *P* Patry/Montana. (Die Unterwanderung der 1876 um ihre Rechte kämpfenden Bergarbeiter in Pennsylvanien durch einen Pinkerton-Detektiv wird in dem Martin Ritt-Film *The Molly Maguires,* 1970, beschrieben.)

Siehe auch ›Jesse James‹, 1882, ›Butch Cassidy und Sundance Kid‹, 1894.

Kopfgeldjäger. Der Kampf gegen die Kriminalität bringt gelegentlich neue Formen der Kriminalität hervor; das zeigt sich, als die Pinkerton-Agentur in den fünfziger Jahren die seit langem übliche Ausschreibung von Kopfgeldprämien für gesuchte Kriminelle forciert und systematisiert und damit das Aufblühen eines neuen und besonders amoralischen Standes, der Kopfgeldjäger, begünstigt. Sie gelten in der Wirklichkeit wie in der Fiktion des Westerns als die ehrloseste, verachtenswerteste Rasse, und das hundert Jahre lang – bis zum Aufkommen des Italo-Western, für den der amoralische Held der wahre Held ist. »Der Kopfgeldjäger, dessen Beruf es ist, Menschen um einer Prämie wegen zu jagen, ist auch eine Art Diener des Rechts, aber obgleich er für den Zivilisierungsprozeß ebenso nützlich sein kann wie der Sheriff oder der Lone Ranger, wird er oft als eine niedere Spezies Mensch dargestellt. Der kaltäugige Wiswald in T. T. Flynns Roman *Two Faces West* ist genau so wieselig wie sein Name. Auch der Held jagt und tötet Menschen, aber die beiden lassen sich nicht vergleichen: Wiswald tut es für Geld. Die Kopfgeldjäger in *The Wild Bunch* sind richtige Untermenschen, die sich wie Geier auf die Toten stürzen. [...] Einen Menschen um des Profits wegen zu töten entwertet einen Code, nach dem die Rache als eine edle Mission gilt« (Jenni Calder, *There Must Be a Lone Ranger*).

Die entmoralisierende Wirkung des Kopfgeld-Wesens kann freilich nicht nur daran gemessen werden, wie es einen ohnehin fragwürdigen Code aushöhlt. Für die Herbeischaffung gesuchter Verbrecher, und zwar »tot oder lebendig«, werden Prämien ausgesetzt; für den Prämienjäger ist es oft praktischer, den Mann tot abzuliefern; das System verführt zu einer extremen und besonders perversen Form der Selbstjustiz. Oft ist das auf »Wanted«-Steckbriefen wiedergegebene Signalement eines Verbrechers nicht sehr eindeutig und beschränkt sich auf hervorstechende unveränderliche Kennzeichen, eine kräftige Narbe zum Beispiel oder drei fehlende Finger; der Kopfgeldjäger wird die

Robert Ryan und Janet Leigh in *The Naked Spur* von Anthony Mann, 1952.

Gelegenheit ergreifen, ein einigermaßen »passendes« Opfer der Beschreibung in einem Steckbrief anzugleichen, eben durch das Anbringen einer Narbe oder das Abschneiden überzähliger Finger. Der rechnende Kopfgeldjäger wird auch den Marktwert seines Opfers im Auge behalten; wenn auf einen Banditen heute 500 Dollar ausgesetzt sind und morgen 5000 Dollar, hält man sich am besten abwartend in seiner Nähe auf und sieht zu, wie er weitere Untaten begeht, weil er dann übermorgen vielleicht auf 50 000 Dollar kommt.

Einen besonders abgefeimten modus operandi hat die Outlaw-Bande des Audie Murphy-Films *Gunfight at Comanche Creek* entwickelt: sie befreit Kriminelle aus dem Gefängnis und zwingt sie, als unmaskierte front-men bei ihren Untaten mitzumachen; ist der Kopfpreis für diese Bedauernswerten hoch genug gestiegen, dann werden sie getötet und gegen Zahlung dieses Preises abgeliefert. Die erschütterndste Beschreibung der inneren Verrohung, die das Gewerbe mit sich bringt, findet man in Anthony Manns *The Naked Spur:* Nur durch die Liebe zu einer Frau läßt James Stewart als Kopfgeldjäger sich bewegen, sein unter fürchterlichen Strapazen endlich erlegtes Opfer zu beerdigen, statt die Leiche zum Sheriff zu schaffen – sein Konflikt zerreißt ihn dermaßen, daß er buchstäblich schluchzt: »Aber warum denn – ich hätte doch Geld dafür bekommen!« Die Kopfgeldjäger des Italo-Western haben solche Probleme nicht mehr, weil diese Filme nicht mehr eine auf Moral basierende Gesellschaft voraussetzen: in einer vielfach verkommenen, entmoralisierten Gesellschaft ist seine einfache, pragmatische Verkommenheit eine Qualität, die ihn adelt und über das Milieu erhebt.

Filme: 1930 *Trails of Peril. R* Alvin J. Neitz. *D* Wally Wales. Cowboy jagt gesuchten Banditen der Kopfprämie wegen, mehr aber noch, weil er selbst irrtümlich für diesen Banditen gehalten wird; einen Beruf macht er aus der Kopfgeldjägerei nicht. *P* National Players. 1943 *The Desperadoes. R* Charles Vidor. *D* Randolph Scott. Kopfgeldjäger hilft Sheriff bei der Entlarvung eines betrügerischen Bankiers. *P* Columbia. 1952 *The*

Naked Spur. R Anthony Mann. *D* James Stewart. Kopfgeldjäger erlegt sein Opfer, läßt sich aber bewegen, es zu bestatten, statt es abzuliefern und dafür zu kassieren. *P* MGM. 1954 *The Bounty Hunter. R* André de Toth. *D* Randolph Scott. Kopfgeldjäger findet gesuchten Eisenbahnräuber in der besseren Gesellschaft. *P* Transcona/Warner Bros. 1957 *The Tin Star. R* Anthony Mann. *D* Henry Fonda. Kopfgeldjäger, seines Berufes wegen von der Gesellschaft verachtet, wird zum Lehrmeister eines jungen Sheriffs. *P* Perlberg-Seaton/Paramount. 1960 *Comanche Station. R* Budd Boetticher. *D* Randolph Scott. Banditen wollen sich das Geld verdienen, das ein Mann für die Herbeischaffung seiner von Indianern entführten Frau ausgesetzt hat, »tot oder lebendig«; die Banditen wollen sie tot abliefern. *P* Ranown. 1961 *Gun Fight. R* Edward L. Cahn. *D* James Brown, Charles Cooper. Kopfgeldjäger hetzt zwei Brüder aufeinander. *P* Zenith/UA. 1962 *Rider On a Dead Horse. R* Herbert L. Strock. *D* John Vivyan, Kevin Hagen. Prospektor benutzt einen Kopfgeldjäger, um sich seiner Partner zu entledigen. *P* Phoenix. 1963 *Gunfight at Comanche Creek. R* Frank McDonald. *D* Audie Murphy. Detektiv kommt hinter die schlimmen Kopfgeldtricks einer Bande. *P* Allied Artists. 1964 *Black Spurs. R* R. G. Springsteen. *D* Rory Calhoun. Cowboy wird zuerst Kopfgeldjäger, dann Sheriff. *P* A. C. Lyles. 1965 *The Bounty Killer. R* Spencer G. Bennet. *D* Dan Duryea. Gesitteter Mann aus dem Osten kommt in den Westen, wird fanatischer Kopfgeldjäger, tötet schließlich einen Unschuldigen und wird dann selbst von einem Kopfgeldjäger gejagt. *P* Premiere. 1965 *Per qualche dollaro in più/La muerte tenia un precio/Für ein paar Dollar mehr. R* Sergio Leone. *D* Clint Eastwood, Lee Van Cleef. Konkurrenzkampf zweier Kopfgeldjäger. *P* P. E. A./Arturo Gonzales/Constantin. 1965 *The Reward. R* Serge Bourguignon. *D* Max von Sydow, Gilbert Roland. Im modernen Mexiko, Konkurrenzkampf zwischen Kopfgeldjägern. *P* Arcola/20th Century-Fox. 1966 *Il buono, il brutto, il cattivo. R* Sergio Leone. *D* Clint Eastwood, Eli Wallach. Kopfgeldjäger liefert einen Freund gegen Kopfpreis aus; dann rettet er ihn vor dem Erhängen und teilt die Prämie mit ihm. 1966 *The Shooting. R* Monte Hellman. *D* Warren Oates, Jack Nicholson. Konflikte zwischen einem Kopfgeldjäger und einem Profi-Killer. *P* Roger Corman. 1966 *L'uomo dalla pistola d'oro. R* Alfonso Balcazar. *D* Carl Möhner. Kopfgeldjäger und Banditen jagen Falschspieler. *P* West/Balcazar. 1966 *The Bounty Killer/El precio de un hombre. R* Eugenio Martin. *D* Richard

Wyler. Kopfgeldjäger liquidiert mexikanischen Outlaw. *P* Tecisa-Discobolo/UA. 1966 *La resa dei conti/El halcón y la presa. R* Sergio Sollima. *D* Lee Van Cleef. Krimineller Unternehmer macht Kopfgeldjäger zum Sheriff, um ihn für seine Ziele einzuspannen. *P* P.E.A./Tulio Demicheli. 1966 *Pochi dollari per Django. R* Leon Klimovski. *D* Anthony Steffen. Kopfgeldjäger mausert sich zum Sheriff. *P* Marco/R.M. 1966 *Yankee. R* Tinto Brass. *D* Philippe Leroy. US-Kopfgeldjäger bietet sich mexikanischem Bandenführer als Partner an; er wird abgewiesen und veranstaltet ein Blutbad unter der Bande. *P* Tigielle 33/Balcazar. 1966 *10.000 dollari per un massacro. R* Romolo Guerrieri. *D* Gary Hudson. Kopfgeldjäger verbündet sich zuerst mit einem gesuchten Banditen und bringt ihn nach gemeinsamer Tat um. *P* Zenith/Flora. 1966 *An Eye for an Eye. R* Michael Moore. *D* Robert Lansing, Patrick Wayne. Ehemaliger Kopfgeldjäger jagt den Mörder seiner Frau und seines Sohnes. begleitet von einem Nachwuchs-Kopfgeldjäger, der nur auf die Prämie aus ist. *P* Circle. 1966 *Kid Rodelo. R* Richard Carlson. *D* Don Murray, José Villa Sante. Yaqui-Häuptling hat aus seinem Stamm Kopfgeldjäger gemacht und jagt ausgebrochene Strafgefangene. *P* Trident/Fénix. 1967 *Per 100.000 dollari t'ammazo. R* Sidney Lean. *D* Gary Hudson. Kopfgeldjäger jagt den eigenen Bruder, der den gemeinsamen Vater ermordet hat. *P* Zenith/Flora. 1967 *El Cisco. R* Sergio Bergonzelli. *D* William Berger. Kopfgeldjäger schänden ein Grab, um an die Leiche des Mannes zu kommen, auf den eine Prämie ausgesetzt ist. *P* Epoca. 1967 *Vado ... l'ammazo e torno. R* Enzo G. Castellari. *D* Edd Byrnes, George Hilton. Kopfgeldjäger muß sich entscheiden, ob er sein Opfer liquidieren oder dessen Beute mit ihm teilen will. *P* Fida. 1967 *Escondido,* auch *Un minuto per pregare, un instante per morire/A Minute to Pray, a Second to Die. R* Franco Giraldi. *D* Alex Cord. Kopfgeldjäger jagen einen todkranken Banditen, auf dessen Kopf 10000 Dollar ausgesetzt sind. *P* Documento/Selmur. 1967 *7 Winchester per un massacro. R* E. G. Rowland (Enzo Girolami). *D* Edd Byrnes. Kopfgeldjäger unterwandert eine Bande von ehemaligen Südstaaten-Soldaten. *P* Circus-Fono/Columbia. 1968 *Il mercenario/Salario para matar. R* Sergio Corbucci. *D* Franco Nero, Tony Musante. Während der mexikanischen Revolution will ein Söldner seinen Freund, einen Revolutionär, für ein Kopfgeld verraten. *P* P.E.A./Delphos-Pro. 1968 *Il grande silenzio/Le grand silence. R* Sergio Corbucci. *D* Jean Louis Trintignant, Klaus Kinski.

Outlaws engagieren einen Gunfighter, der Kopfgeldjäger liquidieren soll. *P* Summa-Adelphi-Corona. 1968 *Vivo per la tua morte. R* Alex Burks (Camillo Bazzoni). *D* Steve Reeves. Unschuldig eines Eisenbahnraubs Verdächtigter muß sich einer Bande von Kopfgeldjägern erwehren. *P* B.R.C. 1969 *The Wild Bunch. R* Sam Peckinpah. *D* William Holden, Robert Ryan. Strafgefangener erkauft sich die Freiheit durch seine Bereitschaft, als Kopfgeldjäger-Anführer seinen ehemaligen Freund und dessen Outlaw-Bande zu jagen. *P* Warner Bros. 1969 *Macho Callahan. R* Bernard L. Kowalski. *D* Jean Seberg, James Booth. Spielhöllenbesitzer wird Kopfgeldjäger, um sich die Prämie zu verdienen, die eine Witwe auf den Mörder ihres Mannes ausgesetzt hat. *P* Felicidad. 1970 *Cain's Way,* auch *Cain's Cutthroats. R* Kent Osborne. *D* John Carradine, Scott Brady. Ehemaliger Prediger wird Kopfgeldjäger; die Köpfe seiner vielen Opfer pökelt er als Belegstücke für die große Schlußabrechnung ein. *P* J.C. 1970 *Chisum. R* Andrew V. McLaglen. *D* John Wayne (Chisum), Geoffrey Deuel (Billy the Kid). Der Gouverneur von New Mexico setzt Kopfgeldjäger auf die Spur von Billy the Kid. *P* Batjac. 1970 *The Cockeyed Cowboys of Calico County. R* Tony Leader. *D* Dan Blocker, Jack Elam. Comedy: Kurzsichtiger Kopfgeldjäger muß sehr aufpassen, daß er nicht Köpfe jagt, auf denen gar keine Prämie steht. *P* Universal. 1969 *Ehi, amico ... C'è Sabata, hai chiuso. R* Frank Kramer (Gianfranco Parolini). *D* Lee Van Cleef. Kopfgeldjäger verdient sich das Geld, das einige Ehrenmänner für die Aufklärung eines von ihnen selbst begangenen Bankraubs ausgeschrieben haben. *P* P.E.A.-Delphos. 1971 *La vita, a volte, e molto dura, vero »Providenza«? R* Giulio Petroni. *D* Tomas Milian, Gregg Palmer. Comedy: Kopfgeldjäger und steckbrieflich Gesuchter arbeiten Hand in Hand, um sich die Prämie immer wieder von neuem verdienen zu können. *P* Terra-Oceania-Unidis-Le Rex.

Siehe auch ›Joaquin Murieta‹, 1853.

Ausrottung der Indianer in Texas und Kalifornien. Mit der Konsolidierung der amerikanischen Macht im Südwesten wird die Ausrottungspolitik gegen die Indianer immer entschiedener praktiziert. Die Comanchen in Texas beginnen ihren langen Überlebenskampf, die anderen texanischen Stämme sind bis zur Mitte der fünfziger Jahre ausgerottet. In Kalifornien, das 1850 als Staat in die Union aufgenommen wird, ist die Vernichtung der Indianer eine Begleiterscheinung des Goldrauschs; die rund 70000 kalifornischen Indianer überleben die fünfziger Jahre nicht.

Weibliche Westerner der Literatur. Charles E. Averill läßt seiner Kit Carson-Biographie vom Vorjahr den Roman *Life in California; or The Treasure Seeker's Expedition* folgen. Er handelt von zwei Mädchen aus dem Osten, die in Männerkleidern auf kalifornische Schatz- und Abenteuersuche gehen, als erste, aber vergleichsweise noch sehr gesittete weibliche Westerner der Literatur, die sich in derlei Tarnung auf solche Unternehmungen einlassen.

Geboren: Pat Garrett, als Patrick Floyd Garrett, in Alabama; wächst in Louisiana auf, arbeitet in Texas als Cowboy und Büffeljäger, lernt 1877 in New Mexiko Billy the Kid kennen.

1851

Friedenskonferenz von Laramie. Auf Betreiben des Indianer-Agenten Thomas Fitzpatrick findet im Herbst 1851 die Konferenz von Laramie statt, bei der sich rund 10000 Indianer aus fast allen Stämmen mit Vertretern der Regierung und der Armee treffen, um ihre Streitfragen zu klären. Als Dolmetscher und Experten dienen unter anderen Jim Bridger und Kit Carson. Der euphorische Verlauf der Konferenz, die auch untereinander verfeindete Stämme in Harmonie vereint und von großzügigen allseitigen Schenkungsaktionen begleitet wird, erweckt die Hoffnung auf einen dauerhaften Frieden im Westen. Die Konferenz regelt die Grenzen der Jagdgründe der einzelnen Stämme. Die Indianer räumen den Weißen den Bau von Straßen und

Armeeposten auf ihren Gebieten ein und bekommen dafür den Schutz vor weißen Übergriffen garantiert und jährliche Warenlieferungen im Wert von 50 000 Dollar für die nächsten 50 Jahre versprochen.

Der weiße Hengst Melvilles. Herman Melville veröffentlicht seinen *Moby Dick,* in dessen metaphorisches Material viele Elemente des Westens eingegangen sind. Der Autor hatte lange mit dem Gedanken gespielt, von der Jagd auf einen heiligen weißen Büffel oder einen heiligen weißen Hengst zu erzählen. Schließlich entschied er sich für einen weißen Wal, aber von dem weißen Hengst ist in dem Kapitel *Das Weiße des Wals* noch die Rede: »Berühmt ist in den Annalen unseres Westens und den Überlieferungen der Indianer das weiße Pferd der Prärie, ein prachtvoller, milchweißer Hengst mit großen Augen, kleinem Kopf und vollem Bug, in dessen stolzer, hochfahrender Haltung unermeßliche Würde lag. Riesige Herden wilder Pferde, deren Weide in jenen Tagen nur von den Rocky Mountains und den Alleghenies begrenzt waren, hatten ihn sich zum Fürsten erwählt. Flammend zog er vor ihnen her nach Westen, dem Stern der Sterne gleich, der allabendlich die Schwärme der Himmelslichter anführt.«

Der Westen wird fotografiert. Der Daguerreotypist Oliver Jennings geht nach Oregon, um »Indianer in ihrer natürlichen Umgebung« zu fotografieren. Er kann sein Vorhaben nicht ausführen, da ihm auf der Reise seine Apparate und Chemikalien gestohlen werden, »von diebischen Soldaten«, wie er später berichtet. So wird im selben Jahr 1851, in dem Jennings dieses Mißgeschick widerfährt, sein Kollege Joseph Buchtel der erste, der den fernen Westen fotografisch aufnimmt. Buchtel, später »der Brady des Nordwestens« genannt (nach Mathew Brady, dem berühmtesten amerikanischen Fotografen seiner Zeit), machte hauptsächlich in Oregon Daguerreotypien von Indianern, Siedlern und Landschaften; außerdem war er der erste im Westen, der ein Foto als Inserat in einer Zeitung drucken ließ, in dem in Oregon City erscheinenden *Spectator* vom 30. Januar 1851. Verlorengegangen ist die Arbeit des einzigen weiteren Fotografen, der den Westen vor dem Bürgerkrieg aufgenommen hat: S. N. Carvalho begleitete 1853 John C. Frémont auf einer von dessen Forschungs-Expeditionen und machte unter schwierigsten Verhältnissen eine Serie von Daguerreotypien, die zwar sicher nach New York gebracht, aber dort bei einem Brand zerstört wurden.

James Fenimore Cooper gestorben, einen Tag vor seinem 62. Geburtstag, in Cooperstown, der Heimat seiner Jugend. Kurz vorher hat er im Vorwort zu einer neuen Ausgabe der *Prairie* geschrieben: »Seit der ersten Veröffentlichung dieses Buches sind die Grenzen der Republik bis zum Pazifik getragen worden. 1820 war Missouri der ›ferne Westen‹ und Independence die Grenzlinie der Zivilisation. Heute, 1851, gibt es keinen ›fernen Westen‹ mehr. Er ist über Bord gegangen, in den Pazifischen Ozean. Das Pionier-Leben und der Pionier-Fortschritt müssen bald für immer verschwinden, und nur noch durch Erzählungen wird man ihrer erinnert werden.« Arno Schmidt schreibt im Nachwort seiner Cooper-Übersetzung *Conanchet, oder Die Beweinte von Wish-Ton-Wish:* »Allgemein sei, und mit Nachdruck, darauf hingewiesen, daß unsere Vorstellung von ›Indianern‹ auf dem 1 Mann Cooper beruht.«

Geboren: Sam Bass, als Samuel Bass, in Lawrence County, Indiana; geht 1870 nach Texas, wird Pferdehändler und Veranstalter von Pferderennen, geht 1877 nach Deadwood, Idaho, und gründet eine Bande, die bald durch ihre Postkutschen- und Zugüberfälle von sich reden macht.

Sigmund Lubin, in Breslau; lernt in Berlin Optiker, wandert 25jährig nach den USA aus, wird Goldsucher und Juwelenhändler, läßt sich in Philadelphia als Brillen-Macher nieder, entwickelt Kameras und Projektoren und beginnt 1897 mit der Produktion von Filmen.

Vigilanten und Lynchjustiz

Der kalifornische Goldrausch bringt mit seinem Menschenstrom hysterischer Glücksritter eine Welle primitiver, unorganisierter Kriminalität in ein Land, das noch keine Gelegenheit gehabt hat, sich eine auch nur rudimentäre Rechtsordnung zu geben, geschweige denn die Instrumente ihrer Durchsetzung. So wird in Ermangelung einer amtlichen Justiz ein System (und eine Ideologie) der Selbstjustiz entwickelt, das an Popularität auch dann nichts einbüßt, als in einer parallelen Entwicklung Rechtswahrung und Kriminalität organisiert werden; Selbstjustiz wird dann nicht mehr in Ermangelung eines offiziellen Rechtsapparates betrieben, sondern als vermeintlich bessere Alternative zum Wirken von Polizei und Gerichten. Dieser Kult der Selbstjustiz blüht fort bis in unsere Zeit: Der Held von Deathwish *(1974), gespielt vom Western-Star Charles Bronson, wird Leidtragender des Straßenterrors von New York, lernt bei einem Besuch in Arizona die Lektionen der guten alten Westernzeit, kehrt zurück nach New York, dessen Polizei er immer nur versagen sieht, und wird zum Vigilanten, zum Rächer in eigener Sache und auf eigene Rechnung, zum Schrecken der Straßengangster wie der Polizei.*

Die spezifische Selbstjustiz des Westens wird meist als Kollektiv-Erlebnis genossen. In den Hunderten von Goldgräberlagern Kaliforniens, wo es weder Sheriffs noch Gefängnisse gibt, verhängen die Miners' Courts im allgemeinen nur drei Arten von Strafen, deren Vollstreckung spektakulärer Natur und als Volksvergnügen geeignet ist: Davonjagen, Auspeitschen oder Aufhängen. Die urbane Sittlichkeit von San Francisco bringt das Vigilantentum hervor, den Bürger-Selbstschutz mit einem Anhauch formalen Rechts. 1851 gründet der Geschäftsmann Sam Brannan mit anderen Bürgern der Stadt das erste Committee of Vigilance zum Schutz von Leben und Eigentum der Einwohner. Das Komitee hängt einige Kriminelle auf, weist kleinere Strolche aus und geht soweit, einlaufenden Schiffen mit Einwanderern die

Harry Carey (ganz links), Andy Devine (unter der Schlinge) und Walter Huston (rechts mit Zeitung) in *Law and Order* von Edward L. Cahn, 1932 (oben).

Anlegeerlaubnis zu verweigern, alles dies in Mißachtung der offiziellen Legislative; Einsprüche des Gouverneurs von Kalifornien werden ignoriert, in Sicherheitsverwahrung verbrachte Todeskandidaten aus den Gefängnissen geholt und aufgehängt. Die Vigilanten-Praxis von Kalifornien macht in den fünfziger und sechziger Jahren in Neu-Mexiko, Arizona, Nevada, Colorado und Wyoming Schule; mal nennt sich der pseudo-legale Rahmen, in dem Bürger überführte oder auch nur verdächtige Übeltäter aufhängen, Vigilance Committee, mal sind es Posses, Bürger-Kommandos, die sich von einem richtigen oder falschen Rechtswahrer formell einschwören lassen, mal feiert man einfach Necktie-Parties (Krawatten-Parties) oder läßt sich zu spontanen Lynch-Aktionen hinreißen.

Zeitgenössische Berichterstatter stellen fest, die People's Courts (Volksgerichtshöfe) seien die einzigen Gerichte, die Achtung und Gehorsam fänden: »Sie kommen der Würde eines regulär konstituierten Tribunals nahe; der Angeklagte darf Beistände haben und Zeugen aufrufen lassen, sofern die letzteren in Reichweite sind.« Im Western-Film wird die Bereitschaft zur Selbstjustiz und zum Lynchen unter die Bürgertugenden gerechnet, bis mit Wellmans Ox-Bow Incident *die Denunzierung der Lynchjustiz beginnt; von da ab geht die Helden-Hauptrolle vom Protagonisten der Selbstjustiz auf ihr Opfer über; ein Wandel der Betrachtungsweise, der mehr auf die Beschäftigung mit modernen Pogrom-Situationen zurückgeht als auf eine sachlichere Betrachtung des historischen Westerns: Walter Van Tilburg Clark, Autor der literarischen Vorlage zum* Ox-Bow Incident, *suchte den Nazi im amerikanischen Westerner zu entlarven, während die Vigilanten- und Lynch-Western der fünfziger Jahre die Verfolgungen der McCarthy-Ära reflektieren.*

Filme: 1903 *Trapped by Bloodhounds; or, A Lynching in Cripple Creek.* 1 Akt. *P* Selig. 1918 *The Vigilantes. P* The Bear State Film Co. 1921 *The White Masks. R* George Holt. *D* Franklyn Farnum, Al Hart. Die zum Schutz der Bürger gegründete Vigilantentruppe der White Masks, auch

»six-o-one« genannt, gerät unter den Einfluß eines kriminellen Saloonbesitzers. *P* William M. Smith. 1921 *Headin' North. R* Charles Bartlett. *D* Pete Morrison. Aus Eifersucht versucht ein Eisenbahn-Ingenieur, Farmer zum Lynchen seines Rivalen aufzuhetzen. *P* Arrow. 1922 *The Prairie Mystery. R* George E. Hall. *D* Bud Osborne. Vigilanten gegen maskierte Banditen. *P* Bud Osborne. 1922 *Texas. R* William Bertram. *D* Franklyn Farnum. Eisenbahngesellschaft versucht Mob zum Lynchmord an einem Farmer zu hetzen, der sein Land nicht hergeben will. *P* Phil Goldstone. 1922 *The Gray Dawn. R* Benjamin B. Hampton. *D* Robert McKim. San Francisco 1856. Bildung einer Vigilantentruppe gegen einen korrupten Politiker. *P* Benjamin B. Hampton. 1922 *The Crimson Challenge. R* Paul Powell. *D* Jack Mower. Farmer bilden Vigilantentruppe gegen den kriminellen Saloonbesitzer und Beherrscher einer Rinder-Stadt. *P* Famous Players-Lasky. 1924 *The Beloved Brute. R* J. Stuart Blackton. *D* Victor McLaglen, William Russell. Lynchmord an einem Unschuldigen wird verhindert. *P* Vitagraph. 1924 *Against All Odds. R* Edmund Mortimer. *D* Buck Jones, William Scott. Lynchmord an einem Unschuldigen wird verhindert. *P* Fox. 1924 *The Covered Trail. R* Jack Nelson. *D* J. B. Warner. Sheriff rettet Unschuldigen aus den Händen von Vigilanten, die ihn aufhängen wollen; der Gerettete kann sich dann nur mit Mühe eines anderen Lynch-Mobs erwehren. *P* Sunset. 1924 *That Wild West. R* Alvin J. Neitz. *D* William Fairbanks. Unschuldig des Mordes verdächtigter Vormann entgeht einem Lynch-Mob und findet den wahren Schuldigen. *P* Phil Goldstone. 1924 *Man from God's Country. R* Alvin J. Neitz. *D* William Fairbanks. Unschuldiger Abenteurer entgeht knapp einem Lynch-Mob. *P* Phil Goldstone. 1924 *Horse Sense. R* Ward Hayes. *D* Richard Hatton. Drifter wird für einen Bankräuber gehalten und entgeht nur knapp dem Lynchmord, zu dem die wahren Täter aufhetzen. *P* Ben Wilson. 1924 *Coyote Fangs. R* Harry Webb. *D* Jack Perrin. Aus Eifersucht versucht ein Mann zum Lynchmord an einem Cowboy aufzuhetzen. *P* Harry Webb. 1924 *Crossed Trails. R* J. P. McGowan. *D* Franklyn Farnum. Cowboy bewahrt den Vater seiner Liebsten davor, gelyncht zu werden, obwohl er eigentlich meint, daß der Alte, ein Bandit, nichts Besseres verdient hat. *P* Independent. 1925 *Across the Deadline. R* Leo Maloney. *D* Leo Maloney. Fehde zwischen zwei Rancher-Familien mündet in eine Lynch-Party; das Opfer wird im letzten Moment von einem Mitglied des gegnerischen Clans gerettet.

P William Steiner. 1925 *The Devil's Cargo. R* Victor Fleming. *D* Wallace Beery. Sacramento, während des Goldrauschs. Vigilanten verfrachten Zeitungsredakteur, der sich für Recht und Sitte einsetzt, als unerwünschtes Element gewaltsam auf ein Schiff, das ihn zurück in den Osten bringen soll. *P* Famous Players-Lasky. 1925 *Flower of Night. R* Paul Bern. *D* Pola Negri. Kalifornien 1856. Tochter eines verarmten spanischen Granden wird Tanzhallengirl in San Francisco, wo der sinistre Führer des Vigilance Committee sie in seine kriminellen Machenschaften zu verstricken versucht. *P* Famous Players-Lasky. 1925 *The Sagebrush Lady. R* H. B. Carpenter. *D* Eddy Barry. Rancher versuchen vermeintlichen Viehdieb zu lynchen; er enttarnt sich als Geheimagent der Regierung, der gegen die Viehdiebe angesetzt ist. *P* H. T. Henderson. 1925 *The Empty Saddle. R* Harry S. Webb. *D* Pete Morrison. Mörder versucht einem Unschuldigen seine Tat anzuhängen; das Opfer entgeht wiederholt nur knapp einem Lynchmord. *P* Lariat. 1925 *One Shot Ranger. D* Pete Morrison. Ein unschuldiger Cowboy wird von einem Lynch-Mob aufgehängt; der Titelheld rettet ihn, indem er im entscheidenden Augenblick mit einem einzigen Schuß den Strick durchschießt. *P* Lariat. 1926 *The Outlaw Express. R* Leo Maloney. *D* Leo Maloney. Wells Fargo-Agent wird von Vigilanten bedroht, die ihn fälschlich für einen Mörder halten. *P* Leo Maloney. 1926 *The Unknown Cavalier. R* Albert Rogell. *D* Ken Maynard, James Mason und das Pferd Tarzan. Angesehener Bürger führt ein Doppelleben als Vigilantenführer und Bandit; er wird entlarvt durch das Pferd eines Mannes, den er getötet hat. *P* Charles R. Rogers/First National. 1926 *Vanishing Hoofs. R* John P. McCarthy. *D* Wally Wales. Ein Cowboy, Veteran des 1. Weltkriegs, rettet seinen Freund davor, gelyncht zu werden. *P* Action. 1926 *Hair Trigger Baxter. R* Jack Nelson. *D* Bob Custer. Versuchter Lynchmord an einem Jockey, der sein Rennpferd gedopt hat. *P* Independent. 1927 *Bulldog Pluck. R* Jack Nelson. *D* Bob Custer. Vigilantenkomitee, angeführt von einem Spielhallen-Besitzer, säubert eine Stadt von kriminellen Elementen, die Zuwanderern das Leben schwermachen. *P* Bob Custer/F.B.O. 1927 *The Bandit's Son. R* Wallace W. Fox. *D* Bob Steele. Held rettet seinen Vater davor, gelyncht zu werden. *P* F.B.O. 1927 *Cyclone of the Range. R* Robert De Lacy. *D* Tom Tyler. Lynchversuch an einem unschuldigen Cowboy. *P* F.B.O. 1927 *Don Desperado. R* und *D* Leo Maloney. Sheriff bewahrt einen Herumtreiber davor, von Goldgräbern gelyncht zu werden; später versucht der frustrierte Mob, den Sohn seines eigenen Anführers zu lynchen. *P* Leo Maloney. 1927 *Hoof Marks. R* Tenny Wright. *D* Peggy Montgomery. Ranchertochter hält Cowboys davon ab, ertappten Pferdedieb zu lynchen. *P* Fred J. McConnell/Pathé. 1927 *Jim the Conqueror. R* George B. Seitz. *D* William Boyd. Rancher bringt den Lynch-Mob, der auf sein Leben aus ist, durch eine List ins Gefängnis. *P* Metropolitan. 1927 *Ridin' Luck. R* Edward R. Gordon. *D* Tex Maynard. Rancherssohn rettet den Bruder seiner Liebsten davor, unschuldig gehängt zu werden. *P* Trem Carr. 1928 *The Apache Raider. R* und *D* Leo Maloney. Korrupter Rancher und Politiker hetzt die Bevölkerung zum Lynchmord an einem Mann, der ihn zu entlarven droht; im entscheidenden Augenblick wendet sich die Menge gegen diesen Schurken. *P* Leo Maloney/Pathé. 1928 *The Little Buckaroo. R* Louis King. *D* Buzz Barton, Al Ferguson. Besitzer einer Postkutschenlinie, der ein Doppelleben als Banditenführer führt, versucht vergeblich, durch einen Lynchmord einen ihm mißliebigen Mann loszuwerden. *P* F.B.O. 1929 *45 Calibre War. R* Leo Maloney. *D* Don Coleman. Rancher organisieren ein Vigilance Committee gegen Landmakler, die sie mit Terror von ihrem Besitz vertreiben wollen. *P* Leo Maloney/Pathé. 1930 *The Lone Rider. R* Louis King. *D* Buck Jones. Richter macht Exbanditen zum Anführer eines Vigilance Committee; der reformierte Bandit bewährt sich bei der Jagd auf seine ehemaligen Kollegen. *P* Beverly. 1930 *The Fighting Legion. R* Harry J. Brown. *D* Ken Maynard. Harmloser Strolch muß vor einem Lynch-Mob flüchten. *P* Ken Maynard/Universal. 1935 *Westward Ho. R* Robert N. Bradbury. *D* John Wayne. Im Kalifornien des Goldrauschs gründen Rancher eine Vigilantentruppe zum Schutz gegen Banditen. *P* Republic. 1940 *Trail of the Vigilantes. R* Allan Dwan. *D* Franchot Tone. Mann aus dem Osten wird Vigilanten-Anführer im Kampf gegen Banditen. *P* Universal. 1942 *In Old California. R* William McGann. *D* John Wayne. Albert Dekker. Bösewicht mischt Gift in die Medikamente eines Apothekers, um so die Lynchwut der Bevölkerung gegen ihn zu entfachen. *P* Republic. 1943 *The Ox-Bow Incident. R* William A. Wellman. *D* Henry Fonda. Texanischer Ort lyncht drei als Viehdiebe verdächtigte Männer. *P* 20th Century-Fox. 1944 *Vigilantes of Dodge City. R* Wallace Grissell. *D* William Elliott. Die Bevölkerung von Dodge City versucht in Selbsthilfe ihrer kriminellen Elemente Herr zu werden. *P* Republic. 1947

Vigilantes of Boomtown. R R. G. Springsteen. *D* Allan Lane. Abenteuer des »Red Ryder« unter den Vigilanten einer Rinderstadt. *P* Republic. 1947 *The Vigilantes Return. R* Ray Taylor. *D* Jon Hall. Vigilanten gegen Pferdediebe. *P* Universal. 1947 *The Fighting Vigilantes. R* Ray Taylor. *D* Al »Lash« La Rue. Farmer gründen Selbstversorgungs-Organisation gegen ausbeuterischen Monopol-Frachtunternehmer. *P* Eagle Lion. 1950 *Broken Arrow. R* Delmer Daves. *D* James Stewart (Thomas Jeffords), Basil Ruysdael (General Howard). General Howard hindert die Einwohner von Tucson daran, den indianerfreundlichen Jeffords zu lynchen. *P* 20th Century-Fox. 1951 *Along the Great Divide. R* Raoul Walsh. *D* Kirk Douglas, Walter Brennan. Sheriff verhindert den Lynchmord an einem unschuldig als Mörder Verdächtigten. *P* Warner Bros. 1953 *Johnny Guitar. R* Nicholas Ray. *D* Joan Crawford, Mercedes McCambridge. Rancher versuchen, eine geschäftstüchtige Saloonbesitzerin zu lynchen. *P* Republic. 1953 *Jack Slade. R* Harold Schuster. *D* Mark Stevens. Schießwütiger Revolvermann wird um ein Haar gelyncht. dann aber doch von seinem besten Freund erschossen. *P* Allied Artists. 1953 *The Woman They Almost Lynched. R* Allan Dwan. *D* Joan Leslie. Frau riskiert es, gelyncht zu werden, um ihren Freund, einen Banditen, zu retten. *P* Republic. 1954 *Silver Lode. R* Allan Dwan. *D* John Payne. Mit einer Verleumdung wird die Lynchwut der Einwohner von Silver Lode auf einen Unschuldigen gelenkt; durch eine Lüge lassen sie sich umstimmen. *P* RKO. 1955 *Tribute to a Bad Man. R* Robert Wise. *D* James Cagney. Großrancher übt skrupellos Selbstjustiz. *P* MGM. 1955 *Rage at Dawn. R* Tim Whelan. *D* Randolph Scott. Detektiv kann Lynchmord an den inhaftierten Reno-Brüdern nicht verhindern. *P* RKO. 1955 *Jubal. R* Delmer Daves. *D* Glenn Ford. Versuchter Lynchmord an einem Cowboy, der in Notwehr seinen Boß tötet. *P* Columbia. 1955 *The Lone Ranger. R* Stuart Heisler. *D* Clayton Moore. Lone Ranger verhindert Lynchmord. *P* Willis Goldbeck. 1959 *The Hanging Tree. R* Delmer Daves. *D* Gary Cooper. Goldsucher lassen sich zur Lynchwut gegen einen Arzt aufhetzen. *P* Baroda. 1961 *Two Rode Together. R* John Ford. *D* James Stewart, Richard Widmark. Weiße lynchen einen aus indianischer Gefangenschaft freigekauften Jungen, weil sie glauben, daß er unter den Indianern zur mörderischen Bestie geworden ist. *P* John Ford/Stan Shpetner. 1961 *The Deadly Companions. R* Sam Peckinpah. *D* Brian Keith, Chill Wills. Pokerrunde wird daran gehindert, einen

Falschspieler aufzuhängen. *P* Carousel. 1962 *Six Black Horses. R* Harry Keller. *D* Audie Murphy. Cowboy fängt sich ein wildes Pferd und soll daraufhin als Pferdedieb gehängt werden. *P* Universal. 1962 *Terror at Black Falls. R* Richard C. Sarafian. *D* Peter Mamakos. Ein Vater stellt sich bei dem Versuch, den Lynchmord an seinem des Viehdiebstahls verdächtigten Sohn zu verhindern, so ungeschickt an, daß er selbst den Tod des Jungen verursacht. *P* Meridan. 1965 *Deadwood '76. R* James Landis. *D* Arch Hall jr. Revolvermann erschießt in Notwehr einen Jungen und wird gelyncht; ein Priester, der den Mord verhindern wollte, wird gleich mitgelyncht. *P* Fairway. 1965 *Town Tamer. R* Lesley Selander. *D* Dana Andrews. Bürger einer Stadt, die an das Eisenbahnnetz angeschlossen werden soll, organisieren eine Vigilantentruppe gegen die Banditen, die den Eisenbahnbau verhindern wollen. *P* A. C. Lyles. 1966 *Johnny Reno. R* R. G. Springsteen. *D* Dana Andrews. 1880. Kansas. Die Bürger eines Ortes wollen einen des Indianermordes Angeklagten lynchen, um die Indianer zu besänftigen. *P* A. C. Lyles. 1966 *Adios Gringo. R* George Finley (Giorgio Stegani). *D* Giuliano Gemma. Unschuldig des Viehdiebstahls Verdächtigter muß vor einem Lynch-Mob fliehen. *P* Dorica-Explorer-Fono-Trebol-Corona. 1968 *5 Card Stud. R* Henry Hathaway. *D* Dean Martin. Pokerrunde lyncht einen Falschspieler. *P* Paramount. 1968 *Hang 'em High. R* Ted Post. *D* Clint Eastwood, Ed Begley. Deputy Marshall jagt den Führer einer Lynchbande. *P* Leonard Freeman-Malpaso.

Siehe auch *The Virginian* 1902 sowie in der Bret Harte-Filmographie, 1902, die Titel *Salome Jane* und *Tennessee's Partner,* und in der Zane Grey-Filmographie, 1939, den Titel *Under the Tonto Rim.*

1852

Wells Fargo. Die American Express Company, 1850 durch die Fusion der Transport- und Bank-Unternehmen Livingstone & Fargo, Wells & Company und Butterfield, Wasson & Company entstanden (und heute noch das international führende Unternehmen dieser Branche), gründet eine Tochtergesellschaft, die

Filmprogramm zu *Wells Fargo* von Frank Lloyd, mit Joel McCrea und Frances Dee, 1937.

Wells Fargo & Company. Drei Jahre später ist Wells Fargo das führende Expreßunternehmen von Kalifornien, zehn Jahre später hat die Gesellschaft rund 180 Niederlassungen im ganzen Westen. Sie verfügt zunächst über keine eigenen Transportmittel, sondern mietet die Wagen anderer Postkutschen-Gesellschaften; erst 1860 kommt sie durch den Ankauf der Pioneer Stage Line und der Overland Mail Company in den Besitz zweier Kutschen-Flotten. »›Stand and deliver!‹, bewaffnete Expreß-Reiter, niedergebrannte Relais-Stationen, ›Wells Fargo never forgets!‹, Fargo-Detektive, ›Throw down the Box!‹ und in Staubwolken eingehüllte, mit Pfeilen gespickte Kutschen – all das gehört zur großen Wells Fargo-Saga« (Denis McLoughlin, *Wild and Wooly*).

Filme: 1922 *Back Fire. R* Alvin J. Neitz. *D* Jack Hoxie. *P* Sunset. 1924 *The Covered Trail. R* Jack Nelson. *D* J. B. Warner. *P* Sunset. 1926 *Man Rustlin'. R* Del Andrews. *D* Bob Custer. *P* Independent/F.B.O. 1926 *The Outlaw Express. R* und *D* Leo Maloney. *P* Leo Maloney. 1929 *The Pride of Pawnee. R* Robert De Lacy. *D* Tom Tyler. *P* F.B.O. 1937 *Wells Fargo. R* Frank Lloyd. *D* Joel McCrea. *P* Paramount. 1941 *Wells Fargo Gunmaster. R* Philip Ford. *D* Chubby Johnson. *P* Republic. 1948 *Black Bart. R* George Sherman. *D* Dan Duryea. *P* Universal. 1967 *The Ride to Hangman's Tree. R* Alan Rafkin. *D* Jack Lord. *P* Universal.

Fernsehserie: 1957–1962 *Tales of Wells Fargo. D* Dale Robertson. *P* Overland.

Siehe auch ›Die Postkutsche‹.

Neuer Goldrausch. Die Nachricht von Goldfunden in Montana löst einen neuen Goldrausch aus. Die wilde Goldsuche in Montana hält bis in die siebziger Jahre an.

Film: 1959 *The Hanging Tree. R* Delmer Daves. *D* Gary Cooper. *P* Baroda.

Geboren: Quanah Parker, in einem Comanchenlager in Texas, als Sohn des Häuptlings Peta Nokona von den Nokoni-Comanchen und der weißen Gefangenen Cynthia Ann Parker; verliert als 8jähriger die Mutter, die von den Weißen befreit wird, als 10jähriger durch Tod den

Vater; wird von den Cohoite-Comanchen adoptiert, 1871 von den Kwahadis-Comanchen zum Häuptling gewählt und zeichnet sich 1874 bei der Schlacht um Adobe Walls zum erstenmal aus.

1853

Landnahme. Die fünf Jahre von 1853 bis 1857 sind die Zeit der intensivsten Landnahme von den Indianern; in dieser Zeit verlieren die Stämme durch Verkauf oder Raub, was oft auf dasselbe herauskommt, 174 Millionen Acres. »Nicht alle Indianer machten sich klar, was sie verkauften. Einige verstanden genau, daß sie ihre Besitzansprüche total aufgaben. Andere waren der Meinung, sie räumten nur bestimmte Jagd-, Fisch- und Weiderechte für bestimmte Gebiete ein, ohne diese Rechte für sich selbst aufzugeben. Wieder andere glaubten, sie räumten nur Wegerechte ein. Aber was immer sie glaubten, der Drang nach ihren angestammten Territorien wuchs mit einer geometrischen Rate« *(The Old West: The Indians).*

Cowboys. Der Begriff »Cowboy« wird populär, fast immer nur im Zusammenhang mit Texas und immer negativ. In den 1853 erschienenen *Tales of the Southern Border* schreibt Charles W. Webber: »Der alte Mann war ein Viehtreiber, oder ›Cowboy‹, wie diese Männer genannt wurden und noch werden, die das Vieh der mexikanischen Rancheros der Rio Grande-Grenze einbringen, nachdem sie es heimlich an sich genommen oder die Besitzer geplündert oder ermordet haben. Sie wurden, kurz gesagt, vor der (texanischen) Revolution als Banditti angesehen und werden zu Recht noch immer so angesehen. Dieser Begriff, ›Cowboy‹, war schon damals – und noch viel nachdrücklicher später – ein Name für viele Verbrechen; denn wer dazugehörte, war entweder von Anfang an ein ausgemachter Outlaw, und war er es nicht von Anfang an, so wurde er in die Gesetzlosigkeit getrieben

Warner Baxter als Joaquin Murrieta in *Robin Hood of Eldorado* von William A. Wellman, 1936.

durch die harschen und harten Bedingungen ihrer Unternehmungen, die in Verletzung aller Rechte betrieben wurden und den Täter oft in die schlimmsten Verbrechen trieben, um sich vor den Konsequenzen ihrer ersten Untaten zu schützen.« Wie viele andere zeitgenössische Autoren schwankt Webber ständig zwischen seinem Drang, das Leben an der Grenze zu romantisieren, und seinem Schauder vor dem offenbar barbarischen Naturell der Grenzer.

Joaquin Murieta. Die kalifornische Gesetzgebung belegt Ausländer mit so hohen Steuern, daß die Goldsuche für sie unmöglich gemacht wird. Diese Restriktionen sind in Wirklichkeit aber nur gegen die ursprünglichen Bewohner und Besitzer des Landes gerichtet: die Mexikaner; deutsche, französische und italienische Einwanderer bleiben unbehelligt. So werden viele der vom Gesetz abgesonderten Mexikaner zwangsläufig Outlaws. Eine der mexikanischen Banden wird von einem gewissen Joaquin angeführt, in anderen Quellen ist von fünf verschiedenen Joaquins die Rede. Jedenfalls wird auf die Ergreifung oder Tötung eines jeden Joaquin eine Prämie ausgesetzt. Als eine Ranger-Patrouille eine Gruppe von Mexikanern überfällt und zwei von ihnen tötet, schneidet sie den Kopf eines der Toten ab und übergibt ihn den Behörden in Sacramento als den Kopf des gesuchten Joaquin; der andere Tote ist ein notorischer Outlaw namens Manuel Garcia, genannt Drei-Finger-Jack. Der Kopf Joaquins wird konserviert und auf Jahrmärkten ausgestellt.

Aus diesem historischen Material schafft John Rollin Ridge 1854 in seinem Buch *The Life and Adventures of Joaquin Murieta, the Celebrated California Bandit* die Legende des »Robin Hood von Kalifornien«. Die Erfindungen dieses Werks, nach dem Murietas Braut von Amerikanern geschändet wird, was Murieta zu einem Rachefeldzug treibt, werden bald als historische Tatsachen geglaubt und Ridges Held geht als wirkliche Person in die Geschichtsbücher ein. In Film und Literatur ist er bis heute eine Symbolfigur für die von den Amerikanern unterdrückten Minderheiten und darüber hinaus für die von den USA gegängelten Völker Mittel- und Südamerikas geblieben. Die modernste Fassung der Legende ist Pablo Nerudas Bühnenstück *Glanz und Tod Joaquin Murietas.* »Es besingt, verklärt und romantisiert seinen Kampf mit den Gringos, die zur Aufrechterhaltung von ›Ordnung‹ – das heißt: Privilegien – frühfaschistische Banden gegen die ausgepowerten Fremden, die mit den Amerikanern konkurrierenden Einwanderer hetzen« (Ernst Wendt, *Theater Heute*). Murieta ist hier ein chilenischer Goldsucher in Kalifornien, ein Männerchor besingt den Helden:

Wie sie heute Neger töten,
So einst die Mexikaner.
Im Töten der Peruaner,
Chilenen und Nikaraguaner
Entfesselten die Gringos
Unmenschliche Instinkte –
Bis einmal auf dem Pfade
Ein Pferd von Seide trabt,
Bis einmal auf den Straßen,
All unser Schicksal reitet,
Und wie zwei Blüten Mohn
Entzünden sich Pistolen.
Wer bestreitet ihnen das Gelände?
Wer bietet ihnen die Stirn?
Es ist ein Bandit aus Chile.
Es ist Joaquin Murieta!

Filme: 1927 *The Gay Defender. R* Gregory La Cava. *D* Richard Dix (Joaquin Murrieta). Murrieta ist der Sohn eines spanischen Landbarons und liebt die Tochter eines US-Bodenkommissars; unschuldig eines Mordes verdächtigt, kämpft er um seine Rehabilitation und das Recht seiner Landsleute, rächt den von einem Amerikaner begangenen Mord an seinem Vater und bekommt sein Mädchen. *P* Paramount. 1931 *The*

Avenger. R Roy W. Neill. *D* Buck Jones (Joaquin Murietta). Murietta wird von drei amerikanischen Goldsuchern, die sich seine Mine aneignen wollen, terrorisiert; sein jüngerer Bruder wird vor seinen Augen als angeblicher Pferdedieb gehängt; Murietta rächt seinen Tod. *P* Columbia. 1936 *The Robin Hood of El Dorado. R* William A. Wellman. *D* Warner Baxter (Joaquin Murrieta), J. Carroll Naish (Drei-Finger-Jack). Nachdem Amerikaner die Frau und den Bruder des Kleinbauern Murrieta ermordet haben, geht er mit dem Banditen Drei-Finger-Jack auf einen Rachefeldzug, in dem er umkommt. *P* MGM. 1956 *El último rebelde. R* Miguel Contreras Torres. *D* Carlos Thompson (Joaquin Murrieta), Rodolfo Acosta (Drei-Finger-Jack). Amerikaner ermorden die Frau und den Bruder des Goldsuchers Murrieta; zusammen mit dem Banditen Drei-Finger-Jack führt er eine Outlaw-Armee auf einen Rachefeldzug, dem dreihundert Menschen zum Opfer fallen. Murrieta und Jack finden in einer offenen Schlacht mit den Texas Rangern den Tod. *P* Hispano Continental (Mexiko). 1962 *The Firebrand. R* Maury Dexter. *D* Valentin De Vargas (Joaquin Murieta). Als Anführer einer Outlaw-Armee von mexikanischen Kaliforniern kämpft Murieta gegen die landgierigen Amerikaner. Er wird festgenommen und aus Versehen wieder freigelassen und reitet von neuem gegen den Feind, an seiner Seite seine Geliebte, Clarita. *P* Associated/20th Century-Fox. 1965 *Joaquín Murieta. R* George Sherman. *D* Jeffrey Hunter (Joaquin Murieta), Roberto Camardiel (Drei-Finger-Jack). Murieta jagt und tötet die Amerikaner, die seine Frau vergewaltigt und ermordet haben; er kommt ins Gefängnis, lernt dort Drei-Finger-Jack kennen, bricht mit ihm aus und führt einen Guerillakrieg gegen die Gringos, in dem er ums Leben kommt. *P* Artis (Spanien). 1970 *Joaquin Murieta. R* Earl Bellamy. *D* Ricardo Montalban (Joaquin Murieta), Slim Pickens (Drei-Finger-Jack). Als Anführer einer edlen Räuberbande kämpft Murieta gegen habgierige und mörderische Outlaws und Landbarone; im Schlußduell erschießt er den Führer der bösen Outlaws. *P* Aaron Rosenberg/20th Century-Fox. (Die Schreibweise des Namens ändert sich von Film zu Film, was angesichts des fiktiven Charakters der Figur keine Rolle spielt.)

Geboren: John Wesley Hardin, in Bonham, Texas, als Sohn eines Wanderpredigers; erhält auf einer von seinem Vater gegründeten Academy eine sorgfältige Erziehung; begeht 1865 als 12jähriger seinen ersten Mord.

1854

Grattan-Massaker. Der Streit um eine lahmende Kuh aus einem Mormonentreck, die von einem Sioux getötet wird, führt zu einer Schlacht zwischen einem Strafkommando aus Fort Laramie unter dem Lieutenant J. L. Grattan und rund 6000 Indianern, die sich zur Ausgabe ihrer Zuteilungen versammelt haben. Grattan und alle seine Leute werden getötet. Strafexpeditionen der Armee ziehen Vergeltungsschläge der Sioux und Cheyenne nach sich – der 1851 in Laramie besiegelte Frieden ist beendet.

Eine Jagd-Expedition. Der irische Adelige Sir George Gore rüstet eine Jagdgesellschaft von 40 Mann, 112 Pferden, 12 Ochsen-Gespannen und 6 Planwagen aus, engagiert Jim Bridger als Scout und begibt sich in die Black Hills auf Jagd. »Der Ire begann eine Kampagne der Wildschlächterei, wie man sie bis dahin in den Plains nicht erlebt hatte. Von den aufgebrachten Sioux aus den Black Hills vertrieben, zogen Sir George und seine Schießkünstler zum Powder- und zum Tongue-River weiter und setzten dort das Massaker fort« (Norman B. Wiltsey). Schon vor George Gore hatten europäische Adelige den amerikanischen Westen als Jagdrevier entdeckt. 1822 ging Herzog Wilhelm von Württemberg im Westen auf Großwildjagd, 1837 der italienische Conte Francesco Arese, später folgten der Franzose Comte Regis de Trobriand und der russische Großfürst Alexej, dem Buffalo Bill als Scout diente.

Safari-Western: 1968 *Shalako. R* Edward Dmytryk. *D* Sean Connery, Brigitte Bardot. *P* Euan Lloyd. 1970 *A Man Called Horse. R* Elliot Silverstein. *D* Richard Harris. *P* Cinema Center.

Expedition gegen die Apachen. Der erfolgreiche Überfall auf eine Postkutsche und ihre Militäreskorte führt zu einer Strafexpedition gegen die Jicarillo-Apachen in Neu-Mexiko. Die amerikanischen Truppen werden dabei verstärkt durch Pueblo-Indianer mit ihrem Agenten Kit Carson als Scout.

Mexiko. In der Ayutla-Revolution setzen sich die liberalen Reformer unter Benito Juarez gegen den Diktator Santa Anna durch. Die Bewegung führt schließlich im Zeichen von Liberalismus und Föderalismus zu der fortschrittlichen Verfassung von 1857.

Amerikas Western-Nationalkultur. In *Forty Days in a Western Hotel* führt J. Milton Mackie das bereits von anderen entworfene Konzept einer autonomen amerikanischen Nationalkultur weiter, die sich vom Gedankengut Europas löst und ihre Quelle im Westen findet: »Zur Reife wird der amerikanische Geist gelangen an der Kette der Großen Seen, den Ufern des Mississippi und des Missouri und deren Quellflüssen im fernen Nordwesten. Dort, in der wogenden Prärie, wird sich eine Republik der Wissenschaften entfalten, die nicht wie in unseren Küstenstaaten von den großen literarischen Mächten Europas regiert wird, sondern in Wahrheit frei ist.«

1855

Krieg gegen die Comanchen in Texas. Um die Ausrottung der Comanchen zu beschleunigen, fordert die texanische Regierung von Washington Soldaten an. Die 2. Kavallerie wird nach Texas entsandt und liefert in den ersten zwei Jahren ihres dortigen Einsatzes den Comanchen 25 Schlachten und kleinere Gefechte.

Hiawatha. Henry Wadsworth Longfellow mischt aus echten und erfundenen indianischen Überlieferungen, historischen und fiktiven Figuren, Materialien der finnischen National-Dichtung

Kalevala und Gedanken der deutschen Romantik das Versepos *The Song of Hiawatha,* das im In- und Ausland zu einem Sensationserfolg wird: von der Originalausgabe werden 4000 Exemplare am ersten Tag verkauft, 50 000 Exemplare im ersten Jahr; in Deutschland erscheinen bis 1859 vier verschiedene Übersetzungen, darunter eine von Freiligrath *(Der Sang von Hiawatha).* Der Held wird vorgestellt als der von den Göttern gesandte, vom Westwind gezeugte Führer, Lehrer und Einiger der indianischen Nationen. Er nimmt die liebliche Minnehaha von den Dakotahs zur Frau und verliert sie wieder, prophezeit die Ankunft des weißen Mannes und sieht diese Prophezeiung wahr werden. Ein weißer Missionar erscheint, den Hiawatha als seinen Erben einsetzt:

Ich gehe, oh mein Volk
Auf eine weite und lange Reise.
Aber lasse meine Gäste zurück;
Hört auf ihre weisen Worte,
Auf die Wahrheit, die sie euch sagen,
Denn der Herr des Lebens entsandte sie
Aus dem Land von Licht und Morgen.

Leslie Fiedler: »Ein Möchtegern-Epos, dessen mißratene Grandeur und kuriose Miserabilität wir nicht vergessen können, ohne uns selbst zu schaden, denn ausgerechnet die schlechten Gedichte enthalten besonders viel von jener besonderen Art von Wahrheit über die Vergangenheit, ohne die wir nicht auskommen. Eine Nation, die seine einst heißgeliebten großen schlechten Gedichte aus seinen Anthologien verbannt, ist wie eine Nation, die ihren großen guten Gedichten die Aufnahme in diese Anthologien verweigert; sie hat nur ein halbes Gedächtnis. Der vornehme Stil von *Hiawatha,* der auf akademische Manier versucht, dem Primitiven zu huldigen, vermittelt das Gefühl vom Ende des originalen Amerika, jedoch sentimental auf das kleinbürgerliche Lesepublikum zugeschnitten, das dringend der Bestätigung bedurfte, daß zumindest die besseren, wenn nicht schon alle Indianer, den Untergang ihrer unglücklicherweise heidnischen, wenn auch idyllischen Welt begrüßten« (*The Return of the Vanishing American*).

Verfilmungen: 1909 *Hiawatha. R* William Ranous. *D* William Ranous (Hiawatha), Gladys Hulette (Minnehaha). 985 Fuß. *P* IMP. 1913 *Hiawatha, The Indian Passion Play. R* Frank E. Moore. *D* Jesse Cornplanter und ein indianisches Ensemble. 4 Akte. *P* Frank E. Moore. 1913 *Hiawatha.* 2 Akte. *P* Kinemacolor. Möglicherweise eine gekürzte Fassung des vorangegangenen Titels. 1952 *Hiawatha. R* Kurt Neumann. *D* Vincent Edwards (Hiawatha), Yvette Dugay (Minnehaha). *P* Walter Mirisch/Monogram.

Geboren: Bat Masterson, als William Barclay Mastersohn, in Illinois; zieht als Kind mit seiner Familie erst nach Missouri, dann nach Kansas, geht 1872 mit seinem älteren Bruder Ed nach Dodge City und wird dort Eisenbahnarbeiter und Büffeljäger; beteiligt sich 1874 an der Schlacht von Adobe Walls.

Charles A. Siringo, in Matagorda County, Texas; wird Cowboy, später Pinkerton-Detektiv und Autor einiger Standardwerke über den Westen.

1856

Camel Express. Die Armee unternimmt das Experiment, Kamele als Reit- und Transporttiere im Südwesten einzusetzen. 75 Kamele werden samt türkischen und armenischen Treibern aus dem Orient importiert. Der Marine-Lieutenant Edward F. Beale führt die erste Kamel-Karawane von Camp Verde nach Kalifornien; sie trifft nach vier Monaten in Los Angeles ein. Die Armee gibt das Experiment bald wieder auf; 1864–65 versteigert sie ihre letzten Kamele. »Noch ein halbes Jahrhundert später wollen Leute die fremdartigen Gestalten von Kamelen über die einsamen Wüsten wandern gesehen haben« (Oscar O. Winther).

Filme: 1953 *South West Passage. R* Ray Nazzaro. *D* Rod Cameron (Beale). *P* Eclipse Films. 1961 *Ride the High Country. R* Sam Peckinpah. *D* Joel McCrea, Randolph Scott. *P* MGM.

1857

Feldzug gegen die Cheyennes. Eine Armee-Einheit unter Colonel Edwin V. Sumner zieht von Fort Leavenworth gegen die Cheyennes, treibt die Krieger in die Flucht und zerstört das Lager des Stammes mit allen Zelten, Tieren und Vorräten. Um diesen existenzbedrohenden Schlag irreparabel zu machen, läßt er anschließend die den Cheyennes vertraglich zustehenden Regierungs-Lieferungen an Lebensmitteln und sonstigen Waren beschlagnahmen.

Colorado-Goldrausch. Das Pike's Peak Country in Colorado wird Schauplatz eines neuen Goldrauschs. Ihm verdankt die Stadt Denver ihr Aufblühen.

Filme: 1921 *Colorado. R* B. Reeves Eason. *P* Universal. 1938 *The Colorado Trail. R* Sam Nelson. *P* Columbia. 1945 *Colorado Pioneers. R* R. G. Springsteen. *P* Republic.

Melville und der Indianerhaß. In *The Confidence Man* läßt Herman Melville einen Erzähler auftreten, der vom Richter James Hall berichtet, der seinerseits die Abenteuer des notorischen Indianer-Killers Oberst John Moredock referiert: Diese komplizierte Erzählstruktur benutzt Melville, um in distanzierender Objektivität eine Darstellung des pathologischen Indianerhasses vieler weißer Westerner zu geben. Die Mutter Moredocks und seine Geschwister sind am Mississippi von einer Gruppe von 20 bis 30 Indianern umgebracht worden. Moredock schwört, seine Mutter zu rächen, und bringt nach und nach ihre sämtlichen Mörder um: »Er verfolgte sie mit heimlichem, aber unermüdlichem Fleiß, bis er sie alle mit eigener Hand zur Strecke gebracht hatte. Doch auch das genügte ihm nicht. Er war ein Jäger und Krieger geworden. Er hatte den Entschluß gefaßt, niemals einen Indianer zu verschonen, und wenn er sich auch seiner Entschlossenheit nie rühmte und sie selten betonte, so war sie doch zu der sein Leben beherrschenden Leidenschaft geworden. Einen Indianer zu töten, hielt er für lobenswert, und er strich tage- und wochenlang durch die Wälder, leise und allein, nur das eine Ziel vor Augen. Er starb vor vier Jahren als alter Mann, und es wird gesagt, daß er nie eine Gelegenheit versäumte, einen Wilden zu töten.«

Schon vor Melville hat Nathaniel Hawthorne den Indianerhaß als eine teuflische Besessenheit dargestellt; in seinem *Good Youngman Brown* von 1835 irrt der Titelheld von tausend Ängsten geschüttelt durch die »unbekehrte Wildnis«: Er erinnert sich seines Vaters, der während König Philips Krieg vom Teufel dazu verführt wurde, ein Indianerdorf niederzubrennen, und nun plagt ihn selbst die Vorstellung, in jedem Indianer stecke der Leibhaftige.

Groschenhefte. Maturin M. Ballou, der 1844 zusammen mit Frederick Gleason die Groschenheft-Literatur kreiert und sich inzwischen von seinem Partner getrennt hat, vermehrt seine verschiedenen Publikationen um ein neues 4-Cent-Blatt, *The Weekly Novelette.* Seinem Autorenteam fügt er einige neue Kräfte hinzu, darunter E. Z. C. Judson, der unter dem Namen Ned Buntline schreibt. Die in Fortsetzungen erscheinenden Abenteuerromane der *Weekly Novelette* erzählen neben Ritter- und Piratengeschichten zunehmend Heldentaten der amerikanischen Revolution und Grenzergeschichten aus dem alten Kentucky; schließlich werden sie immer aktueller und entdecken den fernen Westen als Groschenheft-Milieu. Zu seinem Durchbruch gelangt der Groschen-Western aber erst 1860, als Erastus Beadle mit Ballous Konzept auch die besten seiner Autoren übernimmt.

Mormonen-Krieg. Der Mormonen-Staat Utah, geführt von Brigham Young und seit 1850 als Territory of Utah den USA zugehörig, gerät mit der Regierung in Washington in eine Kontroverse über Fragen der Rechtsprechung und Indianerpolitik. Da in Washington gleich übertrieben von einer »Mormonen-Revolte« gesprochen wird, läßt der Präsident das Territorium von 1500 Mann Bundestruppen besetzen. Die Differenzen werden friedlich beigelegt, die Truppen ziehen 1861 wieder ab.

Die Fracht-Grenze. Der Frachtgüter-Transport zählt seit langem zu den wesentlichen Einrichtungen der Grenze. Zu einer organisierten Großunternehmung aber wird das »Freighting« erst infolge des Mormonen-Krieges. Da die Armee nicht imstande ist, von den Stützpunkten am Missouri die in Utah stationierten Einheiten zu versorgen, wird diese Aufgabe dem Frachtunternehmen Russell, Majors & Waddell übertragen. Der führende Kopf dieser Firma ist Alexander Majors; er arbeitet einen generalstabsmäßigen Plan zum Güter-Transport über die 1200-Meilen-Strecke aus, den er zu einem Handbuch des Frachtverkehrs im Westen erweitert und unter dem Titel *Rules and Regulations for Governing of Russell, Majors & Waddell's Outfit* erscheinen läßt. Zur Erfüllung des Regierungs-Auftrages im Mormonen-Krieg mobilisiert Majors 5000 Wagen, 47000 Ochsen und 6000 Mulis sowie das dazugehörige Personal. Jeder Frachttreck besteht aus 25 Wagen unter einem Wagonmaster und einem Commissary, der für die geschäftlichen Fragen zuständig ist; die farbigsten Erscheinungen sind jedoch die Kutscher (the Bullwhackers). »Die Bullwhackers waren sehr stolz auf ihr Vokabular, das mit seiner Spannweite unanständigster Ausdrücke für bürgerliche Ohren schlechthin intolerabel war. Ebenso stolz waren sie auf ihre Talente im Umgang mit der Ochsenpeitsche – an die zwanzig Fuß lang an einem wiederum zwanzig Fuß langen Stil aus poliertem Hickoryholz. Um eine solche Peitsche zu schwingen, braucht man enorme Kraft, und wer mit ihr so knallen konnte, als hörte man einen Gewehrschuß, der gehörte im demokratischen Prärieland zur Aristokratie« (Joe Frantz, *The American Cowboy*).

Die Filme über die Freighting Frontier handeln weniger vom Pioniergeist der Transport-Unternehmer als von ihrem oft unsauberen Kampf um Monopolstellungen, gipfelnd im Kampf gegen die vordringende Eisenbahn. Eine Szene aus *Buckskin Frontier* steckt das Spannungsfeld zwischen Frachtunternehmer, Eisenbahn und beider Kundschaft, den Ranchern, ab:

Bent, der Eisenbahn-Vertreter: »Wir führen die Eisenbahn bis Santa Fé. Das bedeutet für uns alle einen Riesenfortschritt. Denn dann ist der Markt nach Ost und West offen.« Marr, der Frachtunternehmer: »Warum erzählen sie nicht die ganze Wahrheit? Wer bezahlt die Lokomotiven, die Waggons, die Schienen? Ihr alle [die Rancher] werdet das bezahlen. Mit einem Teil eures Landes, das sie euch einfach wegnehmen. Mit Steuern, die euch noch ärmer machen, als ihr schon seid. Und eure Schafe und Rinder werden überfahren, weil das Land nicht eingezäunt ist. Eine Eisenbahn kommt fünfzig Jahre zu früh für dieses Land!« Mac, ein Rancher: » Und was sagen Sie dazu, Mister Bent?« Bent: »Da Mister Marr im Frachtgeschäft ist, hat er natürlich gegen eine Konkurrenz gewisse Vorurteile. Natürlich werdet ihr einen Teil von eurem Land an die Bahn abtreten müssen. Und die Steuern werden auch steigen. Aber gleichzeitig steigt ja auch der Wert eures Landes um das Zehnfache. Wenn unsere Züge eure Rinder und Schafe zusammenfahren, kriegt ihr selbstverständlich eine Entschädigung. Und jetzt das wichtigste für euch: Unsere Viehwagen bringen eure Schafe und Rinder fett und bequem auf den Markt. Das bedeutet, daß ihr mindestens den doppelten, wenn nicht sogar den dreifachen Preis für eure Herden erzielen könnt.«

Da der Held dieses Films der Eisenbahn-Vertreter ist, kommt es natürlich nicht zu der Mitteilung, daß die Eisenbahn später ihre Tarife dermaßen erhöht, daß ihr Nutzen für die Farmer und Rancher immer geringer wird.

Filme: 1926 *Señor Daredevil. R* Albert Rogell. *D* Ken Maynard. *P* Charles R. Rogers. 1941 *Doomed Caravan. R* Lesley Selander. *D* William Boyd. *P* Paramount. 1943 *Buckskin Frontier. R* Lesley Selander. *D* Richard Dix. *P* United Artists. 1947 *The Fighting Vigilantes. R* Ray Taylor. *D* Al »Lash« La Rue. *P* Eagle Lion. 1948 *Albuquerque. R* Ray Enright. *D.* Randolph Scott. *P* Paramount. 1948 *Indian Agent. R* Lesley Selander. *D* Tim Holt. *P* RKO. 1954 *Drums Across the River. R* Nathan Juran. *D* Audie Murphy, Walter Brennan. *P* Universal. 1966 *Per il gusto di uccidere. R* Tonino Valerii. *D* Craig Hill. *P* Hercules-Montana. 1970 *Yuma. R* Ted Post. *D* Clint Walker. *P* Aaron Spelling.

Die Postkutsche

> *»Unsere Postkutsche war ein großes, schaukelndes, schwingendes Gefährt, wie man es sich prächtiger nicht denken kann, eine wirklich imposante Wiege auf Rädern. Gezogen wurde sie von sechs schönen Pferden. Neben dem Kutscher saß der Schaffner als legitimer Kapitän des Fahrzeugs, denn er war, dem die Post, das Gepäck, Eilbestellungen und Passagiere oblagen; er hatte sie anzunehmen und für sie zu sorgen. Auf unserer Reise waren wir drei die einzigen Passagiere. Wir saßen drin auf dem Rücksitz. Die ganze übrige Kutsche war voll von Postsäcken, denn wir nahmen die dreitägige Post mit. Wir wechselten den ganzen Tag alle zehn Meilen die Pferde und flogen nur so den harten, ebenen Weg dahin.«* Mark Twain, *Roughing It.*

1857 eröffnet die Butterfield Stage Line den ersten regelmäßigen transkontinentalen Postkutschen-Betrieb vom Missouri durch das Indian Territory, das Comanchenland in Westtexas, die Apachengebiete von Neu-Mexiko und Arizona und weiter bis Los Angeles. Damit findet das bereits bestehende Netz von regionalen und zwischenstaatlichen Postkutschen-Linien ihre wichtigste Ergänzung; der Post- und Passagierverkehr ist fürs erste perfektioniert.

Postkutsche in *Rocky Mountain* von William Keighley, 1950.

John Butterfield und Partner (Adams & Company, American Express und Wells Fargo) erhalten aufgrund ihrer Kontrakte 600 000 Dollar jährlich und sind dafür verpflichtet, die Strecke St. Louis–Los Angeles wöchentlich zweimal zu befahren. Für die Einzelstrecke rechnet man 25 Tage. Das gebräuchlichste Kutschenmodell auf dieser wie auf den meisten anderen Linien ist die Concord Coach, die von Abbot-Downing & Company in Concord, New Hampshire, gebaut wird. Sie kann neben dem Kutscher und dem Schaffner neun Personen befördern. »Entlang den Postkutschen-Linien des Westens errichteten die Gesellschaften in Intervallen von 10–15 Meilen primitive Stationen aus Holz oder Adobe. Hier fand sich Verpflegung und Unterkunft für Mensch und Tier. Im allgemeinen konnte man sicher sein, daß der diensttuende Agent von einem halben Dutzend Vigilanten-Komitees gesucht wurde. Sogenannte ›Distrikt-Agenten‹ führten die Oberaufsicht über je zweihundert Meilen der Route. Sie unterschieden sich von ihren Untergebenen nur dadurch, daß sie mit ihren Pistolen schneller zur Hand waren. Die Kutschenleute fürchteten die Banditen und Indianer mehr als alle andere Gefahren der Strecke« (Joe Frantz, The American Cowboy*). Mit dem Ausbau des Eisenbahnnetzes werden die Postkutschen allmählich überflüssig; um 1880 geht ihre Zeit zu Ende.*

Wie der erste Eisenbahn-Western The Great Train Robbery *(1903) hat der erste Postkutschen-Western einen schönen deskriptiv-programmatischen Titel,* Western Stage Coach Hold Up *(1904) und eine Story, die bereits die Gebrauchsanweisung für die Herstellung aller folgenden Werke des Subgenres gibt: »Der Kameramann hat sein Gerät in einer ländlichen Gegend aufgestellt. Im unmittelbaren Vordergrund kann man ungefähr zehn Männer in Western-Kleidung mit großen Chaps und Hüten sehen, wie sie sich hinter einigen struppigen Bäumen verbergen. Eine Kutsche kommt angefahren und passiert sie, und die Männer kommen hinter den Bäumen hervor und überfallen sie. Am Ende steigen die Männer, die die Kutsche ausgeraubt haben, auf ihre*

Pferde und verschwinden« (Motion Pictures from the Library of Congress Paper Print Collection 1894–1912).

Filme, die hauptsächlich von Postkutschen sowie Postkutschen-Stationen, -Personal, -Reisen-, -Passagieren und -Überfällen handeln:
1904 *Western Stage Coach Hold Up.* 4 Minuten. *P* Thomas A. Edison. 1908 *The Stage Rustler. R* D. W. Griffith. *D* Gene Gaunthier, D. W. Griffith. 670 Fuß. *P* Biograph. 1909 *The Stage Driver.* 1000 Fuß. *P* Selig. 1910 *Stage Coach Tom. P* Columbia. 1911 *The Stage Driver's Daughter.* 1000 Fuß. *P* Essanay. 1911 *The Stage Robbers of San Juan. R* Allan Dwan. 1000 Fuß. *P* American. 1911 *Broncho Bill's Christmas Dinner. R* und *D* G. M. Anderson. *P* Essanay. 1911 *Captain Brand's Wife. D* Sydney Ayres. 1000 Fuß. *P* Selig. 1911 *In the Early Days. P* Nestor. 1912 *The Bugle Call.* 1000 Fuß. *P* 101 Bison. 1912 *Orphans of the Plains. P* Pathé. 1913 *For the Peace of Bear Valley. P* Nestor. 1913 *The Stage Driver's Chivalry. P* Frontier. 1915 *The Stage Coach Driver and the Girl. R* und *D* Tom Mix, Louella Maxam. *P* Selig. 1915 *The Stagecoach Guard. R* und *D* Tom Mix. *P* Selig. 1921 *The Sheriff of Hope Eternal. R* Ben Wilson. *D* Jack Hoxie. *P* Ben Wilson/Arrow. 1923 *Sun Dog Trails. R* Lewis King. *D* William Fairbanks. *P* Ben Wilson/Arrow. 1923 *Golden Silence. R* Paul Hurst. *D* Jack Perrin. *P* Sylvanite. 1924 *The Deadwood Coach. R* Lynn Reynolds. *D* Tom Mix. Nach dem Roman *The Orphan* von Clarence E. Mulford. *P* Fox. 1924 *Western Grit. R* Ad Cook. *D* Lester Cuneo. *P* Ward Lascelle. 1925 *Gold and Grit. R* Richard Thorpe. *D* Buddy Roosevelt. *P* Approved. 1925 *Riders of Mystery. R* Robert N. Bradbury. *D* Bill Cody. *P* Independent. 1927 *The Overland Stage. R* Albert Rogell. *D* Ken Maynard. *P* First National. 1927 *Arizona Bound. R* John Waters. *D* Gary Cooper. *P* Paramount. 1927 *The Red Raiders. R* Albert Rogell. *D* Ken Maynard. *P* First National. 1928 *Stage Coached. Krazy Kat Cartoon.* 1 Akt. *R* Ben Harrison, Manny Gould. *P* Paramount. 1929 *California Mail. R* Albert Rogell. *D* Ken Maynard. *P* First National. 1931 *Red Fork Range. R* Henry Taylor. *P* Big 4 Film. 1937 *Wells Fargo. R* Frank Lloyd. *D* Joel McCrea. *P* Paramount. 1936 *Winds of the Wasteland. R* Mack V. Wright. *D* John Wayne. *P* Republic. 1939 *Stagecoach. R* John Ford. *D* John Wayne. *P* Walter Wanger. 1939 *Stand Up and Fight! R* W. S. Van Dyke. *D* Robert Taylor. *P* MGM. 1939 *Overland Mail. R* Robert Hill. *P* Monogram. 1939 *Geronimo. R* Paul H. Sloane. *D* Chief Thundercloud. *P* Paramount. 1940 *Stage to Chino.*

R Edward Killy. *D* George O'Brien. *P* RKO. 1940 *Stagecoach War.* *R* Lesley Selander. *D* William Boyd. *P* Paramount. 1941 *Stagecoach Buckaroo.* *R* Ray Taylor. *D* Johnny Mack Brown. *P* Universal. 1942 *Overland Mail* (II). *R* Ford Beebe, John Rawlins. *D* Bob Baker. Serial. *P* Universal. 1942 *Apache Trail.* *R* Richard Thorpe. *D* Ray Teal. *P* MGM. 1943 *Overland Mail Robbery.* *R* John English. *D* William Elliott. *P* Republic. 1943 *Overland Stagecoach.* *R* Sam Newfield. *D* Bob Livingston. *P* P.R.C. 1944 *Stagecoach to Monterey.* *R* Lesley Selander. *P* Republic. 1944 *Arizona Whirwind.* *R* Robert Tansey. *D* Ken Maynard. *P* Monogram. 1944 *Sonora Stagecoach.* *R* Robert Tansey. *D* Hoot Gibson. *P* Monogram. 1945 *Stagecoach Outlaws.* *R* Sam Newfield. *D* Buster Crabbe. *P* P.R.C. 1946 *Stagecoach to Denver.* *R* R. G. Springsteen. *D* Allan Lane. *P* Republic. 1947 *Michigan Kid.* *R* Ray Taylor. *D* Jon Hall. *P* Universal. 1947 *Stage to Mesa City.* *R* Ray Taylor. *D* Al »Lash« La Rue. *P* P.R.C. 1949 *Colorado Territory.* *R* Raoul Walsh. *D* Joel McCrea. *P* Warner Bros. 1949 *Stagecoach Kid.* *R* Lew Landers. *D* Tim Holt. *P* RKO. 1949 *Laramie.* *R* Ray Nazzaro. *D* Charles Starrett. *P* Columbia. 1950 *Rawhide.* *R* Henry Hathaway. *D* Tyrone Power. *P* 20th Century-Fox. 1950 *Stage to Tucson.* *R* Ralph Murphy. *P* Columbia. 1950 *Rocky Mountain.* *R* William Keighley. *D* Errol Flynn. *P* Warner Bros. 1951 *Stagecoach Driver.* *P* Monogram. 1951 *Fort Defiance.* *R* John Rawlings. *D* Ben Johnson. *P* Ventura. 1951 *Stage to Blue River.* *P* Monogram. 1952 *Apache War Smoke.* *R* Harold Kress. *D* Gilbert Roland. *P* MGM. 1953 *The Tall Texan.* *R* Elmo Williams. *D* Lloyd Bridges. *P* T. F. Woods. 1954 *Riding Shotgun.* *R* André de Toth. *D* Randolph Scott. *P* Warner Bros. 1955 *Ghost Town.* *R* Allen Miner. *D* John Doucette. *P* Bel-Air. 1955 *The Man from Bitter Ridge.* *R* Jack Arnold. *D* Lex Barker. *P* Universal. 1955 *A Man Alone.* *R* und *D* Ray Milland. *P* Republic. 1956 *Stagecoach to Fury.* *R* William Claxton. *D* Forrest Tucker. *P* Refal. 1957 *Gunsight Ridge.* *R* D. Francis Lyon. *D* Joel McCrea. *P* Libra. 1957 *Dragoon Wells Massacre.* *R* Harold Schuster. *D* Barry Sullivan. *P* Lindsley Parsons. 1957 *Gunfire at Indian Gap.* *R* Joe Kane. *D* Vera Ralston. *P* Republic. 1958 *Man from God's Country.* *R* George Waggner. *D* George Montgomery. *P* Allied Artists. 1959 *Ride Lonesome.* *R* Budd Boetticher. *D* Randolph Scott. *P* Ranown. 1962 *Stagecoach to Dancers' Rock.* *R* Earl Bellamy. *D* Warren Stevens. *P* Gray-Mac/Universal. 1964 *Stage to Thunder Rock.* *R* William F.

Claxton. *D* Barry Sullivan. *P* A. C. Lyles/Paramount. 1966 *Stagecoach* (II). *R* Gordon Douglas. *D* Alex Cord. *P* 20th Century-Fox. 1966 *Hombre. R* Martin Ritt. *D* Paul Newman. *P* 20th Century-Fox. 1970 *The Ballad of Cable Hogue. R* Sam Peckinpah. *D* Jason Robards. *P* Phil Feldman/Warner Bros.

Siehe auch ›Wells Fargo‹, 1852.

1858

Kit Carsons Ruhm. Der 49jährige Kit Carson, der als Indianer-Agent in Neu-Mexiko eine der ruhigeren Episoden seines Lebens verbringt (bevor er 1863 zu Kämpfen in neuen Indianerkriegen aufbricht), sieht sich zu einem Nationalhelden werden. Eine neugegründete Stadt in Nevada wird nach ihm Carson City genannt; 1864 wird Carson City Hauptstadt des Staates Nevada.

Zu Carsons weiterer Popularisierung trägt eine neue Biographie bei: *The Life and Adventures of Kit Carson, the Nestor of the Rocky Mountains, from Facts Narrated by Himself.* Der Autor De Witt C. Peters, ein Armeearzt und Nachbar Carsons in Neu-Mexiko, benutzt von Carson diktierte Erinnerungen, veredelt aber dabei dessen Charakterbild derart, daß der Held selber meint, sein Biograph trüge ein bißchen zu dick auf (»he laid it on a leetle too thick«). Carsons Bericht enthält die Schilderung eines gewaltigen Saufgelages, dem er und seine Freunde sich 1831 in Santa Fé nach der Rückkehr von einer Trapper-Expedition hingegeben hatten. Peters nützt diese Gelegenheit, um den moralisch überlegenen Carson von seinen weniger erhabenen Kollegen abzusetzen: »Zu dieser Zeit seines Lebens imitierte der junge Kit das von seinen älteren Gefährten gesetzte Beispiel, denn er wollte von ihnen als Gleicher unter Gleichen und als ein Freund angesehen werden. Er aber überwand diese schreckliche Heimsuchung, welche die meisten anderen, die sich ihr hingaben, ruinierte, und ging schließlich strahlender, abgeklärter und edler aus der Charakterprüfung hervor, die er hatte durchmachen müssen.«

Mexiko. Beginn des dreijährigen mexikanischen Reform-Krieges zwischen den von Juarez geführten Liberalen, die von den USA unterstützt werden, und den konservativen Kräften des Landes, hinter denen England, Frankreich und Spanien stehen. Die Auseinandersetzungen enden 1860 mit dem Sieg Juarez'.

1859

John Brown. Noch vor Ausbruch des amerikanischen Bürgerkrieges kommt es zu militanten Aktionen von Abolitionisten, die für die Abschaffung der Sklaverei eintreten, sowie zur Bildung von Guerillabanden im Norden und Süden. Der radikale Abolitionisten-Führer John Brown, der schon seit 1856 blutige Terroraktionen gegen Anhänger der Sklaverei in Kansas durchführt, stürmt am 16. Oktober 1859 mit einer Truppe von 21 Mann, darunter zwei seiner Söhne und fünf Neger, das Waffenarsenal der Bundestruppen in Harpers's Ferry, Virginia. Eine Marine-Einheit unter Colonel Robert E. Lee, dem späteren Bürgerkriegsheld, erobert das Arsenal nach zweitägigem Kampf zurück. Browns Söhne werden dabei getötet, er selbst und sechs seiner Anhänger werden später gehängt. Der Folksong *John Brown's Body* wird im Bürgerkrieg zum beliebtesten Marschlied der Unionssoldaten; der Fanatiker Brown wird darin zum militanten Diener eines gerechten Gottes, der die Weinkeller verwüstet, wo die Trauben des Zorns lagern:

John Brown's body lies a moulderin' in the grave,
But his soul goes marching on.
Glory, glory hallelujah,
But his soul goes marching on.

Raymond Massey als John Brown in *Santa Fé Trail* von Michael Curtiz, 1940.

He captured Harper's Ferry with his nineteen men so true,
He frightened Old Virginia till she trembled through and through,
They hanged him for a traitor, themselves the traitor's crew.

Mine eyes have seen the glory of the coming of the lord,
He's trampling out the vintage where the grapes of wrath are stored,
He's loosed the fateful lightning of his terrible, swift sword,
But his truth is marching on.

Filme: 1911 *John Brown's Heir.* *R* Edwin S. Porter. *D* John R. Cumpson. 1000 Fuß. *P* Edison. 1930 *Abraham Lincoln.* *R* D. W. Griffith. *D* Walter Huston (Lincoln). Der Sturm auf Harper's Ferry als Episode einer Lincoln-Biographie. *P* Feaure/UA. 1940 *Santa Fé Trail.* *R* Michael Curtiz. *D* Errol Flynn, Raymond Massey (Brown). Brown als Nebenfigur in der Geschichte einer Offiziers-Karriere. *P* Warner Bros. 1955 *Seven Angry Men.* *R* Charles Marquis Warren. *D* Raymond Massey (John Brown), Jeffrey Hunter (Owen Brown), Larry Pennell (Oliver Brown), Robert Osterloh (Colonel Lee). Die letzten Monate im Leben John Browns und seiner Söhne. *P* Allied Artists.

William Clark Quantrill. Im Grenzbereich zwischen den Nord- und Südstaaten, in Kansas und Missouri, wird der ehemalige Schullehrer William Clark Quantrill zum prominentesten und gefürchtetsten Feind der Gegner der Sklaverei. Er baut eine Guerillatruppe auf, deren Operationen, zunächst vor allem gegen die Free State Party von Kansas gerichtet, sich bald durch besondere Brutalität und rücksichtslose Zerstörungswut auszeichnen. Im Bürgerkrieg werden dann »Quantrill's Raiders« von der Regierung der Südstaaten offiziell als Hilfstruppe anerkannt.
Filme: Siehe ›Quantrills Ende‹, 1865.

Die Jayhawkers. Ihr Nordstaaten-Pendant finden Quantrill's Raiders in den Jayhawkers, einer von dem Arzt Charles R.

Jennison, dem Baptistenpfarrer James Montgomery und dem Captain William Sloan Tough angeführten Guerillabande. Die Jayhawkers und Quantrills Leute liefern sich einen Kleinkrieg von extremer Grausamkeit. »Captain Tough hatte Phantasie: er stopfte den Verwundeten oder Gefangenen Schießpulver in die Ohren und zündete es an. Überall in den Wäldern fand man die Leichen von Männern mit auseinandergesprengten Köpfen« (H. J. Stammel, *Der Cowboy*).

Film: 1959 *The Jayhawkers. R* Melvin Frank. *D* Jeff Chandler, Fess Parker. *P* Panama/Frank/Paramount.

Silber in Nevada. In Nevada wird Silber gefunden. Das reichste Vorkommen, nach einem seiner Entdecker, Henry P. T. Comstock, die Comstock Lode genannt, hat bald einen Marktwert von 80 Millionen Dollar; Comstock selbst unterschätzt freilich den Wert seines Claims und verkauft ihn für 11 500 Dollar. Prospektoren, Abenteurer und Unternehmen strömen in das Silbergebiet im Washoe County, zu dessen Zentrum die Stadt Virginia City wird. Die mit der Prosperität einhergehende Kriminalität erhält bald eine politische Note; bei Ausbruch des Bürgerkrieges muß die Union sich um so mehr um die Loyalität Nevadas bemühen, als viele Bürger des Territoriums mit den Südstaaten sympathisieren.

Filme: 1944 *Silver City Kid. R* John English. *P* Republic. 1951 *Silver City. R* Byron Haskin. *D* Edmond O'Brien. *P* Paramount. 1954 *Silver Lode. R* Allan Dwan. *D* John Payne. *P* RKO.

Gold in Colorado. In der Gegend des Pike's Peak, Colorado, wird Gold gefunden. Mit dem Schlachtruf »Pike's Peak or Bust!« (Pike's Beak oder Pleite!) strömt ein Heer von Prospektoren ins Land und gründet ein Dutzend Mining Camps, von denen California Gulch der bekannteste wird.

Memoiren einer Gefangenschaft. Im New Yorker Verlag Baker Taylor Company erscheint einer der meistgelesenen Berichte über die Erlebnisse eines Weißen in indianischer Gefangenschaft: *Three Years Among the Comanches* von Nelson Lee. Lee war 1855 mit 26 anderen Männern auf dem Weg nach Kalifornien. In den Sacramento Mountains überfielen Comanchen das Lager der Truppe, töteten 23 Mann im Schlaf und verschonten nur Lee und seinen Freund William Aitkens, und zwar Lees Bericht zufolge aus Ehrfurcht vor seinem Taschenuhr-Wecker; »a case of heap big medicine savem toupee« (Dennis McLoughlin, *Wild and Woolly*). Aitkens wird in der Gefangenschaft getötet, Lee wird drei Jahre lang von den Comanchen festgehalten und heiratet in dieser Zeit die Comanchin To-ma-no-a-kuno. Schließlich entkommt er, nachdem er einem betrunkenen Häuptling mit dessen Tomahawk den Schädel gespalten hat. Die Authentizität des vermutlich von einem Ghostwriter niedergeschriebenen Berichts ist umstritten, aber das Buch gilt als Klassiker und wird bis heute immer wieder neu aufgelegt.

Geboren: Billy the Kid, als Henry McCarty, in New York; nach dem Tod des Vaters geht die Mutter, Catherine McCarty, mit Henry und seinem jüngeren Bruder Joseph nach Indianapolis, dann nach Wichita, Denver, New Orleans und schließlich nach Santa Fé, wo sie William Henry Antrim heiratet. 1874 stirbt sie, und der 14jährige Henry, der jetzt den Namen seines ungeliebten Stiefvaters Antrim trägt, bleibt sich selbst überlassen; 1877 begeht er die erste Tat, die ihn zum Killer stempelt.

1860

Beginn der Navajo-Kriege. Die Besatzung von Fort Defiance in Neu-Mexiko schießt Viehherden der Navajos ab, weil diese auf Wiesen weiden, die die Kavallerie ihren eigenen Pferden vorbehalten wissen will. Es kommt zu kleineren Kampfhandlungen. Schließlich zieht der Navajo-Häuptling Manuelito ein Heer von mehr als tausend Kriegern zusammen und greift Fort

Defiance an. Die Indianer beweisen ihre Stärke, ziehen sich aber wieder zurück, verfolgt von 15 Kompanien Kavallerie und Infanterie. Es kommt zu keinem entscheidenden Treffen, und der Feldzug gegen die Navajos schläft vorerst ein.

Filme: 1951 *Fort Defiance. R* John Rawlings. *D* Ben Johnson. *P* Ventura Pictures. 1953 *Column South. R* Frederick de Cordova. *D* Audie Murphy. *P* Universal.

Der Pony Express. Zur Beschleunigung des Postverkehrs zwischen dem Missouri und der Westküste richtet die Frachtfirma Russell, Majors & Waddell mit einem Aufwand von 100000 Dollar den Pony Express ein, einen Kurierreiter-Stafetten-Dienst, der die 2000-Meilen-Strecke in elf Tagen bewältigt. Zuvor war die Post auf dieser Strecke mindestens einen Monat unterwegs. Russell, Majors & Waddell etablieren 190 Stationen, beschäftigen rund 80 Reiter und unterhalten 500 schnelle Pferde. Der Pony Express ist von Anfang an in finanziellen Schwierigkeiten, da die Beförderungsgebühren den Aufwand nicht decken und versprochene Regierungs-Subventionen ausbleiben. Die Postreiter selbst sind ständig durch feindliche Indianer und die Unbilden der Natur gefährdet. Schließlich macht der Telegraph das ganze Unternehmen überflüssig. Im April 1860 eingeweiht, wird der Pony Express schon im Oktober 1861 wieder eingestellt. »Er endete als glorreiche finanzielle Pleite. Der Pony Express war ein kühnes, phantasievolles und aufregendes Experiment, ein unvergeßlicher und großartiger Teil amerikanischer Erfahrung« (Oscar O. Winther). Dem Film bietet der Pony Express-Reiter das Motiv des letzten großen Einzelkämpfers im Westen, dessen wichtigste Qualität auch eine Filmtugend ist: Tempo.

Filme: 1909 *Pony Express* (I). *R* Edwin S. Porter. 765 Fuß. *P* Edison. 1910 *The Pony Express Rider. R* und *D* G. M. Anderson. 750 Fuß. *P* Essanay. 1911 *The Pony Express* (II). 998 Fuß. *P* Nestor. 1912 *The Pony Express Girl. D* Miriam Cooper. *P* Kalem. 1916 *The Pony Express Rider* (II). *R* und *D* Tom Mix. *P* Selig. 1925 *The Pony Express* (III).

R James Cruze. *D* Betty Compson, Ricardo Cortez. PO-Reiter bringt die Nachricht von der Wahl Lincolns zum US-Präsidenten nach Kalifornien; eine Nebenhandlung beschreibt eine kalifornische Separatisten-Bewegung. *P* Famous Players-Lasky. 1925 *The Bad Lands. R* Dell Henderson. *D* Harry Carey. Überfall auf den Pony Express als Episode einer Kavallerie-und-Indianer-Story. *P* Hunt Stromberg. 1926 *Pony Express Rider* (III). *R* Robert J. Horner. *D* Kit Carson (es handelt sich um einen Darsteller, der sich diesen Namen als Pseudonym zugelegt hat). PO-Reiter gegen Indianer und Banditen. *P* Robert J. Horner. 1928 *Son of the Golden West. R* Eugene Forde. *D* Tom Mix. PO-Reiter alarmiert Armee gegen Banditen. *P* F.B.O. 1929 *The Desert Rider. R* Nick Grinde. *D* Tim McCoy. PO-Reiter von Banditen gejagt und beraubt. *P* MGM. 1933 *Via Pony Express. R* Lew Landers. *D* Yakima Canutt. 1937 *Wells Fargo. R* Frank Lloyd. *D* Joel McCrea. *P* Paramount. 1939 *Frontier Pony Express. R* Joe Kane. *D* Roy Rogers. *P* Republic. 1940 *Pony Express Days. R* B. Reeves Eason. 2 Akte. 1940 *Pony Post. R* Ray Taylor. *D* Johnny Mack Brown. *P* Universal. 1946 *Plainsman and the Lady. R* Joe Kane. *D* William Elliott. Einrichtung des PO und seine Sicherung gegen Indianer und Banditen. *P* Republic. 1949 *Riders of the Pony Express. R* Michael Salle. *D* Ken Curtis. Schwierigkeiten beim Aufbau des PO. *P* Kayson. 1950 *Cody of the Pony Express. R* Spencer G. Bennet. *D* Dickie Moore (Buffalo Bill). PO-Reiter Buffalo Bill im Kampf gegen Gold- und Viehräuber. Serial. *P* Columbia. 1953 *Pony Express* (IV). *R* Jerry Hopper. *D* Charlton Heston (Buffalo Bill), Forrest Tucker (Wild Bill Hickok). Von kalifornischen Separatisten behindert, setzen Buffalo Bill und Wild Bill den PO durch. *P* Paramount.

Fernsehserie: *Pony Express. D* Grant Sullivan.

Die Büffel. Um 1860 gibt es im Westen noch rund 20 Millionen Büffel; ihre Zahl reicht aus, »um das ganze Land mit einer weiten, lebenden Decke zu überziehen« (Martin Garretson, *The American Bison*). Mountain Men waren auf Büffeljagd gegangen, um sich mit Fleisch zu versorgen. Indianer jagten Büffel für den Eigengebrauch; später um die Felle gegen Waffen, Tabak und andere Güter einzutauschen. Einzelne Großwildjäger aus dem Osten und aus Europa gingen auf Büffel-Safari. In den sechziger Jahren jedoch wird die Jagd auf den Büffel zu einem Massensport und einem Geschäft größten Ausmaßes. Zur Verpflegung von Armee-Forts, Siedlungen und Eisenbahn-Bautrupps werden Kontrakte mit professionellen Büffeljägern geschlossen, von denen manche bis zu 150 Büffel am Tag erlegen. Das Vordringen der Eisenbahn löst zudem, was die Büffelhäute angeht, die Transportfrage: sie wurden zuvor meist einfach weggeworfen und verrotteten. Zugleich bringt die Eisenbahn immer mehr Leute in den Westen, die aus dem Abknallen von Büffeln einen Sport machen; besonders beliebt wird das Schießen auf Büffelherden von fahrenden Zügen aus: Ein Reporter berichtet seinem New Yorker Blatt, daß Zugpassagiere beim Passieren einer einzigen Büffelherde mehr als 500 Tiere töten oder verkrüppeln. Das allgemeine Büffel-Schlachten hat eine Änderung der Wanderwege der Herden zur Folge; dadurch werden wiederum die Indianer gezwungen, die traditionellen Jagdgründe aufzugeben und den Herden nachzugehen. Den Indianern folgen auf dem Fuß die Jäger, Soldaten und Pioniere. Der Sioux-Häuptling White Cloud: »Wo immer der Weiße sich niederläßt, verschwindet der Büffel, und die roten Jäger müssen Hungers sterben.«

Büffel-Filme siehe 1883.

Beadles Groschenhefte. Im Juni 1860 bringt der New Yorker Verleger Erastus Beadle den ersten Band seiner *Dime Novels* heraus: *Malaeska, or The Indian Wife of the White Hunter* von Ann S. Stephens. Beadles *Dime Novels* sind wöchentlich erscheinende Groschenromane (1 Dime = 10 Cent) mit einem Umfang von rund 120 Seiten (= rund 30000 Worten). Ihren Durchbruch erlebt die Reihe mit dem achten Band, *Seth Jones, or The Captives of the Frontier,* geschrieben von dem 19jährigen Edward S. Ellis. Er wird in 400000 Exemplaren verkauft. Woche für Woche folgen neue *Dime Novels:* 300 Romane in der Originalserie, Tausende von Titeln in den mehr als 30 verschiedenen Serien, die Beadle in den nächsten drei Jahrzehnten herausbringt. Allein in den ersten fünf Jahren, von 1860 bis 1865, werden annähernd 5 Millionen *Dime Novels* verkauft.

»An modernen Maßstäben gemessen sind diese Zahlen nicht sensationell, aber in der Geschichte der amerikanischen Publizistik des 19. Jahrhunderts markieren sie eine Revolution. Es wurde ein Publikum für Fiktion entdeckt, von dessen Existenz man bis dahin nichts gewußt hatte. Beadles kann einen Rang unter den industriellen Giganten seiner Tage beanspruchen. Auf seinem Gebiet war er als Organisator und Promoter einer grundlegenden Entdeckung, die von seinen Vorgängern gemacht worden war, eine Gestalt, die man nur mit Rockefeller oder Carnegie vergleichen kann« (Henry Nash Smith).

Beadles Vorgänger sind die Pioniere der Dampfliteratur, Maturin M. Ballou und Frederick Gleason, die ab 1844 mit ihren Weekly Story Papers den Typ der billigen, regelmäßig erscheinenden Sensationsliteratur begründeten. Beadle organisiert diesen Markt mit modernem Marketing-Denken, indem er einen sicher erahnten Massengeschmack regelmäßig und zuverlässig bedient und so aus seinem Produkt einen gewohnheitsmäßig konsumierten Gebrauchsartikel macht, dem schließlich normative Kräfte zuwachsen. »Zuverlässig und regelmäßig« bedeutet mehr, als daß der Leser das Produkt mit Sicherheit zu einer bestimmten Zeit an einem bestimmten Ort erwerben kann; im Fall der *Dime Novels* bedeutet es, daß Form, Ausstattung, Aufmachung, Inhalt und Stil stets den genau festgelegten Formeln folgen und sich nie ändern, außer wenn eine Änderung des Massengeschmacks dies wünschenswert erscheinen läßt. Die *Dime Novel*-Leser können ihr Blatt schon von weitem am orangefarbenen Einband erkennen (als Beadle dann verschiedene Serien von *Dime Novels* herausgibt, hat jede Serie ihre eigene Farbe), und sie finden auch bei näherem Hinsehen immer genau das, was sie zu lesen gewohnt sind, geschrieben von einem ganzen Stab von Autoren in einem Einheitsstil. Der genormte Stil macht nicht nur dem Leser den Konsum, sondern auch den Autoren die Produktion der Texte leicht: Die Beadle-Autoren vollbringen unglaubliche quantitative Leistungen. Einer der bekanntesten unter ihnen, Prentiss Ingraham, bringt es auf über 600 *Dime Novels;* als seine Rekordleistung gilt das Schreiben einer 35 000-Worte-Geschichte in einem Tag und einer Nacht.

Mehr als frühere Wochenromane suchen sich die Beadle-Autoren ihre Stoffe im Westen. Der aktuelle Westen spielt freilich in den *Dime Novels* der frühen sechziger Jahre noch keine Rolle. Die Autoren modellieren ihre Helden nach dem Vorbild des *Lederstrumpf,* und ihre Geschichten spielen in Coopers Revier: *Malaeska* erzählt eine Squaw Man-Geschichte aus dem Hudson Valley, *Seth Jones* handelt von Schreckenstaten der Mohawks gegen die frühen Siedlungen im westlichen New York.

Der Erfolg von Beadles *Dime Novels* ermuntert Konkurrenz-Verleger zu ähnlichen Produkten. Beadle zeigt sich dieser Herausforderung gewachsen. »Daß wir Konkurrenz bekamen, bedeutete für uns nur, daß unsere Autoren ein paar Indianer mehr umbringen mußten«, erklärt später sein Hauptmitarbeiter, der Redakteur Orville Victor, in einem Interview der *Boston Evening Transcript.* Im Zug des Konkurrenzzwangs eskalieren nicht nur die Leistungen der *Dime Novel*-Helden beim massenweisen Töten von Indianern; es werden ihnen immer extremere Kunstfertigkeiten beim Reiten und Schießen zugeschrieben, womit allmählich ein Leistungsniveau gesetzt wird, das zu erreichen sich später die wirklichen Helden des Westens redlich Mühe geben, bis hin zur Zirkusreife der Rodeo- und Wildwest-Show-Artisten. Wo immer brutaleres Blutvergießen nicht weiterhilft, setzt ausschweifende Phantasie ein. Schon in den *Dime Novels* finden sich Einfälle, wie sie dann in den verrückten Western-Filmen der dreißiger Jahre wiederkehren, zum Beispiel Phantomreiche tief unter der Erde des Westens, bevölkert von unheimlichen, auf Menschenopfer bedachten Anhängern eines Sonnengott-Kultes.

Später wenden sich die *Dime Novels* den aktuellen Helden des Westens zu. Noch später, etwa mit der Entdeckung Buffalo Bills durch Ned Buntline 1869, erweisen sie sich als schöpferische Kraft bei der Bildung von Heldenmythen.

Bret Harte. Kalifornische Goldsucher und Siedler überfallen und töten am Mud River sechzig Indianer. Im Wochenblatt der nächstgrößeren Siedlung, dem *Northern Californian* von Unionstown, verurteilt ein junger Redakteur namens Francis Bret Harte das Massaker in einem als »gewagt« geltenden Leitartikel. Die aufgebrachten Leser des Blattes erzwingen die Entlassung des Journalisten. Dieser findet neue Arbeit als Schriftsetzer in San Francisco bei der *Golden Era*. Hier veröffentlicht er auch die ersten Beiträge unter dem Namen, unter dem er als Pionier der Western Short Story berühmt wird: Bret Harte. Seine große Zeit kommt, als er 1868 Redakteur der Zeitschrift *The Overland Monthly* wird.

Geboren: Annie Oakley, als Phoebe Anne Oakley Mozee, in Patterson Township, Ohio; geht mit 9 Jahren zum erstenmal auf die Jagd und ist mit 16 eine so erfolgreiche Jägerin, daß sie aus den Erlösen ihrer Wildbeute die Hypotheken der Familienfarm abzahlen kann; fordert den Jahrmarkts-Kunstschützen Frank Butler zu einem Wettbewerb heraus und besiegt ihn; wird Butlers Frau und Partnerin und geht mit ihm 1885 zu Buffalo Bills Wild-West-Show.

1861

Beginn der Apachenkriege. Ein Kavallerie-Lieutenant provoziert die bis dahin friedlichen Chiricahua-Apachen von Arizona, indem er Häuptling Cochise und einige Mitglieder seiner Familie gefangensetzt. Unter Zurücklassung seiner Angehörigen kann Cochise entfliehen. Er nimmt einige Weiße gefangen, deren

Austausch er anbietet. Die Kavallerie lehnt ab. Beide Parteien töten ihre Gefangenen. Unter Führung von Cochise und seinem Schwiegervater, dem großen Kriegshäuptling Mangas Colorado, ziehen die Apachen in einen langen Krieg, um die Weißen von ihrem Land zu vertreiben. »Ein Vierteljahrhundert lang werden die Chiricahuas und andere Apachen einen Guerillakrieg führen, der mehr Leben und Geld kosten wird als irgendein anderer Indianerkrieg« (Dee Brown).

Wild Bill Hickoks erste Tat. Am 12. Juli 1861 erschießt der 24jährige James Butler Hickok in der Postkutschen-Station Rock Creek, Nebraska, drei unbewaffnete Männer aus dem Hinterhalt. Aus diesem Vorfall wird in einem Zeitungsbericht von 1867, der dann den Ruhm von »Wild Bill Hickok« begründet, der »Kampf von Rock Creek«, bei dem Hickok im Alleingang zehn Mörder und Pferdediebe erledigt. In Wirklichkeit sind die Mordopfer der Farmer David McCanles und seine Begleiter. McCanles hatte die Station an die Overland Stage Company vermietet und war gekommen, um die längst überfällige Miete zu kassieren. Der Posthalter Horace Wellman hatte das Geld wahrscheinlich unterschlagen, und sein Stallbursche Hickok befreite ihn von dem lästigen Mahner. In der nahen Stadt Beatrice findet dann eine Gerichtsverhandlung statt, bei der keine unparteiischen Zeugen vernommen werden. Hickok wird Notwehr zugebilligt. »Hickok und die Wellmans waren Angestellte der Overland Stage Company, der mächtigsten Gesellschaft westlich des Missouri, und der Gerichtssaal war gefüllt mit den Kutschern und Stallburschen der Firma. Richter T. M. Coulter, der die Verhandlung leitete, kandidierte damals gerade zum County Treasurer und wurde einige Monate später auch in dieses Amt gewählt. Nach nur einer Amtsperiode wurde er wegen Unterschlagung abgesetzt und eingesperrt, brach aus dem Gefängnis aus und wurde nie mehr gesehen« (James D. Horan, *Authentic Faces and Voices of the Wild West*). In ihrer entstellten

Form wird die »Schlacht von Rock Creek«, auch »McCanles Fight« genannt, in der Sensationspresse eine der meistkolportierten Heldentaten des Westens. Eine authentische Darstellung des Falles erscheint erst 1927.

Der Telegraph. Am 22. Oktober 1861 wird die erste transkontinentale Telegraphenlinie, eingerichtet von der 1856 gegründeten Western Union, in Betrieb genommen. ›The talk of the singing wire‹ (Titel eines Gemäldes von Henry F. Farny, auf dem ein Indianer an einem Telegraphenmast lauscht) macht den Pony Express überflüssig.

Filme: 1925 *The Fighting Sheriff. R* J. P. McGowan. *D* Bill Cody. Ein von Banditen bedrängter Sheriff wird gerettet, weil die Postmistress eine entscheidende Nachricht nicht der Postkutsche mitgibt (die von den Banditen überfallen wird), sondern dem neu eingerichteten Telegraphen anvertraut. *P* Independent. 1926 *Strings of Steel. R* Henry McRae. *D* William Desmond. Typische Episodentitel: ›The Voice on the Wire‹, ›Kings of the Wire‹, ›Voice of the Continent‹, ›War of the Wire‹. Serial. *P* Universal. 1928 *The Glorious Trail. R* Albert Rogell. *D* Ken Maynard. Kämpfe gegen die Indianer bei der Einrichtung des Telegraphen. *P* Charles R. Rogers. 1928 *Son of the Golden West. R* Eugene Ford. *D* Tom Mix. Pony Express-Reiter holt Armee zur Unterstützung der von Banditen bedrohten Telegraph-Bautrupps herbei. *P* F. B. O. 1929 *The Overland Telegraph. R* John Waters. *D* Tim McCoy. Armee schützt Telegraph-Bauarbeiter vor Indianern. *P* MGM. 1933 *The Telegraph Trail. R* Tenny Wright. *D* John Wayne. Kampf gegen Indianer und weiße Banditen beim Bau der Telegraphenlinie. *P* Warner Bros. 1941 *Western Union. R* Fritz Lang. *D* Robert Young, Randolph Scott. Bau der Telegraphenleitung Omaha–Salt Lake City. *P* 20th Century-Fox. 1951 *Overland Telegraph. R* Lesley Selander. *D* Tim Holt. *P* RKO.

Das Gatling Gun. Richard Jordan Gatling erfindet das erste Maschinengewehr, das nach ihm benannte Gatling Gun. Die ersten Modelle werden mit einer Handkurbel betrieben und erzielen eine schnelle Schußfolge durch eine Mehrzahl (zuerst 6, dann bis zu 10) von Läufen; später wird ein einziger Lauf durch einen Munitionsgurt bedient. Solange die Gatling Guns von Hand betrieben werden, ist die Schußfolge vom Mann an der Kurbel abhängig und reicht von 400 bis 1000 Schuß pro Minute. Das Gatling Gun wird zuerst im Bürgerkrieg eingesetzt, dann in den Indianerkriegen. Eine gewisse tragische Berühmtheit erlangen die vier Gatling Guns, die der ungeduldige Custer auf dem Weg zum Little Big Horn zurückläßt, da sie seinen Vormarsch aufhalten.

Film: 1971 *The Gatling Gun. R* Robert Gordon. *D* Guy Stockwell. 1870. Weiße Waffenschmuggler versuchen den Apachen ein Gatling Gun zu verkaufen; die Armee erbeutet die Waffe zurück und richtet damit ein Blutbad unter den Indianern an. *P* Western.

Aussiedlung der Arapahos. Die Arapahos werden aus ihren Gebieten in Nebraska, Colorado, Wyoming und Kansas (das 1861 34. Staat der Union wird) vertrieben und bekommen eine Reservation im östlichen Colorado zugewiesen.

Geboren: Frederic Remington, in Canton, New York, als Sohn eines Zeitungsverlegers; besucht die Kunstklasse der Universität Yale, geht 1883 nach Kansas und lernt dort John Mulvaney kennen, dessen Gemälde ›Custer's Last Stand‹ in unzähligen Reproduktionen die Saloons des ganzen Westens schmückt; begründet mit seinen ersten eigenen Zeichnungen von Cowboys, Scouts und Indianern seinen Ruf als führender Illustrator des Westens.

Tom Horn, in Scotland County, Missouri; kommt 1880 nach Kalifornien, 1883 nach Arizona, wo er sich als Armee-Scout bei der Jagd auf Geronimo auszeichnet.

1861–1865

Der Bürgerkrieg. Je weiter die Erschließung des Westens fortschreitet, desto dringender wird hier wie in den übrigen USA die Lösung des Konflikts, der durch die Entwicklung zweier gegensätzlicher politischer, gesellschaftlicher und wirtschaftlicher Systeme entstanden ist. Der Süden ist agrarisch orientiert, der Norden industriell. Der Süden hat seine Sklaven und zieht wenig Einwanderer an, da die arbeitende Masse der Immigranten mit den Schwarzen konkurrieren müßte; im Norden wächst ein weißes Proletariat heran, mit gespeist vom Heer der allein zwischen 1850 und 1860 fast 2,5 Millionen Einwanderer. Der Norden forciert den Eisenbahnbau, mit dem es der Süden nicht eilig hat. Der Norden wünscht Schutztarife für stabile Preise. Der Süden will billige Konsumgüter und lehnt Preisregulierungen strikt ab. Der Norden propagiert die massive Verteilung von freiem Land, und »Vote yourself a farm!« wird ein Wahlslogan. Der Süden sieht im Land öffentlichen Besitz, der, wenn überhaupt, zu guten Preisen verkauft werden muß. Der Norden fördert ein zentrales nationales Banksystem, während dem Süden jedes Banksystem als suspekt erscheint. Der Norden empfindet sich als demokratisch und hätschelt seinen aufblühenden Kapitalismus. Der Süden ist feudal und pflegt seine Oligarchie. Im Bürgerkrieg werden diese Konflikte ausgetragen. Der Schauplatz dafür ist nicht der Westen, aber der Reichtum des Westens ist für die kriegführenden Parteien wichtig, und die weitere Entwicklung des Westens wird durch die Kriegsereignisse tangiert. So fallen Geschichte, Stoffe und Motive auch für verschiedene Unterformen der Kategorie des Bürgerkriegs-Western an:

»Gerüchte drangen zu den Indianern von einem großen Krieg irgendwo fern im Osten, einem Krieg zwischen den weißen Indianern des Nordens und des Südens. Es blieb ihnen nicht verborgen, daß einige der Soldaten, mit denen sie es zu tun hatten, ihre Blauröcke gegen Grauröcke tauschten und nach Osten gingen, um dort gegen die Blauröcke zu kämpfen« (Dee Brown). Die Indianerkriege gehen während des Bürgerkrieges weiter, aber sie werden gelegentlich zu Drei-Fronten-Kriegen, mit nicht selten grotesken Zügen: mal verbünden sich Unions- und Konföderationssoldaten, die sich eben noch Gefechte lieferten, zum Kampf gegen den gemeinsamen roten Feind; mal bemüht die eine oder andere Seite sich, das Objekt der bisherigen Ausrottungs-Strategie als Verbündeten zu gewinnen, und unter einer besonders günstigen Konstellation kann es auch vorkommen, daß sämtliche Loyalitäten in heillose Konfusion geraten.

Filme: 1950 *Rocky Mountain. R* William Keighley. *D* Errol Flynn. *P* Warner Bros. 1953 *Escape from Fort Bravo. R* John Sturges. *D* William Holden. *P* MGM. 1953 *Column South. R* Frederick de Cordova. *D* Audie Murphy. *P* Universal. 1956 *Revolt at Fort Laramie. R* Lesley Selander. *D* John Dehner. *P* Bel-Air. 1956 *The Guns of Fort Petticoat. R* George Marshall. *D* Audie Murphy. *P* Brown-Murphy/Columbia. 1964 *Gli eroi di Fort Worth. R* Herbert Martin. *D* Edmund Purdom. *P* Silver Bem.

Ein in der Fiktion beliebtes Motiv ist der friedfertige Mann des Westens, der im und durch den Bürgerkrieg Schrecknisse erlebt, die ihm sein sogenannter Wilder Westen niemals beschert: eine Vorlage für Dramen, aber auch für Burlesken mit einer umgekehrten Tenderfoot-Konstellation.

Filme: 1950 *The Redhead and the Cowboy. R* Leslie Fenton. *D* Glenn Ford, Rhonda Fleming. *P* Paramount. 1956 *Friendly Persuasion. R* William Wyler. *D* Anthony Perkins. *P* William Wyler. 1962 *How the West Was Won,* Episode *The War. R* John Ford. *D* George Peppard, John Wayne (General Sherman). *P* MGM/Cinerama. 1964 *Advance to the Rear. R* George Marshall. *D* Glenn Ford. *P* MGM. 1964 *Shenandoah. R* Andrew V. McLaglen. *D* James Stewart. *P* Universal.

Von kriegsentscheidender Bedeutung sind für den Norden wie den Süden die Schätze des Westens: das Gold von Kalifornien, das Silber von Nevada, die Rinderherden für die Verpflegung und die Pferde für die Kavallerie. Waffen werden geschmuggelt, geschoben und gestohlen, ganze Züge entführt, und bei der Jagd nach diesem Kriegsmaterial mischen sich erstmals Taktiken des Westens mit der Strategie von Spionage und Gegenspionage.

John Wayne als General Sherman und Henry Morgan als General Grant in *How the West Was Won*, Episode »The Civil War« von John Ford, 1962.

Filme: 1926 *The General.* *R* Buster Keaton, Clyde Bruckman. *D* Buster Keaton. *P* United Artists. 1940 *Virginia City.* *R* Michael Curtiz. *D* Errol Flynn. *P* Warner Bros. 1948 *Silver River.* *R* Raoul Walsh. *D* Errol Flynn. *P* Warner Bros. 1949 *South of St. Louis.* *R* Ray Enright. *D* Joel McCrea. *P* United States Pictures/Warner Bros. 1950 *The Outriders.* *R* Roy Rowland. *D* Joel McCrea. *P* MGM. 1952 *Hangman's Knot.* *R* Roy Huggins. *D* Randolph Scott. *P* Producers-Actors/Columbia. 1952 *Springfield Rifle.* *R* André de Toth. *D* Gary Cooper. *P* Warner Bros. 1954 *Siege at Red River.* *R* Rudolph Maté. *D* Van Johnson. *P* Panoramic/20th Century-Fox. 1956 *The Great Locomotive Chase.* *R* Francis D. Lyon. *D* Fess Parker, Jeffrey Hunter. *P* Walt Disney. 1956 *Great Day in the Morning.* *R* Jacques Tourneur. *D* Robert Stack. *P* Edmund Grainger/RKO. 1959 *Westbound.* *R* Budd Boetticher. *D* Randolph Scott. *P* Ranown. 1966 *Alvarez Kelly.* *R* Edward Dmytryk. *D* William Holden, Richard Widmark. *P* Columbia.

Eine Hilfstruppe für die Indianerkriege schafft sich die Union im Bürgerkrieg in den »galvanisierten Yankees«, kriegsgefangenen Südstaatlern, die sich die Freiheit erkaufen, indem sie für den Krieg im Westen volontieren.

Film: 1950 *Two Flags West.* *R* Robert Wise. *D* Jeff Chandler. *P* 20th Century-Fox.

Was machen die Helden des Westens im Bürgerkrieg?

John Wesley Hardin, 8, läuft von zu Hause weg und schließt sich einer Freiwilligenkompanie des Südens an. Er wird zu seinem Vater zurückgebracht und bezieht eine Tracht Prügel. Später schreibt er: »Lincoln war für mich die verkörperte Dämonie. Ich bin als Rebell aufgewachsen.« Mit 12 Jahren ist er ein renommierter Jäger, mit 15 einer der besten Schützen des County.

Ben Thompson, 18, tritt in die 2. Kavallerie in San Antonio ein. In Fort Clark hat er einen Streit mit zwei Vorgesetzten und tötet beide. Er kommt ins Gefängnis, bricht aus und nimmt mit einer anderen Kavallerie-Einheit an verschiedenen Schlachten teil. In Laredo tötet er zwei Mexikaner bei einem Spielhöllen-Streit. Dann tötet er einen Pokerpartner, kommt ins Gefängnis, bricht wieder aus und bleibt bis zur Kapitulation bei der Armee.

Wild Bill Hickok, 24, wird Civil Scout in Fort Leavenworth. Er nimmt teil an der Schlacht von Wilson's Creek, bei der die Unionstruppen geschlagen werden, entkommt und wird Wagonmaster in Sedalia. 1864 wird er von der Armee für 5 Dollar am Tag als Kundschafter angestellt. Im Juni 1865 wird er entlassen und geht nach Springfield.

Buffalo Bill, 15, geht als Scout zur Unions-Armee und nimmt 1863/64 an Kampagnen gegen die Kiowas und Comanchen teil.

Jesse James, 14, der in der Grenzregion von Kansas/Missouri aufwächst und dessen Mutter selbst Sklaven hält, erlebt 1862 die Vertreibung der Konföderierten-Armee aus Missouri. Im selben Jahr schließt sein älterer Bruder Frank sich den Guerillabanden von William Clarke Quantrill an. Jesse wird 1864 in die Abteilung von Fletcher Taylor aufgenommen, einem Unterführer Quantrills, dessen Rekrutierungsslogan »Join Quantrill and rob the banks!« lautet. Zu seinen Kriegserlebnissen gehört das Centralia-Massaker, bei dem 24 unbewaffnete Unions-Soldaten füsiliert werden.

Kit Carson, 53, gibt seine Stellung als Indianer-Agent in Taor, Neu-Mexiko, auf und wirkt bei der Aufstellung der First New Mexican Volunteer Infantry mit, bei der er es bis zum Brigadier General bringt.

George A. Custer, 23, ist bei Kriegsbeginn Lieutenant, zeichnet sich bei verschiedenen Schlachten aus, steigt bis zum Major General auf und wird 1865 bei der Siegesparade in Washington von der Menge als »Old Curly, der größte Kavallerist aller Zeiten« (J. Monaghan) gefeiert; geht dann noch etwas außerhalb der Legalität mit einer Freiwilligen-Abteilung in Texas auf Rebellenjagd.

Roy Bean, 36, gründet in Neu-Mexiko eine als »The Forty

Thieves« bekannte Guerillabande, die sich vorgeblich für die Sache der Konföderation engagiert, in Wirklichkeit aber nur in die eigene Tasche arbeitet.

Ned Buntline, 38, dient als Sergeant in der Unions-Armee, wird wegen Trunkenheit degradiert und zieht sich mit dem selbstverliehenen Titel eines Colonel in das zivile Autorenleben zurück.

Yellowstone Kelly tritt 1863 als 14jähriger in die US-Infanterie ein, in der er auch nach Kriegsende noch bleibt; 1868 erhält er seine ehrenhafte Entlassung.

1862

Schlacht am Apachenpaß. Die Auseinandersetzungen zwischen den Apachen und der Armee führen zur größten Indianerschlacht in der Geschichte Arizonas. Die Chiricahuas und Mimbrenjos unter Cochise und Mangas Colorado greifen am Apachenpaß 15 Kompanien unter General James Carleton an. Die Armee setzt erstmals Artillerie gegen Indianer ein. Die Apachen erfahren eine Niederlage, setzen aber ihren Kleinkrieg gegen die Armee fort.

Montana-Goldrausch. Goldfunde in Montana lösen mitten im Bürgerkrieg einen neuen Goldrausch aus, zu dessen kriminellen Randerscheinungen die verlorenen Haufen dieses Krieges in besonderem Maße beitragen: Wehrdienst-Flüchtige, Deserteure, geflohene Kriegsgefangene. Die reichste Ader wird in Alder Gulsh gefunden: Hier blüht die Stadt Virginia City auf. Das Goldgebiet liegt mitten im Sioux-Land; die Indianer wehren sich immer heftiger gegen die Vernichtung von Land und Wild und zunehmende Provokationen durch die Weißen.

Minnesota-Massaker. Das Ausbleiben der garantierten Regierungs-Lieferungen treibt die in eine Reservation am oberen Minnesota River eingesperrten Santees zu einem Aufstand, der 450 Siedlern das Leben kostet. Die Armee schlägt den Aufstand nieder. Von den 2000 Indianern, die sich ergeben, werden 392 vor Gericht gestellt und 307 zum Tode verurteilt. Auf Fürsprache von Bischof Henry B. Whipple hin begnadigt Präsident Lincoln die meisten der Verurteilten. 38 Santees werden Weihnachten 1862 gehängt, drei der beteiligten Häuptlinge später legal hingerichtet oder ermordet.

Heimstätten-Gesetz. Die Union verabschiedet das Homestead-Act und tut damit den entscheidenden Schritt in der zwischen Nord und Süd umstrittenen Frage der freien Landverteilung. Aufgrund dieses Gesetzes hat jeder Bürger und jeder einbürgerungswillige Einwanderer gegen geringe Gebühr das Eigentumsrecht an 65 Hektar Land, wenn er dieses Land fünf Jahre lang kultiviert.

Filme: 1921 *Singing River. R* Charles Giblyn. *D* William Russell. Durch eine Dürreperiode bereits halbruinierter Homesteader muß fürchten, daß ein Bankier ihm die Hypothek kündigt, erschießt aber einen Banditen, der ihn zwingen will, bei einem Überfall auf die Bank mitzumachen; wegen Mordes gesucht geht er in die Berge und sucht Silber, verfolgt von einem anderen Homesteader, der sich die auf ihn ausgesetzte Kopfprämie verdienen will, ihm aber dann hilft, mit seinen Schwierigkeiten fertigzuwerden. *P* Fox. 1921 *West of the Rio Grande. R* Robert H. Townley. *D* Tom Norton. Konflikte zwischen Ranchern, Homesteadern und Viehdieben in Texas. *P* Bert Lubin. 1922 *The Firebrand. R* Alvin J. Neitz. *D* Franklyn Farnum. Homesteader muß sich gegen die Anfeindungen seiner wirtschaftlich stärkeren Nachbarn wehren und löst dieses Problem schließlich, indem er die Tochter eines Viehbarons heiratet. *P* Phil Goldstone. 1922 *Two-Fisted Jefferson. R* Roy Clements. *D* Jack Hoxie. Nevada. Sheriff hilft Homesteadern, die von Behörden und Banditen drangsaliert werden. *P* Ben Wilson. 1922 *West of the Pecos. R* Neal Hart. *D* Neal Hart. US-Marshal adoptiert Kind eines

Paares, das auf seinem Weg zu seiner Homestead im Südwesten in der Prärie umkommt. *P* William Steiner. 1923 *Galloping Thru. R* Robert N. Bradbury. *D* Jack Hoxie. Cowboy hilft Homesteader-Familie. *P* Sunset. 1924 *Flowing Gold. R* Joseph De Grasse. *D* Milton Sills. Familie findet auf ihrer texanischen Homestead Öl und wird reich, nachdem sie sich der Manipulationen eines Bankiers und einer Glücksritterin, »The Suicide Blond«, erwehren kann. *P* Richard W. Tully/First National. 1924 *Payable on Demand. R* und *D* Leo Maloney. Die Rivalität um ein Mädchen treibt einen reichen Rancher dazu, den Hypothekenbrief seines Nachbarn, eines armen Homesteaders, an sich zu bringen, um (erfolglos) seinen Ruin zu betreiben. *P* William Steiner. 1924 *The Ridin' Kid from Powder River. R* Edward Sedgwick. *D* Hoot Gibson. Viehbaron läßt durch seine Revolvermänner einen ihm lästigen Homesteader umbringen; dessen Pflegesohn rächt 15 Jahre später den Mord. *P* Universal. 1924 *Sundown. R* Laurence Trimble, Harry O. Hoyt. *D* Bessie Love, Roy Stewart. Texanische Viehzüchter weichen vor dem Ansturm der Homesteader nach Mexiko aus und ersetzen einer Homesteader-Familie sogar den Schaden, der ihr durch eine Stampede erwächst. *P* First National. 1924 *Trail Dust. R* Gordon Hines. *D* David Dunbar. Homesteader in Oklahoma müssen sich der alteingesessenen Rancher und der Indianer erwehren. *P* Rayart. 1925 *The Prairie Wife. R* Hugo Ballin. *D* Dorothy Devore, Herbert Rawlinson. Familienroman eines Homesteader-Paares. *P* Eastern/MGM. 1926 *Chasing Trouble. R* Milburn Morante. *D* Pete Morrison. Homesteader gründen zur Abwehr gegen ihre Feinde eine Homesteaders' League. *P* Universal. 1926 *The Ridin' Rascal. R* Clifford S. Smith. *D* Art Acord. Texas Ranger tarnt sich als Homesteader, um die gegen die echten Homesteader betriebenen Intrigen zu entlarven. *P* Universal. 1927 *Two-Gun of the Tumbleweed. R* und *D* Leo Maloney. Cowboy steht Homesteader gegen Rancher bei. *P* Leo Maloney. 1928 *Call of the Heart. R* Francis Ford. *D* Joan Alden, William A. Steele. Durch ihren klugen Hund wird Homesteader-Tochter daran gehindert, das Werben eines Ranchers zu erhören; der Mann will in Wirklichkeit nicht ihre Liebe, sondern den Besitz der Homesteader. *P* Universal. 1928 *The Phantom Flyer. R* Bruce Mitchell. *D* Al Wilson. Im modernen Westen: Fliegender Polizist steht Homesteadern gegen Viehbaronin bei. *P* Universal. 1929 *Thundering Thompson. R* Ben Wilson. *D* Cheyenne Bill. Sheriff steht Homesteadern gegen Banditen bei. *P* Morris R. Schlank/

Anchor. 1935 *The Old Homestead.* *R* William Nigh. *D* Roy Rogers. *P* Liberty. 1947 *Homesteaders of Paradise Valley.* *R* R. G. Springsteen. *D* Allan Lane. Ein »Red Ryder«-Abenteuer. *P* Republic. 1953 *Homesteaders.* *R* Lewis D. Collins. *D* William Elliott. *P* Monogram. 1964 *Taggart.* *R* R. G. Springsteen. *D* Tony Young. Homesteader-Sohn rächt den Mord, den Viehbaron an seinen Eltern begeht, und wird dann als Mörder verfolgt. *P* Gordon Kay/Universal. 1965 *Drylanders.* *R* Donald Haldane. *D* Frances Hyland, James Douglas. Geschichte einer kanadischen Homesteader-Familie 1907–1934. *P* National Film Board of Canada. 1965 *Finger on the Trigger.* *R* Sidney Pink. *D* Rory Calhoun. 1865. Bürgerkriegs-Veteranen gehen als Homesteader nach Neu-Mexiko, verwickeln sich aber nur in neue Kämpfe mit Exsüdstaatlern und Indianern. *P* Comet-F.I.S.A. 1967 *40 Guns to Apache Pass.* *R* William Witney. *D* Audie Murphy, Michael Burns. Homesteader und Armee im Kampf gegen Cochise. *P* Admiral/Columbia. 1968 *Buckskin.* *R* Michael Moore. *D* Barry Sullivan. 1881. Montana. Um Homesteadern die Existenzmöglichkeit zu nehmen, baut Viehbaron einen Staudamm, der ihnen die Wasserversorgung abschneidet. *P* A. C. Lyles/Paramount. 1969 *This Savage Land.* *R* Vincent McEveety. *D* Barry Sullivan. Homesteader, die sich nach dem Bürgerkrieg in Kansas niederlassen wollen, werden von konföderierten Banden terrorisiert. *P* Universal Television.

Siehe auch ›Weidekriege‹, 1874.

Mexiko. Frankreich, England und Spanien nutzen die Gelegenheit des amerikanischen Bürgerkrieges zu dem Versuch, Mexiko unter ihre Kontrolle zu bringen. Sie besetzen die mexikanischen Häfen und erheben Zölle. England und Spanien ziehen sich bald wieder zurück und überlassen Mexiko dem kolonialen Ehrgeiz Napoleons III.

Erfindung des Stetson. Auf einer Reise zu den Goldfeldern von Colorado entwickelt John B. Stetson zum Zeitvertreib aus der klassischen, breitrandigen Kopfbedeckung der mexikanischen Vaqueros den Filzhut, der nach ihm Stetson genannt und von der Stetson Hat Company hergestellt wird.

Geboren: William S. Hart, in Newburgh, New York, als Sohn eines Müllers; lebt als Kind eine Zeitlang im Dakota Territory nahe einer Sioux-Reservation, geht nach New York zurück, singt im Kirchenchor und treibt Sport, stellt mit 19 Jahren in London einen Weltrekord im 3½-Meilen-Gehen auf, wird Bühnenschauspieler und dreht 1914 seinen ersten Western, *On the Night Stage.*

1863

Die transkontinentale Eisenbahn. Aufgrund des ein Jahr zuvor von Präsident Lincoln unterzeichneten Railroad Enabling Act beginnt der sechsjährige Bau der ersten transkontinentalen Eisenbahn: Die Central Pacific nimmt am 8. Januar die Strecke von Sacramento, Kalifornien, ostwärts in Angriff, am 2. Dezember beginnt die Union Pacific mit dem Streckenbau von Omaha, Nebraska, in Richtung Westen. Insgesamt ist eine Strecke von rund 1700 Meilen zu verlegen, durch Prärien, Wüsten und Gebirge. Die Union Pacific beschäftigt 12000 Arbeiter, darunter viele Iren. Die Schwerstarbeit bei der Central Pacific, die die Gebirgsstrecken zu bewältigen hat, wird von rund 18000 importierten chinesischen Kulis getragen.

Mit dem Ausbruch des Bürgerkriegs ist zu den wirtschaftlichen Motiven des Streckenbaus ein politisches Moment gekommen: die verläßliche Anbindung Kaliforniens und seiner Bodenschätze an die Union. Die Union verhält sich den Eisenbahngesellschaften gegenüber entsprechend großzügig, was wiederum das Management der Gesellschaften zu wirtschaftskriminellen Manipulationen großen Stils ermutigt. 24 Millionen Acres öffentliches Land werden den beiden Gesellschaften überlassen, dazu rund 65 Millionen Dollar Kredite. Der Großteil des verschenkten Landes gehört eigentlich den Indianern; durch den Bahnbau wird es zu einem wertvollen Spekulationsobjekt, der parzellen-

Indianerangriff auf die Union Pacific in *Union Pacific* von Cecil B. DeMille, 1939.

weise Verkauf bringt Millionengewinne. Ein beliebtes Mittel der Profitmaximierung wird die Gründung von Strohgesellschaften, über die große Summen für nie verrichtete Arbeiten verrechnet werden.

Den Streckenbau der Union Pacific, auf den sich die populäre Literatur und der Film meist konzentrieren, leitet General Grenville Dodge, einer der führenden Ingenieure seiner Zeit. Die Strecke wird täglich zwei bis vier Meilen vorangetrieben. Das Kommando über die Streckenleger führt General Jack Casement, der alle Störungen des Streckenbaus rigoros unterbindet und zur Abwehr von Indianern, die ihr Land gegen das vordringende »Feuerpferd« oder »Stahlroß« verteidigen, sowie andere feindliche Elemente ein gut funktionierendes »Work and Fight«-System einrichtet: Aus dem Heer von Arbeitern kann jederzeit ein paramilitärischer Verband werden. Die mit dem Verlauf der Streckenarbeiten nach Westen vordringenden großen Arbeits- und Versorgungslager werden zu »End-of-the-Track-Towns«, deren Vergnügungseinrichtungen wiederum der Union Pacific gehören, womit das am Ort verdiente Geld großenteils wieder zum Profit der Gesellschaft wird. Vergnügungsunternehmer, die auf diesem Markt mitverdienen wollen, werden von General Casement brutal abgeschmettert. Ein besonders spektakulärer Fall ereignet sich in Julesburg, wo Casement mit seinen Leuten unter Management und Personal mehrerer »freier« Spielhöllen und Bordells ein zehnminütiges Massaker veranstaltet, das 76 Menschenleben kostet, nicht gerechnet zwanzig Vergnügungsunternehmer, die Casement später noch öffentlich hängen läßt. In der Berichterstattung der Zeit und in Fiktionen, die sich später mit der Union Pacific beschäftigen, dienen solche Maßnahmen der Aufrechterhaltung von Sittlichkeit und Arbeitsmoral bei einem großen vaterländischen Werk. In Wirklichkeit geht der Kampf nur gegen Geschäfts-Konkurrenten, und die Unsittlichkeit in den »End-of-the-Track-Towns« wird stets in dem Maß gestattet und gefördert, in dem sie profitabel ist und für das Wohlbefinden der Arbeiter nützlich. Deren Lohn reicht freilich nicht für größere Ausschweifungen, sondern nur »für den Zucker im Tee«, wie es in dem berühmtesten Streckenlegerlied heißt. Dieses Lied, in John Fords *The Iron Horse* mit Text und Noten zu musikalischen Zwischentiteln gestaltet, erzählt auch, wie die Streckenarbeiter ihren kargen Lohn noch verringern können:

Every morning at seven o'clock
There's twenty tarriers a-workin' on the rock;
And the boss comes along and he says, »Kape still,
And come down heavy on the cast-iron drill«.

Chorus:

And drill, ye tarriers, drill!
Drill, ye tarriers, drill!
It's work all day for the sugar in your tay,
Down behind the railway,
And drill, ye tarriers, drill!
And blast! And fire!

Now our foreman was Gene McCann,
By God, he was a blamey man.
Last week a premature blast went off
And a mile in the air went Big Jim Goff.

Next time pay day comes around,
Jim Goff a dollar short was found;
When asked what for, came this reply:
»You're docked for the time you was up in the sky.«

Filme: 1902 *Drill, Ye Tarriers, Drill.* 1 Akt. *P* Biograph. 1924 *The Iron Horse. R* John Ford. *D* George O'Brien, Charles E. Bull (Abraham

Lincoln), Walter Rogers (General Dodge). *P* Fox. 1926 *Buffalo Bill On the U. P. Trail.* *R* Frank S. Mattison. *D* Roy Stewart (Buffalo Bill). *P* Sunset. 1932 *Heroes of the West.* *R* Ray Taylor. *D* Noah Beery jr. Serial. *P* Universal. 1939 *Union Pacific.* *R* Cecil B. DeMille. *D* Joel McCrea, Stanley Ridges (General Casement), Francis J. McDonald (General Dodge), Joseph Crehan (General Grant). *P* William H. Pine/Paramount. 1962 *How the West Was Won,* Episode *The Railway.* *R* George Marshall. *D* George Peppard, Richard Widmark, Henry Fonda. *P* Cinerama/ MGM. 1968 *C'era una volta il West.* *R* Sergio Leone. *D* Claudia Cardinale, Henry Fonda. *P* Rafran-San Marco/Paramount.

Fernsehserie: 1958–1959 *Union Pacific.* *D* Jeff Morrow, Judd Pratt.

Die Chinesen.

To the Chinese we have given
kerosene, bullets, Bibles
and they have given us radishes, soy beans, silk,
poems, paintings, proverbs, porcelain, egg foo yong,
gunpowder, Fourth of July firecrackers, fireworks,
and labor gang for the first Pacific railways.
Now we may thank these people
or reserve our thanks
and speak of them as outsiders
and imply the request,
›Would you just as soon get off the earth?‹

Carl Sandburg, 1936

Der Großfarmer Sutter hat als erster Chinesen nach Kalifornien geholt, um sie als billige Arbeitskräfte einzusetzen. Eine neue Chinesenwelle kommt mit dem Goldrausch ins Land. Sie werden von den Amerikanern noch radikaler diskriminiert als die Mexikaner; das einzige, was Amerikaner und Mexikaner eint, ist ihr gemeinsamer Haß auf die Chinesen, deren Fleiß, Tüchtigkeit, Bedürfnislosigkeit und Geduld im Ertragen von Leiden als provozierend empfunden werden. »In der unendlichen Leidensfähigkeit der Rasse lag ein Element der Provokation zur Leidzufügung und zur Atrophie des Mitleids« (Hans von Hentig, *Der Desperado*). Als sich herausstellt, daß weder Amerikaner noch Mexikaner den Strapazen beim Streckenbau der Central Pacific in den Gebirgsgegenden gewachsen sind, kommt es zum organisierten, massenhaften Import von Chinesen. Nach Beendigung des Streckenbaus bleiben die Chinesen zum Leidwesen der Amerikaner im Land; 1870 beträgt ihre Zahl rund 50000. Wo immer sie sich niederlassen, müssen sie mit »Chinks go Home!«-Parolen (»Chinks« ist ein Schimpfnamen für Chinesen) und Pogromen rechnen. 1880 kommt es zur Verwüstung einer chinesischen Kolonie in Denver, 1885 zu einem Massaker an chinesischen Arbeitern in Rock Springs, Wyoming.

Filme: 1922 *Pals of the West. D* R. Lee Hill, M. McWade. Zwei Freunde retten ein weißes Mädchen aus den Händen des bösen Chinesen Lee Wong, der sich dann gräßlich an ihnen zu rächen versucht. *P* Film Art. 1922 *Sky High. R* Lynn Reynolds. *D* Tom Mix. Ein Mann von der Einwanderungsbehörde kämpft gegen Schmuggler, die Chinesen als billige Arbeitskräfte über die mexikanisch-amerikanische Grenze bringen. *P* Fox. 1922 *When East Comes West. R* B. Reeves Eason. *D* Franklyn Farnum, Andrew Walton. Marshal chinesischer Herkunft tarnt sich als Koch und läßt gemeinsam mit seinem weißen Freund eine Waffenschmugglerbande hochgehen. *P* Cosmopolitan. 1926 *Twin Triggers. R* Richard Thorpe. *D* Buddy Roosevelt. Kampf gegen Schmuggler, die Chinesen über die amerikanisch-mexikanische Grenze bringen. *P* Action. 1926 *Old San Francisco. R* Alan Crosland. *D* Warner Oland. Kampf gegen Chinesen im alten San Francisco. *P* Warner Bros. 1927 *The Desert of the Lost. R* Richard Thorpe. *D* Wally Wales, Peggy Montgomery. Abenteurer bewahrt Mädchen vor dem Schicksal, einen halbblütigen Chinesen heiraten zu müssen. *P* Action/Pathé. 1927 *Roarin' Broncs. R* Richard Thorpe. *D* Buffalo Bill jr. US-Grenzpolizei gegen Chinesenschmuggel. *P* Action. 1930 *Trailin' Trouble. R* Arthur Rosson. *D* Hoot Gibson. Cowboy rettet Chinesin aus den Händen von Raufbolden; sie klaut ihm zum Dank dafür sein Geld. *P* Universal. 1930 *On the Border.*

R William McGann. *D* Rin-Tin-Tin, Walter Miller. Rin-Tin-Tin hilft mit beim Kampf gegen Chinesenschmuggel an der mexikanischen Grenze. *P* Warner Bros. 1930 *The Dude Wrangler. R* Richard Thorpe. *D* George Duryea. Chinesischer Koch als Helfershelfer eines Intriganten. *P* Sono-Art. 1962 *Rider on a Dead Horse. R* Herbert L. Strock. *D* John Vivyan, Lisa Lu. Chinesin in die Abenteuer dreier Glücksritter verstrickt. *P* Phoenix. 1962 *Stagecoach to Dancer's Rock. R* Earl Bellamy. *D* Warren Stevens, Judy Dan. Neben anderen unerwünschten Passagieren wird eine an Pocken erkrankte Chinesin während einer Postkutschenreise mitten in der Wüste ausgesetzt. *P* Gray-Mac. 1969 *The Great Bank Robbery. R* Hy Averback. *D* Zero Mostel. Texas Ranger, unterstützt von fünf chinesischen Geheimagenten, entlarvt die Umtriebe eines Bürgermeisters. *P* Warner Bros. 1970 *There Was a Crooked Man. R* Joseph L. Makiewicz. *D* Kirk Douglas, Henry Fonda, C. K. Yang. Chinesischer Strafgefangener bringt Gefängnisdirektor um. *P* Warner Bros. 1972 *Kung Fu. R* Jerry Thorpe. *D* David Carradine, Barry Sullivan, Albert Salmit. Pilotfilm der TV-Serie: Chinesisch-amerikanischer Priester, wegen Mordes gesucht, taucht in einem Eisenbahnbautrupp unter. 1973 *Il mio nome es Shanghai Joe. R* Mario Caiano. *D* Chen Lee. *P* Jumbo.

Kit Carson und die Navajos. Als die Navajos ein Ultimatum, sich in die Reservation Bosque Redondo zu begeben, nicht befolgen, schickt General Carleton Kit Carson mit 1000 Mann gegen sie. Kit Carson läßt die Felder und Vorräte der Navajos zerstören und beschlagnahmt ihre Herden. Die Navajos ergeben sich und werden nach Bosque Redondo getrieben, wo bereits Apachen leben und für die 8000 Navajos kaum eine Existenzgrundlage besteht. Nach vier Hungerjahren, in denen 2321 Navajos an Pocken sterben, wird den Überlebenden gestattet, in ihre alte Heimat im nördlichen Arizona zurückzukehren. Dort haben ihre Nachfahren noch heute mit wirtschaftlichen Schwierigkeiten zu kämpfen.

Film: 1951 *Slaughter Trail. R* Irving Allen. *D* Brian Donlevy. *P* RKO.

Das Ende von Mangas Colorado. Der 70jährige Führer der Mimbrenjo-Apachen, Mangas Colorado, begibt sich unter dem

Schutz einer weißen Flagge in die Obhut der Armee und wird als Gefangener ermordet und skalpiert. Sein Kopf wird vom Körper getrennt, präpariert und als Trophäe verkauft.

Mangas Colorado-Filmographie: 1955 *Fort Yuma. R* Lesley Selander. *D* Abel Fernandez (Mangas, Nebenrolle), Addison Richards (General Crooke). *P* Bel-Air. 1957 *War Drums. R* Reginald LeBorg. *D* Lex Barker (Mangas). *P* Bel-Air.

Die Shoshonen. Eine Winter-Kampagne der Armee gegen die Shoshonen in Utah endet mit der Schlacht am Bear River, in der 224 Shoshonen getötet werden. In einem Vertrag treten die Shoshonen anschließend 24 Millionen Acres an die USA ab. Weil die Regierung ihren Verpflichtungen aus diesem Vertrag nie nachkommt, klagen die Shoshonen 1975 dieses Land wieder ein.

Dokumentarfilm: 1975 *Broken Treaty at Battle Mountain. R* Joel L. Freedman. Sprecher Robert Redford.

Quantrill zerstört Lawrence. William Clark Quantrill führt den größten Schlag mit seinem Guerillakrieg gegen den Norden und die mit dem Norden sympathisierenden Teile von Kansas, indem er mit 450 Mann die Stadt Lawrence stürmt und einäschert. 153 Einwohner kommen ums Leben. Auf seinem Rückzug läßt er weitere Siedlungen und Städte entlang seiner Route in Flammen aufgehen.

Mexiko. Französische Truppen besetzen Mexico City. Napoleon III. macht mit Hilfe der mexikanischen Konservativen den Habsburger Maximilian zum Kaiser von Mexiko. Die Liberalen unter Benito Juarez erkennen Maximilian nicht an. Es kommt zum Bürgerkrieg. Maximilian manövriert sich in eine schlechte Position, weil er mit den Juaristen nur unzulängliche Versöhnungsversuche unternimmt und sich zugleich die Konservativen entfremdet, indem er sich ihrer Forderung nach Aufhebung der Reformgesetze widersetzt.

Gestorben: Sam Houston, der Anführer der Texaner in ihrem Kampf gegen Mexiko, der erste Präsident der unabhängigen Republik Texas und nach dem Anschluß Texas' an die USA Gouverneur des Staates Texas, mit 60 Jahren, in Huntsville, Texas. Schon zu seinen Lebzeiten ist die erste Hauptstadt des Landes, Houston, nach ihm benannt worden. (Später wird Austin Hauptstadt von Texas.)

Wie die Show in den Westen kommt und der Westen zur Show wird

There's no business like Showbusiness.
Irving Berlin
There's no business that's not Showbusiness.
Raymond Durgnat

1863 kommt Adah Isaacs Menken nach Virginia City und spielt dort ihre Paraderolle, die Titelpartie in Mazeppa, or The Wild Horse of Tartary. *Das Gastspiel wird zu einem Höhepunkt der Theatergeschichte des Westens und zu einem Spektakel, das die Leute von Virginia City alle Aufregungen des gerade tobenden Bürgerkriegs und des kürzlich ausgebrochenen Montana-Goldrauschs, dem die Stadt ihr Entstehen verdankt, vergessen läßt. Die örtliche Feuerwehrkapelle bringt der Künstlerin Ständchen, die Goldsucher verehren ihr einen Goldbarren im Wert von 2000 Dollar sowie Anteilscheine an einer Mine, die Stadt benennt eine Straße nach ihr, und allabendlich wird der Enthusiasmus für die Menken zur brüllenden Ekstase, wenn* Mazeppa, *die vulgäre Bühnenadaption eines Versepos' von Lord Byron, auf die berühmt-berüchtigte Szene zusteuert, von der seit langem jedermann flüstert und die auch als Plakatmotiv längst allgemein bekannt ist: Rücklings auf ein wildes Pferd gebunden, umweht von einem Nacktheit suggerierenden griechischen Schleiergewand, galoppiert die Heldin durch eine Kulissen-Berglandschaft.*

Zu dieser Zeit gibt es im Westen bereits mindestens 100 Theater.

Bühnen-Show in *Virginia City* von Michael Curtiz, 1940.

Dem Bedürfnis der Pioniere, die Entbehrungen eines Daseins in dem noch wilden, fremden, frauenarmen Land durch Entertainment, Spaß und Glamour auszugleichen, entspricht ein reich sortiertes Unterhaltungsangebot. Den Wandertruppen, die Klassiker spielen, und dem fahrenden Volk, das Zirkusattraktionen bietet, folgen bald die Unternehmer, die wissen, daß das Schaugeschäft das beste Geschäft ist, weil es ohne Schaugeschäft überhaupt kein richtiges Geschäft gibt und weil jedes funktionierende Geschäft sowieso auf irgendeine Weise Schaugeschäft zu sein hat: Vaudeville-Shows heizen das Milieu in den Spielhöllen an, Medicine Shows verkaufen zur Schau wundertätige Mittel, und Tanzkünstlerinnen werden zum Finale ihrer Darbietungen mit Nuggets statt mit Blumen beworfen.

Adah Isaacs Menken, eine der Größten der großen Showzeit des Westens, spürt ganz richtig, daß man eine große Karriere hier am besten auf einer großen Legende aufbaut. Sie gibt sich als frühere Geliebte von Sam Houston aus, oder mindestens als seine Adoptivtochter; zu ihrer fiktiven Biographie gehört ferner eine Gefangenschaft bei den wilden Indianern und ihre wunderbare Errettung durch Texas Rangers. In Wirklichkeit hat sie beim Ballett in New Orleans angefangen, das schon früh eine reizvolle französisch-englische Unterhaltungskultur entwickelt hat. Die Showboats tragen das Entertainment den Mississippi aufwärts und in den Westen. Auf diesen schwimmenden Unterhaltungs-Palästen beginnt die Laufbahn von zwei Frauen, die dann im Westen Show-Karriere machen.

Agnes Meersmann, die 17jährige Tochter einer elsässischen Einwandererfamilie, lernt beim Besuch des schwimmenden Zirkusunternehmens Spalding & Rogers den Clown William Lake Thatcher kennen und lieben, heiratet ihn und wird als Agnes Lake Thatcher eine erfolgreiche Seiltänzerin. Das Ehepaar gründet seinen eigenen Zirkus; zu den Angestellten gehört der Vater des großen Zirkuskönigs James A. Bailey von Barnum & Bailey. Als größte Attraktion bietet die Zirkus-Prinzipalin Agnes Lake

Thatcher sich selbst, und zwar als Hauptdarstellerin einer Manegenadaption eben der Mazeppa, *die um diese Zeit auch den Ruhm der Menken begründet. Ihr Mann wird von dem Desperado Jake Killeon erschossen, sie führt das Unternehmen allein weiter, wird eine vielbewunderte Kunstreiterin und kreiert den Zwei-Manegen-Zirkus. Zur großen Liebe ihres Lebens wird Wild Bill Hickok, den sie bei einem Gastspiel in Abilene kennenlernt; sie umwirbt ihn jahrelang und führt ihn 1876 zum Traualtar, wenige Monate vor seinem gewaltsamen Ende.*

Die andere Künstlerin aus der Schule der Showboats ist Caroline Chapman, die von vornherein nur richtiges, klassisches Theater spielt, meist zusammen mit ihrem Stiefvater und Lehrmeister William Chapman. Die Chapmans bespielen den Mississippi und Ohio, dann gehen sie 1852 nach Kalifornien, wo der Goldboom auch einen Theaterboom hervorgebracht hat. »Die Blüte des Theaters in Kalifornien, besonders in und um San Francisco in der Zeit zwischen der Entdeckung des Goldes und dem Bürgerkrieg, ist mit einem ähnlichen Phänomen zweihundert Jahre zuvor verglichen worden – mit dem Londoner Theater des 17. Jahrhunderts. Überall in der Minenregion machten Bühnen auf; jede Stadt hatte mindestens ein Theater, vom luxuriösen Playhouse bis zum Zeltschuppen. Das Land war goldreich, kochend vor Aufregung und ständiger Veränderung, begierig auf Unterhaltung« (Dee Brown). Caroline Chapman wird zu einem Objekt schwärmerischer Begeisterung, stets verfolgt und belagert von einem Heer von Anbetern, die es besonders zu schätzen wissen, daß Caroline auch auf den elendesten Kneipenplanken ihre Kunst darzubieten bereit ist, und die ihrem Überschwang in der Währung des Landes Ausdruck geben: Wenn die Künstlerin sich zum Schlußapplaus verneigt, wird sie mit Goldstaub überschüttet.

Zu ihrer Rivalin um die Gunst dieses Publikums wird eine der exzentrischsten Frauen zweier Kontinente, Lola Montez, angeblich die Tochter Byrons, tatsächlich die Exgeliebte König Lud-

wigs I. von Bayern, auf der Bühne in einem als gewagt geltenden »Spinnentanz« zu sehen, auf den Straßen von San Francisco zigarrerauchend mit einem Papagei auf der Schulter und zwei riesigen Windhunden an der Leine; als sie sich später auf einer Besitzung in Grass Valley niederläßt, wo die Prospektoren ihr zu Ehren einen Berg Mount Lola nennen, hält sie sich einen Bären als Haustier. Auf dem Siedepunkt der Rivalität jener beiden Damen besitzt die Chapman die Frechheit, ihr Publikum mit einer Parodie des Spinnentanzes zu unterhalten.

Die Mythologie paart solche Theater-Prinzessinnen gern mit den Fürsten der Rechtlosigkeit, weil sie in der Schauspielerin wie im Outlaw strahlende, dem Skandalösen lustvoll zugeneigte Figuren sieht, die es sich aufgrund ihres Außenseiteradels leisten, bürgerliche Gesetze und Konventionen elegant zu ignorieren. So wird die kalifornische Lola Montez in der Legende und im Film zur Gefährtin und Komplizin des dichtenden Straßenräubers Black Bart, der freilich erst um 1880 sein Unwesen trieb, als Lola längst tot war. Aber andere Vertreterinnen der darstellenden Kunst finden ihren Ritter tatsächlich unter der Prominenz der Gesetzlosen. Agnes Lake Thatcher, die ihren Witwenstand einem kleinen Killer verdankt, gewinnt das Herz des großen Killers Wild Bill Hickok. (Die Mazeppa*-Darstellerin einer Western-Wanderbühne, die Sophia Loren in* Heller in Pink Tights *spielt, ist entweder nach dem historischen Vorbild der Thatcher modelliert oder nach der Menken, vielleicht auch nach beiden.) Und die große Lily Langtry, eine Schauspielerin, die in späteren Dekaden den Westen mit Gastspielen beehrt, findet ihren glühendsten Verehrer in dem fürchterlichen Judge Roy Bean, dessen zweitgrößte Leidenschaft das Aufhängen von Menschen ist; seine Passion für Lily Langtry bleibt bis zu seinem Ende ungebrochen, wenn auch unerhört.*

»Eine klassische Western-Formel: Pioniere bauen neue Städte, kriminelle Monopol-Unternehmer (racketeers) bauen Spielhöllen« (Ernest Emshwiler). Den Grundriß der Spiel- und Showpaläste des modernen Las Vegas kann man schon in den Gambling

Halls des alten Westens und in ungezählten Western finden: Auf der Bühne die Show, an den Pokertischen der Showdown mit Karten, dem bei zweifelhaften Spielausgang der Showdown mit Pistolen folgt. Das schnelle Geld, das die Prospektoren beim Goldsuchen und die Cowboys beim Viehtreiben gemacht haben, wird möglichst schnell und am Platz von den Vergnügungsunternehmern abgeschöpft; am angenehmsten empfindet der Kunde diesen Wirtschaftsprozeß, wenn er in der Harmonie von Spielen-Trinken-Entertainment versinkt.

Wird die Show-Gastronomie in der Mythologie des Western mit Ausbeutung und organisierter Kriminalität assoziiert, so ist mit dem durch den Westen wandernden Zirkus die Vorstellung von Revolution und Freiheit verbunden: Der Manegenkünstler erscheint hier als ein fahrender, in keine bürgerliche Ordnung eingebundener, niemandem höriger Held, der immer bereit ist, seine spezifischen Kunstfertigkeiten in den Dienst einer guten, fortschrittlichen Sache zu stellen. Dieses schmeichelhafte Image hat in der realen Zirkusgeschichte des Westens offensichtlich keine Basis; es beruht auf älteren Mythen vom fahrenden Volk und entspricht mehr einer europäischen Vorstellung als einer amerikanischen Wirklichkeit: In dem französischen Western Viva Maria *von Louis Malle macht so die Zirkustruppe mit den gleichen Talenten und dank der gleichen Mentalität Revolution, die sie zuvor befähigt haben, Zirkus zu machen, und auf ähnliche Weise wird in einigen italienischen Western der Zirkus des Westens zu einer Art Aufklärungs- und Widerstandsbetrieb, einem Apparat der Befreiung.*

Während der Westen sich noch als riesiges und unglaublich dankbares Spielterrain für traditionelles, importiertes Unterhaltungsgut erweist, wird er selbst als Unterhaltungspotential entdeckt. Der Entdeckung, daß der Westen gänzlich originäre oder auf eine neue, dem modernen Zeitgefühl entsprechende Formel gebrachte Unterhaltungselemente und eine neue Mythologie zu Unterhaltungszwecken bietet, folgt die Konfektionierung, Kom-

merzialisierung und schließlich der bis heute andauernde weltweite Export dieses Materials.

Was gehört zu diesem Spielmaterial? Figuren: der Cowboy, der Indianer, der Sheriff, der Bandit, der Kavallerist, der Scout, der Kopfgeldjäger, der Goldsucher und so fort. Landschaften: die Prärie, die Wüste, das Felsengebirge, der Canyon. Kostüme, vielmehr Arten von Arbeits- und Kampfkleidungen, die zu Kostümen werden, samt den typischen Kostümteilen: Stiefel, Hüte, Gürtel. Waffen: der Colt, die Winchester, das Bowie-Messer, der Speer, die Axt. Dekorationen: die Stadt, der Saloon, des Sheriffs Office, die Farm, das Indianerlager. Magische Orte, die zu Streitobjekten werden: die Wasserstelle, die Weide, die Mine. Tiere: das Pferd, der Büffel, das Longhorn. Folklore: Lieder, Tänze, Tall Stories. Verkehrseinrichtungen: die Postkutsche, der Pony Express, die Eisenbahn, der Planwagen. Konfliktsituationen: Kavallerie gegen Indianer, Rinderleute gegen Schafleute, Rancher gegen Stacheldraht. Einiges von all dem ist nicht dem amerikanischen Westen eigentümlich, aber erst im amerikanischen Westen gerät es endgültig in die Fasson, die es für die Unterhaltungs-Mythologien einer neuen Zeit ideal brauchbar macht. Den Robin Hood-Typ hat es natürlich schon zuvor gegeben, aber der Robin Hood des Westens denunziert erstmals Banken und Eisenbahnen als Instrumente der Ausbeutung; und aus keinem Stoff, keiner Mythologie der Alten Welt kann man mit solcher Selbstverständlichkeit einen ökologisch-polemischen Film machen wie aus der Geschichte eines Mountain Man vom Schlage Jeremiah Johnsons, der sich lieber selbst der Natur aussetzt als die Natur einer zweifelhaften Zivilisierung.

Heute, hundert Jahre, nachdem diese Welt Wirklichkeit war, sind ihre Elemente auf dem Umweg über die Show und das Spiel, über den Zirkus, den Film, das Kinderspiel und den Karneval, in dem die Erwachsenen es sich gestatten, die »Taste ihrer Infantilität« zu drücken (wie Sergio Leone sagt), zu Elementen der Verkleidung und des Lebensgefühls für jedermann geworden. Es ist längst nicht mehr originell, als Cowboy oder Squaw auf den Fasching zu gehen, da man das ganze Jahr in einer Welt lebt, in der Western- und Indianerlook als modisch gelten, Marlboro-Cowboys zu Die glorreichen Sieben-*Klängen durch die Werbespots galoppieren und Popsänger auf Namen wie Crazy Horse oder Nevada Fighter hören. In den siebziger Jahren unseres Jahrhunderts geniert sich kaum noch ein Mensch, pausenlos die Taste seiner Infantilität zu drücken (was ein gesundes Zeichen ist), und der Westerner ist zu einer Persona für fast jedermann geworden.*

Nachdem George Catlin bereits seine Westernbilder-Galerie zu einer ethnologischen Western-Show gemacht und damit als erster den Schauwert dieser Welt erwiesen hat, beginnt die gezielt showmäßige Vermarktung des Westens mit der Medicine Show, die gleich ein schönes Beispiel dafür bietet, daß man im Westen per Show alles und jedes und auch den schlimmsten Humbug verkaufen kann, wenn man sich bei solcher Show bewußt und ohne Skrupel der im Land vorhandenen oder gewachsenen Exotik bedient.

Die Medicine Show ist eine Art Wandertheater, das seine Besucher mit freiem Eintritt lockt und es dann zum Kauf von angeblich wundertätigen indianischen Heilsäften, Wurzeln und ähnlichem Hokuspokus animiert; und zwar teils durch die Darbietungen von weißen Entertainern und Indianern, die gegen Geld ihr Lied- und Tanzgut prostituieren, teils durch die mystischen Beschwörungsformeln und Anpreisungen eines angeblichen Medizinmannes. Die Verkaufserfolge dieser Shows und die Tatsache, daß die Käufer nur selten die mangelnde Heilwirkung der Wundermittel reklamieren, führten manche Historiker darauf zurück, daß die Mixturen oft bis zu 50 Prozent Alkohol und/oder Morphium enthalten. Die ordentlichen weißen Ärzte sind schon deshalb nicht gut auf die Medicine Shows zu sprechen, weil die Pseudo-Medizinmänner bei ihren Anpreisungen nie vergessen, die Fähigkeiten ihrer weißen akademischen Kollegen in Zweifel zu ziehen. Schon 1854, als die Medicine Shows gerade erst aufkom-

men, wettert ein Arzt in einem Zeitungsartikel gegen die »Indianer-Doktoren, zu denen gutgläubige Frauen, Kinder und Ignoranten großes Zutrauen haben«. Das Geschäft mit den Medicine Shows floriert jahrzehntelang. Eine einzige Gesellschaft, die 1881 gegründete Kickapoo Indian Medicine Co., unterhält rund 30 verschiedene Wandertruppen zu je zehn bis dreißig Indianern und Weißen. Erst um die Jahrhundertwende, als eine andere Art Wild-West-Show sich durchsetzt, geht die Konjunktur zu Ende.

Diese andere, bis heute gültige Wild-West-Show wird geboren aus der Begegnung eines Theaters, das seine Mazeppas ausgewechselt hat gegen Protagonisten wie Buffalo Bill, Wild Bill Hickok und Calamity Jane, mit einem Show-Vergnügen, das aus der Verwandlung von originären Arbeits- und Spaßleistungen des Westens (dem bravourösen Umgang mit Pferden und Stieren) in ein Wettbewerbs-Spektakel für zahlende Zuschauer, das Rodeo, hervorgegangen ist.

Mit dem Auftritt der ersten Western-Bühnenhelden hat es noch ein paar Jahre Zeit. Das Rodeo dringt ab den vierziger Jahren von Mexiko aus in den Westen vor; 1847 findet die erste derartige Veranstaltung in Santa Fé statt. Eigentlich ist das Rodeo als ein Kräftemessen unter Cowboys gedacht, aber im Westen entwickeln auch andere Männer und sogar Frauen erstaunliche Fähigkeiten im Umgang mit Pferden und lassen es sich nicht nehmen, aus ihren Talenten eine Show zu machen. Schon in den fünfziger Jahren präsentiert sich die Kalifornierin Mary Ann Whittaker ihren Landsleuten als »First Female Equestrian Artist in America«. Sie kommt von einer Ranch und bringt es zur Zirkusreife. Ähnlich wachsen überall Talente heran. 1883 wird Buffalo Bill sie alle unter einen Hut bringen.

Filme: 1914 *Medicine Show at Stone Gulch. D* John E. Brennan, Ruth Roland. *P* Kalem. 1924 *The Shooting of Dan McGrew. R* Clarence Badger. *D* Barbara La Marr, Lew Cody. Vaudeville. *P* S-L. 1924 *Pot Luck Pards. R* Forrest Sheldon. *D* Pete Morrison. Theater. *P* William Steiner. 1924 *40-Horse Hawkins. R* Edward Sedgwick. *D* Hoot Gibson.

Theater. *P* Universal. 1924 *His Majesty the Outlaw. R* Jacques Jaccard. *D* Ben Wilson. Theater. 1925 *Wild West. R* Robert F. Hill. *D* Jack Mulhall. Medicine Show. Serial. *P* Pathé. 1925 *Frivolous Sal. R* Victor Schertzinger. *D* Mae Busch, Eugene O'Brien. Theater. *P* J. K. McDonald. 1925 *Double Action Daniels. R* Richard Thorpe. *D* Buffalo Bill jr. Theater. 1926 *The Big Show. R* George Terwilliger. *D* John Lowell. Wild-West-Show. *P* Miller Brothers. 1926 *The Cowboy and the Countess. R* R. William Neill. *D* Buck Jones. Wild-West-Show. *P* Fox. 1927 *The Obligin' Buckaroo. R* Richard Thorpe. *D* Buffalo Bill jr. Theater und Vaudeville. *P* Action. 1927 *Soda Water Cowboy. R* Richard Thorpe. *D* Wally Wales. Medicine Show. *P* Action. 1927 *The Kid Brother. R* Ted Wilde. *D* Harold Lloyd. Medicine Show. *P* Harold Lloyd. 1928 *The Flyin' Cowboy. R* B. Reeves Eason. *D* Hoot Gibson. Wild-West-Show. *P* Universal. 1928 *Rough Ridin' Red. R* Louis King. *D* Buzz Barton. Medicine Show. *P* F.B.O. 1928 *The Ballyhoo Buster. R* Richard Thorpe. *D* Buffalo Bill jr. Medicine Show. *P* Action/Pathé. 1928 *The Wild West Show. R* Del Andrews. *D* Hoot Gibson. Zirkus und Wild-West-Show. *P* Universal. 1929 *The Royal Rider. R* Harry J. Brown. *D* Ken Maynard. Wild-West-Show. *P* First National. 1929 *Courtin' Wildcats. R* Jerome Storm. *D* Hoot Gibson. Wild-West-Show. *P* Universal. 1930 *Dangerous Nan McGrew.* Medicine Show. *P* Paramount. 1930 *Swing High. R* Joseph Santley. *D* Helen Twelvetrees. Medicine Show und Zirkus. 1930 *Under Montana Skies. R* Richard Thorpe. *D* Kenneth Harlan. Theater und Vaudeville. *P* Tiffany. 1930 *Parade of the West. R* Harry J. Brown. *D* Ken Maynard. Wild-West-Show. *P* Ken Maynard/Universal. 1935 *Tumbling Tumbleweeds. R* Joe Kane. *D* Gene Autry. Medicine Show. *P* Republic. 1937 *The Yodelin' Kid From Pine Ridge. R* Joe Kane. *D* Gene Autry. Wild-West-Show. *P* Republic. 1940 *The Westerner. R* William Wyler. *D* Walter Brennan (Roy Bean), Lilian Bond (Lily Langtry). Theater. *P* Samuel Goldwyn. 1940 *The Return of Frank James. R* Fritz Lang. *D* Henry Fonda (Frank James). Theater. *P* 20th Century-Fox. 1942 *Mississippi Gambler. R* John Rawlings. *D* Tyrone Power. Showboat. *P* Universal. 1943 *The Kansan. R* George Archainbeaud. *D* Richard Dix. Vaudeville. *P* Harry Sherman/UA. 1944 *Girl Rush. R* Gordon Douglas. *D* Robert Mitchum. Vaudeville. *P* RKO. 1945 *San Antonio. R* David Butler. *D* Errol Flynn, Alexis Smith. Vaudeville. *P* Warner Bros. 1945 *Sunset in El Dorado. R* Frank McDonald. *D* Roy Rogers. Vaudeville.

P Republic. 1946 *My Darling Clementine. R* John Ford. *D* Henry Fonda (Wyatt Earp), Victor Mature (Doc Holliday), Alan Mowbray (Schauspieler). Theater. *P* 20th Century-Fox. 1948 *Black Bart. R* George Sherman. *D* Yvonne De Carlo (Lola Montez), Dan Duryea (Black Bart). *P* Universal. 1950 *A Ticket to Tomahawk. R* Richard Sale. *D* Dan Daily, Marilyn Monroe. *P* 20th Century-Fox. 1950 *Wagonmaster. R* John Ford. *D* Ben Johnson, Harry Carey jr., Alan Mowbray (Schauspieler), Joanne Dru (Schauspielerin). Theater. *P* Argosy/RKO. 1950 *The Daltons' Women. R* Thomas Carr. *D* Lassy LaRoc. Vaudeville. *P* Western Adventures. 1951 *Show Boat. R* George Sidney. *D* Howard Keel. Showboat. *P* MGM. 1952 *Montana Belle. R* Allan Dwan. *D* Jane Russell (Belle Starr). Vaudeville. *P* RKO 1953 *Calamity Jane. R* David Butler. *D* Doris Day (Calamity Jane). Vaudeville und Theater. *P* Warner Bros. 1954 *River of No Return. R* Otto Preminger. *D* Marilyn Monroe. Vaudeville. *P* 20th Century-Fox. 1955 *The Rawhide Years. R* Rudolph Maté. *D* Tony Curtis. Showboat. *P* Universal. 1955 *A Lawless Street. R* Joseph H. Lewis. *D* Randolph Scott. Vaudeville. *P* Producers-Actors/Columbia. 1955 *Man With the Gun. R* Richard Wilson. *D* Robert Mitchum. Vaudeville. *P* Formosa. 1960 *Heller in Pink Tights. R* George Cukor. *D* Sophia Loren. Theater. *P* Carlo Ponti/Paramount. 1965 *Viva Maria. R* Louis Malle. *D* Brigitte Bardot, Jeanne Moreau. Zirkus. *P* Nouvelles Editions de Films-Artistes Associés. 1965 *Circus World. R* Henry Hathaway. *D* John Wayne. Wild-West-Show. *P* Bronston-Midway/Paramount. 1966 *The Ride to Hangman's Tree. R* Alan Rafkin. *D* Jack Lord, Melodie Johnson. Vaudeville. *P* Universal. 1966 *Una donna per Ringo. R* Rafael Romero Marchent. *D* Milly und Phylis Bay. Medicine Show. *P* Luxor-Benito Perojo. 1969 *La collina degli stivali. R* Giuseppe Collizi. *D* Terence Hill, Bud Spencer. Zirkus. *P* Sab Marco-Crono. 1970 *Monte Walsh. R* William A. Fraker. *D* Lee Marvin. Wild-West-Show. *P* Palladian. 1972 *The Life and Times of Judge Roy Bean. R* John Huston. *D* Paul Newman (Roy Bean), Ava Gardner (Lily Langtry). Theater. *P* First Artists.

Bei diesen Titeln handelt es sich um Filme, die ganz oder teilweise im Showmilieu spielen. Nicht berücksichtigt sind Musicals, Operetten, Filme mit singenden Cowboys und mit sonstigen musikalischen Einlagen. Siehe auch ›Buffalo Bill‹, 1894, ›Rodeo-Western‹, 1882, und ›Hollywood-Cowboys‹.

1864

Sand Creek-Massaker. Nach zahlreichen Zwischenfällen zwischen Weißen und Indianern im Colorado Territory sucht der Cheyenne-Häuptling Black Kettle Frieden und unterhandelt mit dem Gouverneur John Evans und Militärs in Camp Weld nahe Denver. Im November wird sein Cheyenne-Lager am Sand Creek, das er dem Schutz der Regierung und den Weisungen der Armee unterstellt hat, von einem 700 Mann starken Aufgebot an Kavallerie und Artillerie unter dem Kommando von Colonel John M. Chivington überfallen und zusammengeschossen. Die Soldaten machen weisungsgemäß keine Gefangenen, die Leichen der getöteten Indianer werden verstümmelt. Die Zahl der Opfer gibt Dee Brown *(Bury my Heart at Wounded Knee)* mit 105 Frauen und Kinder und 28 Männer, H. J. Stammel *(Solange Gras wächst und Wasser fließt)* mit 274 Frauen, Kinder und Alten und 226 Krieger, Chivington selbst in seinem Bericht mit 400 bis 500 Kriegern an. Häuptling Black Kettle kann entfliehen. Auf die Nachricht vom Sand Creek-Massaker hin treffen sich rund 2000 Cheyenne, Arapahos und Sioux am Republican und beschließen die Entmachtung aller Häuptlinge, die für eine Verständigungspolitik mit den Weißen sind. Einer der Häuptlinge sagt: »Der weiße Mann hat uns unser Land genommen, unser Wild getötet, damit war er noch nicht zufrieden und tötet nun unsere Frauen und Kinder. Ab jetzt kein Frieden mehr. Wir erheben nun die Streitaxt bis zum Tode.« Währenddessen untersuchen Regierung und Militär das Massaker und verurteilen es schließlich als »feige und kaltblütige Metzelei, geeignet, seine Urheber mit untilgbarer Schmach und das Gesicht jedes Amerikaners mit Scham und Empörung zu bedecken«.

Filme: 1956 *Massacre at Sand Creek,* auch *Massacre. R* Louis King. *D* Dane Clark. *P* Intercontinental Pictures/20th Century-Fox. 1970 *Soldier Blue* (Schlüsselfilm). *R* Ralph Nelson. *D* Candice Bergen, John Anderson (Colonel Iverson = Colonel Chivington).

Das Pawnee-Bataillon. Als Hilfstruppe für die Kampagnen gegen Sioux und Cheyenne rekrutiert Captain Frank North unter den Pawnees, die mit diesen Stämmen traditionell verfeindet sind, das 100 Mann starke Pawnee-Bataillon.

Erste Schlacht von Adobe Walls. Nach verschiedenen Überfällen von Kiowas und Comanchen auf Wagentrecks entlang des Santa Fé Trails schickt General Carleton rund 350 Mann mit Artillerie unter dem Kommando von Kit Carson gegen die Stämme. In der Nähe des Handelspostens und Militärlagers Adobe Walls in Texas verwickelt Carson ein- bis dreitausend Kiowas in eine für beide Parteien verlustreiche Schlacht. Auf seinem Rückzug praktiziert Carson seine schon gegen die Navajos angewandte Strategie der verbrannten Erde, indem er ein Kiowa-Dorf von 176 Zelten mit allen Wintervorräten zerstören läßt. Zehn Jahre später kommt es bei Adobe Walls erneut zu einer großen Indianerschlacht.

Filme: 1953 *War Arrow. R* George Sherman. *D* Jeff Chandler. *P* Universal. 1955 *Sante Fé Passage. R* William Witney. *D* John Payne. *P* Republic.

Das Ende von Henry Plummer. Der 27jährige Exmarshal Henry Plummer, der 1857 seinen ersten Mord begangen hat und seit 1861 als Anführer einer bisweilen mehr als 100 Mann zählenden Banditenhorde, die sich ironischerweise »The Innocents« nennt, die Staaten und Territorien Washington, Idaho und Montana heimsucht, wird von einem Vigilanten-Komitee der Bürger von Barnack, Montana, am 10. Januar 1864 erhängt. Plummer selbst soll 15 Morde begangen haben, seine Bande über 100.

Film: 1949 *The Last Bandit. R* Joe Kane. *D* William Elliott (Plummer). Plummer wandelt sich vom Banditen zum Helden und vereitelt einen Eisenbahnüberfall, den sein fiktiver Bruder plant. *P* Republic.

Geboren: Charles Marion Russell, in St. Louis, Missouri, als Nachfahre des ersten weißen Siedlers in Colorado und des ersten amerikanischen

Gouverneurs von Neu-Mexiko; geht 1880 nach Montana und wird dort Cowboy, Maler und Schriftsteller; arbeitet bis 1892 auf Ranches, lebt dann als Maler und Bildhauer in Great Falls und genießt seinen Ruhm als »the Cowboy artist«.

1865

Ende und Folgen des Bürgerkriegs. Der Bürgerkrieg endet mit dem Sieg der Nordstaaten, und nach einer vorübergegangenen Phase der Nord-Süd-Orientierung kehren die gewaltsam wiedervereinigten Staaten zu ihrer klassischen Ost-West-Orientierung zurück. »Die riesige Energie, die der Krieg freigesetzt hatte, verlagerte sich nun auf die Eroberung des Westens, auf den Bau von neuen Städten und Industrien und den Ausbau von Kommunikationsmitteln« (W. P. Trent, *The Cambridge History of American Literature*).

Das Ende des Krieges beschleunigt die Eroberung des Westens, aber die Kriegsfolgen fördern die Verwilderung des Westens. Die Grenzen von Recht und Unrecht werden verwischt und Kriminalität ist für viele nur das, was Gesetze, die man sich aufgezwungen sieht, so nennen: Crime is a legal concept. »Soziales und wirtschaftliches Chaos, Arbeitslosigkeit, regionale Feindschaften und viele Tausende von Kriegsveteranen, viele von ihnen heimatlos und verbittert, bringen des Landes goldene Zeit der Gesetzlosigkeit von 1865 bis in die späten achtziger Jahre hervor. William Quantrills Guerillas setzten ein Beispiel für viele, die folgen. Sie brachten in das Nachkriegs-Banditentum ihre Erfahrungen als Soldaten und Freischärler ein und kannten sich aus in den Werten von Organisation, Disziplin und Public-Relations, was in den Grenzstaaten gleichbedeutend war mit: auf Raubzug gehen im Namen einer unbesiegten Konföderation. Die James- und Younger-Gang verdiente sich ihren unangefochtenen Platz in der amerikanischen Outlaw-Geschichte zu einem guten Teil dadurch, daß sie sich vor allem auf diese Prinzipien verstand, die Jesse wahrscheinlich kennengelernt hatte, als er mit Quantrill ritt. Für die verarmten Missouri-Farmer und Südstaaten-Sympathisanten, von denen viele öffentliche Ämter bekleideten, waren die Jameses, die Youngers und ihre Verbündeten noble Widerstandskämpfer, die die Yankee-Eisenbahnen und die Yankee-Banken, die Wirtschaftsverbrecher dieser Tage, weniger ausraubten, als sie vielmehr straften« (William J. Helmer, *Playboy*).

Der alte Streit setzt sich bei jeder Gelegenheit fort, und als eine besonders günstige Gelegenheit wird das Aufeinandertreffen der Südstaaten-Cowboys und der Nordstaaten-Ordnungshüter in der kommenden Zeit der Herdentrecks und der Cow-Towns erkannt: »Der Bürgerkrieg war zwar zu Ende, aber noch so manches Jahr sollten Texaner die Fehde in den Kuhstädten von Kansas weiterführen, wo sie die Yankee-Sheriffs provozierten und ihre überschüssigen Energien in wilden Saloon-Schlachten oder plötzlich explodierenden Schießereien auf den Straßen entluden« (Dee Brown/Martin F. Schmitt, *Trail Driving Days*).

»Vielleicht sollten wir uns wünschen, daß der Süden gewonnen hätte«, schreibt ein Historiker unserer Tage, Richard Rhodes. »Der Süden kämpfte, um die Sklaverei zu verteidigen, und insofern war er auf schreckliche, tragische Weise im Unrecht; aber der Süden kämpfte auch, um das Ländliche, das Lokale, das Hausgemachte zu verteidigen, und wir sollten uns heute wünschen, daß er diesen Kampf gewonnen hätte, selbst wenn wir froh sind, daß er jenen anderen verloren hat. Diejenigen, die heute die Wildnis und die Natur gegen eine wildgewordene Technologie verteidigen, die Sierra Clubs und die Environment Defense Funds, sie tun nichts anderes, als den gleichen Kampf noch einmal zu kämpfen, aber diesmal gegen eine noch verzweifeltere Übermacht.« Der Outlaw, vom Zeitgenossen als Kämpfer wider den technologisch-kapitalistischen Fortschritt verehrt, wird von der modernen Ökologie in gleicher Funktion neu eingesegnet.

Western über Südstaaten-Probleme nach dem Bürgerkrieg: 1941 *Texas.* *R* George Marshall. *D* William Holden, Glenn Ford. *P* Columbia. 1950 *Dallas.* *R* Stuart Heisler. *D* Gary Cooper. *P* Warner Bros. 1952 *Horizons West.* *R* Budd Boetticher. *D* Robert Ryan. *P* Universal. 1953 *The Vanquished.* *R* Edward Ludwig. *D* John Payne. *P* Paramount. 1953 *Ride Vaquero.* *R* John Farrow. *D* Anthony Quinn, Robert Taylor. *P* MGM. 1953 *Thunder over the Plains.* *R* André de Toth. *D* Randolph Scott, Lex Barker. *P* Warner Bros. 1956 *Three Violent People.* *R* Rudolph Maté. *D* Charlton Heston. *P* Paramount. 1957 *Drango.* *R* Hall Bartlett, Jules Bricken. *D* Jeff Chandler. *P* Earlmar Prod/United Artists. 1960 *The Last Sunset.* *R* Robert Aldrich. *D* Kirk Douglas. *P* Universal. 1964 *Invitation to a Gunfighter.* *R* Richard Wilson. *D* Yul Brynner. *P* Stanley Kramer. 1966 *I Crudeli.* *R* Sergio Corbucci. *D* Joseph Cotten. 1966 *Gli uomini dal passo pesante.* *R* Albert Band. *D* Joseph Cotten. 1969 *The Undefeated.* *R* Andrew V. McLaglen. *D* John Wayne, Rock Hudson. 1970 *Rio Lobo.* *R* Howard Hawks. *D* John Wayne. 1975 *Das Tal der tanzenden Witwen.* *R* Volker Vogeler. *D* Harry Baer. *P* Albatros. 1976 *The Outlaw Josey Wales.* *R* und *D* Clint Eastwood. *P* Malpaso.

Siehe auch Filmographien ›Jesse James‹, 1882, und ›Younger Brothers‹, 1876.

Quantrills Ende. Nach Kriegsende wird Quantrills Guerillaheer von der Nordstaaten-Armee zersprengt. In vereinzelten Banden führt es den Kleinkrieg noch lange weiter. Quantrill selbst wird mit einigen seiner Männer in Kentucky aufgespürt. Nach einer Schießerei kommt er schwerverletzt in das Militärgefängnis von Louisville, wo er am 6. Juni 1865 stirbt. In der Folklore wird aus dem Partisanen-General William Clark Quantrill der furchtlose, einzelgängerische Straßenräuber und Outlaw Charlie Quantrell, »in Kanses he did dwell«, der nie einem Armen etwas zuleide tut, »but what he taken from the rich, like toffs and like best, he always did divide it with the widows in distress«. Die Ballade referiert seine edlen Taten und findet zu einem tränenreichen Ende:

Now Charlie, being an outlaw, upon the mountains high
With infantry and cavalry to take him they did try,
But he hid among the bush that grew upon the field
And received nine dreadful wounds before that he would yield.

Chorus:
Charlie Quantrell-o, Charlie Quantrell-o,
O bold, gay, and daring stood old Charlie Quantrell-o.

It was a little prairie, a place they call Lamar,
Where Charlie and his comrades were forced to suffer sore.
The jury found them guilty and the judge gave this reply:
»For robbing on the highway you are comdemned to die.«

»Now farewell, dear wife and my little children three,
And you, my aged father, who sheds tears for me,
And likewise my dear old mother, who tore her hair and cried,
Saying, ›It were better, charlie, in your cradle you had died.‹«

Der Film folgt in diesem Fall nicht der Legende, sondern porträtiert Quantrill meist als dämonischen Wüterich. (In Film und Literatur findet man gelegentlich die Schreibweise Quantrell; der Held selbst scheint sich aber Quantrill geschrieben zu haben.)

Filmographie Quantrill: 1914 *Quantrell's Son. R* Robert T. Thornby. 1000 Fuß. *P* Vitagraph. 1940 *Dark Command. R* Raoul Walsh. *D* John Wayne, Walter Pidgeon. Quantrills Guerillakrieg als Hintergrund der Liebesgeschichte zwischen Kansas-Cowboy und Aristokratentochter aus dem Süden. *P* Republic. 1947 *Renegade Girl. R* William Berke. *D* Ray Corrigan (Quantrill). *P* Screen Guild. 1950 *Kansas Raiders. R* Ray Enright. *D* Audie Murphy, Brian Donlevy (Quantrill). Junger Idealist tritt in Quantrills Bande ein und erlebt mit, wie aus dem blindwütigen Marodeur ein anständiger Kämpfer für die Sache des Südens wird, der sich in seinem letzten Gefecht für seine Leute opfert. *P* Republic. 1951 *Red Mountain. R* William Dieterle. *D* Alan Ladd, John Ireland

(Quantrill). Idealistischer Südstaaten-Offizier verliert seinen Glauben an Quantrill und verbündet sich mit Indianern und Farmern, um ihn zu liquidieren. *P* Paramount. 1953 *Kansas Pacific.* *R* Ray Nazzaro. *D* Sterling Hayden, Reed Hadley (Quantrill). Quantrill als Nebenfigur in einer Geschichte über den Bau der Eisenbahnstrecke durch Kansas, kurz vor Ausbruch des Bürgerkrieges. *P* Allied Artists. 1953 *The Woman They Almost Lynched.* *R* Allan Dwan. *D* Joan Leslie, Brian Donlevy (Quantrill). Quantrill als Nebenfigur einer Geschichte über die Rivalität zweier Banditen-Bräute. *P* Republic. 1958 *Quantrill's Raiders.* *R* Edward Bernds. *D* Steve Cochran, Leo Gordon (Quantrill). Südstaaten-Offizier lehnt sich gegen Quantrills Guerillamethoden auf und sorgt dafür, daß die Bürger von Lawrence vor Quantrills Vernichtungs-Strategie gewarnt werden; Quantrill findet beim Sturm auf Lawrence den Tod. *P* Allied Artists. 1960 *Young Jesse James.* *R* William Claxton. *D* Ray Stricklyn (Jesse James), Emile Meyer (Quantrill). 1964 *Arizona Raiders.* *R* William Witney. *D* Audie Murphy, Fred Graham (Quantrell). Quantrill als Nebenfigur einer Geschichte über die leidvollen Nachkriegserlebnisse eines Südstaaten-Soldaten. *P* Admiral. 1969 *Ride a Wild Stud.* *R* Revilo Ekard. *D* Hale Williams, Bill Ferrill (Quantrill). Sex-Film über das ausschweifende Liebesleben der Quantrillbande, die in ihrem Hauptquartier, dem »Pleasure House« eine Orgie nach der anderen feiert. *P* Vega International.

Das Ende von Julesburg. Durch das Sand Creek Massaker aufgebracht, begehen die Sioux und Cheyennes eine Serie von Überfällen auf Wagentrecks und Poststationen entlang des South Platte. Ihren spektakulärsten Erfolg erringen sie mit der zwölftägigen, erfolgreichen Belagerung der Stadt Julesburg, Ohio. 1859 gegründet, hatte Julesburg sich durch sein extrem niedriges Sittenniveau den Beinamen »wickedest city on the plains« verdient. Nachdem die Sioux und Cheyennes die Bevölkerung ausgehungert haben, stürmen sie die Stadt und brennen sie nieder. Julesburg ist die einzige Stadt des Westens, die als direkte Folge eines Indianerangriffes vernichtet wird.

Karrieren der Revolvermänner.

Wild Bill Hickok geht nach dem Ende des Bürgerkrieges nach Springfield. Dort begegnet er seinem ersten Biographen, Colonel George Ward Nichols. Nach dem zweifelhaften Ausgang eines Pokerspiels erschießt er auf dem Marktplatz der Stadt seinen Freund David K. Tutts. Das Gericht billigt ihm Notwehr zu und spricht ihn frei.

Ben Thompson wird in Texas wegen eines im Kriege begangenen Mordes verhaftet. Er bricht aus der Haft aus und geht nach Mexiko, um dort für Kaiser Maximilian gegen die Juaristen zu kämpfen.

John Wesley Hardin begeht mit 12 Jahren seinen ersten Mord: Er erschießt einen Neger, nach einer Auseinandersetzung bei der Zuckerrohrernte. Sein Vater fürchtet, daß die Yankees ihn zum Tode verurteilen werden und versteckt ihn, »until Yankee bayonets should cease to govern«. Eine Unions-Patrouille spürt den jungen John Wesley auf; er legt ihr einen Hinterhalt und tötet drei Soldaten.

Die Indianerarmee.

Around her neck she wore a yellow ribbon
She wore it in December and in the month of May
Hey! Hey!
And if you asked her why the hell she wore it,
She wore for a soldier who was in the cavalry.

Chorus:
Cavalry! Cavalry!
She wore it for a soldier who was in the cavalry!

Lied der Indian Fighting Army, Titellied von John Fords *She Wore a Yellow Ribbon.*

Die Kavallerie in *Major Dundee* von Sam Peckinpah, 1964.

Nach Kriegsende wird die Unions-Armee demobilisiert und auf den Bestand der »regular army« reduziert, deren Hauptaufgabe, neben einiger Jahre Besatzungstätigkeit in den Südstaaten, der Krieg gegen die Indianer wird; für die Zeit von 1865 bis 1892, in der mehr als 200 Gefechte, Schlachten und Massaker stattfinden, wird das amerikanische Militär zur »Indian Fighting Army«.

»Es ist eine armselige Armee, schlecht besoldet (ein Rekrut erhält 13 bis 16 Dollar Sold im Monat, ein Captain nach 20 Dienstjahren immer noch nicht mehr als 233 Dollar), denkbar heterogen zusammengesetzt aus Männern, die viele Malaisen und Frustrationen mit sich schleppen. Veteranen des Bürgerkriegs waren als Freiwillige willkommen, von den Offizieren der höchsten Ränge bis zum einfachen Rekruten; aber andere Einstufungen im Rang waren in dieser neuen, drastisch reduzierten Organisation unvermeidlich. Aus Korps-Kommandeuren wurden Colonels, aus Brigade-Kommandeuren Majore und Captains und nicht wenige, die Regimenter von Freiwilligen in der Schlacht kommandiert hatten, mußten es hinnehmen, als Second Lieutenants eingegliedert zu werden. Vielen standen lange Jahre ohne die Chance einer Beförderung bevor. Grauhaarige Lieutenants waren keine Seltenheit in den Indianerkriegen. Einer ging so mit 64 in Pension.

Während der ganzen Zeit der Indianerkriege hatte die Armee Zulauf von der Creme wie aus der Gosse der Gesellschaft. Farmjungen, gelangweilte Büroangestellte, Geschäftsleute, die sich im Suff ruiniert hatten; verwahrloste Strolche von der Bowery; Kriminelle, die auf der Flucht vor der Polizei waren und unter falschem Namen in den ›Dienst des Vaterlands‹ traten; Glücksritter, die mit der Armee nur zu den Goldfeldern kommen wollten und dann bei der ersten Gelegenheit desertierten. Aber diese Armee war auch noch wegen anderer Eigenheiten bemerkenswert. Eine erstaunliche Anzahl von Männern war körperlich nicht ganz intakt; nicht gerade verkrüppelt, aber bei einer Weltkriegs-Musterung im 20. Jahrhundert wären sie nie durchgekommen. Tausende trugen Wunden aus dem Bürgerkrieg und aus früheren Indianer-Kampagnen. Ein einarmiger General ritt in Begleitung eines Adjutanten mit einem künstlichen Bein. Fehlende Finger und Zehen wurden als kleinere Defekte angesehen. Ein einziges gutes Auge galt als ausreichend. Was die nationale Herkunft der Soldaten betraf, so konnte es diese amerikanische Armee mit der französischen Fremdenlegion aufnehmen. Neben geborenen Amerikanern gab es Iren, Deutsche, Franzosen, Briten, Skandinavier, Italiener, Russen und andere mehr. 1871 spielten deutsche Militärmusiker in verschiedenen Forts ›Die Wacht am Rhein‹, um den Sieg im Deutsch-Französischen Krieg zu feiern; Soldaten französischer Herkunft hatten mit dem Absingen der ›Marseillaise‹ keine Chance gegen das teutonische Geschmetter.

Fast so wie Ausländer wurden kurz nach dem Bürgerkrieg Südstaatler angesehen, die sich freiwillig in die Indianerarmee meldeten, weil sie im verarmten Süden keinen Lebensunterhalt fanden oder es nicht ertrugen, unter dem Carpetbagger-Regime zu leben. Unter diesen Freiwilligen waren Offiziere, denen es, da sie gegen die Armee der Vereinigten Staaten gekämpft hatten, durch Gesetz für immer untersagt war, Offiziersränge zu bekleiden und die sich damit begnügen mußten, in den Mannschaften zu dienen. Ein Excaptain der Konföderation wurde Trompeter in der Indianerarmee. Auch Schwarze, viele von ihnen gerade erst aus der Sklaverei entlassen, dienten in dieser kosmopolitischen Armee unter weißen Offizieren. Als ausgezeichnete Reiter, harte Kämpfer und disziplinierte Soldaten formierten sie so ausgezeichnete Regimenter wie die 10. Kavallerie. Ihres Kräuselhaars wegen wurden sie von den Indianern ›Buffalo Soldiers‹ getauft. Und selbst Indianer fehlten nicht in dieser Streitmacht, die gegen ihre eigene Rasse aufgestellt war. Pawnees, Crows, Shoshonen und Rees (Arickaras) zogen die blaue Uniform an und halfen, oft vom Haß gegen die Sioux beflügelt, die Schlachten des weißen Mannes zu schlagen, als hervorragende Scouts und tapfere Krieger. Später wurden aus den unterworfenen Stämmen der Apachen, Cheyenne und Sioux Scout- und Polizei-Kompanien rekrutiert« (Fairfax Downey, *Indian Fighting Army*).

Das Oberkommando über die Armee führt als General-in-Chief der Bürgerkriegsheld und spätere US-Präsident Ulysses Grant. Sein Generalstabschef ist William Tecumseh Sherman, das Department of the West untersteht Philip H. (Phil) Sheridan. Zu den Kommandeuren, die in den Indianerkriegen zur Prominenz gelangen, gehören George Crook, Ranald Slidell Mackenzie, Nelson A. Miles, E. R. S. Canby, Oliver O. Howard, Alfred H. Terry, John Gibbon, George A. Custer und Wesley Merritt.

Powder River-Expedition. Mit der Powder River-Expedition beginnt die Zeit der großen Indianerkriege. Von Fort Laramie aus zieht ein Aufgebot von 1716 Mann, darunter die Pawnee-Scouts von Captain Frank North und Veteranen wie Jim Bridger, unter dem Kommando von General Patrick E. Connor gegen die Sioux, Arapahos und Cheyennes. Es kommt zu einer Reihe kleinerer Treffen mit den Indianern, dann wird die schlecht vorbereitete und von Naturkatastrophen heimgesuchte Expedition abgeblasen.

Vor dem großen Viehtreiben. In Chikago, am Knotenpunkt von neun Eisenbahnlinien, eröffnen zu Weihnachten 1865 die Schlachthöfe der Chicago Union Stock Yards ihren Betrieb. Das Schlachtvieh ist im Norden rar und teuer, im Süden im Überfluß vorhanden und entsprechend billig. Die Route, auf der das Vieh von Texas über den Red River durch das Indian Territory nach Kansas getrieben werden kann, zum Weitertransport nordwärts mit der Eisenbahn, wird 1865 erstmals von dem Händler Jesse Chisholm benutzt, und zwar auf einer Fährte, die ein Delawaren-Scout namens Black Beaver schon Jahre zuvor für Expeditions-

und Kriegszwecke gefunden hat: sie wird berühmt als Chisholm Trail.

Kupfer in Arizona. Soldaten, die während des Bürgerkriegs in Arizona bei der Verfolgung von Apachen auf Kupfer gestoßen sind, kehren an die Fundstelle zurück und stecken ihren Claim ab. Daraus entwickelt sich das später Morenco genannte Kupferabbaugebiet an der Grenze zu New Mexico.

Film: 1950 *Copper Canyon. R* John Farrow. *D* Ray Milland. *P* Paramount.

1866–1869

Red Clouds Krieg. Um den Bozeman Trail zu sichern, eine neue Reise- und Frachtroute zwischen Virginia City und Fort Laramie, lädt die Regierung die Sioux, durch deren Gebiete am Yellowstone River, Big Horn River und Powder River der Trail führt, zu einer Konferenz. Die Sioux sollen die Sicherheit des Bozeman Trails garantieren und dem Bau von drei Forts entlang seiner Route, Fort Kearny, Fort Reno und Fort C. F. Smith, zustimmen. Noch bevor es zu einer Einigung mit den Sioux kommt, führt Colonel Henry B. Carrington rund 1000 Mann Soldaten und Bauarbeiter in das Gebiet, um mit dem Bau der Forts zu beginnen. Der Häuptling Red Cloud, der zum Anführer der Sioux wird, verläßt unter Protest die Konferenz: »Der große Vater schickt uns Geschenke und will, daß wir ihm die Straße verkaufen, aber ehe die Indianer noch ja oder nein sagen können, kommt der weiße Häuptling, um die Strecke zu stehlen.« Carrington beginnt mit dem Bau der Forts, und der Häuptling führt die Sioux in einen erfolgreichen Kleinkrieg gegen Carringtons Truppen und Bauzüge und gegen die Reisenden auf dem Bozeman Trail: Red Cloud's War. Seinen Höhepunkt findet dieser Krieg in dem sogenannten Fetterman-Massaker.

William J. Fetterman ist ein Captain in Fort Phil Kearny, der gelegentlich geprahlt hat, mit achtzig Mann würde er spielend die ganze Sioux-Nation aufrollen. Am 21. Dezember 1866 rückt er mit 76 Mann aus, um einen Angriff auf eine Bautruppe zurückzuschlagen. Fettermans Abteilung wird von Sioux und Cheyenne bis zum letzten Mann aufgerieben. Auch die Indianer erleiden schwere Verluste: über 200 Tote und Verwundete. Der Sieger des Treffens, das von den Indianern »Die Schlacht der Hundert Erschlagenen« genannt wird, ist der junge Crazy Horse, der sich hier erstmals auszeichnet. Carrington wird seines Postens enthoben. General Sherman ordnet eine totale Kriegführung gegen die Indianer an, auch gegen die indianischen Frauen und Kinder. Red Clouds Stellung unter den Indianern wird durch das Fetterman-Massaker gestärkt, und obwohl er 1867 bei zwei Schlachten, dem Hayfield Fight und dem Waggonbox Fight, Niederlagen hinnehmen muß, kann er im Friedensvertrag vom November 1868 seine Forderungen durchsetzen: Abzug der Truppen vom Bozeman Trail und Aufgabe der drei Forts.

Filme: 1908 *Red Cloud.* 1911 *Red Cloud's Secret.* 1925 *Warrior Gap.* 1936 *The Glory Trail. R* Lynn Shores. *D* Tom Keene. 1950 *Tomahawk. R* George Sherman. *D* John War Eagle (Red Cloud), Preston Foster (Carrington), Arthur Pace (Fetterman), Van Heflin (Jim Bridger). *P* Universal. 1953 *The Great Sioux Uprising. R* Lloyd Bacon. *D* Jeff Chandler, John War Eagle (Red Cloud). *P* Universal. 1953 *Jack McCall Desperado. R* Sidney Salkow. *D* George Montgomery (Jack McCall), Jay Silverheels (Red Cloud). *P* Columbia. 1955 *The Indian Fighter. R* André de Toth. *D* Kirk Douglas, Eduard Franz (Red Cloud), Lon Chaney jr. (Chivington). *P* Bryna (Kirk Douglas). 1955 *The Gun That Won the West. R* William Castle. *D* Dennis Morgan. *P* Columbia. 1957 *Ride Out for Revenge. R* Bernard Girard. *D* Lloyd Bridges. *P* Bryna (Kirk Douglas). 1964 *Sette ore di fuoco. R* José Romero Marchent. *D* Clyde Rogers (Buffalo Bill), Adrian Hoven (Bill Hickok), Ricardo Rodriguez (Red Cloud). *P* PEA.

Männer des Gesetzes – Sheriffs und Marshals

Mit der Zeit der großen Revolvermänner kommt auch die Zeit der Lawmen, der Sheriffs und Marshals – nicht nur, weil zum Gesetzesbrecher die Gegenfigur des Gesetzeshüters gehört, sondern auch, weil unter den herrschenden Umständen die Qualifikationen für die beiden Berufe annähernd identisch sind, und die sie ausübenden Personen infolgedessen auch. Die Gesellschaft braucht zum Schutz ihrer Ordnung Männer, die den Störern dieser Ordnung gewachsen sind; als pragmatisches Verfahren bietet sich die Austreibung des Teufels durch Beelzebub an, die Legalisierung der gefährlichen Talente von Revolvermännern durch ihre amtliche Indienstnahme. Dem Mann von der anderen Seite des Gesetzes ist so eine Berufung immer nur recht; sie gibt seinem spezifischen Temperament einen weiteren Aktionsradius und sieht auch finanziell interessant aus.

So wird Wild Bill Hickok 1871 Marshal von Abilene. Dave Mather steht am 4. November 1879 in Las Vegas wegen Beteiligung an einem Postkutschenüberfall vor Gericht; zwei Wochen später verhindert er als Deputy Marshal einen Gefangenenausbruch. Der schlimme Wyatt Earp setzt wiederholt alles daran, Sheriff zu werden; er schafft es nie, außer in seiner Legende. Er ist als Schurke nicht talentiert genug, um sich zum Gesetzesmann zu qualifizieren. Seine Moral hätte niemanden gestört. »Die ganze Pioniergesellschaft nahm es nicht so genau. Niemand interessierte sich für die guten oder schlechten Charaktereigenschaften eines Mannes, der öffentliche Aufgaben wahrzunehmen hatte. Man beurteilte einen Mann lediglich nach der Arbeit, die er leistete. War sie zufriedenstellend, bestand kein Anlaß, ihn nicht zu beschäftigen. War sie es nicht, wurde er gefeuert« (Christopher S. Hagen, Sheriffs, Outlaws und Banditen*).*

Die Exekutive der Gesetzesfront im Westen gliedert sich in den Sheriff, den Town-Marshal und den US-Marshal; dazu kommen noch die Hilfskräfte dieser Amtsträger.

Der Sheriff ist der Inhaber eines politischen Amtes und wird von der Bevölkerung eines County oder einer Stadt für eine regional unterschiedliche Zeit (zwischen 12 Monaten und vier Jahren) gewählt. Jedermann kann sich der Wahl stellen. Wie in jeder Kampagne um ein öffentliches Amt werden im Wahlkampf Programme verkündet, Versprechungen gemacht und frühere Verdienste in vergleichbaren Ämtern nicht unter den Scheffel gestellt. (In einem Western von 1939, Wyoming Outlaw, *sieht man am Sheriffs-Office ein Plakat, »Keep Your Friends in Office!«; der bisherige und wieder kandidierende Sheriff verteilt unter der arbeitslosen Bevölkerung Jobs nach Maßgabe der Spenden, die in seinen Wahlkampffonds eingezahlt werden.) Als Exekutivorgan von Justiz und Administration vollstreckt der Sheriff Haftbefehle und Gerichtsurteile; für Festnahmen stehen ihm im allgemeinen Prämien zu, was das Amt lukrativ macht und manchen Sheriff auf den Gedanken bringt, nach Ablauf seiner Dienstzeit ganz in das Lager der Kopfgeldjäger überzuwechseln. Auch das Eintreiben von Steuern, das zum Aufgabenkreis des Sheriffs gehört, wirft einen Nebenverdienst ab, nämlich 5 Prozent der vereinnahmten Summen. Solche Annehmlichkeiten machen das Amt für fragwürdige Typen attraktiv und sind geeignet, auch ursprünglich integre Amtsträger zu korrumpieren.*

Der Town-Marshal ist der von einer Stadtverwaltung ernannte und jederzeit kündbare oberste Polizeibeamte einer Stadt. Sein Wirkungsbereich endet an den Stadtgrenzen, was unter anderem bedeutet, daß er Übeltäter nicht außerhalb dieser Grenzen verfolgen oder festnehmen kann. Der Town-Marshal ist verantwortlich für die Aufrechterhaltung von Ruhe und Ordnung, wobei er sich an die örtliche Gesetzgebung zu halten hat. »Ungleich stärker als die Gesetzeshüter von Bund oder County schwebte der Town-Marshal stets in der Gefahr, durch Schüsse fataler Natur sein Leben einzubüßen, denn die Rowdie-Elemente versammelten sich in den Saloons, Spielhöllen und Bordellen der Siedlungen, und der Town-Marshal war in seinen Dienststunden fast ständig in

Tuchfühlung mit diesen Typen« (Denis McLoughlin, Wild and Wooly*).*

Der United States- oder US-Marshal wird von der Bundesregierung in Washington ernannt, bleibt bis zu seiner Abberufung durch die Regierung (z. B. infolge eines Regierungswechsels) im Amt und ist für die Durchsetzung von Bundesgesetzen und für den Schutz von bundesstaatlichen Einrichtungen (etwa der US-Post oder der US-Armee) verantwortlich. Sein Wirkungsbereich ist ein Staat oder Territorium, bei großer Ausdehnung solcher Gebiete auch ein Teil eines Staats oder Territoriums. Als Bundesbeamter kann er in Ausübung seiner Pflichten die Grenzen seines Wirkungsbereichs überschreiten, hat dabei aber darauf zu achten, daß er nicht in die Kompetenzen von Sheriffs oder Town-Marshals eingreift.

Sheriffs und Marshals haben das Recht, einen Teil ihrer Aufgaben an Stellvertreter, die Deputies, die von ihnen selbst oder von ihren vorgesetzten Dienststellen ernannt werden, zu delegieren. Zu den Hilfskräften der Town-Marshals gehören außerdem gewöhnliche Polizisten (Policemen, auch Constables genannt). Der Sheriff hat das Recht, in dringenden Fällen aus Bürgern, die von ihm eingeschworen werden, eine ad hoc-Streitmacht, die sogenannte Posse, zu rekrutieren.

Im Film erfreut sich der Mann mit dem Stern eines guten Images; er ist »das leuchtende Bild des gerechten Mannes« (Jenni Calder, There Must be a Lone Ranger*). Aber diesem Bild werden eigentlich nur die ungezählten Sheriffs und Marshals gerecht, die in mindestens zwei Dritteln aller Western als Nebenfiguren auftauchen, als unproblematische, unpersönliche Gesetzeshüter, als gutfunktionierende Anlaufstellen in Rechtsfragen. Der Sheriff als Held ist selten mit dem Recht verheiratet, und der uneigennützige Dienst an der Gemeinschaft ist ihm kein tiefes Anliegen. Der Titel des ersten Western, der von einem Sheriff handelt, heißt* The Sheriff's Girl *(1909); ihm folgt eine Fülle von meist gutmütig-humorigen Filmen, deren programmatische Titel den Sheriff mit* *seinem Baby, seiner Frau, seinem Sohn, seiner Tochter oder seinem Sweetheart zusammenbringen. Solche Titel plaudern arglos aus, was spätere Sheriff-Filme durch Sophistifikation und Mythifikation verschleiern, aber nie ganz verbergen: Der Einsatz für Recht und Ordnung motiviert sich für den Sheriff nicht aus der Begeisterung für diese Werte und schon gar nicht durch das Geld, das das Amt abwirft, sondern durch ein edles privates Anliegen: ein Kind wird erschossen, eine Verlobte wird entführt, ein Bruder wird unschuldig verfolgt, einem Vater wird das Vieh gestohlen, und so fort.*

Es geht um Rache und um Rehabilitation, um Privatfehden, die sich erfolgreicher durchführen lassen, wenn man den Stern an der Brust trägt; aber weil diese sehr privaten Kreuzzüge meist auch einen Nutzen für die Allgemeinheit abwerfen, kann man nicht geradezu von Amtsmißbrauch sprechen. Wenn man die Spielregeln des Western oder des Westens für etwas Edles hält, gehört auch die Einhaltung des Code of the West zu den edlen privaten Motivationen des Sheriffs. Weil ein Mann nicht wegläuft, sondern tut, was ein Mann zu tun hat, schießt Gary Cooper sich in High Noon *mit seinen alten Feinden; weil die Einwohner von Hadleyville ihm diesen Eigensinn nicht honorieren, sondern ganz richtig meinen, er müsse ja das, was ein Mann zu tun hat, nicht unbedingt vor ihrer Haustür tun, wirft er ihnen mit der verbitterten, verzweifelten, angeekelten Geste, die den Sheriff des reifen Edel-Western auszeichnet, den Stern vor die Füße.*

Als Mann des Westens bleibt der Sheriff eher der Gesellschaft, der er sich verpflichtet hat, etwas schuldig, als sich und seinen Feinden. In die Höhe eines kategorischen Imperativ wird dieser Grundsatz erhoben, wenn es sich bei dem Feind um einen Freund-Feind handelt. In The Law and Jack Wade *holt Robert Taylor, früher Krimineller, jetzt auf der Seite des Rechts, seinen ehemaligen Kumpan Richard Widmark aus der Zelle, in der der verurteilte Mörder auf seine Hinrichtung wartet. Er glaubt, ihm das schuldig zu sein, aber nachdem er erst einmal die Moral, auf die sich Recht und Ordnung gründen, zugunsten der Spielregel-Moral, die für das Selbstverständnis des Westerners wichtig ist, hintan gestellt hat, nimmt das Spiel um die Frage, wer wem noch etwas schuldig ist und ob man nun miteinander quitt ist oder nicht, überhaupt kein Ende mehr. Zum schlimmen Schluß macht der böse Widmark den guten Taylor darauf aufmerksam, daß er nach den Spielregeln ein Anrecht darauf hat, zum Showdown einen Revolver zu bekommen. Taylor wirft einen Revolver in die Gegend und fordert Widmark auf, ihn sich zu holen. Das ist nicht der richtige Stil, findet Widmark: »Ich hätte ihn dir in die Hand gegeben!«*

Solange der Mann des Gesetzes der Fair Play-Schießethik den Vorzug vor der gesellschaftlichen Rechtsmoral gibt, optiert er selbst für die Außenseiterposition, die er eigentlich ihrem legitimen Besitzer, dem Kriminellen überlassen sollte. Der Western führt um diese heikle Frage einen wahren Eiertanz auf, und das bis in die späten fünfziger Jahre. In Warlock *(1959) redet Henry Fonda als Sheriff sich darauf hinaus, daß bei unklaren und ungeordneten politischen Verhältnissen die Spielregel-Moral der Schießhelden beiderseits des Gesetzes die einzige Norm ist, an die man sich halten kann: »Das erste Mal ist alles klar. Später ist nie mehr etwas klar. Was zählt, sind nur die Regeln. Halte die Regeln fest, als ob du ein rohes Ei festhältst!« Aber einige Jahre später werden im Spät-Western diese feinen Maximen mutig und gutgelaunt auf den Müll gekehrt. Am Schluß von* El Dorado *(1966) erledigt John Wayne als Freund und Helfer des Sheriffs Robert Mitchum den Oberbösewicht mit einem ganz unfairen Trick, und als der Sterbende schier fassungslos reklamiert, daß Wayne ihm ja gar keine Chance gegeben hätte, antwortet dieser herzlos: »Du bist zu gut, als daß man dir eine Chance geben könnte.«*

Neben dem Sheriff mit dem edlen privaten Anliegen und dem Sheriff, den die unheiligen Mysterien des Code of the West mit dem Schurken verbinden, kennt schon der frühe Western den Sheriff, der einfach nur böse und korrupt ist, den Schurken, der den Stern

John Wayne in *Rooster Cogburn* von Stuart Millar, 1976 (links oben).
Gary Cooper und Otto Kruger in *High Noon* von Fred Zinnemann, 1952 (links unten).
Kirk Douglas in *Posse* von Kirk Douglas, 1975 (oben).

wie eine Tarnkappe trägt. Schärfer profiliert wird dieser schmähliche Diener des Rechts dann in den Western der dreißiger Jahre, der sich auf die Darstellung der komplizierten Verhältnisse und Machtstrukturen in der Wide Open Town einläßt. Hier tritt der Mann mit dem Stern als unfreiwilliger (wenn es sich um eine schwache oder feige Person handelt) oder als freiwilliger Helfershelfer der Politiker und Geschäftsleute auf, die aus Profit- oder Machtgier als Racket ein Gebiet unter ihre Kontrolle bringen. Damit der Ruf der Ordnungshüter in solchen Filmen nicht völlig ruiniert wird, findet sich im Lauf der Handlung häufig eine Heldenfigur ein (meist ein von außerhalb kommender Cowboy oder anderweitig bereits als Rechtswahrer bewährter Mann), der auf einer Woge allgemeiner Zustimmung zum Marshal oder Sheriff gemacht wird und das Ansehen des Standes wiederherstellt. Im allgemeinen ist das ein unfreiwilliger Held, der sich aus privaten und emotionalen Gründen zur Annahme des Amtes bewegen läßt, und sein Verhältnis zur Spielregel-Moral ist eindeutig positiv; und damit schließt sich dann der Kreis.

Sheriff- und Marshal-Filme: 1909 *The Sheriff's Girl.* 960 Fuß. *P* Centaur. 1911 *The Sheriff* (I). 730 Fuß. *P* Selig. 1910 *The Sheriff and His Son.* 900 Fuß. *P* Champion. 1910 *The Sheriff and Miss Jones. P* Powers. 1910 *The Sheriff and the Detective.* 950 Fuß. *P* Champion. 1910 *The Sheriff of Black Gulch.* 992 Fuß. *P* Bison. 1910 *The Sheriff's Capture.* 990 Fuß. *P* Lubin. 1910 *The Sheriff's Daughter.* 925 Fuß. *P* Centaur. 1910 *The Sheriff's Sacrifice. R* G. P. Hamilton. *D* Broncho Billy Anderson. 950 Fuß. *P* Essanay. 1911 *The Sheriff* (II). 4 Szenen. *P* Edison. 1911 *The Sheriff* (III). *R* G. P. Hamilton. *D* Broncho Billy Anderson. 1000 Fuß. *P* Essanay. 1911 *The Sheriff and the Man.* 1000 Fuß. *P* Lubin. 1911 *The Sheriff of Tuolumne. P* Selig. 1911 *The Sheriff's Brother* (I). *D* Broncho Billy Anderson. 1000 Fuß. *P* Essanay. 1911 *The Sheriff's Brother* (II). *D* George Gebhart. *P* Bison. 1911 *The Sheriff's Captive.* 1000 Fuß. *P* American. 1911 *The Rustler Sheriff. R* Allan Dwan. *D* J. Warren Kerrigan. 1000 Fuß. *P* American. 1911 *The Sheriff's Chum. D* Broncho Billy Anderson. 1000 Fuß. *P* Essanay. 1911 *The Sheriff's Decision.* 1000 Fuß. *P* Essanay. 1911 *The Sheriff's Friend.* 1000 Fuß. *P* Vitagraph. 1911

The Sheriff's Love. P Bison. 1911 *The Sheriff's Mistake* (I). *D* Violet Mersereau. *P* Nestor. 1911 *The Girl and the Sheriff* (I). *D* Helen Gardner. 1000 Fuß. *P* Vitagraph. 1911 *The Sheriff's Sister* (I). 1000 Fuß. *P* Kalem. 1911 *The Sheriff's Sisters. R* Allan Dwan. *D* J. Warren Kerrigan, Pauline Bush. 1000 Fuß. *P* American. 1911 *The Sheriff's Sweetheart.* 800 Fuß. *P* American. 1912 *The Sheriff and His Man. D* Arthur Mackley. 1000 Fuß. *P* Essanay. 1912 *Sheriff Jim's Last Shot.* 1000 Fuß. *P* Vitagraph. 1912 *The Sheriff of Stony Butte. R* Frank Morty. *D* J. Barney Sherry. *P* Bison. 1912 *The Sheriff Outwitted* (I). *D* Lee Moran. *P* Nestor. 1912 *The Sheriff Outwitted* (II). *P* Comet. 1912 *The Sheriff Pro Tem. D* Mildred Bracken. 1000 Fuß. *P* Melies. 1912 *The Sheriff's Adopted Child. R* Frank Morty. *D* J. Barney Sherry. *P* Broncho. 1912 *The Sheriff's Brother* (III). *D* Paul Panzer. *P* Pathé. 1912 *The Sheriff's Daughter* (II). 1000 Fuß. *P* Melies. 1912 *The Sheriff's Daughter* (III). 1000 Fuß. *P* Lubin. 1912 *The Sheriff's Inheritance.* 1000 Fuß. *P* Essanay. 1912 *The Sheriff's Luck. D* Arthur Mackley. 1000 Fuß. *P* Essanay. 1912 *The Sheriff's Mysterious Aide. P* Bison. 1912 *The Sheriff's Prisoner* (I). *P* Lubin. 1912 *The Sheriff's Reward* (I). *P* Bison. 1912 *The Sheriff's Round-Up. D* Jack Conway. *P* Nestor. 1912 *The Marshall's Honeymoon. P* Eclair. 1912 *The Girl and the Sheriff* (II). *R* Alfred E. Christie. *D* Betty Keller. *P* Nestor. 1913 *The Sheriff* (IV). *P* Reliance. 1913 *The Sheriff and the Rustler.* Zweiakter. *P* Selig. 1913 *The Sheriff of Cochise.* 1000 Fuß. *P* Essanay. 1913 *The Sheriff of Stone Gulch.* 1000 Fuß. *P* Kalem. 1913 *The Sheriff of Yawapai County. R* und *D* William Duncan. 1000 Fuß. *P* Selig. 1913 *The Sheriff's Devotion. P* American. 1913 *The Sheriff's Baby. R* D. W. Griffith. *D* Lionel Barrymore. 1004 Fuß. *P* Biograph. 1913 *The Sheriff's Child.* 1000 Fuß. *P* Essanay. 1913 *The Sheriff's Honeymoon.* 1000 Fuß. *P* Essanay. 1913 *The Sheriff's Reward* (II). *P* Pathé. 1913 *The Sheriff's Rival. P* Frontier. 1913 *The Sheriff's Son.* 1913 *The Sheriff's Story* (I). *D* Arthur Mackley. 1000 Fuß. *P* Essanay. 1913 *The Sheriff's Warning. P* Nestor. 1913 *The Sheriff's Wife. R* und *D* Arthur Mackley. 1000 Fuß. *P* Essanay. 1913 *The Marshal's Capture. R* William Duncan. 1000 Fuß. *P* Selig. 1914 *The Sheriff at Muscatine.* Zweiakter. *P* KB. 1914 *Sheriff for an Hour. P* Reliance. 1914 *The Sheriff's Story* (II). *D* Arthur Allard. *P* Frontier. 1914 *The Sheriff of Bisbee.* Zweiakter. *P* KB. 1914 *The Sheriff of Willow Gulch. P* Biograph. 1914 *The Sheriff's Choice. R* und *D* Arthur Mackley. *P* Reliance. 1914

The Sheriff's Deputy. P Frontier. 1914 *The Sheriff's Master. P* Reliance. 1914 *The Sheriff's Reward* (III). *R* und *D* Tom Mix. *P* Selig. 1914 *The Sheriff's Sister* (II). Zweiakter. *P* Broncho. 1915 *The Sheriff of Red Rock Gulch. R* und *D* Murdock MacQuarrie. Zweiakter. *P* Big U. 1915 *The Sheriff of Willow Creek. R* Frank Cooley. *D* E. Forrest Taylor. Zweiakter. *P* Mustang/American. 1915 *The Sheriff's Dilemma. D* Harry Carey sr. *P* Biograph. 1915 *The Sheriff's Story* (III). *D* Walter Coyle. *P* Biograph. 1915 *The Sheriff's Streak of Yellow. D* William S. Hart. Zweiakter. *P* KB. 1915 *The Sheriff's Trap. R* George Morgan. *D* Jack Mulhall. *P* Biograph. 1916 *The Sheriff of Pine Mountain. R* Ben Wilson. Zweiakter. *P* Universal. 1916 *The Sheriff's Blunder. R* und *D* Tom Mix. Zweiakter. *P* Selig. 1916 *The Sheriff's Duty. R* und *D* Tom Mix. Einakter. *P* Selig. 1918 *Sheriff Nell's Tussle. R* William Campbell. Zweiakter. *P* Mack Sennett. 1919 *The Sheriff's Son. R* Victor L. Schertzinger. *P* Thomas H. Ince/Paramount. 1920 *Sheriff Nell's Comeback. R* Eddie Cline. Zweiakter. *P* Fox. 1920 *The Sheriff's Oath. R* Philipp Rosen. Zweiakter. *P* Universal. 1921 *Cupid's Brand. R* Rowland V. Lee. *D* Jack Hoxie. Sheriff will drei Banditen aufhängen, weil sie sich weigern, ihre Beute mit ihm zu teilen. *P* Ben Wilson. 1921 *Outlawed. R* Alvin J. Neitz. *D* Bill Patton. US-Marshal und Sheriff rivalisieren um die Gunst eines Mädchens; der Sheriff will den Marshal als Viehdieb festnehmen, der Marshal entlarvt den Sheriff als Banditenführer. *P* Sylvanite. 1921 *Penny of Top Hill Trail. R* Arthur Berthelet. *D* Bessie Love, Wheeler Oakman. Deputy-Sheriff nimmt verdächtiges Mädchen fest; es stellt sich heraus, daß sie ein Filmstar auf der Flucht vor ihren Managern ist. *P* Robert J. Horner. 1921 *Riding With Death. R* Jacques Jaccard. *D* Buck Jones, J. Farrell MacDonald. Texas Ranger jagt schurkischen Sheriff. *P* Fox. 1921 *The Sheriff of Hope Eternal. R* Ben Wilson. *D* Jack Hoxie. Sheriff reinigt seine Frau und deren Bruder vom Mordverdacht. *P* Ben Wilson. 1921 *The Wallop. R* John Ford. *D* Harry Carey sr., William Gettinger. Abenteurer reinigt Sheriff von Mordverdacht, obwohl dieser ihm das Mädchen weggenommen hat. *P* Universal. 1922 *Bell San Juan. R* Scott Dunlap. *D* Buck Jones. Sheriff jagt die Mörder seines Vaters und Entführer seines Mädchens. *P* Fox. 1922 *Cross Roads. R* Francis Ford. *D* Franklyn Farnum. Mexikaner usurpiert Sheriff-Posten und wird von Cowboy entlarvt. *P* William M. Smith. 1922 *A Desert Bridegroom. R* Roy Clements. *D* Jack Hoxie. Sheriff jagt den Mörder seiner Schwester. *P* Ben

Wilson. 1922 *Good Men and True. R* Val Paul. *D* Harry Carey, Noah Beery. Ehrgeiziger Sheriffskandidat stürzt kurz vor den Wahlen den anständigen Gegenkandidat von einer Klippe; das Opfer erholt sich, gewinnt die Wahl und macht den Schurken unschädlich. *P* Universal. 1922 *The Marshal of Moneymint. R* Roy Clements. *D* Jack Hoxie, Jim Welch, James Rock, Bill Lester. Marshal gegen Bösewichter, die Minenbesitzer durch Terror um ihren Besitz bringen wollen. *P* Ben Wilson. 1922 *Without Compromise. R* Emmett J. Flynn. *D* William Farnum. Sheriff setzt sich gegen korrupte Politiker durch. *P* Fox. 1922 *Riders of the Law. R* Robert N. Bradbury. *D* Jack Hoxie. Deputy-Sheriff wird als Chef einer Schnapsschmugglerbande entlarvt. *P* Sunset. 1922 *Rounding Up the Law. R* Charles R. Seeling. *D* Guinn »Big Boy« Williams. Cowboy legt einem selbstherrlichen Sheriff das Handwerk. *P* Charles R. Seeling. 1922 *The Sagebrush Trail. R* Robert T. Thornby. *D* Roy Stewart. Sheriff verbietet das Waffentragen in Silvertown und bekommt Schwierigkeiten mit einem Revolvermann, der das Verbot ignoriert; die Sache wird für den Sheriff noch schwieriger, als er entdeckt, daß dieser Mann der Bruder seiner Liebsten ist. *P* Hugh B. Evans. 1922 *The Sheriff of Sun Dog. R* Louis King. *D* William Fairbanks. Nach der gleichnamigen Erzählung von W. C. Tuttle: Sheriff steht Schafzüchtern in ihrem Kampf gegen Viehleute bei. *P* Berwilla. 1922 *Thorobred. R* George Halligan. *D* Helen Gibson. Tochter eines Sheriffs nimmt die Pflichten ihres erkrankten Vaters wahr. *P* Clark-Cornelius. 1922 *When East Comes West. R* Reeves Eason. *D* Franklyn Farnum. US-Marshal gegen Waffenschmuggler. *P* Phil Goldstone. 1922 *Gun Shy. R* Alvin J. Neitz. *D* Franklyn Farnum. US-Marshal gegen eine Bande, die sich eine Mine anzueignen versucht. *P* Phil Goldstone. 1922 *The Lone Rider. R* Denver Dixon. Fred Caldwell. *D* Denver Dixon. Mal als Landstreicher, mal als geheimnisvoller »Lone Rider« getarnt, bringt ein US-Marshal eine Bande von Viehdieben zur Strecke, die mit dem örtlichen Sheriff zusammenarbeiten. *P* D. M. 1922 *West of the Pecos. R* und *D* Neal Hart. US-Deputy-Marshal erledigt eine Mörder- und Entführerbande. *P* William Steiner. 1923 *Kindled Courage. R* William Worthington. *D* Hoot Gibson. Ein Feigling wird aus Versehen zum Sheriff gemacht und bei der Ausübung seines Amtes immer mutiger. *P* Universal. 1923 *The Old Fool. R* Edward Venturini. *D* James Barrow. Sheriff, der sich als Waffenschmuggler betätigt, wird von einem alten Bürgerkriegs-Veteranen verfolgt und erschlagen, und zwar mit dem Kriegsschwert des alten, als schwachsinnig geltenden Herrn. *P* Outlook Photoplays. 1923 *$ 1000 Reward. R* Charles R. Seeling. *D* Guinn »Big Boy« Williams. Fälschlich des Mordes angeklagter Cowboy flieht, wird in einer anderen Stadt Sheriff und findet den Verbrecher, für dessen Taten er büßen sollte. *P* Charles R. Seeling. 1923 *The Seventh Sheriff. R* und *D* Richard Hatton. Da in der Stadt Seely Flats kein Sheriff länger als einen Monat am Leben bleibt, findet sich kein Kandidat mehr für das Amt, bis ein fremder Abenteurer kommt und mit dem Unwesen Schluß macht. *P* Wild West. 1924 *The Last Man. R* Frederick Reel jr. *D* Bill Patton. Mann aus dem Osten kommt in eine gesetzlose Stadt des Westens, stellt sich der Provokation der Schurken, jeder, der es wage, hier Sheriff zu werden, sei »der letzte Mann«, wird Sheriff und setzt Ruhe und Ordnung durch. *P* H. & B. 1924 *The Phantom Horseman. R* Robert N. Bradbury. *D* Jack Hoxie. Sheriff findet heraus, daß der geheimnisvolle Reiter, der im Interesse aller Rancher einen Kleinkrieg gegen eine kriminelle Immobilienfirma führt, der Bruder seiner Liebsten ist. In die Enge getrieben, begeht der Phantomreiter Selbstmord; der Sheriff führt seinen gerechten Kampf zum Sieg. *P* Universal. 1924 *Rip Roarin' Roberts. R* Richard Thorpe. *D* Buddy Roosevelt. Um eine wehrlose, eingeschüchterte Stadt von einer Banditenhorde zu befreien, macht ein Abenteurer sich selbst zum Sheriff und liquidiert die Bande. *P* Approved Pictures. 1924 *Western Yesterdays. R* Francis Ford. *D* Edmund Cobb. Deputy-Sheriff erledigt eine Outlawbande und erringt dadurch die Zuneigung eines Mädchens. *P* Ashton Dearholt. 1924 *Ace of Cactus Range. R* Denver Dixon, Malon Andrus. *D* Art Mix. US-Marshal gegen Diamantendiebe. *P* Feature Pictures. 1924 *The Cowboy and the Flapper. R* Alvin J. Neitz. *D* William Fairbanks. Als Bandit getarnt liquidiert Marshal eine Bande, die ein Mädchen entführt hat. *P* Phil Goldstone. 1925 *Beyond the Border. R* Scott R. Dunlap. *D* Harry Carey sr. Sheriff rehabilitiert den zu Unrecht eines Verbrechens verdächtigten Bruder seines Mädchens. *P* Rogstrom. 1925 *Fightin' Odds. R* Bennett Cohn. *D* Bill Patton. Sheriff und Richter machen gemeinsame Sache mit einem Banditen, der sich durch den Mord an einem Erben in den Besitz einer Ranch bringen will. *P* Anchor. 1925 *The Fighting Sheriff. R* J. P. McGowan. *D* Bill Cody. Sheriff gegen Platindiebe. *P* Independent. 1925 *Flying Hoofs. R* Clifford S. Smith. *D* Jack Hoxie. Sheriff rehabilitiert seinen zu Unrecht einiger Verbrechen verdächtigten Bruder und entlarvt den Bankpräsidenten als den wahren Schuldigen. *P* Universal. 1925 *Ranger Bill. D* Dick Carter. Ein Sheriff und sein Sohn werden als Postkutschenräuber entlarvt. 1925 *The Ridin' Streak. R* Del Andrews. *D* Bob Custer. Ex-Rodeo-Champion wird Sheriff und legt sich mit Schwindlern an, die einer Frau nicht nur ihr Hab und Gut, sondern sogar ihr Lieblingspferd, »The White Duchess«, wegnehmen wollen. *P* Independent. 1925 *Soft Shoes. R* Lloyd Ingraham. *D* Harry Carey. Sheriff aus dem Westen macht einen Ausflug nach San Francisco und rettet dort eine harmlose und hübsche Einbrecherin aus den Händen eines Gangstersyndikats. *P* Stellar. 1925 *The Strange Rider. R* Ward Hayes. *D* Yakima Canutt. Cowboy erledigt eine Bande von Viehdieben und gibt sich dann als Marshal zu erkennen. *P* Arrow. 1925 *A Two-Fisted Sheriff. R* Ben Wilson, Ward Hayes. *D* Yakima Canutt. Mit Hilfe seiner Freundin, einer Telefonistin, erledigt Sheriff eine Bande von Platindieben. *P* Ben Wilson. 1925 *Wolves of the Road. R* Ward Hayes. *D* Yakima Canutt. Von seiner Tochter assistiert, fängt Sheriff einen langgesuchten Outlaw (der immer wieder dem Gesetz entkommen ist, weil er der Doppelgänger eines reichen und angesehenen Minenbesitzers ist). *P* Arrow. 1925 *Brand of Cowardice. R* J. P. McCarthy. *D* Bruce Gordon. Als Bandit getarnt fängt US-Marshal eine Bande von Juwelendieben. *P* Phil Goldstone. 1926 *The Border Sheriff. R* Robert N. Bradbury. *D* Jack Hoxie. Nach der Erzählung *Straight Shooting* von W. C. Tuttle: Cultus Collins, der Sheriff von Cyause County, wird in Washington über neue Methoden zur Bekämpfung von Rauschgiftschmuggel instruiert, kehrt in den Westen zurück und erledigt die Rauschgiftschmuggler mit seinen bewährten alten Methoden. *P* Universal (Blue Streak Western). 1926 *Prowlers of the Night. R* Ernst Laemmle. *D* Fred Humes. Sheriff entdeckt, daß das Mädchen, das er liebt, die Tochter des Banditen ist, den er jagt; das Mädchen hilft ihm aus seinem Liebe-Pflicht-Konflikt, indem sie den Unwert ihres Vaters erkennt und an seiner Liquidierung mitwirkt. *P* Universal (Blue Streak Western). 1926 *The Set-Up. R* Clifford S. Smith. *D* Art Acord. Sheriff bewahrt seine Freundin vor den Manipulationen eines Bankiers, der für den Tod ihres Vaters verantwortlich ist und sie nun vollends ruinieren will. *P* Universal (Blue Streak Western). 1926 *Sheriff's Girl. R* und *D* Ben Wilson. Sheriff liebt Schullehrerin, die erst in eine Ehe einwilligt, nachdem er sich von ihr New York und die feine Gesellschaft zeigen läßt; zwischendurch macht sich der Bruder der Lehrerin als Bankräuber verdächtig. *P* Ben Wilson/ Rayart. 1926 *Temporary Sheriff. R* und *D* Dick Hatton. Reicher New Yorker verirrt sich infolge von Trunkenheit in den Westen, bewährt sich dort bei der Klärung eines Express Office-Überfalls und bleibt am Ort. *P* Ben Wilson. 1926 *Three Bad Men. R* John Ford. *D* George O'Brien, Lou Tellegen. Drei anständige Gauner gegen einen kriminellen Sheriff. *P* Fox. 1927 *The Desert Pirate. R* James Dugan. *D* Tom Tyler. Sheriff gibt seinen Beruf auf, adoptiert einen verwaisten Banditensohn und verliebt sich in ein Mädchen, dessen Vater in der Hand von Gaunern ist, weshalb der Sheriff noch ein letztes Mal in Aktion treten muß. *P* F.B.O. 1927 *Don Desperado. R* und *D* Leo Maloney. Sheriff entlarvt Rechtsanwalt als Hintermann einer Serie von Verbrechen in einer Mining Town. *P* Leo Maloney. 1927 *Hills of Peril. R* Lambert Hillyer. *D* Buck Jones. Cowboy macht Schmugglerbande unschädlich und wird zum Sheriff gewählt. *P* Fox. 1927 *The Land Beyond the Law. R* Harry J. Brown. *D* Ken Maynard. Mit Hilfe seiner Freundin und eines Outlaws macht Deputy-Marshal eine Bande von Viehdieben unschädlich. *P* Charles R. Rogers/ First National. 1927 *The Mystery Brand. R* und *D* Ben Wilson. Sheriff und Viehdieb rivalisieren um die Gunst eines Mädchens; sie entscheidet sich für den Sheriff und hilft ihm, den Viehdieb zu liquidieren. *P* Ben Wilson. 1927 *Riders of the West. R* und *D* Ben Wilson. Bandit bekehrt sich zum Recht, wird Sheriff, säubert eine Stadt von Kriminellen, rettet eine Silbermine vor dem Zugriff von Banditen und erobert das Herz eines Mädchens. *P* Ben Wilson. 1927 *Silver Valley. R* Ben Stoloff. *D* Tom Mix. Cowboy wird Sheriff, rettet eine Schriftstellerin aus der Hand von Banditen und entkommt mit Hilfe eines selbstgebastelten Flugzeugs zusammen mit der Autorin einem Vulkanausbruch. *P* Fox. 1927 *Skedaddle Gold. R* Richard Thorpe. *D* Wally Wales. Deputy-Sheriff ist auf der Spur von Rauschgiftschmugglern; deren Hintermann, ein Rechtsanwalt, bringt die Beweise gegen die Schmuggler zur Seite und nimmt dem Deputy außerdem noch sein Mädchen weg, dem er eine Karriere als Opernsängerin verspricht. Deputy holt sich das Mädchen zurück und entlarvt den Anwalt. *P* Action/Pathé. 1927 *Soda Water Cowboy. R* Richard Thorpe. *D* Wally Wales. Ein Drugstore-Kellner wird entlassen, weil er während der Arbeit Westernhefte liest. Er rettet einen Medicine Show-Unternehmer und dessen Tochter vor Banditen, wird Sheriff und bewährt sich in diesem Job. *P* Action/Pathé. 1928 *Clearing the Trail. R* Reeves Eason. *D* Hoot Gibson. Exsheriff erledigt eine Bande von Pferdedieben, die sich die Ranch seines verstorbenen Vaters angeeignet haben. *P* Universal. 1928 *A Horseman of the Plains. R* Benjamin Stoloff. *D* Tom Mix. Sheriff macht eine Schwindlerbande unschädlich, die die Besucher eines Jahrmarkts übers Ohr hauen. *P* Fox. 1928 *Painted Post. R* Eugene Forde. *D* Tom Mix. Mit Hilfe seiner Freundin macht Sheriff eine Bande von Desperados unschädlich. *P* Fox. 1928 *Trailin' Back. R* J. P. McGowan. *D* Buddy Roosevelt. Sheriff und seine Posse machen Jagd auf eine Bande, wobei sich ein Mann der Posse als Verräter herausstellt. *P* Trem Carr/Rayart. 1928 *A Trick of Hearts. R* Reeves Eason. *D* Hoot Gibson, Georgia Hale. Eine Frau wird Sheriff einer Siedlung im Westen; der zu kurz gekommene männliche Kandidat für den Posten überzieht die Gegend mit gestellten Überfällen, um die Sheriffin das Fürchten zu lehren. *P* Universal. 1928 *The Vanishing Pioneer. R* John Waters. *D* Jack Holt, Fred Kohler. Korrupter Sheriff hilft kriminellem Politiker, die Wasserversorgung einer Gegend unter Kontrolle zu bringen; seine Beteiligung an den Manipulationen kostet ihm das Leben. *P* Paramount. 1929 *The Border Wildcat. R* Ray Taylor. *D* Ted Wells. Während der Prohibition erledigt der Sheriff von Rimrock eine Bande von Alkoholschmugglern. *P* Universal. 1929 *The Lariat Kid. R* Reeves Eason. *D* Hoot Gibson. Deputy-Sheriff bringt Recht und Ordnung nach Hell's Gulch und rächt den Mord an seinem Vater, der ebenfalls Sheriff des Ortes war. *P* Universal. 1929 *The Saddle King. R* Ben Wilson. *D* Tex Lyons. Deputy-Sheriff rächt den Mord an seinem Bruder. *P* Anchor. 1929 *Thundering Thompson. R* Ben Wilson. *D* Cheyenne Bill. Deputy-Sheriff wehrt sich dagegen, von mächtigen Landbesitzern mißbraucht zu werden, die arme Farmer von ihrem Land vertreiben wollen. *P* Morros R. Schlank. 1929 *The Drifter. R* Robert De Lacy. *D* Tom Mix. Deputy-Marshal im Kampf gegen Rauschgiftschmuggler. *P* F.B.O. 1930 *Covered Wagon Trails. R* J. P. McGowan. *D* Bob Custer. Deputy-Sheriff gegen Schmuggler an der mexikanischen Grenze. *P* Syndicate Pictures. 1930 *The Land of Missing Men. R* J. P. McCarthy. *D* Bob Steele. Sheriff wird als Anführer einer Bande von Postkutschenräubern und Viehdieben entlarvt. *P* Trem Carr. 1930 *The Oklahoma Sheriff. R* J. P. McGowan. *D* Bob Steele. Sheriff wird von seinem korrupten Deputy umgebracht und vom Freund seiner Tochter gerächt. *P* Big Productions. 1931 *Range Feud. R* D. Ross Lederman. *D* Buck

Jones, John Wayne. Sheriff bewahrt seinen unschuldig des Mordes angeklagten Bruder davor, gehängt zu werden. *P* Columbia. 1931 *The Fighting Marshal. R* D. Ross Lederman. *D* Tim McCoy. *P* Columbia. 1931 *The Fighting Sheriff* (II). *R* Louis King. *D* Buck Jones. *P* Columbia 1931 *The Pocatello Kid. R* Phil Rosen. *D* Ken Maynard. Pocatello Kid, ein entflohener Sträfling, wird von den Freunden seines toten Zwillingsbruders, eines korrupten Sheriffs, überredet, die Rolle des Toten weiterzuspielen. Sobald er aber den Stern trägt, nimmt Pocatello Kid seine Pflichten ernst und legt den Banditen das Handwerk. *P* Tiffany. 1932 *The Big Stampede. R* Tenny Wright. *D* John Wayne. Deputy-Sheriff gegen Viehdiebe. *P* Warner Bros. 1933 *Riders of Destiny. R* Robert N. Bradbury. *D* John Wayne. US-Marshal befreit Rancher von einem Mann, der ihnen die Wasserrechte streitig macht und ihnen das Land wegnehmen will. *P* Monogram. 1934 *Blue Steel. R* Robert N. Bradbury. *D* John Wayne. US-Marshal steht Ranchern bei, denen Spekulanten ihr goldhaltiges Land abjagen wollen. *P* Monogram. 1934 *The Star Packer. R* Robert N. Bradbury. *D* John Wayne. Sheriff säubert eine Stadt von Banditen, die vom angesehensten Bürger der Gemeinde geführt werden. *P* Lone Star/Monogram. 1935 *Texas Terror. R* Robert N. Bradbury. *D* John Wayne. Sheriff glaubt, seinen besten Freund getötet zu haben, gibt sein Amt auf und wird Prospektor; durch eine Begegnung mit der Schwester des Toten erfährt er, wer diesen wirklich umgebracht hat, und rechnet mit dem Täter ab. *P* Lone Star/Monogram. 1935 *The New Frontier. R* Carl Pierson. *D* John Wayne. Sheriff rächt den Mord an seinem Vater, der ebenfalls Sheriff war. *P* Republic. 1936 *The Fugitive Sheriff. R* Spencer G. Bennet. *D* Ken Maynard. *P* Columbia. 1937 *Two-Fisted Sheriff. R* Leon Barsha. *D* Charles Starrett. *P* Columbia. 1939 *The Marshal of Mesa City. R* David Howard. *D* George O'Brien, Henry Brandon. Ein Bandit will den Marshal von Mesa City töten, aber als er ihn kennenlernt, imponiert er ihm dermaßen, daß er sein Assistent wird. *P* RKO. 1941–1942 8 Filme der *Rough Rider*-Serie: *Arizona Bound, Gunman From Bodie, Forbidden Trails, Below the Border, Ghost Town, Down Texas Way, Riders of the West, West of the Law. R* Spencer G. Bennet, Robert N. Bradbury, Howard Bretherton. *D* Buck Jones, Tim McCoy, Raymond Hatton. Ein Trio von erfahrenen US-Marshals gegen Mörder, Falschspieler, Viehdiebe und anderes Gesindel. *P* Monogram. 1948 *Marshal of Amarillo. R* Philip Ford. *D* Allan »Rocky« Lane. Marshal klärt einen Postkutschen-

Überfall. *P* Republic. 1948 *The Gay Ranchero. R* William Witney. *D* Roy Rogers. Sheriff gegen Banditen. *P* Republic. 1948 *Eyes of Texas. R* William Witney. *D* Roy Rogers. US-Marshal verhindert, daß sich eine habgierige Rechtsanwältin in den Besitz einer Ranch bringt, die als Heim für Weltkriegs-II-Waisen dient. *P* Republic. 1949 *Pioneer Marshal. R* Philip Ford. *D* Monte Hale. Als Desperado getarnt jagt Marshal eine Bande. *P* Republic. 1949 *Deputy Marshal. R* William Berke. *D* Jon Hall. Marshal überlistet Outlaws, die sich widerrechtlich Land aneignen wollen. *P* Lippert. 1949 *Fighting Man of the Plains. R* Edwin L. Marin. *D* Randolph Scott. Flüchtiger Bandit nimmt eine neue Identität an, wird in einer Stadt in Kansas Marshal und bewährt sich in diesem Amt. *P* Nat Holt/20th Century-Fox. 1951 *Three Desperate Men. R* Sam Newfield. *D* Preston Foster, Jim Davis, Monte Blue. Marshal muß gegen Outlaws kämpfen, die früher seine Kollegen waren und ohne eigene Schuld auf den Weg des Verbrechens gerieten. *P* Mayflower/Lippert. 1951 *Buckaroo Sheriff of Texas. R* Philip Ford. *D* Hugh O'Brian. Sheriff muß sich mit den ungeratenen Enkeln eines Kollegen herumschlagen. *P* Republic. 1952 *High Noon. R* Fred Zinnemann. *D* Gary Cooper. Der Sheriff von Hadleyville heiratet ein Quäker-Blondchen und gibt sein Amt auf, um in eine andere Gegend zu ziehen; als ein Killer auftaucht, der eine alte Rechnung mit ihm begleichen will, bleibt er und stellt sich dem Mann, obwohl die Bevölkerung ihm die Hilfe versagt. *P* Stanley Kramer/UA. 1952 *Toughest Man in Arizona. R* R. G. Springsteen. *D* Vaughn Monroe. *P* Republic. 1953 *The Fighting Lawman. R* Thomas Carr. *D* Wayne Morris. Nach jahrelanger Jagd stellt und liquidiert Sheriff eine Bankräuberbande. *P* Allied Artists/Monogram. 1954 *The Lone Gun. R* Ray Nazzaro. *D* George Montgomery. Sheriff steht einer Rancherin gegen Banditen bei. *P* World Films/UA. 1956 *The Broken Star. R* Lesley Selander. *D* Howard Duff. Sheriff jagt einen Kollegen, der einen Rancher umgebracht und ausgeraubt hat. *P* Bel Air/UA. 1956 *Star in the Dust. R* Charles Haas. *D* John Agar. Sheriff hängt Revolvermann, der im Auftrag von Bankiers und Ranchern kleine Leute abschießt. *P* Universal. 1956 *The Man from Del Rio. R* Harry Horner. *D* Anthony Quinn. Weil er mit dem Revolver umgehen kann, machen die Leute von Mesa einen Outlaw zum Sheriff. Weil er Mexikaner ist, schließen sie ihn vom gesellschaftlichen Leben aus. *P* Robert L. Jacks/UA. 1957 *The Ride Back. R* Allen H. Miner. *D* William Conrad. Ein Marshal, dem immer alles danebengegangen ist, versucht endlich einmal etwas Ordentliches zu leisten, indem er einen gefährlichen Banditen von Mexiko in die USA zurückholt; das geht wieder daneben, da er einsehen muß, daß sein Opfer gar kein gefährlicher Bandit ist, sondern seine Freundschaft verdient. *P* Associates & Aldrich/UA. 1957 *The Tin Star. R* Anthony Mann. *D* Henry Fonda, Anthony Perkins. Desillusionierter Exsheriff, der Kopfgeldjäger geworden ist, bringt jungem Sheriff bei, daß Menschenkenntnis für das Amt wichtiger ist als Schießkunst. *P* Perlberg-Seaton/Paramount. 1958 *The Last Train from Gun Hill. R* John Sturges. *D* Kirk Douglas. Sheriff nimmt Rache am Mörder seiner Frau, der der Sohn eines alten Freundes ist. *P* Hal B. Wallis–Joseph H. Hazen/Paramount. 1958 *Rio Bravo. R* Howard Hawks. *D* John Wayne, Dean Martin, Walter Brennan. Assistiert von einem Trinker und einem Krüppel setzt Sheriff sich gegen den Terror eines Viehbarons durch. *P* Armada (Howard Hawks)/Warner Bros. 1959 *Warlock. R* Edward Dmytryk. Die Leute von Warlock engagieren einen Marshal, um sie von Randalierern zu befreien; dann machen sie einen unerfahrenen Mann zum Sheriff, damit er sie von dem lästig gewordenen Marshal befreit. *P* 20th Century-Fox. 1962 *The Wild Westerners. R* Oscar Rudolph. *D* James Philbrook. Erfolgreicher Marshal läßt sich von Tänzerin zur Heirat überreden. *P* Sam Katzman. 1965 *Gunpoint. R* Earl Bellamy. *D* Audie Murphy. Auseinandersetzungen zwischen einem redlichen Sheriff und seinem korrupten Deputy. *P* Universal. 1966 *El Dorado. R* Howard Hawks. *D* John Wayne, Robert Mitchum. Assistiert von seinem halbverkrüppelten Freund setzt Sheriff sich gegen den Terror eines Viehbarons durch. *P* Laurel (Howard Hawks)/Paramount. 1966 *Una bara per lo sceriffo. R* Mario Caiano. *D* Anthony Steffen. Sheriff rächt den Mord an seiner Frau. 1966 *Texas Addio. R* Ferdinando Baldi. *D* Franco Nero. Sheriff rächt den Mord an seinem Vater. *P* BRC-Estela. 1966 *Tre Colpi di Winchester per Ringo. R* Emmimo Salvi. *D* Gordon Mitchell. Ein korrupter Sheriff wird entmachtet. 1967 *Firecreek. R* Vincent McEveety. *D* James Stewart, Henry Fonda. Unheldischer Farmer-Sheriff rafft sich auf, gegen Banditen vorzugehen, die seinen Ort terrorisieren. 1967 *The Christmas Kid/Joe Navidad. R* Sidney Pink. Chistmas Kid, so genannt weil er am Heiligen Abend geboren wurde, befreit seinen Heimatort von ungesetzlichen Elementen. *P* Westside-L. M. 1968 *Bandolero! R* Andrew V. McLaglen. *D* James Stewart, Dean Martin, George Kennedy. Sheriff verfolgt ein kriminelles Brüderpaar bis nach Mexiko, wo die beiden von Bandoleros getötet werden. *P* 20th Century-Fox. 1968 *Bang Bang/Bang Bang Kid. R* Luciano Lelli, José Luis Bayonas. *D* Guy Madison. Mit Hilfe eines schießtüchtigen Roboters, des Bang Bang Kid, befreit Sheriff eine Stadt von einem tyrannischen Minenbesitzer. *P* L. M.-Domino. 1968 *Coogan's Bluff. R* Don Siegel. *D* Clint Eastwood. Arizona-Sheriff hat in New York eine Mission zu erfüllen und tut das zum Ärger der Großstadtpolizei mit den Methoden, die ihm aus dem Westen geläufig sind. *P* Malpaso (Clint Eastwood). 1969 *Young Billy Young. R* Burt Kennedy. *D* Robert Mitchum. Marshal rächt Mord an seinem Sohn. *P* Talbot-Youngstein/UA. 1969 *The Good Guys and the Bad Guys. R* Burt Kennedy. *D* Robert Mitchum. Ein Bürgermeister ersetzt den alternden Marshal durch dessen inkompetenten Deputy. Als der Marshal trotzdem einer Räuberbande das Handwerk legt, bietet der Bürgermeister ihm wieder seinen alten Job an, aber der Marshal lehnt ab. *P* Ronden/Warner Bros. 1969 *True Grit. R* Henry Hathaway. *D* John Wayne. Nach dem gleichnamigen Roman von Charles Portis: Alternder US-Marshal, auf einem Auge blind und der Flasche ergeben, hilft jungem Mädchen bei der Jagd nach den Mördern ihres Vaters. *P* Hal Wallis/Paramount. 1969 *Death of a Gunfighter. R* Allen Smithee (alias Robert Totten und Don Siegel). *D* Richard Widmark. Cottonwood Springs hält sich für modern und fortschrittlich und will deshalb den Sheriff, der dem Ort 20 Jahre lang gedient hat, loswerden. Als er sich weigert, den Stern abzulegen, bringen die Einwohner ihn um. *P* Universal. 1969 *Support Your Local Sheriff! R* Burt Kennedy. *D* James Garner. Harmloser Fremder nimmt, weil er das Geld dringend nötig hat, den Sheriffposten eines Ortes an, in dem gerade ein Goldrausch ausgebrochen ist. Mit Tricks und Witz behauptet er sich gegenüber den lokalen Tunichtguten und beschließt, bei diesem Beruf zu bleiben. *P* William Bowers-Cherokee. 1970 *Lawman. R* Michael Winner. *D* Burt Lancaster. Marshal bringt die Mörder eines alten Mannes zur Strecke, obwohl die Einheimischen und ein Viehbaron seine Arbeit sabotieren. *P* Scimitar/UA. 1973 *Cahill, United States Marshal. R* Andrew V. McLaglen. *D* John Wayne. Marshal kümmert sich nicht um seine eigenen Söhne, die dadurch in ernste Schwierigkeiten kommen. *P* Batjac/Warner Bros. 1973 *The Deadly Trackers. R* Barry Shear. *D* Richard Harris. Sheriff als Rächer in eigener Sache. 1975 *Posse. R* und *D* Kirk Douglas. Bandenführer überlistet einen Marshal, der die Verbrecherjagd aus politischem Ehrgeiz betreibt. *P* Bryna/Paramount.

Siehe auch ›Wide Open Town‹, S. 425ff., ›Dodge City‹, 1875, ›Abilene‹, 1871, ›Wichita‹, 1874, ›Wild Bill Hickok‹, 1876, ›Wyatt Earp‹, 1881, ›Bat Masterson‹, 1891.

1866

Jesse James' erster Raubüberfall. Am 13. Februar 1866 überfällt Jesse James mit einigen Komplizen die Clay County Savings Bank in Liberty, Missouri. Sie erbeuten 60000 Dollar in Gold und Regierungs-Schatzbriefen. Den Kassierer Greenup Bird schließen sie in den Kassenschrank ein, der Überlieferung nach mit den Worten: »Birds should be caged« (Vögel gehören in den Käfig). Bei ihrer Flucht erschießen sie einen unbeteiligten Passanten.

Gringos in Mexiko. Nach dem Bürgerkrieg gehen zahlreiche Südstaatler, vor allem Verfolgte der Nordstaaten-Justiz und verarmte Angehörige der ehemaligen Oberschicht, nach Mexiko und verdingen sich als Söldner im mexikanischen Bürgerkrieg, teils bei den Juaristen, teils bei Maximilian, manchmal auch auf beiden Seiten. Ein typischer Fall ist der bereits wegen mehrfachen Mordes in den USA gesuchte Ben Thompson; in seiner 1884 erschienenen Autobiographie erzählt er unter anderem, wie er 1866 als Anführer von 58 Infanteristen einen Schatztransport Maximilians nach Carmago eskortiert und sich dabei in ein Gefecht mit zwei juaristischen Brigaden verwickelt (»I fought as I have never fought befor or since«); eine Episode, die die Anregung zu *Vera Cruz* gegeben haben könnte.

Mexiko-Western über die Zeit der Auseinandersetzung zwischen Juarez und Maximilian: 1939 *Juarez. R* William Dieterle. *D* Paul Muni (Juarez). *P* Warner Bros. 1950 *The Eagle and the Hawk. R* Lewis R. Foster. *D* John Payne. *P* Paramount. 1954 *Border River. R* George Sherman. *D* Joel

Burt Lancaster und Gary Cooper in *Vera Cruz* von Robert Aldrich, 1954.

McCrea. *P* Universal. 1954 *Vera Cruz. R* Robert Aldrich. *D* Gary Cooper, Burt Lancaster, George Macready (Maximilian). *P* Hecht-Lancaster. 1964 *Major Dundee. R* Sam Peckinpah. *D* Charlton Heston. *P* Jerry Bresler/Columbia. 1969 *Two Mules for Sister Sara. R* Don Siegel. *D* Clint Eastwood, Shirley MacLaine. *P* Malpaso/Universal. 1970 *Indio Black, sai che ti dico: sei un gran figlio di... R* Frank Kramer. *D* Yul Brynner.

Indianer gegen die Union Pacific. Der Bau der Union Pacific erreicht das Gebiet der Sioux, Cheyennes und Arapahos am Platte River. Die Indianer setzen sich mit Angriffen auf die Bautrupps und Zerstörungsaktionen gegen Versorgungseinrichtungen, Warenlager und halbfertige Strecken zur Wehr, haben aber gegen die im »Work-and-Fight«-System arbeitenden Bautrupps, unter denen jetzt viele Veteranen des Bürgerkriegs sind, keine Chance.

Beginn der Eisenbahn-Überfälle. Am 6. Oktober 1866 hält die Reno-Gang, bestehend aus den Brüdern John, Frank, Simeon, Clinton und William Reno, in der Nähe von Seymour, Indiana, einen Zug der Ohio and Mississippi Railroad an und raubt aus dem Postwaggon des Adams Express 10000 Dollar. Es ist der erste Zugüberfall in Amerika und wahrscheinlich der ganzen Welt. Die Reno Brothers werden zwei Jahre später nach einer Reihe ähnlicher Taten von Vigilanten gelyncht, aber die meisten anderen Banditen, die nach ihrem Vorbild Züge ausrauben, operieren auf der Basis allgemeiner Zustimmung, die aus dem wachsenden Haß der Bevölkerung gegen die Eisenbahngesellschaften resultiert; die kriminelle Aktivität wird nur als eine andere Form des Aufbegehrens gegen diese Gesellschaften angesehen, wie sie sich bei friedlicheren Leuten in Massen-Protestveranstaltungen äußert.

Die Ursache dieser allgemeinen Animosität liegt in der Rolle, die die Eisenbahngesellschaften als Landspekulanten und Aus-

George Barnes in *The Great Train Robbery* von Edwin S. Porter, 1903.

beuter spielen. Unter dem Banner des durch Kommunikation bewirkten Fortschritts lassen sie sich riesige Ländereien der öffentlichen Hand schenken oder zu günstigen Bedingungen überschreiben; dabei machen sie sich die ersten Feinde, weil beispielsweise große Viehbarone Teile dieser Ländereien längst als ihren eigenen Besitz oder mindestens ihre Existenzgrundlage betrachten. Dann locken die Gesellschaften Siedler auf dieses Land, um es ihnen parzellenweise zu verkaufen; teilweise werden den Siedlern auch Besitzverhältnisse vorgegaukelt, die mit den tatsächlichen Verhältnissen nicht übereinstimmen. Die Siedler kultivieren dieses Land oft unter großen Opfern und werden dabei Kunden und Schuldner der Eisenbahnen oder der mit ihnen zusammenarbeitenden Banken. Die Siedler erhöhen den Bodenwert, während sie sich gleichzeitig zunehmend verschulden, vor allem dadurch, daß Banken ihre Zinsen und Eisenbahnen ihre Tarife erhöhen; den verschuldeten Farmern wird dann oft wie zum Hohn noch Überproduktion vorgeworfen.

Der Zorn der Landbevölkerung, der sich in den späteren Dekaden des Jahrhunderts in der politischen Populisten-Bewegung manifestiert, überträgt sich als primärer Instinkt in Sympathie für Verbrecher, die das System schädigen, also Bank- und Eisenbahnräuber. Für den Film liefert der Eisenbahnräuber als Robin Hood die ideale Kombination von Tempo, Action und Violence: der Wechsel (»Transfer« in der Fachsprache) vom galoppierenden Pferd auf den dahinrasenden Zug; das virtuose Klettern über die Dächer des Zuges in voller Fahrt; das verblüffende Auftauchen vor Lokomotivführern, Passagieren und Postschaffnern; das mit witziger Eleganz besorgte Einsammeln der Beute und das wiederum virtuose Verschwinden des lachenden Täters.

Filme mit Eisenbahn-Überfällen: 1903 *The Great Train Robbery.* *R* Edwin S. Porter. *D* George Barnes. *P* Thomas A. Edison. 1916 *The Railroad Bandit.* *R* Henry McRae. *P* Universal. 1948 *Belle Starr's Daughter.* *R* Lesley Selander. *D* George Montgomery. *P* Alson/20th

Century-Fox. 1950 *Wyoming Mail. R* Reginald LeBorg. *D* Stephen McNally. *P* Universal. 1953 *Three Young Texans. R* Henry Levin. *D* Mitzi Gaynor, Jeffrey Hunter. *P* Panoramic/20th Century-Fox. 1957 *Night Passage. R* James Neilson. *D* James Stewart, Audie Murphy. *P* Universal. 1969 *Un esercito di 5 uomini. R* Don Taylor. *D* Bud Spencer. 1970 *One more Train to Rob. R* Andrew V. McLaglen. *D* George Peppard. *P* Universal. 1972 *The Train Robbers. R* Burt Kennedy. *D* John Wayne. *P* Batjac.

Siehe auch Filmographien ›Reno Brothers‹, 1868, ›James Brothers‹, 1882, ›Dalton Gang‹, 1892, ›Butch Cassidy‹, 1894.

Butch Cassidy und Sundance Kid geboren. Im Jahr des ersten Zugüberfalls werden die berühmtesten der späteren Zugräuber geboren, Robert Leroy Parker alias Butch Cassidy, und Harry Longbaugh alias Sundance Kid. Robert (als sein erster Vorname wird oft irrtümlich George angegeben) Leroy Parker ist der Sohn eines mormonischen Lehrers aus American Falls, Utah; »Butch Cassidy« nennt er sich nach seinem ersten Lehrmeister, dem Rustler Mike Cassidy. »Rustler« heißt eigentlich Viehdieb, aber für die herrschende Klasse ist jeder kleine Siedler, der versucht, sein Leben zu behaupten, ein Rustler; es ist ein diffamierend gebrauchter Begriff wie »Habenichts«.

»Mindestens die Hälfte der Bewohner des Circle Valley, wo Butch Cassidy aufwuchs, waren Rustler; sie hielten ihr Gewerbe für nicht mehr und nicht weniger respektabel als das der Land-, Minen- und Viehbarone. Die Rustler sagten sich, daß diese skrupellosen Neureichen ihr Vermögen gemacht hatten, indem sie jegliches Gesetz ignorierten – sollte nicht ein Mann, der um seine Existenz rang, die gleichen Möglichkeiten haben? Von einem praktischen Standpunkt aus gesehen war Rustling eine schlichte Notwendigkeit für die neuen Siedler, die versuchten, sich eine Existenz aufzubauen. Die etablierten Herren des Landes gingen völlig bedenkenlos mit den neuen Siedlern um. Also hatte der junge Parker wie andere seinesgleichen keine Bedenken, sich durch Rustling zu behaupten. Mit 16 Jahren galt er als einer der besten Schützen des Tals« (Daniel T. Streib, *Butch Cassidy and the Wild Bunch*).

Ein Historiker unserer Tage, Edward M. Kirby, weist 1974 auf den für den Nachruhm Butch Cassidys vorteilhaften Umstand hin, daß sich die Zustände in des Banditen Heimat kaum verändert haben: »Selbst heute noch kämpfen die Leute im südlichen Utah, wo Butch aufwuchs, um ihr Land vor dem Zugriff gigantischer Industrien und Land-Entwicklungs-Gesellschaften zu retten. Die Bürger, die dort heute leben, würden vielleicht auch gern Outlaws werden, aber wahrscheinlich fehlt ihnen dieser totale Freiheitsdrang, der Butch Cassidy auszeichnete« (zitiert in Lula Parker Betenson, *Butch Cassidy, My Brother,* 1975).

Harry Longbaugh stammt aus Plainfield, New Jersey. Als Halbwüchsiger wird er beim Pferdestehlen erwischt und muß in Sundance, Wyoming, eine 18monatige Gefängnisstrafe absitzen; seit dieser Zeit wird er The Sundance Kid genannt. Die Zusammenarbeit von Butch Cassidy und Sundance Kid beginnt 1896.

Cole Younger und Belle Starr. Die Brüder Cole, Jim, Bob und John Younger, die mit ihrem Verwandten Jesse James zusammenarbeiten, kommen nach Texas. Cole Younger lernt dort Myra Belle Shirley kennen, die später als Belle Starr bekannt wird; aus der Verbindung der beiden entstammt eine Tochter, die Pearl Younger genannt wird.

Popularität der Beadles-Groschenhefte. Die Beadle-*Dime Novels* werden immer beliebter und gehören nicht nur zum etablierten Lesestoff der Ost- und Westküste, sondern werden auch von den Leuten verschlungen, die den Westen, der in Beadle's *Frontier Series* abgeschildert wird, in der Praxis erleben. Thomas Creigh, der 1866 mit einem Wagentreck nach Westen reist, berichtet: »Einer unserer Wagen wird der ›Leseraum‹

genannt; es gibt da eine Menge von ›Beadles‹ und anderem interessantem Lesestoff.« Auch die Helden der Hefte haben Gelegenheit, ihren fiktionalisierten Taten zu begegnen. »Kit Carson bekam einmal von einem Freund das Titelblatt eines Groschenheftes gezeigt, das ihn abbildet, wie er mit der einen Hand sieben Indianer abschlachtet, während seine andere eine erbleichende Jungfrau umfaßt. Der alte Scout studierte das schreiende Bild eine Weile durch seine Augengläser und murmelte schließlich: ›Mag sein, daß das mal passiert ist, aber ich kann mich überhaupt nicht daran erinnern« (Martin F. Schmitt/ Dee Brown, *The Settlers' West*).

1867

William F. Cody wird Buffalo Bill. Der 21jährige William F. Cody wird von der Firma Goddard Brothers, die als Vertragslieferant der Kansas Pacific Railroad deren Bautrupps versorgt, als Büffeljäger angestellt. Er erhält ein Monatsgehalt von 500 Dollar. Dafür liefert er täglich die Keulen von zehn bis zwölf Büffeln. Den Rest der Tiere lassen die Büffeljäger verrotten. Während seiner fast zweijährigen Tätigkeit für Goddard Brothers bekommt Cody den Namen »Buffalo Bill«, und zwar vermutlich aufgrund folgender Episode: Ein angeschossener Büffel spießt Codys Pferd auf, er muß zu Fuß flüchten, der Büffel jagt ihn, und nur das Eingreifen einiger Kavalleristen rettet ihm das Leben. Die Soldaten nennen ihn dann Buffalo Bill. Als Cody sich dann tatsächlich zu einem virtuosen Büffeljäger entwickelt, wird der Spitzname zum Ehrennamen. Bei Fort Sheridan trägt er mit dem Scout Billy Comstock einen Wettbewerb um die Weltmeisterschaft im Büffelschießen aus, zu dem Schaulustige selbst von St. Louis angereist kommen. Binnen acht Stunden erlegt Cody 69 Büffel, Comstock bringt es auf 46. Buffalo Bill wird zum »Champion Buffalo Hunter of the Plains« erklärt.

James Butler Hickok wird Wild Bill Hickok. In der Februarausgabe von *Harper's Magazine* veröffentlicht Colonel George Ward Nichols unter dem Titel »Wild Bill« eine als authentisch ausgegebene Geschichte über James Butler Hickok, die ihn als »Wild Bill Hickok« berühmt werden läßt. Die Geschichte besteht aus puren Erfindungen und haarsträubenden Entstellungen wirklicher Vorfälle, wird aber zur Basis aller folgenden »wahren« Geschichten über Hickok. In ihrem Mittelpunkt steht Hickoks Auseinandersetzung mit den McCanles in Rock Creek von 1861. Aus diesem Vorfall, bei dem Hickok drei unbewaffnete Männer kaltblütig erschossen hat, wird bei Nichols ein heroischer Kampf gegen eine Terroristenbande. »Dies ist die übelste Erfindung der ganzen Grenzer-Literatur, die an dergleichen weiß Gott nicht arm ist. Ich glaube, daß Nichols die Geschichte genau so aufgeschrieben hat, wie Hickok sie ihm erzählte. Es ist kaum zu fassen, daß es dann sechzig Jahre dauern sollte, bis die Wahrheit über diese Affäre herauskam« (James D. Horan, *Authentic Faces and Voices of the Wild West*).

Hickok, Cody, Custer und Henry M. Stanley. Hickok ist zu dieser Zeit Deputy-Marshal in Fort Riley, bei seiner Tätigkeit gelegentlich assistiert von Buffalo Bill Cody. Der Kommandant von Fort Riley ist George A. Custer; wenn Custer zu Kampagnen gegen die Indianer aufbricht, zieht Hickok als Scout mit. Im April 1867 wird er von dem Reporter Henry M. Stanley, der später durch seine Suche nach dem in Afrika verschollenenen Dr. Livingston berühmt wird, für den *Weekly Missouri Democrat* interviewt. Stanley zitiert in seinem Bericht die Nichols-Story aus *Harper's Magazine,* die er für unangemessen hält: »Hickok ist weder so roh noch so ungebildet, wie *Harper's Monthly* ihn porträtiert.« Für Stanley selbst ist sein Interviewpartner »einer der glänzendsten Beispiele jener besonderen, jetzt im Aussterben begriffenen Rasse, die als Grenzer, Ranger, Jäger und Indianer-Scouts bekannt sind«. Der folgende Dialog ist, wie Stanley betont, eine wörtliche Wiedergabe seines Gesprächs mit Hickok:

»›Sagen Sie mal, Bill, oder Mr. Hickok, wie viele weiße Männer haben Sie Ihres besten Wissens nach getötet?‹ Nach kurzem Nachdenken erwiderte er: ›Ich bin bereit, jederzeit einen Eid auf die Bibel zu leisten, daß ich in den langen Jahren über hundert getötet habe.‹ ›Warum haben Sie all diese Männer umgebracht; haben Sie sie ohne Grund oder Provokation getötet?‹ ›Beim Himmel, nein! Ich habe nie einen einzigen Mann ohne guten Grund getötet.‹«

Dann erzählt er Stanley, wie er mit 28 Jahren seinen ersten Mann getötet hat, einen Falschspieler und Mörder, der ihm nach dem Leben trachtete. In der Nichols-Geschichte tötet er mit 24 Jahren seine ersten Männer. Stanley gibt Hickoks Alter zum Zeitpunkt des Interviews mit 38 an, in Wirklichkeit ist er zu dieser Zeit 30.

Kampagne gegen Roman Nose. General Winfield Scott Hancock zieht mit 1400 Mann, darunter die 7. Kavallerie unter Custer, gegen die 300 Cheyenne unter Häuptling Roman Nose, die seit einiger Zeit versuchen, mit einem Kleinkrieg gegen die Overland Stage Company den Postkutschenbetrieb in ihrem Gebiet zu unterbinden. Die Indianer entziehen sich dem Kampf und der Gefangenschaft. Hancock läßt ihr Dorf von 251 Zelten mit ihrer ganzen Habe und allen Vorräten zerstören. Da seine Kampagne ihr Ziel, die Cheyennes unter Kontrolle zu bringen, nicht erreicht hat, wird Hancock abberufen.

Custer vor dem Militärgericht. George A. Custer, im Bürgerkrieg zuletzt Generalmajor, dann auf den Friedensrang eines Oberstleutnant zurückgestuft, führt in seiner 7. Kavallerie ein selbstherrliches Kommando und läßt sich zu einer Reihe von Verstö-

Gary Cooper als Wild Bill Hickok in *The Plainsman* von Cecil B. DeMille, 1937.

ßen gegen die militärische wie zivile Ordnung hinreißen. Schließlich wird er in Leavenworth vor ein Militärgericht gestellt. Zu den insgesamt 9 Anklagepunkten gehören unerlaubtes Entfernen von der Truppe (eine Reise zu seiner Frau), übermäßige Grausamkeit gegen seine Soldaten, Beschädigung und Zerstörung von Armee-Eigentum, Verwendung von Armee-Eigentum zu privatem Nutzen, Mißbrauch der Befehlsgewalt zu privatem Nutzen und fahrlässiges Verschulden des Todes eines Soldaten. Im Oktober spricht ihn das Gericht in allen Punkten schuldig und verhängt unter Berücksichtigung mildernder Umstände (seiner Kriegsverdienste) eine eher symbolische Strafe: 1 Jahr Suspendierung vom Dienst. Die Generäle Sherman und Sheridan, die Custers Härte gegen die Indianer schätzen, bemühen sich beim Präsidenten um eine vorzeitige Reaktivierung. Custer lohnt es ihnen im folgenden Jahr mit dem Washita-Massaker.

Friedenskonferenz von Medicine Lodge. Da Washington mit militärischen Maßnahmen nicht weiterkommt, ordnet es eine Friedenskonferenz an, »zur Beseitigung der Kriegsursachen, Sicherung der Grenz-Siedlungen und Eisenbahn-Streckenbauten und Etablierung eines Systems zur Zivilisierung der Stämme«. Diese Ziele sollen vor allem erreicht werden durch Verbringung der Kiowas, Comanchen, Arapahos und Cheyenne in eine gemeinsame große Reservation südlich des Arkansas River; dort sollen sie mit Herden versorgt werden und Ackerbau lernen. Die weiße Verhandlungskommission trifft sich mit den Abgeordneten der Stämme in Medicine Lodge im südlichen Kansas. Von den Cheyenne erscheint Häuptling Black Kettle, andere Cheyenne-Führer, vor allem Roman Nose, boykottieren die Konferenz. Nach zwei Wochen Beratung wird das neue Abkommen unterzeichnet, das aber weder in Washington materielle Deckung noch bei einigen Häuptlingen Beachtung findet. Die Arapahos und ein Teil der Cheyennes sind bereit, südwärts zu gehen und sich mit den Kiowas und Comanchen eine

Reservation zu teilen. Der Rest der Cheyenne schließt sich Roman Nose an, der das Abkommen nicht unterzeichnet.

Die USA kaufen Alaska. Nach langen Bemühungen kann der amerikanische Außenminister William H. Seward, der als einziger den strategischen Wert Alaskas erkennt, seine Regierung und den Kongreß dazu bringen, ein von Rußland schon 1859 gemachtes Angebot zum Verkauf Alaskas anzunehmen. Das Land wechselt zum Preis von 7,2 Millionen Dollar den Besitzer. Der Kauf wird von den meisten Amerikanern als Narretei angesehen; Alaska gilt als »Seward's Folly«, eine Einschätzung, die sich erst mit dem Goldrausch von 1896 ändert.

Ende des mexikanischen Bürgerkriegs. Nachdem im Vorjahr Napoleon wegen des steigenden Widerstandes der Juaristen und einer drohenden Intervention der USA seine militärische Hilfe aus Mexiko abgezogen hat, wird Maximilian geschlagen, gefangen, verurteilt und erschossen.

Geboren: Carl Laemmle, in Laupheim, Württemberg; emigriert in jungen Jahren nach Amerika und wird Textilkaufmann, dann Kinobesitzer, Filmverleiher und Produzent; von 1916 bis 1936 ist er der wichtigste Western-Produzent.

1868

Die Lage der Nation. General Ulysses S. Grant, der Held des Bürgerkriegs, wird Präsident der Vereinigten Staaten. Er wird von einer Woge der Popularität in sein Amt getragen, wie sie sich seit Andrew Jackson kein Präsident mehr erfreuen konnte, erweist sich aber als Führer der Nation völlig inkompetent. In seine Amtszeit fällt die Entwicklung des organisierten Verbre-

Joseph Sayer als Präsident Grant und Errol Flynn als George A. Custer in *They Died With Their Boots On* von Raoul Walsh, 1941.

chens in Amerika, verbunden mit einer Hochblüte der öffentlichen Korruption. »Bald nach seinem Aufstieg zur Macht begannen Geschichten über Korruption in hohen Amtsstellen zu kursieren, und wie sich zeigte, entbehrten sie nicht der Grundlage. Der Stolz der Nation, die Union Pacific, war von einer Horde gerissener Manager finanziert worden, die Kongreß-Abgeordnete bestochen hatten; das Marineministerium verkaufte ganz offen Aufträge an Lieferanten; das Innenministerium war ein glücklicher Jagdgrund für Landspekulanten; das Indianer-Büro verkaufte Agentenposten an Höchstbietende und vernachlässigte das Wohl der seiner Obhut Anvertrauten; ein ›Whisky-Ring‹ in New Orleans betrog die Regierung um Millionen von Dollars Steuer, und eine Bande von Halsabschneidern in der nationalen Hauptstadt wetteiferte mit dem Carpetbagger-Regime des Südens um Verschwendung und Extravaganz« (Allan Nevins/Henry S. Commager, *A Pocket History of the United States*).

Der Auflösung aller Werte in der Führung der Nation entspricht im Westen ein hektischer Run auf die Güter des Landes, der die sogenannten Pioniertugenden so schnell zersetzt, daß es zweifelhaft scheint, ob es sie je gegeben hat. »In der zweiten Hälfte des 19. Jahrhunderts war der Westen das wirkliche Amerika geworden, und seine Züge im nationalen Charakter waren dominierend. Einer dieser Züge war Ruhelosigkeit, nicht nur die Bereitschaft, sondern geradezu die Sucht, einen neuen Ort oder eine neue Sache auszuprobieren und mit dem Alten total zu brechen. Dazu kommt, daß die Grenze, obwohl sie manche vorzügliche Qualitäten hervorbringen mag, insofern ziemlich einer Farm ähnelt, als sie ein Ort ist, wo man gern herkommt, aber ein seelentötender Platz, um dort zu bleiben. Sie beflügelt eher Emotionen als Gedanken, und ersetzt in einem bemerkenswerten Ausmaß die geistigen Werte des alten Amerika durch neue materielle Werte. In dem rauschhaften Streben nach Reichtum – gewonnen aus Wäldern oder Minen; aus Farmland, das aufgebrochen, vergewaltigt und dann um neuer Erde willen aufgegeben wird; aus Immobilien-Werten aus schnell wachsenden Städten; aus Land, das man sich betrügerisch mit Hilfe einer großzügigen Regierung aneignet – hörten Zurückhaltung, Selbstdisziplin und Sorge um die Zukunft auf, Tugenden zu sein« (James Truslow Adams, *Our Changing Characteristics*).

Beginn der Viehtrecks.

Oh, the shorthorns rattle and the longhorns battle,
Never had such a ride around the locoed cattle;
I'll trade my outfit as soon as I can,
And I won't punch cows for no damned man

Chorus:
Come-a ki-yi-yippee, a ki-yi-yippee, yippee-yay.

No chaps, no slicker, and the pours down rain,
And I swears to my boss I'll never nigh herd again,
Oh, I'll head back south and marry me a squaw,
And live all my live on the sandy Washitaw.

Oh, Abilene city is a dang fine town,
We'll all liquor up and twirl those heifers round;
Then back once more with my bridle and my hoss,
For old John Chisum is a damned fine boss.
Cowboy-Song *The Old Chisholm Trail*

Joseph McCoy, ein Viehhändler aus Springfield, Illinois, erkennt die Chance, die in der drängenden Nachfrage des Nordens nach Schlachtvieh und dem reichen Angebot des Südens an Rindern liegt, und schafft dank eines beachtlichen Organisationstalents die Voraussetzungen für die große Bewegung des Viehtrecks von Süden nach Norden. Nach fruchtlosen Konferenzen mit anderen

Eisenbahngesellschaften und Städten einigt er sich mit der Kansas Pacific und dem nur ein Dutzend Häuser zählenden Abilene, Kansas, diesen Ort zu einem großen Viehverladebahnhof und dem Platz zu machen, wo die aus dem Süden herangetriebenen Rinder zum Transport nach den Schlachthöfen von Chicago abgefertigt werden. McCoy baut Viehgatter, Verladeeinrichtungen und Hotels in Abilene und führt Reklamefeldzüge in Chicago und in Texas, um die Viehhändler zu bewegen, nach Abilene zu kommen und die Viehbarone zu veranlassen, ihre Herden in diese, die erste von mehreren berühmten Cow-Towns, zu treiben. Auf den Reklamezetteln, die er im Winter 1867/68 in Texas verteilen läßt, weist er den Rinderherren auch die Route, den Trail für ihre Viehtrecks, den schon seit Jahren erschlossenen Chisholm Trail, der von Texas über den Red River und durch das Indian Territory bis nach Wichita führt und den McCoy nordwärts bis Abilene verlängert. Im Frühjahr treffen die ersten Käufer in Abilene ein, im Juni die ersten 20000 Longhorns, denen bald weitere 50000 folgen. Als das Geschäft durch das Ausbrechen des Spanischen Fiebers in eine Krise gerät, verlegt McCoy sich auf die Büffeljagd und verfrachtet Büffel als Schlachtvieh nach Chicago. Dann geht der Rinderboom weiter: 1869 werden 160000 Rinder in Abilene verladen, 1870 sind es schon 300000. Wie McCoy später selbst schreibt: »In der Tat: Vieh aus Texas wurde plötzlich sehr populär und sehr gefragt.«

Viehtrecks bestehen aus einem mühevollen und einem lustvollen Abenteuer: dem Treck selbst und dem Aufenthalt in der Kuhstadt. Der Treck beginnt mit dem Round-Up, dem Zusammentreiben der Herde; ein Treck besteht im Durchschnitt aus 3000 Stück Vieh. Die Treiber-Mannschaft besteht aus 15 bis 20 Cowboys unter dem Trail Boss, dazu kommt der Koch mit seinem Küchenwagen, der eine Art Drugstore auf Rädern ist. Für die hundert oder mehr Reitpferde, die zu einem Treck gehören, ist ein besonderer Wrangler zuständig. Der Treck dauert rund drei Monate und ist eine einzige Folge von Strapazen. Der Trail Boss

George Duffield hat im Tagebuch eines Trecks darüber Protokoll geführt:

»1. Mai: Große Stampede. 200 Stück Vieh verloren [...] 2. Mai: Den Tag damit verbracht, das Vieh zu suchen, aber nur 25 Stück gefunden. Es regnet seit drei Tagen. Dies sind schwarze Zeiten für mich [...] 31. Mai: (Übergang über den Red River) Wir arbeiteten den ganzen Tag im Fluß und brachten bei Dämmerung endlich das letzte Rind herüber – Ich habe jetzt Texas verlassen – An diesen Tag werde ich mich lange erinnern – Einer unserer Männer ist heute ertrunken [...] 1. Juni: Letzte nacht Stampede bei 6 Herden und allgemeines Durcheinander und Verlust von Tieren. Jage wieder Vieh. Männer alle erschöpft und wollen gehen. [...] 19. Juni: 15 Indianer kommen zur Herde und versuchen, sich einige Rinder zu nehmen. Hindere sie daran. Große Auseinandersetzung. Einer zieht sein Messer & ich meinen Revolver. Habe sie weggejagt, aber fürchte, sie kommen mit mehr wieder. [...] 27. Juni: Ich wurde im Fluß (Arkansas) von einem Rind angegriffen und konnte mich nur durch Tauchen retten. [...] 26. Juli: Der Tag war warm und die Fliegen schlimmer als ich sie je erlebt habe. Unsere Tiere waren unkontrollierbar [...].« Duffield hat auf diesem Treck mehr als die Hälfte seines Viehs verloren.

Am Ende des Trecks kassieren die Cowboys ihren Lohn und toben sich in den Rinderstädten aus, die sich ihnen weit und freundlich öffnen.

Viehtreck-Western: 1914 *The Trail Breakers. R* Henry McRae. *D* William Clifford. 2 Akte. *P* Bison. 1921 *Trailin'. R* Lynn Reynolds. *D* Tom Mix. *P* Fox. 1924 *Trailing Trouble* (I). *R* Al Herman. *P* Universal. 1924 *North of 36. R* Irvin Willat. *D* Jack Holt, Noah Beery. *P* Famous Players-Lasky/Paramount. 1925 *The Trail Rider. R* W. S. Van Dyke. *D* Buck Jones. *P* Fox. 1930 *Trailin' Trouble* (II). *R* Arthur Rosson. *D* Hoot Gibson. *P* Universal. 1933 *Trailin' North. R* John P. McCarthy. *P* Monogram. 1936 *Trail Dust. R* Nate Watt. *D* William Boyd. *P* Harry Sherman/Paramount. 1937 *Trailin' Trouble. R* Arthur Rosson. *D* Ken

Maynard. *P* Grand National. 1938 *In Early Arizona. R* Joseph Levering. *D* William Elliott. *P* Columbia. 1946 *Trail Street. R* Ray Enright. *D* Randolph Scott. *P* Nat Holt/RKO. 1948 *Red River. R* Howard Hawks. *D* John Wayne. *P* Howard Hawks/Monterey. 1951 *Cattle Drive. R* Kurt Neumann. *D* Joel McCrea. *P* Universal. 1955 *The Tall Men. R* Raoul Walsh. *D* Clark Gable. *P* 20th Century-Fox. 1956 *Canyon River. R* Harmon Jones. *D* George Montgomery. *P* Allied Artists. 1956 *The Big Land. R* Gordon Douglas. *D* Alan Ladd. *P* Alan Ladd/Warner Bros. 1957 *Cattle Empire. R* Charles Marquis Warren. *D* Joel McCrea. *P* 20th Century-Fox. 1957 *Cowboy. R* Delmer Daves. *D* Glenn Ford, Jack Lemmon. *P* Phoenix/Columbia. 1971 *The Cowboys. R* Mark Rydell. *D* John Wayne. *P* Warner Bros. 1972 *The Culpepper Cattle Co. R* Dick Richards. *D* Gary Grimes. *P* 20th Century-Fox.

Siehe auch ›Wide Open Town‹, S. 425 ff., und ›Der Cowboy‹, S. 336 ff.

Vertrag von Laramie. Im Vertrag von Laramie, der Red Clouds Krieg beendet, wird das Gebiet der Black Hills von der Regierung als unantastbarer Besitz der Sioux, der nördlichen Cheyenne und der nördlichen Arapahos erklärt, das von Weißen nicht betreten, durchquert und besiedelt werden darf. »Paha Saba, die Black Hills, waren für die Indianer das Zentrum der Erde, der Platz der Götter und der heiligen Berge, zu dem die Krieger sich begaben, um mit dem großen Geist zu sprechen und auf Visionen zu warten« (Dee Brown, *Bury My Heart at Wounded Knee*).

Beecher's Island Schlacht. Im September 1868 greift ein Aufgebot von rund 900 Cheyenne, Sioux und Arapahos unter Führung von Roman Nose am Republican River, Colorado, eine Kompanie Scouts unter dem Kommando von Colonel George A. Forsyth an. Die Scouts ziehen sich auf eine Insel im Fluß zurück, die dann nach einem Lieutenant Frederick Beecher, der im Kampf fällt, Beecher's Island genannt wird. Die Indianer gehen zweimal zur berittenen Attacke vor. Bei der ersten Attacke fällt Roman Nose, der ähnlich wie Red Cloud zu einer großen

Hoffnung für die Stämme geworden war. Die Indianer liefern den Scouts eine achttägige Belagerung. Als eine Abteilung der 10. Kavallerie zum Entsatz naht, ziehen sie sich zurück.

Washita-Massaker. George A. Custer erhält von General Sheridan den Befehl, die Winterlager der als feindlich angesehenen Stämme aufzuspüren, »ihre Dörfer und Pferde zu zerstören, alle Krieger zu erschießen oder zu hängen und alle Frauen und Kinder zu Gefangenen zu machen«. Am 27. November überfällt Custer mit seiner 7. Kavallerie das Cheyenne-Lager unter Black Kettle am Washita River im westlichen Oklahoma, tötet 103 Cheyenne, darunter viele Frauen und Kinder, nimmt 53 Frauen und Kinder gefangen, brennt das Dorf nieder und läßt rund 800 Indianerpferde abschießen. Unter den Toten ist auch Häuptling Black Kettle, der sich unter allen Cheyenne-Führern am meisten um einen Frieden mit den Weißen bemüht hatte.

Während des Massakers läßt Custer die Regimentskapelle »Gary Owen« spielen, den Marsch der 7. Kavallerie. Dann ordnet er den Rückzug an, ohne sich um das Schicksal einer Abteilung von 18 Mann unter Major Joel Elliott zu kümmern, die von der Verfolgung fliehender Indianer nicht zurückgekehrt ist; später stellt sich heraus, daß die Indianer sich dem von der Haupttruppe abgeschnittenen Elliott-Kommando gestellt und es aufgerieben haben. Custers Verhalten in dieser Sache wird dann von einigen seiner Unterführer, besonders von dem Captain Frederick Benteen, scharf kritisiert; derselbe Benteen wird später am Little Big Horn erneut mit der Problematik von Custers Fehlentscheidungen konfrontiert. General Sheridan zieht es vor, das peinliche Elliott-Debakel zu übersehen; er ist mit dem Ausgang der Kampagne sehr zufrieden: »Wenn wir ihnen noch ein oder zwei solcher Schläge versetzen können, werden uns die Indianer in meinem Department keinen Ärger mehr machen.«

Filme: 1968 *Custer of the West. R* Robert Siodmak. *D* Robert Shaw

(Custer), Jeffrey Hunter (Benteen). *P* Security. 1970 *Little Big Man. R* Arthur Penn. *D* Dustin Hoffman, Richard Mulligan (Custer). *P* Hiller-Stockbridge.

Der einzig gute Indianer... Unter dem Eindruck des Washita-Massakers folgen viele Cheyenne, Arapahos und Comanchen der Aufforderung General Sheridans, sich ihm in Fort Cobb zu ergeben. Der Comanchen-Häuptling Tosawi stellt sich dem General mit den Worten: »Tosawi, good Indian.« Sheridan antwortet: »The only good Indians I ever saw were dead.« Daraus wird dann die Devise: »The only good Indian is a dead Indian.«

Ende der Reno Brothers. Nach einem Bankraub der Brüder Reno in Missouri gelingt es Pinkerton-Detektiven, den Anführer der Bande, John, festzunehmen. Er wird zu vierzig Jahren Zwangsarbeit verurteilt. Seine Brüder Frank, Simeon, Clinton und William setzen ihre Karriere fort. Im Winter 1867/68 rauben sie eine Bank in Iowa aus. Im April werden sie festgenommen und brechen gemeinsam, unter Hinterlassung der Inschrift »April Fool« auf der Zellenwand, aus. Im Mai landen sie ihren größten Coup, als sie bei einem Überfall auf einen Zug der Jefferson, Missouri and Indianapolis Railroad 96000 Dollar erbeuten. Auf der Flucht vor den Pinkerton-Detektiven kommen sie bis nach Kanada, wo sie schließlich unter persönlicher Mitwirkung von Allan Pinkerton gestellt und festgenommen werden. Kanada liefert die berühmten Eisenbahnräuber an die USA aus. John, Simeon und William Reno werden mit einigen ihrer Komplizen in ein Gefängnis nach New Albany, Indiana, gebracht. Während sie dort ihren Prozeß erwarten, überfällt am 11. Dezember das Southern Indiana Vigilance Committee, dessen Losung »Salus Populi Suprema Lex« lautet, das Gefängnis und lyncht Frank, William und Simeon Reno und ihren Komplizen Charlie Anderson. In einem Flugblatt droht das

Komitee den noch in Freiheit befindlichen Mitgliedern der Bande, darunter Clinton Reno, das gleiche Schicksal an.

Film: 1955 *Rage at Dawn. R* Tim Whelan. *D* Forrest Tucker (Frank Reno), Myron Healey (John Reno), Randolph Scott (Detektiv Barlow =Pinkerton). *P* RKO.

Tom Dulas Ende. Am 1. Mai 1868 wird der Desperado Thomas C. Dula wegen Mordes an seiner Exgeliebten Laura Foster vor einem Publikum von mehreren Tausend Menschen öffentlich gehängt. Dula hatte die Foster wegen eines anderen Mädchens, Ann Melton, verlassen; sein Prozeß zog sich fast zwei Jahre hin, weil das Gericht die Frage einer wahrscheinlichen Mittäterschaft der Melton nicht klären konnte. Als Tatmotiv gilt, daß die Foster ihren Freund mit einer Geschlechtskrankheit angesteckt hatte. In den letzten Tagen vor seiner Hinrichtung schreibt der Todeskandidat die Ballade, die ihm als »Tom Dooley« seinen Nachruhm sichert:

Hand me down my banjo,
I'll pick it on my knee,
This time tomorrow night
It'll be no use to me.

Chorus:
Hang down your head, Tom Dooley,
Hang down your head and cry,
Hang down your head, Tom Dooley,
Poor boy, you're bound to die.

Film: 1959 *The Legend of Tom Dooley. R* Ted Post. *D* Michael Landon (Dooley). *P* Columbia.

Bret Harte und die Western Short Story. Bret Harte wird Redakteur der in San Francisco erscheinenden Monatszeitschrift *The Overland Monthly.* In seinem eigenen literarischen Schaffen bemüht er sich um die Entwicklung einer, wie er selbst sagt,

»unverwechselbar charakteristischen amerikanischen Western-Literatur«. Die erste Frucht dieser Bemühung und der wirkliche Beginn der Western Short Story von literarischem Rang ist die Erzählung *The Luck of Roaring Camp.* Das »Glück« von Roaring Camp ist das erste Kind, das in diesem kalifornischen Goldsucherlager geboren wird, von einer alleinstehenden Frau zweifelhaften Charakters; es wird von den Goldsuchern »Thomas Glück« getauft, findet aber bald ein unglückliches Ende. Die Erzählung erscheint im Augustheft des *Overland Monthly* und macht Bret Harte berühmt, nicht nur in den Vereinigten Staaten, sondern auch in Europa. Theodor Fontane nennt Harte »ein Beschreibungstalent ersten Ranges von großer Kraft des poetischen Ausdrucks«; in seinem Notizbuch vermerkt er: »Das Glück von Roaring Camp: Ausführen in Kürze, weshalb dies so schön ist, auch weshalb hier das Sentimentale nicht existiert oder nicht störend empfunden wird [...].«

Verfilmungen siehe ›Bret Harte‹, 1902.

Gestorben: Kit Carson, 59jährig, in Fort Lyon, Colorado. In seinen letzten Lebensjahren hat der Mountain Man, Scout und Indianerkämpfer noch lesen gelernt und sich bemüht, die Mythenmacher zu verstehen, die ihn schon seit seinem 40. Lebensjahr zu einer lebenden Legende und zur Modellfigur des überlebensgroßen Westerners gemacht haben.

Filmographie: 1903 *Kit Carson.* 11 Szenen (=Einstellungen): Bei der Jagd in der Wildnis werden Kit Carson und ein Gefährte von Indianern überfallen und gefangengenommen. Beim Übergang über einen Fluß kann Kit in einem Kanu entfliehen. Die Indianer nehmen ihn wieder gefangen und bringen ihn zu ihrem Dorf, wo sie ihn an einen Baum fesseln und foltern. Nachts wird er von einer Indianerin befreit. Kit kehrt zu seiner Waldhütte zurück, von seiner Frau glücklich begrüßt. *P* American Mutoscope & Biograph. 1919 *Kit Carson* (II). 1000 Fuß. *P* Bison. 1911 *Kit Carson's Wooing. R* Frank Boggs. *D* Hobart Bosworth (Carson), Betty Harte, Tom Mix. Kit Carson heiratet Häuptlingstochter, die ihm das Leben gerettet hat; dann verläßt er sie und fängt in der nächsten Siedlung ein Verhältnis mit einer Weißen an. 990 Fuß. *P* Selig. 1923 *The Santa Fé Trail. R* Robert Dillon, Ashton Dearholt. *D* Jack Perrin

(Carson). Serial. *P* Arrow. 1923 *The Covered Wagon. R* James Cruz. *D* Lois Wilson, Guy Oliver (Carson). Carson als Nebenfigur einer Wagentreck-Geschichte. *P* Famous Players-Lasky. 1925 *Kit Carson Over the Great Divide,* auch *With Kit Carson Over the Great Divide. R* Frank S. Mattison. *D* Roy Stewart, Jack Mower (Carson), Arthur Hotaling (John C. Frémont). *P* Sunset. 1927 *California. R* W. S. Van Dyke. *D* Tim McCoy, Fred Warren (Carson). Carson als Nebenfigur einer Geschichte über den mexikanisch-kalifornischen Feldzug. *P* MGM. 1928 *Kit Carson* (III). *R* Alfred Werker, Lloyd Ingraham. *D* Fred Thomson (Carson), Raoul Paoli (Shuman). Mountain Men Carson und Shuman rivalisieren um Blackfeet-Indianerin; Shuman verschuldet ihren Tod, Carson überliefert ihn der Rache der Blackfeet. *P* Paramount. 1933 *Fighting With Kit Carson. R* Armand Schaefer, Colbert Clark. *D* Johnny Mack Brown (Carson). Scout Carson legt einer Banditenhorde, den Mystery Riders, das Handwerk. Serial. *P* Mascot. 1937 *The Painted Stallion. R* William Witney, Ray Taylor. *D* Sammy McKim (Carson). Carson zieht als jugendlicher Ausreißer mit dem ersten amerikanischen Wagentreck nach Santa Fé. Serial *P* Republic. 1939 *Overland with Kit Carson. R* Sam Nelson, Norman Deming. *D* William Elliott (Carson). Carson im Kampf mit einer Banditenhorde, den Black Raiders. Serial. *P* Columbia. 1940 *Kit Carson* (IV). *R* George B. Seitz. *D* Jon Hall (Carson), Dana Andrews (John C. Frémont). Carson zieht mit Frémont nach Kalifornien und unterstützt die dortigen Amerikaner in ihrem Kampf gegen die mexikanische Obrigkeit. *P* Edward Small/UA. 1945 *Trail of Kit Carson. R* Lesley Selander. *D* Robert J. Wilke (Carson). *P* Republic. 1974 *Seven Alone. R* Earl Bellamy. *D* Dewey Martin, Dean Smith (Carson). Carson als Nebenfigur einer Wagentreck-Geschichte. *P* Doty-Dayton.

Fernsehserie: 1953–1954 *The Adventures of Kit Carson. D* Bill Williams (Carson). 53 Folgen. *P* Revue.

1869

Die Hochzeit der Schienen. Am 10. Mai 1869 wird in Promontory Point, Utah, mit einem goldenen Nagel die Schiene verankert, die die 1086 Meilen Schienenstrecke der Union Pacific mit den

690 Meilen der Central Pacific vereinigt. Der Telegraph meldet die Vollendung der ersten transkontinentalen Eisenbahnstrecke in die großen Städte der USA, was überall gewaltige Triumphfeiern zur Folge hat. Im New Yorker Central Park werden 100 Kanonen zum Salutschießen aufgefahren. In Chicago findet eine Parade von 1600 Pferden und 3000 Menschen statt. Gouverneur Leland Stanford von Kalifornien, der sich mit General Grenville Dodge in die Festreden bei der Hochzeit der Schienen teilt, ist hinterher über die Anzahl der Bier- und Schnapsflaschen auf dem offiziellen Foto der Veranstaltung so entsetzt, daß er versucht, das Bild zu unterdrücken; in seinem Amtssitz läßt er ein Wandgemälde zeremoniellen Zuschnitts, ohne Flaschen, anbringen. Auch der europäische Geist feiert das Werk; Robert Louis Stevenson schreibt:

»Wenn ich bedenke, wie die Eisenbahn durch diese wasserlose Wildnis getrieben wurde, die von wilden Stämmen heimgesucht wird; wie an jedem vorübergehenden Endpunkt der Konstruktion lärmende improvisierte Städte aufblühten und dann wieder dahinwelkten; wie an diesen unwirtlichen Plätzen pferdeschwänzige chinesische Piraten Seite an Seite mit den rauhen Gestalten der Grenze und verarmten Einwanderern aus Europa arbeiteten, miteinander in den verschiedensten Dialekten verkehrend, meist in Flüchen, und wie sie spielten, tranken, sich stritten und wie die Wölfe mordeten; und wenn ich dann weiter denke, daß dieses epische Unterfangen geleitet wurde von Herren in Fräcken, die nichts weniger im Auge hatten, als sich ein Vermögen zu erwerben und eine Reise nach Paris zu gestatten; wenn ich all das bedenke, dann scheint mir diese Eisenbahn die *eine* typische Leistung der Zeit zu sein, in der wir leben. Möge es nun Romantik sein, nach der unser Herz drängt, mögen es scharfe Kontraste sein oder Heroismus: was war die Stadt Troja, verglichen mit all dem?«

Die Rechnung mit dem »Vermögen und der Reise nach Paris« geht bei den Unternehmern des Streckenbaus auf; allein die sogenannten »Großen Vier« der Central Pacific – Colis Huntington, Leland Stanford, Charles Crocker und Mark Hopkins – hinterlassen bei ihrem Tod je 40 Millionen Dollar. Einen noch sehr viel größeren persönlichen Profit, nämlich über 200 Millionen Dollar, will der Bankier und Manager Jay Cooke machen, der inzwischen das nächste große Eisenbahn-Unternehmen vorbereitet: die Northern Pacific Railroad von Duluth am Oberen See durch Dakota, Montana, Idaho und Washington zum Pazifik. Cooke finanziert den Streckenbau durch Volksaktien und sichert sich alle erdenklichen und profitablen Rechte an den Gebieten, die er sich von der Regierung zum Streckenbau schenken läßt. Die vorgesehene Route führt mitten durch das Gebiet der Black Hills, dessen Unantastbarkeit die Regierung den Indianern im Vertrag von 1868 garantiert hat. Wenige Monate nach der Hochzeit der Schienen, im Sommer 1869, erscheinen die Landvermesser der Northern Pacific im Sioux-Gebiet. Häuptling Sitting Bull von den Hunkpapa-Sioux läßt sie vertreiben.

Schlacht von Summit Springs. Sieben Kavallerie-Kompanien unter General E. A. Carr und drei Kompanien Pawnee-Scouts unter Major Frank North greifen bei Summit Springs, Nebraska, ein Lager der Cheyenne unter Häuptling Tall Bull an. Die Schlacht dauert zehn Minuten und kostet 50 Cheyenne das Leben, darunter Tall Bull. Buffalo Bill Cody, der als Scout an der Schlacht teilnimmt, schreibt sich später den ganzen Plan des Überfalls und den Tod von Tall Bull zu.

Karrieren der Revolvermänner und -frauen.

Jesse James und Komplizen rauben eine Bank in Gallantine, Missouri, aus und töten einen Kassierer. Die erste Kopfprämie wird auf Jesse ausgesetzt. Er wird überregional bekannt.

Wild Bill Hickok wird als Kurierreiter der Kavallerie bei einer Mission zwischen Fort Lyon und Wallace von Cheyenne überfallen. Er kommt mit einer Lanzenwunde in der Hüfte davon, muß dann aber wochenlang im Lazarett liegen. Nach seiner Genesung wird er Sheriff von Ellis County, zu der die unruhige Garnisonsstadt Hays City gehört. Als er unter fragwürdigen Umständen zwei Männer erschießt, wird er aus dem Amt gewählt.

John Wesley Hardin tötet nach einem Kartenspiel den Desperado und Bandenführer Jim Bradley. Der Sechzehnjährige gilt bereits als einer der schlimmsten Gunfighter von Südwesttexas; vor Bradley hat er schon sechs Männer umgebracht, darunter mehrere Unions-Soldaten.

Belle Starr, die sich von Cole Younger getrennt hat, nimmt sich den Bank- und Zugräuber Jim Reed als neuen Partner und Liebhaber. Sie gehen nach Kalifornien, Belle bekommt ein Kind von Jim Reed; am North Canadian River foltern sie einen alten Indianer so lange, bis er ihnen ein Versteck mit 30 000 Dollar in Gold verrät. Belle kehrt mit Reed und der Beute nach Texas zurück und läßt sich als »Bandit Queen« feiern.

Calamity Jane, 21, kommt nach Cheyenne und Abilene, verrichtet Gelegenheitsarbeiten und wird durch ihren Alkoholkonsum und andere eigenartige Gewohnheiten, wie das Tragen von Männerkleidern und das Kauen von Tabak, eine bekannte Kuriosität.

Der Krieg gegen die Schafe. Charles Hannah bringt die ersten Schafe nach Texas und wird das erste Opfer der brutalen Aversion, die die Viehleute den Schafleuten entgegenbringen. Seine Schafzucht in Brown County stößt von Anfang an auf den Widerstand der Viehzüchter. Eines Tages findet Hannah sämtliche 300 Schafe in seinem Corral mit durchschnittenen Kehlen vor. Dieses Massaker markiert den Beginn des sich bis in die erste Dekade des 20. Jahrhunderts hinziehenden Kampfes der Cattlemen des Westens gegen die Sheepmen. Im Verlauf dieser Auseinandersetzungen werden viele Schafleute getötet und Zehntausende von Schafen erschlagen, erstochen, erschossen,

Doris Day als Calamity Jane in *Calamity Jane* von David Butler, 1953.

vergiftet, verbrannt, mit Dynamit in die Luft gesprengt oder herdenweise in Flüsse oder über Bergklippen gejagt (ein Verfahren, das man »rimrocking« nennt). Der Haß der Viehleute gründet sich in ihrer Ansicht, daß die Schafe die Grasnarbe bis zu den Wurzeln abfressen, den Rest mit ihren spitzen Hufen zerstampfen und so das Weideland zerstören; obendrein sei der Gestank der Schafe für Mensch, Pferd und Rind unerträglich. Die zumeist unberittenen Schäfer gelten den Cowboys als verachtenswerte Kreaturen, noch ehrloser als Diebe. Die Hauptschauplätze des Krieges gegen die Schafe sind Texas, New Mexico, Arizona, Colorado, Montana, Wyoming und Oregon. Die letzte große Ausschreitung gegen Schafleute findet 1909 im Big Horn Basin statt; einer der Täter, die drei Schäfer und einen Teil ihrer Herden töten, wird zu lebenslänglicher Haft verurteilt. Die meisten Viehzüchter haben sich zu dieser Zeit aber bereits zu der Ansicht bekehrt, daß die Schafhaltung für das Weideland auch nützlich sein kann.

Die meisten neueren Schaf-Western ignorieren die unfreundlichen Aspekte dieser Auseinandersetzungen und porträtieren den Schafzüchter als eine Variante des Tenderfoot, der dank seiner vermeintlichen Arglosigkeit ein leichtes Opfer der hartgesottenen Rinderleute zu werden droht, sich aber schließlich durch überlegenen Witz behauptet. Für die vielen Schaf-Western der Stummfilm- und frühen Tonfilmzeit stellt sich das Thema Sheepmen vs. Cattlemen als ein bitterernster dramatischer Konflikt dar, bei dem heitere Momente höchstens unfreiwillig anfallen, etwa wenn die stinkenden Kreaturen sich zwischen die Liebe einer Schäferstochter und eines Kuhjungen stellen.

Schaf-Western: 1911 *A Sheepman's Triumph.* 1000 Fuß. *P* Kalem. 1911 *The Sheepman's Daughter. R* Allan Dwan. *D* Pauline Bush. *P* American. 1914 *The Sheep Runners. R* Marshall Farnum. *P* Selig. 1918 *The Hell Cat. R* Reginald Barker. *D* Geraldine Farrar. *P* Sam Goldwyn. 1921 *Black Sheep. R* Paul Hurst. *D* Neal Hart. Schafleute und Viehleute bekriegen sich aufgrund eines Mißverständnisses; der wahre Schuldige ist ein

Mexikaner. *P* Chaudet-Hurst. 1922 *The Sheriff of Sun Dog. R* Louis King. *D* William Fairbanks. Weil ein Sheriff versucht, einen Schafzüchter vor den Viehleuten zu schützen, wird ihm ein Mord in die Schuhe geschoben. *P* Berwilla/Arrow. 1922 *Table Top Ranch. R* Paul Hurst. *D* Neal Hart, Hazel Maye. Cowboy kommt einer von Viehleuten bedrängten Schafzüchterin zur Hilfe. *P* William Steiner. 1923 *Riders of the Range. R* Otis B. Thayer. *D* Edmund Cobb. Die Cattlemen's Association macht Schafzüchter für Viehdiebstähle verantwortlich, die in Wirklichkeit von einer Geheimorganisation krimineller Viehleute begangen werden. *P* Art-O-Graph/Truart. 1923 *The Forbidden Range. R* Neal Hart. *D* Neal Hart, Yakima Canutt. Rancher versuchen, Schafzüchter und ihre Herden in eine tödliche Stampede zu jagen. *P* William Steiner. 1924 *Western Feuds. R* Francis Ford. *D* Edmund Cobb. Outlaws tarnen sich als Schafzüchter und heizen so den bereits bestehenden Konflikt zwischen Schaf- und Viehleuten an. *P* Ashton Dearholt. 1923 *Cyclone Jones. R* Charles R. Seeling. *D* Big Boy Williams. Cyclone Jones schützt eine Schafzüchterstochter vor aggressiven Viehranchern und gewinnt so ihre Liebe. *P* Charles R. Seeling/Aywon. 1925 *White Thunder. R* Ben Wilson. *D* Yakima Canutt. Ein geheimnisvoller Weißer Reiter kämpft für die Schafleute gegen die Viehleute, unter denen er den Mörder seines Vaters findet. *P* Ben Wilson. 1925 *The Saddle Hawk. R* Edward Sedgwick. *D* Hoot Gibson. Komödie über einen Schafhirten, der Schafe haßt. *P* Universal. 1925 *The Burning Trail. R* Arthur Rosson. *D* William Desmond. Ehemaliger Preisboxer steht Schafleuten in ihrem Kampf gegen Viehleute bei. *P* Universal. 1925 *The Desert's Price. R* W. S. Van Dyke. *D* Buck Jones. Während eines Weidekriegs wird Viehzüchter aus Liebe zu der Tochter eines ermordeten Schafzüchters selbst Schafzüchter. *P* Fox. 1925 *The Rattler. R* Paul Hurst. *D* Jack Mower. Kampf der Viehleute gegen einen Schafzüchter, der die Einzäunungen der Rancher zerstört. *P* Ermine. 1926 *The Fighting Peacemaker. R* Clifford S. Smith. *D* Jack Hoxie. Schafzüchter zerstören mutwillig Weideland der Viehzüchter, indem sie Schafherden darüber treiben. *P* Universal. 1927 *The Ridin' Rowdy. R* Richard Thorpe. *D* Buffalo Bill jr. Der mißratene Sohn eines Viehzüchters greift in einen Krieg zwischen Vieh- und Schafleuten ein. *P* Action/Pathé. 1927 *White Gold. R* William K. Howard. *D* Kenneth Thomson. Eifersuchtsdrama zwischen zwei Schafzüchtern und einem mexikanischen Tanzhallen-Mädchen. *P* DeMille. 1928 *Forbidden Grass.*

R E. M. Eldridge. *D* William Anderson. Im Auftrag des Staates Utah werden Wildpferde eingefangen, damit die Weideflächen für die Schafherden gerettet werden. *P* Oscar Price. 1928 *Tracked. R* Jerome Storm. *D* Sam Nelson und der Hund Ranger. Abenteuer eines Schäferhundes, der verdächtigt wird, Schafe zu reißen, und der deshalb getötet werden soll. *P* F.B.O. 1930 *Canyon Hawks. R* Alvin J. Neitz. *D* Yakima Canutt. Rancher steht einem Geschwisterpaar bei, das seine Schafherde durch feindliches Viehland treibt. *P* National Players. 1930 *Near the Rainbow's End. R* J. P. McGowan. *D* Bob Steele. Schäfer werden von Viehleuten des Viehdiebstahls verdächtigt und finden die wahren Täter unter den Viehleuten. *P* Tiffany. 1930 *The Santa Fé Trail. R* Otto Brower, Edwin H. Knopf. *D* Richard Arlen. Schafzüchter werden von der alteingesessenen Bevölkerung angefeindet, weil sie Indianer als Schäfer beschäftigen. *P* Paramount. 1930 *Trigger Tricks. R* B. Reeves Eason. *D* Hoot Gibson. Cowboy steht einer Schafzüchterin gegen die Viehleute bei. *P* Hoot Gibson/Universal. 1930 *The Dawn Trail. R* Christy Cabanne. *D* Buck Jones. Der Streit um eine Wasserstelle führt zu einem Weidekrieg zwischen Schaf- und Viehleuten. *P* Columbia. 1936 *Code of the Range. R* C. C. Coleman jr. *D* Charles Starrett. *P* Columbia. 1939 *Texas Stampede. R* Sam Nelson. *D* Charles Starrett. *P* Columbia. 1943 *The Man From Music Mountain. R* Joe Kane. *D* Roy Rogers. Eine Auseinandersetzung zwischen Schaf- und Viehleuten im modernen Westen, geschlichtet durch den Hillbilly-Rundfunk-Star Roy Rogers. *P* Republic. 1949 *Montana. R* Ray Enright. *D* Errol Flynn. Schafzüchter bricht in Montana das Weidemonopol der Rinderleute. *P* Warner Bros. 1950 *Devil's Doorway. R* Anthony Mann. *D* Robert Taylor. Indianer verlieren ihr Land an Schafzüchter. *P* MGM. 1955 *The Man From Bitter Ridge. R* Jack Arnold. *D* Lex Barker. Schafzüchter werden als Postkutschenräuber verdächtigt. *P* Universal. 1958 *The Sheepman. R* George Marshall. *D* Glenn Ford. Komödie über einen Schafmann, der sich im Rinderland durchsetzt. *P* MGM. 1968 *The Ballad of Josie. R* Andrew V. McLaglen. *D* Doris Day. Rabiate Schafzüchterin setzt sich gegen die Rinderleute durch. *P* Universal. 1969 *Heaven With a Gun. R* Lee H. Katzin. *D* Glenn Ford. Pastor vermittelt zwischen verfeindeten Vieh- und Schafleuten; er ist ein ehemaliger Revolverheld und zählt sich jetzt zur Mission Church of the Good Shepherd. *P* King Brothers. 1972 *Tschetan, der Indianerjunge. R* Hark Bohm. *D* Dschingis Bowakow. Freundschaft eines Indianerjungen und eines Schäfers. *P* Filmverlag.

Burt Lancaster als Ned Buntline in *Buffalo Bill and the Indians* von Robert Altman, 1976.

Frauen-Wahlrecht in Wyoming. Als erstes Staatswesen der Welt führt das Territorium Wyoming das Wahlrecht für Frauen ein. Die Feinde des entsprechenden Gesetzes versuchen seine Verabschiedung in letzter Minute zu verhindern, indem sie als wahlfähiges Alter 30 Jahre (statt der vorgeschlagenen 18 Jahre) propagieren, »mit dem Hintergedanken, daß dann keine Frau wählen wird, weil keine zugeben wird, daß sie 30 ist« (Dee Brown, *The Gentle Tamers*).

Film: 1968 *The Ballad of Josie*. *R* Andrew V. McLaglen. *D* Doris Day. *P* Universal.

Ned Buntline findet und erfindet Buffalo Bill. Ned Buntline, mit seinen 46 Jahren bereits ein Veteran unter den Erfolgsautoren des populären Abenteuerromans, schließt für ein Jahreshonorar von 20000 Dollar einen Exklusivvertrag mit der *New York Weekly* ab, und wendet sich von seiner bisherigen Domäne, dem Marineroman, dem Wildwest-Abenteuer zu. Auf der Suche nach einem Helden bereist er den Westen und begegnet in Fort McPherson, Nebraska, dem Major Frank North, Kommandeur der Pawnee-Scout-Kompanien. North lehnt es aber ab, von Buntline zum Romanhelden gemacht zu werden und empfiehlt dem Autor an seiner Statt den 23jährigen William F. Cody, der zu dieser Zeit als Scout bei ihm dient. Buntline unterhält sich mit dem jungen Mann, reitet Codys Pferd »Powder Face« und begleitet die Pawnees auf einem Aufklärungszug. Dann kehrt er nach New York zurück und schreibt die Fortsetzungsserie *Buffalo Bill, the King of the Border Men – The Greatest Romance of the Age,* die Codys Popularität begründet. Die erste Folge erscheint in der *New York Weekly* vom 23. Dezember 1869; die Serie läuft bis März 1870 und wird dann in einer Buchausgabe herausgebracht.

Gemessen an den jungen Autoren der Beadle-Groschenhefte und ihren Hervorbringungen, vor allem an dem zwanzig Jahre jüngeren Prentiss Ingraham, der bald seine Nachfolge als

Cody-Leibautor antreten wird, ist Buntline nicht nur ein alter, sondern auch ein altmodischer Autor. In seiner Buffalo Bill-Story ist Cody noch nicht der flamboyante Büffeljäger, Indianerkämpfer und Held der Prärie, sondern eine eher gravitätische Figur, ganz nach dem Vorbild von Coopers *Lederstrumpf* modelliert, der für die Autoren der Buntline-Generation noch das verpflichtende Urbild des Westerners ist. Buntline ignoriert fast völlig den Westen, in dem er seinen Helden kennengelernt hat, orientiert sich mehr an seiner eigenen Phantasie als an der Biographie seines Helden und verfährt nachlässig mit der Schreibweise der Namen von historischen Gestalten, die er als Nebenfiguren auftreten läßt oder erwähnt (statt »Quantrill« schreibt er »Cantrell«, statt »Bill Hickok« »Bill Hitchcock«).

Die Abenteuer von Buntlines Buffalo Bill spielen vor und im Bürgerkrieg und bestehen im ersten Teil aus der Rettung edler Jungfrauen vor Entführung und anderem Ungemach, im zweiten Teil aus kriegerischen Heldentaten. Besonders typisch für einen in der Nachfolge Coopers schreibenden Autoren ist eine in St. Louis spielende Episode, in der Buffalo Bill das schöne Edelfräulein Louisa La Valliere vor den Nachstellungen einer Horde betrunkener Soldaten bewahrt und dann die Dankesbezeigungen ihres wohlhabenden Vaters in untertänigster Entsagung abwehrt: »If I see her any more, I shall love her, and love above my station would be madness and folly!« In Wirklichkeit hat Cody 1866 in St. Louis eine bürgerliche Louisa Federici ganz undramatisch kennengelernt und geheiratet.

Mark Twain, Indianerhasser. Mark Twain, der schon in seinen Reiseberichten aus dem Westen, *Roughing It* (1872), keine Gelegenheit ausgelassen hat, über die Indianer Hohn und Spott auszugießen, und der in den *Adventures of Tom Sawyer* (1876) aus dem »Injun Joe« einen mörderischen Dämon macht, resümiert in seiner Europa-Reisereportage *The Innocents Abroad* seinen Indianerhaß: »In diesen praktischen Zeiten ist es reine

Zeitverschwendung, wenn man über die Poesie der Indianer spricht. Es hat nie welche gegeben, außer bei den Indianern von James Fenimore Cooper – aber die sind ein ausgestorbener Stamm, der nie existiert hat. Ich kenne den edlen roten Mann. Ich habe mit Indianern kampiert; ich war mit ihnen auf dem Kriegspfad (gegen die Heuschrecken); half ihnen beim Rinderstehlen; ich bin mit ihnen herumgezogen, habe sie skalpiert, aß sie zum Frühstück. Am liebsten würde ich die ganze Sippe auffressen, wenn ich nur könnte.« In *The Return of the Vanishing American* meint Leslie Fiedler, daß Mark Twains Abneigung gegen die Indianer über die reine Vernichtungswut noch weit hinausgeht: »Er hat den Wunsch, die Indianer nicht nur ganz real vernichtet zu sehen, sondern auch jede Vorstellung vom indianischen Leben, die sich zwischen den weißen Amerikaner und die Verpflichtung zum totalen Völkermord stellt.«

Der Cowboy

The Cowboy's Lament

As I walked out in the streets of Laredo,
As I walked out in Laredo one day,
I spied a poor cowboy all wrapped in white linnen,
Wrapped in white linnen as cold as the clay.

»I see by your outfit that you are a cowboy«
These words he did say as I boldly walked by,
»Come sit down beside me and hear my sad story,
I'm shot in the breast, and I know I must die.«

»It was once in the saddle I used to go dashing,
Once in the saddle I used to go gay,
First down to Rosie's and then to the card house,
Shot in the breast and I'm dying today.

O, beat the drum slowly and play the fife lowly,
Play the dead march as they carry me along,
Put bunches of roses all over my coffin,
Roses to deaden the clods as they fall.«

Folksong

Am Anfang war der Cowboy eine zweifelhafte Figur, und am Ende ist er es wieder, aber zwischendurch wuchs er empor, zuerst zu einer pittoresken Erscheinung und dann zu einer moralischen Kraft: der Prolet der Prärie als Amerikas Ritter auf einem weißen Pferd, der asoziale landwirtschaftliche Hilfsarbeiter als der schicke Außenseiter, dessen Ungebundenheit als Freiheit interpretierbar ist und dessen Persona die ideale Maske für einen jeden ist, dem der Sinn danach steht, Dampf abzulassen.

Im amerikanischen Unabhängigkeitskrieg soll es verschlagene Engländer gegeben haben, die mit Kuhglocken durch die Gegend strichen, um amerikanisch-patriotische Farmer in den Busch zu locken und dann hinterrücks abzuschießen; diese erbärmlichen Kreaturen wurden »Cowboys« genannt. Auch später behält der Begriff seine Funktion als Schimpfwort; bis zum Bürgerkrieg sind, wenn von Cowboys die Rede ist, meist texanische Banditen gemeint, die den Mexikanern das Vieh stehlen. Nach dem Bürgerkrieg und in der beginnenden Zeit der Cattle Drives gerät der Cowboy an die Peripherie der Respektabilität, aber die wirklich respektable Gesellschaft ist sich wohl bewußt, woher sich diese Außenseiter-Gesellschaft rekrutiert.

Viele demobilisierte und oft gleichermaßen demoralisierte Soldaten des Nordens wie des Südens haben keine Lust oder keine Chance mehr, ins bürgerliche Leben zurückzukehren, und gehen statt dessen zum Viehtreiben. Dazu kommen Mexikaner und freigelassene schwarze Sklaven: ein Cowboy unter dreien ist entweder Mexikaner oder Neger. Und schließlich sind da noch die Kriminellen, die als Kuhtreiber auf dem Trail ein ziemlich sicheres Unterkommen finden; unter den Cowboys gilt es nicht als fein, einen anderen nach Name und Vergangenheit zu fragen. In dem Maße, in dem die Viehtrecks zunehmen und die Viehzucht sich nach Norden ausbreitet, beginnt Amerika den Cowboy zur Kenntnis zu nehmen, aber zunächst nicht als Gestalt, zu der man besonders hoch aufsehen müßte. Als »rauhe Gesellen mit zottigem Haar und wildstarrenden Augen, die ihre speckigen Hosen in große ungefüge Stiefel stopfen« werden die Cowboys 1875 von Laura Winthrop Johnson in der Zeitschrift Lippincott's *beschrieben; ansonsten weiß man von diesen wilden Typen nicht viel mehr, als daß sie für wenig Lohn eine harte, monotone Arbeit verrichten und zum Ausgleich dafür am Ende des Trecks mit Schießen, Spielen, Saufen und Huren Betrieb in die Kuhstädte bringen.*

Das Besondere am Cowboy, die spezifischen Eigenheiten seines Image, nämlich seine exotisch wirkende Erscheinung und seine womöglich noch exotischer anmutende sittliche Orientierung, beginnt man erst um 1880 wahrzunehmen. In einem typischerweise Picturesque Features of Kansas Farming *betitelten Artikel in der Zeitschrift* Scribner's *beschreibt im November 1879 Henry King das seltsame Arbeitsgewand dieser Leute, mit »alten kastilianischen Sombreros, den offen-beinigen, mit Reihen von Knöpfen geschmückten Hosen, lustigen Jacken mit vielfarbenen Borten und indianischen Bändern und ab und an auch einem blutroten Schal, wie ihn Matadore tragen«. Bedenklich an diesem fremdartigen Wundertier findet King seinen Hang zur Gewalttätigkeit, der ihm aber nicht verdammenswert erscheint, da er sich mit Mut, Großherzigkeit, Ehrlichkeit und einem »seltsamen, paradoxen Code persönlicher Ehre paart«.*

Die weitere Geschichte des Cowboys ist ein wunderliches Beispiel dafür, wie aus dem eigentlich Fremden das wesentlich Heimatliche wird. War für den Yankee des 19. Jahrhunderts nichts unamerikanischer als dieser halbbarbarische Halbexote, so kommt uns heute nichts amerikanischer vor als The Great American Cowboy *(Titel eines Dokumentarfilms von 1974). Vielleicht kommt es daher, daß der Cowboy mit dem Amerikanis-*

mus, wie er allgemein und jedenfalls vom offiziellen Amerika verstanden wird, nichts im Sinn hat.

H. J. Stammel, in der Bundesrepublik der beste Kenner des amerikanischen Westens und zugleich sein fragwürdigster Ideologe, fixiert in seinem Standardwerk Der Cowboy *den Ehrenkodex des Cowboys in folgenden 10 Geboten:*

1. Du sollst dich nicht um die Vergangenheit deines Nächsten kümmern.

2. Du sollst zu einem Fremden gastfreundlich sein und für sein Wohlergehen selbst dein Leben einsetzen.

3. Du sollst jedem Feind eine faire Chance geben und ihn nur bekämpfen, wenn er das Weiße in deinen Augen sehen kann.

4. Du sollst auf keinen unbewaffneten Mann schießen und von einem Gegner, der aufgibt, ablassen.

5. Du sollst keine Beleidigung aussprechen, ohne mit ernstesten Konsequenzen zu rechnen.

6. Du sollst nicht undankbar sein.

7. Du sollst dich verteidigen, wann immer Selbstverteidigung notwendig ist. Dabei spielt dein Leben keine Rolle, wichtig allein ist deine Ehre und Selbstachtung.

8. Du sollst keinem etwas wegnehmen, das dir nicht gehört.

9. Du sollst hilfsbereit sein, den Schwachen und Frauen beistehen und sie gegen alles und jedermann verteidigen und nicht dulden, daß ihnen auch nur ein Haar gekrümmt werde.

10. Solange niemand deine Hilfe verlangt oder erwartet, kümmere dich um dich selbst.

Wie jedes Konzept, das Sportsgeist und die damit einhergehende Infantilität propagiert, ist dieser Kanon geeignet, bis in groteske Extreme variiert zu werden. Den Cowboy-Kodex beliebig strapazierend macht Hollywood aus den Filmcowboys der dreißiger Jahre eine Art berittener Boy-Scouts, und wenn ein Held wie Tom Mix sich und die gute Sache in den Dienst eines Sponsors stellt, dann heißt das letzte Gebot des Code of the West *allen Ernstes so: »I promise to shoot straight with Tom Mix by regularly eating good*

Henry Fonda und Henry Morgan in *The Ox-Bow Incident* von William A. Wellman, 1943 (oben).
Cowboys in *Monte Walsh* von William A. Fraker, 1970 (rechts oben).
Henry Fonda und Glenn Ford in *The Rounders* von Burt Kennedy, 1964 (rechte Seite unten).

old Hot Ralston, the official Straight Shooter's cereal, because I know Hot Ralston is just the kind of cereal that will help build a stronger America!« (Siehe Ralston Straight Shooter Pledge, *1933.) Das ist das eine Extrem. Das andere Extrem erreicht der amerikanische Underground der sechziger Jahre, wenn er die glorreiche Dubiosität des Cowboys entdeckt und das 1. Gebot des Kodex des Westens neu formuliert: »1.: Sob when you read ›Black Beauty.‹« (Siehe Ted Berrigan:* The Code of the West, *1966.)*

In der mythologischen Alltagspraxis wird der Cowboy-Kodex, der in der populären Vorstellung mit dem Kode des Westens so identisch ist wie der Begriff »Cowboy-Film« mit dem Begriff »Western«, meist reduziert auf die Formel »A man's gotta do what a man's gotta do« (Was ein Mann machen muß, muß er machen). In seinem anheimelnd trotzigen Gestus verrät dieser Satz etwas über die Kindlichkeit, die ein elementarer Wesenszug des Cowboys ist und ihn der freundschaftlichen Zuneigung aller Männer empfiehlt, die gern an das Kind in sich appellieren; davon abgesehen duldet er in seiner blanken Irrationalität keinen Widerspruch.

Bedenklicher ist die Freiheit-durch-Gewalt-Theorie, die sich aus dem Cowboy-Kodex entwickeln läßt. Der Kommentar, den H. J. Stammel in seinem Cowboy-Lexikon dem Cowboy-Kodex widmet, gipfelt in einer solchen Theorie: »Der Cowboy jener Zeiten war unzivilisiert, hart und rauh, aber kein Menschentyp hat je in der Geschichte so klar und unmißverständlich vorgelebt, daß Freiheit ohne Gewalt weder zu erringen noch zu verteidigen ist, und daß das Maß der Freiheit dem Maß der Gewalt entspricht, das man um ihretwillen einzusetzen bereit ist.« Stammel, sonst meist um ein authentisches Geschichtsbild bemüht, segnet hier überraschenderweise eine Ideologie ein, die nicht der Welt des historischen Cowboys und auch nicht der von Cowboys selbst geschaffenen Arbeitswelt-Literatur entstammt, sondern den Romanen und Filmen in der Nachfolge von Owen Wister und Zane Grey: Bei diesen Autoren und in diesen Werken geraten gewalttätige Männer des Westens in die Hände von Frauen aus dem Osten, die Liebe, Vergebung und Pazifismus predigen, aber schließlich doch den Nutzen und den Glamour der Gewalt schätzenlernen und ihrem Mann dann den Revolver, den sie ihm zuerst ausreden wollten, nachdrücklich in die Hand drücken, notfalls sogar selber bedienen. Hier wie bei Stammel wird mit einem vulgären Freiheitsbegriff operiert, um zu einer fragwürdigen Apologie der Gewalt zu gelangen.

Die Freiheit des Cowboys ist keine erkämpfte Freiheit, und die Vorstellung einer erkämpften Freiheit ist vielleicht nur eine zweckorientierte Fiktion, da es in Wirklichkeit nur die Alternative von erkaufter Freiheit und Freiheit per Verweigerung gibt; um diese Alternative ringen zwei Seelen in Amerikas Brust, und die Freiheit des Cowboys ist die Freiheit per Verweigerung, die Freiheit des Nichtteilnehmens und des Nichtteilhabens. Der Cowboy ist nicht interessiert an Werten wie Kommerz, Technologie, Zivilisation und Puritanismus, an denen sich die amerikanische Gesellschaft orientiert; er nimmt an der Organisation dieser Gesellschaft nicht teil und verschmäht es, an den Nutzen, die diese Gesellschaft bieten mag, teilzuhaben. Er läßt sich nicht in die Gesellschaft integrieren und empfindet sogar einen Horror davor, seine eigene Außenseiter-Gesellschaft zu formieren. (Die als Stuntmen arbeitenden sogenannten Hollywood-Cowboys gehören lange zur unterprivilegiertesten Schicht der amerikanischen Filmschaffenden, da sie sich nicht entschließen können, den einschlägigen Gewerkschaften beizutreten und eine eigene Gewerkschaft, die aber beileibe nicht als solche betrachtet werden will, erst nach vielen Schwierigkeiten zustande bringen – so lange und kräftig wirkt dieses Erbe nach.) Der Cowboy nimmt sich die Freiheit seiner eigenen Asozialität, die in seiner Mythologie zur Freiheit der Einsamkeit wird, zur Freiheit des starken, einsamen Mannes, der aus seiner splendiden Außenseiterposition nur heraustritt, wenn es unumgänglich scheint. Er greift als der reingebliebene Held in die Umtriebe der verrotteten Gesellschaft ein, um nach dieser Messias-

Mission wieder wie Shane *sein Pferd zu besteigen und in die Freiheit der Einsamkeit davonzureiten.*

Wenn er ansonsten in die Verlegenheit gerät, sich unter die Gesellschaft zu mischen, so wirkt er fehl am Platz. Das ist sein Reiz. Der Cowboy ist der deplazierte Held schlechthin. Viele Filmtitel, von The Cowboy and the Lady *bis zum* Drug Store Cowboy, *signalisieren diese Deplaziertheit. Der Cowboy begibt sich in eine Gesellschaft, der er nicht zugehört, und die vielleicht die Mafia-Muster vorwegnehmende Gesellschaft der Cow-Towns ist oder eine modernere High Society der dreißiger Jahre oder die urbane Crime-and-Violence-Gesellschaft der sechziger Jahre* (Coogan's Bluff), *und behauptet sich dort mit komisch-heroischem Effekt; komisch, weil dort des Cowboys Kostüm, Kodex und Verhaltensweisen unangemessen erscheinen und ihn zunächst nur der Lächerlichkeit übergeben; heroisch, weil er unter Umständen, die ihm eigentlich keine Chance lassen, seine Prinzipien stoisch und wirkungsvoll vertritt. Die Wirkung, die er in diesem Milieu hinterläßt, mag von den Leidtragenden zwecks Wahrung ihres Gesichts mit Ironie umkleidet werden, aber sie sichert ihm auf jeden Fall Respekt. Diese respektvolle Ironie ist die moderne Rezeption des Cowboys.*

Dieser Cowboy wird jetzt betrachtet als der nonkonformistische Außenseiter mit infantilen Zügen, und als der mit dem Vorbehalt der Ironie akzeptierte Typ dessen, der die von keinem Missionierungstrieb angekränkelte Courage hat, anders zu sein. Auf diesem Weg wird schließlich »Cowboy« zum Synonym für den Andersartigen, für den Strichjungen zum Beispiel (Midnight Cowboy) *und den Homosexuellen* (Lonesome Cowboys) *und allgemeiner für einen Typ des Ausgeflippten und Freaks, der in der Popmusik zum* Brown Dirt Cowboy *von Elton John oder* Last Brooklyn Cowboy *von Arlo Guthrie wird oder im Film zu Dennis Hoppers* Easy Rider *oder* Kid Blue, *der sich mit dem gleichen Gestus stoischer Selbstbehauptung durch eine früh- oder spätkapitalistische Industriegesellschaft bewegt wie sein Vorfahre durch einen Westen, den profitgierige Unternehmer zu einem einzigen Schlachthof-Auftrieb machen wollen.*

Cowboy-Filme: 1898 *Lassoing Steer.* Dokumentarszene. *P* Edison. 1898 *Branding Cattle.* Dokumentarszene. *P* Edison. 1903 *The Cowboy and the Lady* (I). Saloonszene: Ein betrunkener Cowboy führt sich rüpelhaft auf, erweist sich aber einer Dame gegenüber als Kavalier. *P* American Mutoscope & Biograph. 1904 *Brush Between Coyboys and Indians.* Einakter. *P* Edison. 1904 *Cowboy Justice.* Cowboys halten im Saloon Gericht und hängen dann einen Indianer auf. *P* American Mutoscope & Biograph. 1904 *Cowboys and Indians Fording River in a Wagon.* Dokumentarszene. *P* Edison. 1904 *Driving Cattle to Pasture.* Dokumentarszene aus Oklahoma Territory. *P* Edison. 1908 *The Cowboy and the Schoolmarm.* 6 Szenen. *P* Edison. 1908 *A Cowboy Elopement.* Einakter. *P* Vitagraph. 1908 *A Round-Up in Oklahoma.* Cowboys werden beim Viehtreck von Indianern überfallen und schlagen die Angreifer in die Flucht. Einakter. *P* Oklahoma Natural Mutoscene. 1908 *The Cowboy's Baby.* 990 Fuß. *P* Selig. 1909 *A Cowboy Argument.* 600 Fuß. *P* Lubin. 1909 *The Cowboy Millionaire* (I). *P* Selig. 1909 *Cowboy's Narrow Escape.* 1000 Fuß. *P* Bison. 1909 *Cowboy's Romance.* 871 Fuß. *P* Centaur. 1909 *A Cowboy's Sweetheart.* 825 Fuß. *P* Centaur. 1910 *The Cowpuncher's Glove. R* Edwin S. Porter. 1000 Fuß. *P* Edison. 1910 *The Cowboy and the Easterner.* 1000 Fuß. *P* Champion. 1910 *The Cowboy and the Lieutenant.* 995 Fuß. *P* Nestor. 1910 *The Cowboy and the School-Marm* (II). 975 Fuß. *P* Bison. 1910 *The Cowboy and the Squaw. D* Broncho Billy Anderson. 935 Fuß. *P* Essanay. 1910 *Cowboy Chivalry.* 990 Fuß. *P* Lubin. 1910 *A Cowboy for Love.* 989 Fuß. *P* Bison. 1910 *The Cowboy Girls.* 1000 Fuß. *P* Selig. 1910 *The Cowboy Preacher.* 980 Fuß. *P Nestor. 1910 The Cowboys and the Bachelor Girls. P* Melies. 1910 *Cowboy's Courtship. P* Defender. 1910 *A Cowboy's Daring Rescue.* 975 Fuß. *P* Bison. 1910 *The Cowboy's Devotion.* 955 Fuß. *P* Lubin. 1910 *A Cowboy's Generosity.* 1000 Fuß. *P* Bison. 1910 *Cowboy's Matrimonial Tangle.* 995 Fuß. *P* Bison. 1910 *The Cowboy's Mother-in-Law. D* Broncho Billy Anderson. 1000 Fuß. *P* Essanay. 1910 *A Cowboy's Pledge.* 850 Fuß. *P* Champion. 1910 *A Cowboy's Race for a Wife.* 1000 Fuß. *P* Bison. 1910 *A Cowboy's Reward. P* Bison. 1910 *The Cowboy's Stratagem.* 995 Fuß. *P* Selig. 1910 *The Cowboy's Sweetheart* (II). 1000 Fuß. *P* Essanay. 1910 *The Cowboy's Sweetheart and the Bandit.* 909 Fuß. *P* Pathé. 1910

The Cowboys to the Rescue. 900 Fuß. *P* Champion. 1910 *A Cowboy's Vindication. D* Broncho Billy Anderson. 950 Fuß. *P* Essanay. 1910 *The Cowpuncher's Sweetheart.* 972 Fuß. *P* Kalem. 1910 *The Cowpuncher's Ward. D* Broncho Billy Anderson. 1911 *The Eastern Cowboy. R* Allan Dwan. *D* J. Warren Kerrigan. Einakter. *P* American. 1911 *The Cowboy and the Outlaw. R* Allan Dwan. *D* J. Warren Kerrigan. 1000 Fuß. *P* American. 1911 *The Cowboy's Ruse. R* Allan Dwan. *D* J. Warren Kerrigan. Einakter. *P* American. 1911 *The Yiddisher Cowboy. R* Allan Dwan. Einakter. *P* American. 1911 *The Actress and the Cowboys. R* Allan Dwan. Einakter. *P* American. 1911 *Auntie and the Cowboys. R* Allan Dwan. Einakter. *P* American. 1911 *A Cowboy and a Lord.* 950 Fuß. *P* Champion. 1911 *The Cowboy and the Artist. R* Allan Dwan. *D* J. Warren Kerrigan. 1000 Fuß. *P* American. 1911 *The Cowboy and the Shrew. D* Herbert Rawlinson. Einakter. *P* Selig. 1911 *The Cowboy Artist's Jonah Day.* 1000 Fuß. *P* Kalem. 1911 *The Cowboy Coward. D* Broncho Billy Anderson. 1000 Fuß. *P* Essanay. 1911 *A Cowboy for a Day.* Einakter. *P* Bison. 1911 *The Cowboy Pugilist.* 1000 Fuß. *P* Nestor. 1911 *The Cowboy's Adopted Child.* 1000 Fuß. *P* Selig. 1911 *The Cowboy's Bride.* 1000 Fuß. *P* Kalem. 1911 *The Cowboy's Deliverance. R* Allan Dwan. Einakter. *P* American. 1911 *A Cowboy's Love.* 1000 Fuß. *P* Lubin. 1911 *A Cowboy's Loyalty.* Einakter. *P* Bison. 1911 *The Cowboy's Pies.* 950 Fuß. *P* Champion. 1911 *A Cowboy's Sacrifice.* 1000 Fuß. *P* American. 1911 *The Cowboy's Sister. P* Pathé. 1911 *The Cowboy's Vacation.* Semi-Dokumentarfilm. Einakter. *P* Bison. 1911 *The Cowboy's Waif.* Einakter. *P* Bison. 1911 *Cowgirls' Pranks. D* Anna Little. Einakter. *P* Bison. 1911 *The Cowpuncher. D* Violet Mersereau. Einakter. *P* Nestor. 1912 *A Cowboy's Stratagem* (II). *R* Bannister Merwin. *D* Marc McDermott. 620 Fuß. *P* Edison. 1912 *The Leap Year Cowboy. R* Allan Dwan. *D* J. Warren Kerrigan. Einakter. *P* American. 1912 *The Cowboy Socialist,* auch *Society and Chaps. R* Allan Dwan. *D* J. Warren Kerrigan. 1000 Fuß. *P* American. 1912 *The New Cowpuncher. R* Allan Dwan. *D* J. Warren Kerrigan. 1000 Fuß. *P* American. 1912 *The Cowboy and the Baby. D* Paul Panzer. Einakter. *P* Pathé. 1912 *Cowboy Damon and Pythias. D* Anne Schaefer. 1000 Fuß. *P* Vitagraph. 1912 *Cowboy Girls* (II). Einakter. *P* Pathé. 1912 *The Cowboy Guardian.* Einakter. *P* Bison. 1912 *The Cowboy Kid.* 1000 Fuß. *P* Melies. 1912 *The Cowboy's Best Girl.* 1000 Fuß. *P* Selig. 1912 *A Cowboy's Proposal.*

Einakter. *P* Melies. 1912 *The Girl and the Cowboy. D* Herbert Rawlinson. 1000 Fuß. *P* Selig. 1912 *Cowboy VS. Tenderfoot.* 1000 Fuß. *P* Melies. 1912 *A Cowgirl Cinderella. D* Laura Oakley. Einakter. *P* Nestor. 1913 *The Cowboy Heir.* 1000 Fuß. *P* American. 1913 *The Cowboy Editor.* Einakter. *P* Selig. 1913 *The Cowboy Magnet.* 2000 Fuß. *P* Bison. 1913 *The Cowboy Samaritan.* 1000 Fuß. *P* Essanay. 1913 *The Cowgirl and the Night.* 1000 Fuß. *P* Ammex. 1914 *A Cowboy Pastime. R* Romaine Fielding. *P* Lubin. 1914 *The Cowboy's Chicken Dinner. P* Reliance. 1915 *The Cowboy and the Lady* (II). *D* S. Miller Kent, Helen Case. Nach der gleichnamigen Bühnen-Komödie von Clyde Fitch: Ehefrau eines untreuen Oststaatlers verliebt sich in einen Wyoming-Rancher. Fünfakter. *P* Metro. 1915 *The Cowboy's Conquest. D* Ivan Christy, Isabel Rea. *P* Biograph. 1916 *The Cowpuncher's Peril. R* und *D* Tom Mix. *P* Selig. 1921. *The Cowpuncher's Comeback. R* Edward Laemmle. *P* Universal. 1921 *A Cowboy Ace. R* Leonard Franchon. *D* Red Bush. Mit dem Geld, das er bei einem Roundup-Wettbewerb gewinnt, kauft sich ein Cowboy ein Flugzeug; mit Hilfe des Flugzeugs rettet er die von Banditen entführte Braut seines Freundes. *P* Westart. 1922 *The Cowboy and the Lady* (III). *R* Charles Maigne. *D* Mary Miles Minter, Tom Moore. Zweitverfilmung der Bühnenkomödie von Clyde Fitch. *P* Famous Players-Lasky. 1922 *The Bearcat. R* Edward Sedgwick. *D* Hoot Gibson. Wander-Cowboy findet Arbeit auf einer Ranch, verliebt sich in die Tochter des Chefs und nimmt sie ihrem Verlobten, einem gebildeten Oststaatler, weg. *P* Universal. 1922 *Big Stakes. R* Clifford S. Elfelt. *D* J. B. Warner. US-Cowboy rivalisiert mit einem mexikanischen Capitano um die Gunst einer mexikanischen Ranchererbin, entscheidet sich dann aber für eine Saloon-Kellnerin. *P* Metropolitan. 1922 *Billy Jim. R* Frank Borzage. *D* Fred Stone. Reicher Rancher gibt sich als armer Cowboy aus und erringt nach vielen Streichen die Hand einer armen Prospektorentochter. *P* Fred Stone. 1924 *The Cowboys. R* Lou Seiler, Clyde Carruth. Zweiakter. *P* Fox. 1924 *Come On Cowboys! R* Ward Hayes. *D* Dick Hatton. New Yorkerin soll wohlhabenden Mann heiraten und wird, als sie sich weigert, nach Arizona geschickt, wo sie sich in einen Cowboy verliebt. Als sie nach New York zurückgeholt wird, reist ihr der Cowboy mit seinen Freunden nach; im Galopp rasen sie über die Park Avenue, um in letzter Minute die erzwungene Heirat zu verhindern. *P* Ben Wilson. 1924 *The Circus Cowboy. R* William A. Wellman. *D* Buck Jones. Cowboy verliert sein Mädchen an einen reichen Mann, geht aus Liebeskummer zum Zirkus und findet dort in der Seiltänzerin Bird das Glück seines Lebens. *P* Fox. 1924 *The Cowboy Prince.* *R* Francis Ford. *D* Ashton Dearholt. Cowboys helfen einem bedrängten europäischen Monarchen. *P* Ben Wilson. 1924 *Sagebrush Gospel.* *R* Richard Hatton. *D* Neva Gerber, Richard Hatton. Aus Liebe zu der Tochter eines Evangelisten gewinnt Cowboy einem Spielhöllenbesitzer sein Etablissement beim Pokern ab; die Spielhölle wird zur Kirche, in der der Cowboy und die Predigerstochter als erste heiraten. *P* Wild West. 1925 *All Around Frying Pan.* *R* David Kirkland. *D* Fred Thomson. Wandernder Cowboy wird wegen Landstreicherei festgenommen, bekommt eine neue Chance auf einer Ranch, überführt den Vormann dieser Ranch als Räuber und gibt sich dann als Besitzer der Ranch zu erkennen. *P* R-C Pictures. 1925 *Cowboy Courage.* *R* Robert J. Horner. *D* Kit Carson. *P* Robert J. Horner. 1925 *Cowboy Grit.* *R* Victor Roberts. *D* Pete Morrison. Cowboy rettet einem Mädchen während einer Stampede das Leben und gewinnt ihre Liebe. *P* Lariat. 1925 *The Cowboy Musketeer.* *R* Robert De Lacy. *D* Tom Tyler. Cowboy steht einer bedrängten Prospektorentochter bei. *P* R-C. 1925 *The Hurricane Kid.* *R* Edward Sedgwick. *D* Hoot Gibson. Aus Liebe zur Rancherstochter entlarvt Cowboy einen betrügerischen Vormann und trainiert für den Rancher ein Rennpferd, das bei einem wichtigen Rennen gewinnt. *P* Universal. 1925 *The Circus Cyclone.* *R* Albert Rogell. *D* Art Acord. Aus Liebe zu einer Zirkus-Kunstreiterin legt Cowboy sich mit einem brutalen Zirkusbesitzer an und entlarvt ihn als Bankräuber. *P* Universal. 1926 *The Cowboy and the Countess.* *R* R. William Neill. *D* Buck Jones, Helen D'Algy. Cowboy lernt europäische Gräfin während ihrer Reise durch den Westen kennen; später trifft er sie bei der Tournee einer Wild-West-Show in ihrer Heimat wieder, verhindert, daß sie einen betrügerischen Adeligen heiraten muß und wird selbst ihr Mann. *P* Fox. 1926 *The Arizona Sweepstakes.* *R* Clifford S. Smith. *D* Hoot Gibson. Arizona-Cowboy hat bei einem Ausflug nach San Francisco schlimme Erlebnisse in Chinatown, kehrt zurück und gewinnt für einen Rancher ein Pferderennen, von dessen Ausgang die Existenz dieses Ranchers abhängt. *P* Universal. 1926 *The Bonanza Buckaroo.* *R* Richard Thorpe. *D* Buffalo Bill jr. Cowboy bewahrt einen millionenschweren Minenbesitzer davor, eine geschäftliche Dummheit zu machen, und bekommt dafür das Privileg, des reichen Mannes Schwiegersohn zu werden. *P* Action. 1926 *Chip of the Flying U. R* Lynn Reynolds. *D* Hoot Gibson. Cowboy verliebt sich in die gebildete Schwester seines Chefs, die seine künstlerischen Talente fördert und ihm die Karriere als Cartoonist ebnet. *P* Universal. 1926 *The Cowboy Cop. R* Robert De Lacy. *D* Tom Tyler. Cowboy geht nach Los Angeles, wird dort Polizist, rettet eine reiche Erbin per Auto und Motorrad aus der Hand von Kidnappern und gewinnt ihre Liebe. *P* Joseph P. Kennedy/R-C. 1926 *The Dude Cowboy. R* Jack Nelson. *D* Bob Custer. Cowboy betreibt eine Freizeitranch im modernen Arizona und entlarvt seinen Vormann, der während eines Balls die Gäste der Ranch ausrauben will. *P* Joseph P. Kennedy/Independent. 1926 *The Galopping Cowboy. R* William J. Craft. *D* Bill Cody. Cowboy wird als Bankräuber verdächtigt und kann sich rehabilitieren. *P* Western Star. 1926 *A He-Man's Country. R* und *D* Dick Hatton. Aus Liebe zur Sheriffstochter wird Cowboy Deputy und bringt eine Räuberbande zur Strecke. *P* Ben Wilson. 1926 *In Broncho Land. R* Archie Ricks. *D* Dick Hatton. Schöner und häßlicher Cowboy suchen über eine Heiratsagentur Bräute; die Agentur verwechselt ihre Fotos, woraus schreckliche Verwirrungen entstehen. *P* Ben Wilson. 1927 *Blood Will Tell. R* Ray Flinn. *D* Buck Jones. Cowboy steht einem Mädchen aus dem Osten, das ihre Ersparnisse in eine Ranch gesteckt hat, gegen den betrügerischen Vormann bei; dann gibt er sich als der wirkliche Besitzer der Ranch zu erkennen. *P* Fox. 1927 *The Cyclone Cowboy. R* Richard Thorpe. *D* Wally Wales. Rancherin will ihre Tochter mit ihrem besten Cowboy verheiraten; Tochter hängt ihr Herz an einen dekadenten Oststaatler; in einem Moment der Gefahr erkennt sie, daß sie zu dem Cowboy gehört. *P* Action. 1927 *Grinning Guns. R* Albert Rogell. *D* Jack Hoxie. Ein lebensfroher Cowboy, genannt »Grinser Martin«, steht einem streitbaren Redakteur gegen ein korruptes Stadtoberhaupt bei. *P* Universal. 1927 *A Hero on Horseback. R* Del Andrews. *D* Hoot Gibson. Nach der Erzählung *Bread Upon the Waters* von Peter B. Kyne: Cowboy macht beim Poker hohe Spielschulden und gilt deshalb als verdächtig, als die Bank ausgeraubt wird; er kann sich nur rehabilitieren, indem er den wahren Schuldigen findet. *P* Universal. 1928 *The Bantam Cowboy. R* Louis King. *D* Buzz Barton. Kleinwüchsiger Cowboy rettet Rancher vor einer Verbrecherbande. *P* F.B.O. 1928 *The Cowboy Cavalier. R* Richard Thorpe. *D* Buddy Roosevelt. Cowboy steht einem jungen Mädchen bei, das als Augenzeuge des Mordes an ihrem Onkel das

Gedächtnis verloren hat und von den wahren Tätern dieses Mordes verdächtigt wird. *P* Action. 1928 *The Cowboy Kid. R* Clyde Carruth. *D* Rex Bell. Bankier steht nach etlichen Überfällen auf seine Bank vor dem Ruin; aus Liebe zu seiner Tochter hilft ihm ein Cowboy wieder auf die Beine. *P* Fox. 1928 *The Flyin' Cowboy. R* Reeves Eason. *D* Hoot Gibson. Cowboy landet per Fallschirm auf einer Dude-Ranch, wo er eine Wildwest-Show aufziehen soll, sich aber hauptsächlich mit den Banditen anlegt, die den Gästen die Juwelen klauen. *P* Universal. 1928 *The Girl-Shy Cowboy. R* R. Lee Hough. *D* Rex Bell. Schulmädchen aus dem Osten machen einen Ausflug in den Westen; ein Cowboy bewahrt sie davor, von Banditen ausgeraubt zu werden. *P* Fox. 1928 *King Cowboy. R* Robert De Lacy. *D* Tom Mix. US-Cowboys gegen Riff-Kabylen in Nordafrika. *P* Fox. 1928 *Manhattan Cowboy. R* J. P. McGowan. *D* Bob Custer. Reicher New Yorker schickt seinen verwöhnten Sohn zur Abhärtung in den Westen; der Sohn bewährt sich als Cowboy und erringt die Gunst der Tochter des Ranchvormannes. *P* El Dorado. 1929 *Born to the Saddle. R* Josef Levigard. *D* Ted Wells. Millionär aus Chicago geht als einfacher Cowboy in den Westen und rettet einen Vater und seine Tochter aus tausend Gefahren; nachdem er gezeigt hat, daß er außer Mut auch noch über die feinsten Manieren verfügt, erringt er die Hand des Mädchens. *P* Universal. 1929 *The Cowboy and the Outlaw* (II). *R* J. P. McGowan. *D* Bob Steele. Rancherssohn rächt den Mord an seinem Vater. *P* Big Productions. 1929 *Captain Cowboy. R* J. P. McGowan. *D* Yakima Canutt. Cowboy steht einer Rancherbin gegen einen Banditenhaufen bei. *P* J. Charles Davis. 1930 *Bar L Ranch. R* Harry Webb. *D* Buffalo Bill jr. Cowboy hat große Schwierigkeiten, eine Herde zu ihrem neuen Besitzer zu treiben. *P* F. E. Douglas. 1930 *Breed of the West. R* Alvin J. Neitz. *D* Wally Wales. Cowboy bewahrt Rancher davor, von seinem betrügerischen Vormann ruiniert zu werden. *P* National Players. 1932 *Ride Him Cowboy* (I). *R* Fred Allen. *D* John Wayne. Cowboy freundet sich mit dem Pferd eines ermordeten Mannes an und kann mit seiner Hilfe den Mörder finden. *P* Warner Bros. 1932 *The Cowboy Counsellor. R* George Melford. *D* Hoot Gibson. Cowboy, der zuerst als Reisevertreter für Medizin-Handbücher arbeitet und dann als Reisevertreter für Gesetzbücher, klärt einen Postkutschen-Überfall. *P* Allied Pictures. 1933 *The Lone Cowboy. R* Paul Sloane. *D* Barton McLane. Nach dem gleichnamigen Roman von Will James. *P* Paramount.

1935 *The Cowboy Millionaire* (II). *R* Edward F. Cline. *D* George O'Brien. Cowboy entdeckt in der Nähe einer Dude-Ranch, wo er als Parade-Cowboy angestellt ist, reiche Bodenschätze und jagt einem Gentleman-Verbrecher, der ihm den Fund abschwindeln will, bis nach London nach. *P* Atherton. 1936 *The Cowboy and the Kid. R* Ray Taylor. *D* Buck Jones. *P* Universal. 1936 *The Singing Cowboy. R* Mack V. Wright. *P* Republic. 1936 *Ride'em Cowboy* (II). *R* Lesley Selander. *D* Buck Jones. Cowboy beteiligt sich an einem Autorennen. *P* Buck Jones/Universal. 1937 *Come on, Cowboys!* (II). *R* Joe Kane. *D* Robert Livingston. Die Three Mesquiteers kommen einem bedrängten Zirkus zu Hilfe. *P* Republic. 1937 *Sing, Cowboy, Sing. R* Robert N. Bradbury. *D* Tex Ritter. *P* Grand National. 1937 *Roll Along, Cowboy. R* Gus Meins. *D* Smith Ballew. Abenteuer eines singenden Cowboys, nach *The Dude Ranger* von Zane Grey. *P* Principal. 1938 *The Cowboy and the Lady* (IV). *R* H. C. Potter. *D* Gary Cooper. Tochter eines ehrgeizigen Politikers verliebt sich in einen Cowboy, der ihr und ihrem Vater die Flausen der großen weiten Welt austreibt. *P* Samuel Goldwyn. 1938 *Cowboy from Brooklyn. R* Lloyd Bacon. *D* Dick Foran. Abenteuer eines singenden Cowboys. *P* Warner Bros. 1939 *The Cowboy Quarterback. R* Noel Smith. Cowboy wird Rugby-Star. *P* Warner Bros. 1939 *Cowboys from Texas. R* George Sherman. *P* Republic. 1939 *Wallstreet Cowboy. R* Joe Kane. *D* Roy Rogers. Verarmter Rancher findet auf seinem Land Molybdän und gründet mit Hilfe eines Wallstreet-Managers, der dann auch sein Schwiegervater wird, einen Konzern. *P* Republic. 1939 *The Singing Cowgirl. R* Samuel Diege. *P* Coronado. 1939 *Wyoming Outlaws. R* George Sherman. *D* John Wayne. Die Three Mesquiteers im Kampf gegen öffentliche Korruption. (Außerdem einer der wenigen Three Mesquiteer-Filme, in denen man diese Cowboys bei ihrer eigentlichen Arbeit sieht.) *P* Republic. 1939 *Ride'em Cowgirl. R* Samuel Diege. *P* Grand National. 1940 *Cowboy from Sundown. R* Spencer G. Bennet. *P* Monogram. 1941 *The Cowboy and the Blonde. R* Ray McCarey. *D* George Montgomery. *P* 20th Century-Fox. 1941 *The Dude Cowboy. R* David Howard. *D* Tim Holt. Cowboy vereitelt den Plan einiger Betrüger, sich in den Besitz einer Dude-Ranch zu bringen. *P* RKO. 1942 *Cowboy Serenade. R* William Morgan. *D* Gene Autry. *P* Republic. 1942 *Ride'em Cowboy* (III). *D* Bud Abbott, Lou Costello, Dick Foran. Abbott und Costello im wilden Westen. *P* Universal. 1943 *King of the Cowboys.*

R Joe Kane. *D* Roy Rogers. Cowboy gegen Banditen, die einen Jahrmarkt im Westen stören. *P* Republic. 1943 *Cowboy Commandos.* *R* S. Roy Lubin. *D* John King. Die Range Busters gegen Nazi-Agenten im Westen. *P* Monogram. 1943 *Cowboy in Manhattan. R* Frank Woodruff. *P* Universal. 1944 *Cowboy in the Clouds. R* Benjamin Cline. *D* Charles Starrett. Cowboy als Pilot der Civil Air Patrol im 2. Weltkrieg. *P* Columbia. 1944 *Cowboy from Lonesome River. R* Benjamin Cline. *D* Charles Starrett. Kampf um eine Wasserstelle. *P* Columbia. 1944 *The Cowboy and the Señorita. R* Joe Kane. *D* Roy Rogers. *P* Republic. 1944 *Cowboy Canteen. R* Lew Landers. *D* Charles Starrett. Im Rahmen der Truppenbetreuung richtet Hollywood ein Army-Kasino mit Western-Unterhaltung ein. *P* Columbia. 1946 *Cowboy Blues. R* Ray Nazzaro. *P* Columbia. 1948 *Cowboy Cavalier* (II). *R* Derwin M. Abrahams. *D* Jimmy Wakely. Cowboy steht einer Post- und Frachtgesellschaft gegen Outlaws bei. *P* Monogram. 1949 *Cowboys and Broncbusters.* Dokumentarfilm. Einakter. *P* Encyclopaedia Britannica Films. 1949 *The Cowboy and the Prizefighter. R* Lewis D. Collins. *D* Jim Bannon. Ein Abenteuer aus der Red Ryder-Serie. *P* Pathé. 1949 *The Cowboy and the Indians. R* John English. *D* Gene Autry. Cowboy steht notleidenden Indianern bei und entlarvt ihren betrügerischen Agenten. *P* Columbia. 1954 *The Cowboy. R* Elmo Williams. Dokumentarfilm. *P* Lippert. 1958 *Cowboy. R* Delmer Daves. *D* Glenn Ford, Jack Lemmon. Hotelangestellter aus Chicago schließt sich einem Viehtreck an und lernt die brutale Wirklichkeit des Cowboylebens kennen. *P* Phoenix/Columbia. 1961 *Lonely Are the Brave. R* David Miller. *D* Kirk Douglas. New Mexico 1953. Cowboy, der versucht hat, seinen Freund aus dem Gefängnis zu holen, will über die Grenze entfliehen; kurz vor Erreichen des Ziels werden er und sein Pferd von einem Fernlaster überfahren. *P* Joel/Universal-International. 1961 *Misfits. R* John Huston. *D* Marilyn Monroe, Clark Gable, Montgomery Clift, Eli Wallach. Im modernen Nevada jagen drei Cowboys mit Truck und Lasso »Misfits« (Mustangs, die zu klein zum Reiten sind), um sie an eine Hundefutterfabrik zu verkaufen. *P* Seven Arts. 1965 *The Rare Breed. R* Andrew V. McLaglen. *D* James Stewart, Maureen O'Hara. Texas 1884. Cowboy wird von einer Engländerin belästigt, die Hereford-Bullen mit Longhorn-Rindern kreuzen will. *P* Universal. 1967 *Will Penny. R* Tom Gries. *D* Charlton Heston. Alternder Cowboy lernt bei seiner Winterarbeit als Grenzreiter einer Ranch eine Frau kennen, die gern bei ihm bleiben würde; der Cowboy weiß aber, daß er dazu geboren ist, allein zu bleiben, ein »Loner«, und er reitet fort. *P* Paramount. 1969 *Midnight Cowboy. R* John Schlesinger. *D* Jon Voight, Dustin Hoffman. Nach dem gleichnamigen Roman von James Leo Herlihy: Tellerwäscher aus Texas kauft sich einen glamourösen Cowboy-Anzug und geht nach New York, in der Hoffnung, sich reichen Frauen zu verkaufen. *P* Jerome Hellman/UA. 1968 *Lonesome Cowboys. R* Andy Warhol. *D* Viva, Tom Hompertz, Louis Waldon. In einer Arizona-Ghosttown beschäftigen sich Cowboys miteinander, mit ihren Frisuren und Kleidern, einem schönen Neuankömmling, einer Ranchlady und mit ihrer Einsamkeit, die sie sich selbst mehr lieben läßt als alles andere. *P* Factory. 1969 *Backtrack. R* Earl Bellamy. *D* Doug McClure. Der Cowboy Trampas findet Arbeit auf der Shiloh Ranch, für die er einen Preisbullen aus Mexiko holen soll; in Erfüllung dieses Auftrags erlebt er Abenteuer mit Mexikanern, Indianern, Texas Rangern und einer schönen Saloon-Wirtin. Aus Episoden der Fernsehserien *Laredo* und *The Virginian* montierter Kinofilm. *P* MCA-TV. 1969 *The Hanging of Jake Ellis,* auch *The Calico Queen. R* J. Van Hearn. *D* Charles Napier. Cowboy steht Rancherfamilie gegen einen Banditen bei, der zufällig auch sein eigener Erbfeind ist. *P* Great Empire. 1969 *Linda and Abilene. R* Mark Hansen. Cowboy Tod liebt zuerst seine Schwester Abilene, dann das Saloon-Mädchen Linda. Nachdem Tod in einem Duell mit dem Cowboy Rawhide, der Abilene vergewaltigt hat, den Tod findet, trösten Linda und Abilene sich, indem sie sich lieben. *P* United Pictures. 1969 *San Francisco Cowboy.* Ein Taugenichts aus San Francisco verführt im Laufe eines Tages fünf Frauen. *P* AAF. 1970 *The Cheyenne Social Club. R* Gene Kelly. *D* James Stewart, Henry Fonda. 1870. Texas-Cowboy erbt den Cheyenne Social Club in Cheyenne, Wyoming. Als er nach einjähriger Reise dort eintrifft, stellt er fest, daß es sich um ein Bordell handelt. *P* National General. 1970 *Fistful of Rawhide. R* W. G. Beggs. *D* Patricia Moore. Cowboy wird zum weiberhassenden Outlaw, nachdem er seine Mutter mit einer anderen Frau im Bett erwischt. *P* Rebel Arts. 1970 *Monte Walsh.* Um 1890 gehen die Tage des Cowboys zu Ende, aber der alternde Cowboy Monte Walsh läßt sich weder dazu bringen, sich niederzulassen noch zur Wildwest-Show zu gehen. *P* Palladian. 1974 *The Great American Cowboy. R* Keith Merrill. Sprecher Joel McCrea. Dokumentarfilm. 1977 *The Last of The Cowboys. R* John Leone. *D* Henry Fonda. Erlebnisse eines Fernlastfahrers im heutigen Westen. *P* Ingo Preminger.

Siehe auch ›Viehtreck-Western‹, 1868, ›Wide Open Towns‹, S. 425 ff., ›Weidekriege‹, 1874, ›Rodeo-Western‹, 1882, ›The Virginian‹, 1902, und ›Hollywood-Cowboys‹, 1914.

1870

Der Weg nach Little Big Horn – Die Northern Pacific Railroad. Am 10. Februar 1870 beginnt bei Thomson's Junction bei Duluth der Streckenbau der Northern Pacific Railroad, die als nördliche Parallelstrecke zur Union Pacific/Central Pacific vom Duluth am Oberen See zum Pudget Sound an der Pazifikküste führen soll. Manager des Unternehmens ist der Bankier Jay Cooke, der seinen Profit durch Landschenkungen der Regierung und Einräumung der damit verbundenen Nebenrechte und die Verteilung des Risikos auf eine Masse von Kleinaktionären zu sichern sucht. Wesentlich für das Gelingen dieser Strategie ist ein zügiger Fortgang des Streckenbaus, da die Landschenkungen je nach Baufortschritt fällig werden. Der offene Punkt der Rechnung ist das Verhalten der Sioux, durch deren Gebiete in den beiden Dakotas und Wyoming die projektierte Strecke führen soll. Dieses Gebiet im großen Missouri-Bogen, mit den Black Hills und den Big Horn Mountains, ist den rund 70 000 dort lebenden Indianern, zu denen die Oglalas, die Arapahos, die Hunkpapas, Blackfoot, Brulés, Minniconjous und nördlichen Cheyennes gehören und deren bekannteste Führer Red Cloud, Sitting Bull, Crazy Horse, Spotted Tail und Gall sind, von den Vereinigten Staaten als unantastbarer Besitz zugesprochen worden. Die Stämme haben sich auf keine Verhandlungen über ein Wegerecht der Northern Pacific eingelassen und die Landvermesser der Eisenbahngesellschaft von ihrem Gebiet verjagt.

Der Weg nach Little Big Horn – Die Big Horn Mining Association. Eine weitere Bedrohung erwächst den Sioux des Big

Horn- und Black Hills-Gebiets in den Aktivitäten der im Frühjahr 1870 in Cheyenne gegründeten Big Horn Mining Association, einer Vereinigung von Grenzern und Unternehmern, die zwecks Erschließung der Bodenschätze dieses Gebiets und der Annullierung indianischer Rechte ihre eigene Manifest Destiny-Erklärung zu materialisieren versuchen. In einer Veröffentlichung der Vereinigung im *Daily Leader* von Cheyenne heißt es unter anderem: »Der Reichtum, der seit ungezählten Jahrhunderten unter den schneebedeckten Gipfeln unserer Berge verborgen liegt, wurde von der Vorsehung dort gelagert als Lohn für die tapferen Geister, deren Schicksal es ist, die Avantgarde der Zivilisation zu bilden. [...] Der gleiche unerbittliche Arbiter, der den Fall des römischen Reiches verfügte, hat seinen Urteilsspruch der Auslöschung über den roten Mann Amerikas gesprochen.« Mit Billigung des Präsidenten Grant und des Generals Sherman bricht eine bewaffnete Expedition zur Schatzsuche in das Indianerland auf. Nach einigen Monaten kehrt sie zurück, ohne auf die erhofften Bodenschätze gestoßen und ohne von den Sioux angegriffen worden zu sein: Die Indianer vermeiden jedes Eingehen auf eine Provokation und liefern so Regierung und Militär keinen Vorwand zu einem Feldzug.

Der Weg nach Little Big Horn – Red Cloud in Washington. Auf Betreiben des Kommissars für Indianische Angelegenheiten, Ely Samuel Parker, der selbst Irokese ist, und des Händlers John Richard jr., dessen Mutter eine Sioux ist, kommt eine Einladung der amerikanischen Regierung an die Führer der Sioux zustande. Im Juni 1870 trifft eine Delegation von Sioux-Häuptlingen in Washington ein; ihr Wortführer ist Red Cloud. Die meisten dieser indianischen Führer gewinnen erst auf dieser Reise einen Eindruck von der wahren Überzahl und Übermacht der Weißen. Bei einem Empfang des Präsidenten Grant und einem Vortrag im New Yorker Cooper-Institut vertritt Red Cloud in Ansprachen, die auf die Presse und Bevölkerung des Ostens einen tiefen

Eindruck machen, die indianische Sache: »Unsere Nation schmilzt dahin wie der Schnee auf den Hügeln unter der warmen Sonne, während euer Volk emporschießt wie die Grashalme im Frühling, wenn sie den Sommer nahen fühlen. [...] Ich habe zwei Gebirge in diesem Land. Ich wünsche, daß der Große Vater dort keine Straßen anlegt. Ich habe diese Dinge schon dreimal verlangt. Ich bin gekommen, sie ein viertes Mal zu verlangen.« Die Häuptlinge bekommen neuerlich die Rechte an ihrem Land zugesichert.

Texas unter der Schreckensherrschaft von Gouverneur Davis. Texas, das seit dem Bürgerkrieg nicht wieder zur Ruhe gekommen ist, gerät mit der Wahl von Edmund Jackson Davis zum Gouverneur in die schwierigste Phase seiner Nachkriegszeit. Davis herrscht als Diktator, führt ungerechte Steuern ein, begünstigt die Kriegsgewinnler aus dem Norden (carpetbagger rule) und schließt alle Bürger, denen er sezessionistische Neigungen unterstellt, von Wahlen aus. In der Texas State Police schafft er sich einen Polizeiapparat, der sich hauptsächlich aus skrupellosen Menschenjägern rekrutiert und wegen seiner radikalen Maßnahmen und seiner totalen Korruption von der Bevölkerung gehaßt und verachtet wird. Einheimische Desperados wie John Wesley Hardin, die sich mit Davis und seiner Polizei anlegen, werden in diesem Klima schnell zu Volkshelden. Davis' Schrekkensherrschaft dauert bis 1875.

Filme: 1936 *The Lonely Trail. R* Joe Kane. *D* John Wayne. *P* Republic. 1954 *The Desperado. R* Thomas Carr. *D* Wayne Morris. *P* Allied Artists.

Wild Bill Hickok in Topeka. Bei einer Saloon-Schießerei in Topeka, Kansas, tötet Wild Bill Hickok einen Soldaten der 7. Kavallerie und verwundet einen weiteren schwer. Später taucht er in St. Louis auf.

Kansas Pacific Railroad. Ein Jahr nach Einweihung der ersten transkontinentalen Eisenbahn wird der Streckenbau der Kansas

Pacific Railroad fertiggestellt, die von Kansas City nach Denver führt; von Denver wird sie über die Denver Pacific in Cheyenne an die Strecke der Union Pacific angebunden, so daß nun den Bewohnern des Missouri- und Mississippiraums der Eisenbahnweg nach Kalifornien offensteht.

Filme: 1953 *Kansas Pacific. R* Ray Nazzaro. *D* Sterling Hayden. *P* Allied Artists. 1963 *The Raiders. R* Herschel Daugherty. *D* Robert Culp (Wild Bill Hickok), James McMullan (Buffalo Bill). *P* Universal.

Baker-Massaker. Sechs Kompanien Kavallerie und Infanterie unter dem Kommando von Colonel E. M. Baker überfallen mit ausdrücklicher Billigung General Sheridans ein Zeltlager der Piegans in Montana. Von den 219 Indianern werden 173 getötet, darunter 140 Frauen und Kinder. Auch der Häuptling der Piegans, Mountain Chief, ist unter den Toten.

Verwilderung der Western-Romanheldin. Sind in der bisherigen Western-Groschenheft-Literatur die weiblichen Helden meist gesittete Personen aus dem Osten, die im Westen in heikle Situationen geraten und bestenfalls bei dem Versuch, sich ihrer Haut zu wehren, unfreiwillige Heldentaten verrichten, so tritt in der 1870 erscheinenden ›Beadle's Pocket Novel Nr. 127‹ die erste von vielen kommenden Heldinnen auf, die sich aus freien Stücken in wilde Abenteuer werfen und diese mit einem erstaunlichen Aufwand an Kraft, Entschlossenheit und notfalls auch Brutalität bestehen. Der Roman, verfaßt von Edward Willett, heißt *Silver-Spur; or, The Mountain Heroine – A Tale of the Arapaho Country.* Die Heldin Dove-Eye (Tauben-Auge, eine ziemlich ironische Namensgebung für diese virile Amazone) ist die Tochter eines weißen Händlers und einer Indianerin. Sie reitet ein wildes Pferd und schwingt eine Streitaxt, mit der sie in wildem Galopp den Kopf eines Weißen, Fred Wilder, zu spalten versucht. Die beiden verständigen sich dann aber doch friedlich und denken sogar an Ehe. Wilders Vater findet das unschicklich und versucht die Heirat zu verhindern. Dove-Eye macht sich den alten Herrn aber gewogen, indem sie ihn unter pausenlosem Einsatz ihrer Axt aus tödlicher Bedrohung durch Büffel und Indianer errettet. Dann geht diese Vorfahrin der wilden Weiber des Western-Films aus freien Stücken in die Stadt St. Louis, um sich dort der weißen Erziehung zur Damenhaftigkeit zu unterwerfen und so ihrem Fred eine angemessene Gattin zu werden. Der Autor, selbst ganz glücklich darüber, aus der emanzipierten Wilden schließlich doch noch eine domestizierte Bürgerin gemacht und damit die Aufregung wie die Moral für seine Erzählung gerettet zu haben, vermerkt am Schluß, nun käme kein Mensch mehr auf den Gedanken, zu vermuten, »daß sie den größten Teil ihres Lebens unter Wilden verbracht hätte«.

Geboren: Edwin Stanton Porter, in Connellsville, Pennsylvanien; versucht sich in verschiedenen Berufen vom Maler bis zum Klempner, verbringt einige Jahre bei der Marine, wird von der Firma Raff & Gammon als Vorführer des von Edison entwickelten Vitascope angeheuert, entwickelt eine Leidenschaft für Foto- und Filmgeräte, wird Kameramann und Regisseur und dreht 1903 den Film, der ihn als Schöpfer des ersten richtigen Spielfilms berühmt macht: *The Great Train Robbery*.

1871

Blüte und Fall der Rinderstadt Abilene. 1868 ist Abilene zur ersten Cow-Town des Westens geworden, zum ersten Verladebahnhof und Umschlagplatz für die aus dem Süden herangetriebenen Rinderherden auf ihrem Weg zu den Schlachthöfen des Nordens. Hier werden die Herden verkauft und die Cowboys ausgenommen.

»1870 hatte Abilene zehn Pensionen, zehn Saloons, fünf

General Stores und vier Hotels. Während der sommerlichen Verladesaison war die Stadt heiß, und kleine, schnelldrehende Wirbelwinde rührten den Straßenstaub auf. Die Luft dröhnte vom Brüllen des Viehs, dem Schreien der Cowboys, dem vom Staub der Straßen halbverschluckten Hufschlag vieler Pferde. Und über all dem lag der durchdringende Duft des frischgeschlagenen Holzes, aus dem die Gebäude der Texas Street zusammengehauen waren, und dieser Duft vermischte sich mit dem Dschungelgeruch der hysterischen, in die Verladepferchs zusammengedrängten Tiere. Die Texas Street, eine gabelförmige, dem Schienenstrang parallellaufende Straße, bestand aus einer Doppelreihe von Gebäuden mit hochstaplerischen Fassaden, von denen die meisten indessen nicht einmal gestrichen waren und von schneller Verwitterung heimgesucht wurden. Hier lagen die Saloons, die Honkytonks, die mit Waffen, Stiefeln, Hüten und Pferdedecken bestückten Läden; und hier warteten die Calico Queens und die Painted Cats darauf, den Rittern aus Texas Kurzweil zu bieten. Die Rauflust nahm ständig zu, und da bei allen Streitereien ständig sowohl Whisky wie Pistolen zur Hand waren, kam es auch zu einigen Schießereien« (Dee Brown/Martin F. Schmitt *Trail Driving Days*).

Die Bürger von Abilene bauen ein Gefängnis, und die Cowboys, die allesamt Texaner genannt werden, egal woher sie kommen, machen sich einen Jux daraus, es wieder einzureißen. Die Bürger bestellen 1870 einen Marshal, »Bear River« Tom Smith, aber er erlebt nur eine Saison in Abilene: Im November 1870 wird Tom Smith in Ausübung seines Berufes zuerst angeschossen und dann mit einer Axt erschlagen. Sein Nachfolger wird im April 1871 Wild Bill Hickok. Der bereits als Killer berühmte Hickok besorgt das Recht in der wildesten und letzten großen Saison in Abilene. Er erwählt den führenden Saloon des Ortes, das ›Alamo‹, zu seinem Amtssitz, und hat sich bald mit einigen Männern auseinanderzusetzen, die fast genau so berühmt sind wie er selbst.

Aus dem Süden kommt der Killer Ben Thompson und eröffnet mit einem Partner namens Phil Coe den ›Bull's Head Saloon‹, der zu einem der bestgehenden Spiel- und Trinketablissements der Stadt wird. Die anderen Vergnügungsunternehmer der Stadt neiden Thompson und Coe den Erfolg. Wie es heißt, haben sie den Marshal Hickok auf ihrer Seite; jedenfalls gibt es von Anfang an keine Liebe zwischen dem Texaner Thompson und dem Yankee Hickok, und die Rivalität um eine Frau eskaliert den Haß noch. Eine eher komische Episode berichtet davon, daß Thompson und Coe das Firmenschild ihres Saloons mit der Abbildung eines Bullen schmücken, dessen Geschlechtsorgan grotesk-obszöne Dimensionen aufweist, und daß die Behörden mit Hickok als Vollstreckungsorgan sie zwingen, das anstößige Detail zu überpinseln, was Thompson und Coe wiederum in einer anstößigen Weise besorgen.

Dann kommt auch noch John Wesley Hardin nach Abilene, als Trail Boss eines Viehtrecks. Thompson versucht, ihn als Komplizen gegen Hickok zu gewinnen, während Hickok gleichzeitig eine Allianz mit Hardin gegen Thompson anstrebt. Das Buhlen um den gefürchteten Revolvermann erledigt sich von selbst, als Hardin einen Mann umbringt und deshalb aus der Stadt flüchten muß.

Thompson und Coe verkaufen schließlich ihren Saloon. Im September verläßt Thompson die Stadt. Im Oktober geraten Hickok und Coe sich in die Haare, und in einer Auseinandersetzung, die dann etwas hochtrabend »The Texas Street Battle« genannt wird, erschießt der Marshal Hickok den Saloonwirt Coe, und in Panik leider auch gleich noch seinen eigenen Hilfssheriff Mike Williams. Diese Fehlleistung wird oft als Beweis dafür angeführt, daß Hickoks Killerinstinkt einfach nur ein Reflex seiner permanenten Angstneurose war: »Sobald er fühlte, daß es zu einer Auseinandersetzung kommen würde, zog er seine Pistole und schoß. So groß war seine Angst, es könne ihm etwas angetan werden, und so schnell war er am Drücker, daß er einmal in Abilene, Kansas, seinen besten Freund Mike Williams erschoß, noch bevor er ihn erkannte« (George W. Hansen).

Der Unmut der Bürger von Abilene über die Folgeerscheinungen des Rindergeschäfts überwiegt schließlich den Spaß am Profit, den dieses Geschäft in die Stadt bringt. Inzwischen haben sich auch viele Farmer in der Gegend angesiedelt, die es nicht gern sehen, wenn sich die Rinderherden aus dem Süden über ihre Äcker wälzen (die Zuversicht der Farmer, daß Kansas dazu bestimmt ist, die Kornkammer Amerikas zu werden, wird in eben diesem Jahr 1871 durch die Entdeckung bestärkt, daß die Aussaat von Winterweizen möglich ist und reiche Ernte bringt). Im Winter 1871/72 lassen diese Farmer in Texas und anderen relevanten Gebieten eine Flugschrift verbreiten, »mit der respektvollen Bitte an alle, die im Sinn haben, in der kommenden Saison Texasvieh nach Abilene zu treiben, einen anderen Verladeort zu wählen, da die Einwohner von Dickinson County (in dem Abilene liegt) die Übel dieses Gewerbes nicht mehr hinnehmen werden«.

Filme: 1924 *North of 36. R* Irvin Willat. *D* Jack Holt. *P* Famous Players-Lasky. 1938 *The Great Adventures of Wild Bill Hickok. R* Mack V. Wright, Sam Nelson. *D* William Elliot. Serial. *P* Columbia. 1946 *Abilene Town. R* Edwin L. Marin. *D* Randolph Scott. Nach *Trail Town* von Ernest Haycox. *P* Guild/UA. 1948 *Red River. R* Howard Hawks. *D* John Wayne. *P* Monterey/UA. 1956 *Showdown at Abilene. R* Charles Haas. *D* Jock Mahoney. *P* Universal. 1958 *Badman's Country. R* Fred F. Sears. *D* George Montgomery. *P* Peerless/Warner Bros. 1963 *The Raiders. R* Herschel Daugherty. *D* Robert Culp. *P* Revue/Universal. 1966 *Gunfight in Abilene. R* William Hale. *D* Bobby Darin. *P* Universal.

Aufstieg der Rinderstadt Ellsworth. Als Alternative zu Abilene bietet sich Ellsworth an, das inzwischen zur Bahnstation der Kansas Pacific Railroad geworden ist: von 1871 bis 1873 wird die Stadt zur führenden Cow-Town des Westens, in dieser Stellung nur kurze Zeit bedroht durch Newton, das nur eine Saison als Rinderstadt erlebt (und einen berühmten Fight zwischen Viehleuten und Gesetzesleuten, das sogenannte »Newton General Massacre« vom 19. August 1871). Die Vergnügungsunternehmer von Abilene erkennen die Zeichen der Zeit: Einige von ihnen verfrachten ihre kompletten Etablissements per Bahn nach Ellsworth. Auch Ben Thompson, der sich rechtzeitig aus Abilene abgesetzt hat, eröffnet zusammen mit seinem Bruder Bill Thompson eine Spielhölle in Ellsworth und versucht allmählich, das ganze Vergnügungsgewerbe der Stadt unter seine Kontrolle zu bringen. Die mit diesem Ehrgeiz einhergehenden Aktivitäten führen 1873 zu der berühmten »Battle of Ellsworth«.

Camp Grant-Massaker. Camp Grant ist ein kleines Fort in Arizona, etwa 50 Meilen von Tucson entfernt. Im Februar 1871 sucht Eskiminzin, der Führer der nach 150 Köpfen zählenden Aravaipa-Apachen, den als Indianerfreund bekannten Kommandanten von Camp Grant auf, den Lieutenant Royal E. Whitman. Der Häuptling versichert, sein Stamm strebe ein friedliches Dasein an. Als Resultat dieser Konferenz liefern die Aravaipas ihre Waffen ab, errichten in der Nähe von Camp Grant ein Dorf und beginnen, Ackerbau zu treiben. Die Einwohner von Tucson sind mit dieser friedlichen Regelung der Indianerfrage nicht einverstanden. Im April rüsten sie eine Streitmacht von 140 Mann aus, darunter viele Mexikaner und Papago-Indianer. Am 30. April überfällt diese Expedition die Aravaipas, zerstört ihr Dorf und tötet 144 Männer und Frauen; 27 Kinder werden gefangengenommen und als Sklaven nach Mexiko verkauft. Whitmans Versuche, die Täter aburteilen zu lassen, führen nur zum Ruin seiner eigenen militärischen Karriere. Das Schicksal der Aravaipas dient anderen Indianern, die eine friedliche Einigung mit den Weißen anstreben, als warnendes Beispiel.

Cochise und die Chiricahuas. Zwei Monate nach dem Camp Grant-Massaker kommt General George Crook nach Tucson und übernimmt den Befehl über das Department of Arizona. Er bemüht sich um eine Friedenskonferenz mit Cochise, dem fast 60jährigen Führer der Chiricahua-Apachen. Cochise entzieht sich den Militärstreifen, die ihn suchen, geht nach Neu-Mexiko und fordert dort den Kommandanten von Santa Fé, General Gordon Granger, zu einem Treffen auf. Granger kann Cochise dazu bewegen, mit seinen Apachen in die Reservation Canada Alamos zu gehen. Wenig später wird er von dort vertrieben; er soll nun mit seinen Leuten in die Reservation bei Fort Tuarosa gehen, was er ausdrücklich abgelehnt hatte. Die Chiricahuas flüchten in die Berge des südöstlichen Arizona.

Kiowas und Comanchen. Die Comanchen und Apachen des Südwestens haben sich in eine neue Reservation in der Nähe von Fort Sills bringen lassen, geben aber ihren Widerstand gegen die Weißen nicht auf. Sie können nicht einsehen, warum sie zum Ackerbau gezwungen werden und nicht mehr auf Büffeljagd gehen dürfen, während der weiße Mann sich ihr Land nimmt und ihre Büffel ausrottet. Wiederholt brechen die Indianer aus und gehen auf Raubzüge gegen Viehtrecks und Warentransporte. Nach einem Überfall auf einen Warentreck, bei dem sieben Weiße getötet werden, stellt General Sherman den verantwortlichen Kiowa-Führern Satanta, Big Tree und Satank eine Falle und läßt sie festnehmen, um sie als Mörder vor ein texanisches Gericht bringen zu lassen. Auf dem Transport provoziert Satank die Bewacher, ihn zu töten. Satanta und Big Tree werden im Juli 1871 von einem Gericht in Jacksboro, Texas, zum Tode verurteilt. Der Gouverneur von Texas begnadigt sie und mildert das Strafmaß auf eine lebenslängliche Zuchthausstrafe. Die beiden Kiowa-Führer werden im Zuchthaus Huntsville eingesperrt. Ein Jahr später kommen sie durch das diplomatische Geschick des Kiowa-Häuptlings Lone Wolf wieder frei.

Santa Fé Railroad. Die Erschließung des Südwestens wird forciert durch den Streckenbau der Santa Fé Railroad, die quer durch Kansas nach New Mexico führt. Mit fortschreitendem Streckenbau erreicht die Bahn zuerst Wichita und dann Dodge City, womit die Voraussetzung zum Aufblühen zweier neuer Rinderstädte geschaffen wird. Gleichzeitig beschleunigt die neue Linie die Ausrottung der Büffel. Die Union Pacific hatte das Weideland der Büffel in ein nördliches und ein südliches Gebiet geteilt. Die Santa Fé Railroad bringt nun ein Heer von Büffeljägern in das südliche Büffelgebiet.

Film: 1951 *Santa Fé. R* Irving Pichel. *D* Randolph Scott. *P* Brown-Scott/ Columbia.

1872

Boomtown Wichita. Der Streckenbau der Atchison, Topeka and Santa Fé Railroad erreicht Wichita, Kansas; die erst vor zwei Jahren gegründete Stadt, die ihren Namen von den 1867 aus diesem Gebiet vertriebenen Wichita-Indianern hat, wird damit zum neuen Endpunkt des Chisholm Trails und blüht in den nächsten Jahren zur führenden Rinderstadt auf. Unter der Devise »Everything goes in Wichita!« verzichtet die Stadt von vornherein auf die meisten Restriktionen, mit denen die anderen Rinderstädte das Treiben von Cowboys, Vergnügungsunternehmern und Glücksrittern unter Kontrolle zu halten versuchen; das trägt sehr zur Popularität von Wichita und zur Turbulenz seines Vergnügungslebens bei. Ihre erfolgreichste und lebhafteste Saison erlebt die Stadt 1874.

Boomtown Dodge City. Im September 1872 erreicht die Atchison, Topeka and Santa Fé Railroad einen Handelsposten fünf Meilen westlich von Fort Dodge, der schon früher als Station des Santa Fé Trails, der alten Handels- und Reiseroute vom Missouri nach Santa Fé, bekannt war, und in den letzten Jahren unter dem Namen Buffalo City zu einem wichtigen Hauptquar-

Tumult in *Dodge City* von Michael Curtiz, 1939.

tier und Versorgungslager der Büffeljäger geworden ist. Außerdem bildet der Ort den vorläufigen Endpunkt des nach den Büffeljägern Ed Jones und Joe Plummer genannten Jones and Plummer Trails, ursprünglich ein Transportweg für die von Texas nordwärts verfrachteten Büffelhäute, dann auch ein Viehtrail, der als solcher später bis nach den Dakotas weitergeführt wird und dann Western Trail heißt. Aus der kleinen Buffalo City wird bald nach dem Eintreffen der Eisenbahn Dodge City, das sich zur »Cowboy Capital« entwickelt, mit einer Reihe bezeichnender Ehrennamen wie »The Ghomorra of the Prairie« und »The Beautiful, Bibulous Babylon of the Frontier«. Seinen großen Aufschwung erlebt Dodge City 1875.

Thomas Jeffords und Cochise. Im September 1872 bringt Thomas J. Jeffords, der als Superintendant of Mails für den Postverkehr zwischen Fort Bowie und Tucson zuständig ist, den General Oliver Otis Howard zu Friedensverhandlungen in das Lager von Cochises Chiracahua-Apachen in den Dragoon-Mountains. Jeffords hat schon zuvor seinen persönlichen Frieden mit Cochise geschlossen, um für die Sicherheit seiner Postreiter zu sorgen; seither verbindet die beiden Männer ein Freundschaftsverhältnis. General Howard bleibt elf Tage zu Unterhandlungen im Apachenlager; in dieser Zeit lernen der General und der Häuptling einander respektieren und schätzen. Howard bietet Cochise eine Reservation am Rio Grande an, geht dann aber auf den Alternativ-Vorschlag Cochises ein, den Apachen ein Gebiet am Apachen-Paß in den Chiracuhua Mountains zu überlassen. Auf Wunsch der Apachen wird Jeffords als ihr Agent eingesetzt. Bis zu Cochises Tod 1874 kommt es zu keinen kriegerischen Aktionen mehr zwischen den Chiracahuas und den Weißen.

Film: 1950 *Broken Arrow*. *R* Delmer Daves. *D* James Stewart (Tom Jeffords), Jeff Chandler (Cochise), Basil Ruysdael (General Howard). *P* 20th Century-Fox.

General Crook und die Tonto-Apachen. Während General Howard mit den Chiracahuas eine friedliche Einigung sucht und findet, unternimmt General Crook eine Serie von militärischen Aktionen gegen die Tonto-Apachen unter Häuptling Delshay. Nach einer Reihe verlustreicher Niederlagen lassen sich die Tontos in eine Reservation am Rio Verde einsperren. Delshay wird 1874 von einem Apachen im Dienst der Weißen ermordet.

Die Kiowas in Washington. Als die Kiowas eingeladen werden, eine Delegation zu Friedensgesprächen nach Washington zu führen, erklärt ihr Führer Lone Wolf, die Delegation könne nicht ohne die wahren Führer des Stammes, Satanta und Big Tree, reisen und Beschlüsse fassen: beide sitzen seit einem Jahr im Zuchthaus Huntsville, zu lebenslänglicher Haft verurteilt. Den Kiowas-Führern wird gestattet, in St. Louis zu einer Beratung zusammenzutreffen. In Washington geht dann Lone Wolf auf die Forderung, mit seinem Stamm in eine Reservation bei Fort Sill zu gehen, unter der Bedingung ein, daß Satanta und Big Tree begnadigt werden. Die Regierung sieht sich gezwungen, auf diese Bedingung einzugehen.

Der Weg nach Little Big Horn – Die Sioux blockieren die Northern Pacific. Red Cloud reist mit einer Sioux-Delegation zum zweitenmal nach Washington, erklärt sein Vertrauen in die Friedenspolitik von Präsident Grant und bekräftigt die Entschlossenheit seines Volkes, sich sein Land im großen Missouri-Bogen nicht nehmen zu lassen. Diese Entschlossenheit bringt die Northern Pacific Railroad und alle Wirtschaftsunternehmen und Aktionäre, deren Wohlergehen von der Durchführung des Eisenbahnbaus abhängen, in immer größere Verlegenheit. Im Laufe des Jahres erreicht der Streckenbau bei Bismarck den Missouri. Die weitere Streckenführung ist noch nicht einmal vollständig vermessen: Vermessungstrupps, die im Oktober unter militärischem Schutz (und unter Verletzung der bestehenden Verträge) in das Sioux-Gebiet einrücken, werden von den Indianern behindert und können ihre Aufgabe nur unvollkommen erfüllen. Nur eine freiwillige Hergabe der zum Streckenbau benötigten Gebiete durch die Sioux oder deren Vertreibung und Vernichtung durch einen nach bewährten Mustern provozierten Krieg könnte die Weiterführung des Projekts ermöglichen. Da sich beide Möglichkeiten vorerst nicht realisieren lassen, drohen der Northern Pacific, dem Bankhaus ihres Hauptmanagers Jay Cook und allen weiteren in die auf schnelle Durchführung des Projekts aufgebauten Kalkulationen verflochtenen Firmen und Einzelpersonen der Ruin. Die Lage wird dadurch verschärft, daß die Vereinigten Staaten ohnehin auf eine Wirtschaftskrise zusteuern.

Poetische Taten der James-Bande. Die Bande von Jesse James mischt sich unter die rund zehntausend Besucher der Kansas City Fair und stiehlt die Hauptkasse dieses Jahrmarkts. Bei ihrer Flucht kommt es zu einer Schießerei, ein kleines Mädchen wird leicht verletzt. In der *Kansas City Times* verklärt ein Major Edwards den Überfall unter der Überschrift »Die Ritterlichkeit des Verbrechens« (The Chivalry of Crime) als edle Heldentat: »Eine Leistung, die mit so stupendem Nerv und solcher Unerschrockenheit ausgeführt wird, daß einem die Haare zu Berge stehen, wenn man nur daran denkt, und die mit einer Spur von Kriminalität gewürzt ist, wird ritterlich, poetisch, superb.« Um eine solche wohlwollende Interpretation ihres Wirkens zu bekräftigen, schicken die James-Brüder unter den Decknamen Jack Shepherd, Dick Turpin und Claude Duval der Zeitung einen Brief, den diese auch veröffentlicht und in dem die Absender versichern: »Wir nehmen von den Reichen und geben den Armen.« Spätere Chronisten kommen zu der Überzeugung, daß die James-Brüder von den Reichen wie von den Armen nehmen und nie jemanden etwas geben.

Rock Hudson als John Wesley Hardin und Julie Adams in
The Lawless Breed von Raoul Walsh, 1952 (oben).
Tyrone Power als Jesse James und Henry Fonda als Frank James in
Jesse James von Henry King, 1939 (unten).

Besserungsversuche von John Wesley Hardin. Der 19jährige John Wesley Hardin, der bereits mindestens ein Dutzend Menschenleben auf dem Gewissen hat, geht nach Gonzales, Texas, heiratet die 17jährige Farmertochter Jane Bowen, gründet einen Reitstall und versucht, ein friedliches Leben zu führen. Ein Kartenspiel endet mit einer Schießerei, Hardin kommt mit einem Bauchschuß in ein Krankenhaus und flieht trotz seiner Wunde, als die Staatspolizei von Gouverneur Davis ihn festnehmen will. Er wird verfolgt, tötet zwei seiner Verfolger und liefert sich einem Sheriff aus, der ihm verspricht, ihn nicht der Staatspolizei zu übergeben. Als die Staatspolizei sich anschickt, das Gefängnis, in dem Hardin einsitzt, zu übernehmen, flieht er erneut und geht heim nach Gonzales, wo er wieder versucht, ein friedlicher Familienvater zu werden. In den nächsten Jahren schenkt ihm seine Frau zwei Töchter und einen Sohn.

Buffalo Bill und Showbusiness. Am 19. Februar 1872 wird im New Yorker Bowery Theatre das erste Buffalo Bill-Bühnenstück uraufgeführt, *Buffalo Bill, the King of The Bordermen,* verfaßt von Fred G. Maeder nach Buntlines Fortsetzungsroman in der *New York Weekly.* Der dramatische Höhepunkt ist ein Zweikampf zwischen Buffalo Bill und Jake McCanles (die sich im Leben nie begegnet sind), bei dem die Kontrahenten mit drei Fuß langen Messern aufeinander losgehen. Zum Happy-End heiratet Buffalo Bill das irische Dienstmädchen seines elterlichen Haushalts in Kansas. Das Stück wird ein großer Publikumserfolg und bleibt jahrelang auf dem Spielplan; das sicherste Indiz des Erfolges ist es, daß schon einen Monat nach der Uraufführung in ›Hooley's Opera House‹ in Brooklyn eine Parodie herauskommt: *Buffalo Bill, with his Great Buffalo Hull.*

Bereits in der zweiten Vorstellung des Stücks können die Besucher den Helden von *Buffalo Bill, the King of the Bordermen* persönlich bestaunen. Auf Einladung des Verlegers der *New York Herald,* James Gordon Bennett, der als Jagdgast von

Michel Piccoli als Buffalo Bill in *Touche pas la femme blanche* von Marco Ferreri, 1974.

General Sheridan im Westen Buffalo Bill kennengelernt hat, und auf Betreiben von Ned Buntline, der genau weiß, was das Erscheinen seines Helden für die Promotion des Stücks wert ist, kommt William F. Cody nach New York, ist Ehrengast eines Dinners bei Bennett (ein weiteres ihm zu Ehren gegebenes Dinner versäumt er infolge Trunkenheit) und besucht am 20. Februar das Bowery Theatre. Nach der Vorstellung werden die Scheinwerfer auf ihn gerichtet, und das Publikum feiert den leibhaftigen Buffalo Bill. Der Theatermanager lädt ihn ein, sich in den weiteren Vorstellungen selbst zu spielen, gegen eine Wochengage von 500 Dollar. Cody fühlt sich dieser Aufgabe nicht gewachsen und lehnt ab.

Ned Buntline verfolgt das Konzept weiter, Cody als seinen eigenen Darsteller auftreten zu lassen. Nach monatelangem Briefwechsel sagt Cody ihm zu, zusammen mit seinem Freund Texas Jack Omohundro und zwanzig Indianern nach Chicago zu kommen, um dort eine Bühnenschau zu arrangieren. Am 12. Dezember 1872 kommt er mit Omohundro, aber ohne Indianer nach Chicago. Buntline schreibt binnen vier Stunden ein neues Stück, *The Scouts of the Plains,* das hauptsächlich aus dem Abschießen von Indianern besteht. Statt der echten Indianer verpflichtet er Komparsen, die er als Rothäute herrichten läßt. Um mit seinen nervösen Scouts kein Risiko einzugehen, schreibt Buntline sich selbst eine Rolle in das Stück. Am 16. Dezember ist Premiere. Wenn die beiden Helden ihre Dialoge vergessen, überspielt Buntline auf der Bühne die Pausen mit wilden Extempores. Die Aufführung wird ein umjubelter Erfolg, und im folgenden März kommt *The Scouts of the Plains* auch in New York heraus, wo es Maeders *Buffalo Bill, King of the Bordermen* Konkurrenz macht.

Ab 25. März 1872 erscheint in der *New York Weekly* Ned Buntlines zweiter Buffalo Bill-Fortsetzungsroman, *Buffalo Bill's Best Shot; or, The Heart of Spotted Tail – A Sequel to Buffalo Bill.*

Wild Bill Hickok und Showbusiness. Im Frühsommer 1872 lernt Wild Bill Hickok in Kansas City einen jungen Museumsbesitzer aus Niagara Falls, New York, kennen, Sidney Barnett, der auf den Spuren von George Catlin und noch vor Buffalo Bill die Idee hat, aus den Attraktionen des Westens eine Freiluftschau zu machen: Er will auf einem Gelände nahe seinem Museum für zahlendes Publikum die »Niagara Falls Buffalo Hunt« veranstalten. Barnett hat die ersten enttäuschenden Erfahrungen bereits hinter sich: Der von ihm zu diesem Zweck engagierte Texas Jack Omohundro hat es nicht geschafft, eine hinreichende Anzahl lebender Büffel nach Niagara Falls zu schaffen, und der Agent der Pawnee-Indianer hat Barnetts Ersuchen, die Pawnees an der Schau teilnehmen zu lassen, abschlägig beschieden. Barnett engagiert nun Wild Bill Hickok als Manager der Niagara Falls Buffalo Hunt, und Hickok stellt bei der Ausrichtung der Show beträchtliche organisatorische und inszenatorische Talente unter Beweis. Nach zeitgenössischen Presseberichten wird die am 28. und 30. August 1872 stattfindende Veranstaltung ein aufregendes Ereignis: Sac- und Fox-Indianer führen mit Pfeil, Bogen und Lasso eine Büffeljagd vor, zwei Irokesenstämme liefern sich einen Lacrosse-Wettbewerb und führen Kriegstänze auf, dazu kommen Vorführungen einer Militärkapelle und Darbietungen eines Hochseilartisten. Der einzige Fehler ist, daß die Niagara Falls Buffalo Hunt so wenig Zuschauer anzieht, daß Sidney Barnett pleite macht und sein Museum verkaufen muß. Hickok kehrt in die Spielhöllen und Saloons von Kansas City, Wichita und Topeka zurück.

Weitere Verwilderung der Groschenheft-Heldin. Die Groschenhefte von Erastus Beadle verstärken ihren 1870 eingeschlagenen Trend, aus den Heldinnen des Westens aggressive Amazonen von furchterregenden Dimensionen zu machen. Die Heldin des von Joseph E. Badger verfaßten Romans *Mountain Kate; or, Love in the Trapping Grounds – A Tale of the Powder River*

Country ist die Tochter eines Outlaws, die bedenkenlos Dutzende von Widersachern abschießt und dabei schier wunderbare Fähigkeiten im Umgang mit ihrer Pistole zeigt: »Der stattliche Daumen und Zeigefinger arbeiteten wie durch Magie!« Die Opfer haben ihr Schicksal allerdings verdient, weshalb es mit der Heldin dann noch ein domestiziertes Ende findet: Sie bekommt einen guten Mann, läßt sich in St. Louis nieder und wird mehrfache glückliche Mutter. Noch weitaus wilder treibt es die Titelfigur von *The Jaguar Queen; or, The Outlaws of Sierra Nevada,* die der Autor Frederick Whittaker als exotisch-feministische Horrorgestalt zeichnet: Katrina Hartsein, eine Walküre von 1,80 Meter, auf Schritt und Tritt von sieben dressierten Jaguaren begleitet und angetreten, mit einem adeligen Macho-Chauvinisten aufzuräumen, der sich zum Apachen-Häuptling ernennt und in dem entlegensten Tal von Neu-Mexiko als Pascha über einen Harem regiert.

Geboren: Zane Grey, als Pearl Zane Gray, in Zanesville, Ohio, einer Stadt, die sein Urgroßvater gegründet hat; wird Dentist in New York, schreibt 1903 seinen ersten Roman, *Betty Zane,* wird 1908 mit *Riders of the Purple Sage* zu Amerikas erfolgreichstem Autor von Western-Romanen.

Gestorben: Benito Juarez, 66, der Mexiko durch Bürgerkrieg, Intervention und Rekonstruktion geführt hat, in Ciudad de Mexico.

1873

Der Krieg gegen die Modocs.

I'm Captain Jack of the Lava Beds,
I'm »cock O' the walk« and chief o' the Reds,
I kin »lift the ha'r« and scalp the heads
Of the whole United States Army.

Spottgedicht einer Zeitung in San Francisco auf die Armee

Allan Ladd in *Drumbeat* von Delmer Daves, 1954.

Die Modocs leben bis in die fünfziger Jahre friedlich an der Grenze von Kalifornien und Oregon; dann müssen sie vor der vordrängenden weißen Besiedlung zurückweichen. Ihr Führer wird zu dieser Zeit Kintpuash, den die Weißen Captain Jack nennen. Die Modocs werden in eine Reservation eingewiesen, die den Klamath-Indianern auf ihrem eigenen Gebiet zugeteilt worden ist. Die Klamaths vertreiben die Modocs als Eindringlinge. Die Modocs gehen auf ihr altes Land am Lost River Valley zurück, das aber bereits von weißen Ranchern in Besitz genommen ist. Als die Armee versucht, die Modocs in die Klamath-Reservation zurückzutreiben, flüchtet der Stamm unter Captain Jacks Führung in die Lava Beds südlich des Tule Lake, einer vulkanischen Formation, die eine fast uneinnehmbare natürliche Festung darstellt. Auf dem Weg dorthin tötet eine Gruppe von Modocs unter Führung von Hooker Jim zwölf weiße Siedler, als Rache für den von anderen Weißen begangenen Mord an Angehörigen von Hookers Gruppe. Captain Jack mißbilligt diese Tat, nimmt aber die Hooker-Leute in den Lava Beds unter seinen Schutz.

Am 16. Januar 1873 rücken 225 reguläre Soldaten und 104 Freiwillige unter dem Befehl von General Edward R. S. Canby gegen die Lava Beds vor; das Aufgebot wird im Laufe der Kampfhandlungen auf über 1000 Mann erhöht. Captain Jack ist für Übergabe, wird aber von seinen Leuten und besonders von den Männern um Jim Hooker überstimmt und nicht nur zum Kämpfen gezwungen, sondern schließlich auch dazu, General Canby und seine Begleiter während eines Friedensgesprächs zu töten. In den sich über sechs Monate hinziehenden Kampfhandlungen fügen die Modocs, die die Vorteile des Terrains geschickt ausnutzen, der Armee schwere Verluste bei. Um seinen eigenen Kopf zu retten, ermöglicht Jim Hooker den Soldaten schließlich die Gefangennahme von Captain Jack. Als der Führer der Modocs sich im Juni in auswegloser Lage ergibt, trägt er die Uniform General Canbys. Im Juli wird er mit drei anderen

Modoc-Führern wegen Mordes in Fort Klamath vor ein Militärgericht gestellt. Jim Hooker tritt als Belastungszeuge auf. Die Modoc-Führer werden zum Tode verurteilt und am 3. Oktober hingerichtet. Die Leiche von Captain Jack wird nach der Bestattung heimlich ausgegraben, einbalsamiert und dann im Osten als Jahrmarktsattraktion gegen Eintrittsgeld hergezeigt. Die überlebenden 153 Modocs werden nach Oklahoma deportiert.

Film: 1954 *Drum Beat. R* Delmer Daves. *D* Alan Ladd, Charles Bronson (Captain Jack), Warner Anderson (General Canby). *P* Jaguar.

Gründung der North West Mounted Police. Die North West Mounted Police wird 1873 von der kanadischen Regierung zur Durchsetzung und Wahrung von Recht und Ordnung in den Prärieregionen, die zu dieser Zeit North West Territories genannt werden (den späteren Provinzen Manitoba, Saskatchewan und Alberta), gegründet. Zum Hauptquartier der Polizeitruppe wird Regina, Saskatchewan. Ihre charakteristische rote Uniform erhalten die »Mounties«, da man glaubt, daß Rot für die Indianer Autorität symbolisiert. Tatsächlich gewinnen die Mounties den Respekt und nicht selten die Freundschaft der Indianer weniger wegen ihrer Autorität als wegen der Fairneß und des Taktes, die sie oftmals im Umgang mit den Eingeborenen beweisen. Es ist hauptsächlich den Mounties zu danken, daß der kanadische Westen weitgehend von den Phänomenen der Gesetzlosigkeit, die den amerikanischen Westen auszeichneten, verschont bleibt, und daß der Übergang des indianischen Lebens vom Nomaden- zum Reservationsdasein einigermaßen zivilisiert verläuft. All das verschafft der North West Mounted Police das Image einer ritterlichen Mannschaft, die sich von allen vergleichbaren US-amerikanischen Polizei- und Militärtruppen vorteilhaft abhebt. Dieses Image macht sie dann auch in der populären Literatur und im Film zu einer Formation idealer Helden, deren Mut und Menschlichkeit ungeschmälert sind durch die Defekte und

Fehlleistungen, die sich bei den amerikanischen Ordnungsmächten des Westens nicht übersehen lassen. Nach der Befriedung der kanadischen Prärien finden die Mounties um die Jahrhundertwende ein dankbares Aufgabengebiet im Yukon-Goldrausch. In Anerkennung ihrer Verdienste wird die North West Mounted Police 1904 in Royal Mounted Police umbenannt; ab 1920 heißt die Truppe dann endgültig Royal Canadian Mounted Police. Das Operationsgebiet der Truppe ist heute ganz Kanada, ihre Stärke beträgt rund 6000 Mann.

Der Großteil aller Mountie-Filme beruht auf den Werken von zwei Autoren, die sich auf Mountie-Abenteuerromane spezialisiert hatten: James Oliver Curwood *(Wheels of Fate, Four Minutes Late, Nomads of the North)* und Laurie York Erskine *(Renfrew of the Royal Mounted)*. In den Filmen mit Indianerthemen sind die Mounties saubere Bilderbuchsoldaten, in denen die von blutdurstigen Yankees verfolgten Rothäute ihre wahren Freunde und Helfer finden. In den Yukon-Filmen stehen sie wie ein Fels in den Brandungen des Goldrauschs, unkorrumpierbar und stets bereit, bedrängten Prospektoren beizuspringen. Dazu kommt als dritte Kategorie die Abenteuer-in-der-Wildnis-Filme, in denen die Mounties oft als freundliche Oberförster-Figuren gezeichnet werden, deren bester Freund ihr treuer Hund ist: hier haben einige berühmte Hollywood-Hunde wie Rin-Tin-Tin und Chinook angemessene Verwendung gefunden.

Mountie-Western: 1913 *Wheels of Fate* (nach Curwood). *P* Selig Polyscope. 1913 *Bloodhounds of the North*. *R* Allan Dwan. *D* Lon Chaney. Zweiakter. *P* Universal. 1914 *The Honor of the Mounted*. *R* Allan Dwan. *D* Lon Chaney. Zweiakter. *P* Universal. 1914 *The Wilderness Mail* (nach Curwood). *R* Colin Campbell. *P* Selig Polyscope. 1915 *The Red Blood of Courage* (nach Curwood). *R* Thomas Santschi. *P* Selig Polyscope. 1915 *His Fighting Blood* (nach Curwood). *R* Colin Campbell. *P* Selig Polyscope. 1920 *O'Malley of the Mounted*. *R* Lambert Hillyer. *D* William S. Hart. *P* William S. Hart. 1921 *The Honor of the Mounted* (II). *R* Edward Kull. Zweiakter. *P* Universal. 1921 *Nomads of* *the North* (nach Curwood). *R* David M. Hartford. *P* First National. 1921 *The Heart of the North. R* Harry J. Revier. *D* Roy Stewart. *P* Quality Film. 1921 *Cameron of the Royal Mounted. R* Henry MacRae. *P* Winnipeg Prod. 1922 *The Silent Vow. R* und *D* William Duncan. *P* Vitagraph. 1923 *McGuire of the Mounted. R* Richard Stanton. *D* William Desmond. *P* Universal. 1926 *Menace of the Mounted. R* Ray Taylor. Zweiakter. Universal. 1928 *Madden of the Mounted. R* Josef Levigard. *D* Jack Perrin. Zweiakter. *P* Universal. 1931 *In Line of Duty. R* Bert Glennon. *D* James Murray. *P* Monogram. 1932 *Honor of the Mounted* (III). *R* Barry Fraser. *D* Tom Tyler. 1932 *Mounted Fury. R* Stuart Paton. *D* John Bowers. *P* Sono Art World Wide. 1933 *Clancy of the Mounted. R* Ray Taylor. *D* Tom Tyler. Serial. *P* Universal. 1934 *The Fighting Trooper* (nach Curwood). *R* Ray Taylor. *D* Kermit Maynard. *P* Ambassador. 1935 *Northern Frontier* (nach Curwood). *R* Sam Newfield. *D* Kermit Maynard. *P* Ambassador. 1935 *Timber Terrors. R* Robert Emmett. *D* John Preston. *P* Stage & Screen Attractions. 1935 *Courage of the North. R* Robert Emmett. *D* John Preston. *P* Stage & Screen Attractions. 1935 *Red Blood of Courage* (II) (nach Curwood). *R* John English. *D* Kermit Maynard. *P* Ambassador. 1935 *Wilderness Mail* (II) (nach Curwood). *R* Forrest Sheldon. *D* Kermit Maynard. *P* Ambassador. 1935 *Undercover. R* Sam Newfield. *D* Charles Starrett. 1935 *O'Malley of the Mounted* (II). *R* David Howard. *D* George O'Brien. *P* Atherton/20th Century-Fox. 1935 *His Fighting Blood* (II) (nach Curwood). *R* John English. *D* Kermit Maynard. *P* Ambassador. 1935 *Code of the Mounted* (nach Curwood). *R* Sam Newfield. *D* Kermit Maynard. *P* Ambassador. 1935 *Trails of the Wild* (nach Curwood). *R* Sam Newfield. *D* Kermit Maynard. *P* Ambassador. 1936 *Phantom Patrol* (nach Curwood). *R* Charles Hutchinson. *D* Kermit Maynard. *P* Ambassador. 1936 *Wildcat Trooper. R* Elmer Clifton. *D* Kermit Maynard. *P* Ambassador. 1936 *King of the Royal Mounted* (nach Zane Grey). *R* Howard Bretherton. *D* Robert Kent. *P* Sol Lesser/Principal. 1936 *Secret Patrol. R* David Selman. *D* Charles Starrett. *P* Peter B. Kyne/Columbia. 1937 *Renfrew of the Royal Mounted* (nach Erskine). *R* Al Herman. *D* James Newill. *P* Grand National. 1938 *Heart of the North* (II). *R* Lewis Seiler. *D* Dick Foran. *P* Warner Bros. 1939 *Death Goes North. R* Frank McDonald. *D* Edgar Edwards, Rin-Tin-Tin. *P* Central Film (Kanada). 1939 *Crashing Thru* (nach Erskine). *R* Elmer Clifton. *D* James Newill. *P* Criterion/Mo-

Paulette Goddard und Robert Preston in *North West Mounted Police* von Cecil B. DeMille, 1940 (linke Seite oben).
Nelson Eddy und Jeanette MacDonald in *Rose Marie* von W. S. Van Dyke, 1936 (linke Seite unten).
Joan Crawford und James Murray in *Rose Marie* von Lucien Hubbard, 1928 (oben).

nogram. 1939 *Fighting Mad* (nach Erskine). *R* Sam Newfield. *D* James Newill. *P* Criterion/Monogram. 1939 *Outpost of the Mounties. R* C. C. Coleman jr. *D* Charles Starrett. *P* Columbia. 1939 *North of the Yukon. R* Sam Nelson. *D* Charles Starrett. *P* Columbia. 1940 *Danger Ahead* (nach Erskine). *R* Ralph Staub. *D* James Newill. *P* Criterion/Monogram. 1940 *Murder on the Yukon* (nach Erskine). *R* Louis Gasnier. *D* James Newill. *P* Criterion/Monogram. 1940 *Sky Bandits* (nach Erskine). *R* Ralph Staub. *D* James Newill. *P* Criterion/Columbia. 1940 *Yukon Flight* (nach Erskine). *R* Ralph Staub. *D* James Newill. *P* Criterion/Columbia. 1940 *North West Mounted Police. R* Cecil B. DeMille. *D* Gary Cooper, Preston Foster. *P* Cecil B. DeMille/Paramount. 1940 *King of the Royal Mounted* (nach Zane Grey) (II). *R* William Witney, John English. *D* Allan Lane. Serial. *P* Republic. 1941 *The Royal Mounted Patrol. R* Lambert Hillyer. *D* Charles Starrett. *P* William Berke/Columbia. 1942 *Perils of the Royal Mounted. R* James W. Horne. *D* Robert Stevens. Serial. *P* Columbia. 1942 *The Yukon Patrol* (nach Zane Grey). *R* William Witney, John English. *D* Allan Lane. Zusammenschnitt des Serials *King of the Royal Mounted* von 1940. *P* Republic. 1942 *King of the Mounties* (nach Zane Grey). *R* William Witney. *D* Allan Lane. Serial. *P* Republic. 1943 *Law of the Northwest. R* William Berke. *D* Charles Starrett. *P* Columbia. 1943 *Riders of the Northwest Mounted. R* William Berke. *D* Russell Hayden. *P* Columbia. 1945 *The Royal Mounted Rides Again. R* Ray Taylor, Lewis D. Collins. *D* Bill Kennedy. Serial. *P* Universal. 1945 *Northwest Trail* (nach Curwood). *R* Derwin Abrahams. *D* Bob Steele. *P* Action Pictures/Screen Guild. 1946 *North of the Border* (nach Curwood). *R* B. Reeves Eason. *D* Russell Hayden. *P* Golden Gate Pictures/Screen Guild. 1946 *'Neath Canadian Skies* (nach Curwood). *R* B. Reeves Eason. *D* Russell Hayden. *P* Golden Gate Pictures/Screen Guild. 1947 *Trail of the Mounties* (nach Curwood). *R* Howard Bretherton. *D* Russell Hayden. *P* Bali Pictures. 1947 *Where the North Begins* (nach Curwood). *R* Howard Bretherton. *D* Russell Hayden. *P* Bali Pictures. 1948 *Dangers of the Canadian Mounted. R* Fred Brannon, Yakima Canutt. *D* Jim Bannon. Serial. *P* Mike Frankovich/Republic. 1949 *Trail of the Yukon* (nach Curwood). *R* William X. Crowley. *D* Kirby Grant, Chinook. *P* Monogram. 1949 *The Wolf Hunters* (nach Curwood). *R* Oscar (Budd) Boetticher. *D* Kirby Grant, Chinook. *P* Monogram. 1950 *Snow Dod* (nach Curwood). *R* Frank McDonald. *D* Kirby Grant,

Chinook. *P* Monogram. 1950 *Call of the Klondike. R* Frank McDonald. *D* Kirby Grant, Chinook. *P* Monogram. 1951 *Yukon Manhunt. R* Frank McDonald. *D* Kirby Grant, Chinook. *P* Monogram. 1951 *Northwest Territory* (nach Curwood). *R* Frank McDonald. *D* Kirby Grant, Chinook. *P* Monogram. 1952 *Yukon Gold* (nach Curwood). *R* Frank McDonald. *D* Kirby Grant, Chinook. *P* Monogram. 1952 *Pony Soldier. R* Joseph M. Newman. *D* Tyrone Power. *P* 20th Century-Fox. 1953 *Canadian Mounties VS. Atomic Invaders. R* Franklin Adreon. *D* Bill Henry. Serial. *P* Republic. 1953 *Fort Vengeance. R* Lesley Selander. *D* James Craig. *P* Allied Artists/Monogram. 1953 *Fangs of the Arctic* (nach Curwood). *R* Rex Bailey. *D* Kirby Grant, Chinook. *P* Allied Artists/Monogram. 1953 *Northern Patrol* (nach Curwood). *R* Rex Bailey. *D* Kirby Grant, Chinook. *P* Allied Artists/Monogram. 1954 *Gunfighters of the Northwest. R* Spencer Bennet. *D* Jock Mahoney. Serial. *P* Columbia. 1954 *Saskatchewan. R* Raoul Walsh. *D* Alan Ladd. *P* Universal. 1961 *The Canadians. R* Burt Kennedy. *D* Robert Ryan. *P* 20th Century-Fox.

Bank-Krach. Am 19. September macht als erste von vielen amerikanischen Banken die Firma Jay Cooke Bankrott. Am 20. September schließt die New Yorker Börse. In den Vereinigten Staaten bricht eine Finanzkrise aus. Der Westen als ein Gebiet des Aufbaus und der Expansion ist besonders hart betroffen: kleine Siedler wie große Rancher verlieren Haus, Hof, Herde und Vermögen. Die Erschließung des Westens hätte als wirtschaftliche Unternehmung größten Ausmaßes ein seriöses und stabiles Währungs- und Bankensystem vorausgesetzt; in Wirklichkeit aber wurde das amerikanische Geldsystem seit der ersten großen Wirtschaftskrise von 1819 ständig durch Auseinandersetzungen über Geld- und Bankfragen erschüttert: Zu der Rivalität zwischen Bundes-, Staats- und Privatbanken (letztere unter ungenügender staatlicher Aufsicht) kam der ewige Streit um die Hart- oder Papiergeld-Frage (wobei unter Papiergeld weithin vor allem Schatzbriefe und Schuldverschreibungen verstanden wurden) und die Folgen des Bürgerkriegs mit der Entwertung der Südstaaten-Währung, sowie eine Reihe von Großspekulationen zweifelhafter Natur (zum Beispiel das Northern Pacific-Projekt des Bankiers Jay Cooke). Viele dieser Auseinandersetzungen trugen sich im Spannungsfeld zwischen dem kapitalistischen Osten und dem agrarischen Westen zu. Der große Bankkrach von 1873 verstärkt noch die ohnehin virulente Verbitterung der Westerner über Erschließungsträger wie Banken und Eisenbahnen. In diesem Klima haben Bank- und Eisenbahnräuber es leicht, zu Volkshelden zu werden.

Film: 1942 *Silver Queen. R* Lloyd Bacon. *D* Miriam Hopkins. *P* Harry Sherman/United Artists.

Die Schlacht von Ellsworth. »Die kleine Grenzstadt Ellsworth ist nicht die moralischste Stadt der Welt. Während der Viehsaison, die, wie man mir sagt, nur den Sommer und Herbst über dauert, bietet sie eine Szene, wie man sie kaum irgendwo sonst erleben kann. Hier sieht man in den Straßen die großen, langhaarigen Texas-Cowboys mit ihren schweren, klingenden Sporen und ihrem Paar Six-Shooters; die eifrigen Viehaufkäufer; die reichen texanischen Herdenbesitzer; Pferdediebe, eine Kavallerie von Texas-Ponies; und Mengen von *demimonde.* Glücksspiele aller Art werden ganz offen ausgetragen. Wie ich höre, sind einige 75 Berufsspieler in der Stadt, und jeden Tag hört man Berichte von ihren scharfen Tricks. Der Verkauf von Whisky scheint das profitabelste Geschäft zu sein.«

Soweit der Bericht eines anonymen Ellsworth-Besuchers in der Zeitung der Stadt, dem *Reporter.* Die Reibereien zwischen den Bürgern der Stadt, die sich von den wilden Cowboys aus dem Süden belästigt fühlen, und den Texanern, die sich ihrerseits von den Bürgern angegriffen und ausgenommen fühlen, finden ihren Höhepunkt in der sogenannten Battle of Ellsworth, die eigentlich eher ein kleines Scharmützel ist. Ben Thompson und sein Bruder Bill geraten wegen einer Spielschuld in eine Auseinandersetzung mit einem Spieler und zwei Deputies; als der allseits geachtete Sheriff Chauncey Whitney den Streit zu schlichten sucht, wird er von Bill Thompson erschossen. Die Texaner rotten sich zusammen, um die Thompson-Brüder davor zu bewahren, von den aufgebrachten Bürgern gelyncht zu werden. Ben schafft seinen Bruder heimlich aus der Stadt, er selbst wird vor Gericht freigesprochen und geht bald darauf nach Kansas City. Wenig später kommt ein Freund von Ben Thompson, der Cowboy und Spieler Cad Pierce, bei der Schießerei mit dem Deputy Ed Crawford um. Die Bürger von Ellsworth gründen ein Vigilanten-Komitee und stellen alle unerwünschten Elemente vor die Wahl, die Stadt sofort zu verlassen oder »Ehrengast bei einer Krawattenparty« zu sein.

Wenig später meldet der *Topeka Commonwealth:* »Die Züge nach Osten sind mit mehr Infamie beladen, als für gewöhnlich an einem Tag befördert wird. Der 12. August wird als der Tag des Exodus der verrohten Elemente und der Spiele in Ellsworth nicht vergessen werden.« Als der wahre Held der Schlacht von Ellsworth gibt sich später ein Mann aus, der gar nicht an ihr teilgenommen hat: 1928 erzählt Wyatt Earp seinem Biographen Stuart N. Lake, er habe nach der Erschießung von Sheriff Whitney Ben Thompson festgenommen, da Whitneys Deputies zu feige dazu gewesen seien. Tatsächlich kommt Earp in diesem Sommer 1873 als 25jähriger ehemaliger Postkutscher und Büffeljäger nach Ellsworth, nimmt aber an dem Spektakel um Thompson bestenfalls als Zuschauer teil. Seine Darstellung der Geschichte ist typisch für das bei der Selbst-Mythologisierung der Western-Helden häufig praktizierte »Aneignen« großer Taten, an denen sie in Wirklichkeit keinen Anteil haben.

Der Colorado-Eisenbahn-Krieg. Zwei Eisenbahngesellschaften, die Atchison, Topeka and Santa Fé Railroad und die Denver and Rio Grande Railroad, entdecken bei Bau von Strecken durch die Rocky Mountains und nach Neu-Mexiko, daß der geplante Streckenverlauf beider Linien sich teilweise deckt. Der Streit um das Streckenrecht eskaliert an zwei besonders heftig umstrittenen Plätzen, dem Raton-Pass an der Grenze von Colorado und Neu-Mexiko und der Royal Gorge am Arkansas River, zum sogenannten Colorado Railroad War. Beide Gesellschaften rekrutieren Privatarmeen, die sich blutige Auseinandersetzungen liefern. Die Streitkräfte bestehen hauptsächlich aus professionellen Gunfightern; so kämpfen auf seiten der Atchison, Topeka & Santa Fé unter anderen Ben Thompson und Bat Masterson. »Ben kommandierte eine Kompanie von Texanern, die ein Lagerhaus südlich von Pueblo zu bewachen hatten. Als ein Gericht der Santa Fé auftrug, ihre Materialien der Denver and Rio Grande auszuliefern, umstellten ein Sheriff aus Pueblo und 100 Deputies das Lagerhaus und forderten Ben auf, sich zu ergeben. Ben antwortete, er sei ein Angestellter der Eisenbahn und würde nur schriftliche Anordnungen befolgen. Der Sheriff rief, er und seine Männer seien gekommen, um ›den Mob zu zerstreuen‹. Ben antwortete, es gäbe hier keinen Mob, ›nur Streckenleger‹. Am nächsten Tag wurde Ben festgenommen, nachdem man ihn unter dem Vorwand, man wolle mit ihm verhandeln, herausgelockt hatte. Nachdem ihr Führer im Gefängnis war, ergaben sich seine ›Truppen‹« (James D. Horan). Der Bau beider Strecken wird 1883 beendet. Die meisten der gerichtlichen Auseinandersetzungen, die den Eisenbahnkrieg beenden, kann die Denver and Rio Grande für sich entscheiden.

Film: 1952 *Denver & Rio Grande. R* Byron Haskin. *D* Sterling Hayden. *P* Paramount.

Erster Eisenbahnüberfall der James-Bande. Bei ihrem ersten Eisenbahnüberfall bringen Jesse James und seine Bande am 20. Juli 1873 bei Council Bluffs, Iowa, einen Zug der Rock Island Railroad zum Entgleisen (wobei der Lokomotivführer getötet wird), holen 2000 Dollar aus dem Expreß-Wagen und nehmen den Passagieren weiteres Geld und Juwelen ab.

Colt .45. Die Waffenfabrik von Samuel Colt (1814–1862) in Hartford, die seit den vierziger Jahren den Westen mit einer Vielzahl verschiedener Schußwaffen versorgt, bringt einen neuen, mit Zentralfeuer operierenden und zum Gebrauch von Metallpatronen bestimmten Revolver heraus, den sogenannten Peacemaker (Friedensstifter). Das gebräuchlichste unter verschiedenen Kalibern wird das Kaliber .45, ein sechsschüssiger Trommelrevolver, der auch »Frontier Model«, »Frontier Six-Shooter«, »Colt Army« und »the 1873 Colt« genannt wird. »Diese bekannte Waffe hat mehr für die Eroberung des Westens getan als irgendeine andere Pistole. Der Peacemaker war vor allem die Waffe des Outdoor-Westerners – des Cowboys, Gunmans, Ranchers und Jägers. Dieser Revolver etablierte den Namen ›six-shooter‹ für die Waffe eines Mannes aus dem Westen. Eine Liste berühmter Besitzer der Frontier .45 würde fast ein ganzes Buch füllen. Außer Wyatt Earp gehören Bill Hickok, Bat Masterson, Sam Bass, Ben Thompson und Pat Garrett dazu, um nur einige zu nennen« (Robert Easton).

Film: 1950 *Colt .45. R* Edwin L. Marin. *D* Randolph Scott. *P* Warner.

Winchester 73. Ähnlich wie der Peacemaker .45 verdient sich das Winchester-Modell 1873 einen Ruf als »the gun who won the West«. Oliver F. Winchester, geboren 1810 in Boston, betreibt seit 1857 eine Waffenfabrik. 1858 bringt er das Henry Rifle heraus (genannt nach seinem Konstrukteur Tyler Henry), nach dem Bürgerkrieg ein neues Repetiergewehr, die Winchester 66. Die Weiterentwicklung dieses Modells, die Winchester 1873 herausbringt, vermehrt seine Vorteile – schnelle Schußfolge und leichte Handhabung – um eine größere Reichweite und stärkere Durchschlagskraft. Die Karabiner-Ausführung der Winchester 73 ist 12schüssig, die Rifle-Ausführung 15schüssig. Das Gewehr findet 720000 Käufer.

Film: 1950 *Winchester '73. R* Anthony Mann. *D* James Stewart. *P* Universal.

Tony Curtis und Jay C. Flippen in *Winchester '73* von Anthony Mann, 1950.

Der Weg nach Little Big Horn – Yellowstone-Expedition. Um die Weiterführung der Northern Pacific zu forcieren und den Widerstand der Sioux zu brechen, wird die aus 32 Landvermessern und Wissenschaftlern und 1549 Mann Militär zusammengesetzte Yellowstone-Expedition in das Big Horn- und Black Hills-Gebiet entsandt. Die Führung des Aufgebots hat Colonel David S. Stanley, zu den beteiligten Einheiten gehört die 7. Kavallerie unter Custer. Während die Streckenführung für die Northern Pacific vermessen wird, suchen die Truppen wiederholt den Kampf mit den Sioux, die aber der Provokation ausweichen und auch die offensichtliche Absicht der Militärs, die Lager und Vorräte der Indianer zu vernichten, vereiteln.

John Wesley Hardin und die Sutton-Taylor-Fehde. In Texas nähert sich ein schon seit 1866 andauernder blutiger Konflikt zwischen zwei rivalisierenden Rancher-Clans, der Sutton-Taylor-Feud, seinem Höhepunkt. 1873 greift John Wesley Hardin, der sich eigentlich vorgenommen hat, ein friedlicher Bürger zu werden, auf seiten der Taylors in die Fehde ein. Er erschießt den Deputy-Sheriff J. P. Morgan und einen für die Suttons arbeitenden gefürchteten Gunfighter, Jack Helm. Die Erschießung Helms wird ihm von vielen außenstehenden Bürgern als Heldentat gutgeschrieben. Die Rolle, die die Staatspolizei des verhaßten Gouverneurs Davis in der Sutton-Taylor-Fehde spielt, läßt ihre Korruption und Brutalität so deutlich werden, daß es zur Auflösung der Truppe kommt.

Bill Hickok auf der Bühne und in der Presse. Wild Bill Hickok folgt einer Einladung seines Freundes Buffalo Bill, mit ihm und Texas Jack Omohundro gemeinsam in Buntlines Stück *Scouts of the Plains* aufzutreten. Sein ungeniertes Verhalten auf der Bühne macht ihn zum Liebling des Publikums. Als er in einer Szene ein volles Whiskyglas gereicht bekommt, nimmt er einen tiefen Schluck, spuckt das Getränk dann angeekelt aus und schreit:

»Jeder Narr merkt doch, daß das nur kalter Tee ist!« Er weigert sich auch, einen Satz wie diesen zu sprechen: »Fürchtet Euch nicht, schönes Kind, denn – beim Himmel! – Ihr seid endlich geborgen bei Wild Bill, der stets bereit ist, sein Leben zu riskieren, wenn es darum geht, die schwache und hilflose Weiblichkeit zu verteidigen!« Anders als Buffalo Bill, der sich schnell in die Disziplin des Showbusiness einlebt, verläßt Hickok sich lieber auf die Wirksamkeit seiner Extempores.

Mit seinem sicheren Sinn für Publicity überwacht er die Veröffentlichungen über ihn und korrigiert sie notfalls auch. Als der *Missouri Democrat* im März 1873 berichtet, ein Texaner habe Bill Hickok eingefangen (corraled) und erschossen, schickt Hickok der Zeitung folgenden Brief:

»Springfield, Mo., 13. März '73
An den Redakteur des Demokrat:
Indem ich einen Irrtum in Ihrem Blatt vom 12. zu korrigieren wünsche, möchte ich festhalten, daß kein Texaner ›Bill eingefangen‹ hat noch je wird. Ich möchte Ihren Bericht berichtigen mit Rücksicht auf meine Familie. Stets Ihr J. B. Hickok
P.S. Ich kaufe Ihr Blatt in Präferenz zu allen anderen seit 1857.«

Man darf bezweifeln, daß Hickok seit 1857, als er 20 Jahre alt war, fester Bezieher des *Democrat* ist; mit Sicherheit gehört das Blatt aber seit 1867, als es das schmeichelhafte Stanley-Interview mit Hickok veröffentlicht, zu seiner Lieblingslektüre. Die Zeitung druckt Hickoks Richtigstellung und kommentiert sie mit einer launigen Glosse, die erkennen läßt (ähnlich wie spätere Presseberichte über ihn, siehe 1876), daß der Respekt der Presse vor Hickok gegenüber früheren Veröffentlichungen etwas gesunken ist:

»Mit großem Vergnügen unterbreiten wir Mr. Hickoks Statement den Lesern des *Democrat,* die in ihrer Mehrzahl glücklich sein werden, aus seiner Feder zu erfahren, daß er immer noch ›auf Deck‹ ist. Sollte aber der Fall Ihres plötzlichen Ablebens eintreten, William, so schreiben Sie uns bitte die näheren

Umstände, damit wir Ihnen einen so vorzüglichen Nachruf widmen können, wie das nur in unserer Macht steht; freilich glauben wir, daß dieses traurige Vergnügen uns noch auf Jahre hinaus verwehrt sein wird. ›Wild Bill‹ oder jeder andere Mann, der in unseren Kolumnen versehentlich getötet wird, wird auf entsprechenden Wunsch prompt wiederbelebt werden. Es ist nicht nötig, daß die Verblichenen sich persönlich bei uns melden. Es langt, wenn sie uns schreiben.«

Luther Kelly wird Yellowstone Kelly. Der 24jährige Luther Sage Kelly, der seit seinem Abschied von der Armee 1868 durch die amerikanischen und kanadischen Rocky Mountains gewandert ist und eine Zeitlang unter Indianern gelebt hat, läßt sich von General G. H. Forsyth als Scout für eine militärische Expedition den Yellowstone aufwärts engagieren. Von nun an wird er als Yellowstone Kelly bekannt. Zwischen seinen militärischen Verpflichtungen geht er immer wieder allein auf Büffel- und Wolfsjagd. Seine Begegnungen mit freundlichen und feindlichen Indianern rekonstruiert der Fotograf Stanley Morrow für ein dramatisches Action-Foto.

1874

Billy the Kid mit 14. Mit 14 Jahren verliert Billy the Kid seine Mutter; in Silver City stirbt Catherine Antrim, verwitwete McCarty, an Schwindsucht. Die letzten vier Monate ihres Lebens war sie bettlägrig und wurde von ihrem Sohn gepflegt. Billy hat seinen Vater nie gekannt, sein Stiefvater William Henry Antrim, den die Mutter erst ein Jahr zuvor geheiratet hat, kümmert sich nicht um den Jungen. Vier Jahre später, 1878, wird der Rancher Tunstall, der ihm für kurze Zeit Vater und Mutter ersetzen wird, getötet. So sammelt sich das Material für einen Fall, der die

Deutung einer Legendenfigur aus den Neurosen dieser Figur nahelegt.

John Wesley Hardin taucht unter. In Texas nimmt die Sutton-Taylor-Fehde mit der Ermordung von Bill Sutton, dem Führer des Sutton-Clans, durch Billy und Jim Taylor ihren Fortgang. Der neue Gouverneur von Texas, Richard Coke, schickt die Texas Ranger, um der Fehde ein Ende zu machen und vor allem um John Wesley Hardin zu verhaften, der den Mord an Sutton geplant haben soll. An seinem 21. Geburtstag erschießt Hardin den Sheriff Charles Webb. Dann flieht er nach Alabama und wird dort unter dem Namen James W. Swain Pferdehändler und Saloonbesitzer.

Weitere Aktivitäten der James-Younger-Bande. Im Januar 1874 überfällt die James-Younger-Bande eine Postkutsche in der Nähe von Malvern, Arkansas. Zwei Wochen später erbeutet sie bei einem Eisenbahnüberfall bei Gad's Hill, Missouri, 2000 Dollar; dem Zugführer geben die Banditen eine Presseverlautbarung über den Vorfall mit, betitelt »The Most Daring Train Robbery on Record!«. Wenig später wird John Younger von Pinkerton-Detektiven erschossen; zur Vergeltung läßt Jesse James einen Detektiv fesseln und erschießen, der an der Erlegung von John Younger gar nicht beteiligt war. Zwischendurch findet Jesse noch Zeit für das Privatleben: Er heiratet seine Cousine Zeralda Mimms.

Jim Reed und Belle Starr. Am 7. April rauben Banditen eine Postkutsche der Linie San Antonio–Austin aus; es ist einer der ersten Postkutschen-Überfälle in Texas. Einer der Täter ist Jim Reed, mehr oder weniger legal verheiratet mit Myra Belle Shirley, der späteren Belle Starr. Reed wird gestellt und, als er sich der Verhaftung widersetzen will, erschossen. Myra Belle, die es zu dieser Zeit schon genießt, wenn man sie »Bandit Queen«

Wayne Morris als Bob Younger, Arthur Kennedy als Jim Younger und Dennis Morgan als Cole Younger in *Bad Men of Missouri,* 1941.

nennt, schließt sich Outlaws an, die im Indian Territory und in Texas operieren. Einen von diesen Banditen heiratet sie 1880.

Die zweite Schlacht von Adobe Walls. Zehn Jahre nach der ersten Schlacht von Adobe Walls kommt es zu einer neuen bewaffneten Auseinandersetzung um den alten texanischen Büffeljägerposten. Von 1872 bis 1874 sind fast 4 Millionen Büffel erlegt worden, davon nur rund 150 000 von den Indianern. Regierung und Militär dulden die Ausrottung der Büffel, weil sie eine einfache Lösung der Indianerfrage darstellt. Zur Erhaltung ihrer Lebensgrundlage machen die Indianer einen letzten Versuch, die weißen Büffeljäger zu vertreiben. Nachdem ein Prophet namens Isatai den Comanchen und Kiowas bei einer Sun Dance-Zeremonie versichert hat, die Kugeln der Weißen könnten ihnen nichts anhaben, greifen sie, verstärkt durch Aufgebote der Cheyennes und Arapahos, mit 700 Mann den nur mit 28 Mann besetzten Posten Adobe Walls an. Ihr Anführer ist Quanah Parker. Unter den Verteidigern von Adobe Walls ist der 21jährige William Barclay »Bat« Masterson, der ein Jahr zuvor am Colorado-Eisenbahnkrieg teilgenommen hat und später ein berühmter Sheriff in Dodge City wird. Mit ihren weittragenden und schnellschießenden Büffel-Büchsen gelingt es den Weißen, die Angreifer zurückzuschlagen. Die Enttäuschung der Indianer richtet sich gegen ihren Propheten Isatai. »Von diesem Tag an hat Quanah Parker nie wieder einem Medizinmann vertraut« (Dee Brown, *Bury My Heart at Wounded Knee*).

Ende der Comanchen- und Kiowa-Kriege. Nach der Niederlage von Adobe Walls werden die Comanchen, Kiowas und Cheyennes von einem Armeeaufgebot von mehreren tausend Mann unter Führung von Colonel Nelson Miles und Colonel Ranald Mackenzie gejagt. Mackenzie spürt die Indianer schließlich im Palo Duro Canyon auf, einem schwer zugänglichen Gebiet, das der Spanier Coronado schon bei seiner Expedition von 1540 entdeckt hatte. Vor dem entscheidenden Angriff verspricht ein Captain Chaffee seinen Leuten: »Ich ernenne jeden, der fällt, zum Korporal!« Die Indianer fliehen. Mackenzie läßt ihre Vorräte vernichten und mehr als 1400 Pferde und Maultiere erschießen. Nach einigen weiteren verlustreichen Kämpfen führen der Comanche Quanah Parker und der Kiowa Lone Wolf ihre nur noch nach Hunderten zählenden Stämme in die Gefangenschaft nach Fort Sill. Der Kiowa Satanta wird in das Zuchthaus zurückgebracht, aus dem er 1872 entlassen wurde; dort begeht er 1878 Selbstmord. Lone Wolf wird mit 26 weiteren Kiowas nach Florida deportiert. Quanah Parker behält die Führung der Comanchen, die in eine Reservation gebracht werden.

Kiowa-Filme: 1954 *They Rode West. R* Phil Karlson. *D* Robert Francis, Eugene Iglesias (Isatai), John War Eagle (Quanah Parker), Maurice Jara (Spotted Wolf). *P* Columbia. 1954 *War Arrow. R* George Sherman. *D* Jeff Chandler, Henry Brandon. *P* Universal. 1955 *Santa Fé Passage. R* William Witney. *D* John Payne, George Keymas (Satank). *P* Republic. 1960 *The Unforgiven. R* John Huston. *D* Burt Lancaster. *P* Hecht-Hill-Lancaster/United Artists. 1963. *Winnetou I. R* Harald Reinl. *D* Lex Barker, Pierre Brice. *P* Rialto/Jadran. 1967 *The War Wagon. R* Burt Kennedy. *D* John Wayne, Kirk Douglas. *P* Universal. 1967 *The Scalphunters. R* Sydney Pollack. *D* Burt Lancaster. *P* Levy-Gardner-Laven/United Artists.

Comanchen-Filme: 1924 *North of '36. R* Irvin Willat. *D* Jack Holt. *P* Famous Players-Lasky/Paramount. 1934 *West of the Pecos. R* Phil Rosen. *D* Richard Dix. *P* RKO. 1940 *Young Buffalo Bill. R* Joe Kane. *D* Roy Rogers. *P* Republic. 1950 *Comanche Territory. R* George Sherman. *D* MacDonald Carey. *P* Universal. 1952 *Last of the Comanches. R* André de Toth. *D* Broderick Crawford. *P* Columbia. 1952 *Lone Star. R* Vincent Sherman. *D* Clark Gable. *P* MGM. 1952 *Rose of Cimarron. R* Harry Keller. *D* Mala Powers, Monte Blue. *P* Alco Pictures/20th Century-Fox. 1953 *Conquest of Cochise. R* William Castle. *D* John Hodiak, Rodd Redwing. *P* Columbia. 1954 *Overland Pacific. R* Fred F. Sears. *D* Jock Mahoney. *P* Reliance/United Artists. 1955 *Kiss of Fire. R* Joseph Newman. *D* Jack Palance. *P* Universal. 1956

Comanche. R George Sherman. *D* Dana Andrews, Kent Smith (Quanah Parker), John Litel (Nelson Miles). *P* Carl Krueger/United Artists. 1956 *The Searchers. R* John Ford. *D* John Wayne. *P* C. V. Whitney Pictures/Warner Bros. 1957 *Fort Dobbs. R* Gordon Douglas. *D* Clint Walker. *P* Warner Bros. 1958 *The Law and Jake Wade. R* John Sturges. *D* Robert Taylor, Richard Widmark. *P* MGM. 1958 *Cowboy. R* Delmer Daves. *D* Glenn Ford, Jack Lemmon. *P* Phoenix Pictures/Columbia. 1958 *The Rawhide Trail. R* Robert Gordon. *D* John Dierkes. *P* Allied Artists. 1960 *Comanche Station. R* Budd Boetticher. *D* Randolph Scott. *P* Harry Joe Brown-Ranown. 1961 *The Comancheros. R* Michael Curtiz. *D* John Wayne. *P* George Sherman/20th Century-Fox. 1961 *Two Rode Together. R* John Ford. *D* James Stewart, Richard Widmark, Henry Brandon (Quanah Parker), Woody Strode (Stone Calf). *P* John Ford-Stan Shpetner/Columbia. 1965 *War Party. R* Lesley Selander. 1966 *Incident at Phantom Hill. R* Earl Bellamy. *D* Robert Fuller. *P* Universal. 1966 *Texas Across the River. R* Michael Gordon. *D* Dean Martin, Alain Delon. *P* Universal. 1966 *Blackeagle of Santa Fé.* 1967 *Comancho Bianco. R* Jose Briz (Gilbert Lee Kay). *D* Joseph Cotten.

John Philip Clum und die Aravaipa-Apachen. Seit dem Camp Grant-Massaker von 1871 sind die Aravaipa-Apachen unter Häuptling Eskimizin nicht mehr zur Ruhe gekommen. Zwangsweise in die Reservation San Carlos verbracht, werden sie wegen eines Aufruhrs, an dem sie gar nicht beteiligt waren, aufs neue verfolgt, müssen flüchten, werden gefangengesetzt und brechen wieder aus. Durch Krankheiten und Hunger geschwächt, ergeben sie sich im April 1874. Eskimizin und andere Häuptlinge werden in Ketten nach Camp Grant gebracht. Dann schickt die Regierung den Aravaipas einen neuen Agenten, John Philip Clum, in dem sie einen ähnlich verständnisvollen Freund finden wie die Chiricahua-Apachen in Thomas Jefford. Clum bewirkt die Freilassung von Eskimizin und bemüht sich, den Aravaipas auf der San Carlos-Reservation eine friedliche Existenz zu sichern. »Ein erzwungener Frieden lag über den Wüsten, Gipfeln und Mesas des Apachenlandes. Ironischerweise hing seine Dauer großenteils von den geduldigen Bemühungen zweier weißer Männer ab, die die Achtung der Apachen einfach dadurch gewonnen hatten, indem sie menschliche Wesen in ihnen sahen und nicht blutdürstige Wilde. Tom Jefford der Agnostiker und John Clum von der Dutch Reformed Church waren optimistisch, aber sie waren auch klug genug, nicht allzuviel zu erwarten« (Dee Brown, *Bury My Heart at Wounded Knee*).

Film: 1956 *Walk the Proud Land. R* Jesse Hibbs. *D* Audie Murphy (John Philip Clum), Jay Silverheels (Geronimo). *P* Universal.

Cochises Ende. Die Chiricahua-Apachen, geführt von Cochise und vom Agenten Thomas Jefford betreut, sollen in eine neue Reservation gebracht werden. Die Indianer und Jefford lehnen diesen Plan strikt ab. Während der Verhandlungen ist Chochise bereits schwer erkrankt. Auch die von Jefford herbeigeholten Armeeärzte können ihm nicht helfen. Am 8. Juni stirbt der erst 50jährige »Napoleon der Apachen«. Er wird in den Dragoon Mountains bestattet. Seine Söhne Taza und Naiche überreden Jefford, bei den Chiricahuas zu bleiben und sie vor weiteren Umsiedlungsplänen zu schützen.

Cochise-Filme: 1942 *Valley of the Sun. R* George Marshall. *D* Antonio Moreno (Cochise). *P* RKO. 1948 *Fort Apache. R* John Ford. *D* Henry Fonda, John Wayne, Miguel Inclan (Cochise). *P* Argosy. 1950 *Broken Arrow. R* Delmer Daves. *D* James Stewart (Jefford), Jeff Chandler (Cochise). *P* 20th Century-Fox. 1951 *The Last Outpost. R* Lewis R. Foster. *D* Ronald Reagan, Chief Yowlachie (Cochise), John War Eagle (Geronimo). *P* Paramount. 1952 *Battle at Apache Pass. R* George Sherman. *D* Jeff Chandler (Cochise). *P* Universal. 1953 *Conquest of Cochise. R* William Castle. *D* John Hodiak (Cochise). *P* Columbia. 1954 *Taza, Son of Chochise. R* Douglas Sirk. *D* Rock Hudson (Taza), Jeff Chandler (Cochise), Bart Roberts (Naiche). *P* Universal. 1966 *Forty Guns to Apache Pass. R* William Witney. *D* Audie Murphy, Michael Keep (Chochise). *P* Admiral/Columbia.

Der Weg nach Little Big Horn – Black Hills-Expedition. General Alfred Terry schickt George A. Custer mit der 7. Kavallerie und einer Handvoll Wissenschaftler, Prospektoren und Journalisten in die Black Hills. Die Expedition soll den Gerüchten von reichen Goldvorkommen in den Black Hills nachgehen und einen geeigneten Platz zum Bau eines Forts suchen. Custer bestätigt die Goldvorkommen, gründet selbst eine »Custer Park Mining Company« und gibt den Anstoß zu sensationellen Presseberichten über den Reichtum der Black Hills, die einen neuen Goldrausch auslösen. Die Historiker vermuten, daß eben dies die Absicht der Militärs war, die endlich den lange erwarteten großen Sioux-Krieg provozieren wollen; die tatsächlichen Goldfunde in den Black Hills sind sehr spärlich.

Wichitas größte Saison. Die Rinderstadt Wichita erlebt ihre erfolgreichste und lebhafteste Saison: 200000 Stück Vieh werden verladen, 2000 Cowboys kommen in die Stadt. Wie zuvor in den anderen Boom-Towns macht Ben Thompson eine Spielhölle auf, das ›Keno House‹ und versucht, das Vergnügungsgewerbe zu monopolisieren. Bei einer Straßenrauferei wird der noch unbekannte Wyatt Earp festgenommen; als er verspricht, sich im Sinn des Gesetzes nützlich zu machen, wird er als Polizist angestellt. Er legt sich mit Ben Thompsons Leuten und dem texanischen Trail-Boss Mannen Clements, einem Freund von John Wesley Hardin, an, gilt aber weder als übermäßig mutig noch als absolut integer.

In der Nähe von Wichita ist vorübergehend die 7. Kavallerie von Custer stationiert; bei den Ausflügen der Kavalleristen in die Saloons und Freudenhäuser von Wichita kommt es regelmäßig zu Schlägereien mit den Cowboys, unter denen viele Veteranen der Südstaaten-Armee sind. Als einer der größten Raufbolde gilt Tom Custer, der Bruder von George A. Custer. Auch das unweit gelegene Hays City, das dann einen Boom als Rinderstadt erlebt, wird von den Kavalleristen heimgesucht; hier kommt es zu einer

Konfrontation zwischen Tom Custer und Wild Bill Hickok, der vorübergehend Marshal von Hays City ist: Eine wilde Saloon-Schießerei zwischen Custers Soldaten und Hickoks Freunden endet damit, daß Hickok die Stadt schleunigst verlassen muß.

Filme: 1949 *Sheriff of Wichita. R* R. G. Springsteen. *D* Allan »Rocky« Lane. *P* Republic. 1955 *Wichita. R* Jacques Tourneur. *D* Joel McCrea (Wyatt Earp), Robert J. Wilke (Ben Thompson). *P* Allied Artists.

Jacob Walzer und »The Lost Dutchman Mine«. In den Superstition Mountains unweit Phoenix, Arizona, findet Jacob Walzer, wahrscheinlich geführt von seiner indianischen Frau, pures Gold im Wert von rund 70000 Dollar. Jacob Walzer ist ein deutscher Einwanderer, geboren als Jacob von Walzer 1810 in Württemberg, Absolvent der Universität Heidelberg und gelernter Bergbauingenieur, seit 1861 naturalisierter Amerikaner. Der indianischen Legende nach sind die Superstition Mountains der Sitz des Donnergottes der Apachen und seines Goldhortes. Auf diesem heiligen Land der Indianer haben die Spanier wahrscheinlich schon im 18. Jahrhundert Gold abgebaut. 1818 holen sich die Apachen einen spanischen Goldtransport aus den Superstition Mountains im Wert von rund 3 Millionen Dollar im Verlauf des sogenannten Peralta Pack-Train Massacre zurück. Wahrscheinlich stammt Walzers Gold, das er nach eigener Aussage vom Boden aufliest, also nicht etwa abbaut, aus diesem zurückerbeuteten Goldtransport. Drei Tage nach Walzers Heimkehr wird Phoenix von den Tonto-Apachen überfallen; Walzer kann sich und seinen Reichtum in Sicherheit bringen, aber seiner Frau wird von ihren indianischen Landsleuten die Zunge herausgeschnitten.

Walzer geht immer von neuem in die Superstition Mountains, zuerst zusammen mit einem gewissen Jacob Wisner, dann, nachdem Wisner von Indianern getötet wird, allein. 26 Männer, die im Lauf der Zeit versuchen, sich auf Walzers Spur zu setzen und seinen Goldschatz zu finden, werden später tot aufgefunden;

es bleibt offen, ob Walzer oder die Indianer sie getötet haben. Insgesamt schafft Walzer Gold im Wert von 250 000 Dollar von den Bergen herunter und in die US-Münzanstalt in Sacramento, Kalifornien. Als er 1891 stirbt, wird in seiner Hinterlassenschaft nur wenig Geld oder Gold gefunden. Um das Versteck seines Vermögens und den ursprünglichen Fundort des Goldes ranken sich seither zahllose Gerüchte und Legenden. Da Walzer als »The Dutchman« bekannt war, heißt der Hort des verschollenen Goldes auch »The Lost Dutchman Mine«.

Filme über The Lost Dutchman Mine und andere geheime indianische Schatzorte: 1924 *The Mine With the Iron Door. R* Sam Wood. *D* Pat O'Malley. Indianer zeigt weißen Prospektor, der ihn vor Banditen rettet, den Weg zu einer verborgenen reichen Goldmine. *P* Sol Lesser/Principal. 1949 *Lust for Gold. R* S. Sylvan Simon. *D* Glenn Ford (Jacob Walzer). Nachkomme Walzers sucht im modernen Westen nach der Lost Dutchman Mine; Walzers eigene Geschichte in Rückblende. *Columbia. 1962 Der Schatz im Silbersee. R* Harald Reinl. *D* Lex Barker, Pierre Brice. Banditen auf der Suche nach einem sagenhaften Indianerschatz im Silbersee. *P* Rialto. 1963 *Winnetou I. R* Harald Reinl. *D* Lex Barker, Pierre Brice. Banditen versuchen den sagenhaften Goldschatz der Apachen im Nugget-tsil zu erbeuten. *P* Rialto. 1967 *Mackkenna's Gold. R* J. Lee Thompson. *D* Gregory Peck, Omar Sharif. Arizona 1874. Outlaw sucht geheimnisvollen Goldschatz der Apachen; als er ihn findet, wird der Schatz von einem Erdbeben verschlungen. *P* Highroad/Columbia.

Custers Memoiren. Während er noch damit beschäftigt ist, den Endkampf mit den Sioux und damit sein spektakulärstes Unternehmen und seinen eigenen Untergang vorzubereiten, läßt George A. Custer in einem New Yorker Verlag seine Memoiren erscheinen: *My Life on the Plains.* Er verewigt darin nicht nur seinen eigenen Ruhm, sondern verklärt auch das Bild anderer beliebter Zeitgenossen. So schreibt er über Wild Bill Hickok, der ihm wiederholt als Scout gedient hat:

»Ob zu Fuß oder im Sattel – er war stets einer der perfektesten

Typen physischer Männlichkeit, die ich je erlebt habe. [...] Sein Einfluß unter den Frontiersmen war grenzenlos, sein Wort war Gesetz, und zahlreich sind die persönlichen Streitereien und Auseinandersetzungen unter seinen Kameraden, die er durch die schlichte Ankündigung ›Das geht zu weit!‹ beilegte, wenn nötig gefolgt von der ominösen Warnung, diejenigen, die einen Streit nicht aufhören oder ihn wiederaufleben ließen, ›müßten es mit mir austragen‹. Wild Bill ist alles andere als ein streitsüchtiger Charakter; und doch kann keiner außer ihm selbst die vielen Konflikte aufzählen, in die er verwickelt wurde, und die stets fast unvermeidlich mit dem Tod seines Widersachers endeten. Ich habe persönliche Kenntnis von wenigstens einem halben Dutzend Männer, die er zu verschiedenen Zeiten getötet hat, und darunter war ein Mann meines eigenen Kommandos.« Dieser Mann des Custer-Kommandos gehörte zu den Opfern der oben erwähnten Saloon-Schießerei von Hays City.

Groschenheft-Humor. Da Humor eine Qualität ist, die vom Publikum der Trivialliteratur nicht gefragt wird und eine Disziplin, die über die Kapazität der Autoren dieser Literatur hinausgeht, sind auch die *Beadles Dime Novels* von Anfang an dramatisch, melodramatisch und sentimental, aber kaum je erheiternd. Das ändert sich in erstaunlichem Maße und auf hohem Niveau mit dem Auftreten des *Dime Novel*-Autoren Joseph E. Badger, der aus den schamlos übertreibenden Tall Stories der Folklore, die bei Autoren wie Mark Twain zur Literatur werden, seinen eigenen Groschenheft-Humor entwikkelt. Badgers Held Mustang Sam erlebt seinen ersten Auftritt 1874 in Beadle's Pocket Novel No. 184, *Mustang Sam; or, The Mad Rider of the Plains,* ein wortgewaltiger und, wie der Titel andeutet, völlig unberechenbarer Ritter der südwestlichen Prärien, der ein phantastisches Bühnen-Cowboykostüm aus Samt und Seide trägt und sich ohne falsche Bescheidenheit präsentiert: »I'm Mustang Sam, the high muck-a-muck of E Pluribus Unum

– I was got by a whale out o' a iceberg!« (Ich bin Mustang Sam, der große Oberhäuptling von E Pluribus Unum – dem amerikanischen Wappenspruch –; ich wurde von einem Wal mit einem Eisberg gezeugt!) Wahrscheinlich verstand das Publikum diesen Helden auch als Parodie des niemals komischen Groschenheft-Helden Buffalo Bill.

Weidekriege

1874 läßt sich Joseph F. Glidden die Erfindung des Stacheldrahts patentieren. Diese Erfindung wird sofort von allen Parteien, die im Westen Land nehmen und als ihren Besitz behaupten, als aggressives und wirkungsvolles Mittel zur Dokumentation und Durchsetzung von Gebietsansprüchen verstanden. Das Ziehen von Stacheldrahtzäunen (Fencing) ersetzt in der Vorstellung der Besitzenden legale Grundrechte, Diskussionen, Warntafeln, Posten und auch den Cowboy, der die Grenzen eines Weidegebiets abreitet, um den Viehbestand zusammenzuhalten und Viehdiebe fernzuhalten. Das Ziehen von Stacheldraht provoziert das Zerschneiden von Stacheldraht (Fence-Cutting). Wer sich mit dieser Methode gegen die einfache mechanische Gewalt des Stacheldrahts wehrt, wird mit der aktiven Gewalt der Männer bedroht, die angestellt werden, den Stacheldraht zu hüten. Auf diese Weise eskaliert der Kampf ums Land im Westen zu den immer heftiger tobenden Weidekriegen, die gelegentlich bürgerkriegsähnliche Formen annehmen und sich bis in die ersten Jahre des 20. Jahrhunderts hinziehen.

Die Viehzüchter vertreten von Anfang an das Prinzip der offenen Weide und nehmen sich vom öffentlichen Land soviel sie wollen. Um ihre Interessen untereinander abzugrenzen und mißliebige andere Interessenten wie die verhaßten Schafhalter und die Farmer, die sich zunehmend so lästig im Land einnisten (daher verachtungsvoll »Nester« genannt), zu entmutigen und fernzuhal-

ten, entwickeln sie den Kanon eines zweifelhaften Gebrauchsrechts, der hauptsächlich aus Begriffen wie »cow custom«, »range privilege«, »possesory right«, »accustomed range« oder »claim by discovery right« besteht. »Alle diese Termini waren Euphemismen für Diebstahl, aber sie schienen nützlich, um der Usurpation einen Hauch von Formalität zu geben« (The Old West: The Cowboys). *Da bei der Anwendung von solcher Art von Gebrauchsrecht natürlich häufig Interpretationsschwierigkeiten entstehen, sind schwere Konflikte auch unter den im Prinzip gleichgesinnten Ranchern nicht zu vermeiden: Manche Streitereien um den Besitz an einer Weide, die Nutzung einer Wasserstelle oder ein paar Stück Rinder, die dieser wie jener für sich reklamiert, ziehen sich jahrelang hin. Der eigentliche Feind aber ist der Siedler, der Farmer, der Nester.*

Anders als die Rancher verfügen die Siedler im allgemeinen über legale Besitztitel an ihren vergleichsweise winzigen Ländereien; die meisten sind Heimstätter nach dem Homestead-Act von 1862 und den Novellierungen dieses Gesetzes. Die Eingrenzung ihrer Ländereien mit Stacheldraht ist für diese Farmer oft zunächst nur ein Mittel, um die frei weidenden Herden der Viehbarone daran zu hindern, Ackerland und Aussaat immer wieder niederzutrampeln. Mit dem denunzierenden Sprachgebrauch, der später aus jedem Farmer, der sich gegen die Willkür der Rancher wehrt, einen Viehdieb (rustler) macht (während ein Revolvermann, der im Sold von Ranchern illegale Ansprüche durchsetzt, immer ein »Regulator« ist), bezeichnen die Rancher den Gebrauch von Stacheldraht durch die Farmer als »nesters' trick«, als einen schmutzigen Siedlertrick.

Die Rancher adoptieren dann aber sehr schnell diesen Trick und zäunen riesige Gebiete öffentlichen Landes mit Stacheldraht ein. In Colorado zäunt eine Cattle Company 1 Million Acres öffentlichen Landes ein. In Nebraska verbünden sich zwölf Rancher und ziehen eine 22 Meilen lange Stacheldrahtgrenze um Regierungsland. In Wyoming schreibt eine Zeitung, der Wyoming

Marlon Brando in *The Missouri Breaks* von Arthur Penn, 1976.

Sentinel: *»Eines Morgens werden wir aufwachen und entdecken, daß eine Korporation einen Drahtzaun um die gesamte Staatsgrenze von Wyoming gezogen hat, und daß alle, die innerhalb dieser Grenzen wohnen, aufgefordert sind, das Gebiet zu räumen.« Zahlreiche Farmer richten Petitionen an die Regierung in Washington und ersuchen um Genehmigung, Stacheldrähte auf öffentlichem Land zerschneiden zu dürfen.*

Ein Kongreß-Komitee untersucht die Sache und zeigt Verständnis: »Keine andere Nation der Erde würde diese Schande dulden.« Aber dort, wo die Weidekriege ausgetragen werden, finden die Farmer Warntafeln am Stacheldraht: »Derjenige, der diesen Draht zerschneidet, tut besser daran, seinen Skalp in Sicherheit zu bringen.« Um diesen Warnungen Nachdruck zu verleihen, mobilisieren die Rancher ihre Streitkräfte: Regulatoren und sogenannte Range-Detektive, die die Farmer terrorisieren und nicht einmal den Vorwand zerschnittener Zäune brauchen, um zuzugreifen. Notfalls hilft auch die wunderbare Logik weiter, die aus jedem Geschädigten einen Schuldigen machen kann: Das Rind eines Viehbarons, das auf dem Farmland eines Siedlers weidet, ist vorübergehend im Besitz dieses Siedlers, der also nur ein Viehdieb sein kann und deshalb bestraft werden muß.

Ehemalige Sheriffs, Revolvermänner und Soldaten, die sich von den Ranchern beim Kampf gegen die Siedler anwerben lassen, kommen bei ihrer Arbeit kaum je in Gewissenskonflikte. Anders ist es mit den Cowboys, die sich als Regulatoren betätigen. Sie sind die eigentlichen Verlierer dieses Konflikts. Die ehemaligen Symbolfiguren des weiten offenen Landes haben keine Sympathien für den Stacheldraht, der dieses Land in Ländereien aufteilt, viele von ihnen arbeitslos macht und das Ende einer Freiheit bewirkt, die für sie eine Lebensqualität ist und nicht, wie für die Rancher, eine Geschäftsqualität. Als der Cowboy des Hillbillys singt er »Don't fence me in!«. Als der Cowboy des Neurose-Western der fünfziger Jahre reißt er sich am Stacheldraht blutig, wie Kirk Douglas in Man Without a Star. *Als arbeitslos gewordener Cowboy der*

Weidekriege wird er Handlanger in einem Interessenkonflikt, der ihn so wenig interessiert wie jeder andere soziale Konflikt im Westen.

Ihren Höhepunkt finden die Weidekriege im Johnson County War von 1892, der als offener Bürgerkrieg nur durch das Eingreifen der Armee beendet wird, zu seinem wirklichen Abschluß aber erst mit der Hinrichtung des Regulatoren Tom Horn 1903 kommt.

Für die Weidekriege-Western sind die Fronten immer klar. Um keinen Zweifel daran zu lassen, daß es stets die von Besitz- und Gewinngier angetriebenen großen Rancher sind, die den Frieden des Landes stören und den anständigen kleinen Leuten das Leben schwer machen, werden sie meist nicht nur der Urheberschaft aller naheliegenden Untaten überführt, sondern bekommen auch noch alle möglichen nebenbei sich ergebenden Schandtaten angehängt. In moderneren Western pflegen die Rancher meist dekadente Neigungen und sind mit abgründig-chaotischen Familienverhältnissen gesegnet. In älteren Filmen haben sie einfach ein Monopol für jegliche Art von Kriminalität, die sich in ihrem Bereich abspielt. In einem Western von 1932, Beyond the Rockies, *findet der Held, gespielt von Tom Keene, den Hauptschuldigen eines Weidekrieges in einer Viehbaronin, die sich nicht nur durch ihre Skrupellosigkeit gegen kleine Leute schuldig macht und dadurch, daß sie der Jungfräulichkeit des Helden nahetritt; sie ist auch, wie sich herausstellt, für alle Postkutschenüberfälle verantwortlich, die immerzu die Gegend unsicher machen.*

Weidekrieg-Western: 1913 *The Range Law. R* und *D* William Duncan. *P* Selig Polyscope. 1931 *The Range Feud. R* D. Ross Lederman. *D* Buck Jones, John Wayne. *P* Columbia. 1932 *Beyond the Rockies. R* Fred Allen. *D* Tom Keene. *P* RKO. 1937 *Range Defenders. R* Mack V. Wright. *D* Bob Livingston. *P* Republic. 1939 *Range War. R* Lesley Selander. *D* William Boyd. *P* Paramount. 1941 *Underground Rustlers. R* S. Roy Luby. *D* Ray Corrigan. *P* Monogram. 1942 *Rock River Renegades. R* S. Roy Luby. *D* Ray Corrigan. *P* Monogram. 1943 *Wild Horse Rustlers. R* Sam

Kirk Douglas und Richard Boone in *Man Without a Star* von King Vidor, 1954 (oben).
Gary Cooper in *The Westerner* von William Wyler, 1940 (unten).

Newfield. *D* Bob Livingston. *P* P.R.C. 1946 *Duel in the Sun. R* King Vidor. *D* Jennifer Jones, Gregory Peck, Joseph Cotten. *P* David O. Selznick/Vanguard. 1946 *The Sea of Grass. R* Elia Kazan. *D* Spencer Tracy. *P* Sandro S. Berman/MGM. 1947 *Wyoming. R* Joe Kane. *D* William Elliott. *P* Republic. 1948 *Ramrod. R* André de Toth. *D* Joel McCrea. *P* Harry Sherman Pictures. 1948 *Blood on the Moon. R* Robert Wise. *D* Robert Mitchum. *P* RKO. 1950 *Brimstone. R* Joe Kane. *D* Walter Brennan. *P* Republic. 1952 *Untamed Frontier. R* Hugo Fregonese. *D* Joseph Cotten. *P* Universal. 1952 *The Redhead from Wyoming. R* Lee Sholem. *D* Maureen O'Hara. *P* Universal. 1952 *Ride the Man Down. R* Joe Kane. *D* Brian Donlevy. *P* Republic. 1953 *Shane. R* George Stevens. *D* Alan Ladd. *P* Paramount. 1954 *Man Without a Star. R* King Vidor. *D* Kirk Douglas. *P* Universal. 1955 *Treasure of Ruby Hills. R* Frank McDonald. *D* Zachary Scott. *P* Allied Artists. 1955 *Robber's Roost. R* Sidney Salkow. *D* George Montgomery. *P* Goldstein-Jacks. 1957 *The Storm Rider. R* Edward Bernds. *D* Scott Brady. *P* Regal Films/20th Century-Fox. 1958 *The Big Country. R* William Wyler. *D* Gregory Peck, Charlton Heston. *P* Anthony Worldwide/United Artists. 1959 *Day of the Outlaw. R* André de Toth. *D* Robert Ryan. *P* Security Pictures/United Artists. 1962 *Guns of Wyoming. R* Tay Garnett. *D* Robert Taylor. *P* Missouri/MGM. 1965 *Uno straniero a Sacramento. R* Sergio Bergonzelli. *D* Mickey Hargitay. *P* Film d'Equipe. 1965 *The Sons of Katie Elder. R* Henry Hathaway. *D* John Wayne, Dean Martin. *P* Hal Wallis/Paramount. 1966 *Gli uomini dal paso pesante. R* Albert Band. *P* Embassy. 1967 *Buckskin. R* Michael Moore. *D* Barry Sullivan. *P* Paramount. 1969 *Dio perdona la mia pistola. R* Mario Gariazzo, Leopoldo Savona. *D* Wayde Preston. *P* Ambrosiana.

1875

Der Weg nach Little Big Horn – Gold in den Black Hills.

The roundhouse in Cheyenne is filled every night
With loafers and bummers of most every plight.
On their backs is no clothes, in their pockets no bills,
Each day they keep starting for the Dreary Black Hills.

Chorus:
Dont't go away, stay at home if you can,
Stay away from that city, they call it Cheyenne.
For big Wallipee (Sitting Bull) or Comanche Bills
They will lift up your hair on the Dreary Black Hills.

I got to Cheyenne, no gold could I find,
I thought of the lunch route I'd left far behind.
Through rain, hail and snow, frozen plumb to the gills,
They call me the orphan of the Dreary Black Hills.

Oh, I wish the man that started this sell,
Was a captive, and Crazy Horse had him in hell,
There's no use of grieving or swearing like pitch,
But the man that would stay here is a son-of-a-gun.

Folksong *The Dreary Black Hills*

Im Lied von den »traurigen Black Hills« klagen die Goldsucher, die in der Hoffnung auf schnellen Reichtum die schrecklichen Unbilden der Natur und die noch schrecklicheren Gefahren, die von den Sioux drohen, auf sich nehmen, daß sie offenbar einem Schwindel aufgesessen sind: Es ist kein Gold zu finden in den Black Hills. Sie verfluchen den Mann, der diesen Run ausgelöst hat, und wünschen ihm, daß er von den Indianern gefangengenommen und von Crazy Horse zur Hölle geschickt werde. Falls das Lied tatsächlich 1875, im Jahr des großen und sinnlosen Black Hills-Goldrauschs, entstanden ist, darf sich sein Autor ein prophetisches Gemüt zuschreiben: Dem Hauptinitiator dieses Goldrauschs passiert ein Jahr später genau das, was das Lied als gerechte Strafe für ihn vorsieht.

Mit der Meldung, die Gerüchte von Goldvorkommen in den Black Hills beruhten auf Wahrheit, hat Lieutenant-Colonel George A. Custer im Vorjahr seine Black Hills-Expedition beendet. In Wirklichkeit hat Custer wenig oder gar kein Gold gefunden: die gezielte Falschmeldung soll Mengen von Goldsuchern in das Land locken, und die sich dann unweigerlich ergebenden Auseinandersetzungen mit den Sioux sollen der Armee einen Vorwand zum Einschreiten geben. Diese Spekulation geht auf. »Während in den Black Hills Tausende und Abertausende die dicht bewaldeten Hänge kahlschlugen und Ortschaften gründeten, aus denen über Nacht Städte wurden (z.B. Deadwood und Custer), während Postkutschenlinien eingerichtet und Frachtwagenstraßen erbaut wurden, alles Wild im weiten Umkreis innerhalb kürzester Zeit ausgerottet war und die vordem idyllischen Black Hills mit ihren paradiesischen Tälern sich allmählich in eine Mondlandschaft verwandelten, putschten sich die Warnungen der Armee vor den furiosen Sioux und die ›Sie-sollen-nur-kommen‹-Schlagzeilen der West-Presse gegenseitig auf, so daß gegen Ende 1875 die Hysterie einen bisher noch nie dagewesenen Höhepunkt erreichte« (H. J. Stammel, *Solange Gras wächst*).

Die Regierung schickt eine neue, mit mehr Fachleuten bestückte und von 8 Kompanien eskortierte Expedition in die Black Hills, um endlich Klarheit über die Bodenschätze des Gebiets zu bekommen. Diese Expedition findet kein Gold, das einfachen Prospektoren zugänglich wäre, wohl aber Erzvorkommen, die die Einrichtung von Bergwerksbetrieben nahelegen. Damit wird die Lösung der Sioux-Frage, die ohnehin wegen des lahmgelegten Northern Pacific-Baus dringlich ist, zu einem vorrangigem Problem.

Die Regierung macht den Sioux den Vorschlag, das Black Hills-Gebiet zu verkaufen. Sitting Bull und Crazy Horse lehnen es von vornherein ab, an einer Verhandlung über dieses Angebot teilzunehmen. »›Geht und sagt dem Großen Vater, daß ich nicht vorhabe, irgendein Stück Land zu verkaufen‹, sagte Sitting Bull. Er nahm eine Handvoll Staub auf und fügte hinzu: ›Nicht einmal so viel!‹« (Dee Brown, *Bury My Heart at Wounded Knee*).

Im September versammeln sich 20000 Sioux, Cheyenne und

Arapahos nahe dem von der Regierung festgelegten Unterhandlungsort am White River. Die Sprecher der Indianer sind Red Cloud und Spotted Tail. Die Regierungskommission besteht aus dem Senator William B. Allison, dem General Alfred Terry, einem Geistlichen und einem Händler. Die Weißen machen das Angebot, die Black Hills für 6 Millionen Dollar zu kaufen oder für 400000 Dollar jährlich mit allen Schürfrechten zu mieten. Der wirkliche Wert der Black Hills liegt weit über dieser Summe; der Wert einer einzigen Mine wird auf 500 Millionen Dollar geschätzt. Als Gegenforderung verlangen die Sioux die Finanzierung einer neuen Existenzgrundlage für die kommenden sieben Generationen, was auf rund 50 Millionen Dollar umgerechnet wird. Diese Forderung wird von der Regierungskommission zurückgewiesen. In Washington empfiehlt das Indian Bureau dem Innen- und Kriegsministerium, die Sioux-Frage nunmehr militärisch zu lösen, am zweckmäßigsten mit einem Winterfeldzug, gegen den die Indianer, wie die früheren Indianerkriege gezeigt haben, am anfälligsten sind. Im Dezember werden die Agenten im Sioux-Gebiet angewiesen, »Sitting Bulls Stamm und die anderen wilden und ungesetzlichen Stämme von Sioux-Indianern, die außerhalb der Grenzen ihrer Reservationen durch Süd-Dakota und das östliche Montana streifen, anzuweisen, daß sie, falls sie sich nicht bis zum 31. des kommenden Januar innerhalb der Grenzen ihrer Reservationen begeben und dort bleiben, als feindlich angesehen und entsprechend von den militärischen Streitkräften behandelt werden«. Dieses Ultimatum ist ungesetzlich, da die Indianer vertraglich berechtigt sind, außerhalb ihrer Reservationen zu jagen, außerdem ist es unerfüllbar, da es den Indianern in den Schnee- und Eisstürmen von Dezember–Januar nicht möglich ist, ihre Winterquartiere mit Frauen, Kindern, Tieren, Vorräten und Zelten zu verlegen. Manche Indianer nehmen die Aufforderung auch gar nicht ernst, die meisten wissen indessen, daß das Ultimatum einer Kriegserklärung gleichkommt.

Der unfreiwillige Hauptheld der kommenden Auseinandersetzungen, George A. Custer, weilt zu dieser Zeit nicht bei seiner Truppe: Er macht von September 1875 bis Februar 1876 Urlaub in New York, wo er am Gesellschaftsleben teilnimmt, für sein Buch *My Life on the Plains* Reklame macht und sich auf sehr ungeschickte Weise als Politiker zu profilieren sucht, indem er gegen den indianerfreundlichen Präsidenten Grant und dessen korrupten Innenminister Belknap (auf den bereits ein Impeachment-Verfahren wartet) polemisiert.

Die Lage im Südwesten. Die Apachen des Südwestens gelten als befriedet. Auf der San Carlos-Reservation führt der Agent John Clum seine indianerfreundliche Politik fort und setzt die Selbstverwaltung der Apachen durch, mit eigener Polizei und Gerichtsbarkeit. General George Crook, dem das Verdienst für die günstige Entwicklung an der Apachen-Grenze zugesprochen wird, erhält seine Beförderung zum Brigadier General und wird zum Oberkommandierenden im Department of the Platte ernannt, zu dem die unruhigen Black Hills gehören; so beginnt für ihn der Weg nach Little Big Horn. Nach seinem Weggang provozieren kurzsichtige Militärs und Agenten neue Feindseligkeiten unter den Apachen, indem sie Stämme in unfruchtbare Reservate treiben und gelegentlich auch untereinander verfeindete Indianerstämme auf engem Raum zusammensperren.

Dodge City, die Cowboy-Metropole. 1875 wird Dodge City im Ford County, Kansas, zum führenden Rinder-Umschlagplatz des Westens, zur »Cowboy Capital of the World«, ein Rang, den die Stadt bis 1885, als die große Zeit der Viehtrecks zu Ende geht, behauptet. In den Boomjahren werden jährlich bis zu einer halben Million Rinder in Dodge City verladen. Die Stadt hat 1200 Einwohner, zwei Dutzend Saloons mit Schankerlaubnis, von denen das Long Branch (mit einem weiblichen Pianisten) und das Alamo (das diese Pianistin mit einem schmutzigen Trick abwirbt) die bekanntesten sind, sowie eine Oper, das Dodge City Opera House und ein Theater, das Comique (ausgesprochen Ko-mi-ku), wo der berühmte New Yorker Komödiant Eddie Foy auftritt, meist mit dem Stück *Kalamazoo in Michigan.* Seine Bühnenpartnerin ist oft die beliebte Dora Hand, die, wie es heißt, einer vornehmen Bostoner Familie entstammt und schon an europäischen Opernhäusern gesungen haben soll. Im Privatleben ist sie die Geliebte des Bürgermeisters von Dodge City, James H. »Hound« Kelley, der nebenbei den Alhambra Saloon, das Opera House und eine Dance Hall betreibt. Zu den weiteren Attraktionen von Dodge City gehört ein Rotlicht-Distrikt (manche Historiker leiten diesen Begriff von dem beliebtesten Bordell von Dodge City, dem Red Light House, ab) und der berühmteste Friedhof des Westens, Boot Hill, auf einem Hügel nördlich der Stadt gelegen. Die ungesetzlichen Aktivitäten überschreiten nicht das Maß dessen, was man aus anderen Rinderstädten gewohnt ist. Das mag zum Teil daran liegen, daß Dodge City in seinen Blütejahren das Wirken einiger der prominentesten Ordnungshüter des Westens erlebt; die bekanntesten darunter sind Bat Masterson und Wyatt Earp. Daß es trotzdem noch hinreichend höllisch im »Gomorra der Prärie« zugeht, läßt eine Anekdote vermuten, die Floyd B. Streeter in seinem Buch *Prairie Trails and Cow Towns* (1936) überliefert: ein betrunkener Cowboy steigt in Newton in die Santa Fé-Bahn und drückt dem Schaffner Geld in die Hand. Der Schaffner: »Wo wollen Sie denn hin?« Der Cowboy: »Zur Hölle.« Der Schaffner: »Geben Sie mir 2,50 Dollar und steigen Sie in Dodge City aus.«

Filme: 1936 *Dodge City Trail. R* C. C. Coleman jr. *D* Charles Starrett. *P* Columbia. 1939 *Dodge City. R* Michael Curtiz. *D* Errol Flynn. *P* Warner Bros. 1941 *King of Dodge City. R* Lambert Hillyer. *D* William Elliott. *P* Columbia. 1944 *Vigilantes of Dodge City. R* Wallace Grissell. *D* William Elliott. *P* Republic. 1947 *West of Dodge City. R* Ray Nazarro. *D* Charles Starrett. *P* Columbia.

Silberrausch in Colorado. Im Abraum einer 1863 aufgegebenen kleinen Goldmine bei Leadville, Colorado, finden zwei Prospektoren Silber. Das Vorkommen erweist sich als reichhaltig, es kommt zu einem Run auf die neue Silbermine, und Leadville wächst binnen kurzem auf 30000 Einwohner an. Zu der bekanntesten Figur unter den neuen Silber-Millionären gehört der ehemalige Steinmetz und Postmeister H. A. W. Tabor, der sich am Abbau einiger Minen beteiligt und allein durch seine Beteiligung von 117000 Dollar an der Matchless Mine einen Gewinn von 11 Millionen Dollar erzielt. Er macht eine Karriere als Politiker, heiratet eine wegen ihrer Originalität geschätzte Schönheit namens Elizabeth »Baby« Doe (unter den Hochzeitsgästen ist der Präsident der Vereinigten Staaten) und schenkt Leadville und dem benachbarten Denver je ein Opernhaus. Später verliert er sein ganzes Vermögen und wird wieder Postmeister, diesmal in Denver, wo er 1899 in Armut stirbt. Seine Witwe, die einst gefeierte Baby Doe, fristet noch jahrzehntelang eine armselige Existenz; im März 1935, mit 73 Jahren, erfriert sie in einer abgelegenen Hütte, die zu ihrer letzten Behausung geworden war.

Film: 1963 *The Unsinkable Molly Brown. R* Charles Walters. *D* Debbie Reynolds (Molly Brown=Baby Doe). *P* MGM.

Der neue Reichtum des Westens: Öl und andere Bodenschätze. Die Kalifornier kennen das Erdöl schon seit den Tagen der spanisch-mexikanischen Herrschaft, aber sie wissen mit der schwarzen Masse in »them tar pits«, diesen Teerlöchern, nichts anzufangen; manchmal wird sie zum Abdichten von Dächern benutzt. Erst als im Osten, auf den Ölfeldern von Pennsylvania, das Fördern und Raffinieren von Erdöl zu einer industriellen Großunternehmung wird und zunehmend Verwendungsmöglichkeiten für Rohöl und Petroleum gefunden werden – von der Wagenschmiere über den Brenn- und Energiestoff für Haus und Industrie bis zum Holz- und Kohleersatz für Züge und Schiffe –, beginnt der Westen, im Erdöl das »schwarze Gold« zu sehen, das wie jeder andere Schatz der Erde seinen Rausch wert ist.

Mitte der siebziger Jahre beginnt die California Star Oil Company in der Nähe von Newhall mit der Förderung und Aufbereitung von Erdöl. Von Kalifornien breitet sich der Ölrausch nach Texas, Wyoming und Oklahoma aus, wo vor allem Tulsa und Oklahoma City Zentren der Erdölförderung werden. Der Run auf das Öl bringt eine neue Note in das bei der Ausbeutung des Westens übliche Landgrabbing und Wildcatting, das gierige Landgrabschen und das in aller illegalen Stille betriebene Forschen nach Bodenschätzen auf Ländereien, die dem Prospektor gar nicht gehören, die er aber sich anzueignen gewillt ist, sobald er fündig geworden ist und noch ehe der legale Besitzer weiß, auf welchem Reichtum er sitzt.

In der historischen Wirklichkeit und mehr noch in den Western über die Ölgrenze wird der künftige Ölmillionär zu einer geheimnisvollen, oft dämonischen Figur, wenn er sich mit legalen Kaufangeboten und illegalen Pressionen in den Besitz von Farm- oder Ranchland zu bringen sucht, dessen Besitzer gar nicht verstehen kann, warum man sich um sein Anwesen so bemüht, da er nichts von dem schwarzen Gold in seinem Boden weiß und in den meisten Fällen nicht einmal ahnt, was diese schwarze Brühe wert ist. Die ominösen »Land Offices« und »Developping Companies«, die solche dunklen Geschäfte betreiben, werden dann in der Volksmeinung als noch schlimmere Betrugsunternehmen angesehen als die Banken und Eisenbahnen, die ohnehin längst als Instrumente der Ausbeutung gelten. So kommt es, daß im Film die Outlaw-Figuren, die stellvertretend für die Masse der Geschädigten und Betrogenen als Bank- und Eisenbahnräuber die Abrechnung mit den Spekulanten vornehmen, dann auch zu den Helden im Kampf gegen die Ölbarone werden. Das schönste Beispiel ist das Serial *Jesse James Rides Again,* in dem der Titelheld auf der Flucht vor den Sheriffs, die den Schuldigen am Überfall auf die Northfield-Bank suchen, nach Tennessee gerät und sich dort mit einer Horde von Kapuzenmännern herumschlägt, den »Black Raiders«, die im Auftrag eines unsauberen Konsortiums die Farmer von ihrem ölhaltigen Land vertreiben wollen. Jesse James hilft dann den Farmern, die Ölförderung in eigener Regie in Angriff zu nehmen, und im letzten Akt dieses wie vieler anderer Öl-Western braust eine Kavalkade selbstgezimmerter Tankwagen durch das von den Bösewichten in der Prärie ausgelegte Flammenmeer, wobei es zu herrlichen Explosionen kommt, aber immer noch genug Wagen übrigbleiben, um die aus Konzessions- oder Kreditgründen gesetzte Deadline zu schaffen.

Etwa um die gleiche Zeit, als das Öl zu einem neuen Reichtum des Westens wird, in den siebziger und achtziger Jahren, entdeckt der deutsche Chemiker Karl Wilhelm Scheele in scheinbar wertlosem Gestein zwei Elemente, die die Voraussetzungen für ganz neue Industrien liefern und damit nicht nur neue Quellen des Reichtums darstellen, sondern auch neue Konfliktstoffe für Western: Molybdän (noch heute wird 90 Prozent des Weltbedarfs in Colorado gewonnen) und Wolfram (ebenfalls heute noch in großen Mengen im amerikanischen Westen produziert), beides Elemente von entscheidender Bedeutung für die Metall- und Elektro-Industrie. Daß allerdings in den dreißiger Jahren unseres Jahrhunderts in Neu-Mexiko ein zur Giftgas-Herstellung geeignetes Mineral namens Monium gefunden wurde, dessen illegaler Export die USA in schlimmste internationale Verwicklungen gestürzt hätte, wäre dieser Monium-Schmuggel nicht vom amerikanischen Geheimdienst unter Zuhilfenahme der Three Mesquiteers unter Führung von John Wayne verhindert worden, ist historisch unhaltbar und entstammt gänzlich der Phantasie von Betty Burbridge und Stanley Roberts, die für das Drehbuch zu *Pals of the Saddle* verantwortlich zeichnen.

Filme: 1924 *The Riddle Rider* (Öl). *R* William Craft. *D* William Desmond. Serial. *P* Universal. 1930 *Roaring Ranch* (Öl). *R* B. Reeves Eason. *D* Hoot Gibson. *P* Universal. 1931 *The Painted Desert* (Wolfram).

R Howard Higgin. *D* William Boyd. *P* Pathé. 1938 *Pals of the Saddle* (Monium). *R* George Sherman. *P* Republic. 1939 *Wall Street Cowboy* (Molybdän). *R* Joe Kane. *D* Roy Rogers. *P* Republic. 1943 *In Old Oklahoma,* auch *War of the Wildcats* (Öl). *R* Albert S. Rogell. *D* John Wayne. *P* Republic. 1947 *Jesse James Rides Again* (Öl). *R* Fred C. Brannon, Thomas Carr. *D* Clayton Moore (Jesse James). Serial. *P* Republic. 1947 *Buffalo Bill Rides Again* (Öl). *R* Bernard B. Ray. *D* Richard Arlen (Buffalo Bill). *P* Jack Schwarz. 1949 *Tulsa* (Öl). *R* Stuart Heisler. *D* Susan Hayward. *P* Eagle Lion. 1957 *Joe Dakota* (Öl). *R* Richard Bartlett. *D* Jock Mahoney. *P* Universal. 1964 *Die schwarzen Adler von Santa Fé* (Öl). *R* Ernst Hofbauer. *D* Brad Harris. *P* Rapid/Metheus/Societé Nouvelle. 1965 *Der Ölprinz* (Öl). *R* Harald Philipp. *D* Stewart Granger, Pierre Brice. *P* Rialto/Jadran. 1966 *Texas Across the River* (Öl). *R* Michael Gordon. *D* Dean Martin, Alain Delon. *P* Universal. 1973 *The Life and Times of Judge Roy Bean* (Öl). *R* John Huston. *D* Paul Newman. *P* First Artists.

Black Bart, der Poet.

Here I lay me down to sleep,
To wait the coming morrow;
Perhaps success, perhaps defeat,
And everlasting sorrow.

I've labored long and hard for bread
For honor and for riches,
But on my corns too long you've tred
You fine-haired sons of bitches.

Let come what may, I'll try it on,
My condition can't be worse,
And if there's money in that box,
'Tis money in my purse.

Black Bart, the Po 8

Am 26. Juli 1875 begeht ein 47jähriger Mann, der sich »Black Bart, the Po 8« (the Po Eight=the Poet) nennt und nach 13 Jahren krimineller Tätigkeit als Charles E. Bolton oder Charles E. Bole identifiziert wird, in Calaveras County, Kalifornien, seinen ersten (von insgesamt 28) Postkutschenüberfällen. Seine Methoden und Manieren sichern ihm eine Sonderstellung unter den kalifornischen Banditen. Wie er im Leben ein »loner« ist, ein Mann, der sich aus freien Stücken oder aufgrund bitterer Erfahrungen an keine Gesellschaft anschließt, betreibt er auch das Gewerbe des Postkutschenräubers als Einzelgänger. Er legt die teilweise weiten Strecken von seinem Wohnsitz San Francisco zu den Orten, die er als für Überfälle geeignet herausgefunden hat, meist zu Fuß zurück. Als Tatort wählt er jeweils eine ansteigende Wegstrecke, auf der die Wells Fargo-Kutscher die Geschwindigkeit verlangsamen müssen. Maskiert, in einen schwarzen Mantel gehüllt und mit einer Schrotflinte bewaffnet, tritt er der Kutsche frontal entgegen, so daß er von den Pferden gedeckt ist. Er fordert den Kutscher höflich auf, die Postkiste von der Kutsche zu werfen. Sobald er im Besitz der Kiste ist, läßt er die Kutsche weiterfahren. Er vergreift sich nie an der Habe der Passagiere und wendet überhaupt niemals Gewalt gegen Personen und Sachen an. Nur die Postkiste wird gewaltsam von ihm geöffnet, sobald die Kutsche weitergefahren ist. Die Ausbeute ist meist gering; bei seinen 28 Überfällen erbeutet Black Bart nicht mehr als insgesamt 18000 Dollar. In den ausgeraubten Kisten läßt er gelegentlich Gedichte zurück, die er offensichtlich während des Nachtlagers am Tatort geschrieben hat. Der lyrische Fatalismus dieser Gedichte wird nur noch übertroffen von der Poesie dieses Charakters selbst, in dem sich Stolz und Würde des einsamen Außenseiters, eine Grazie der Bescheidung und die Schmerzen eines Selbstverständnisses, das die Erbitterung über offenbar angetane Zurücksetzung durch Humor vor der Larmoyanz bewahrt, auf einnehmende Weise mischen. Wie sich später herausstellt, lebt Black Bart bescheiden, aber sauber in

John M. Bush als Black Bart in *California Trail* von Joe Kane, 1949.

einem kleinen Hotel in San Francisco, schließt sich niemanden an, wird aber, sofern überhaupt wahrgenommen, allgemein respektiert, ist immer freundlich und nie aufdringlich und beweist sein heiteres Gemüt gelegentlich dadurch, daß er in einem Caféhaus mit einem Polizisten, den er zufällig kennenlernt, den inzwischen in ganz Kalifornien heiß beredeten Fall Black Bart diskutiert.

Als einsame Verliererfigur voll Resignation und Ironie könnte der historische Black Bart gut in einen modernen Western passen. Die Western, die sich tatsächlich mit Black Bart beschäftigt haben, entstammen einer Zeit, in der man eine solche Figur wie selbstverständlich total umkrempelte: Black Bart erscheint dann als flamboyanter Gentleman-Bandit, der in Wirklichkeit eine der führenden Persönlichkeiten des Society-Lebens von San Francisco und ein Liebling der Frauen ist und seine maskierten Abenteuer nur quasi als Sport betreibt. Oder er ist einfach nur ein gefürchteter Name, der in das Erfolgsregister eines großen Mannes geschrieben wird, um dessen Ruhm zu erhöhen: in *Westward Ho!* sieht John Wayne als Vigilantenführer zu, wie seine Männer eine ganze Banditenarmee zusammentreiben, und erklärt einem Mitspieler wie nebenbei: »Das ist Black Barts Bande!«

Filme: 1913 *The End of Black Bart; or, The Duel in the Mountains. R* A. Bruce Campbell. *P* American Film. 1935 *Westward Ho! R* Robert N. Bradbury. *D* John Wayne. *P* Republic. 1948 *Black Bart. R* George Sherman. *D* Dan Duryea (Black Bart), Yvonne de Carlo (Lola Montez). *P* Universal. 1966 *The Ride to Hangman's Tree. R* Alan Rafkin. *D* James Farentino (Black Bart). *P* Universal.

Pinkerton-Razzia gegen James-Brüder. Auf den (falschen) Tip hin, Jesse und Frank James hielten sich im Haus ihres Stiefvaters Dr. Samuels auf, umstellen Pinkerton-Detektive in der Nacht des 26. Januar 1875 das Haus. Sie werfen eine mit Kerosin gefüllte Lampe durch das Fenster. Das Kerosin explodiert. Jesses

12jähriger Stiefbruder Archie Peyton Samuel wird getötet, seine Mutter verstümmelt. Der Zwischenfall vermehrt die allgemeine Sympathie für die James-Brüder und steigert den Haß auf die Pinkerton-Leute.

Isaac C. Parker, The Hanging Judge. Der 36jährige Jurist und Politiker Isaac C. Parker, zuletzt Kongreß-Abgeordneter für Ohio, wird zum Bundesrichter am United States Criminal Court for Western Arkansas in Fort Smith und damit zum Inhaber der höchsten richterlichen und Polizeigewalt im westlichen Arkansas und dem gesamten Gebiet des Indian Territory ernannt. In den zwanzig Jahren seiner Amtszeit verschafft sich dieser »ungewöhnlichste Richter, den die USA je gekannt haben« (Christopher S. Hagen, *Sheriffs, Outlaws und Banditen*), dank seiner radikalen, wenn möglich bis zur letzten Konsequenz gehenden und stets sadistisch eingefärbten Verfolgung der Kriminalität einen Namen als »hanging judge«. Parker setzt an die 200 Polizeibeamten zur Verbrecherjagd ein. Schon am 3. September 1875 praktiziert er erstmals seine Spezialität, die öffentliche Gruppenhinrichtung mit Volksfest-Charakter: Sechs Verurteilte werden gleichzeitig an einem eigens konstruierten, überdachten Galgen aufgehängt. Insgesamt werden in seiner Amtszeit 88 Todesurteile vollstreckt, die meisten durch George Maledon, der sich als Parkers Henker seinen Anteil an dem makabren Ruhm des Richters sichert. Als Abschreckungsmethode verfehlt Parkers Eifer ihr Ziel; die Kriminalität geht nicht zurück, sondern nimmt zu. Parkers Amtszeit endet mit seinem Tod 1896. Später sieht man in ihm eine Witzfigur. 1928 sagt der Cowboy-Philosoph Will Rogers bei einem Besuch in Fort Smith: »Ich habe mich heute hier umgesehen, und ich muß sagen, ich habe mir Fort Smith größer vorgestellt. Man muß aber natürlich berücksichtigen, daß die Stadt so einen schlechten Start gehabt hat. Richter Parker hat so viele Leute aufgehängt, daß die Stadt hinter anderen zurückbleiben mußte.«

Film: 1968 *Hang 'Em High. R* Ted Post. *D* Clint Eastwood, Pat Hingle. Schlüsselfilm: Oklahoma 1889. Pat Hingle spielt die Parker-Figur Judge Adam Fenton, Eastwood einen Rancher, der sich von ihm als Verbrecherjäger anstellen läßt. *P* Leonard Freeman-Malpaso (Eastwood).

Buffalo Bill unter neuem Management. Buffalo Bill trennt sich von seinem Entdecker und Promoter Ned Buntline und bestellt John M. Burke als seinen Business-Manager und Presse-Agent. Burke erarbeitet für seinen Klienten ein neues Image: War der von Buntline modellierte Buffalo Bill einfach nur der größte Scout, Jäger und Indianerkämpfer des Westens, so wird er nun in Burkes Konzeption der große amerikanische Held der Zivilisation, gleichrangig mit Daniel Boone und Kit Carson.

Ein Interview zur Gunfight-Technik. In einem Interview der *New York Sun* läßt Ben Thompson, der zu dieser Zeit als einer der gefährlichsten Gunfighter des Westens gilt (acht nachgewiesene Opfer, einundzwanzig vermutete), sich über seine Gunfight-Strategie aus: »Ich habe es mir zur Regel gemacht, den anderen Kerl immer zuerst schießen zu lassen. Wenn sich einer mit mir schießen will, unterhalte ich mich zuerst mit ihm und versuche ihm klarzumachen, wie töricht das von ihm ist. Wenn ich ihn nicht davon abbringen kann, geht der Spaß halt los, aber der erste Schuß gehört immer dem anderen. Denn wenn ich dann schieße, verstehn Sie mich richtig, dann habe ich immer den Vorteil der Notwehr für mich. Und ich weiß, daß der andere mich in seiner Aufregung immer verfehlen wird. Mir selbst passiert das nie.«

Die erste Winnetou-Erzählung. In der Zeitschrift *Deutsches Familienblatt* des Dresdner Verlegers G. H. Münchmeyer erscheinen unter dem Sammeltitel *Aus der Mappe eines Vielgereisten* die ersten Winnetou-Erzählungen des 33jährigen Karl May: Nr. 1, *Inn-nu-woh, der Indianerhäuptling,* und Nr. 2, *Old Firehand.* »Im Familienblatt versucht er sich, nach der ersten

Pierre Brice als Winnetou in *Der Schatz im Silbersee* von Harald Reinl, 1962.

Umrißzeichnung des späteren ›Winnetou«, mit dem 2. Stück aus der Mappe eines Vielgereisten, *Old Firehand,* zum erstenmal an der Fabel, der langsam tastend erdachten, in die er seine beschädigte Ich-Wirklichkeit verwandelt hat und hinüberrettet, planlos vorerst und noch ohne Zukunft – aber doch. Und es ist schon ein bedeutender Augenblick, dieser Oktobertag des Jahres 1875, nicht nur für May selbst, sondern für noch unabsehbare Millionen deutscher Leser: eine Mythologie wird begründet: ein ganz absonderlicher Pegasus tut die ersten Schritte: ›Swallow, mein wackerer Mustang, spitzte die kleinen Ohren ...‹« (Hans Wollschläger, *Karl May*).

Zwei Absätze nach dieser klassischen Ouvertüre gibt dann May schon eine Probe seines anheimelnden Humors, den er den meisten vergleichbaren amerikanischen Western-Autoren voraus hat. Zwischen Black Hills und Felsengebirge (Rocky Mountains) begegnet Firehand einer einsamen Reiterin. Hastig bringt er mit ein paar Handgriffen seinen »äußeren Adam, welcher mir allerdings nicht sehr courfähig erschien« in Ordnung, was zu einem Dialog führt, den man sich *cum grano salis* auch zwischen Dean Martin und Ursula Andress in einem neueren Comedy-Western vorstellen kann: ›Good day, Sir! Was wollt Ihr finden, daß Ihr so an Euch herumsucht?‹ ›Your servant, Mistreß! Ich knöpfte mein Panzerhemd zu, um unter dem forschenden Blicke Eures schönen Auges nicht etwa Schaden zu leiden.‹« Die Selbstsicherheit, mit der er seine sehr hohen Ambitionen verfolgt, formuliert May später, im Jahr 1892, in einem Brief an den Verleger Fehsenfeld, der die Buchausgabe der Winnetou-Erzählungen vorbereitet: »Am liebsten schriebe ich alle drei Bände um. Es müßte ein ethnographisch-novellistisches Meisterstück werden, nach welchem hunderttausend Hände griffen, noch ganz anders als ›Lederstrumpf‹ und ›Waldläufer‹, viel gediegener, wahrer, edler; eine große verkannte hingemordete Nation als Einzelperson ›Winnetou‹ geschildert. Es würde ein Denkmal der roten Rasse sein und sollte eigentlich in einem Kiosk der

Ausstellung zu Chicago (gemeint ist die Weltausstellung 1893, A. d. A.) verkauft werden.« Daß er an Cooper gemessen werden will, beweist nur Mays Unerschrockenheit; neben Zane Grey, mit dem die Amerikaner ihn oft vergleichen (»der deutsche Zane Grey«), und der erst ein Vierteljahrhundert nach der Winnetou-Premiere die literarische Szene betritt, kann er sich getrost sehen lassen. (Was er Cooper voraus hat, ist sein größerer Enthusiasmus für den roten Mann und seine kritische Einstellung zum weißen Amerikaner.)

Wide Open Town

> »wide open. 1. *Without protection or defense; lit., open to assault, failure, disappointment, etc. Colloq.* 2. *Unrestricted by police or other authority; freely given over to all manner of illegal activity; said of a city, district, region, etc.*«
> Harold Wentworth and Stuart Berg Flexner,
> *Dictionary of American Slang*

> *»Die große Scheinwahrheit Amerikas war und ist der freie Wettbewerb.«*
> Gert Raeithel, *Opfer der Gesellschaft – Armut in den USA,* 1971

> *»Er spricht dauernd von Sozialismus und Kapitalismus und trägt das kleine Buch eines Engländers namens Karl Marx mit sich herum.«*
> Rancher John Tunstall über Billy the Kid, in einem Brief an Tunstalls Eltern in London, 21. 12. 1877

Die Organisation des Verbrechens ist ebenso ein Teil der gesellschaftlichen Entwicklung wie die Organisation von Recht und Ordnung. In der Geschichte der Vereinigten Staaten fließen diese

Entwicklungsprozesse oft zusammen, gelenkt von Interessenten der politisch-wirtschaftlichen Macht, die die Beherrschung (oder »Kontrolle«, wie der nur wenig beschönigende Euphemismus lautet) eines bestimmten Gebietes oder Marktes anstreben. Statt der Konfrontation von Kriminalität einerseits und Recht und Ordnung andererseits findet ihre Koordinierung und schließlich ihre Identifizierung statt. Die Geschichte des amerikanischen Westens handelt weniger davon, wie Recht und Ordnung im Westen durchgesetzt werden, als vielmehr davon, wie die Strukturen und Mechanismen von Recht und Ordnung der Organisation des Verbrechens nutzbar gemacht werden. Das Resultat ist eine Gesellschaft, die nicht von ihren Mitgliedern zum Nutzen der Allgemeinheit, sondern von Interessenverbänden (Rackets) so organisiert ist, daß alle ihre Aktivitäten zum Nutzen dieser Verbände ausschlagen und jeder anfällige Profit in die Taschen der Organisatoren fließt.

Von der Blütezeit dieses Prinzips, das alle legalen und illegalen Kräfte zum Nutzen der Rackets integriert und ein Regulativ nur in der gegenseitigen Auslöschung dieser Rackets findet, handeln Amerikas Gangsterfilme, von seiner Pionierzeit ungezählte Western. Daß die Tradition, deren Ursprünge in diesem Subgenre des Western beschrieben werden, Zukunft hat, eben die Zukunft, die der Inhalt der Gangsterfilme ist, wird in den Filmen selbst nur scheinbar dementiert. Zwar findet sich immer ein Held, der die jeweiligen Machtstrukturen aufdeckt und auflöst. Aber dieser Held ist stets eine Märchenfigur, die sich in eine reale Umwelt verirrt: der weiße Ritter auf einem weißen Pferd, der ambulante Heiland, der zufällig in einen Konfliktbereich gerät, sich durchaus nicht als Teil der fraglichen Gesellschaft versteht und nur widerstrebend, motiviert durch ein Unheil, das ihn persönlich betrifft oder berührt – siehe Henry Fonda in My Darling Clementine, *Errol Flynn in* Dodge City *und Alan Ladd in* Shane *–, eine Ordnungsaufgabe übernimmt, um dann wieder seine einsamen Wege zu gehen. Die Gesellschaft selbst, darüber lassen* *auch die primitivsten dieser Filme keinen Zweifel, bringt weder den Willen noch die Kraft auf, eine andere Ordnung und ein anderes Recht zu etablieren als die, die zur profitablen Unordnung des legalen Unrechts gedeihen. Versucht aber einer den Aufstand, der kein fahrender Ritter ist, sondern ein stationärer Held, ein Angehöriger der betroffenen Gesellschaft, ein Ansässiger, dann kann das immer nur ein Unterprivilegierter sein, der eigene Interessen kaum zu vertreten hat, und sein Aufstand scheint ewig zum Scheitern verurteilt: das ist zum Beispiel der Fall bei Billy the Kid.*

Der Schauplatz, auf dem sich der Kampf um die Legalisierung und Organisierung des Verbrechens und um die Kriminalisierung von Exekutive und Jurisdiktion sowie die Auseinandersetzung zwischen rivalisierenden Machtblöcken abspielt, ist im Western und im Gangsterfilm »the wide open town (district, region etc.)«, die weit offene Stadt oder Region. Der Terminus »weit offen« hat einen freundlichen Klang mit einem angenehmen Beigeschmack von Wollust und Freiheit, ähnlich wie in den Filmtiteln, die das weite Land und den weiten Himmel annoncieren. Gemeint ist indessen der Zustand des schutzlosen Ausgeliefertseins eines Gemeinwesens, und zwar ausgeliefert weniger den Gefahren von außen, wie Indianern, fremden Mächten und Naturgewalten, als vielmehr ihren eigenen kriminellen, korrupten und machthungrigen Elementen: Die weit offene Stadt bietet sich dar dem Zugriff von Rackets, die durch Terror und die Etablierung einer Pseudo-Ordnung das wirtschaftliche und politische Potential dieser Stadt ausbeuten wollen.

Die bekanntesten historischen Modelle von weit offenen Städten des Westens sind die Rinderstädte, wie Abilene, Dodge City, Wichita und so fort. Hier sei die Struktur und die Wirkungsmechanik des »wide open« dargestellt am Fall eines weit offenen Bezirks, des Lincoln County in New Mexico, ab 1876 Schauplatz einer unter dem Namen Lincoln County War bekannten bürgerkriegsähnlichen Auseinandersetzung. Das Lincoln County dieser Zeit, mit einer Ost-West-Ausdehnung von 150 Meilen und einer Nord-Süd-Ausdehnung von 170 Meilen damals das größte County der Vereinigten Staaten, bietet sich als Illustrationsobjekt besonders gut an, weil hier auf einem größeren Areal über einen längeren Zeitraum hinweg eine umfassend dokumentierte Auseinandersetzung zwischen allen denkbaren relevanten Gruppen und Strömungen stattgefunden hat; einzig das Vergnügungswesen, das in den Wide Open Town-Manipulationen meist eine bedeutende Rolle spielt und im Rahmen dieser Darstellung bereits wiederholt behandelt wurde (siehe Wie die Show in den Westen kam … *und* Dodge City*), hat in den Auseinandersetzungen des Lincoln County War nur einen geringen Stellenwert.*

Die Parteien im Lincoln County der späten siebziger und frühen achtziger Jahre und die Rolle, die sie im Lincoln County War spielen:

1. Das überregionale Racket: Santa Fé-Ring. *Santa Fé ist die Hauptstadt des Territoriums und späteren Bundesstaates New Mexico. »Ring« ist wie »Racket« oder »Mafia« die Bezeichnung für einen offiziell gar nicht existierenden Interessenverband. Der Santa Fé-Ring verbindet Politiker, Unternehmer, Staatsanwälte, Richter, Sheriffs und Deputies, die einander in die Hände arbeiten mit dem Ziel, die politischen und wirtschaftlichen Geschäfte des Territoriums zu kontrollieren. Der führende Kopf des Santa Fé-Rings ist Tom Catron, Generalstaatsanwalt in Santa Fé und Inhaber der Anwaltskanzlei Catron & Thornton in Santa Fé. Eine weitere einflußreiche Persönlichkeit des Santa Fé-Rings ist Colonel William R. Rynerson, Staatsanwalt in Mesilla, Santa Ana County.*

2. Das regionale Racket: The Company. *Die führende wirtschaftliche Kraft in Lincoln, Lincoln County, ist die Firma L. G. Murphy & Co., kurz The Company genannt, abhängig – unter anderem durch hohe Hypotheken – vom Santa Fé-Ring. Der Hauptsitz von The Company in Lincoln wird The House genannt; beide Kurzformeln deuten schon die dominierende Stellung des*

Unternehmens an, das Läden und Landgeschäfte betreibt und wie alle Unternehmungen, die zum Santa Fé-Ring gehören, sein Hauptaugenmerk auf die reichen Pfründe richtet, die die Regierungskontrakte zur Versorgung von Armee und Indianer-Reservaten darstellen. The Company ist eine Gründung von Major Lawrence G. Murphy und dem deutschen Glücksritter Lieutenant Colonel Emil Fritz; Murphy ist zu Beginn des Lincoln County War bereits ein kranker alter Mann, Fritz stirbt zu dieser Zeit im heimatlichen Stuttgart und hinterläßt 10000 Dollar, die in den kommenden Auseinandersetzungen eine Rolle spielen. The Company wird auch »die irische Mafia« genannt, denn nicht nur Murphy ist irischer Emigrant, sondern auch die beiden Männer, die bald die Führungspositionen in der Company einnehmen: J. J. Dolan und John H. Riley. Die Aktivitäten der Company werden von Alexander A. McSween, der zum Hauptgegner des Unternehmens wird, einem Vertreter der Bundesregierung gegenüber wie folgt beschrieben:

»Lawrence G. Murphy und Emil Fritz, die ihre Geschäfte unter dem Firmennamen L. G. Murphy & Co. betrieben, hatten in diesem County das Monopol zum Verkauf von Handelswaren und nutzten ihre Macht zur Unterdrückung und Ausbeutung der Farmer und Rancher und zwangen alle, die ihnen Widerstand leisteten, das County zu verlassen. Die Farmer und Rancher kauften beispielsweise zu exorbitanten Preisen Handelswaren von ihnen und wurden gezwungen, als Entgelt ihre Produkte Murphy & Co. zu überlassen, und zwar zu Preisen, die von diesen willkürlich festgesetzt wurden. Weigerte sich jemand, das mitzumachen, so wurde er rechtlich verfolgt, und die ganze Justizmaschinerie wurde zur Erledigung des Falles eingespannt. Das Resultat dieser Verfahrensweise war, daß L. G. Murphy & Co. zu den absoluten Monarchen des Lincoln County wurden und ihre Untertanen mit opressiver eiserner Faust regierten. Dieser Zustand hielt lange an, wenigstens zehn Jahre, und wurde kontrolliert von L. G. Murphy & Co. Zur Ausführung seiner Absichten pflegte L.

G. Murphy einen Siedler, der ihm Widerstand leistete oder sich seinen Forderungen widersetzte, aus dem Land zu treiben und ohne jeden rechtmäßigen Titel und Anspruch dessen Land und Habe in Besitz zu nehmen und als seinen Besitz zu behaupten, um diesen Besitz dann einer anderen Person zu vermieten, die in dem Glauben gelassen wurde, es handele sich um Murphys legalen Besitz. Fand eine solche Person dann heraus, daß dieser gar keinen rechtlichen Titel oder Anspruch an dem Besitz hatte, und weigerte sich infolgedessen, hierfür Miete zu zahlen, so wurde ein System der Verfolgung instituiert, die darin resultierte, daß die opponierende Partei das County verlassen mußte. [...] Zur Absicherung ihrer Monarchie umgeben sich L. G. Murphy, J. J. Dolan und J. H. Riley mit den kriminellsten Elementen des Landes« (Protokoll des Regierungs-Agenten Frank Warner Angel vom 1. März 1878).

Illegale Hilfskräfte des regionalen Racket: The Boys. *Die kriminellen Elemente, die als Privatarmee der Company tätig sind, werden in Lincoln County kurz »The Boys« genannt und nehmen diesen Namen auch selbst als Ehrentitel an. Drei verschiedene Banden, die sich sämtlich aus notorischen Outlaws, Dieben, Mördern und sonstigen ungesetzlichen Figuren rekrutieren, spielen nacheinander Hauptrollen im Lincoln County War: die Jesse Evans-Gang, die John Kinney-Gang und die John Selman-Gang (da die Banden sämtlich aus gesuchten Verbrechern bestehen und im Verlauf der Auseinandersetzungen ständig weitere Vergehen auf ihr Konto laden, sehen sie sich immer wieder gezwungen, sich selbst aufzulösen und/oder sich von gleichgearteten kriminellen Gruppierungen ablösen zu lassen). Eine Hauptursache des skandalösen Effekts, den die Auseinandersetzungen im Lincoln County auf außenstehende Beobachter haben, ist die harmonische Zusammenarbeit zwischen diesen Gangs und Amts- und Militärpersonen. Der Outlaw-Führer John Kinney, der mit seinen Leuten gerade erst die Stadt San Patricio verwüstet hat, wird wenig später in Lincoln von einem Sheriff als Hilfskraft eingeschworen und bespricht mit einem leibhaftigen General das gewaltsame Vorge-*

hen gegen Bürger, die sich nichts haben zuschulden kommen lassen als sich gegen Pressionen zu wehren. Auch sein Vorgänger Jesse Evans bekommt einen legalen Auftrag zu illegalen Handlungen. Sein Nachfolger John Selman macht sich legale Protektion zunutze, um nicht nur unschuldige Bürger zu belästigen, sondern auch hohe Beamte, die sich um das Wohl dieser Bürger kümmern, nämlich einen Gouverneur des Territoriums und einen Distrikt-Richter, mit Morddrohungen einzuschüchtern.

Legale Hilfskräfte des regionalen Racket: die Sheriffs. *Daß die kriminellen Privatarmeen der Company zeitweise im Schein der Legalität arbeiten können, verdanken sie den Sheriffs von Lincoln, die sie immer wieder als Stellvertreter (Deputies) oder Aufgebot (Posse) einschwören. Schon das verrät, auf welcher Seite diese Vollzugsbeamten stehen. William Brady, zu Beginn des Lincoln County War Sheriff in Lincoln, ist Verbündeter der Company und macht sich zu deren Exekutive, indem er The Boys mit dem offiziellen Auftrag betreut, das Eigentum eines mit The Company konkurrierenden Unternehmers zu konfiszieren. Die von Brady eingeschworene Posse wird zum legalen Lynchmob, indem sie bei der ersten Gelegenheit diesen Unternehmer, Tunstall, umbringt. Als Brady vom Friedensrichter von Lincoln, John B. Wilson, den Auftrag erhält, seine zu Mördern gewordenen Helfershelfer festzunehmen, ignoriert er einfach diese Order. Wilson beauftragt dann andere Deputies mit der Festnahme der Mörder, was Brady indessen nicht einschüchtern kann: Er nimmt die von seinem Vorgesetzten Wilson eingesetzten Deputies wegen Landfriedensbruchs fest. Brady kann sich das leisten, weil er weiß, daß hinter ihm die regionale Racket und hinter dieser die überregionale Racket und hinter dieser wiederum höchste Staatsbeamte stehen: Als Friedensrichter Wilson weiterhin hartnäckig die Festnahme der Mörder betreibt, wird er vom Gouverneur des Territoriums New Mexico, Samuel Beach Axtell, abgesetzt. Bradys Machtfülle wird noch dadurch verstärkt, daß er neben seinem Polizeiposten weitere Ämter versieht: er ist Steuereinnehmer des County (und*

Die weit offene Stadt: *Dodge City* von Michael Curtiz, 1939 (oben).
John Wayne und James Stewart in *The Man Who Shot Liberty Valance* von John Ford, 1961 (rechte Seite oben).
Thomas Mitchell als Pat Garrett in *The Outlaw* von Howard Hughes, 1944 (rechte Seite unten).

führt gelegentlich einen Teil der eingebrachten Steuern nicht an den Fiskus, sondern an die Company ab) und Erbschaftsverwalter (was ihm die Möglichkeit verschafft, mit ordnender Hand in Vermögensverhältnisse umstrittener Natur einzugreifen, zum Beispiel durch prophylaktische Konfiskation). Sheriff Brady kommt dann in den Schießereien des Lincoln County um. Sein Nachfolger wird schließlich George Peppin, ein weiterer Gefolgsmann der Company.

Filme mit dem Thema der Wide Open City sind fast immer auch Filme über die Heldengestalt des Sheriffs. Aber diese Western honorieren durchaus den Umstand, daß solche Figuren wie Brady und Peppin sich nicht zu Helden eignen; der Western geht sogar so weit, stillschweigend einzuräumen, daß die Gesellschaft der Wide Open City überhaupt nicht mehr in der Lage ist, sich aus sich selbst heraus zu reinigen und aus ihrer Mitte die Persönlichkeit hervorzubringen, die unkorrumpierbar und unangreifbar das Geflecht von Abhängigkeiten und Monopol-Manipulationen auflöst, um wieder Recht und Ordnung durchzusetzen. Der Held dieser Filme kommt von irgendwoher; oft ist er der wandernde Cowboy, in seiner Integrität unbeschädigt, weil aus freien Stücken keiner Gesellschaft zugehörig. Er liefert, durch beliebige Umstände gezwungen, Proben seiner Unerschrockenheit und Tatkraft ab, weigert sich aber zunächst, das Angebot eines Ordnungshüteramtes anzunehmen, bis ihn ein Vorfall, der ihn persönlich trifft (wie der Mord an einem Angehörigen oder an einem unschuldigen Kind), umstimmt. Dann greift er ein, entlarvt und zerstört das Racket, um anschließend wieder nach irgendwohin zu verschwinden. Die Filme, die sich mit dem Lincoln County War beschäftigen, bieten als Heldenfigur eine interessante Alternative an: die Figur von Billy the Kid, der nicht als Außenstehender in die Konflikte gezogen wird, sondern von Anfang an in sie involviert ist, und der nirgendwohin entrinnen kann, sondern auf der Strecke bleibt. Der integrierte Held kann nicht zum Retter werden, sondern nur zum Opfer. Das ist die Probe aufs Exempel: Die Wide Open

City, ein Modellfall amerikanischer Gesellschaft, ist nur zu retten durch einen ambulanten Heiligen, das heißt, nur in der Fiktion, zu deren Personal solche Heiligen zählen.

Die Konkurrenz des Racket: der Viehbaron. *Als den wahren Herren des Landes und als eine königliche Figur, die sich gegen die Monopolhysterie der Krämerseelen wie gegen den erbarmungswürdigen Landhunger der einströmenden Siedler abschirmt, empfindet sich der zum Viehbaron emporgekommene Ex-Cowboy. Er verachtet die Machenschaften von Gruppen wie den Kampf um das Existenzminimum; er ist ein großer Herr, sein eigener Herr, der agrarische Aristokrat. In Lincoln County ist das der berühmte John Simpson Chisum, der auf seiner Bosque Grande-Ranch am Rio Pecos über 100000 Rinder gebietet, die größte Herde der ganzen Vereinigten Staaten. Sein Hauptgeschäft ist die Belieferung von Armee und Indianer-Reservationen; hier reiben sich seine Interessen mit denen des Santa Fé-Rings und The Company (Chisum hat das Racket auch im Verdacht, gelegentlich mit Vieh zu handeln, das zuvor ihm, Chisum, gestohlen wird). Die andere Partei, die er sich vom Hals zu halten bemüht, unter Einsatz einer ganzen Privatarmee von Cowboys, sind die Siedler, die in das Land kommen, um den Boden zu bestellen, den die Regierung ihnen versprochen hat. Chisum sperrt ihnen das Land, das er als sein Land betrachtet, in Wirklichkeit aber öffentlicher Besitz ist.*

Die Opfer: Bürger als Kundschaft und Parteigänger. *Die Bürger, Siedler, Kleinrancher und Homesteader von Lincoln County haben für die herrschenden Parteien entweder eine Funktion als Kundschaft, die möglichst radikal und schnell ausgeblutet wird, oder als Leute mit unangenehmen, wenn auch legalen Ansprüchen, zu deren Aufgabe man sie zwingen muß. Bei ausbrechenden Machtkämpfen sind sie auch als Parteigänger interessant. Zu Beginn des Lincoln County War werden diese Bürger von den Läden und Banken der Company mit ihren kriminellen Kreditsystemen ausgebeutet und von Chisum eingeschüchtert. Auf dem Höhepunkt der Auseinandersetzung verlas-*

sen zahlreiche Siedler und Rancher, die sich nicht entschließen wollen, sich der einen oder der anderen Interessengruppe unterzuordnen und für die Interessen dieser Gruppen zu kämpfen, mit ihrer ganzen Habe das County; die Las Vegas Gazette *spricht in diesem Zusammenhang von einer veritablen Emigration.*

Die Reform-Gruppe: McSween und Tunstall. *Der eigentliche Ausbruch des Lincoln County War wird bewirkt durch den Versuch zweier Außenseiter, die Macht des Racket zu brechen und die ordentlichen Verhältnisse des freien Wettbewerbs wiederherzustellen, wobei natürlich auch eigene wirtschaftliche Interessen dieser Reform-Gruppe wie des Viehbarons Chisum eine Rolle spielen. Alexander McSween aus Kansas ist Rechtsanwalt in Lincoln. Zu seinen Klienten gehört Chisum. Seine ersten Konflikte mit The Company und Sheriff Brady rühren aber in erster Linie nicht daher, sondern entwickeln sich aus einer komplizierten Nachlaß-Affäre, bei der es um die Hinterlassenschaft des Company-Mitgründers Emil Fritz geht; McSween verwaltet die Interessen derjenigen Fritz-Nachfahren, die nicht zur Company gehören. Unabhängig von dieser Affäre bringt McSween einen Freund, den englischen Rancher John Tunstall, einen Idealisten und Verehrer amerikanisch-demokratischer Ideale, nach Lincoln County, wo Tunstall eine Ranch aufbaut und mit Hilfe von McSween eine Bank und Läden eröffnet, die den Bürgern anständige Geschäftsbedingungen bieten. Dadurch werden McSween und Tunstall zu Todfeinden des Rackets. Unter dem Vorwand, Tunstall habe für die McSweenschen Bemühungen in der Fritzschen Erbschaftssache zu bürgen, wird von Sheriff Brady die Konfiskation der Rinder und Pferde von Tunstall angeordnet; während des Konfiskations-Manövers wird Tunstall, der sich nicht wehrt und auf die Gerichte baut, erschossen. Die in tödliche Schießereien mündenden Auseinandersetzungen, die diesem Mord folgen, führen zu der berühmten Belagerung von McSweens Haus in Lincoln: Unter dem Schutz des Militärs umstellt und beschießt ein Aufgebot des Sheriffs Peppin das Haus McSweens und zündet es an; bei der Schießerei* *wird McSween tödlich getroffen. Nun versucht ein Freund und Kollege McSweens, Houston J. Chapman, die Familie des Toten zu schützen und die für den Mord verantwortlichen Vertreter der Company, des Santa Fé-Rings und der Armee, zur Rechenschaft zu ziehen. Chapman wird von einem Gunman in Diensten der Company, Bill Campbell, auf der Plaza von Lincoln erschossen, seine Leiche wird mit Whisky getränkt und verbrannt. Nach dem Mord sagt der Täter in einem Saloon vor Zeugen: »Ich habe es Gott und General Dudley (dem Armee-Verantwortlichen) geschworen, Houston zu töten, und ich habe es getan.« Das Gericht, das den Mord an Chapman untersucht, kommt zu dem Schluß, er sei »von unbekannter Hand erschossen« worden.*

Illegale Hilfskräfte der Reform-Gruppe: die Regulatoren. *Nach der Ermordung Tunstalls schließen sich seine Freunde und seine Cowboys, darunter Billy the Kid, zu einer Selbsthilfeorganisation zusammen. Sie nennen sich die Regulatoren und führen einen Rachefeldzug gegen die Company und dessen illegale Hilfskräfte, The Boys. Dabei werden sie vorübergehend vom Gesetz gedeckt: Ähnlich wie Sheriff Brady, der den Umtrieben der Boys seinen offiziellen Segen gibt, deputiert der redliche Friedensrichter Wilson Billy the Kid und einen seiner Freunde, die Mörder Tunstalls festzunehmen – eine Maßnahme, die Brady durchkreuzt, indem er die beiden Deputies wegen Landfriedensbruch festnehmen läßt.*

Die Presse. *Die Presse des Westens wird in den Western fast immer als »crusading press« verherrlicht, als Kreuzfahrerpresse, die für Recht, Freiheit, Ordnung und Fortschritt kämpft. Die Zeitungen des Lincoln County lassen sich schwerlich der Kreuzfahrerpresse zurechnen. Zwar wagt es der* Independent, *einen Leserbrief Tunstalls zu veröffentlichen, in dem Sheriff Brady beschuldigt wird, Steuergelder zugunsten der Company veruntreut zu haben. Aber im allgemeinen stehen die Blätter hinter dem Santa Fé-Ring, vermeiden es sorgsam, das ihnen wohlvertraute Ausmaß der öffentlichen Korruption zu enthüllen, und werden besonders* *bösartig, wenn es darum geht, das Territorium New Mexico gegen Einmischungen von außen abzuschirmen: Als der US-Innenminister Carl Schurz beginnt, sich für die Mißstände im Territorium zu interessieren, wird er von der* Las Vegas Gazette *als ein größenwahnsinniger Narr verhöhnt, der sich für Bismarck hält und amerikanische Angelegenheiten auf europäische Manier zu lösen gedenkt.*

Die Armee. *Nach dem geltenden Reglement dürfte die Armee in einem Konflikt wie dem Lincoln County War überhaupt nicht eingesetzt werden. Die Behörden in Las Vegas und die Parteigänger der Company in Lincoln setzen sich über diese Bestimmungen hinweg und benutzen eine Einheit der US-Armee unter Führung des Colonels N. A. M. Dudley zur Einschüchterung der Tunstall & McSween-Gruppe und zur Absicherung der Aktion gegen McSweens Haus, die mit dem Tod des Anwalts endet. Dudley ist ein Parteigänger des Santa Fé-Rings und ein Klient des Anwalts Tom Catron, der der führende Kopf des Rings ist; Catron hat Dudley in einem gegen den Colonel geführten Kriegsgerichtsverfahren vertreten.*

Die Justiz. *Der Santa Fé-Ring und die Company sind sich der Rückendeckung der Justiz des Territoriums New Mexico so sicher, daß sie mit dieser Protektion offen prahlen . Sechzehn Monate vor seiner amtlichen Verfolgung und Ermordung gibt der Anwalt McSween mit einem Mut, der sich als selbstmörderisch erweisen soll, amtlich zu Protokoll: »Der Deponent hörte L. G. Murphy versichern, daß er nicht nur die Gerichte und die Geschworenen unter Kontrolle hätte, sondern daß er auch den Tod eines jeden verursachen könne, der sich ihm entgegenstelle. Der Deponent glaubt in der Tat, daß, was die Gerichte angeht, sie benutzt wurden, um seine Machenschaften und Racheakte durchzuführen« (Protokoll des Regierungs-Agenten Frank Warner Angel vom 1. März 1878). Der Friedensrichter John B. Wilson ist, soweit sich das übersehen läßt, die einzige integre Justizperson unter allen Richtern, Anklägern, Anwälten und sonstigen Beamten und*

Rechtswahrern, die in die Vorfälle des Lincoln County War verwickelt sind. Der Staatsanwalt William R. Rynerson, der bei allen diesen Vorfällen immer eine entscheidende Rolle spielt, gehört zu den Schlüsselfiguren des Santa Fé-Rings; er beherrscht besonders meisterhaft die Methode, Gerichtsverfahren willkürlich in solche Orte zu verlegen, wo die öffentliche Stimmung für den Angeklagten besonders günstig (falls es sich um einen Parteigänger des Rings handelt) oder ungünstig ist (falls er zur Tunstall & McSween-Fraktion gehört). Eine Pogromstimmung im Saal erleichtert korrupten Beamten am Richtertisch immer die Art von Rechtsfindung, die auf legalen Mord hinausläuft.

Die territoriale Autorität: Gouverneur Axtell. *Der Gouverneur des Territoriums New Mexico, Samuel Beach Axtell, steht im Einvernehmen mit dem Santa Fé-Ring, zweifellos aus materiellen Erwägungen. In mindestens einem Fall wird ihm passive Bestechung nachgewiesen: Er leiht sich vom Ring 1800 Dollar, über deren Rückzahlung nichts bekannt ist. Axtell ist es auch, der den ehrlichen Richter Wilson seines Amtes enthebt. Die einzige (bedeutungslose) Opposition erwächst dem Gouverneur im Sprecher des territorialen Parlaments, der New Mexico Territorial Assembly, J. B. Patron. Dieser Patron gehört neben Tunstall, McSween und dem Anführer der Kleinrancher von Lincoln County, Richard M. Brewer, zu den Personen, die der Company-Chef Murphy öffentlich und namentlich mit dem Tode bedroht. Als sich die Zustände in New Mexico bis nach Washington herumsprechen, muß Gouverneur Axtell sein Amt schließlich abgeben. Sein Nachfolger wird General Lew Wallace, der zunächst entschlossen darangeht, die Verhältnisse im Territorium und besonders in Lincoln County zu ordnen, dann aber bald resigniert und sich seinem eigentlichen Lebenswerk widmet: Der General ist nebenbei Schriftsteller und gerade mit der Fertigstellung seines Romans* Ben Hur *beschäftigt. Auf dem Höhepunkt des Lincoln County War schreibt Wallace an seine Frau, er werde bei seiner schriftstellerischen Arbeit ständig gestört von Bürgern, die*

Schutz vor Rechtlosigkeit und Indianerüberfällen suchen. Zugleich ist Wallace ein Mann, der weiß, daß berufliche Verpflichtungen auch eine Gelegenheit zur Vermehrung von Hab und Gut sind; 1881 schreibt er an seinen Sohn, er habe sein Amt als Gouverneur so lange ausgeübt, »bis ich hatte, was ich wollte – den Erwerb einer Mine, die ich für die beste des ganzen Territoriums halten durfte«.

Die bundesstaatliche Autorität: Innenminister Carl Schurz und sein Agent Angel. *Die Zustände in New Mexico sind der Regierung in Washington nicht verborgen geblieben. Den unmittelbaren Anlaß zu ersten bundesstaatlichen Untersuchungen hat aber wahrscheinlich die Forderung des britischen Botschafters in den USA, Sir Edward Thornton, gegeben, die Ermordung Tunstalls, der englischer Staatsbürger war, aufzuklären und die Verantwortlichen ihrer Strafe zuzuführen. Zu Beginn des Lincoln County War ist Rutherford B. Hayes amerikanischer Präsident, sein Innenminister ist Carl Schurz. Der Präsident stimmt einem Vorschlag des Innenministers zu, einen Regierungs-Geheimagenten zur Aufklärung der Lage nach New Mexico zu schicken. Schurz betreut mit diesem Auftrag den New Yorker Staatsanwalt Frank Warner Angel, der drei Wochen nach der Beerdigung Tunstalls in Lincoln eintrifft und als erste von zahlreichen Zeugen McSween und Billy the Kid vernimmt. »McSweens 22 000 Worte umfassende Aussage, das Kernstück der mehr als 100 000 Worte umfassenden Zeugenaussagen und Beweis-Dokumente, die Angel zusammentragen konnte, ist eines der wichtigsten Dokumente der Geschichte der südwestlichen Grenze. Der Anwalt legte Angel detailliert die Gründe und Auswirkungen des Lincoln County War dar, nannte Namen, Daten und Plätze und übergab dem Agenten Washingtons viele vertrauliche Dokumente, die seine Anschuldigungen stützten. McSween wußte, daß seine Aussage sein eigenes Todesurteil war; etliche Monate später wurde er in der blutigen Schlacht von Lincoln erschossen. Billy the Kid, der an seiner Seite kämpfte, entkam und trug den Krieg in das Haus des Feindes« (James D. Horan). Das wesentliche Resultat der Regierungsen-*

quete – neben der Dokumentation des Lincoln County War für die Nachwelt – ist die Ablösung des Gouverneurs Axtell. Der Kampf gegen Gruppierungen, die um wirtschaftlicher Monopolstellungen wegen das Verbrechen auf breiter Grundlage organisieren, den öffentlichen Apparat korrumpieren und die Bevölkerung einschüchtern, kann weder in Lincoln County noch sonstwo in den USA so schnell gewonnen werden; dieser Kampf wird weit in das 20. Jahrhundert hineingetragen und ist teilweise noch heute nicht entschieden.

»1939 hatte man in den Vereinigten Staaten weithin das Gefühl, das organisierte Verbrechen sei unter Kontrolle gebracht. Das F.B.I. gab sich zuversichtlich, und unter anderem erlebte dieses Jahr den Tod von Al Capone« (Davis Morse, Monogram). *Außerdem erlebte dieses Jahr 1939 eine Renaissance des Western und die Premiere vieler Filme, die der weiteren Produktion der einzelnen Western-Kategorien die Richtung wiesen. Für die Kategorie der Wide Open Town-Western war das der Michael Curtiz-Film* Dodge City. *Das Thema der Stadt ohne Recht und Ordnung, die unter die Kontrolle von Bösewichten gebracht und dann von einem reinen Helden wieder konsolidiert wird, wurde schon in der Frühzeit des Western behandelt; aber in einem Film wie* Hell's Hinges *von 1916 stellt sich dieser Konflikt eher dar als der Kampf zwischen den Mächten der Finsternis und den Anwälten des Lichts, in diesem Fall vertreten durch William S. Hart. In den dreißiger Jahren beginnt der Western zu ahnen, daß der zu dieser Zeit tobende Kampf gegen das organisierte Verbrechen in den Städten Amerikas, aktuell aufgearbeitet in den Gangsterfilmen, eine Tradition hat, die auf die Auseinandersetzungen in den Boom-Towns des Westens zurückgeht. Die Wide Open Town wird allmählich erkannt als ein wirtschaftlich-politischer Konfliktraum, in dem es um Monopolmacht und Profitmaximierung geht. Bis in die anspruchslosesten B-Produktionen wird die Tendenz spürbar, das Abenteuer des Westens als einen wirtschaftli-*

John Wayne als John Chisum in *Chisum* von Andrew V. MacLaglen, 1970 (linke Seite).
Audie Murphy als Billy the Kid in *The Kid From Texas* von Kurt Neumann, 1949 (oben).

chen Erschließungsprozeß zu begreifen und den Erfolgsunternehmer als einen finsteren Racketeer zu denunzieren. Die kleineren Western sind in dieser Beziehung zuweilen radikaler als die großen Prestige-Produktionen, und zwar deshalb, weil sie sich auf das einfache Abspulen von Geschichten beschränken, während Großproduktionen selten auf den patriotischen Optimismus verzichten, der versöhnlerisch wirkt und zu verstehen gibt, daß trotz dargestellter Mißstände der Fortschritt einer großen Nation nicht zu bremsen ist. Dodge City, *der Film, der die kleinen Ansätze der dreißiger Jahre auf eine große Formel bringt und so zum Maßstab und Prototyp der kommenden Wide Open Town-Filme wird, beginnt mit den großen Bildern des Anschlusses der Stadt an die Eisenbahn, und mit den entsprechenden großen Tönen: »Gentlemen, dies ist das Symbol von Amerikas Zukunft – eiserne Männer und eiserne Pferde, das ist nicht zu schlagen!« Dann wendet der Film sich den weniger großartigen Zuständen in Dodge City zu und wird in seinem Ton weniger großartig als kräftig, indem er die Stadt als »wide-open Babylon of the American frontier« charakterisiert.*

Betrachtet man Dodge City *als Modell der vielen kommenden Wide Open Town-Western, so ergibt eine Analyse der Kräfteverhältnisse folgendes Bild:*

1. Das Racket: Jeff Surrett (Bruce Cabot). *Jeff Surrett, der sich in der Vergangenheit als Büffeljäger ohne Lizenz strafbar gemacht hat, kontrolliert die beiden wesentlichen Erwerbszweige der Stadt: den Viehhandel und das Vergnügungswesen. Das Viehhandels-Monopol erringt er, indem er seine seriöseren Konkurrenten überbietet oder, wenn er sich mit dieser Methode nicht durchsetzt, sie tötet. Daß er bei der Viehauktion die seriöseren Konkurrenten überbietet, ist für die Viehverkäufer kein Vorteil: Er begleicht seine Schulden nicht, indem er den gebotenen hohen Preis zahlt, sondern indem er den Verkäufer tötet. Als Besitzer des führenden Etablissements des Ortes, des Gay Lady Saloon mit einem*

Jahresprofit von 100 000 Dollar, hat er die Möglichkeit, solche Manipulationen zu verschleiern, zum Beispiel indem er behauptet, der Viehverkäufer habe sein Geld sehr wohl erhalten, beim Roulette aber gleich wieder verspielt. Die Loyalität und die Verschwiegenheit seiner Gefolgsleute wie seiner Opfer sichert er sich, indem er durch ein paar Modellfälle klar macht, daß jeder, der gegen ihn aufsteht oder gegen ihn aussagt, rücksichtslos umgebracht wird. Bei der Art und Kundschaft seines Saloons ist es für ihn auch kein Problem, Lynchaktionen gegen mißliebige Elemente durchzuführen.

2. Illegale Hilfskraft des Racket: Yancey (Victor Jory). *Yancey ist ein Killer in Surretts Diensten und führt die Morde an den Personen durch, deren Beseitigung Surretts Zielen dienlich ist. Yanceys Aktionen werden durch die anderen Gefolgsleute Surretts gedeckt, indem sie ihm zum Beispiel durch Falschaussagen ein Alibi verschaffen, das ihn als verdächtigten Mörder entlastet. Yancey und die anderen Gefolgsleute Surretts können nur durch die Anwendung ungewöhnlicher Methoden dazu gebracht werden, gegen ihren Chef auszusagen oder früher gemachte Falschaussagen zu revidieren.*

Legale Hilfskraft des Racket: der Sheriff. *Der Sheriff der Wide Open Town des Western macht sich zum Werkzeug des Racketeers, indem er entweder sein Parteigänger und aktiver Partner wird oder aber ein Hasenfuß ist, der sich bis zur totalen Passivität einschüchtern, im Härtefall auch einfach entfernen läßt. Der Sheriff in* Dodge City *gehört zur zweiten Kategorie; er wird unauffällig (in einem Leichenwagen!) aus der Stadt geschafft, sein Büro wird geschlossen.*

Die Konkurrenz des Racket: Jack Orth. *Orth ist der seriöse Viehhändler von Dodge City. Er verliert seine Kundschaft, weil Surrett ihn bei der Auktion überbietet. Als er auf Verkäufer trifft, die sich von Surrett nicht bluffen lassen und auf sein eigenes Angebot eines angemessenen Preises in bar eingehen, wird er von Yancey umgebracht.*

Die Opfer: Bürger als Geschäftspartner und Kundschaft. *Matt Cole (John Litel) verkauft eine Herde an Jeff Surrett. Als er die Bezahlung anmahnt, wird er von Yancey erschossen. Seine Witwe muß ihr Haus verkaufen. Sein kleiner Sohn kommt bei den von Surrett herbeigeführten Ausschreitungen ums Leben. Nicht ganz so leicht hat Surrett es mit den Cowboys, die das Vieh nach Dodge City treiben; um diesen Männern den soeben kassierten Lohn abzunehmen, sind Einrichtungen wie Surretts Gay Lady Saloon da; die Cowboys dieses Films lassen sich aber nicht so einfach ausnehmen und inszenieren die gigantische Saloon-Schlacht, die der Höhepunkt von* Dodge City *ist. Solche Kundschaft ist in der Vorstellung Surretts zum Lynchen bestimmt, womit er diesmal aber keinen Erfolg hat.*

Die Presse. *Die Zeitung von* Dodge City *verkörpert das Ideal der Crusading Press, die sich unerschrocken mit dem organisierten Verbrechen anlegt und eine Allianz mit den Kräften von Recht und Ordnung eingeht. Ihr Redakteur Joe Clemens druckt Schlagzeilen wie DODGE CITY WILL BE CLEANED UP!, legt ein Dossier über Surretts Aktivitäten an und versucht der Witwe des betrogenen und ermordeten Matt Cole zu ihrem Recht zu verhelfen. Auch Joe Clemens wird von Yancey getötet.*

Der Retter: Wade Hatton (Errol Flynn). *Wade Hatton gehört nicht zu der Gesellschaft von Dodge City; er erklärt auch ausdrücklich, daß die Probleme von Dodge City ihn nicht betreffen und nicht interessieren, und daß er keine Lust hat, den Ort aufzuräumen. Wade Hatton ist ein ehemaliger Büffeljäger, der sich beim Eisenbahnbau verdient gemacht hat und dann Cowboy geworden ist. Er treibt mit seinen Freunden eine Herde nach Dodge City und erringt den Respekt der Bürger wie die Feindschaft Surretts, als er seine Herde nicht dem Monopolunternehmer Surrett, sondern dessen seriösen Konkurrenten Jack Orth verkauft. Den Mord an Orth kann er nicht verhindern, wohl aber das Lynchen seiner Kameraden durch Surrett und seine Leute. Er nimmt Surrett fest und will ihn dem Sheriff übergeben; bei dieser*

Gelegenheit muß er erfahren, daß Dodge City keinen Sheriff mehr hat. Die Bürger wollen ihn, Wade Hatton, zum Sheriff machen, aber Hatton ist nicht interessiert. Der Appell der Gemeinschaft läßt ihn gleichgültig. Aber zwei Momente, die ihn persönlich berühren, stimmen ihn um: Bei einer Straßen-Schießerei wird Abbie, die Frau, die er liebt und die sein Desinteresse an den Problemen von Dodge City mißbilligt, bedroht und der kleine Junge des ermordeten Matt Cole, der in ihm seinen großen Freund sieht, getötet. Jetzt läßt Hatton sich zum Sheriff machen, entlarvt und zerstört das Racket und befriedet die Stadt. Dann verläßt er Dodge City; Colonel Dodge legt ihm nahe, nun Virginia City zu zähmen, eine Stadt, »worse than Dodge ever was«.

Eine überregionale Autorität: Colonel Dodge (Henry O'Neill). *Colonel Dodge, der große Stratege des Eisenbahnbaus, der zu Beginn des Films den Fortschritt preist und zu seinem Finale dem Helden seine neue Aufgabe in der Gesellschaft zuweist, ist nicht konkret der Vertreter einer regionalen oder bundesstaatlichen Autorität; er ist kein Amtsinhaber, sondern der Pionier des Fortschritts als symbolische Summe aller Amtsinhaber. Deshalb kann er sich auch viel ungenierter als Prolog- und Epilog-Sprecher in Szene setzen, als das dem Inhaber eines wirklichen und verpflichtenden Amtes möglich wäre; er kann sagen, daß Wade Hatton sich um das Vaterland verdient gemacht hat, ohne sich selbst fragen lassen zu müssen, wie es um seine eigenen Verdienste und die Pflichterfüllung des Staates steht.*

Als Modell aller kommenden Wide Open Town-Western konkretisiert und radikalisiert Dodge City *den Inhalt der frühen Western dieser Art und kreiert (nicht im Alleingang, sondern gemeinsam mit gleichzeitig entstehenden Filmen wie Fords* Stagecoach *und Kings* Jesse James*) den Typ Western, der sich zwar große Freiheiten mit geschichtlichem und biographischem Material nimmt, aber trotz und mit Hilfe dieser Freiheiten zu einer authentischen Darstellung der relevanten Inhalte gelangt, der also* *mit der Arbeitsweise von Mythenmachern zu den Resultaten von Historikern kommt.*

In den frühen Filmen des Wide Open Town-Genres, Filmen etwa wie dem schon erwähnten William S. Hart-Western Hell's Hinges, *tobt die Anarchie sich aus als Selbstzweck, als Radau-Terror, der sich selbst genügt. Die Drehbuchautoren der späten dreißiger Jahre, die die Erfahrung der Wirtschaftskrise und der Mafia-Hochblüte hinter sich haben und auch unter dem Eindruck der sozialkritischen und der Gangsterfilme stehen, die diese Phänomene direkt reflektieren, sind zu einem so unschuldigen Blick auf das Böse nicht mehr fähig. Die politische Bewußtwerdung hatte die besten von ihnen zu einer Haltung geführt, die sie als »Radikale« verschrien macht – in den USA der dreißiger Jahre ein fast so schlimmes Schimpfwort wie in der BRD der siebziger Jahre.*

Der Stagecoach-*Drehbuchautor Dudley Nichols erklärt 1936 bei seiner Abreise zu einem Theater-Festival in Moskau in einem* New York Times-*Interview: »Für Hollywood ist es so natürlich reaktionäre Filme zu drehen wie für die Sowjets, radikale Filme zu drehen, weil eine kapitalistische Gesellschaft instinktiv um Sicherheit kämpft, während eine kommunistische Gesellschaft in erster Linie für gerechte Verteilung kämpft.« Die Ausübung terrorisierender Gewalt in den weit offenen Städten des Westens wird nun bald nicht mehr als wollüstiger Ausdruck schlechter Manieren begriffen, sondern wie Korrumpierung, Pression, Einschüchterung und alle Arten von Intrige und Manipulation als Teil einer Strategie zu dem Zweck, zur Erlangung von Geschäftsmonopolen die Kontrolle über ungeschützte Gemeinwesen zu gewinnen. Die Konkretisierung und Radikalisierung der Vorstellung der weit offenen Stadt bringt die neuen Handlungsmuster mit, wie sie im Aufriß von* Dodge City *sichtbar werden. Strategie und Rollenverteilung bei der Eroberung der weit offenen Stadt bringen auch eine Differenzierung des Schurkenbildes mit sich. Das Racket ist eine Hierarchie, mit flankierendem Personal. An der Spitze steht der*

Racketeer, meist ein angesehener Unternehmer, Typ des intelligenten und eleganten Gehirnverbrechers, the mastermind, gespielt vom brain-heavy. Zur Ausführung von gewalttätigen Aktionen hat er einen Gefolgsmann vom Gemüt und der Brutalität eines Söldner-Korporals; dieser Mann darf mit dem Chef zur Wahrung dessen Ansehnlichkeit nur in geheimen Kontakt treten und begeht zur ständigen Verzweiflung des Chefs immer wieder blöde Fehler, bedingt durch mangelnde Intelligenz, manchmal auch durch die obszöne Gier, die er auf die Heldin richtet. Auf der untersten Stufe der Racket-Hierarchie stehen seine Helfershelfer, eine Ansammlung übler Schlägertypen. In Härtefällen wird ein Spezialist hinzugezogen, ein berühmter Revolvermann, dessen furchterregendes Auftauchen oft schon hinreicht, die Elemente zum Rückzug zu bewegen, die sich dem großen Design eines großen Racketeers zunächst nicht fügen wollen. Die das Racket flanierenden Elemente sind die zur Korruption disponierten Amtsträger: der Sheriff, der Richter, der Bürgermeister.

Der Wide Open Town-Western vereinfacht in seiner Darstellung von Situationen, Entwicklungen und Figuren, das heißt, er gibt eine genregerechte Darstellung. Aber im Rahmen dieser genregerechten Darstellung ist der Wide Open Town-Western kein Modell, das sich an Mythen und Legenden orientiert oder solche schafft; es orientiert sich an einer Wirklichkeit des Westens und ist in seiner Haltung aufklärerisch.

Daß die Wide Open Town-Western in vielen Details unhistorisch, unauthentisch und unrealistisch sind, die Behauptungen der Legende oft den Erkenntnissen der Historiker vorziehen und vor allem von Wyatt Earp-, Bill Hickok- und sonstigen Helden-Figuren, die mit ihren historischen Vorbildern nur die Namen gemein haben, nur so wimmeln, annulliert nicht ihre spezifische Authentizität. Um den wesentlichen Punkt darzustellen, nämlich wie Racketeer-Herrschaften aufgebaut werden und funktionieren, kann Authentizität an irrelevanten Details überflüssig oder gar schädlich sein. Man kann sehr wohl Legenden benutzen, um die

Wirklichkeit transparent zu machen. Das zeigt besonders die stets mythische Gestalt des Wide Open Town-Helden, jene immer wiederkehrende Figur, die außerhalb der Gesellschaft steht, sich widerstrebend zu ihrer Reinigung bewegen läßt und nach vollbrachter Tat wieder ihrer eigenen Wege geht. Dieser als solcher bekannte Mythos befördert nur die ebenso als solche bekannte Illusion, daß die Herrschaft von Rackets in den Rang einer bewältigten Vergangenheit gelangen könnten. Angesichts der sehr realen Machtverhältnisse hat der sehr mythische Held den verräterischen Effekt klarzumachen, daß diese Gesellschaften sich nicht aus eigener Kraft reinigen können, und daß diesen Orten in Wirklichkeit nicht zu helfen ist.

Von den Märkten und Produkten her, um deren Beherrschung es geht, nimmt sich der Wide Open Town-Western vom Westen alles, was dieser zu bieten hat: Kuhstadt-Rackets (Gastronomie und Vieh), Armee- und Indianer-Rackets (Regierungs-Lieferungen), Eisenbahnbau-Rackets, Fracht-Rackets, Öl-Rackets, Immobilien-Rackets, und so fort. Extreme Fälle sind reine Protektion-Rackets und Wohlfahrts-Rackets:

In dem Roy Rogers-Film Saga of Death Valley *von 1939 versucht eine Interessentengruppe, die als »Tasker Land & Cattle Co.« und als »Tasker Water Co.« firmiert, alle Farmer von Death Valley in ihre wirtschaftliche Abhängigkeit zu zwingen. Um den armen Leuten auch noch die letzten Cents wegzunehmen, kommen diese Tasker-Leute auf die Idee eines Protection Racket: Sie bieten gegen Geld Schutz vor einer Räuberbande an, die das Tal unsicher macht. Die Räuberbande ist natürlich von den Tasker-Leuten selbst organisiert. Die Farmer, die nicht für Schutz zahlen, werden überfallen, ihre Anwesen niedergebrannt. Die Farmer gründen schließlich eine Gegen-Streitmacht, die »Riders of Death Valley«, die mit dem Kriegsruf »Protect Yourself from Protection!« gegen die Racketeers zieht. Dieser Western spielt 1905. In den Großstädten des 20. Jahrhunderts wird die Vermarktung von Angst, die man selbst begründet hat, zu einer üblichen Unterwelts-Strategie.*

Die Darstellung einer Wohlfahrts-Racket ist die ungewöhnlich radikale Idee des Three Mesquiteer-Films Wyoming Outlaw *von 1939; hier wie bei* Saga of Death Valley *handelt es sich notabene um einen Routine-B-Western, ein reines Serienprodukt. Der Film schildert die wirtschaftliche Notlage der Farmer im Wyoming der dreißiger Jahre unseres Jahrhunderts. Die Regierung richtet einen Hilfsfond ein, aber der Beamte, der die Gelder zu verwalten hat, macht aus dem Notstandsprogramm ein Relief-Racket zu seinen eigenen Gunsten: Er verkauft Jobs, und diejenigen, die außerdem noch Gelder in seinen Wahlfond zahlen (er kandidiert für ein bestimmtes öffentliches Amt, vor seinem Büro hängt ein Schild »Keep Your Friends in Office«), haben die besten Aussichten, von ihm bedient zu werden. Als ein junger und besonders hart betroffener Mann einem Reporter gegenüber seiner Verbitterung über die Verhältnisse Luft macht, sagt der Reporter in einem sehr bösen Ton: »Sie sind wohl ein Radikaler?!«*

Wide Open Town-Western: 1916 *Hell's Hinges. R* Charles Swickard. *D* William S. Hart. Placer Center, auch Hell's Hinges genannt, wird von einer Banditenhorde kontrolliert. *P* Triangle. 1922 *Angel Citizens. R* Francis Ford. *D* Franklyn Farnum. Fremder hilft Sheriff, mit den Outlaws fertigzuwerden, die die Stadt Angel City (!) kontrollieren. *P* William M. Smith. 1922 *Trimmed. R* Harry Pollard. *D* Hoot Gibson. Im Westen um 1920. Kriegsheimkehrer bricht in seinem Heimatort die Macht eines politischen Racket, das unter anderem als Protection Racket für Schwarzbrenner operiert. *P* Universal. 1924 *Galloping Gallagher. R* Albert Rogell. *D* Fred Thomson. Fremder wird Sheriff in einer Stadt, in der Bankiers und Banditen alles unter Kontrolle haben. *P* Monogram. 1928 *The Apache Raider. R* und *D* Leo Maloney. Der als Bandit verdächtige Held im Kampf gegen eine Racket von kriminellen Ranchern und Politikern, die ihr eigenes Revolvermänner-Heer unterhalten. *P* Leo Maloney. 1934 *The Star Packer. R* Robert N. Bradbury. *D* John Wayne. Fremder entlarvt den angesehensten Mann der Stadt als den Führer des Rackets, das die Bevölkerung ausplündert. *P* Lone Star/Monogram. 1935 *Paradise Valley. R* Carl Pierson. *D* John Wayne. Regierungsagent gegen Racket, die vom angesehensten Bürger der Stadt geführt wird.

P Monogram. 1939 *Wyoming Outlaw. R* George Sherman. *D* John Wayne. Wohlfahrts-Racket beutet die notleidende Bevölkerung im modernen Westen aus; die Three Mesquiteers greifen ein. *P* Republic. 1941 *Wide Open Town. R* Lesley Selander. *D* William Boyd. Hopalong Cassidy und ein Zeitungsverleger gegen eine Racket, die die Bürger eines Ortes und die umliegenden Ranches terrorisieren. *P* Harry Sherman. 1941 *Honky Tonk. R* Jack Conway. *D* Glark Gable. Abenteurer kommt nach Yellow Creek und versucht, alle in der Stadt anfallenden Geschäfte in die Hand zu bekommen, läutert sich aber durch die Liebe zu einer Richterstochter. *P* MGM. 1940 *El Paso. R* Lewis R. Foster. *D* John Payne. Rechtsanwalt aus den Nordstaaten zerbricht nach dem Bürgerkrieg die schlimmen Machtverhältnisse von El Paso, Texas. *P* Paramount. 1945 *San Antonio. R* David Butler. *D* Errol Flynn. Cowboy wird Sheriff von San Antonio und befreit das dortige Showbusiness aus den Klauen einer Racket. *P* Warner Bros. 1948 *Silver River. R* Raoul Walsh. *D* Errol Flynn. Abenteurer und Rechtsanwalt monopolisieren das Minen- und Bankgeschäft von Silver City. *P* Warner Bros. 1949 *Trail's End. R* Lambert Hillyer. *D* Johnny Mack Brown. Cowboy befreit Unschuldigen aus den Händen einer Racket und der mit dieser zusammenarbeitenden Polizei, die den Mann für ihre Sünden büßen lassen wollen. *P* Monogram. 1955 *The Proud Ones. R* Robert D. Webb. *D* Robert Ryan. Sheriff gegen Banditen, die das Vergnügungswesen der Stadt kontrollieren. *P* 20th Century-Fox. 1955 *A Lawless Street. R* Joseph H. Lewis. *D* Randolph Scott. Marshal gegen Banditen, der das Vergnügungsgeschäft und alle anderen Geschäfte in einer Colorado-Stadt in der Hand hat. *P* Producers-Actors/Columbia. 1958 *Gunsmoke in Tucson. R* Thomas Carr. *D* Mark Stevens. Ehemaliger Bandenchef befreit Tucson von den kriminellen Elementen, die die Stadt in der Hand haben. *P* Allied Artists. 1958 *Buchanan Rides Alone. R* Budd Boetticher. *D* Randolph Scott. Einzelgänger gegen vier kriminelle Brüder, die alle Schlüsselpositionen eines kalifornischen Ortes in der Hand haben. *P* Producers Actors/Columbia. 1963 *Cavalca e uccidi. R* J. L. Boraw. *D* Alex Nicol. Tombstone. Das Syndikat der Geschäftemacher macht den größten Trunkenbold des Ortes zum Sheriff, aber der Mann bewährt sich. *P* EPA. 1965 *Town Tamer. R* Lesley Selander. *D* Dana Andrews. Outlaw-Führer macht Killer zu Sheriffs und versucht, den Anschluß der Stadt an das Eisenbahnnetz zu verhindern, da er in diesem Anschluß eine Gefahr für seine Herrschaft über den Ort sieht. *P* A. C. Lyles. 1966 *Waco. R* R. G. Springsteen. *D* Howard Keel. Revolvermann wird aus dem Gefängnis geholt, um Stadt vom Terror verschiedener Interessenverbände zu befreien. *P* A. C. Lyles. 1967 *Wanted. R* Clavin J. Padget. *D* Giuliano Gemma. Einzelgänger schafft Ordnung in einer Stadt, deren Bürgermeister ein Gauner und deren Sheriff ein Mörder und Viehdieb ist. 1969 *I giorni dell'ira/Der Tod ritt Dienstags. R* Tonino Valerii. *D* Giuliano Gemma. Komplize eines Verbrechers, der die Bank und den Saloon einer Stadt unter seine Kontrolle bringt, wendet sich gegen diesen Partner. *P* Sancrosiap/Divina. 1968 *Arizona Bushwackers. R* Lesley Selander. *D* Howard Keel. Einzelgänger gegen Racket, das den Gouverneur durch Schmiergelder korrumpiert hat. *P* A. C. Lyles.

Siehe auch ›Dodge City‹, 1875, ›Wichita‹, 1874, ›Abilene‹, 1871, ›Männer des Gesetzes‹, S. 283ff., ›Tombstone‹, 1877, ›Wyatt Earp‹, 1881, ›Wild Bill Hickok‹, 1876, ›Ben Masterson‹, 1891, ›Deadwood Dick‹, 1878.

1876

Little Big Horn

We cleared our camp where the buffalo feed,
Unheard-of streams were our flagons;
And I sowed my sons like the apple-seed
On the trail of the Western wagons.

They were right, tight boys, never sulky or slow
A fruitful, a goodly muster.
The eldest died at the Alamo.
The youngest fell with Custer.

Stephen Vincent Benet,
The Ballad of William Sycamore (1923)

Januar 1876: Am 31. Januar läuft das Ultimatum ab, mit dem die Indianer des Black Hill-Gebiets aufgefordert worden waren, sich in ihre Reservationen zu begeben und bei ihren Agenten zu melden. Die Stämme sind weder willens noch in der Lage, der ohnehin illegalen Aufforderung zu folgen. – Lieutenant Colonel George Armstrong Custer ist auf Urlaub in New York und polemisiert in Vorträgen und Zeitungsartikeln gegen Präsident Ulysses S. Grant und den Innenminister William K. Belknap.

Februar 1876: Am 1. Februar informiert das Innenministerium das Kriegsministerium über das ergebnislos abgelaufene Ultimatum und überträgt die weitere Initiative den Militärs. – Am 7. Februar gibt das Kriegsministerium dem Oberkommandierenden des Militärbereichs Missouri, General Philip Sheridan, freie Hand zum Vorgehen gegen die »feindlichen Indianer«. – Am 8. Februar gibt Sheridan den Generälen George Crook und Alfred Terry Anweisung, einen Feldzug gegen »Crazy Horse und seine Verbündeten« in den Quellbereichen des Powder, Tongue, Rosebud und Big Horn vorzubereiten. – In Washington muß Custer als Zeuge vor dem parlamentarischen Untersuchungsausschuß erscheinen, der sich mit den Korruptionsvorwürfen gegen Innenminister Belknap beschäftigt. Es erweist sich, daß er seine wiederholt öffentlich vorgetragenen Verdächtigungen nicht substantiieren kann; Custer fällt endgültig bei der Regierung in Ungnade und handelt sich in der Öffentlichkeit den Ruf eines ehrlosen Brunnenvergifters ein.

März 1876: Am 1. März brechen die Truppen zu den angeordneten Operationen gegen die Sioux und Cheyenne auf. Der Strategieplan sieht vor, die Indianer in dem vom Rosebud, Yellowstone und Big Horn umgrenzten Gebiet einzukesseln und zu vernichten. Zu diesem Zweck stoßen drei Truppeneinheiten aus drei verschiedenen Richtungen auf dieses Gebiet vor: von Süden her General Crook mit über 1000 Mann, von Osten her Colonel Gibbon mit 10 Kompanien, und von Fort Abraham Lincoln im Osten her General Terry mit dem 7. Kavallerie-Regiment (ohne Custer) und drei Kompanien Infanterie. Eine Vorausabteilung der Crook-Truppe unter Colonel J. J. Reynolds überfällt am 17. März ein Cheyennelager unter Chief Two Moon, aber die Operation nimmt einen so kläglichen Verlauf, daß Reynolds später vor ein Kriegsgericht gestellt wird und seine Armee-Karriere aufgeben muß. Die Kampagne leidet zudem unter dem besonders harten Winter dieses Jahres (noch sehr viel später, am 1. Juni, werden Operationen durch einen Schneesturm behindert). Die Aufgebote unter Crook und Terry ziehen sich in ihre Forts zurück. Nur Colonel Gibbon marschiert weiter und erkundet in den kommenden Wochen das nördliche Aufmarschgebiet.

Mai 1876: Auf dem Weg nach Fort Abraham Lincoln zu seiner Einheit wird Custer in Chicago arretiert, weil er sich unerlaubt aus Washington entfernt und außerdem aus privaten Gründen noch einen Umweg über New York gemacht hat. Auf Vermittlung seines Gönners Sheridan darf er dann seine Reise nach Fort Lincoln fortsetzen, doch untersagt ihm Präsident Grant, den Befehl über seine Einheit zu übernehmen. Das Verbot trifft Custer um so härter, als seine 7. Kavallerie sich gerade gemeinsam mit den übrigen Truppenteilen anschickt, die im März abgebrochene Kampagne wiederaufzunehmen. Auf Fürsprache von Sheridan und Terry revidiert sich Grant im letzten Augenblick, und Custer darf das Kommando über seine Truppe übernehmen. – Am 17. Mai brechen die Truppen unter Terry, darunter Custer und die 7. Kavallerie, erneut westwärts gegen die Sioux und Cheyenne auf. – Am 29. Mai marschiert Crook mit seinem Aufgebot von Fort Fetterman nordwärts. Die Truppenteile unter Gibbon operieren bereits am Yellowstone. Die drei Truppenkeile schicken sich an, die Indianer in die Zange zu nehmen und zu vernichten. – Zusammen mit anderen Stämmen stoßen die Cheyennes unter Two Moon, die mit der Abteilung von Colonel Reynolds gekämpft hatten, zu den Sioux unter Sitting Bull, Crazy Horse und Gall; das Aufgebot der Indianer zählt rund 10000 Köpfe, darunter 3000 bis 4000 Krieger. Bei den drei Tage andauernden Feiern des Sonnentanzes hat Sitting Bull Visionen, die ihm einen großen Sieg über die Weißen anzeigen.

17. Juni 1876 – Schlacht am Rosebud. Am 17. Juni greift Crazy Horse mit rund 2000 Kriegern die nordwärts vorstoßende Truppe von General Crook an. Es kommt zu der 9 Stunden währenden Schlacht am Rosebud, in der sich eine neue, von Crazy Horse entwickelte Strategie bewährt: Er greift den Gegner nicht frontal in geschlossener Formation an, sondern splittert durch Einzelaktionen von allen Seiten die Front des Gegners auf und verwickelt ihn in eine Vielzahl von Aktionen. Als Crook, von den Indianern Drei-Finger (Na-he-osehe) genannt, eine Niederlage fürchten muß, zieht er seine Truppen im Schutz der Nacht ab und führt sie zu seinem Hauptlager am Goose Creek zurück, um dort auf Verstärkungen, Nachschub und Nachrichten von Terry und Gibbon zu warten. Der Zeitplan und die Strategie der Einkesselungsaktion sind durch das Stoppen von Crooks Vormarsch gefährdet. Die Indianer verfolgen Crook nicht, sondern ziehen zum Little Big Horn und schlagen dort ein großes Lager auf. Die Schlacht am Rosebud nennen sie »Die Schlacht, in der das Mädchen seinen Bruder rettete«; das Mädchen ist Buffalo-Calf-Road-Woman von den Cheyennes, die durch einen verwegenen Ritt ihren Bruder, Chief-Comes-In-Sight, rettet, als ihm während des Kampfes das Pferd erschossen wird.

21. Juni 1876: Die von Osten heranrückenden Truppen unter General Terry und die von Westen heranrückenden Truppen unter Colonel Gibbon vereinigen sich am Zusammenfluß des Yellowstone und des Rosebud. An Bord des Versorgungs-Schiffes »Far West« halten Terry, Gibbon und Custer Kriegsrat. Sie wissen zu dieser Zeit nicht, daß Crooks Vormarsch gestoppt ist. Bekannt ist ihnen indessen durch die Aktivitäten von Kundschaftern und Spähtrupps die Lage des Feindes am Little Big Horn. Folgende Strategie wird vereinbart: Custer zieht mit seinem

Regiment den Rosebud aufwärts und wechselt dann zum Little Big Horn hinüber, den er von Süden her aufrollt, während Terry und Gibbon mit dem Rest der Truppen den Big Horn bis zur Mündung des Little Big Horn aufwärts ziehen und dann den Little Big Horn von Norden her aufrollen. Umstritten ist, ob bei dieser Konferenz eindeutig festgelegt wird, daß nicht vor dem 26. Juni zugeschlagen werden soll, da die Terry-Gibbon-Gruppe einen längeren Anmarschweg hat als die Custer-Truppe und deshalb nicht eher in der Position sein kann, die das Gelingen der Operation garantiert. Ebenfalls umstritten ist, ob Custer das Angebot einer Verstärkung seiner Einheit durch eine Schnellfeuer-Kanonen-Einheit und vier Kompanien der 2. Kavallerie ablehnt, und zwar mit dem Argument, erstens wären das für ihn nur Belastungen, und zweitens solle das eine Schlacht der 7. Kavallerie werden.

22. Juni: Custer, der sich die Haare hat kurz schneiden lassen und deshalb dem Namen Hae'stae (Langhaar), den die Cheyennes ihm gegeben haben, keine Ehre mehr macht, bricht mit den 29 Offizieren und 637 Mann seiner 7. Kavallerie zum Little Big Horn auf. Seine Unterführer sind Major Markus Reno, Captain Frederick W. Benteen und sein Bruder Tom Custer.

24. Juni: Custer nähert sich dem Indianerlager am Little Big Horn bis auf 25 Meilen und beschließt am Abend dieses Tages, seinen Vormarsch noch zu forcieren, was seine Absicht erkennen läßt, so schnell wie möglich auf den Gegner zu stoßen, gleichgültig, ob er mit den Truppen von Terry-Gibbon oder Crook rechnen kann. Er ordnet einen Nachtmarsch an, der ihn bis zum nächsten Morgen bis auf rund drei Meilen an das Indianerlager heranbringt, aber mit entsprechend erschöpften Truppen.

25. Juni 1876 – Die Schlacht am Little Big Horn. Custer rückt am Vormittag gegen die Indianersiedlung am Little Big Horn vor und entwirft eine Strategie, die erkennen läßt, daß er den Löwen, das heißt die verabredete Rolle der Terry-Gibbon-Truppe, auch noch spielen will: Er selbst wird mit 289 Mann das am jenseitigen

Die Schlacht vom Little Big Horn in *Custer of the West* von Robert Siodmak, 1966.

Ufer gelegene Indianerlager passieren, dann über den Little Big Horn gehen und den Gegner von Norden her aufrollen. Den Major Reno schickt er von Süden her über den Fluß zum Sturm auf die Sioux und Cheyennes. Eine dritte Abteilung von 141 Mann unter Captain Benteen soll aufklärend in Bereitschaft bleiben. Der Troß mit 131 Mann unter Führung von Captain McDougall bleibt zurück. Mit dieser Aufteilung seiner Truppe arbeitet Custer der Strategie seines Gegners Crazy Horse in die Hände, die Schlacht gegen die Weißen in Einzelaktionen zu zersplittern. – Reno setzt über den Little Big Horn und greift die Indianer von Süden an. Seine Attacke wird von Chief Gall gestoppt; er muß sich unter Verlusten über den Fluß zurückziehen und bezieht eine Verteidigungsstellung auf einem Hügel, wo dann die Abteilungen von Benteen und McDougall zu ihm stoßen. Nachdem diese Truppen zurückgeschlagen und in die Defensive gedrängt worden sind, eilt Chief Gall mit dem Großteil seiner Krieger durch die Siedlung zurück nach Norden, wo bereits Crazy Horse und Two Moons, die den Vormarsch Custers am jenseitigen Ufer beobachtet haben, ihre Krieger formiert haben. Die Indianer galoppieren über den Fluß und greifen Custers Truppen frontal und an den Flanken an; der verabredeten Strategie folgend werden zuerst der Fahnenträger und der Trompeter abgeschossen, um den Weißen die Orientierung zu erschweren und sie in Konfusion zu treiben. Custers Truppe muß sich auf die Hügel zurückziehen; dort wird sie eingeschlossen und aufgerieben. Die Schlacht dauert kaum eine Stunde oder, wie die Indianer später sagen, »nicht länger als eine Mahlzeit«. Die im Süden der Siedlung von den Indianern festgehaltenen Truppen von Reno, Benteen und McDougall müssen sich die ganze Nacht hindurch und bis in den folgenden Morgen der Angriffe erwehren, dann ziehen sich die Indianer zurück – am Vormittag des 26. Juni, als die Truppen von Terry und Gibbon anrücken, um, wie vereinbart, gemeinsam mit Custer die große Schlacht gegen die Sioux und Cheyennes zu schlagen. Am 27. Juni wird das Schlachtfeld mit den Leichen des Custer-Kommandos gefunden. Am 28. Juni bricht ein Scout mit der Nachricht der Katastrophe auf. Die Kommunikationswege sind so schwierig, daß erst am 4. Juli der erste Zeitungsbericht über Custers Niederlage erscheint, im *Helena Herold.* Am 6. Juli folgt die *Bismarck Tribune* mit einem Extrablatt unter der Schlagzeile »Massacred«.

Diese ersten Berichte über die Schlacht am Little Big Horn sind einigermaßen objektiv; daß sie Fragen offenlassen, entspricht dem Informationsstand der Berichterstatter. Die militärisch-politische Führung erklärt sich so eindeutig, daß eine Mythenbildung abgeblockt scheint. General Sheridan, Custers Vorgesetzter, Gönner und Freund: »Wäre die 7. Kavallerie zusammengehalten worden, so hätte sie meiner Meinung nach am Little Big Horn der Indianer Herr werden und sich unter allen Umständen wenigstens verteidigen können; da sie aber in drei Abteilungen aufgespalten war, gerieten die Indianer in den Vorteil, nachdem sie ohnehin in überwältigender Überzahl waren.« Und Präsident Grant: »Ich betrachte das Massaker an Custer als ein von ihm selbst verursachtes, gänzlich unnötiges Opfer an Truppen. Er hätte nicht attackieren, sondern die Vereinigung mit Terry und Gibbon herbeiführen sollen.« Nachhaltiger als diese klaren Worte aber wirken die aus den Umständen der Schlacht provozierten Zweifel, Fragen, Rücksichten und wilden Spekulationen, die sich schnell zu einem exemplarischen Katalog des Mythenbildens summieren.

Der Gebrauch des Begriffs »Massaker«: Die Sprache ist eine der wirksamsten Katalysatoren bei der Umwandlung von Geschichte in Mythos. Schon in den ersten Zeitungsberichten über die Schlacht am Little Big Horn wird die Auseinandersetzung als Massaker bezeichnet. Noch 1976 gibt H. J. Stammel seinem Buch *Solange Gras wächst und Wasser fließt* den Untertitel *Die Sioux und das Massaker am Little Big Horn.* Die Schlacht am Little Big Horn war kein Massaker. »Massaker passieren nicht zwischen zwei opponierenden Streitkräften, die beide bewaffnet sind« (Addison Bragg, *The Billings Gazette*). Am Little Big Horn wurde innerhalb eines von den Weißen aggressiv, von den Indianern defensiv geführten Krieges einer weißen Teilstreitkraft eine vernichtende Niederlage bereitet, wobei die Unbesonnenheit des weißen Anführers dem überlegenen strategischen Geschick der indianischen Führung in die Hände spielte. Da alle Indianerkriege bewußt und mit Billigung der militärisch-politischen Führung auch gegen die indianische Zivilbevölkerung geführt wurden, zeigten die Weißen auch am Little Big Horn ihre Bereitschaft zum Massakrieren; bevor Renos Truppe bei ihrem Angriff auf das Südende der Siedlung zurückgeschlagen wurde, tötete sie zahlreiche Frauen und Kinder, darunter fast die ganze Familie des Häuptlings Gall. Trotzdem wurde und wird immer noch davon gesprochen, daß Custer einem Massaker erlag. Der Gebrauch des Wortes »Massaker« für eine Auseinandersetzung, die zur brutalen und totalen Vernichtung einer der beiden beteiligten Parteien führt, setzt den, der diesen Prozeß durchführt, ins Unrecht, und empfiehlt das Opfer dem Mitgefühl und der Sympathie des Publikums. Wer »Massaker« sagt, denunziert die aktive Partei dieses Vorgangs als unehrenhaft, heimtückisch, grausam, mitleidlos und überhaupt völlig entmenscht, während er die passive Partei zum Opferlamm emporstilisiert, das im Verbluten auch noch gleich alle seine etwaigen Sünden büßt und vergessen macht. Die Partei, die sich ein Massaker zuschulden kommen läßt, verletzt außerdem alle Spielregeln und darf deshalb auch außerhalb aller Spielregeln bestraft werden, so wie ein Pokerspieler, der mit einem As im Ärmel erwischt wird und sich nun nicht zu wundern braucht, daß er auf der Stelle erhängt wird. Das also ist die Funktion des Begriffs »Massaker«: Ein Custer, der mit seinen Leuten massakriert wird (»bis zum letzten Mann«, wie die blutrünstige, auch als Filmtitel brauchbare Formel heißt), verdient sich ungeachtet aller etwaigen Fehler, Verfehlungen und Irrtümer seinen Nachruhm, während die Sioux und Cheyennes, die zum Massaker über ihn hergefallen sind (hinterhältig auch noch; in seinem Buch über Little Big Horn überschreibt Stammel das Kapitel über die Schlachtvorbereitungen mit »Der Hinterhalt«), als Kriegsverbrecher dastehen, die es sich selbst zuzuschreiben haben, wenn bei ihrer Bestrafung die Regeln des Kriegs außer acht gelassen werden. Die Benutzung des Begriffs »Massaker« bedeutet aber nicht nur, daß durch einfache Wortwahl und ohne weitere Argumentation Urteile und Verurteilungen suggeriert und impliziert werden; der Begriff spielt auch bei der publizistischen und showmäßigen Vermarktung des fraglichen Ereignisses eine Rolle. Die Annonce eines Massakers ist ein Appell an die niedersten Instinkte. Ein Publikum, dem die Darstellung eines Schlachtgetümmels einen Lustgewinn einbringt, erlebt die optimale Befriedigung erst durch die komplette, auf möglichst schreckenerregende Art durchgeführte und durch letzte Delikatessen wie das Zerhacken von Leichen garnierte Zerstörung eines Menschenhaufens. Das wissen die Zeitungsredakteure wie die Filmproduzenten, und Schlagzeilen und Filmtitel wie »Massacred« und »The Big Horn Massacre« erscheinen ihnen deshalb attraktiver als mehr sachbezogene Überschriften.

Poesie, Pietät und Patriotismus der Schlachtbeschreibung.

The battle-bulletin,
The Indian ambuscade, the craft, the fatal environment,
The cavalry companies fighting to the last in sternest heroism,
In the midst of their little circle, with their slaughter'd horses
for breastworks,
The fall of Custer and all his officers and men.

Continues yet the old, old legend of our race,
The loftiest of life upheld by death,
The ancient banner perfectly maintain'd,
O lesson opportune, O how I welcome thee!

Walt Whitman, 1876

Der Zeitungsreporter Mark Kellog, der mit dem Custer-Kontingent auszog, um den Bericht dieser Kampagne zu schreiben, ist am Little Big Horn gefallen. Die Augenzeugen-Reportage der Schlacht wird nicht geschrieben. Aber im fernen New York schreibt der Dichter Walt Whitman flugs *A Death-Sonnet for Custer,* auch *From Far Dakota's Canons* betitelt, das ihm die *New York Tribune* für ein Honorar von 10 Dollar abnimmt und das die schönste Lehre dieser Begebenheit besingt, nämlich daß hier »die alte, alte Legende unserer Rasse fortgeführt« wird. Auch Longfellow huldigt dem Ereignis mit einem Poem, *The Revenge of Rain-in-the Face.* Gedichte statt Berichte, nichts kann für den Nachruhm des erschlagenen Helden nützlicher sein. Aber weder die Sensationsberichte aus zweiter Hand noch die Poesie zweifelhafter Inspiration wirken lange nach. Fast ein halbes Jahrhundert lang ist das Bild, das sich die meisten Amerikaner von der Schlacht am Little Big Horn gemacht haben, von einem Bild geprägt worden: von John Mulvaneys heroischem Schlachtengemälde *Custer's Last Stand,* einem »barroom favorite«, schon um 1880 in ungezählten Kopien und Reproduktionen über das ganze Land verbreitet und nicht nur von immer neuen Generationen von Custer-Schlachten-Malern, sondern auch von den Autoren Hunderter von Little Big Horn-Büchern und den Regisseuren der frühen Custer-Filme als Quelle der Inspiration benutzt.

Mulvaney war natürlich nicht dabei, als Custer und seine Leute fielen. Von denen, die dabei waren, überlebte keiner – außer den Siegern, aber das einzige, was die Indianer an Augenzeugenberichten fixierten, waren zunächst ebenfalls nur Bilder. Mündliche oder schriftliche Augenzeugenberichte wurden von den Indianern aus freien Stücken nicht gegeben und auf Befragen lange Zeit verweigert: die Teilnehmer an der Schlacht befürchteten, eine Schilderung der Schlacht käme einem detaillierten Schuldbekenntnis gleich, das die Strafe dann auch gleich nach sich ziehen würde. Auf spätere Erinnerungen ist nicht immer Verlaß;

nach einem in der amerikanischen Geschichtsschreibung vielzitierten (und von Thomas Berger dann in seinem Little Big Man-Roman genial realisierten) Witz behauptet jeder Indianer, der 100 Jahre alt wird, von sich, der letzte Überlebende von Little Big Horn zu sein. Um sich klarzumachen, in welchem Ausmaß das Bild, das die Welt von den Indianerkriegen lange Zeit hatte, fast ausschließlich von der Geschichtsschreibung der Weißen bestimmt war, braucht man nur daran zu erinnern, daß die erste zusammenhängende und weitverbreitete (auch die Schlacht am Little Big Horn darstellende) »indianische Geschichte des amerikanischen Westens«, wie sie sich selbst nennt, Dee Browns *Bury my Heart at Wounded Knee* von 1971 ist. Die gewaltige Nachfrage nach Informationen über die Schlacht vom Little Big Horn wurde also von Anfang an nur einseitig befriedigt, von der weißen Seite her, und zwar doppelt einseitig, denn wie die Indianer Rücksichten zu üben hatten bei der Berichterstattung über die Schlacht, weil sie die Sieger waren, so fühlten sich auch die Weißen zu rücksichtsvoller Berichterstattung verpflichtet, weil sie verloren hatten, und zwar unter schmählichen Umständen. Rücksicht war hier zu nehmen auf die Ehre der Armee wie auf die Ehre des gefallenen Offiziers Custer, prinzipiell wie aus Pietät. Custer war als Vorgesetzter und als Offiziers-Kamerad bei den meisten unbeliebt, bei vielen verhaßt gewesen, aber erstens war er nun tot und zweitens hatte das Zivilisten nichts anzugehen; die Armee wäscht ihre schmutzige Wäsche nicht in der Öffentlichkeit. Captain Benteen, der mit Custer zum Little Big Horn geritten war, sagte nach der Schlacht: »Ich bin stolz darauf zu sagen, daß ich ihn verachtet habe.« In den militärgerichtlichen Untersuchungen, die der Schlacht folgten, sagte er fast gar nichts und rechtfertigte das später ziemlich lahm so: »Hätte man mich die richtigen Fragen gefragt, dann hätte ich auspacken müssen.« Ziemlich viele Offiziere und Mannschaften der Truppenteile unter Benteen und Reno sollen sich vorgenommen haben, auszupacken – aber erst nach dem Tod von Custers Witwe

Elizabeth »Libbie« Custer. Libbie Custer war eine Respektsperson. Sie hatte ihren Mann häufig ins Feld begleitet und ihm als Ghostwriter gedient. Bei seinem Tod war sie 35 Jahre alt. Die 57 Jahre, die ihr dann noch blieben, widmete sie der Verherrlichung und notfalls auch der Verteidigung ihres Helden: Sie schrieb mehrere Bücher, ging auf Vortragsreisen und ließ keinen Zweifel an Custers Größe aufkommen. Als sie 1933 mit 91 Jahren starb, hatte sie alle überlebt, die sich vorgenommen hatten, nach Libbies Tod auszupacken. Das erste Buch, das sich überhaupt um eine authentische Darstellung der Little Big Horn-Schlacht bemühte, erschien 1926, verfaßt von W. A. Graham, einem ehemaligen General-Advokaten der Armee, der es aber auch damit genug sein ließ, die bis dahin unbekannten Armeeakten auszuwerten.

Um die gleiche Zeit begann auch das wirklich rücksichtslose Recherchieren und erbrachte Resultate, die rücksichtsvolle Verleger der Öffentlichkeit fürs erste vorenthielten. Dr. Thomas B. Marquis, ein Arzt und Indianer-Kenner aus Montana, studierte in den zwanziger und dreißiger Jahren nicht nur die bekannten und bis dahin unbekannten Quellen der weißen Seite, sondern unterhielt sich auch in Zeichensprache mit überlebenden indianischen Teilnehmern der Schlacht. Diese Untersuchungen führten zu einer »peinlich genauen Studie« *(Newsweek)* so schockierenden Inhalts, daß sich kein Verlag bereit fand, das Manuskript zu veröffentlichen. Marquis übergab es resigniert den National Anthropological Archives. Erst 1976, hundert Jahre nach der Schlacht und lange nach dem Tod des Autors, wurde es unter dem Titel *Keep the Last Bullet for Yourself* veröffentlicht. Der Titel spielt auf ein altes Grenzer-Sprichwort an, »Wenn du mit Indianern kämpfst, heb' die letzte Kugel für dich selber auf«; nach Marquis' Erkenntnissen stellt sich die Schlacht am Little Big Horn als gigantischer Massenselbstmord dar. 75 Prozent der Soldaten, die mit Custer starben, hatten noch nie gegen Indianer gekämpft, aber alle hatten schon gehört, daß es in aussichtsloser Lage besser sei, sich selbst den Tod zu geben, als vom Gegner zu Tode gemartert zu werden. Sie waren mit der Aussicht auf einen schnellen Sieg in den Kampf geführt worden; aber nachdem die Truppe erst einmal von dem zahlenmäßig weit überlegenen Feind umzingelt war und sich auch ihre Bewaffnung als unzureichend erwies (die einschüssigen Springfield-Karabiner liefen schnell heiß und ließen sich dann nur schwer wieder laden, während die Revolver sich nur zu dem von den Indianern vermiedenen Nahkampf oder eben zum Selbstmord eigneten), war die Lage in der Tat aussichtslos. Nach Marquis' Theorie, die heute von den meisten Historikern geteilt wird, wurden die Soldaten von Panik ergriffen und brachten sich massenhaft selbst um, teilweise auch mit Hilfe ihrer Kameraden; einer von Marquis' indianischen Augenzeugen berichtete, er habe gesehen, wie ein Soldat drei seiner Kameraden getötet hätte; ein anderer schätzte die Zahl der Weißen, die durch die Hand der Indianer gefallen waren, auf nicht mehr als 40. Etwa dieselbe Zahl von Soldaten wurde skalpiert aufgefunden, was ebenfalls als Beweis für die Selbstmordtheorie gilt; der Indianer skalpiert keinen Gegner, den er nicht selbst getötet hat. Marquis kommt zu dem Schluß, daß Custers Soldaten nicht den Indianern zum Opfer fielen, sondern dem Bild der Indianer, das sich zu machen man sie gelehrt hatte: »Für Custers Soldaten waren die Indianer diabolisch. An einem kritischen Tag und in einem kritischen Augenblick wurden sie Opfer dieser Indoktrination.«

Sündenböcke: Reno und Crook. Custer, der durch eigene Schuld geschlagene Held, mußte von seiner Schuld reingewaschen werden, um ein mythischer Held werden zu können; zum Ritual einer solchen Reinwaschung gehört das Auffinden und Opfern von Sündenböcken. Als Sündenbock der ersten Stunde bot sich Major Marcus Reno an. Custer hatte ihn mit drei Kompanien gegen das Südende der Siedlung geschickt. Reno hatte angegriffen. Reno wurde zurückgeschlagen, zog sich auf eine Verteidigungsstellung zurück und überlebte mit dem Großteil seiner Leute. Er verhielt sich vorsichtiger als Custer, aber seine Vorsicht wurde ihm als Feigheit ausgelegt. Sobald ihm klar wurde, daß Custer in Bedrängnis war, hätte er ihm zu Hilfe eilen sollen, meinten seine Kritiker. Reno beantragte ein Kriegsgerichtsverfahren gegen sich selbst und wurde freigesprochen, freilich mit dem Vermerk, manche seiner Unterführer hätten mehr für die Sicherheit des Kommandos getan als er selbst. Für die öffentliche Meinung und für die Mythenmacher blieb er der Mann, der seinen Vorgesetzten im Stich gelassen hatte. Einer seiner Unterführer, Lieutenant De Rudio, bilanzierte den Fall Reno mit schrecklichem Sarkasmus: »Wären wir nicht von einem Feigling kommandiert worden, so wären wir alle getötet worden.«

Der Mann, der seine Truppe rettet, ist für die an Heldengesängen orientierte Geschichtsschreibung nur eine banale Figur, verglichen mit dem Mann, der seine Truppe in einen vermeintlich glorreichen Untergang führt. Als banale Figur etikettiert, nahm Reno ein banales Ende. 1877 mußte er sich in einem Kriegsgerichtsverfahren rechtfertigen, weil er die Frau eines Offizierskameraden verführt hatte. 1880 hatte er schon wieder ein Kriegsgerichtsverfahren am Hals, wegen wiederholter Trunkenheit und einer Saloonprügelei. Er wurde degradiert, aus der Armee ausgestoßen und starb in Armut. Erst 1967 gelang es seinen Nachkommen, ihn zur rehabilitieren und auf dem Custer Battlefield National Cemetery mit allen militärischen Ehren beisetzen zu lassen.

Ähnlich wie Reno hatte General Crook, als er beim Vormarsch auf den Little Big Horn von den Indianern angegriffen wurde, seine Truppe zurückgezogen und gerettet; er wollte nicht eine Schlacht, sondern den Feldzug retten. Crook ist der Lieblings-Sündenbock von H. J. Stammel, der in seinem Buch über das »Massaker am Little Big Horn« schreibt, »daß es sich bei der Custer-Schlacht in Wirklichkeit gar nicht um ein ›Custer-Problem‹ und ›Custer-Rätsel‹ handeln kann, sondern um ein

›Crook-Problem‹« – als hätte Crook ahnen müssen, daß sich Custer bei Erblicken des Feindes blindwütig auf diesen stürzt, ohne auf den allgemeinen Stand des Aufmarsches und das Verbleiben von Crook, Terry und Gibbon auch nur den geringsten Gedanken zu verschwenden. Das kommt der Forderung nahe, daß sich Heerführer bei ihrer Kriegführung nach dem jeweils Unbesonnensten unter ihnen zu richten haben.

Schließlich gibt es außer den Sündenböcken vom Kriegsschauplatz noch jene elenden, unwissenden Versager, auf die die Militärs sich immer gern herausreden, wenn ihnen an der Frontlinie etwas schiefgeht: die Politiker, in unserem Fall die korrupten (von Custer ja ausdrücklich der Korruption geziehenen) Regierenden im Osten, die ohnehin nicht wissen, wie man die Indianer anzupacken hat. Je eifriger die Sünden all dieser überlebenden Sündenböcke diskutiert werden, um so mehr entrückt der massakrierte, mißverstandene, im Stich gelassene Custer in mythische Höhen, in denen die Diskussion einer Schuldfrage einfach unziemlich scheint.

Mythisches Requisit: »Comanche«, ein Pferd. Das heroische Ende des 1966 gedrehten Films *Custer of the West* wird in der offiziellen Inhaltsangabe der Produktion wie folgt beschrieben: »Tatenlos sieht Reno zu, wie Mann um Mann fällt. Schließlich steht nur noch einer zwischen Toten und Verwundeten: Custer. Indianer umringen ihn. Dann ist er verschwunden. Nur sein Pferd, Comanche, bleibt regungslos und unverletzt zurück. Von seinem Reiter fehlt jede Spur ...« Offenbar hat man es mit einem Fall von Tod und Verklärung zu tun. Daß diese wundersame Wandlung und das Weiterleben des Helden in seinem Streitroß zu gewaltigen Wirkungen führen kann, hat man schon in einem zehn Jahre zuvor entstandenen Film erlebt: in *7th Cavalry* ergreift ein Sioux-Heer in panischer Angst die Flucht, als es in einem reiterlosen Pferd, das auf die Krieger zugaloppiert, das Roß des toten Custer zu erkennen glaubt.

Das Roß ohne Reiter spielt in der militärischen Mythologie

Robert Shaw als Custer in *Custer of the West* von Robert Siodmak, 1966.
Marcello Mastroianni als Custer und Catherine Deneuve in
Touche pas la femme blanche von Marco Ferreri, 1974 (unten).

eine ähnliche Rolle wie das wundertätige Heiligenbild in der Religion. Es war ein leichtes, Custer dieses Requisit zuzuschanzen, ihm das heilige Objekt Pferd wie einen Heiligenschein beizugeben. Denn das einzige überlebende Wesen des Custer-Kommandos am Little Big Horn war tatsächlich ein Pferd, zwar nicht Custers Pferd, aber beim Mythenmachen darf man nicht kleinlich sein. Als die Truppen von Terry und Gibbon drei Tage nach der Schlacht auf das Schlachtfeld kamen, fanden sie zwischen den Leichen der Soldaten und Pferde ein einziges leicht verletztes, aber lebendes Pferd, das den Soldaten als Veteran aus den Indianerkriegen bekannt war und auch an seinen Verletzungen aus früheren Schlachten leicht identifiziert werden konnte: Es war »Comanche«, das Pferd des Majors Myles W. Keogh. Keogh selbst war unter den Toten. Das Pferd wurde gesundgepflegt, bekam den Regimentsschmied Gustav Korn als neuen Herrn, überlebte auch diesen Herrn, als Korn 1890 in Wounded Knee ums Leben kam, starb im folgenden Jahr mit 29 Jahren, wurde im Auftrag der 7. Kavallerie von einem Zoologen der Universität Kansas präpariert und kann heute noch in der Universität besichtigt werden. Eine Plakette, die das Pferd als »einzigen Überlebenden der Schlacht« auswies, wurde 1971 auf einen Protest von Indianern hin, die darauf hinwiesen, daß auch Tausende ihrer Rasse die Schlacht überlebt hätten, korrigiert; jetzt steht auf der Plakette, daß »Comanche« der einzige Überlebende des Custer-Kommandos war.

Der Custer des Films. Die frühen Custer-Filme begnügen sich damit, das Schlachten-Gemälde *Custer's Last Stand* in lebende Bilder umzusetzen. Spätere Filme, von Raoul Walshs *They Died With Their Boots On* (1941) bis zu Robert Siodmaks *Custer of the West* (1966) lassen sich auf die Erkenntnis ein, daß es eine Custer-Problematik gibt; ihre eigene Problematik, weder die Geschichte gänzlich vergewaltigen noch ihren Helden total zerstören zu wollen, versuchen diese Filme zu lösen, indem sie Custer als einen verwegenen Haudegen mit bedauernswerten menschlichen Schwächen zeigen und das, was an Schuld noch übrigbleibt, möglichst gleichmäßig unter die sich anbietenden Sündenböcke verteilen, immer unter Zuhilfenahme mythisierender Momente.

Ist Custer nicht der Hauptheld eines Films, der sich mit der Schlacht vom Little Big Horn beschäftigt oder sie berührt, so schwinden auch die Rücksichten, die man auf einen Helden (und seinen Darsteller) zu nehmen hat; je mehr Custer vom Zentrum eines Films an dessen Peripherie rückt, desto negativer wird er gezeichnet. Den verheerendsten Custer, den man je auf der Leinwand sah, findet man in Arthur Penns *Little Big Man* (1970); dieser Custer wandelt sich vom gefährlichen Irren des Washita-Massakers zum komischen Irren der Little Big Horn-Schlacht. Am verblüffendsten und kaltblütigsten geht John Ford das Problem an, in seinem Film *Fort Apache,* entstanden 1948, also zu einer Zeit, als das Demontieren von Helden (und vor allem von Heerführern; schließlich hatte man zwei Jahre zuvor einen Weltkrieg gewonnen) und eine um Differenzierung bemühte Geschichte-Mythos-Diskussion noch nicht an der Tagesordnung waren. *Fort Apache* ist ein Schlüsselfilm; der negative Held heißt nicht Custer, sondern Thursday, die positive Gegenfigur nicht Benteen, sondern York, und der Kampf geht nicht gegen Sioux und Cheyennes, sondern gegen Geronimos Apachen. Aber die Geschichte des Lieutenant Colonel Thursday (Henry Fonda), der durch sein menschliches, politisches und militärisches Fehlverhalten seine Truppe in eine Katastrophe führt, wurde von Anfang an als ein Film über Custer und die Schlacht am Little Big Horn begriffen. John Ford hat diese Interpretation in Interviews wiederholt bestätigt, und auch nach den vielen seither entstandenen Custer-Filmen bleibt Fondas Thursday eine Figur, die mit dem historischen Custer mehr Ähnlichkeit hat als die Custers der anderen Little Big Horn-Filme. Ford denunziert seinen Helden, billigt aber seine Verherrlichung. Thursdays Gegenmodell ist sein Unterführer Captain

York (John Wayne), ein vorbildlicher Offizier, der in jeder Situation die Lage richtig erkennt und die angemessenen Maßnahmen zu ihrer Bewältigung ergreift oder vorschlägt, sich aber auch wider besseres Wissen jedem Befehl beugt. Und wider besseres Wissen rühmt York, der die Katastrophe überlebt, seinen toten Vorgesetzten und bekräftigt die aufblühende Thursday-Legende als die eines Mannes, der in heroischer Schlacht den edelsten Tod gefunden und damit der ganzen Armee ein Beispiel gegeben hat, das auch seine Früchte trägt: »Das ist die reguläre Armee, jetzt und noch in fünfzig Jahren, die Männer sind jetzt besser als sie zuvor waren, und das dank Thursday.« Wie der historische Captain Benteen packt York nicht aus, sondern reicht dem Mann, dessen Sünden er besser kennt als irgend jemand sonst, den Heiligenschein. Ähnlich wie in *The Man Who Shot Liberty* Valance räumt Ford ein, daß der Mythos auf einer Lüge aufbaut. »Es ist die noble Lüge von Platos Philosophen-König. Es ist auch das Wunder, das Mysterium und die Autorität des Großinquisitors, der seine Männer vor den Qualen der freien Entscheidung bewahrt« (Russell Campbell, *Fort Apache,* in: *The Velvet Light Trap*).

Vielleicht ist es auch weniger und zugleich mehr als dies: Ford glaubt an die Funktionalität des Mythos. Das System (die Armee, die USA, die Demokratie) ist vorzüglich, die Menschen, die es ausfüllen, sind unzulänglich. Die Kluft, die so entsteht, wird überbrückt durch den Mythos. Es ist egal, ob dieser Mythos auf einer Lüge aufbaut. Seine Wahrheit liegt in seiner Funktion. Funktioniert der Mythos, so ist er wahrer als die Wirklichkeit. Die Frage bleibt, wie weit die Kluft zwischen dem vorzüglichen System und seinen unzulänglichen Verwaltern werden darf, ohne daß sich der Mythos als eine selbst unzulängliche Hilfskonstruktion erweist, deren Spannweite man nicht allzu sehr strapazieren darf. Bis Vietnam und Watergate hat ein Mythos-Funktionalismus im Stile Fords vielleicht ausgereicht. Für die Vereinigten Staaten, die in das 3. Jahrhundert ihres Bestehens eingetreten sind, gilt vielleicht eher die Losung, die die Autoren des auch verfilmten Unabhängigkeits-Musicals *1776*, Peter Stone und Sherman Edwards, 1972 ausgegeben haben: »Wann werden wir lernen, aus den Lektionen der Vergangenheit für die Bewältigung der Probleme der Zukunft zu lernen? Denn welche Gesellschaft kann ihre Zukunft planen ohne eine intime Kenntnis ihrer Vergangenheit? Das mindeste, was die Vereinigten Staaten ihren Bürgern schulden, ist ein Erziehungs-System, das unsere eigene Existenz beschreibt, definiert und erklärt.« Vielleicht. Es kann aber auch sein, daß die Geschichte der USA als Erfolgsgeschichte sich dadurch erklärt, daß für die Amerikaner die amerikanischen Mythen immer stärker und wahrer waren als die wirkliche amerikanische Geschichte.

Filmographie der Little Big Horn-Schlacht, zugleich Filmographie von George A. Custer: 1909 *On the Little Big Horn or Custer's Last Stand*. *R* Frank Boggs. *D* Hobart Bosworth, Betty Harte, Tom Mix. 1 Akt. *P* Selig. 1910 *On the Little Big Horn*. 1 Akt. *P* Nestor. 1910 *Custer's Last Stand*. 2 Akte. *P* Chicago Film. 1912 *Custer's Last Fight*, auch *Custer's Last Raid*. *R* Francis Ford. *D* Francis Ford (Custer). 2 Akte. *P* Thomas H. Ince-101 Bison. 1913 *The Big Horn Massacre*. *D* William H. West. 2 Akte. *P* Kalem. 1913 *Campaigning with Custer*. 2 Akte. *P* Bison. 1914 *Colonel Custard's Last Stand* (Burleske). *P* Frontier. 1915 *Custer's Last Scout*. *R* Henry McRae. *D* William Clifford. 2 Akte. *P* Bison. 1921 *Bob Hampton of Placer*. *R* Marshall Neilan. *D* James Kirkwood, Dwight Crittenden (Custer). Abenteuer eines zu Unrecht des Kameradenmordes verdächtigten Offiziers, der sich rehabilitiert und dann mit Custer in die Schlacht zieht. *P* Marshall Neilan/First National. 1923 *Wild Bill Hickok*. *R* Clifford S. Smith. *D* William S. Hart (Hickok). Custer als Randfigur. *P* William S. Hart-Famous Players-Lasky/Paramount. 1925 *The Scarlet West*. *R* John G. Adolfi. *D* Robert Frazer, Ruth Stonehouse (Mrs. Custer). Little Big Horn als Episode in der Geschichte eines Indianers, der vorübergehend in der US-Kavallerie dient. *P* Frank J. Carroll/First National. 1926 *The Last Frontier* (I). *R* George B. Seitz. *D* William Boyd. Nach dem gleichnamigen Roman von Courtney Ryley Cooper: Geschichte eines Scouts unter Custer. *P* Metropolitan Pictures/Producers

Distributing. 1926 *The Flaming Frontier. R* Edward Sedgwick. *D* Hoot Gibson, Dustin Farnum (Custer), Noble Johnson (Sitting Bull), Walter Rodgers (Präsident Grant), Joe Bonomo (Rain in the Face). Geschichte eines Offiziers, der Little Big Horn überlebt. *P* Hunt Stromberg-Stellar Productions/Producers Distributing. 1926 *General Custer at Little Big Horn,* auch *With General Custer at Little Big Horn. R* Harry L. Fraser. *D* Roy Stewart, John Beck (Custer). *P* Sunset. 1927 *Custard's Last Stand. R* Glen Lambert. Burleske. 2 Akte. *P* The Bray. 1927 *Spoilers of the West. R* W. S. Van Dyke. *D* Tim McCoy. Custer als Randfigur. 1932 *The Last Frontier* (II). *R* Spencer G. Bennet, Thomas L. Story. *D* William Desmond (Custer). Custer als Randfigur. Serial. *P* RKO. 1933 *The World Changes. R* Mervyn LeRoy. *D* Clay Clement (Custer). Custer als Randfigur. *P* First National. 1936 *Custer's Last Stand* (II). *R* Elmer Clifton. *D* Frank McGlynn jr (Custer). Serial. *P* Weiss-Mintz. 1937 *The Plainsman. R* Cecil B. DeMille. *D* Gary Cooper (Hickok), John Miljan (Custer). Custer als Randfigur. *P* Paramount. 1939 *The Oregon Trail. R* Ford Beebe, Saul A. Goodkind. D Johnny Mack Brown, Roy Barcroft (Custer). Custer als Randfigur. Serial. *P* Universal. 1940 *Wyoming,* auch *Bad Man of Wyoming. R* Richard Thorpe. *D* Paul Kelly (Custer). Custer als Randfigur. *P* MGM. 1941 *Badlands of Dakota. R* Alfred E. Green. *D* Addison Richards (Custer). Custer als Randfigur. 1940 *Santa Fé Trail. R* Michael Curtiz. *D* Errol Flynn, Ronald Reagan (Custer). Custers Karriere von Westpoint 1854 bis zum Beginn des Bürgerkriegs. *P* Warner Bros. 1941 *They Died with Their Boots On. R* Raoul Walsh. *D* Errol Flynn (Custer), Olivia De Havilland (Elizabeth Custer), Anthony Quinn (Crazy Horse), John Litel (Sheridan). Custers Karriere von Westpoint bis Little Big Horn. *P* Warner Bros. 1948 *Fort Apache. R* John Ford. *D* Henry Fonda (Thursday=Custer), John Wayne (York=Benteen). Schlüsselfilm über Custer und Little Big Horn. *P* John Ford, Merian C. Cooper-Argosy. 1951 *Little Big Horn. R* Charles Marquis Warren. *D* Lloyd Bridges. Randereignisse der Little Big Horn-Schlacht. *P* Bali/ Lippert. 1951 *Warpath. R* Byron Haskin. *D* Edmond O'Brien. Custer als Randfigur. *P* Paramount. 1951 *Oh Susanna. R* Joe Kane. *D* Rod Cameron (Captain Calhoun=Benteen), Forrest Tucker (Colonel Unger =Custer). Schlüsselfilm über Custer und Little Big Horn. *P* Republic. 1952 *Bugles in the Afternoon. R* Roy Rowland. *D* Ray Milland, Sheb Wooley (Custer). Custer als Randfigur. *P* Warner Bros. 1954 *Sitting Bull.*

R Sidney Salkow. *D* J. Carrol Naish (Sitting Bull), Iron Eyes Cody (Crazy Horse), Douglas Kennedy (Custer), John Hamilton (Präsident Grant), John Litel (General Howell). *P* UA. 1956 *7th Cavalry. R* Joseph H. Lewis. *D* Randolph Scott, Michael Pate (Benteen), Frank Wilcox (Reno). Randereignisse der Little Big Horn-Schlacht. *P* Harry Joe Brown-Scott-Brown/Columbia. 1958 *Tonka. R* Lewis R. Foster. *D* Britt Lomond (Custer). Custer als Randfigur. *P* Disney. 1963 *Gold, Glory and Custer. R* George Waggner. *D* Clint Walker, Liam Sullivan (Reno), Edward Kemmer (Benteen), Larry Dobkin (Sheridan), Barry Atwater (Custer), Francis McDonald (Sitting Bull), Frank De Kova (Dull Knife). *P* Warner Bros. 1964 *The Glory Guys. R* Arnold Laven. *D* Tom Tryon, Andrew Duggan (General McCabe=Custer). Schlüsselfilm über die Little Big Horn-Schlacht. *P* Bristol/UA. 1965 *The Great Sioux Massacre. R* Sidney Salkow. *D* Joseph Cotten (Reno), Darren McGavin (Benton=Benteen), Philip Carey (Custer), Nancy Kovack (Libbie Custer), Michael Pate (Sitting Bull), Frank Ferguson (Terry), Iron Eyes Cody (Crazy Horse), John Napier (Tom Custer). *P* Leon Fromkess-F & F/Columbia. 1965 *Deadwood '76. R* James Landis. *D* Arch Hall jr. Randereignisse der Little Big Horn-Schlacht. *P* Fairway. 1966 *Custer of the West. R* Robert Siodmak. *D* Robert Shaw (Custer), Mary Ure (Elizabeth Custer), Jeffrey Hunter (Benteen), Ty Hardin (Reno), Lawrence Tierney (Sheridan), Kieron Moore (Dull Knife). *P* Philip Yordan-Security/Cinerama. 1966 *The Plainsman* (II). *R* David Lowell Rich. *D* Don Murray (Hickok), Leslie Nielsen (Custer). Custer als Randfigur. *P* Universal. 1966 *Red Tomahawk. R* R. G. Springsteen. *D* Howard Keel. Randereignisse der Little Big Horn-Schlacht. *P* A. C. Lyles/Paramount. 1967 *The Legend of Custer. R* Norman Foster. *D* Wayne Maunder (Custer), Michael Dante (Crazy Horse), R. F. Simon (Terry), A. Davion (Reno), Grant Woods (Keogh). *P* 20th Century-Fox. 1970. *Little Big Man. R* Arthur Penn. *D* Dustin Hoffman, Richard Mulligan (Custer). Custer und Little Big Horn als Episode. *P* Stuart Millar. 1974 *Touche Pas La Femme Blanche! R* Marco Ferreri. *D* Marcello Mastroianni (Custer), Michel Piccoli (Buffalo Bill), Philippe Noiret (Terry), Alain Cuny (Sitting Bull). In den Ruinen der Pariser Markthallen gedrehte Farce. *P* Jean-Pierre Rassam. 1976 *Buffalo Bill and The Indians. R* Robert Altman. *D* Paul Newman (Buffalo Bill), Frank Kaquitts (Sitting Bull). Darstellung der Little Big Horn-Schlacht in Buffalo Bills Wild-West-Show. *P* Dino De Laurentiis.

Jagd auf die Sieger vom Little Big Horn. Nach der Schlacht vom Little Big Horn werden die Sieger vom Militär gejagt und die Reservations-Indianer unter Red Cloud und Spooted Tail, die an der Schlacht nicht teilgenommen haben, zur Aufgabe ihrer Rechte an den Black Hills gezwungen und in Gefangenschaft geführt. Der Rachefeldzug der Kavallerie unter den Generälen Crook und Miles beginnt mit einem Gefecht am Rosebud, das damit endet, daß ein Kavallerie-Kommando unter Lieutenant Frederick W. Sibley vor den Sioux und Cheyennes die Flucht ergreifen muß. Im Juli stellt die 5. Kavallerie unter Colonel Wesley Merritt am War Bonnet Creek 800 Reservations-Cheyennes, die sich der Gefangenschaft entzogen haben und sich mit ihren kämpfenden Brüdern vereinigen wollen, eine Falle. Mit den Scouts von Merritts Truppe reitet Buffalo Bill in die Schlacht. Der Überlieferung nach stürzt er sich mit dem Schlachtruf »Der erste Skalp für Custer!« auf den Chief Yellow Hand und tötet ihn im Zweikampf. Die Cheyennes fliehen. Im September attackiert die Kavallerie unter Crook eine Sioux-Siedlung unter Chief American Horse. Die Sioux werden eingeschlossen und ergeben sich nach verlustreicher Schlacht. American Horse wird tödlich verwundet. Ein Sioux-Aufgebot unter Sitting Bull und Gall reitet zum Entsatz, wird aber zurückgeschlagen. Im Oktober ersucht Sitting Bull General Miles um ein Gespräch. Miles fordert Sitting Bull auf, die Waffen niederzulegen und seine Sioux in eine Reservation zu führen. Sitting Bull antwortet mit dem berühmten Satz: »Gott hat mich als Indianer erschaffen, aber nicht als Agentur-Indianer!« Der General läßt seine Streitmacht angreifen. Er jagt die Sioux 42 Meilen vor sich her. Dann ergeben sich 2000 Sioux; mit dem Rest seines Stammes flieht Sitting Bull nach Kanada. Im November attackiert Colonel Mackenzie ein Cheyenne-Dorf unter Dull Knife und Little Wolf am Powder River. Die Cheyennes fliehen vor dem massiven Aufgebot an Kavallerie, Infanterie und Artillerie; auf der Flucht erfrieren viele Kinder, Frauen und alte Leute. Mackenzie läßt das Dorf zerstören und die Pferde der Indianer erschießen. Die Überlebenden stoßen zu Crazy Horse. Der weitere Winterfeldzug konzentriert sich nun auf die Jagd nach Crazy Horse.

Film: 1944 *Buffalo Bill. R* William A. Wellman. *D* Joel McCrea (Buffalo Bill), Anthony Quinn (Yellow Hand). BB-Biographie mit einer spektakulären Darstellung der Schlacht von War Bonnet Creek. *P* 20th Century-Fox.

Die Schlacht von War Bonnet Creek auf der Bühne. Bei der Schlacht von War Bonnet Creek trägt Buffalo Bill ein Kostüm, das, wie Augenzeugen vermuten, seinem Bühnenfundus entstammt: einen malerischen mexikanischen Samtanzug, scharlachrot gefüttert und mit silbernen Knöpfen und Litzen geschmückt. Wie er seinem historischen Wirken theatralischen Flair gibt, so gibt er seinem Bühnenschaffen den Thrill historischer Aktualität: Schon wenige Wochen nach der Schlacht geht er mit einem neuen Stück auf Tournee, das seinen Anteil an dieser Schlacht verklärt. Das Stück heißt *The Red Right Hand; or Buffalo Bill's First Scalp For Custer* und wird von seinem Helden und Hauptdarsteller als »Pulverdampf-Entertainment« charakterisiert. Die hier erreichte Verschmelzung von Faktischem und Fiktivem ließe sich nur noch durch eine Liveübertragung des historischen Ereignisses übertreffen.

John Clum und die Apachen. Im Zuge der Zusammenlegung von Indianer-Reservationen beauftragt der Commissioner of Indian Affairs den Agenten John Clum, der in der San Carlos-Reservation den Aravaipa-Apachen eine funktionierende Selbstverwaltung mit einer eigenen Polizei und Gerichtsbarkeit gegeben hat, die Reservation der Chiricahuas-Apachen am Apache Pass aufzulösen und die Chiricahuas nach San Carlos zu überführen. Die Chiricahuas werden seit Cochises Tod von dessen Sohn Taza geführt und von Cochises altem Freund Tom Jeffords als Agenten betreut. Jeffords findet sich mit seiner Ablösung ab, und Taza

Will Sampson als Crazy Horse in *The White Buffalo* von J. Lee Thompson, 1975.

geht mit der Hälfte seiner Leute nach San Carlos. Die andere Hälfte flieht unter der Führung des 46jährigen Geronimo nach Mexiko.

John Clum und die Wild-West-Show. In der Absicht, »dem müden Osten zu zeigen, daß die Apachen menschliche Wesen sind« und mit Billigung des Indian Bureau geht John Clum mit einer Truppe von 22 Apachen auf eine Tournee. Unter dem Titel *Wild Apaches of Arizona* werden 12 Szenen aus dem indianischen Leben gezeigt; nach erhaltenen Programmen und Presseberichten zu schließen liegt der Charakter der Veranstaltung etwa in der Mitte zwischen der ethnologischen Schau und der Wild-West-Show, wie sie später von Buffalo Bill perfektioniert wird. Zum 1. Tableau *The Indians in Full Costumes* hält Clum einen einführenden Vortrag. Die weitere Reihenfolge des Programms: *Second Tableau: An Indian Encampment – The Surprise! The Fight! Thrilling Hand-to-Hand Combat! Taking of the Scalp! Triumph of the Whites!; Third Tableau: An Indian Council of War – Speeches in the Indian Language by the noted Braves and Chiefs; Fourth Tableau: Indian Woman Mourning the Death of her Husband; Fifth Tableau: Grand War Dance – Preparing for the War-Path; Part Second – First Tableau: Indian Telegraphic System; Second Tableau: Whites Encamped. The Indian Attack. Capture of the Hunter. Taking of the Scalp. Securing the Prisoner to the Stake. His Torture. Indian Scalp Dance; Third Tableau: Indian Police Regulations – Arresting a Renegade; Final Tableau: The Indian at Home, and at Peace. Squaws engaged in Domestic Labor. Social Games. The whole concluding with A Social Dance.* Ob ein solches Programm geeignet erscheint, den Weißen ein Verständnis für die humanen Indianer zu vermitteln, erscheint zweifelhaft; zumal die blutrünstigen Tableaus eher geeignet scheinen, Vorurteile zu bestätigen als sie zu überwinden. Die Wirkung auf das Publikum ist entsprechend, und durchaus nicht im Sinne der wahrscheinlich wirklich besten Absichten Clums. Nach der Tournee-Premiere in St. Louis schreibt eine Zeitung unter anderem: »[...] Es folgt ein Zweikampf Mann gegen Mann, resultierend im Triumph der Bleichgesichter. Zuvor wird indessen mannhaft und ausdauernd gekämpft, und wenn das Messer des weißen Mannes über dem Gesicht des Indianers aufblitzt, der in starker Umklammerung gehalten wird, ist der Applaus, besonders von der Galerie, ohrenbetäubend« (zitiert nach Ralph und Natasha Friar, *The Only Good Indian*).

Tazas Ende. Chief Taza, der Sohn Cochises, den Clum mit auf seine Tournee genommen hat, stirbt während des Gastspiels in Washington an Lungenentzündung und wird auf dem Kongreß-Friedhof begraben. Sein jüngerer Bruder Naiche macht Clum Vorwürfe: »Du hast ihn von den bösen Geistern der Bleichgesichter töten lassen.« Der einzige Film, der Taza gewidmet ist, dreht die Geschichte um: Hier rivalisiert Naiche mit Taza um die Führung des Stammes und um die Liebe eines Mädchens und kommt in einer von ihm und Geronimo heraufbeschworenen Schlacht um, während Taza überlebt und das Mädchen bekommt.
Film: 1954 *Taza, Son of Cochise. R* Douglas Sirk. *D* Rock Hudson (Taza), Jeff Chandler (Cochise), Bart Roberts (Naiche), Robert Burton (General Crook). *P* Universal.

Aufblühende Rinderzucht im Norden. In dem Ausmaß, in dem Colorado, Wyoming, Montana und Dakota von den Indianern geräumt werden, blüht die Rinderzucht in diesen Staaten auf. In Montana steigt der Viehbestand binnen eines Jahrzehnts um über 1000 Prozent. Die Banken heizen diesen Boom an, indem sie den Züchtern Appetit auf Land und günstige Kredite machen. Ein Sprecher der Helena's First National Bank erklärt: »Es gibt noch nicht einmal ein Rind pro Quadratmeile auf der Weide dieses Territoriums, und man kann einen ganzen Tag über unsere besten Grasgebiete reiten, ohne auch nur ein Tier zu Gesicht zu bekommen.« Das Land hält, was diese Versprechungen verheißen, aber die Kredite sind nicht so günstig, wie die Bank sagt: Es werden bis zu 24% Zinsen kassiert.

Wyatt Earp in Dodge City. Im Mai kommt Wyatt Earp nach Dodge City und wird Assistant Marshal. Nach fünf Monaten gibt er den Posten wieder auf und wird Kutscher bei Wells Fargo.

Die James- & Younger-Bande in Northfield, Minnesota.

I am a noted highwayman, Cole Younger is my name,
My crimes and depredations have brought my friends to shame.
The robbing of the Northfield Bank, the same I can't deny,
For now I am a prisoner, in the Stillwater Jail I lie.

I stationed out my pickets and up to the bank did go,
And there upon the counter I struck my fatal blow.
»Just hand us over the money and take no further delay,
We are the famous Younger Boys, we spend no time in play!«

The cashier, being as true as steel, refused our noted band,
'Twas Jesse James that pulled the trigger that killed this noble man.
We ran for our life, for death was near, four hundred on our trail,
We soon were overtaken, and landed safe in jail.

I am a noted highwayman, Cole Younger is my name,
My crimes and depredations have brought my name to shame.
And now in the Stillwater Jail I lie, a'wearin' my life away,
Two James Boys live to tell the tale of that sad and fatal day.

Folksong

Am 7. September überfallen die James- und Younger-Brüder mit ihrer Bande, insgesamt acht Mann, die First National Bank in Northfield, Minnesota. Der Kassierer Joseph L. Heywood versucht, Widerstand zu leisten, und wird erschossen, vermutlich von Jesse James. Die alarmierten Bürger von Northfield greifen zu den Waffen und liefern der Bande eine halbstündige Straßenschlacht. Dann ordnet Jesse James den Rückzug an, aber nur er und sein Bruder Frank können entkommen. Die Bandenmitglieder Bill Stiles, Clell Miller und Charlie Pitts werden erschossen. Die Brüder Cole, James und Robert werden, teils schwerverletzt, festgenommen, zu je 25 Jahren Haft verurteilt und in das Staatsgefängnis Stillwater eingeliefert. Robert (Bob) stirbt 1889 im Gefängnis, James (Jim) bringt sich nach der Entlassung 1901 um, Cole stirbt 1916. Die entkommenen James-Brüder tauchen in Nashville, Tennessee, unter; Jesse unter dem Namen »T. J. Howard«, Frank als »B. J. Woodson«.

Filmographie Younger Brothers: 1939 *Days of Jesse James. R* Joe Kane. *D* Roy Rogers, Glenn Strange (Cole). Cole als Randfigur. *P* Republic. 1941 *Bad Men of Missouri. R* Ray Enright. *D* Dennis Morgan (Cole), Wayne Morris (Bob), Arthur Kennedy (Jim). Karriere der Youngers; nach ihrer Inhaftierung werden sie von dankbaren Farmern vor dem Galgen gerettet. *P* Warner Bros. 1949 *The Younger Brothers. R* Edwin L. Marin. *D* Wayne Morris (Cole), Bruce Bennett (Jim), James Brown (Bob). Die Youngers erwarten als Musterhäftlinge ihre Begnadigung, als ihnen ein Bankraub angehängt wird. *P* Warner Bros. 1950 *The Great Missouri Raid. R* Gordon Douglas. *D* Bruce Bennett (Cole), Bill Williams (Jim). Cole und Jim als Randfiguren einer James-Brüder-Geschichte. *P* Paramount. 1950 *Kansas Raiders. R* Ray Enright. *D* Audie Murphy, James Best (Cole). Cole als Randfigur einer Quantrill-Geschichte. *P* Universal. 1951 *Best of the Badmen. R* William D. Russell. *D* Robert Ryan, Bruce Cabot (Cole), Bob Wilke (Jim), Jack Buetel (Bob). Geschichte eines Bürgerkriegs-Offiziers, der zum Freund und Anführer der Youngers wird. 1956 *The True Story of Jesse James. R* Nicholas Ray. *D* Alan Hale (Cole), Bill Elliott (Jim), Anthony Ray (Bob). Die Youngers als Nebenfiguren der Jesse James-Story. *P* 20th Century-Fox. 1957 *Hell's Crossroads. R* Franklin Adreon. *D* Stephen McNally, Myron Healey (Cole). Cole als Randfigur einer Jesse James/Bob Ford-Geschichte. *P* Republic. 1953 *The Woman They Almost Lynched. R* Allan Dwan. *D* Joan Leslie, Jim Davis (Cole). Cole als

Randfigur einer Multi-Banditen-Story. *P* Republic. 1958 *Cole Younger, Gunfighter. R* R. G. Springsteen. *D* Frank Lovejoy (Cole). Texas nach dem Bürgerkrieg; Einzelgänger Cole als Rächer der Bedrängten. *P* Allied Artists. 1961 *True Gang Murders. R* Sherman Rosenfield. Dokumentarfilm über die Geschichte der amerikanischen Banden-Kriminalität. *P* Sagittarius. 1965 *The Outlaws Is Coming. R* Norman Maurer. *D* The Three Stooges, Bruce Sedley (Cole). All-Banditen-Burleske. *P* Normandy/Columbia. 1971 *The Great Northfield Minnesota Raid. R* Philip Kaufman. *D* Cliff Robertson (Cole), Luke Askew (Jim), Matt Clark (Bob). Geschichte des Northfield-Überfalls. *P* Robertson and Associates/Universal.

Siehe auch Filmographie der James-Brüder, 1882.

Das Ende von Wild Bill Hickok. In Cheyenne trifft Wild Bill Hickok, 40jährig und am grünen Star leidend, die inzwischen 50jährige Zirkus-Prinzipalin Agnes Lake Thatcher wieder, die ihn 1871 in Abilene umworben hat und gerade von einer erfolgreichen Europa-Tournee zurückgekehrt ist. Im Mai heiraten die beiden. Die Flitterwochen verbringen sie in Cincinnati. Dann geht Hickok allein nach Deadwood, Dakota; wahrscheinlich lernt er hier erst Calamity Jane kennen, die in der Legende zu seiner jahrelangen kameradschaftlichen Gefährtin, wenn nicht gar Geliebten und Ehefrau wird. Angeblich hat Jane zuletzt General Crooks Truppen beim Feldzug gegen die Sioux begleitet, in Männerkleidern, als Scout. Am Nachmittag des 2. August spielt Hickok mit drei alten Freunden in Nuttall & Mann's No. 10 Saloon Poker, als der 25jährige Jack McCall in das Lokal kommt und ihm von hinten durch den Kopf schießt. Hickok ist sofort tot. Die Kartenkombination, die ihm aus der Hand fällt – Pik-As, Kreuz-As, zwei schwarze Achter und Karo-Bube – wird von nun an »the deadman's hand« genannt. Der Täter war angeblich vom Ehrgeiz getrieben, ein berühmter Gunfighter zu werden; als erster Schritt auf diesem Weg gilt immer noch das Abschießen eines schon berühmten Gunfighters. Es ist aber auch möglich, daß McCall im Auftrag von alten Feinden Hickoks handelt, oder

Charles Bronson als Wild Bill Hickok in *The White Buffalo* von J. Lee Thompson, 1975.

im Auftrag von Leuten, die von Hickoks Auftauchen in Deadwood Schwierigkeiten erwarten. McCall wird ergriffen und am nächsten Tag vom Miner's Court, einer Einrichtung der Vigilanten-Justiz, freigesprochen. Da mehrere Augenzeugen die Schuld McCalls bezeugen, läßt der Freispruch darauf schließen, daß die Bürger von Deadwood mit der Liquidierung Hickoks einverstanden sind. Wenig später hört aber ein Marshal, wie McCall sich öffentlich rühmt, Hickok getötet zu haben. Er nimmt ihn fest und bringt ihn in Yankton vors Gericht. McCall wird zum Tode verurteilt und am 1. März 1877 hingerichtet.

Einige Wochen vor Hickoks Tod ist einer begrenzten Öffentlichkeit zum erstenmal die Wahrheit über die Tat, die Hickoks Ruhm begründete, bekanntgemacht worden. Anläßlich einer Unabhängigkeitsfeier enthüllt am 4. Juli 1876 ein gewisser Jenkins, Gründungsmitglied des Abgeordnetenhauses von Nebraska, daß der junge Hickok am 12. Juli 1861 in dem sogenannten McCanles-Fight oder Rock Creek-Fight nicht in heroischem Alleingang zehn Mörder und Pferdediebe erledigte, wie man bislang glaubt, sondern aus dem Hinterhalt drei unbewaffnete Männer ermordete. Bis diese Wahrheit weithin verbreitet und publiziert wird, vergehen noch einmal volle 60 Jahre: Die erste authentische und dokumentierte Darstellung des Falles erscheint 1927 im *Nebraska History Magazine.* In der Trivialliteratur und im Film kann Hickok seinen Rang als noble Legendenfigur noch viel länger behaupten. William S. Hart (*Wild Bill Hickok,* 1923) und Gary Cooper (*The Plainsman,* 1937) porträtieren ihn als freundlichen und friedlichen, aber notfalls auch unerschrocken draufgängerischen und listenreichen Helden, der, oft gemeinsam mit seinem Freund Buffalo Bill, dem Vaterland, den schlimmen Rinderstädten und vielen Witwen und Waisen als Scout, Sheriff und überhaupt schlechthin unübertrefflicher Ritter der Prärie selbstlose Dienste erweist, humorig von Gemüt und im Umgang mit Frauen von jener anheimelnden Ungelenkheit, die den Kind-Mann auf der Leinwand der

Zuneigung der Mutter-Frau im Parkett empfiehlt. So edel hat nicht einmal der wahre Hickok sich selbst gesehen; er wollte lieber gefürchtet und bestaunt als geliebt werden. Die vielen anderen Hickok-Filme folgen dem Hart-Cooper-Muster, bis auf eine kuriose Ausnahme: in *Jack McCall Desperado* ist Hickok der Bösewicht und tut dem Titelhelden so viel Leids an, daß dieser ihn schließlich zu Recht abknallt. Erst spät entdeckte dann der Neurosen-Western in dem Mann, der, wie historisch ziemlich gut belegt, so schnell und so sicher schoß, weil er so große Angst hatte, seinen idealen Helden; als Panikschütze präsentiert sich Hickok zuerst in *Little Big Man* und dann in der Hauptrolle des *White Buffalo,* wo das Töten der Titelbestie für ihn nur deshalb zu einer Obsession wird, weil er sich in seinen Träumen von ihr attackiert sieht; außerdem wird sein maroder Zustand damit erklärt, daß die Syphilis an ihm nagt und besonders sein Augenlicht gefährdet; deshalb trägt er auch Augengläser, ein interessantes Modell, das sehr an eine Schweißerbrille erinnert.

Wild Bill Hickok-Filmographie: 1913 *The Pioneer Peacemaker: Two Episodes in the Life of J. B. Hickok, Known Throughout the Middle West as Wild Bill. P* Hugh McDonald. 1923 *Wild Bill Hickok. R* Clifford S. Smith. *D* William S. Hart (Hickok), Ethel Grey Terry (Calamity Jane), Jack Gardner (Masterson). Hickok als Marshal von Dodge City und Scout für Custer. *P* William S. Hart-Famous Players-Lasky/Paramount. 1924 *The Iron Horse. R* John Ford. *D* George O'Brien, Jack Padjan (Hickok). Hickok als Randfigur der Union-Pacific-Story. *P* Fox. 1926 *The Last Frontier* (I). *R* George B. Seitz. *D* William Boyd, J. Farrell MacDonald (Hickok). Hickok als Randfigur in der Geschichte eines Armee-Offiziers. *P* Metropolitan. 1932 *The Last Frontier* (II). *R* Spencer G. Bennet, Thomas L. Story. *D* Yakima Canutt (Hickok). Hickok als Randfigur. Serial. *P* RKO. 1937 *The Plainsman. R* Cecil B. DeMille. *D* Gary Cooper (Hickok). Hickoks Karriere vom Ende des Bürgerkriegs bis zu seinem Tod. *P* Paramount. 1938 *The Great Adventures of Wild Bill Hickok. R* Mack V. Wright, Sam Nelson. *D* William Elliott (Hickok). Als Marshal von Abilene schützt Hickok Viehtrecks und Eisenbahn vor Banditen und Indianern. Serial. *P* Columbia. 1938 *Frontier Scout. R* Sam

Newfield. *D* George Houston (Hickok), Al St. John. Fuzzy-Film. *P* Grand National. 1940 *Young Bill Hickok. R* Joe Kane. *D* Roy Rogers (Hickok). *P* Republic. 1940 *Deadwood Dick. R* James W. Horne. *D* Lane Chandler (Hickok). Hickok als Randfigur. *P* Columbia. 1941 *Badlands of Dakota. R* Alfred E. Green. *D* Richard Dix (Hickok). Hickok als Randfigur. *P* MGM. 1942 *Wild Bill Hickok Rides. R* Ray Enright. *D* Bruce Cabot (Hickok). Hickok schützt Montana-Siedler vor üblen Machenschaften. *P* Warner Bros. 1950 *Dallas. R* Stuart Heisler. *D* Gary Cooper, Reed Hadley (Hickok). Hickok als Randfigur in der Geschichte eines ehemaligen Bürgerkriegs-Offiziers. *P* Warner Bros. 1952 *The Lawless Breed. R* Raoul Walsh. *D* Rock Hudson (John Wesley Hardin), Robert Anderson (Hickok). Hickok als Randfigur einer Hardin-Story. *P* Universal. 1953 *Son of the Renegade. R* Reg Brown. *D* Ewing Brown (Hickok). Hickok als Randfigur. *P* Jack Schwarz/UA. 1953 *Jack McCall Desperado. R* Sidney Salkow. *D* George Montgomery (McCall), Douglas Kennedy (Hickok). Geschichte McCalls vom Bürgerkrieg bis Hickoks Tod. *P* Columbia. 1953 *Pony Express. R* Jerry Hopper. *D* Charlton Heston (Buffalo Bill), Forrest Tucker (Hickok). Buffalo Bill und Hickok als Pony Express-Reiter. 1953 *Calamity Jane. R* David Butler. *D* Doris Day (Calamity Jane), Howard Keel (Hickok). Jane, Hickok und das Showbusiness von Deadwood. *P* Warner Bros. 1956 *I Killed Wild Bill Hickok. R* Richard Talmadge. *D* Tom Brown (Hickok). 1963 *The Raiders. R* Herschel Daugherty. *D* Robert Culp (Hickok). Hickok und Freunde setzen nach dem Bürgerkrieg den Bau der Bahnlinie nach Abilene durch. *P* Revue/Universal. 1964 *Sette ore di fuoco. R* José Romero Marchent. *D* Adrian Hoven (Hickok). Hickok und Freunde im Indianerkrieg. *P* Constantin-Centauro-PEA. 1965 *The Outlaws Is Coming. R* Norman Maurer. *D* Paul Shannon (Hickok). All-Banditen-Burleske. *P* Normandy/Columbia. 1966 *The Plainsman* (II). *R* David Lowell Rich. *D* Don Murray (Hickok). Remake des Films von 1937. *P* Universal. 1970 *Little Big Man. R* Arthur Penn. *D* Dustin Hoffman, Jeff Corey (Hickok). Hickok als einer der Lehrmeister des Titelhelden. *P* Hiller-Stockbridge. 1965 *Deadwood '76. R* James Landis. *D* Arch Hall jr., Robert Dix (Hickok). Abenteuer eines jungen Mannes, der sich in Deadwood mit Hickok schießen soll. *P* Fairway. 1977 *The White Buffalo. R* J. Lee Thompson. *D* Charles Bronson (Hickok). Hickok jagt 1875 in den Black Hills einen weißen Büffel. *P* Dino De Laurentiis.

Zuchthaus Yuma. Am Zusammenfluß des Colorado River und des Gila River in Arizona wird das Yuma Penitentiary errichtet, das zur gefürchtetsten Haftanstalt des Südwestens wird. Das Zuchthaus kann bis zu 275 Häftlinge beherbergen, die in 9 qm großen, meist der Sonneneinstrahlung ausgesetzten Zellen untergebracht sind. Nachts werden die Insassen angekettet. 1909 baut der Staat Arizona ein neues Zuchthaus in Florence; das alte Yuma-Zuchthaus dient seither als Museum.

Filme: 1958 *The Badlanders. R* Delmer Daves. *D* Alan Ladd. *P* Arcola/MGM. 1966 *Kid Rodelo. R* Richard Carlson. *D* Don Murray. *P* Trident-Fenix. (Der Filmtitel *3:10 To Yuma* [1956, *R* Delmer Daves, *D* Glenn Ford, Van Heflin] bezieht sich ebenfalls auf das Zuchthaus Yuma, das im Film selbst aber nicht gezeigt wird.)

Mexiko. In Mexiko reißt Porfirio Diaz die Macht an sich. Bis auf eine vierjährige Unterbrechung beherrscht er das Land bis zu der Revolution von 1911: Die längste Herrschaft eines Diktators in der lateinamerikanischen Geschichte. Die soziale Entwicklung des Landes in dieser Zeit wird später mit dem zynischen Schlagwort »selektive Prosperität« beschrieben.

Geboren: Franklyn Farnum, als William Smith, in Boston; wird nach einer erfolgreichen Bühnenkarriere und ersten Filmerfahrungen ab 1920 einer der meistbeschäftigten Western-Stars, Spitzname »Smiling Frank«.

1877

Das Ende von Crazy Horse. Sitting Bull ist mit dem Rest seiner Hunkpapa-Sioux nach Kanada geflohen. Crazy Horse und seine Oglala-Sioux werden von General Miles gejagt. Am 7. Januar liefern sie ihren Verfolgern am Wolf Mountain eine letzte Schlacht. Dann sind ihre Kräfte erschöpft. Im April ergibt sich Crazy Horse in Fort Robinson und geht in die Reservation. Als er von den Kämpfen der Nez Percés mit der Armee hört, bricht er wieder aus. Er wird eingefangen und zurück nach Fort Robinson gebracht. Als er sich dagegen wehrt, in eine Zelle eingesperrt zu werden, wird er von einem Soldaten mit dem Bajonett erstochen. Er stirbt am 5. September, im Alter von 35 Jahren. Seine Eltern begraben sein Herz am Wounded Knee.

Crazy Horse-Filmographie: 1936 *Custer's Last Stand. R* Elmer Clifton. *D* High Eagle (Crazy Horse). Serial. *P* Weiss-Mintz. 1941 *They Died With Their Boots On. R* Raoul Walsh. *D* Anthony Quinn (Crazy Horse). *P* Warner Bros. 1954 *Sitting Bull. R* Sidney Salkow. *D* Iron Eyes Cody (Crazy Horse). *P* UA. 1955 *Chief Crazy Horse. R* George Sherman. *D* Victor Mature (Crazy Horse), James Millican (General Crook). *P* Universal. 1965 *The Great Sioux Massacre. R* Sidney Salkow. *D* Iron Eyes Cody (Crazy Horse). 1965 *The Outlaws Is Coming. R* Norman Maurer. *D* Murray Alper (Crazy Horse). *P* Normandy/Columbia.

Die große Sioux-Reservation. Nach Beendigung der Sioux- und Cheyenne-Kriege von 1867–1877 sind die Sioux ihres Landes beraubt und in die Great Sioux Reservation eingesperrt, einem 35 000 Quadratmeilen großen Gebiet in Dakota, das in sechs Agenturen eingeteilt ist. Die Oglalas unter Red Cloud leben in der Pine Ridge-Agentur, die Brulés unter Spotted Tail in der Rosebud-Agentur, vier weitere Stämme in den Lower Brulé-, Crow Creek-, Cheyenne River- und Standing Rock-Agenturen. Die einzigen Sioux, die von Armee und Regierung nicht unter Kontrolle gebracht worden sind und weiterhin als Bedrohung angesehen werden, sind die Reste der Hunkpapas, die sich nicht ergeben haben, sondern unter Führung von Sitting Bull und Gall nach Kanada exiliert sind.

Sitting Bull in Kanada. In Kanada gelten Sitting Bull und seine Sioux als geduldete, aber unwillkommene Einwanderer, die man möglichst schnell wieder abschieben möchte. Die Bemühungen der Amerikaner, die Sioux wieder über die Grenze zurückzuholen, sind der kanadischen Regierung hochwillkommen. Sie arrangiert ein Treffen zwischen General Alfred Terry und Sitting Bull, das am 17. Oktober im kanadischen Fort Walsh stattfindet. Terry verspricht Sitting Bull eine allgemeine Amnestie, und die kanadische Seite macht darauf aufmerksam, daß sie den Sioux überhaupt nichts versprechen kann, aber Sitting Bull weigert sich entschieden, in die USA zurückzukehren. Er bleibt bis 1881 in Kanada. In dieser Zeit verschlechtern sich die Lebensbedingungen der Hunkpapas katastrophal. Viele von Sitting Bulls Leuten, darunter die Häuptlinge Gall und Crow King, geben auf und ziehen in die große Sioux-Reservation.

Chief Joseph und die lange Flucht der Nez Percés. Zu Beginn des Jahrhunderts hat die Lewis und Clark-Expedition die in Oregon lebenden Nez Percés als ein friedliches und relativ hochentwikkeltes Volk kennengelernt. In den dreißiger Jahren haben sie sich missionieren lassen; einer ihrer führenden Häuptlinge nimmt den Namen Joseph an – er ist der Vater des berühmten Chief Joseph, des »größten unter den Nez Percés, wenn nicht des größten unter allen amerikanischen Indianern« (Dee Brown, *Fighting Indians of the West*). Als 1868 unter dem Druck von Washington die meisten Nez Percé-Stämme ihre Freiheit und ihr Land aufgeben und sich in die Lapwai-Reservation einweisen lassen, macht Chief Joseph nicht mit und bewahrt seinem Stamm sein Heimatrecht im Wallowa Valley. 1873 erreicht er es, daß das Wallowa Valley von Präsident Grant ausdrücklich für die weiße Besiedlung gesperrt wird.

Unter dem Druck der Siedler, die die Rechte der Nez Percés ohnehin längst mißachten und sich zahlreiche Übergriffe gestatten, wird dieser Beschluß zwei Jahre später rückgängig gemacht. General Oliver Otis Howard, Kommandant des Department of the Columbia, wird beauftragt, die Aussiedlung der Nez Percés und ihre Überführung in die Lapwai-Reservation zu erzwingen. Howard appelliert an die Regierung: »Ich halte es für einen großen Fehler, Joseph und seinem Stamm von Nez Percés-Indianern dieses Tal zu nehmen. Vielleicht kann der Kongreß veranlaßt werden, diesen wirklich friedlichen Indianern das armselige Tal als ihr eigen zu lassen.« Dennoch wird er beauftragt, die Räumung des Wallowa Valley zu forcieren. Im Mai 1877 trifft Howard zu einer letzten Konferenz mit Joseph zusammen. Joseph wird begleitet von den Häuptlingen Looking Glass, White Bird, seinem Bruder Ollokot und dem Propheten Toohoolhoolzote, einem Vertreter der religiösen Richtung unter den Nez Percés, die sich der Christianisierung ihres Volkes und einem versöhnlerischen Umgang mit den Weißen immer widersetzt hat. Howard läßt den Propheten festnehmen und gibt den Häuptlingen eine Frist von 30 Tagen, um vom Wallowa Valley in die Reservation überzusiedeln. Joseph resigniert und ordnet den Aufbruch an. Noch während der Vorbereitungen zum Aufbruch kommt es zu einem Zusammenstoß zwischen Nez Percés-Kriegern, die ihre Heimat lieber verteidigen als aufgeben möchten, und Siedlern, die das Vieh der Indianer bereits als ihre Beute betrachten. Sieben Weiße werden getötet. Howard zieht mit der Armee gegen die Nez Percés. Die Indianer gewinnen eine erste Schlacht und weichen größeren Truppenaufgeboten geschickt aus.

Die Häuptlinge beschließen, jetzt, da eine friedliche Lösung nicht mehr möglich ist und gegen die Übermacht der Armee keine Chance besteht, dem Beispiel Sitting Bulls zu folgen und nach Kanada zu fliehen. Mit 250 Kriegern, 450 Nicht-Kombattanten, 2000 Pferden und einem großen Troß brechen sie im Juni auf. Im Juli übertölpeln sie eine 300 Mann starke Infanterie-Einheit unter Captain Charles C. Rawn, die ihnen den Weg verlegen will. Im Juli werden sie von einer 200 Mann starken Einheit unter Colonel John Gibbon angegriffen und erleiden schwere Verluste, setzen sich aber so geschickt zur Wehr, daß das Treffen unentschieden bleibt und die Flucht fortgesetzt werden kann. Ein nächtlicher Überraschungsangriff auf den Troß von General Howards Truppe verwirrt die Verfolger derart, daß die Nez

Percés im Yellowstone Park untertauchen können, wo sie die ersten Touristen des kürzlich zum Naturschutzgebiet erklärten Areals mit den wirklichen Schrecken des Westens bekanntmachen. General William T. Sherman, der sich ebenfalls gerade im Yellowstone Park aufhält, setzt weitere Truppenteile auf die Jagd nach den Nez Percés an, darunter die 7. Kavallerie, die von den Indianern nach einem Gefecht am Canyon Creek abgehängt wird, und General Miles mit 600 Kavalleristen und Infanteristen. In den Bear Paw Mountains, nur noch einen Tagesmarsch von der kanadischen Grenze entfernt, werden die Nez Percés von Miles' Truppe gestellt. Es kommt zu einer für beide Teile verlustreichen Schlacht; unter den Toten der Indianer sind Josephs Bruder Ollokot und der Prophet Toohoolhoolzote. Die Nez Percés sind noch unbesiegt, aber ihre Flucht, die sie über 1300 Meilen durch Teile von Idaho, Wyoming und Montana geführt hat, ist zu Ende: Miles riegelt ihr Lager ab und und verstärkt seinen Kordon ständig durch weitere Truppen und Artillerie. Der General fordert Joseph zur Übergabe auf, mit dem Versprechen, die Nez Percés ungeschoren zur Lapwai-Reservation zu bringen. Die Häuptlinge Looking Glass und White Bird sind für eine Fortsetzung des Kampfes. Nachdem bei einem letzten Gefecht Looking Glass getötet wird, entschließt Joseph sich zur Kapitulation. Er geht zu General Miles und übergibt ihm mit den Worten, die als »surrender speech« in die amerikanische Geschichte eingehen, sein Gewehr und sein Volk:

»I am tired of fighting. Our chiefs are killed. Looking Glass is dead. Toohoolhoolzote is dead. The old men are all dead. It is the young who say yes or no. He who led the young men, Ollokot, is dead. It is cold and we have no blankets. The little children are freezing to death. My people, some of them, have run away to the hills, and have no blankets, no food; no one knows where they are – perhaps freezing to death. I want to have time to look for my children and see how many of them I can find. Maybe I shall find them among the dead. Hear me, my chiefs! I am tired; my heart is sick and sad. From where the sun now stands I will fight no more forever.« Die Nez Percés werden nicht, wie versprochen, in die Lapwai-Reservation gebracht, sondern in Viehwagen nach Fort Leavenworth, Kansas, transportiert, später, nachdem fast hundert von ihnen als Kriegsgefangene gestorben sind, in das Indian Territory, Oklahoma.

Film: 1975 *I Will Fight No More Forever. R* Richard T. Heffron. *D* James Whitmore (General Howard), Ned Romero (Chief Joseph), Emilio Delgado (Ollokot). *P* Wolper.

Die Cheyennes im Indian Territory. Zusammen mit den Oglalas unter Crazy Horse, mit denen sie ihre letzten Schlachten gegen die Armee gekämpft haben, ergeben sich auch die Cheyennes unter Little Wolf und Dull Knife. Trotz ihrer Proteste werden sie südwärts in die Reservation der südlichen Cheyennes und der Arapahoes im Indian Territory gebracht. Die armseligen Lebensbedingungen, die sie dort vorfinden, läßt in ihnen den Entschluß reifen, wieder nach Norden zu fliehen. Im folgenden Jahr führen sie diesen Entschluß durch.

John Clum, Geronimo und Victorio. Auf Anordnung Washingtons überführt John Clum die Mimbreno-Apachen unter Chief Victorio von ihrer Ojo Caliente-Reservation in die San Carlos-Reservation und setzt Geronimo, den Führer der noch freien Chiricahua-Apachen, gefangen. Als die Regierung das von Clum eingerichtete System der Apachen-Selbstverwaltung boykottiert, indem sie die San Carlos-Reservation wieder unter die Kontrolle der Armee stellt, gibt er seinen Posten als Apachen-Agent resigniert auf; er geht in das aufblühende Tombstone und gründet eine Zeitung. Nach seinem Weggang bricht das Versorgungs- und Verwaltungssystem zusehends zusammen. Chief Victorio verläßt mit seinen Leuten San Carlos und geht nach Ojo Caliente zurück.

Billy the Kid: Der Beginn einer Karriere. Am 17. August erschießt der 18jährige Henry McCarty (sein richtiger Name) alias Henry Antrim (so nach seinem Stiefvater genannt) alias William H. Bonney (wie er sich wahrscheinlich bereits zu dieser Zeit selber nennt) alias The Kid oder Billy the Kid (mit Sicherheit zu dieser Zeit bereits sein Spitzname) in George Adkin's Saloon in Grant City, Pima County, Arizona, seinen ersten Mann, den irischen Schmied E. P. Cahill. Der Schmied ist ein bekannter Grobian, der Billy bereits öfter gedemütigt und geprügelt hat. Billy flieht nach Georgetown, dann nach Lincoln County, New Mexico, wo er bei dem Rancher John Tunstall Arbeit findet.

John Wesley Hardin: Das vorläufige Ende einer Karriere. John Wesley Hardin, unter falschem Namen im Holzgeschäft in Polland, Alabama, tätig, wird vom Texas Ranger Captain John Armstrong aufgespürt, festgenommen und vor Gericht gebracht. Er wird wegen des 1874 begangenen Mordes an Sheriff Charles Webb und wegen »the enormity of his crimes« zu 25 Jahren Zwangsarbeit im Zuchthaus Huntsville verurteilt, von denen er 17 Jahre absitzt. In dieser Zeit studiert er Jura und Theologie, leitet das Diskussionsteam der Haftanstalt und gewinnt einmal einen Debattier-Wettbewerb zum Thema »Women's Rights«. 1894 wird er entlassen.

Bat Masterson, Wyatt Earp und die Chronique Scandaleuse von Dodge City, Kansans. Im Juni fängt der Spieler William Barclay »Bat« Masterson, 24, eine Straßenrauferei mit dem Marshal Larry Deger an; er bekommt von Deger einen Schlag mit dem Revolver auf den Kopf, wird eingesperrt und muß 25 Dollar Strafe zahlen. Am 7. Juli kehrt Wyatt Earp in die Stadt zurück und läßt seine Bereitschaft erkennen, eine Position in der Ordnungsmacht der Stadt anzunehmen. Am 21. Juli deckt eine Miss Frankie Bell, »die den Meisterschaftsgürtel in der Disziplin muskulärer Aktivitäten trägt« *(Dodge City Times)* den arglosen

Earp mit einer Flut wüster Beschimpfungen ein und wird von dem Beleidigten mit einer Ohrfeige bestraft. Vom Polizeigericht wird sie zu einer Strafe von 20 Dollar verurteilt, Earp muß die Minimalstrafe von 1 Dollar zahlen. Bei den Sheriff-Wahlen im November kandidieren Bat Masterson, Wyatt Earp und der bisherige Sheriff Deger. Masterson wird Sheriff. Mit ihm rücken seine Brüder Ed und Jim in Polizeiposten auf; die drei Mastersons haben die Stadt jetzt unter ihrer Kontrolle. Wyatt Earp geht nach Fort Clark und macht dort einen Saloon auf; im folgenden Jahr kehrt er aber nach Dodge City zurück.

Sam Bass, Eisenbahnräuber. Nach einem verunglückten und einigen weiteren unergiebigen Postkutschenüberfällen in Dakota beschließen der 26jährige Sam Bass und seine sechsköpfige Bande, sich auf Eisenbahnüberfälle zu spezialisieren. Am 18. September 1877 zwingen sie den Stationsmeister von Big Springs, Nebraska, den Number Four Express der Union Pacific anzuhalten. Sie überwältigen das Zugpersonal, finden im Expreß-Wagen 60000 Dollar in frischgeprägten Goldmünzen und nehmen zudem noch den Passagieren 1300 Dollar ab. Es ist die größte Beute in der kurzen Karriere von Sam Bass. Nach dem Big Springs-Überfall löst sich die Bande auf. Drei ihrer Mitglieder, Joel Collins, Bill Heffridge und Jim Berry, werden bald darauf gestellt und erschossen. Sam Bass geht mit zwei alten Freunden, Henry Underwood und Frank Jackson, nach Fort Worth. Sie überfallen zwei Postkutschen, wobei sie wenig mehr als 400 Dollar erbeuten, und Sam Bass macht neue Pläne für Eisenbahnüberfälle.

Buffalo Bill, Rancher und Showman. Buffalo Bill Cody und sein alter Freund und Vorgesetzter Major Frank M. North kaufen am South Dismal River in Nebraska eine Ranch. Ihre Rinderzucht wird als der CN-Brand (Cody-North) bekannt. Nach sechs Wochen hat Cody aber vom Rancherleben genug. Er überläßt die

Geschäfte seinem Partner und geht mit einem neuen Stück auf Tournee: *May Cody; or, Lost and Won.* In diesem Stück läßt er zum ersten Mal die Indianerrollen von echten Indianern spielen, von Sioux, die er von der Pine Ridge-Agentur mietet.

Tombstone. Als der Prospektor Ed Schieffelin auf der Suche nach Bodenschätzen in das Cochise County, Arizona, geht, sagt man ihm, das einzige, was er in dieser Wildnis finden werde, sei sein Grabstein (Tombstone). 1877 wird Schieffelin fündig, er entdeckt eine Silbermine. Er gründet einen Ort und nennt ihn Tombstone. Sein Reichtum zieht ein Heer von Prospektoren und Glücksrittern an. In den zehn Boom-Jahren von Tombstone wächst der Ort auf 15 000 Einwohner an (heute sind es noch etwa 1300).

Filmographie Tombstone: 1932 *Tombstone Canyon. R* Alan James. *D* Ken Maynard. *P* World Wide. 1938 *In Early Arizona. R* Joseph Levering. *D* William Elliott. *P* Columbia. 1942 *West of Tombstone. R* Howard Bretherton. *D* Charles Starrett. *P* Columbia. 1948 *Bad Men of Tombstone. R* Kurt Neumann. *D* Barry Sullivan. *P* King Brothers/Allied Artists. 1953 *Gun Belt. R* Ray Nazzaro. *D* George Montgomery. *P* Global/UA. 1956 *Thunder Over Arizona. R* Joe Kane. *D* Skip Homeier. *P* Republic. 1960 *Five Guns to Tombstone. R* Edward L. Cahn. *D* James Brown. *P* Zenith/UA. 1961 *A Holster Full of Law. R* James Neilson. *D* Tom Tryon. *P* Disney. 1963 *Cavalca e uccidi. R* J. L. Boraw. *D* Alex Nicol. *P* PEA-Fenix.

Siehe auch ›Wyatt Earp‹, 1881, und ›Johnny Ringo‹, 1882.

1878

Die Flucht der Cheyennes. Die in das Indian Territory ausgesiedelten Cheyennes erleiden ein Jahr lang Hunger und Krankheit in der Reservation, dann beschließen sie, in die alte Heimat im Norden zu fliehen: eine Wegstrecke von 1800 Meilen. Ihre

Häuptlinge Dull Knife und Little Wolf kündigen diesen Entschluß dem zuständigen Agenten John Miles an und sagen: »Wenn ihr Soldaten hinter uns herschicken wollt, so bitten wir darum, daß ihr uns zuerst eine kleine Distanz zwischen uns und die Agentur legen laßt. Wenn ihr dann kämpfen wollt, werden wir kämpfen, und wir können dann dort den Boden blutig machen.«

Am 9. September brechen 297 Cheyennes, darunter höchstens ein Drittel Krieger, auf. Am 13. September werden sie von einer Kavallerie-Einheit eingeholt, die sie nach einem Gefecht abschütteln können. Sie setzen ihre Flucht durch Kansas und Nebraska fort. Aus allen Forts und Siedlungen entlang ihrem Fluchtweg brechen Armee-Einheiten und Zivilisten zu ihrer Verfolgung auf; die Cheyennes werden schließlich von 10000 Soldaten und 3000 Cowboys, Ranchern, Siedlern und Abenteurern gejagt. Nach sechs Wochen Flucht teilen sich die Cheyennes in zwei etwa gleich starke Gruppen von je 140 Mann: eine Gruppe unter Dull Knife will versuchen, zu der Reservation ihres alten Freundes Red Cloud zu gelangen und dort Unterschlupf zu finden; die andere Gruppe unter Little Wolf will den Weg weiter nordwärts zum alten Cheyenne-Land am Tongue River fortführen. Die Gruppe unter Little Wolf setzt ihren Marsch noch eine Weile fort und überwintert dann in abgelegenen Schlupfwinkeln. Die Gruppe unter Dull Knife stößt am 23. Oktober in der Nähe von Fort Robinson mitten in einem Blizzard mit einer Kavallerie-Einheit zusammen und erklärt sich in aussichtsloser Lage bereit, sich in das Fort bringen zu lassen. Dort werden sie zuerst freundlich versorgt, dann aber, nachdem der sadistische Captain Henry W. Wessels das Kommando über das Fort übernimmt, wie Kriegsgefangene gehalten. Dull Knife appelliert an den Captain, ihn mit seinen Leuten weiterziehen zu lassen. Captain Wessels fordert das Kriegsministerium auf, in dieser Sache zu entscheiden.

Ricardo Montalban als Little Wolf (hinten) und Gilbert Roland als Dull Knife in *Cheyenne Autumn* von John Ford, 1964.

Victorios Odyssee. Victorio und seine Mimbreno-Apachen, im Vorjahr von Ojo Caliente zwangsweise nach San Carlos umgesiedelt und gegen den Willen der Armee nach Ojo Caliente zurückgekehrt, sollen von der Armee wieder nach San Carlos zurückgebracht werden. Sie weigern sich und gehen schließlich auf den Kompromiß ein, zusammen mit den Mescalero-Apachen auf der Tularosa-Reservation zu leben. Sein Freund Geronimo baut indessen in San Carlos Wassermelonen an und gilt als befriedeter Indianer. Victorio wird im folgenden Jahr auf den Kriegspfad getrieben, Geronimo erst 1881.

Billy the Kid und der Lincoln County War. Die wirtschaftlichen Auseinandersetzungen im Lincoln County, New Mexico, die zu einer Konfrontation zwischen dem Rancher Tunstall und dem Anwalt McSween einerseits und dem Monopol-Unternehmen L. G. Murphy & Co. und dem hinter Murphy stehenden Santa Fé-Ring andererseits geführt haben, führen zum Lincoln County War, als Tunstall am 18. Februar von Murphys Leuten erschossen wird. Tunstalls Leute, darunter Billy the Kid, jagen als »Regulatoren« die Mörder und töten einige von ihnen. Im März nimmt Frank Warner Angel als Geheimagent des Innenministers Schurz die Ermittlungen im Lincoln County auf; die Aussagen von McSween, Billy the Kid und anderer enthüllen allmählich ein System öffentlicher Korruption, in das neben anderen hohen Beamten auch der Gouverneur Samuel B. Axtell verwickelt ist. Angel empfiehlt die Ablösung Axtells. Sheriff Brady, mit der Murphy-Partei verbündet, jagt die Regulatoren. Am 8. April wird er in Lincoln von Billy the Kid und Freunden erschossen. Schließlich kommt es zur sogenannten Battle of Lincoln. Der neue Sheriff George Peppin, wie sein Vorgänger ein Parteigänger Murphys, belagert mit seinen Leuten, später verstärkt von einer Armee-Einheit unter Führung des korrupten Colonels N. A. M. Dudley, vom 14. bis zum 19. Juli das Haus McSweens, in dem sich neben McSween und seiner Familie ein Anwaltsgehilfe und Billy mit seinen Freunden aufhält. Nach ausgedehnten Schießereien stecken die Belagerer das Haus in Brand. Die Frau McSweens darf mit ihren beiden Kindern das Haus verlassen. In der Nacht machen die Belagerten einen Ausbruchsversuch. Dabei werden McSween und sein Gehilfe getötet; Billy und seine Freunde können entkommen. Sie gehen nach Fort Sumner. Dort lernt Billy in diesem Sommer den um 10 Jahre älteren Bartender Pat Garrett kennen; die beiden freunden sich an. Am 1. September setzt Innenminister Schurz den Gouverneur Axtell ab. Sein Nachfolger wird der Bürgerkriegsheld und prominente Republikaner Lew Wallace. Billy the Kid löst seine Bande auf und geht nach Lincoln zurück. Dort bemühen sich inzwischen die Witwe McSweens und ein Freund ihres Mannes, der Anwalt Houston J. Chapman, den neuen Gouverneur für eine Bestrafung der Mörder McSweens und Maßnahmen gegen die öffentliche Korruption zu gewinnen. Dabei belasten sie den Colonel Dudley, was ihnen Belästigungen durch die Kameraden Dudleys einbringt. Im November erläßt Gouverneur Wallace eine Amnestie für alle seit dem Februar 1878 begangenen Verbrechen; daß er darin auch die von Offizieren begangenen Verbrechen einschließt, empfinden Dudley und seine Leute als Provokation, die sie zu Beginn des nächsten Jahres zu einem neuen Verbrechen treibt.

Das zweite und letzte Jahr der kurzen, glorreichen Karriere von Sam Bass.

Sam Bass was born in Indiana, it was his native home,
And at the age of seventeen young Sam began to roam.
He first came out to Texas, a cowboy for to be,
A kinder hearted fellow you seldom ever see.

Sam met his fate at Round Rock, July the twenty-first.
They pierced poor Sam with rifle balls and emptied out his purse.
Poor Sam he is a dead cowboy and six feet under clay,
And Jackson's in the mesquite trying to get away.

Jim had borrowed Sam's good gold and didn't want to pay,
His only idea it was to give brave Sam away.
He sold out Sam and Barnes and left their friends to mourn,
Oh, what a scorching Jim will get when Gabriel blows his horn.

Folksong

Im Januar rekrutiert Sam Bass in Forth Worth eine neue Bande, darunter die vorbestraften Seaborn Barnes und Arkansas Jackson. Mit dieser Mannschaft begeht er von Februar bis April in der Umgebung von Dallas vier weitere Eisenbahnüberfälle. Die Ausbeute ist nur gering (nach dem Überfall auf die Texas-and-Pacific-Line in Eagle Ford am 4. April muß er sich mit drei Komplizen 50 Dollar teilen), aber der Ruhm von Sam Bass wächst, vor allem wegen des Geschicks, mit dem er dem anwachsenden Heer von Detektiven und Texas Rangern, die Jagd auf ihn machen, immer wieder entgeht. »Zeitungsleute und Groschenheft-Schreiber strömten nach Dallas, um sich die größte Story des Jahres nicht entgehen zu lassen. Drei Monate lang war das kleine Gemeinwesen Dallas in eine wahre Räuber-und-Gendarm-Aura in der besten Tradition des alten Westens eingehüllt« (Chet Cunningham, *Outlaws of the Old West*). Am 1. Mai werden ein gewisser Jim Murphy und dessen Vater festgenommen, die Sam Bass und seine Leute nach einem Überfall auf ihrer Farm versteckt hatten. Die Murphys erkaufen sich Straffreiheit, indem Jim sich anbietet, Sam Bass in eine Falle zu locken. Ein Gefängnisausbruch wird fingiert; am 15. Juni kommt Jim Murphy mit Sam Bass in Kontakt und läßt sich in die Bande aufnehmen. Einige von Sams Leuten mißtrauen Murphy und wollen ihn vorsichtshalber töten, aber Bass glaubt an seine

Yvonne De Carlo als Calamity Jane und Howard Duff als Sam Bass in *Calamity Jane and Sam Bass* von George Sherman, 1949.

Loyalität und beteiligt ihn an den Vorbereitungen für den ersten Banküberfall der Bande.

Anfang Juli machen sie sich auf, um die Williamson County Bank in Round Rock zu überfallen. Jim Murphy informiert die Texas Ranger. Sam Bass und seine Bande reiten in die Falle: Round Rock ist mit zwei Abteilungen Texas Rangern und einigen Sheriffs besetzt. Als es zur Schießerei kommt, werden Bass und Jackson verletzt, können aber fliehen. Barnes wird getötet. Vier Meilen außerhalb der Stadt veranlaßt der schwerverletzte Bass seinen Komplizen Jackson, die Flucht allein fortzusetzen; Jackson wird später von einer Farmerin, die er um einen Schluck Wasser gebeten hat, erkannt und von den Texas Rangern festgenommen. Den schwerverletzten Bass finden die Texas Ranger einen Tag nach der Schießerei an der Stelle, wo er sich von Jackson getrennt hat. Er wird in den Ort zurückgebracht und verhört; als er erfährt, daß bei der Schießerei ein Sheriff getötet wurde, nimmt er die Schuld auf sich und sagt, dies sei der erste Mann, den er je getötet habe. Am 21. Juli 1878, seinem 27. Geburtstag, erliegt Bass seinen Verletzungen. Schon wenige Wochen später erscheint im Verlag der »Dallas Commercial Steam Print« die erste Biographie über ihn, verfaßt vom Zeitungsreporter Morrosin aus Dallas: *Life and Adventures of Sam Bass, the Notorious Union Pacific and Texas Bank Robber.* Das Buch ist einigermaßen authentisch, wenn auch der Verfasser mit seinem Helden großzügig umgeht, schon im Titel: auch noch ein Bankräuber zu werden, dazu ist Sam Bass ja nicht mehr gekommen. Die Ballade von Sam Bass erklärt, warum er in der Legende als eine sehr anheimelnde Figur dasteht: Er wird da hartnäckig als Cowboy bezeichnet, der eigentlich nur nebenher Züge ausraubt, und da der Cowboy ein Volksheld ist, während die Eisenbahnen als Feinde des Volkes gelten, steht Bass ganz gut da. Außerdem ist ihm allgemeines Mitgefühl sicher, da er, wie später der große Jesse James, das Opfer eines Verräters wird, jenes Jim Murphy, der, wie die Ballade sagt, sich am Jüngsten Tag auf das Schlimmste gefaßt machen muß. Der Film hat diesen Helden erst spät entdeckt, in den vierziger Jahren, als der Boom der Outlaw-Glorifizierungen die Suche nach bislang von Hollywood vernachlässigten Baddies forcierte.

Sam Bass-Filmographie: 1946 *Badman's Territory. R* Tim Whelan. *D* Randolph Scott, Nestor Paiva (Bass). Bass als Randfigur eines Films, der 1892 spielt, also lange nach seinem Tod. *P* RKO. 1949 *Calamity Jane and Sam Bass. R* George Sherman. *D* Yvonne De Carlo (Calamity Jane), Howard Duff (Sam Bass), Norman Lloyd (Jim Murphy), Lloyd Bridges (Joel Collins). Bass' Karriere und Ende, die Paarung mit Calamity Jane rein fiktiv. *P* Universal. 1951 *The Texas Rangers. R* Phil Karlson. *D* George Montgomery, William Bishop (Bass). Bass als Anführer einer Bande, zu der Butch Cassidy, Sundance Kid und John Wesley Hardin gehören. *P* Columbia. 1952 *Outlaw Women. R* Sam Newfield. *D* Marie Windsor, Leonard Penn (Bass). Bass als frauenhöriger Held eines Klamauks. *P* Howco/Lippert. 1965 *Deadwood '76. R* James Landis. *D* Arch Hall jr., Rex Marlow (Bass). Bass als Randfigur. *P* Fairway. 1969 *Ride a Wild Stud. R* Revilo Ekard. *D* Hale Williams, Cliff Alexander (Bass). Bass als Nebenfigur eines Films über das Sexleben der Quantrill-Bande. *P* Vega International.

Saison in Dodge City. Im Januar tötet der 29jährige John H. »Doc« Holliday, ein lungenkranker Zahnarzt aus Georgia, der zuvor in Dallas eine Klinik betrieben hat und dann Glücksspieler geworden ist, in einem Saloon in Fort Griffin nach einem Streit über ein Pokerspiel einen gewissen Ed Bailey. In Ermangelung eines Gefängnisses wird er vom Marshal in einem Hotelzimmer eingesperrt. Seine Freundin Kate »Big Nose« Fisher steckt das Hotel in Brand, überwältigt in dem entstehenden Tumult Docs Wächter, und die beiden entfliehen auf zwei vorsorglich bereitgestellten Pferden. Sie gelangen etwa um die gleiche Zeit nach Dodge City, als Wyatt Earp dorthin zurückkehrt, nach einem kurzen Gastspiel als Saloonwirt in Texas. Holliday und Earp werden Freunde, vermutlich infolge eines Zwischenfalls im Long Branch Saloon: Earp wird von einer Bande von Rustlers bedrängt, Holliday schießt ihn frei. Am 9. April wird Marshal Ed Masterson von einem Cowboy, den er zu entwaffnen versucht, tödlich verletzt; er stirbt im Büro seines Bruders, des Sheriffs Bat Masterson. Im Mai wird Wyatt Earp in den Polizeidienst aufgenommen und kurz darauf von Ned Buntline aufgesucht, der auf der Suche nach einem neuen Helden ist, nachdem Buffalo Bill sich von ihm getrennt hat. Am 26. Juli versuchen Bat Masterson und Wyatt Earp einige Cowboys zur Raison zu bringen, die wild um sich schießend durch die Stadt reiten. Als die Cowboys nicht hören wollen, schießt Earp einem von ihnen, einem gewissen George Hoyt, ins Bein; Hoyt stirbt nach der Amputation des Beins. (Seinem Biographen erzählt Earp später, Hoyt habe einen Mordanschlag auf ihn verübt, und er habe ihn in Notwehr erschossen.) Am 29. Juli findet eine Fehde zwischen James H. Kelley, Bürgermeister der Stadt, Inhaber einiger Etablissements und Manager des Opernhauses, und einem gewissen Jim »Spike« Kennedy ein tragisches Ende: Kennedy schießt in das Bett, in den er den schlafenden Kelley vermutet, in dem tatsächlich jedoch dessen Freundin, die Schauspielerin Dora Hand (richtiger Name vermutlich Fannie Keenan) schläft. Die Frau ist sofort tot. Der Mörder wird vor Gericht gestellt und freigesprochen, da er glaubwürdig macht, daß es nicht Dora Hand war, die er töten wollte.

Jesse James reitet wieder. Jesse James, nach dem verunglückten Northfield-Überfall in Nashville untergetaucht, kehrt zu seinem Gewerbe zurück. Am 8. Oktober überfällt er mit einer Bande an der Glendale Station, Jackson County, Missouri, einen Zug der Chicago and Altona Road und erbeutet 6000 Dollar. (Dies ist der Überfall, von dem es in der Ballade heißt: »[...] he robbed the Glendale train.«)

Buffalo Bills neuer Hausautor: Prentiss Ingraham. Buffalo Bill engagiert einen neuen Hausautor, den 35jährigen »Colonel«

Prentiss Ingraham, der eine Karriere als Berufssoldat, Scout-Commander und als »soldier of fortune« in Mexiko (unter Juarez), Kreta, Afrika, Österreich und Kuba hinter sich hat. Als Autor bringt er nun einen nie abreißenden Strom von Groschenheften, Romanen, Bühnenstücken und Gedichten hervor; manche Quellen schreiben ihm rund 600 Titel zu, andere bis zu 1000, darunter sind mindestens 200 Buffalo Bill-Werke. Ingraham schreibt für Cody eine Biographie, *Buffalo Bill, from Boy Hood to Manhood – Deeds of Daring, Scenes of Thrilling Peril, and the Romantic Incidents in the Early Life of W. F. Cody, the Monarch of Bordermen,* und das Stück, mit dem Cody 1878 auf Tournee geht, *The Knight of the Plains; or, Buffalo Bill's Best Trail.* Wie schon die Titel mit ihrem Gebrauch der Worte »knight« und »monarch« verraten, entwirft Ingraham ein ritterlich-königliches Bild seines Helden, »der wie eine Barriere zwischen Zivilisation und Wildnis steht, sein eigenes Leben riskierend, um das anderer zu retten«. Für seine neue Tournee engagiert Buffalo Bill auf eigene Faust Pawnees und bekommt deshalb Schwierigkeiten mit den Behörden; die Vorwürfe, die man ihm macht, weil er die Indianer ohne Genehmigung aus den Reservationen holt, lassen darauf schließen, daß man die Indianer inzwischen als eine Art Land- und Forsthüter unter der Oberaufsicht der von der Regierung bestellten Agenten betrachtet.

Ein neuer Groschenheft-Held: Deadwood Dick. Mit der Nummer 77 von Beadle's Half Dime Library, dem Groschenheft *Corduroy Charlie, the Boy Bravo; or, Deadwood Dick's Last Act* kreiert der Autor Edward L. Wheeler einen neuen und bald außerordentlich populären Helden, Deadwood Dick, den ersten Westerner der Trivialliteratur, der im Westen der späten siebziger und frühen achtziger Jahre zu Hause ist, auch in der Geschäfts- und Arbeitswelt dieses Westens, und der kein majestätischer Fürst der Prärien ist, sondern ein Mr. Average American, geeignet, »die Amerikaner in ihrem traditionellen Glauben zu bestärken, daß alle Widrigkeiten sich überwinden lassen durch die mutige, virile und entschlossene Selbstbehauptung des Individuums als Individuum« (*Dime Novels and the American Tradition,* in *Yake Review,* Sommer 1937).

Deadwood Dick ist zu Hause in Deadwood, der Goldboom-Town, die 1876 aus dem Boden geschossen ist. Dort gab es tatsächlich einen gewissen Richard (Dick) Clark, der sich Deadwood Dick nannte. Aber während der Literaturhistoriker Edmund Pearson in einer 1929 erschienenen Untersuchung *Dime Novels; or, Following an Old Trail in Popular Literature* zu beweisen versucht, daß dieser Clark, »der erste Postkutscher in Deadwood«, das Modell für Wheelers Dick war, meint Dee Brown in seinem *The Settler's West* von 1955, Clark habe sich mit Billigung der Handelskammer von Deadwood als Deadwood Dick ausgegeben, nachdem Reisende, die Wheelers Geschichten gelesen hatten, immer wieder nach dem berühmten Sohn der Stadt fragten. Wahrscheinlich hat Brown recht, denn Wheeler ist kein Mann, der sich mit Recherchen aufhält; er lebt in Pennsylvania, hat den Westen nie bereist und bringt die Geographie des Westens in einer Weise durcheinander, die Karl May sich nie gestattet hätte. Dafür läßt er, wie wir noch sehen werden, sein Interesse für soziale und politische Fragen in die Deadwood Dick-Geschichten einfließen.

Deadwood Dick ist ein ehemaliger Bandit, der in Deadwood Postkutscher wird und dann zum Mitbesitzer einer Mine aufsteigt, was ihm für die Zukunft ein Jahreseinkommen von 5000 Dollar sichert; dann wird er Detektiv, und die meisten Deadwood Dick-Geschichten Wheelers kreisen um Dicks Detektiv-Abenteuer, die ihn durch den ganzen Westen führen. Neben den Qualitäten des Selfmade-Mannes, der aus bescheidenen Verhältnissen und ohne Schulbildung den Weg nach oben schafft, hat er die Talente, die ihn im Westen bestehen lassen: Er ist ein ausgezeichneter Reiter und Schütze. Vor allem aber ist er ein sehr attraktiver und einnehmender Kerl, dem dauernd die schönsten

Frauen hinterherlaufen, unter anderem (die hier zur Schönheit verklärte) Calamity Jane. Seine mythische Weihe bekommt dieser einigermaßen realistische Typ durch eine Geschichte von Tod und Wiedergeburt, die er von sich erzählt; in einer von Wheelers Geschichten berichtet Dick, in seinen frühen Tagen als Bandit sei er ergriffen und gehängt worden, »aber ich wurde von einem Freund abgeschnitten und wiederbelebt, und so hatte ich gehangen und meine Schuld an der Natur und an der Justiz beglichen, um zum Leben zurückzukehren als freier Mann, den kein Gesetz der Welt für vergangene Verfehlungen belästigen kann«. Henry Nash Smith schreibt dazu in *Virgin Land:* »Diese proteusgleiche Reinigung beschert uns nicht nur einen zugleich makellosen und unsterblichen Helden, sondern hat noch eine andere Funktion: Der Held zeigt ein Interesse für soziale Probleme, das, soweit ich das übersehen kann, einzigartig in Dime Novels ist.« Deadwood Dick organisiert eine Minenarbeiter-Gewerkschaft, beteiligt sich an Lohnkämpfen, bekämpft andererseits eine Bestrebung zur Sozialisierung der Minen und nimmt gelegentlich als guter Amerikaner auch eine extreme Law and Order-Haltung ein: Das Groschenheft *Deadwood Dick Jr. in Chicago; or, The Anarchist's Daughter* von 1888 greift den aktuellen politischen Fall von Anarchisten-Unruhen in Chicago auf und läßt den Helden die Meinung vertreten, Anarchisten seien unerwünschte Ausländer, die aufgehängt gehören. Daß der Held dieser Geschichte ein Deadwood Dick jr. ist, hat nicht viel zu sagen. Wheeler macht sich fast nie die Mühe, seine neuen Deadwood Dick-Geschichten an die Handlungen und Umstände der bereits erschienenen Geschichten ordentlich anzukoppeln, so daß allmählich eine ziemliche Unordnung und eine Fülle von Ungereimtheiten in die Biographie des Helden kommen; über dieses Problem schwindelt sich Wheeler mit der Einführung eines Juniors hinweg, gelassen darauf vertrauend, daß das, was zu dem einen Dick nicht paßt, bei dem anderen bestimmt hingehen wird; auf diese Weise verheiratet Wheeler zum Beispiel seinen Helden häufig aufs neue, ohne seinem in den vorangegangenen Geschichten etablierten Personenstand weiter Beachtung zu schenken. Ob Dick sr. oder Dick jr., der Held ist immer der gleiche.

Film: 1940 *Deadwood Dick. R* James W. Horne. *D* Don Douglas (DD). In der Maske von Deadwood Dick kämpft der Redakteur der *Dakota Pioneer Press* gegen eine Bande, die das ganze Dakota Territory unter ihre Kontrolle zu bringen versucht; die Bande wird angeführt von einem geheimnisvollen Unbekannten, »The Skull«, den Deadwood Dick als den Bankier von Deadwood entlarvt. Serial. *P* Columbia.

Weitere Verwilderung der Groschenheft-Heldinnen. Deadwood Dick ist nicht die einzige Kreation Wheelers. In einigen seiner Groschenhefte präsentiert er weibliche Helden, deren Namen Hurricane Nell, the Girl Dead Shot und Wild Edna, the Girl Brigand bereits darauf schließen lassen, daß hier die schon in früheren *Dime Novels* anderer Autoren spürbar gewordene Tendenz, die Heldinnen des Westens als Amazonen von schier erschreckender Virilität zu zeigen, auf einen neuen Höhepunkt getrieben wird. Wheelers Heldinnen »out-run, out-ride, out-shoot, out-lasso and out-yell« sämtliche Männer, die sich in diese Geschichten verirren, und die häufig in Situationen geraten, die in gesitteteren Romanen hilflosen Frauen vorbehalten sind; zum Beispiel an den Marterpfahl blutdürstiger Indianer gefesselt zu sein. Wheelers Amazonen zeigen in solchen Situationen, daß sie nicht nur rauchen, trinken und fluchen können (was sie mit Lust tun), sondern jederzeit bereit und in der Lage sind, die Schwächlinge aus der Patsche zu holen.

Geboren: Harry Carey, am 16. Januar in New York, als Sohn eines Richters; studiert Jura, schreibt dann Bühnenstücke und wird Schauspieler; spielt ab 1908 in Western und anderen Filmen der Biograph.

Gestorben: Satanta, der Kiowa-Häuptling, der sich 1874 ergeben hat und eingekerkert worden ist, begeht im Gefängnis Selbstmord.

1879

Das Ende der Cheyennes. Am 3. Januar ordnen das Kriegs- und das Innenministerium an, daß die Cheyennes unter Dull Knife, deren Flucht aus der Reservation im Indian Territory in Fort Robinson geendet hat, in die Reservation zurückkehren müssen. Als die Cheyennes sich weigern, verschärft der Kommandant von Fort Robinson, Captain Wessels, die Haft der Indianer, verweigert ihnen Nahrung und Heizung und läßt einige ihrer Führer in Ketten legen. Am 9. Januar machen die Cheyennes einen Ausbruchsversuch. 74 werden wieder eingefangen, 23 auf der Flucht erschossen, nur 6 entkommen, darunter Dull Knife. Der Häuptling führt diesen Rest seiner Truppe in die Pine Ridge-Reservation zu Red Cloud.

Die Cheyenne-Gruppe unter Little Wolf, die sich von Dull Knifes Gruppe getrennt hat, überwintert in abgelegenen Verstecken und zieht dann weiter nordwärts zum Tongue River. Ein verständnisvoller Lieutenant bringt sie nach Fort Keogh. Dort lassen sich viele junge Krieger als Scouts anwerben. Andere Cheyennes, darunter Little Wolf, verkommen allmählich im Alkohol. Nach langen Monaten bekommen die letzten der Cheyennes, auch die kleine Gruppe von Dull Knifes Überlebenden, eine Reservation am Tongue River. »Für die meisten von ihnen war es zu spät. Die Kraft hatte die Cheyennes verlassen. In den Jahren seit Sand Creek hatte das Schicksal das Beautiful People heimgesucht. Die Saat des Stammes war in alle Winde zerstreut« (Dee Brown, *Bury my Heart at Wounded Knee*).

Cheyennes-Filme: 1910 *A Cheyenne Brave. D* James Youngdeer. 1 Akt. *P* Pathé. 1910 *Cheyenne Raiders, or Kit Carson on the Santa Fé Trail.* 1. Akt. *P* Kalem. 1910 *Cheyenne Love for a Sioux. P* Bison. 1911 *The Cheyenne Medicine Man. P* Bison. 1911 *The Cheyenne's Bride. P* Pathé. 1911 *A Cheyenne's Courtship. P* Bison. 1911 *The Missionary's Gratitude. P* Bison. 1911 *A Sioux Spy. P* Bison. 1911 *A Young Squaw's Bravery. D* Anna Little. *P* Bison. 1912 *The Battle of the Red Men. D* Thomas H.

Ince. 2 Akte. *P* Bison. 1913 *The Cheyenne Massacre. D* Carlyle Blackwell. 2 Akte. *P* Kalem. 1913 *The Battle at Fort Laramie.* 2 Akte. *P* Kalem. 1915 *Satam McAllister's Heir. D* Walter Edwards. 2 Akte. *P* Domino. 1952 *Wagons West. R* Ford Beebe. *D* Rod Cameron. *P* Monogram. 1954 *The Command. R* David Butler. *D* Guy Madison. *P* Warner Bros. 1953 *The Charge at Feather River. R* Gordon Douglas. *D* Guy Madison. *P* Warner Bros. 1954 *White Feather. R* Robert Webb. *D* Robert Wagner, Jeffrey Hunter. *P* Panoramic/20th Century-Fox. 1956 *Dakota Incident. R* Lewis R. Foster. *D* Dale Robertson. *P* Republic. 1964 *Cheyenne Autumn. R* John Ford. *D* Edward G. Robinson (Carl Schurz), Karl Malden (Captain Wessels), Gilbert Roland (Dull Knife), Ricardo Montalban (Little Wolf). Die letzte Flucht der Cheyennes 1878–1879. *P* John Ford-Berbard Smith/Warner Bros. 1966 *The Talisman,* auch *The Savage American. R* John Carr. *D* Ned Romero. Cheyenne schützt weiße Frau vor weißen Soldaten. *P* Gillman. 1969 *The Undefeated. R* Andrew V. McLaglen. *D* John Wayne, Roman Gabriel. Kavallerie-Offizier adoptiert jungen Cheyenne. *P* 20th Century-Fox.

Siehe auch ›Sand Creek Massacre‹, 1864, und ›Little Big Horn‹, 1876.

Das Ende der Utes. In Colorado sind die Cheyennes, Kiowas, Comanchen, Arapahos und Apachen bereits vertrieben oder ausgerottet. Die Utes haben in Verträgen von 1868 und 1873 auf den Großteil ihres Landes verzichtet und leben friedlich in der Reservation. 1878 haben sie einen neuen Agenten bekommen, Nathan Meeker, der mit missionarischem Fanatismus versucht, dieses Volk von Reitern und Jägern zu Ackerbauern zu machen. Es kommt zu zahlreichen Zwischenfällen. Als Meeker darangeht, das Weideland der Utes umzupflügen, und ihnen androht, ihre Pferde erschießen zu lassen, wird er von einem Medizinmann der Utes, Canalla, verprügelt. Daraufhin fordert er vom Gouverneur des Staates Colorado, Frederick Pitkin, und vom Commissioner of Indian Affairs Hilfe an. Der Gouverneur, als Inhaber einer Silbermine einer der Hauptnutznießer der voraufgegangenen Landnahme von den Utes, ist bereits seit 1877 der Wortführer einer Kampagne, die unter dem Slogan »The Utes must go!« die totale Vertreibung der Indianer aus dem Staat propagiert. Sein Staatssekretär William B. Vickers schreibt in der *Denver Tribune:* »Die Utes sind richtige, praktizierende Kommunisten, und die Regierung sollte sich schämen, sie in ihrem Müßiggang und ihrem verschwenderischen Umgang mit Land noch zu unterstützen und zu ermutigen.« Die »The Utes must go!«-Kampagne und die Hilferufe des Agenten Meeker haben zur Folge, daß die Armee gegen die rund 1000 Utes in Marsch gesetzt wird. Die Anführer der Utes versuchen, den Anführer des Truppen-Kommandos, Major Thomas T. Thornburgh, vom Weitermarsch auf die Reservation friedlich abzuhalten. Als das mißlingt, kommt es im September am Milk River zu Kämpfen zwischen den Utes und der Kavallerie und in der White River-Agentur zu einem Massaker an Agent Meeker und seinen Hilfskräften. Dann bewegt der Utes-Häuptling Jack sein Volk zur Kapitulation. Zwei Jahre später werden die Utes nach Utah umgesiedelt.

Utes-Filme: 1910 *The Uprising of the Utes.* 1 Akt. *P* Kalem. 1911 *A Perilous Ride. R* J. Searle Dawley. *D* James Gordon. *P* Edison. 1965 *Finger on the Trigger/El dedo en el gatillo. R* Sidney Pink. *D* Rory Calhoun. *P* Comet-FISA.

Victorios Guerillakrieg. Victorio, der mit seinen Mimbreno-Apachen mehrfach umgesiedelt wurde und jetzt auf der Tularosa-Reservation lebt, soll wegen Mordverdachts festgenommen werden. Er bricht aus der Reservation aus, sammelt 200 Mescalero- und Chiricahua-Apachen um sich und richtet in Mexiko einen Stützpunkt ein, von dem aus er einen erbitterten und zunehmend grausamen Kleinkrieg gegen Siedler, Rancher und Armee in Arizona, New Mexico und Texas führt. Seine Kriegführung ist so rücksichtslos, daß ein Teil seiner eigenen Leute ihn verläßt. Auf seinen Kopf wird eine Prämie von 3000 Dollar ausgesetzt. Ein Jahr später führt die Jagd auf ihn zum Erfolg.

Billy the Kid und der Lincoln County War. Der nach Lincoln zurückgekehrte Billy erlebt mit, wie die Handlanger des Murphy-Clans den Anwalt Chapman erschießen, der sich um die Verfolgung der Mörder seines Freundes McSween bemüht hat. Als die Mörder freigesprochen werden, fürchtet auch Billy um sein Leben und verläßt die Stadt. Ein Freund und Kollege Chapmans, Ira E. Leonard, fordert Gouverneur Wallace auf, die Mörder von McSween und Chapman und deren Hintermänner, vor allem Colonel Dudley, zur Rechenschaft zu ziehen. Im März teilt Billy dem Gouverneur schriftlich mit, er kenne die Mörder und würde als Zeuge zur Verfügung stehen, falls Wallace ihn gegen seine Feinde zu schützen bereit wäre: »Ich habe nicht den Wunsch noch weiter zu kämpfen, und in der Tat habe ich nicht den Arm erhoben seit Ihrer Proklamation (gemeint ist Wallaces Amnestie). Was meinen Charakter angeht, so können Sie sich bei jedem Bürger erkundigen, denn die Mehrzahl von ihnen sind meine Freunde und haben mir nach Kräften geholfen. Ich werde Kid Antrim genannt, aber Antrim ist der Name meines Stiefvaters. Indem ich auf eine Antwort warte, bin ich Ihr gehorsamster Diener, W. H. Bonney.« Wallace antwortet umgehend, und am 17. März um 21 Uhr treffen sich Billy the Kid und Lew Wallace, Gouverneur von New Mexico und zukünftiger Autor von *Ben Hur,* im Haus des alten Squire Wilson unter vier Augen. Sie treffen folgendes Abkommen: Wallace und Billy täuschen den Arrest Billys vor; Billy sagt dann gegen die Mörder von McSween und Chapman aus; dafür hat er in dem gegen ihn drohenden Verfahren wegen des Todes von Sheriff Brady nichts zu fürchten. Am 21. März läßt Billy sich festnehmen. Er fertigt für den Gouverneur ein Papier, in dem er die ihm bekannten Mißstände und Übeltäter in Lincoln County aufzählt; im April sagt er vor der Lincoln County Grand Jury aus. Wallace verliert aber das Interesse an dem Verfahren, das dann von einem alten Feind Billys und einem Freund des Murphy-Clans, Colonel Rynerson, geführt wird. Mit der Hilfe Rynersons und freundlicher Zeugen

Johnny Mack Brown als Billy the Kid (Mitte) in *Billy the Kid* von King Vidor, 1930.

aus der Armee werden Colonel Dudley und Jimmy Dolan, einer der Chapman-Mörder, freigesprochen; andere, von Billy benannte Mittäter sind nicht einmal festgenommen worden. Billy verliert den Glauben an die Justiz des Establishments und bricht aus dem Gefängnis aus. Er geht wieder nach Fort Sumner, arbeitet gelegentlich als Cowboy und läßt sich von seinen vielen Freundinnen verwöhnen.

Wyatt Earp geht nach Tombstone. Wyatt Earp unternimmt einen neuen Versuch, Marshal von Dodge City zu werden. Als ihm das mißlingt, verläßt er die Stadt. Anfang Dezember kommt er mit seiner Frau Mattie (deren Existenz er später in den von ihm selber inspirierten Biographien immer verschweigt) und seinen Brüdern James, Virgil, Morgan und Warren nach Tombstone. Virgil ist im November zum Deputy Marshal von Süd-Arizona ernannt worden. Wyatt bemüht sich, Sheriff von Tombstone zu werden, aber statt seiner bekommt Johnny Behan den Posten, was Wyatt sehr erbittert. Seinem Biographen Lake erzählt Wyatt Earp später, er wäre Sheriff in Tombstone geworden und der einzige Polizeioffizier im Umkreis von 75 Meilen gewesen.

Eine Pseudo-Autobiographie von Buffalo Bill. William F. Cody läßt eine Autobiographie veröffentlichen: *The Life of Hon. William F. Cody, Known as Buffalo Bill, the Famous Hunter, Scout and Guide – An Autobiography*. Als Autor dieses Buches, das sich mit seiner Häufung von hilfesuchenden Jungfrauen, wunderbaren Errettungen aus Lebensgefahr und überirdischen Visionen wie mit seinen ausschweifenden Beschreibungen der prächtigen Kostüme des Helden kaum von den Buffalo Bill-Schilderungen der Groschenhefte unterscheidet, gilt Codys Hausautor Prentiss Ingraham. Fast zugleich mit der Autobiographie erscheint als Band 83 der Beadle's Dime New York Library das Groschenheft *Gold Bullet Sport; or, The Knight of the*

Overland, als dessen Autor Buffalo Bill genannt wird; auch dieses Werk stammt wahrscheinlich von Ingraham.

Geboren: William Fox, als Wilhelm Fried, Sohn einer deutschstämmigen Familie, in Tulchva, Ungarn; kommt als Kleinkind mit seinen Eltern nach Amerika, betätigt sich nach verschiedenen Jobs zuerst im Textilhandel, dann mit dem Aufbau einer Kino-Kette; wird dann Filmverleiher und ab 1914 Filmproduzent; beeinflußt als solcher entscheidend die Western-Produktion der zehner und zwanziger Jahre.

Will Rogers, in Colagah, Indian Territory (Oklahoma), als Sohn einer irisch-indianischen Familie; wird Cowboy, kommt dann als Matrose und Abenteurer um die Welt, tritt in Südafrika in einer Wild-West-Show auf; kehrt in die USA zurück und wird mit Jahrmarkt-, Zirkus- und Vaudeville-Auftritten, bei denen er die Vorführung von Cowboy-Kunststücken mit dem Vortrag witziger Cowboy-Philosophie verbindet, zu einem populären Entertainer. Filmdebüt 1918 in *Laughing Bill Hyde.*

1880

Victorios Ende. Amerikanische und mexikanische Truppen verbünden sich zu einem Feldzug gegen Victorio und seine Apachen, die von mexikanischen Schlupfwinkeln aus ihren Guerillakrieg führen. Im Oktober werden die Apachen umstellt. Victorio wird mit 78 seiner Krieger getötet, 68 Frauen und Kinder werden gefangengenommen. 30 Krieger können entkommen, darunter der bereits über 70jährige Chief Nana, der sofort darangeht, eine neue Guerillaarmee aufzubauen, die er hauptsächlich aus jungen, den Reservationen entlaufenen Apachen rekrutiert.

Victorio-Filmographie: 1953 *Hondo. R* John Farrow. *D* John Wayne, Michael Pate (Victorio). Victorio als Freund-Feind des Titelhelden. *P* Wayne-Fellows/Warner Bros. 1957 *Fort Bowie. R* Howard W. Koch

D Ben Johnson, Larry Chance (Victorio). Victorios Apachen versuchen, Fort Bowie zu erobern. *P* Bel-Air/UA. 1964 *Apache Rifles. R* William Witney. *D* Audie Murphy, Joseph A. Vitale (Victorio). Army-Captain bemüht sich um die Freundschaft von Victorios (fiktivem) Sohn Red Hawk. *P* Admiral/20th Century-Fox. 1966 *Hondo and the Apaches. R* Lee Katzin. *D* Ralph Teeger, Michael Pate (Victorio). Geschichte eines Trappers, der Victorios Schwiegersohn wird. *P* Batjac/MGM.

Billy the Kid und der Lincoln County War. Im Januar erschießt Billy the Kid während einer Saloon-Streiterei einen jungen Revolvermann, Joe Grant, der öffentlich geschworen hatte, Billy umzulegen. Dann freundet er sich mit einem berüchtigten Banditen an, Dave Rudabaugh. Im Sommer wird Billys alter Freund Pat Garrett Deputy-Sheriff in Lincoln County, dann auf Betreiben des Murphy-Clans Deputy United States Marshal (als solcher kann er bei der Verfolgung Billys, zu dem seine Gönner ihn drängen, County-Grenzen überschreiten). Billy wird erfolglos von seinen Freunden gedrängt, nach Mexiko zu gehen. Im Dezember gehen Pat Garrett und ein Aufgebot von Sheriffs, Ranch-Detektiven und Gunfightern auf die Jagd nach Billy und seinen Freunden. Bei einer ersten Konfrontation in Fort Sumner am 19. Dezember wird Billys Freund Tom O'Folliard erschossen. Die anderen werden gejagt und in einem verlassenen Haus in Stinking Springs belagert. Nachdem ein weiterer Freund Billys, Charles Bowdre, während der Belagerung erschossen wird, ergeben sich Billy und der Rest: Dave Rudabaugh, Tom Pickett und Billy Wilson. Billy und Rudabaugh werden zusammengekettet und zuerst nach Las Vegas gebracht; dort versucht der Mob sie zu lynchen, was Pat Garrett verhindert. Dann kommen die Gefangenen nach Santa Fé. Aus dem Gefängnis schreibt Billy vier Briefe an Gouverneur Wallace, um ihn an seine Versprechungen zu erinnern. Wallace antwortet nicht. »*Ben Hur* war jetzt bereits ein Bestseller und die Heimsuchungen eines jungen Outlaws waren nicht länger wichtig. Wahrscheinlich hat Wallace keinen Gedanken mehr an das Kid verschwendet, als er Santa Fé verließ, an demselben Tag, als Billy dort eintraf; er war auf dem Weg nach Washington, um den schäbigen Gouverneurspalast mit der prächtigeren Residenz eines Botschafters der Vereinigten Staaten in der Türkei zu vertauschen« (James D. Horan, *Authentic Faces and Voices of the Wild West).*

Gouverneur Crittenden und die James-Bande. Nachdem die Jesse James-Bande ihre Karriere wiederaufgenommen hat und Missouri in den Zeitungen der USA bereits »The Robber State« genannt wird, wird die Verfolgung der Banditen zu einer Sache der Politik. Thomas Crittenden wird zum Gouverneur von Missouri gewählt, nachdem er »den festen Entschluß, das Banditentum in diesem Staat, dessen Kopf und Anführer die James-Gang ist, zu überwältigen und zu vernichten« in die Liste seiner Wahlversprechen aufgenommen hat.

Die Earps und die Clantons in Tombstone. Wyatt Earp ist im Vorjahr nach Tombstone gekommen, gefolgt von seinen Brüdern Morgan, James, Virgil und Warren, und schließlich auch von Doc Holliday und seiner Geliebten Kate »Big Nose« Fisher. Virgil Earp ist Deputy Marshal; die Bereitschaft der Brüder, ihm bei seinen Ordnungsaufgaben beizustehen, geht auf ihr Bestreben zurück, ihre Position in den Machtstrukturen von Tombstone zu etablieren. Wyatt Earp ist Teilhaber des Oriental Saloon and Gambling Hall; die Teilhaberschaft ist vielleicht nur ein Entgelt für die Dienste, die er dem hinter dem Saloon stehenden Racket leistet, ein »fighting interest« als Lohn für »protection«. Eine bis heute undurchsichtige Partnerschaft, die aber jedenfalls bald zur Rivalität entartet, verbindet den Earp-Clan mit N. H. »Old Man« Clanton und seinen drei Söhnen; der Clanton-Clan ist von Vigilanten aus Kalifornien verjagt worden und lebt seither in Arizona vom Viehdiebstahl. Als Freunde und Parteigänger der Clantons gelten die Banditen Frank und Tom McLowery, Curly

Bill Brocius (eigentlich William B. Graham) und Johnny Ringo (eigentlich Ringgold). Als es in der Gegend von Tombstone immer häufiger zu Postkutschenüberfällen kommt, müssen es sich alle diese Clans und Einzelpersonen gefallen lassen, unter die Verdächtigen gerechnet zu werden, zumal wenn sich, was vor allem bei den Earps der Fall ist, ihr Besitz ständig und aus nicht immer plausiblen Gründen vermehrt. Sheriff John E. Behan und Town Marshal Fred White sind auch nur insoweit über jeden Verdacht erhaben, als sie die bestallten Ordnungshüter sind; von Behan weiß man, daß er den Clantons freundlich und den Earps unfreundlich gesonnen ist.

Die Spannung in Tombstone steigt in dem Maße, in dem die einzelnen Parteien sich gegenseitig die Schuld für die vorkommenden Delikte zuschieben. Publizistisch angeheizt wird diese Spannung von den zwei Zeitungen des Ortes: *The Nugget* macht prinzipiell Stimmung gegen die Earps, während *The Epitaph,* geleitet von dem Ex-Apachen-Agenten John P. Clum, eine Pro-Earp-Richtung vertritt. Im Oktober kommt es zu einem Zwischenfall. Nach einem Trinkgelage randalieren Ike und Billy Clanton, Frank und Tom McLowery, Curly Bill und zwei weitere Männer auf der Allen Street und stoßen mit Marshal Fred White und Wyatt Earp zusammen. Als White Curly Bill entwaffnen will, löst sich ein Schuß aus dessen Colt und trifft den Marshal tödlich. Wyatt Earp kann die anderen Männer überwältigen und ins Gefängnis schaffen. Sie werden aber wieder entlassen, da White noch vor seinem Tod bezeugt, daß Curly Bill nicht mit Absicht auf ihn geschossen hat. Der Vorfall zeigt Earp in einem guten Licht, muß freilich mit dem Vorbehalt betrachtet werden, daß er keinen unparteiischen Augenzeugen hatte. Die Endabrechnung kommt dann genau ein Jahr später am OK-Corral.

Myra Belle wird Belle Starr. Die 32jährige Myra Belle Shirley, ehemalige Geliebte des jetzt im Gefängnis sitzenden Cole Younger und Witwe des Banditen Jim Reed, heiratet einen der

Banditen, mit denen sie im Indian Territory ihr Unwesen treibt, den 28jährigen Sam Starr. So bekommt sie endlich den Namen, unter dem sie berühmt wird: Belle Starr. Das Paar bezieht eine abgelegene, schwer zugängliche Hütte am Canadian River, Indian Territory, die Belle aus Anhänglichkeit an ihren ehemaligen Geliebten Younger's Bend nennt. Younger's Bend wird zu einem beliebten Schlupfwinkel für flüchtige Banditen, darunter Jesse James. Obwohl Belle Starr ständig mit dem Gesetz in Konflikt kommt, wird sie erst 1883 zum erstenmal verhaftet.

Das letzte Büffel-Massaker. Mit der Eröffnung der Northern Pacific Railroad wird auch den Büffeljägern der Weg in das Herzland der nördlichen Büffelherden gebahnt; die Ausrottung der Büffel tritt in ihre Endphase. »Alle sieben Tage der Woche vibrierte die klare Luft von Montana von Sonnenaufgang bis Sonnenuntergang von dem röhrenden Knallen der Sharps und Remingtons und den helleren Schüssen der Springfields, Spencers und Winchesters, und die blutige Arbeit wurde bis zum unvermeidlichen Ende verrichtet. 1881 wurden 50000 Büffelhäute mit der Eisenbahn verfrachtet, 1882 waren es 200000, 1883 40000 und 1884 300. Bei sinkendem Angebot stiegen die Preise von 5 Dollar pro Fell bis auf 30 Dollar. 1885 waren Büffelfelle schon so selten, daß pro Stück 75 Dollar gezahlt wurden« (Norman B. Wiltsey, *The Great Buffalo Slaughter*).

Filme: 1912 *The Buffalo Hunt.* 1 Akt. *P* 101 Bison. 1925 *The Thundering Herd* (nach Zane Grey). *R* William K. Howard. *D* Jack Holt. Büffeljagd provoziert Indianeraufstand, 1876. *P* Famous Players-Lasky. 1926 *The Last Frontier. R* George B. Seitz. *D* William Boyd. Büffelstampede als Teil indianischer Kampfstrategie. *P* Metropolitan. 1926 *Buffalo Bill on the U. P. Trail. R* Frank S. Mattison. *D* Roy Stewart (Buffalo Bill). Büffelstampede als Teil indianischer Kampfstrategie. *P* Sunset. 1930 *The Big Trail. R* Raoul Walsh. *D* John Wayne. Büffeljagd während eines Wagentrecks. *P* Fox. 1933 *The Thundering Herd* (II) (nach Zane Grey). *R* Henry Hathaway. *D* Randolph Scott. Remake des Films von 1925. *P* Paramount. 1955 *The Last Hunt. R* Richard Brooks. *D* Robert Taylor,

Stewart Granger. Büffeljagd aus Profitgier und Indianerhaß, Montana 1882–1885. *P* MGM. 1956 *The Searchers. R* John Ford. *D* John Wayne. Büffel-Massaker aus Indianerhaß. *P* C. V. Whitney/Warner Bros. 1963 *How the West Was Won,* Episode *The Railroad. R* George Marshall. *D* Henry Fonda. Indianer stören Eisenbahnbau durch Büffelstampede. *P* MGM-Cinerama. 1965 *The Outlaws Is Coming. R* Norman Maurer. *D* The Three Stooges. Burleske: Verleger eines Wildlife-Magazine schickt drei Komiker in den Westen, um das Büffel-Schlachten zu stoppen. *P* Normandy. 1965 *Old Surehand. R* Alfred Vohrer. *D* Stewart Granger, Pierre Brice. Enthält Büffeljagd-Szenen aus *The Last Hunt. P* Rialto. 1966 *Ride Beyond Vengeance. R* Andrew J. Fenady. *D* Chuck Connors. Geschichte eines Büffeljägers, den man um den Lohn seiner Mühen bringen will. *P* Tiger-Sentinal-Fenady Associates/Columbia. 1967 *The Way West. R* Andrew V. McLaglen. *D* Kirk Douglas, Robert Mitchum. Begegnung eines Wagentrecks mit Büffelherden. *P* Harold Hecht/UA. 1970 *Trail of the Hunter. R* Bill Bryant, Ned Payne. Dokumentarfilm über Jagd in den heutigen USA, mit Szenen einer Büffelpirsch. *P* W. A. B.

Vieh-Boom in Arizona. In dem Maße, in dem die Eisenbahn in den Südwesten vordringt und die Indianer verdrängt werden, erlebt auch Arizona einen späten, aber heftigen Vieh-Boom. »Den emsigen Kapitalisten sowohl aus Amerika wie aus dem Ausland eröffnete sich ein praktisch jungfräuliches Land, und sie investierten so eifrig, daß das Weideland bald überfüllt, die Grasnarbe zerstört und die Qualität des Rinderfleischs verringert war. Aber Arizona hat das gleiche milde Klima wie Texas und eine Landschaft von großem Reiz, so daß die Männer, die hierhergekommen waren, sich entschlossen zu bleiben und die Probleme des Overstocking zu bewältigen, was ihnen auch so glänzend gelang, daß einem heute Arizona ebenso schnell wie Texas in den Sinn kommt, wenn man von Viehzucht spricht. Und nebenbei wurde Arizona mit seinen Bergen und Indianern und Wüsten der Lieblingsschauplatz der gegenwärtigen Cowboy-Fiktion« (Joe Frantz, *The American Cowboy,* 1955).

Thompsons Maschinengewehr. Der Westpoint-Kadett John Taliaferro Thompson beginnt mit der Entwicklung einer halbautomatischen Schußwaffe. Sein größter Erfolg wird später (1920), als Thompson schon Brigade-General ist, das Thompson Machine Gun, kurz »Tommy Gun« genannt. (Thompson stirbt 1940, mit 80 Jahren.)

Film: 1966 *Thompson 1880. R* Guido Zurli. *D* George Martin. Mit seinem neuerfundenen Maschinengewehr erledigt Thompson eine Banditenhorde. *P* Lucy.

Journalismus und Literatur entdecken den Cowboy. Wurden bislang in Reportagen und in der Belletristik immer nur die Scouts, Trapper, Indianer und Indianerkämpfer, Outlaws und Sheriffs als die repräsentativen Figuren des Westens vorgestellt, so wird nun der Cowboy entdeckt. In zwei berühmten Reportagen, *Picturesque Features of Kansas Farming* (*Scribner's Monthly,* November 1879) und *Over Sunday in New Sharon* (*Scribner's Monthly,* März 1880) beschreibt Henry King den staunenden Städtern der Oststaaten diese faszinierende neue Rasse des Westens mit ihren halb exotischen, halb barbarischen Sitten und Kostümen, wie sie mit ihren Herden aus dem Süden nach Dodge City kommt und dort nicht nur in Auftreten und Garderobe (»mit Seidenhut, Handschuh, Stock und gelegentlich gar einer Krawatte in klerikalem Weiß«) Selbstbewußtsein zeigt: »Sie lassen auch überall den Einsamen Stern von Texas (Lone Star of Texas) leuchten, denn der Cow-boy, wo immer er wandelt und wie immer er sich wandelt, vergißt nie, daß er ein Texaner ist, und nie gibt er sein Geld aus oder leiht seine Präsenz einem Ziel, ohne das nicht irgendwie zum Ruhme des Emblems seines Heimatstaates zu tun.« Für die Abenteuerliteratur entdeckt den Cowboy der unter dem Pseudonym Arthur Morecamp schreibende Autor Thomas Pilgrim mit seinen Büchern *Live Boys; or Charley and Nasho in Texas* (1879) und *Live Boys in the Black Hills* (1880); wie die Titel andeuten, handelt der erste Band vom

Cowboyleben der Helden zu Hause in Texas, während der zweite Band einen Viehtreck nach Deadwood schildert. »Vor allem im zweiten Band sind schon alle Standardmotive des Western versammelt: der Viehtreck, die Goldsucher der Grenze, die Büffel und Indianer, Dance Hall-Raufereien und blitzende Sechsschüsser, plus einem Auftritt von Calamity Jane, ›auf dem ungesattelten Pferd die Straße entlanggaloppierend, betrunken wie ein Narr‹« (Joe Frantz, *The American Cowboy*).

Die erste Wild Bill Hickok-Biographie. Vier Jahre nach dem Tod von Wild Bill Hickok erscheint in Chicago seine erste Biographie, *The Life and Adventures of Wild Bill the Scout* von James William Buel, eine in phantasievoller Sensationslust schwelgende Ansammlung sämtlicher Lügenmärchen, die über Hickok je verbreitet wurden, meist von ihm selbst erfunden. Buel erfindet kaum neue Tall Tales über seinen Helden, dafür aber eine neue Quelle. Die berühmte Geschichte des Rock Creek Station Fight, bei dem Bill es angeblich mit zehn Pferdedieben und Mördern aufnimmt und alle tötet, »selbst aus allen Poren blutend«, will Buel in allen Details von einem gewissen Captain E. W. Kingsbury erfahren haben, »der Passagier der Überland-Kutsche war, die nach Rock Creek kam, eine Stunde nachdem der Kampf passiert war; er hat die Leichen der Männer gesehen, die Bill getötet hat, und die Geschichte frisch von Bills eigenen Lippen gehört«. Dieser Augenzeuge ist, wie alles, was der Autor über den Kampf mitteilt, reine Fiktion; daß er nicht einmal in der Lage ist, nachprüfbare Fakten ordentlich mitzuteilen, zeigt Buel, indem er Rock Creek, das in Nebraska liegt, nach Kansas verlegt. Er beteuert indessen hartnäckig die Authentizität seines Berichts: »Was hiermit mitgeteilt wird, ist in jeder Einzelheit absolut wahr und ohne den geringsten Schatten von Fiktion oder Extravaganz, und darf vertrauensvoll als wahrhafte Geschichtsschreibung hingenommen werden.«

Butler und Oakley. Die zwanzigjährige Kunstschützin Annie Oakley heiratet ihren 41jährigen Kollegen Frank Butler, den sie im Vorjahr bei einem Schießwettbewerb in Coliseum-Theater, Cincinnati, kennengelernt und besiegt hat. Als »Butler and Oakley« gehen sie zusammen auf Tourneen, aber Butler begnügt sich bald damit, der Manager seiner Frau zu sein. 1885 gehen die beiden zu Buffalo Bills Wild-West-Show.

Geboren: Tom Mix, als Thomas Edwin Mix, am 6. Januar, in Mix Run, Pennsylvania; sieht mit 10 Jahren Buffalo Bills Wild-West-Show und beschließt, Sheriff zu werden; meldet sich bei Ausbruch des Krieges mit Spanien 1898 freiwillig zur Armee, desertiert aber noch während der Ausbildung (aus Liebe zu einer Grace Allin, die keine Soldaten mag) und landet schließlich (nachdem die Verbindung mit Grace in die Brüche gegangen ist und er statt ihrer die Saloonwirts-Tochter Kitty Jewel Perrine heiratet) 1905 in Oklahoma bei der 101 Ranch Wild West Show der Miller Brothers.

Gestorben: John Augustus Sutter, 77, in Lititz, Pennsylvanien; der Pionier von Kalifornien hat durch den Goldrausch, der durch Goldfunde auf seinem Land ausgelöst wurde, seinen Besitz verloren, sich in Prozessen um die Wiedergewinnung seiner Rechte aufgerieben und ist in seinen späten Jahren durch Obstkonserven- und Papier-Fabriken wieder zu einem bescheidenen Wohlstand gekommen. Filme siehe 1848.

1881

Das Ende von Billy the Kid.

I'll sing you a true song of Billy the Kid,
I'll sing of the desperado deeds that he did,
Way out in New Mexico, long long ago,
When a man's only chance was his own forty-four.

When Billy the Kid was a very young lad,
In old Silver City he went to the bad,
Way out in the West with a gun in his hand
At the age of twelve years he killed his first man.

Fair Mexican Maidens play guitars and sing
A song about Billy, their boy-bandit king,
How ere his young manhood had reached its sad end,
He'd a notch in his pistol for twenty-one men.

T'was on the same night when poor Billy died,
He said to his friends »I'm not quite satisfied,
There are twenty-one men I have put bullets through,
And Sheriff Pat Garrett must make twenty-two.«

Now this is how Billy the Kid met his fate,
The bright moon was shining, the hour was late;
Shot down by Pat Garrett, who once was his friend,
The young outlaw's life had come to its end.

There's many a man with a face fine and fair,
Who starts out in life with a chance to be square,
But just like poor Billy he wanders astray
And loses his life in the same very way.

Folksong

Am 4. April 1881 wird Billy the Kid in Mesilla wegen Mordes an Sheriff Brady zum Tode verurteilt. Der Richter Warren Bristol und die Jury sind Parteigänger des Santa Fé-Rings. »Es war ein legaler Lynch-Mob« (James D. Horan, *Authentic Faces and Voices of the Wild West*). Zur Exekution, die am 13. Mai stattfinden soll, wird er nach Lincoln geschafft; als Gefängnis dient ein Raum im Murphy-Dolan-Kaufhaus. Am 18. April, während Sheriff Pat Garrett unterwegs ist, um das Holz für Billys

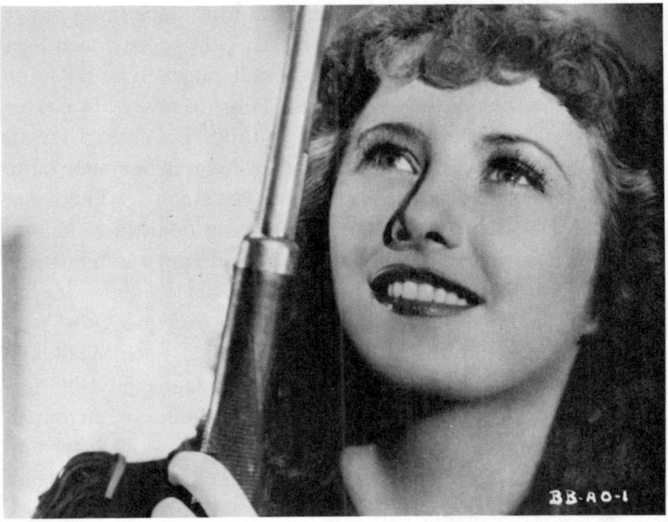

John Considine als Frank Butler und Geraldine Chaplin als Annie Oakley in *Buffalo Bill and the Indians* von Robert Altman, 1976 (links). Barbara Stanwyck als Annie Oakley in *Annie Oakley* von George Stevens, 1936 (oben).

Galgen zu kaufen, bricht Billy aus und tötet dabei zwei seiner Wärter, Bob Olinger und J. W. Bell. Er geht wieder nach Fort Sumner, wo er sich sicher fühlt und es sich gutgehen läßt. Paulita Maxwell, Tochter des Landbesitzers Peter Maxwell, in dessen Haus Billy später sein Ende findet: »Billys Erfolgsregister als Herzensbrecher konnte sich sehen lassen. Wie ein Seemann hatte er in jedem Hafen eine Braut. In jeder Placeta in den Pecos war eine kleine Señorita stolz darauf, als seine querida zu gelten. Selbst nach seiner Flucht aus Lincoln kam er zum wöchentlichen Tanz. Er tanzte gerne, sprach fließend Spanisch und war sehr beliebt« (Walter Noble Burns, *The Saga of Billy the Kid*).

Wieder raten ihm seine Freunde vergeblich, nach Mexiko zu gehen. Im Mai ernennt Pat Garrett einen ehemaligen Ordnungshüter von Fort Griffin und Ranch-Detektiv, John Poe, zu seinem Deputy. Anders als Garrett macht Poe sich mit viel Eifer und Methode an die Verfolgung der Outlaws aller Schattierungen und Sündenregister. Zu seiner Überraschung hört er, daß Billy noch in Fort Sumner sein soll; Garrett und Poe hatten geglaubt, Billy sei längst in Mexiko. Nur widerstrebend läßt Garrett sich vom Deputy bewegen, mit ihm nach Sumner zu reiten. Am 14. Juli kommen Garrett und Poe nach Sumner. Sie suchen vergeblich nach Billy. Als Garrett die Jagd schon aufgeben will, macht Poe den Vorschlag, Erkundigungen bei einem der reichsten und einflußreichsten Bürger der Stadt, Peter Maxwell, einzuziehen. Poe glaubt, daß Maxwell als Vertreter des Establishments ein natürlicher Feind Billys ist und Informationen über seinen Verbleib hat. Poe: »Maxwells Haus war als einziger Platz in Fort Sumner für mich über den Verdacht erhaben, dem Kid als Schlupfwinkel zu dienen.« Aber genau dort finden Garrett und Poe den Gesuchten in den Abendstunden des 14. Juli. Pat Garrett geht in Maxwells Zimmer, während Poe draußen wartet. Poe, der Billy nie gesehen hat, sieht in der Dunkelheit einen Mann kommen. Als der Mann den Deputy sieht, sagt er wiederholt: »Quien es?« (Wer ist da?), und eilt dann in Maxwells

Zimmer. Poe: »Danach und bis nach dem Schießen konnte ich wegen der Dunkelheit im Zimmer nicht sehen, was vor sich ging, hörte aber deutlich, was drinnen gesprochen wurde. Kurz nachdem der Mann in der Tür verschwunden war, hörte ich eine Stimme in scharfem Ton fragen: ›Pete, wer sind die Leute da draußen?‹ Einen Augenblick später wurde im Zimmer ein Schuß abgefeuert. [...] Im Gang, wo ich stand, hörte ich Röcheln und Stöhnen, so als sterbe jemand in dem Zimmer. Einen Augenblick später kam Garrett heraus. Er stand nahe bei mir an der Wand neben der Tür und sagte zu mir: ›Das war The Kid, der da hereinkam und auf mich zu, und ich glaube, ich habe ihn erwischt« (Poe in einem Bericht der Londoner Zeitschrift *Wide World Magazine,* 1919). Billy the Kid wird am nächsten Tag auf dem alten Militärfriedhof von Fort Sumner neben seinen toten Freunden Tom O'Folliard und Charlie Bowdre begraben. Er ist 21 Jahre, 7 Monate und 22 Tage alt geworden.

Die Schönheit von Billy the Kid liegt in der verschwenderischen Fülle, in der er sich Mythen-, Bücher- und Filmemachern, Historikern, Soziologen und Psychologen aller seither vergangenen Zeiten und Zeitströmungen wie auch allen, die auf der Suche nach einem vielfältig benutzbaren Leit- oder Schreckbild sind, anbietet: Die Vollwaise auf der ewigen Suche nach Vater- und Mutterfiguren; der Rebell gegen das Establishment, der sich aber auch als skrupelloser Terrorist darstellen läßt; der Frühvollendete, tragischerweise von seinem Freund erschossen; der an Leib und Seele gesunde, vitale, virile Draufgänger, der die Spekulation provoziert, ob er nicht in Wirklichkeit ein debiler Kretin, eine kaputte Type und ein von Traumata gejagter Psychopath war; der bäuerliche Tanzboden-Casanova, der auch als Figur einer Männerkumpanei mit homosexuellen Zügen gilt; der Rechtshänder, von dem man jahrzehntelang aufgrund eines seitenverkehrt kopierten Fotos glaubt, er sei »the left-handed gun«; der Underdog als Schlüsselfigur einer der berühmtesten wirtschaftlich-politischen Machtkämpfe des Westens; der Held gradliniger Balladen, der zum Dropout-Heroen moderner Untergrundliteratur wird; der Racheengel; der Mann der vielen Namen; der stürmische Kindskopf und der Abgott der Geschlagenen – »a man for all seasons«, ein Allzweck-Held.

Der Film hat jedem von diesen vielen Billys gehuldigt, von dem soliden und fidelen Helden von King Vidors *Billy the Kid* (1930) über den Linkshänder-Billy von Arthur Penns *The Left Handed Gun* (1958), der sein intensives Lebensgefühl total extrovertiert auslebt, bis zu dem im tiefsten Schlamm des Westens herumtorkelnden Schwach- und Wirrkopf von Stan Dragotis *Dirty Little Billy* (1972), gar nicht zu reden von den vielen Film-Billys, die mit dem historischen Kid zugegebenermaßen überhaupt nichts zu tun haben, sondern ihn einfach als die ideale Vorstellung eines Helden des Westens benutzen.

Billy the Kid-Filmographie, zugleich Filmographie des Lincoln County War: 1911 *Billy the Kid* (I). *R* Larry Trimble. *D* Tefft Johnson (Billy). 1 Akt. *P* Vitagraph. 1916 *Billy the Bandit. R* John Steppling. 1 Akt. *P* Universal. 1930 *Billy the Kid* (II). *R* King Vidor. *D* Johnny Mack Brown (Billy), Wallace Beery (Garrett), Wyndham Standing (Tunston =Tunstall), Russell Simpson (McSween), Nelson McDowell (Hatfield =Murphy). Billys Biographie von der Begegnung mit Tunstall bis zu seinem Tod. *P* MGM. 1938 *Billy the Kid Returns. R* Joe Kane. *D* Roy Rogers (Billy/Roy Rogers), Wade Boteler (Garrett), Morgan Wallace (Morganson=Murphy). Rogers in einer Doppelrolle: als Billy wird er von Garrett erschossen, als Billys Doppelgänger führt er zusammen mit Garrett den Kampf gegen die Monopolherren zu einem siegreichen Ende. *P* Republic. 1940–1944 *The Outlaw. R* Howard Hughes. *D* Jack Buetel (Billy), Thomas Mitchell (Garrett), Walter Huston (Doc Holliday). Keine Ähnlichkeit mit dem historischen Billy. *P* Howard Hughes/ UA. 1940 Die ersten drei Filme einer von der PRC produzierten, von Sam Newfield (unter den Pseudonymen Peter Stewart und Sherman Scott) inszenierten Serie, deren Titelheld, gespielt von Bob Steele, mit dem historischen Billy nur den Namen gemein hat: *Billy the Kid Outlawed, Billy the Kid in Texas, Billy the Kid's Gun Justice.* 1941 *Billy the Kid* (III). *R* David Miller. *D* Robert Taylor (Billy), Brian Donlevy (Jim

Sherwood=Garrett), Ian Hunter (Keating=Tunstall). Billys Biographie von der Begegnung mit Tunstall bis zu seinem Ende. *P* MGM. 1941 weitere drei Filme der PRC-Serie, inszeniert von Sam Newfield (als Peter Stewart und Sherman Scott), mit Bob Steele in der Titelrolle (der Komiker der ganzen Serie ist Al »Fuzzy« St. John): *Billy the Kid's Range War, Billy the Kid's Fighting Pals, Billy the Kid in Santa Fé.* Weitere zwei Filme der PRC-Serie, inszeniert von Sam Newfield (als Sherman Scott), jetzt mit Buster Crabbe in der Titelrolle: *Billy the Kid Wanted, Billy the Kid's Roundup.* 1942 *West of Tombstone. R* Howard Bretherton. *D* Charles Starrett (Billy). Billy wird nicht erschossen, sondern lebt inkognito als friedlicher Bürger weiter. *P* William Berke/Columbia. 1942 weitere fünf Filme der PRC-Serie, inszeniert von Sam Newfield (als Sherman Scott); Buster Crabbe als fiktiver Billy: *Billy the Kid Trapped, Billy the Kid's Smoking Guns, Law and Order, Mysterious Rider, Sheriff of Sage Valley.* 1943 weitere sechs Filme der PRC-Serie, inszeniert von Sam Newfield (teils unter seinem richtigen Namen, teils als Sherman Scott); Buster Crabbe als fiktiver Billy: *The Kid Rides Again, Fugitive of the Plains, Western Cyclone, The Renegade, Cattle Stampede, Blazing Frontier.* (Die Serie wird in den folgenden Jahren noch fortgeführt, läßt aber das Billy-Etikett fallen; der Held heißt dann Bill Carson.) 1949 *The Kid from Texas. R* Kurt Neumann. *D* Audie Murphy (Billy), Frank Wilcox (Garrett), Shepperd Strudwick (Jameson=Tunstall), Robert H. Barrat (Gouverneur Wallace). Billys Biographie von der Begegnung mit Tunstall bis zu seinem Ende. *P* Universal. 1949 *Son of Billy the Kid. R* Ray Taylor. *D* Lash La Rue (Billy). Billy wird nicht erschossen, sondern beginnt unter einem anderen Namen ein neues Leben – als Bankier; nebenbei jagt er Banditen. *P* Western Adventure. 1950 *I Shot Billy the Kid. R* William Berke. *D* Don Barry (Billy), Robert Lowery (Garrett). Geschichte der Freund-Feindschaft Billy-Garrett. *P* Lippert. 1954 *The Boy from Oklahoma. R* Michael Curtiz. *D* Will Rogers jr., Tyler MacDuff (Billy). Billy als Randfigur einer Sheriff-Komödie. *P* Warner Bros. 1954 *The Law Versus Billy the Kid. R* William Castle. *D* Scott Brady (Billy), James Griffith (Garrett). *P* Columbia. 1955 *Strange Lady in Town. R* Mervyn LeRoy. *D* Greer Garson, Nick Adams (Billy). Billy als Randfigur in der Geschichte einer Ärztin in Santa Fé. *P* Warner Bros. 1957 *The Parson and the Outlaw. R* Oliver Drake. *D* Anthony Dexter (Billy). Garrett fingiert die Erschießung Billys; Billy geht nach Mexiko und versucht dort (vergeblich), ein friedlicher Mensch zu werden. *P* Charles R. Rogers/Columbia. 1958 *The Left Handed Gun. R* Arthur Penn. *D* Paul Newman (Billy), John Dehner (Garrett), Charles Congdon (Charlie Bowdre), James Best (Tom O'Folliard), Colin Keith-Johnston (Tunstall), John Dierkes (McSween). Billys Biographie von der Begegnung mit Tunstall bis zu seinem Ende. *P* Warner Bros. 1959 *One-Eyed Jacks. R* und *D* Marlon Brando (Rio=Billy), Karl Malden (Dad Longworth=Garrett). Schlüsselfilm über Billy und Garrett. *P* Pennebaker/Paramount. 1962 *Fuera de la ley. R* Leon Klimovsky. *D* Jack Taylor (Billy). 1963 *Bullet for Billy the Kid. R* Rafael Baledon. *D* Gaston Sands (Billy). Billy will ein friedlicher Rancher werden, was Revolvermänner und Ordnungshüter verhindern. *P* Alameda (Mexiko). 1965 *Deadwood '76. R* James Landis. *D* Arch Hall jr. Geschichte eines Mannes, der für Billy the Kid gehalten wird; Billy selbst tritt nicht auf. *P* Fairway. 1965 *The Outlaws Is Coming. R* Norman Maurer. *D* The Three Stooges, Johnny Ginger (Billy). All-Banditen-Burleske. *P* Normandy. 1966 *Billy the Kid vs. Dracula. R* William Beaudine. *D* Chuck Courtney (Billy). Graf Dracula kommt als Rancher getarnt in den Südwesten und wird von Billy gepfählt. *P* Circle. 1967 *El hombre que mato a Billy el Nino/E divenne il piu spietato bandito del sud. R* Julio Buchs. *D* Peter Lee Lawrence (Billy), Fausto Tozzi (Garrett), Gloria Milland (Billys Mutter). Billys Biographie von seinem ersten Mord bis zu seinem Ende. *P* Aitor-Kinesis. 1969 *Freiheit für die Liebe. R* Phyllis und Eberhard Kronhausen. Dokumentarfilm mit einem Ausschnitt des Bühnenstücks *The Beard,* gespielt von Richard Wright (Billy) und Billie Dixon (Jean Harlow). *P* Reginald Puhl. 1970 *Chisum. R* Andrew V. McLaglen. *D* John Wayne (Chisum), Forrest Tucker (Lawrence Murphy), Glenn Corbett (Garrett), Bruce Cabot (Sheriff Brady), Andrew Prine (McSween), Patric Knowles (Tunstall), Geoffrey Deuel (Billy), Ron Soble (Charlie Bowdre), Glenn Langan (Colonel Dudley), Alan Baxter (Gouverneur Axtell), Christopher Mitchum (Tom O'Folliard). Geschichte des Lincoln County War aus der Sicht Chisums. *P* Batjac/Warner Bros. 1971 *The Last Movie. R* Dennis Hopper. Verlauf und Folgen der Dreharbeiten zu einem Billy-Film, mit Dean Stockwell als Billy-Darsteller und Rod Cameron als Garrett-Darsteller. 1971 *Une aventure de Billy the Kid. R* Luc Moullet. *D* Jean-Pierre Leaud (Billy). Französischer Kurzspielfilm. 1972 *Dirty Little Billy. R* Stan Dragoti. *D* Michael J. Pollard (Billy), Dran Hamilton (Catherine

McCarty), Charles Aidman (Ben Antrim), Willard Sage (Henry McCarty). Der 17jährige Billy mit Mutter und Stiefvater in Coffeyville, Kansas. *P* Jack L. Warner-Dragoti. 1973 *Pat Garrett and Billy the Kid. R* Sam Peckinpah. *D* James Coburn (Garrett), Kris Kristofferson (Billy), Jason Robards (Gouverneur Wallace), R. G. Armstrong (Ollinger), John Beck (Deputy Poe). Billys letzte Monate, von seiner Inhaftierung bis zu seinem Tod. *P* Gordon Carroll/Fox-MGM.

Der Gunfight am OK-Corral. Am 31. März wird in der Nähe von Tombstone eine Postkutsche überfallen. Die Banditen erschießen den Kutscher Bud Philpot und einen Passagier, erbeuten 80000 Dollar und können unerkannt entkommen. Der Fall wird niemals eindeutig geklärt (kurioserweise sind sich die Quellen nicht einmal darüber einig, ob die Täter sich tatsächlich in den Besitz der 80000 Dollar bringen konnten oder nicht). In Tombstone kommen Gerüchte auf, daß Wyatt Earp den Überfall geplant und Doc Holliday an ihm teilgenommen hat. Earp seinerseits bringt die Clanton-Gang in Verdacht, den Überfall entweder selbst verübt oder mittels Komplizen durchgeführt zu haben. Offensichtlich sind beide Parteien in der Lage, sich gegenseitig mit Enthüllungen über diese, vor allem aber über verflossene Straftaten zu bedrohen. Die wahrscheinlichste direkte Ursache für den Gunfight am OK-Corral ist die Entschlossenheit der Earps, solchen Enthüllungen durch die Beseitigung der Clanton-Gang vorzubeugen.

Die Clantons spüren diese Entschlossenheit und sind verunsichert, zumal sie ihren Anführer verlieren: Old Man Clanton wird in diesem Sommer im Guadalupe Canyon von Mexikanern, an deren Rindern er sich vergriffen hat, getötet. Am 26. Oktober geht die Clanton-Gang, bestehend aus Ike und Billy Clanton, Tom und Frank McLowery und Billy Claiborne, zum OK-Corral an der Fremont Street in Tombstone, offenbar um das Weite zu suchen. Als sie von Wyatt, Virgil und Morgan Earp und Doc Holliday gestellt werden, sind zumindest zwei von ihnen, Ike Clanton und Tom McLowery, unbewaffnet. Alle heben die

Plakat zu *Gunfight at the OK Corral* von John Sturges, 1957:
Burt Lancaster als Wyatt Earp und Kirk Douglas als Doc Holliday.

Hände, als sie von den Earps dazu aufgefordert werden. Die Earps und Holliday eröffnen das Feuer. Die Bewaffneten der Clanton-Gang schießen zurück. Binnen etwa einer halben Minute werden 17 Schüsse gewechselt. Dann sind Tom und Frank McLowery tot, Billy Clanton ist tödlich verletzt, Ike Clanton und Billy Claiborne können fliehen. Auf der Gegenseite haben nur Morgan (ein Schuß in die Schulter) und Virgil Earp (ein Schuß ins Bein) Verletzungen erlitten.

In seinen späteren Erzählungen, die dann lange für die reine Wahrheit gehalten werden und die Legende vom glorreichen Gunfight am OK-Corral begründen, stellt Wyatt Earp die Sache so dar: Die Clantons hätten die Earp's aufgefordert, zum OK-Corral zu kommen und ihre Differenzen offen auszutragen, andernfalls sie die Earps bei Gelegenheit einfach abknallen würden; Sheriff Behan habe den Earps versichert, er werde die Clanton-Gang entwaffnen; am OK-Corral habe sich dann herausgestellt, daß die Clanton-Gang immer noch schwer bewaffnet gewesen sei, und Frank McLowery und Billy Clanton hätten sofort das Feuer auf die Earp-Partei eröffnet; daraufhin hätten die Earps den Kampf ausgetragen.

Die Freunde der Clantons stellen nach der Schießerei die Leichen der McLowery-Brüder und Billy Clantons in einem Schaufenster mit dem Schild »Murdered in the streets of Tombstone« aus. Es kommt zu einer Gerichtsverhandlung, bei der der überlebende Ike Clanton unter Eid aussagt, die Earps hätten den Tod der Clantons und McLowerys beschlossen, weil diese wußten, daß Wyatt Earp den Postkutschenüberfall vom März geplant und Doc Holliday den Kutscher erschossen hätte. Richter Wells Spicer billigt den Earps und Holliday trotzdem Notwehr zu und spricht sie frei. Die überlebenden Mitglieder der Clanton-Gang greifen nun zur Privatjustiz: im Dezember wird Virgil Earp hinterrücks erschossen, im März des folgenden Jahres Morgan Earp. Wyatt Earp beginnt dann seinen Rachefeldzug gegen die vermutlichen Mörder seiner Brüder: nacheinander erschießt er Frank Stilwell (der gelegentlich Deputy von Sheriff Behan war), das Halbblut Indian Charlie und Curly Bill Brocius (der ironischerweise unterwegs war, um im Auftrag Behans Earp wegen des Mordes an Stilwell festzunehmen). Dann setzt sich Wyatt zuerst nach Colorado, dann nach Kalifornien ab. In Colorado verliert er 1885 seinen Freund Doc Holliday. 1896 gibt er in San Francisco einer Zeitung zum erstenmal seine Version des Gunfight am OK-Corral. Die weitaus verbesserte, im Sinn der Legende definitive Version der Geschichte erscheint dann 1931, zwei Jahre nach seinem Tod: *Wyatt Earp, Frontier Marshal,* von Stuart N. Lake.

Wyatt Earp ist ein sehr banaler Fall. Alle anderen berühmten Helden des Westens haben von den Segnungen der Legende profitiert, aber sie waren auf diese oder jene Art bedeutende Figuren, Protagonisten bedeutender Ereignisse oder in bedeutende Ereignisse verwickelt, sie beschäftigten die Politik, die Publizistik oder wenigstens die Phantasie ihrer Zeit. Und wenn sie zur lebenden Legende wurden, mußten sie sich dieser Legende stellen, an dieser Legende teilnehmen. Figuren wie Davy Crockett und Custer machten Geschichte. Figuren wie Billy the Kid und Jesse James machten Tagespolitik und waren Symbolfiguren einer öffentlichen Haltung. Buffalo Bill mag nicht alle Taten vollbracht haben, für die er gerühmt wurde, aber auf der Basis seiner wie auch immer entstandenen Legende kreierte er das Wild-West-Show-Geschäft. Wild Bill Hickok war vielleicht hauptsächlich ein dröhnender Münchhausen des Westens, aber als solcher hat er wenigstens den Charme der dominierenden Tall Tales-Persönlichkeit. Alle diese Figuren hatten eine Qualität des Attraktiven, die ihren Ruhm oder ihre Notorität rechtfertigten, und wenn solche Figuren entmystifiziert und auf ihr eigentliches Ausmaß reduziert wurden, dann erschienen sie womöglich noch interessanter als zuvor.

Wyatt Earp dagegen war immer nur eine unbedeutende, unattraktive Figur, verwickelt in belanglose Affären; er beschäftigte bestenfalls die lokale Chronique Scandaleuse einiger Kuhstädte, und das auch nur marginal. Earp hatte überhaupt keine Substanz zur Legende, und seine Zeit nahm kaum Notiz von ihm. Das Ereignis, das für uns untrennbar mit seinem Namen verbunden ist und als der Gunfight vom OK-Corral in den Geruch kam, ein gewaltiger Titanenkampf und das größte Shoot-Out der Grenze gewesen zu sein, war nur eine üble Schießerei zwischen Kutschenräubern, bei dem dieser Wyatt Earp eine miese Rolle spielte. Solange noch andere Beteiligte oder Augenzeugen dieses Auftritts lebten, war damit nicht viel Staat zu machen. Wyatt Earps einziges Talent lag darin, schlau und geduldig abzuwarten, bis die Hauptfiguren seines Lebens und die Hauptheiden der Schauplätze, die er erlebt hatte, tot waren, sich dann die Taten dieser Helden anzueignen, seine eigene Rolle in Tombstone zu verklären und einen sehr talentierten Autor zu finden, der ihm alles glaubte oder jedenfalls doch entschlossen war, aus diesem Rohstoff die große Mär vom Muster-Marshal der Grenze zu machen. Diesen Autor findet Earp 1928, ein halbes Jahr vor seinem Tod, in Stuart N. Lake. Bis zum Erscheinen des Buchs, das Lake dann schreibt, hat Earp in der Geschichtsschreibung, in der Folklore, in der besseren oder der trivialen Literatur des Westens und auch im Western-Film keine Rolle gespielt. Lakes *Wyatt Earp, Frontier Marshal* wird ein Riesenerfolg, immer neu aufgelegt und vor allem immer aufs neue abgeschrieben, und so wird einer ein Held, der nie einer war und in den Dekaden, die den Sekunden am OK-Corral folgten, auch nie hätte werden können.

Filmographie des Gunfight am OK-Corral, zugleich Filmographie von Wyatt Earp und seinen Brüdern, von Doc Holliday, der Clanton-Gang und anderen am OK-Corral-Fight beteiligten Figuren: 1932 *Law and Order* (I) (nach *Saint Johnson* von W. R. Burnett). *R* Edward L. Cahn. *D* Walter Huston (Frame Johnson, genannt Saint Johnson = Wyatt Earp). Verfilmung eines Schlüsselromans über Earp in Tombstone. *P* Universal. 1934 *Frontier Marshal* (I) (nach *Wyatt Earp, Frontier Marshal* von Stuart

N. Lake). *R* Lew Seiler. *D* George O'Brien (Wyatt Earp). *P* Fox. 1937 *Wild West Days* (nach *Saint Johnson* von W. R. Burnett). *R* Ford Beebe, Cliff Smith. *D* Johnny Mack Brown (Saint Johnson = Wyatt Earp). Sehr freie Zweitverfilmung des Burnett-Schlüsselromans. Serial. *P* Universal. 1938 *In Early Arizona. R* Joseph Levering. *D* William Elliott (Wyatt Earp?). *P* Columbia. 1939 *Frontier Marshal* (II) (nach *Wyatt Earp, Frontier Marshal* von Stuart N. Lake). *R* Allan Dwan. *D* Randolph Scott (Wyatt Earp), Cesar Romero (Doc Holliday), Joe Sawyer (Curly Bill), Charles Stevens (Indian Charlie). *P* 20th Century-Fox. 1940 *Law and Order* (II) (nach *Saint Johnson* von W. R. Burnett). *R* Ray Taylor. *D* Johnny Mack Brown (Saint Johnson = Wyatt Earp). *P* Universal. 1940–1944 *The Outlaw. R* Howard Hughes. *D* Thomas Mitchell (Doc Holliday). Holliday als Figur einer Billy the Kid-Phantasie. *P* Howard Hughes/UA. 1942 *Tombstone, the Town too Tough to Die* (nach *Tombstone* von Walter Noble Burns). *R* William McGann. *D* Richard Dix (Wyatt Earp), Kent Taylor (Doc Holliday). *P* Harry Sherman/Paramount. 1946 *My Darling Clementine* (nach *Wyatt Earp, Frontier Marshal* von Stuart N. Lake). *R* John Ford. *D* Henry Fonda (Wyatt Earp), Tim Holt (Virgil Earp), Ward Bond (Morgan Earp), Don Garner (James Earp), Victor Mature (Doc Holliday), Walter Brennan (Old Man Clanton), John Ireland (Billy Clanton), Grant Withers (Ike Clanton), Mickey Simpson (Sam Clanton). *P* 20th Century-Fox. 1950 *Winchester '73. R* Anthony Mann. *D* James Stewart, Will Geer (Wyatt Earp). Earp als Randfigur. *P* Universal. 1953 *Gun Belt. R* Ray Nazzaro. *D* George Montgomery (John Ringo), James Millican (Wyatt Earp), Bruce Cowling (Virgil Earp), Bill Bishop (Ike Clanton). Earp als Nebenfigur einer John Ringo-Geschichte. *P* Global/UA. 1953 *Powder River* (nach *Wyatt Earp, Frontier Marshal*). *R* Louis King. *D* Rory Calhoun (Chino Bullock = Wyatt Earp). Sehr freie Viert-Verfilmung des Lake-Buches. *P* 20th Century-Fox. 1953 *Law and Order* (III) (nach *Saint Johnson* von W. R. Burnett). *R* Nathan Juran. *D* Ronald Reagan (Frame Johnson = Wyatt Earp), Chubby Johnson (Denver = Doc Holliday), Preston Foster (Durling = Old Man Clanton). *P* Universal. 1954 *Masterson of Kansas. R* William Castle. *D* George Montgomery (Masterson), Bruce Cowling (Wyatt Earp), James Griffith (Doc Holliday). Earp und Holliday in Hayes City als Nebenfiguren einer Masterson-Geschichte. *P* Columbia. 1955 *Wichita. R* Jacques Tourneur. *D* Joel McCrea (Wyatt Earp). Earp als Sheriff von Wichita. *P* Allied Artists. 1957 *Gunfight at the O.K. Corral. R* John Sturges. *D* Burt Lancaster (Wyatt Earp), Deforrest Kelley (Morgan Earp), John Hudson (Virgil Earp), Kirk Douglas (Doc Holliday), Jo Van Fleet (Kate Fisher), John Ireland (Ringo), Kenneth Tobey (Masterson), Lyle Bettger (Ike Clanton). Earp und Holliday in Fort Griffin, Dodge City und Tombstone. *P* Paramount. 1958 *Badman's Country. R* Fred F. Sears. *D* George Montgomery (Pat Garrett), Buster Crabbe (Wyatt Earp). Earp als Nebenfigur einer Abilene-Saga. *P* Peerless/Warner Bros. 1958 *Toughest Gun in Tombstone. R* Earl Bellamy. *D* George Montgomery, Jim Davis (Johnny Ringo), Gerald Milton (Ike Clanton). Johnny wird von Ike Clanton an die Polizei verraten und liquidiert. *P* Peerless/UA. 1962 *The Immoral West – and How It Was Lost. R* Russ Meyer. Sexfilm, der zu Beginn große Momente des Westens zitiert, darunter den Gunfight am OK-Corral. *P* Pat-Ram. 1964 *Cheyenne Autumn. R* John Ford. *D* James Stewart (Wyatt Earp), Arthur Kennedy (Doc Holliday). Earp und Holliday in Dodge City, als Randfiguren eines Films über die letzte Flucht der Cheyennes. *P* Ford-Smith/Warner Bros. 1965 *Sfida a Rio Bravo/Duel à Rio Bravo/Desafio en Rio Bravo*, auch *Jennie Lee ha una nuova pistola* und *El sheriff del O.K. Corral. R* Tulio Demicheli. *D* Guy Madison (Wyatt Earp/Laramie). Unter dem Tarnnamen Laramie steht Earp in Rio Bravo einer bedrängten Saloon-Wirtin bei. *P* West-Flora-Pathé-Llama. 1965 *The Outlaws Is Coming. R* Norman Maurer. *D* The Three Stooges, Bill Camfield (Wyatt Earp), Hal Fryar (Johnny Ringo). All-Banditen-Burleske. *P* Normandy. 1967 *Hour of the Gun. R* John Sturges. *D* James Garner (Wyatt Earp), Jason Robards jr. (Doc Holliday), Robert Ryan (Ike Clanton), Frank Converse (Virgil Earp), Sam Melville (Morgan Earp), Larry Gates (John P. Clum), Robert Phillips (Frank Stilwell), William Schallert (Richter Spicer), Jon Voight (Curly Bill Brocius), Walter Gregg (Billy Clanton), David Perna (Frank McLowery), Jim Sheppard (Tom McLowery). Die Ereignisse nach dem Gunfight am OK-Corral bis zum Tod Hollidays und dem Ende von Earps Rachefeldzug. *P* Mirisch-Kappa. 1968 *The Legendary Champions. R* Harry Chapin. Box-Dokumentarfilm, in dem der echte Wyatt Earp kurz als Schiedsrichter des Kampfes Bob Fitzsimmons gegen Tom Sharkey in San Francisco 1896 (siehe auch dort) zu sehen ist. *P* Turn of the Century Fights. 1968 *I giorni dell'ira/Der Tod ritt Dienstags. R* Tonino Valerii. *D* Giuliano Gemma. Italo-Western, in dem ein Gewehr, das einst Doc Holliday gehörte, eine Rolle spielt. *P* Sancrosiap-Divina. 1971 *Doc. R* Frank Perry. *D* Stacy Keach (Doc Holliday), Faye Dunaway (Kate Elder), Harris Yulin (Wyatt Earp), Penelope Allen (Mattie Earp), John Bottoms (Virgil Earp), Philip Shafer (Morgan Earp), Ferdinand Zogbaum (James Earp), Mike Witney (Ike Clanton), Bruce M. Fisher (Billy Clanton), James Green (Frank McLowery), Fred Dennis (Johnny Ringo), Richard McKenzie (Sheriff Behan), Dan Greenberg (John P. Clum). Realistisch-demystifizierende Holliday-Earp-Geschichte. *P* Frank Perry. 1973 *Verflucht dies Amerika. R* Volker Vogeler. *D* Arthur Brauss, William Berger (Doc Holliday), Geraldine Chaplin (Kate Elder). Fünf Bayern im Westen begegnen Holliday. *P* Filmverlag-Elias Querejata.

Jesse James überfällt den Rock Island Train. Am 15. Juli wird in der Nähe von Winston, Missouri, der Rock Island Train von der James-Bande überfallen, wobei die Banditen einen Schaffner und einen Passagier erschießen. Gouverneur Crittenden setzt auf Jesse und Frank James einen Kopfpreis von je 5000 Dollar aus.

Sitting Bull kehrt in die USA zurück. Im Juli kehrt Sitting Bull mit den letzten 186 Sioux, die mit ihm den Hunger und die Kälte des kanadischen Exils erlitten hatten, in die USA zurück. Sie ergeben sich in Fort Buford, werden aber entgegen den gemachten Versprechungen nicht amnestiert und in die Hunkpapa-Reservation Standing Rock gebracht, sondern in Fort Randall als Kriegsgefangene gehalten. In der Gefangenschaft wird Sitting Bull häufig von Reportern interviewt und von anderen Häuptlingen aufgesucht; sein Ruhm wächst.

Geronimo geht wieder auf den Kriegspfad. Im September fliehen rund 100 Chiricahua-Apachen unter Geronimo und Naiche, dem Sohn Cochises, aus der San Carlos-Reservation, gehen nach Mexiko, verbünden sich dort mit den Überlebenden von Victorios Truppe unter Nana und beginnen einen neuen, dreijährigen Guerillakrieg gegen die USA.

Präsident Garfield ermordet. James Garfield, der 20. Präsident der USA, fällt nach nur einem halben Jahr Amtszeit einem Attentat zum Opfer. Der Italo-Western, der sich als einziger Film mit diesem Fall beschäftigt, verlegt die Tat von Elberon, New Jersey, nach Dallas, Texas, um Parallelen zum Mord an John F. Kennedy nahezulegen.

Film: 1969 *Il prezzo del potere.* *R* Tonino Valerii. *D* Van Johnson (Garfield). *P* Patry-Montana.

Neues über die Helden der Prärie. In St. Louis erscheint das Buch *Heroes of the Plains* von James William Buel, das in den folgenden Jahrzehnten immer wieder neu aufgelegt wird und von seiner großen Lesergemeinde für eine der zuverlässigsten Chroniken berühmter Helden des Westens, von vielen anderen Autoren als authentisches Quellenmaterial geschätzt wird. In Wirklichkeit ist das Werk so authentisch wie ein Groschenheft. Buels Hauptheld ist Wild Bill Hickok, und der Autor versichert, er halte sich in seiner Darstellung dieses Helden an Hickoks eigene Tagebücher, die ihm die Witwe des Revolvermannes, Agnes Lake Thatcher, zur Verfügung gestellt habe. Es gilt aber als erwiesen, daß Hickok nie ein Tagebuch geführt hat. »Zwischen dem Trinken, Spielen, Huren und Schießen hätte er auch schwerlich die Zeit dazu gefunden« (James D. Horan, *Authentic Faces and Voices of the Wild West*). Daß Buel mit seinem Anspruch auf Authentizität hemmungslos hochstapelt, geht auch aus seinem sorglosen Umgang mit bereits damals gesicherten Fakten hervor. So datiert er den Rock Creek Station-Kampf von 1861 auf das Jahr 1870 und berichtet, Hickok sei der Thatcher zum erstenmal in Hayes City begegnet, während diese Begegnung tatsächlich in Abilene stattfand.

Geboren: Cecil Blount DeMille, am 12. August, in Ashfield, Massachusetts, als Sohn eines Bühnenautors; wird selbst von Kind an Schauspieler, dann Bühnenautor und Regisseur; gründet 1912 mit anderen die

Filmproduktion »Lasky Feature Play Company« und dreht 1913 seinen ersten Film, der auch einer der ersten in Hollywood entstehenden Filme ist, den Western *The Squaw Man.*

Gestorben: Jim Bridger, 77, der »Chief of the Mountain Men« und »Mister Rocky Mountain«, Entdecker des Great Salt Lake, des South Pass und der Geysire des Yellowstone Park, der Freund, Kenner und Partner der Indianer (»Fightin' Injuns don't catch no beaver«) und Todfeind der Mormonen, der Safari-Führer europäischer Großwildjäger und widerwillige Scout der Armee (die entgegen seinem Ratschlag den Bozeman Trail mitten durchs Sioux-Gebiet legte und zu seinem Entsetzen den totalen Krieg auch gegen Frauen und Kinder anordnete), seit 1874 erblindet und vereinsamt. Bridger hat drei indianische Ehefrauen überlebt, eine Flathead, eine Ute und eine Shoshonin, die ihm vier Kinder geschenkt haben. Als er am 17. Juli 1881 stirbt, sagt er auf Shoshonisch: »Der Allmächtige hat mich gerufen« (überliefert von seiner Halbblut-Tochter Virginia, die ihn in seinen letzten Jahren betreut hat). In einem Nachruf sagt General Grenville M. Dodge: »Er war der geborene Topograph; der ganze Westen war in seinem Kopf kartographiert.«

Jim Bridger-Filmographie: 1923 *The Covered Wagon. R* James Cruze. *D* J. Warren Kerrigan, Tully Marshall (Bridger). Bridger als Nebenfigur. *P* Famous Players-Lasky. 1940 *Kit Carson. R* George B. Seitz. *D* Dana Andrews (John C. Frémont), Jon Hall (Kit Carson), Raymond Hatton (Jim Bridger). Treck von Fort Bridger nach Kalifornien. *P* Edward Small/UA. 1950 *Tomahawk. R* George Sherman. *D* Van Heflin (Bridger). Bridger in Red Cloud's War 1866. *P* Universal. 1953 *Pony Express. R* Jerry Hopper. *D* Charlton Heston (Buffalo Bill), Forrest Tucker (Hickok), Porter Hall (Bridger). Bridger als Nebenfigur. *P* Paramount. 1955 *The Gun That Won the West. R* William Castle. *D* Dennis Morgan. *P* Columbia.

1882

Das Ende von Jesse James.

O Jesse was a man and friend to the poor,
He would never see a man suffer pain,
But with his brother Frank, he robbed the Chicago Bank
And he stopped the Glendale train.

Chorus 1:
Poor Jesse, good-bye, Jesse,
Farewell, Jesse James.
Robert Ford caught his eye and he shot him on the sly,
And he laid poor Jesse down to die.

O the people in the west, when they heard of Jesse's death,
They wondered how he came to die.
It was Ford's pistol ball brought him tumbling from the wall,
And it laid poor Jesse down to die.

Chorus 2:
O Jesse leaves a wife, she's a mourner all his life,
And the children, they were brave,
But the dirty little coward, he shot Mister Howard,
And he laid poor Jesse in his grave.

Now Jesse goes to rest with his hands upon his breast,
And the devil will be upon his knees.
He was born one day in the county of Clay,
And he came from a solitary race.

(Chorus 1 und 2):
This song it was made by Billy Gashade,
As soon as the news did arrive.
He said there was no man with the law in his hand,
Who could take Jesse James when alive.

Folksong

Am 3. April wird Jesse James, 34, verheiratet, Vater zweier Kinder und unter dem Namen »Thomas Howard« in St. Joseph, Missouri, lebend, von Bob Ford, 21, hinterrücks mit einem Schuß durch den Kopf getötet, während er auf einem Stuhl steht und ein Bild an der Wand richtet. Bob Ford und sein Bruder Charlie, zwei Mitglieder der James-Bande, hatten sich zuvor von Gouverneur Crittenden versichern lassen, daß sie in den Genuß der ausgesetzten Prämie kommen würden, wenn sie ihren Anführer töteten. Die Mordwaffe hat Ford angeblich einige Zeit zuvor von Jesse James geschenkt bekommen. Ford meldet dem Gouverneur den Vollzug mit einem Telegramm: »I have killed Jesse James. St. Joseph. Bob Ford.« Am Tatort kommt es zu einem Massenauflauf. Am nächsten Tag erscheinen die Zeitungen mit Schlagzeilen wie »Jesse By Jehova« *(St. Joseph Gazette)* und »Goodbye, Jesse« *(Kansas City Journal)*. Jesse James wird in seiner Heimat in Kearny, Clay County, beigesetzt; auf dem Grabstein stehen die Worte: »Jesse W. James, Gestorben am 3. April 1882, im Alter von 34 Jahren, sechs Monaten und 28 Tagen. Ermordet von einem Feigling, dessen Name es nicht wert ist, hier genannt zu werden.« Frank James stellt sich im Oktober den Behörden. Er wird im folgenden Jahr wegen des Doppelmordes beim Rock Island Train-Überfall von 1881 vor Gericht gestellt und freigesprochen, versucht sich dann in verschiedenen Berufen und tritt vorübergehend in einer Wild-West-Show auf; er stirbt 1915. Bob und Charlie Ford verherrlichen ihre Tat auf der Bühne; sie spielen sich selbst in einem Stück mit dem Titel *Outlaws of Missouri.* Charlie Ford begeht 1884 Selbstmord, Bob Ford wird 1892 von einem Mann namens Ed Kelly, den er als Dieb verdächtigt, erschossen.

Die Ballade vom Tod des armen Jesse James entstand, wie sie selbst behauptet, »as soon as the news did arrive«; das ist durchaus glaubwürdig, denn die Nachricht vom Tod des großen Banditen war für die ganzen Vereinigten Staaten eine Sensationsmeldung, die eine Lawine von Berichten und Gedichten,

Groschenheften und Biographien auslöste; allein die *New York Detective Library,* ein Groschenheft-Verlag, brachte in kurzer Zeit 18 James-Titel heraus. Und diese ganze Publizistik stimmte in den Chor der Ballade ein, die kurzgefaßt und lyrisch wirklich sehr schön die gute Meinung reflektierte, die alle außer den direkt Betroffenen von Jesse James hatten: er entstammte einer einzigartigen Rasse; er war ein Freund der Armen; er konnte keinen Menschen leiden sehen; er war ein guter Ehemann und Vater und nie hätte das Gesetz ihm etwas anhaben können – so ein Mann konnte nur der feigen Tat eines armseligen Judas erliegen. Dieses Ende durch Verräterhand machte ihn endgültig zum Robin Hood von Missouri; auch der richtige Robin Hood wurde ja von einem nahestehenden Menschen, dem er vertraute, seiner Cousine, der Priorin von Kirklees, verraten. Im Laufe der Zeit schwand sogar das öffentliche und amtliche Gefühl dafür, daß Jesse James schließlich einmal so etwas wie der Staatsfeind Nr. 1 gewesen war: 1949 erklärte Präsident Harry S. Truman: »Jesse James war ein moderner Robin Hood. Er bestahl die Reichen und beschenkte die Armen, und das ist im allgemeinen keine schlechte Politik.« Wer will da noch auf den seriösen Historiker hören: »Jesse James hat von den Reichen wie von den Armen genommen und die Beute immer für sich selbst behalten« (Kent L. Steckmesser, *America's Robin Hood*).

Der Film findet viele Wege, um Jesse heiligzusprechen. Der am häufigsten begangene ist angelegt nach den Prinzipien einer Relativitätstheorie, die in Jesse eine besonders geeignete Demonstrationsfigur findet. »Was machen wir mit den Verbrechern, denen die Eisenbahn gehört?« fragt ein Vertreter der Volksmeinung, als in Henry Kings *Jesse James* (1939) ein Vertreter von Law and Order fragt, wie man mit diesem Eisenbahnräuber fertig werden soll; relativ zu der Wucher- und Monopolstrategie von Banken und Eisenbahnen erscheint das Treiben des Mannes, der diese Institutionen um ihre kriminellen Profite bestiehlt, harmlos und durchaus gerechtfertigt (selbst wenn er seine Beute nicht unter den Geschädigten verteilt). Das Schlimmste, was man ihm vorwerfen kann, ist, daß er das rechte Maß verliert und alles übertreibt: »Du bist kein Held, du bist ein tollwütiger Hund«, muß sich Henry Kings Held von seinem Bruder Frank im letzten Drittel des Films vorwerfen lassen. Ein B-Western kann es sich dagegen immer leisten, das rechte Maß zu verlieren und aufs Ganze zu gehen; das macht den Charme des Genres aus. In Joe Kanes *Days of Jesse James* (1939), einem Roy Rogers-Film, ist der Gegenspieler des Helden ein Bankdirektor, der seine Kundschaft nicht nur mit banküblichen Methoden ausplündert: Bei Nacht und Nebel raubt er, maskiert wie Jesse James, seine eigene Bank aus und heizt dann die Hetzjagd auf Jesse an, um im entstehenden Tumult mit den Einlagen seiner Kundschaft das Weite suchen zu können; der unschuldig gehetzte Jesse ist nur ein kleiner Gauner, schon durch sein herzzerreißendes Familienleben der Sympathie des Publikums empfohlen. Wenn man einen noch saubereren Jesse braucht, macht man ihn einfach zum totalen Unschuldslamm. Das Serial *Jesse James Rides Again* (1947) beginnt mit Szenen des Banküberfalls von Northfield, Minnesota; aber dann sehen wir, daß Jesse zu diesem Zeitpunkt viele Meilen vom Tatort entfernt ist, von der ganzen Sache überhaupt nichts weiß, aber natürlich gleich verdächtigt wird und sich in einem weit entfernten Tal verstecken muß, wo er dann den armen Farmern mit ganz legalen Methoden gegen böse Spekulanten beisteht. Rund zehn Jahre später verspricht dann Nicholas Ray *The True Story of Jesse James,* aber viel wichtiger ist ihm zu zeigen, wie ein »rebel *with* a cause« zur Legende werden kann. In den siebziger Jahren treiben dann die Regisseure ihre Ansprüche an die eigenen Ambitionen bis zum Exzeß: mit einem Film wie *The Great Northfield Minnesota Raid* (1971) will Philip Kaufman total alles bringen, mindestens aber die psychoanalytische Volksheros-Ballade auf dokumentarischer Basis. Und zwischendurch finden sich immer wieder Filmemacher, die die Weide einer ganz anderen, ganz amüsanten Legende abgrasen; mehr noch als bei anderen Helden des Westens ergab es sich im Fall Jesse James immer wieder, daß jemand auftauchte, der behauptete, Bob Ford habe damals in St. Joseph einen ganz anderen Mann erschossen, und er selbst sei Jesse James; noch 1948 meldete sich in Amerika ein solcher »echter Jesse James«; dummerweise war er nicht einmal mit den elementarsten Details von Jesses Biographie vertraut. Als Filmthema ist das nur dann brauchbar, wenn der Filmemacher versteht, daß dies nur die Prämisse zu einer Komödie sein kann.

Filmographie von Jesse und Frank James, zugleich Filmographie von Bob und Charles Ford und anderen Figuren der James-Geschichte: 1921 *Jesse James under the Black Flag. R* Franklin B. Coates. *D* Jesse James jr. (Jesse jr./Jesse sr.). Jesses Bürgerkriegs-Abenteuer unter Quantrill, eingebettet in eine Rahmenhandlung, in der Jesses Sohn mit Coates eine von diesem verfaßte Jesse-Biographie diskutiert. *P* Mesco. 1921 *Jesse James as the Outlaw. R* Franklin B. Coates. *D* Jesse James jr. (Jesse jr./Jesse sr.). Fortsetzung des vorigen Films: Jesses Karriere als Outlaw bis zu seiner Ermordung. *P* Mesco. 1927 *Jesse James* (I). *R* Lloyd Ingraham. Berater Jesse James jr. *D* Fred Thomson (Jesse), James Pierce (Frank), Nora Lane (Jesses Frau Zeralda), Mary Carr (Jesses Mutter Zeralda), Harry Woods (Bob Ford). Jesses Karriere als Quantrill-Mann und als Bandit; Jesse entgeht Bob Ford und erlebt ein Happy-End mit Zeralda. *P* Paramount/Famous-Lasky. 1939 *Jesse James* (II). *R* Henry King. *D* Tyrone Power (Jesse), Henry Fonda (Frank), Nancy Kelly (Zeralda, genannt Zee, Jesses Frau), Jane Darwell (Zeralda Samuels, Jesses Mutter), John Carradine (Bob Ford), Charles Tannen (Charles Ford). Jesses Geschichte von 1868 bis zu seinem Tod. *P* Darryl F. Zanuck/20th Century-Fox. 1939 *Days of Jesse James. R* Joe Kane. *D* Roy Rogers, Don Barry (Jesse), Frank Worth (Frank). Detektiv reinigt Jesse vom Verdacht, eine Bank ausgeraubt zu haben. *P* Republic. 1940 *The Return of Frank James. R* Fritz Lang. *D* Henry Fonda (Frank), John Carradine (Bob Ford), Charles Tannen (Charles Ford). Fortsetzung von Kings *Jesse James:* Frank jagt Bob Ford. *P* Darryl F. Zanuck/20th Century-Fox. 1941 *Jesse James at Bay. R* Joe Kane. *D* Roy Rogers (Jesse). Jesse als singender Bandit. *P* Republic. 1941 *Bad Men of Missouri. R* Ray Enright. *D* Dennis Morgan (Cole Younger), Alan Baxter (Jesse). Jesse als

Nebenfigur einer Younger Brothers-Story. *P* Warner Bros. 1942 *Jesse James jr. R* George Sherman. *P* Republic. 1942 *The Remarkable Andrew. R* Stuart Heisler. *D* Rod Cameron (Jesse). *P* Paramount. 1945 *Jesse James.* Musikfilm. 1 Akt. *P* Soundies. 1946 *Gun Fire. R* William Berke. *D* Don Barry (Frank), Roger Anderson (Bob Ford). 1946 *Badman's Territory. R* Tim Whelan. *D* Randolph Scott, Lawrence Tierney (Jesse), Tom Tyler (Frank). Die James-Brüder als Randfiguren einer Banditen-Geschichte, die 1892 spielt, also 10 Jahre nach Jesses Tod. *P* RKO. 1947 *Jesse James Rides Again. R* Fred C. Brannon, Thomas Carr. *D* Clayton Moore (Jesse). Jesse steht Tennessee-Farmern gegen Spekulanten bei. Serial. *P* Republic. 1948 *Adventures of Frank and Jesse James. R* Fred C. Brannon, Yakima Canutt. *D* Clayton Moore (Jesse), Steve Darrell (Frank). Serial. *P* Republic. 1948 *I Shot Jesse James. R* Samuel Fuller. *D* John Ireland (Bob Ford), Reed Hadley (Jesse), Tom Tyler (Frank), Barbara Woodell (Zee James), Tom Noonan (Charles Ford), Preston Foster (Kelley). Bob Ford erschießt Jesse und geht nach Colorado, gejagt von Frank, schließlich erschossen von Kelley. *P* Lippert. 1949 *The Return of Jesse James. R* Arthur David Hilton. *D* Reed Hadley (Frank), Clifton Young (Bob Ford). *P* Lippert. 1949 *Fighting Man of the Plains. R* Edwin L. Marin. *D* Randolph Scott, Dale Robertson (Jesse). Jesse als Nebenfigur einer Marshal-Story. *P* Nat Holt/20th Century-Fox. 1950 *Kansas Raiders. R* Ray Enright. *D* Audie Murphy (Johnny Camps=Jesse). Schlüsselfilm über Jesses Tage bei Quantrill. *P* Universal. 1950 *The Great Missouri Raid. R* Gordon Douglas. *D* MacDonald Carey (Jesse), Wendell Corey (Frank), Edgar Buchanan (Dr. Samuels, Jesses Stiefvater). Jesses Geschichte vom Bürgerkrieg bis zu seinem Tod. *P* Paramount. 1950 *The James Brothers of Missouri. R* Fred C. Brannon. *D* Keith Richards (Jesse). 1951 *Best of the Badmen. R* William D. Russell. *D* Robert Ryan, Lawrence Tierney (Jesse). Jesse als Randfigur einer Younger Brothers-Story. *P* RKO. 1953 *Jesse James vs. the Daltons. R* William Castle. *D* Brett King, Rory Mallinson (Bob Ford). Geschichte eines Mannes, der sich für den Sohn von Jesse James hält. *P* Columbia. 1953 *The Great Jesse James Raid. R* Reginald LeBorg. *D* Willard Parker (Jesse). *P* Jezebel. 1954 *Jesse James' Women. R* Don Barry. *D* Don Barry (Jesse). Komödie: der attraktive Jesse nimmt liebestolle Frauen aus. *P* Panorama/UA. 1957 *Hell's Crossroads. R* Franklin Adreon. *D* Stephen McNally, Henry Brandon (Jesse), Douglas Kennedy (Frank), Robert

Vaughn (Bob Ford,) Frank Wilcox (Gouverneur Crittenden). Geschichte eines fiktiven Jesse-Freundes, von der Gründung der James-Bande bis zu Fords Verrat. *P* Republic. 1957 *The True Story of Jesse James. R* Nicholas Ray. *D* Robert Wagner (Jesse), Jeffrey Hunter (Frank), Hope Lang (Zee), Agnes Moorehead (Mrs. Samuel). Jesses Geschichte von 1864 bis zu seinem Tod, Remake des Henry King-Films von 1939. *P* 20th Century-Fox. 1959 *Alias Jesse James. R* Norman Z. McLeod. *D* Bob Hope, Wendell Corey (Jesse), Jim Davis (Frank), Mary Young (Ma James). *P* Bob Hope/UA. 1960 *Young Jesse James. R* William Claxton. *D* Ray Stricklyn (Jesse), Robert Dix (Frank). 1961 *True Gang Murders. R* Sherman Rosenfield. Dokumentarfilm über Banden-Kriminalität. *P* Sagittarius. 1964 *Solo contro tutti. R* A. Del Amo. *D* Robert Hundar (Bill James). Jesses Sohn jagt den Mörder des Vaters. *P* PEA-Apollo. 1965 *The Outlaws Is Coming. R* Norman Maurer. *D* The Three Stooges, Wayne Mack (Jesse). *P* Normandy. 1966 *Jesse James Meets Frankenstein's Daughter. R* William Beaudine. *D* John Lupton (Jesse). Horror-Komödie: Frankensteins Tochter versucht Jesse zu einem Monster umzubauen. *P* Circle/Embassy. 1969 *A Time for Dying. R* Budd Boetticher. *D* Richard Lapp, Audie Murphy (Jesse). *P* Fipco. 1969 *Ride a Wild Stud. R* Revilo Ekard. *D* Hale Williams, William Fosterwick (Frank). Sexfilm über das wüste Treiben der Quantrill-Bande. *P* Vega International. 1971 *The Great Northfield Minnesota Raid. R* Philip Kaufman. *D* Robert Duvall (Jesse), John Pearce (Frank). Geschichte des Northfield-Überfalls.

Siehe auch Filmographie der ›Younger Brothers‹, 1876.

Das Ende von Johnny Ringo. Am 13. Juli wird John Ringgold, genannt Johnny Ringo, 38, Mitglied der Clanton-Gang, unrühmlich bekannt durch seine Teilnahme am Mason County War von 1876, am Guadalupe Canyon-Massaker von 1878 und etlichen Schießereien mit tödlichem Ausgang, im Turkey Creek Canyon, Arizona, mit einer Schußwunde in der Schläfe tot aufgefunden; seine rechte Hand umklammert seinen Revolver, seine Taschenuhr geht noch. Ob Ringo Selbstmord verübt hat (wie das Gericht befindet) oder von fremder Hand getötet wurde (mehrere Revolvermänner, darunter Wyatt Earp, schreiben sich seine

Liquidation zu), bleibt ungeklärt. Einwandfrei ermitteln läßt sich dagegen, daß der Tod das Ende einer zehntägigen Sauftour des notorischen Alkoholikers Ringo darstellt; ein Augenzeuge, der ihm bei seiner Odyssee durch die Saloons von Tombstone und Umgebung begegnet, erzählt später, wie er, »zuckend und an allen Gliedern bebend, also wahrscheinlich im Delirium tremens, nachts umherging und nach Alkohol suchte« (Hans von Hentig, *Der Desperado*).

Filmographie: Siehe unter Filmographie des ›Gunfight am OK-Corral‹ die Titel: 1953 *Gun Belt,* 1957 *Gunfight at the OK-Corral,* 1958 *Toughest Gun in Tombstone* und 1971 *Doc.*

Ben Thompson begleicht eine Rechnung. Ben Thompson, 40, seit 1879 City Marshal von Austin, begibt sich nach San Antonio und erschießt dort Jack Harris, den Besitzer des Vaudeville Variety Theatre. Die Tat findet in diesem als »best nightclub on the frontier« bekannten Etablissement statt. Thompson regelt damit eine alte Kontroverse aus der Zeit des Colorado Railroad War; Harris war ihm seiner Meinung nach die Belohnung für seine Dienste in dieser Auseinandersetzung schuldig geblieben. Er wird vor Gericht gestellt und freigesprochen, da er zwar Harris provoziert, Harris aber als erster zur Waffe gegriffen hat. Bei seiner Heimkehr nach Austin wird Thompson von der Bevölkerung mit einem Triumphzug geehrt.

General Crooks Rückkehr nach Arizona. Nach dem Ausbruch von Geronimos neuem Guerillakrieg wird General George Crook als Kommandant des Department of Arizona berufen. Crook hat bereits vor zehn Jahren gegen die Apachen gekämpft und damals eine aggressive Indianerpolitik verfolgt, inzwischen haben ihn seine Erfahrungen mit den Sioux und Cheyennes eine indianerfreundliche Haltung einnehmen lassen. Er bemüht sich, die von John P. Clum eingeführten Reformen wiederherzustellen und die weißen Siedler und Prospektoren vom Reservationsland zu entfernen. Vor allem aber wartet er auf eine Gelegenheit, mit den von Mexiko aus operierenden Guerilla-Apachen in Kontakt zu kommen.

Judge Roy Bean in Langtry. Roy Bean, 57, aus dessen Vorleben einige Morde in Mexiko und Kalifornien und eine Tätigkeit als Bandenführer in New Mexico bekannt sind, kommt nach Vinegarron, Texas, einer Zeltstadt, die den Streckenarbeiten der Southern Pacific ihre kurze Existenz verdankt. Bean läßt sich hier zum Friedensrichter machen. Nach kurzer Zeit zieht er weiter nach Langtry, ebenfalls einer Station an der Strecke der Southern Pacific; auch hier erlangt er die Bestellung zum Richter, ein Amt, in dem er durch Wahlen (von ihm beaufsichtigt) immer wieder bestätigt wird, bis 1896. In diesen 14 Jahren führt er in einem Saloon, der gleichzeitig sein Gerichtssaal ist, als »The Law West of the Pecos« ein selbstherrliches Regime, das von seinen ausgefallenen Leidenschaften und seinem Talent zu schwarzem Humor geprägt ist. Beans einnehmenste Passion ist seine Schwärmerei für die englische Schauspielerin Lily Langtry, auch »Jersey Lilly« genannt (sie stammt von der Kanalinsel Jersey), die mehrere Tourneen durch die Vereinigten Staaten unternimmt und deren enthusiastischster Fan Roy Bean wird, obwohl er sie nur von Bildern kennt. Seiner eigenen Aussage nach hat er den Ort Langtry nach der Frau seiner Träume benannt; die Southern Pacific dagegen behauptet, ein Präsident der Gesellschaft sei der Namensgeber des Ortes. Zweifelsfrei ist, daß die Langtry die unfreiwillige Taufpatin von Beans Gerichtssaloon ist; das Lokal heißt »The Jersey Lilly«.

Zu Beans harmloseren Eigenheiten gehört, daß er sich einen Bär als Haustier hält. Seine schlimmste Leidenschaft ist das Aufhängen von Menschen. Seine mit wildem Humor praktizierte Willkür ist durch zahlreiche Beispiele seiner Rechtsprechung belegt. Als er einen Eisenbahnarbeiter (und guten Kunden des Saloons) abzuurteilen hat, der des Mordes an einem Chinesen

Walter Brennan als Judge Roy Bean in *The Westerner* von William Wyler, 1940.

überführt ist, blättert er in seinem Gesetzbuch (*Revised Statutes of Texas* von 1879) und verkündet: »Ich finde hier keine verdammte Zeile, die das Töten eines Chinesen als ungesetzlich erklärt; der Angeklagte ist freigesprochen.« Die Verhandlung gegen einen Mann, der einen Mexikaner erschossen hat, schließt er mit dem Spruch: »Der Mexikaner hätte nicht vor den Lauf des Revolvers geraten sollen, den mein Freund zufällig abfeuerte.« Seine schlimmeren Urteilssprüche sind nicht so lakonisch, sondern von lyrischem Überschwang getragen. Ein Viehdieb bekommt Folgendes zu hören: »Zwölf gute und gerechte Männer haben über dich zu Gericht gesessen, nicht Männer deinesgleichen, sondern Männer, die so hoch über dir stehen wie der Himmel über der Hölle. Und ihr Spruch ist, daß du schuldig bist. Die Zeiten werden vergehen, und die Jahreszeiten werden kommen und gehen: Der Frühling mit seinem wogenden grünen Gras und Mengen von süßduftenden Blumen auf jedem Hügel und in jedem Tal. Dann der heiße Sommer mit flimmernden Hitzewellen am glühenden Horizont. Und der Herbst mit dem bleichen Erntemond, wenn die Hügel braun und golden werden unter der sinkenden Sonne. Und endlich der Winter mit seinen beißenden, pfeifenden Winden, wenn das ganze Land mit dem Mantel des Schnees zugedeckt sein wird. Du aber wirst nicht mehr da sein, um all das zu sehen, keinen verdammten Augenblick lang, denn es ist das Urteil dieses Gerichtes, daß du zum nächsten Baum geführt und am Hals aufgehängt wirst, bis du tot bist, tot, tot, tot, du olivfarbener Sohn einer schmutzigen Ziege.« Selbst bei freundlichen Anlässen bemüht Bean Humor von der schwarzen Art. Eheschließungen endet er mit dem Satz, mit dem andere Richter Todesurteile kommentieren: »Möge Gott euren Seelen gnädig sein.« 1888 bekommt er dann tatsächlich noch Lily Langtry zu sehen.

Premiere des Rodeo, Generalprobe der Wild-West-Show. Am 4. Juli 1882, dem amerikanischen Nationalfeiertag, findet in North

Platte, Nebraska, ein Volksfest statt, ein »Old Glory Blow Out« (»Old Glory« ist der Ehrenname der amerikanischen Flagge), zu dem Cowboys aus dem ganzen Westen anreisen, um die aus ihrem Berufsleben entwickelten Kunstfertigkeiten vorzuführen. Der erfolgreichste Teilnehmer ist ein Cowboy namens Buck Taylor, später jahrelang einer der Hauptstars von Buffalo Bills Wild-West-Show; er macht sich die wildesten Pferde gefügig, zwingt Stiere mit der bloßen Faust zu Boden und kann im vollen Galopp ein Taschentuch vom Boden aufheben. Die treibende Kraft hinter dieser Veranstaltung und als »Grand Marshal« ihr Leiter ist Buffalo Bill, der damit gleich zwei Pionierleistungen auf einmal vollbringt. »Das Schauspiel, das Cody mitten im Milieu des Lebens aufführte, das er als Showman darzustellen trachtete, war nicht nur der Ausgangspunkt aller kommenden Wild-West-Shows, sondern auch des Rodeo« (Don Russell, *The Lives and Legend of Buffalo Bill*).

Buffalo Bill ist schon seit einiger Zeit bestrebt, seine theatralischen Darstellungen des Wildwest-Lebens zu erweitern und vom Bühnenspektakel zur zirkusmäßigen Show zu gelangen, die alles umfassen soll, was der Westen an Kampf- und Sportspielen zu bieten hat. Im bescheidenen, lokalen Rahmen finden Wettbewerbsspiele unter Cowboys schon seit Jahrzehnten statt. Einer der frühesten Berichte über Veranstaltungen dieser Art erzählt von einem Lasso-Werfen-Wettspiel in Santa Fé 1847. Daß es in New Mexico stattfindet, kommt nicht von ungefähr; »Rodeo« ist ein spanisches Wort, und das amerikanische Rodeo baut auf älteren Traditionen der mexikanischen Cowboys, der Vaqueros, auf. Buffalo Bill macht aus dem berufsständigen Wettbewerb von lokaler Bedeutung das große, unverwechselbare nationale Showsport-Vergnügen Amerikas und aus dem Viehtreiber, der das Know-how seiner Arbeit zur Zirkusreife entwickelt hat, einen Showstar, der seinen Platz neben den Spitzen-Athleten und den Spitzen-Artisten hat. Der große Auftrieb von North Platte ist für Cody ein Talentschuppen und die Generalprobe zur Wild-West-

Show, die dann im folgenden Jahr ihre Premiere hat. Rodeo und Wild-West-Show wachsen nun gemeinsam auf und befruchten sich gegenseitig; die Wild-West-Show lebt zu einem großen Teil von den Künsten, die beim Rodeo erprobt und praktiziert werden; das Rodeo lernt von der Wild-West-Show, wie man ein Sportfest glanzvoll aufzieht.

Das erste wirklich kommerzielle Rodeo findet anläßlich der Frontier Days 1888 in Prescott, Arizona, statt, mit zahlenden Zuschauern und Geldpreisen für die Gewinner. Zu den berühmtesten Rodeos werden in den kommenden Jahrzehnten (und sind es bis auf den heutigen Tag) das Pendleton Roundup, die Cheyenne Frontier Days und die Calgary Stampede. Heute ist das Rodeo ein Profisport, der das ganze Jahr über Saison hat; manche Rodeo-Cowboys nehmen im Jahr an bis zu 100 Rodeos statt. Jedes bessere Rodeo beginnt mit dem »Grand Entry«, der vom Zirkus entlehnten Parade aller Teilnehmer, in ihren glamourösesten Kostümen. Die 5 Standarddisziplinen sind: bare-back riding (Reiten wilder Pferde ohne Sattel), bull riding (Reiten wilder Stiere), saddle-bronc riding (Reiten gesattelter Wildpferde), calf roping (Einfangen von Kälbern mit dem Lasso) und steerwrestling (Niederzwingen wilder Stiere mit der bloßen Hand). Andere Rodeo-Attraktionen sind Trick-Reiten, steer roping (Einfangen von Stieren mit dem Lasso), Wildpferde-Rennen, Stier-Dekorieren und Wildkuh-Melken; die beiden letzteren Disziplinen sind humorige Darbietungen. Ebenfalls für die Komik zuständig (und wie das Grand Entry vom Zirkus übernommen) ist der Rodeo-Clown.

Der Western hat von seinem Anfang an eine innige Beziehung zum Rodeo, da viele frühe Western nichts anderes sind als verfilmte Rodeos oder Geschichten im Rodeo-Milieu; folgerichtig waren viele der frühen Western-Stars von Hoot Gibson über Art Acord bis zu Yakima Canutt bekannte Rodeo-Cowboys, bevor sie zum Film kamen (und kehrten oft während ihrer Filmkarriere wieder zum Rodeo zurück). Der Wandel der

Rodeo-Artistin Joy Duce in *Buffalo Bill and the Indians* von Robert Altman, 1976.

Betrachtungsweise, dem sich der Westen seinem Stoff gegenüber dann zunehmend unterzieht, berührt auch sein Verhältnis zum Rodeo: In den frühen Rodeo-Filmen feiert der Westen seine andauernde Vitalität, in den späteren Rodeo-Western beklagt er seinen Anachronismus.

Rodeo-Filme: 1921 *The Jack Rider. R* Charles R. Seeling. *D* Guinn »Big Boy« Williams. Erbe einer Ranch, der von seinen Cowboys als Schwächling verlacht wird, bewährt sich bei einem Rodeo. *P* Charles R. Seeling. 1921 *Wolves of the Range. R* Norman Dawn. *D* Herbert Heyes. Ruinierter Rancher geht zum Rodeo. *P* Universal. 1922 *Lure of Gold. R* Neal Hart. *D* Neal Hart. Banditen versuchen dem Helden das Geld wegzunehmen, das er bei einem Rodeo gewonnen hat. *P* William Steiner. 1923 *The Ramblin' Kid. R* Edward Sedgwick. *D* Hoot Gibson. Cowboy gewinnt Rodeo und damit auch das Herz seiner Angebeteten. *P* Universal. 1925 *Always Ridin's to Win. R* Forrest Sheldon. *D* Pete Morrison. Durch seinen Sieg bei einem Rodeo bringt Cowboy seiner Stadt einen Vorteil gegenüber einer konkurrierenden Gemeinde. *P* William Steiner. 1925 *The Bandit's Baby. R* James P. Hogan. *D* Fred Thomson. Zu Unrecht des Mordes verdächtigter Cowboy gewinnt ein Rodeo und leitet damit seine Rehabilitierung ein. *P* R-C. 1925 *The Calgary Stampede. R* Herbert Blache. *D* Hoot Gibson. Amerikanischer Rancher nimmt an der kanadischen Calgary Stampede teil, gewinnt und kann mit dem Geldpreis seine vom Ruin bedrohte Ranch salvieren. *P* Universal. 1925 *Let 'Er Buck. R* Edward Sedgwick. *D* Hoot Gibson. Cowboy gewinnt das Pendleton Rodeo und damit auch die Hand seiner Angebeteten. *P* Universal. 1926 *Red Hot Leather. R* Albert Rogell. *D* Jack Hoxie. Cowboy wird Sieger beim Rodeo und kann mit dem Gewinn seine vom Ruin bedrohte Ranch retten. *P* Universal. 1926 *Under Western Skies. R* Edward Sedgwick. *D* Norman Kerry. Als die Bank einem Oregon-Rancher einen Kredit verweigert (um ihn zu ruinieren und sich selbst in den Besitz der Ranch zu bringen), nimmt er am Pendleton Rodeo teil, gewinnt und kommt so zu dem Geld, das er braucht. Der Film wurde beim Pendleton Rodeo 1925 gedreht. *P* Universal. 1928 *The Bronc Stomper,* auch *The Bronc Buster. R* Leo Maloney. *D* Don Coleman. Rodeo-Star siegt über Schurken, die seine Teilnahme an einem wichtigen Rodeo verhindern wollen. *P* Leo Maloney. 1929 *Cheyenne. R* Albert Rogell.

D Ken Maynard. Mit seinem Gewinn als Sieger des Cheyenne-Rodeos befreit Cowboy den Vater seiner Liebsten von drückenden Schulden. *P* First National. 1929 *King of the Rodeo. R* Henry MacRae. *D* Hoot Gibson. Cowboy aus Montana gewinnt in Chicago ein Rodeo und schnappt außerdem noch die Diebe, die die Rodeo-Kasse geklaut haben. *P* Hoot Gibson. 1929 *The Long Long Trail. R* Arthur Rosson. *D* Hoot Gibson. Rodeo-Favorit soll durch ein übles Drogen-Manöver aus dem Rennen geworfen werden, siegt aber trotzdem. *P* Universal. 1933 *The Cheyenne Kid. R* Robert Hill. *D* Tom Keene. Schurken versuchen, einem Cowboy seine Rodeo-Gewinne abzujagen. *P* RKO. 1933 *King of the Arena. R* Alan James. *D* Ken Maynard. *P* Universal. 1934 *The Man From Utah. R* Robert N. Bradbury. *D* John Wayne. Rodeo-Cowboy findet in seiner Satteltasche eine giftige Schlange und kommt so auf die Spur von Banditen, die Rodeo-Gewinne manipulieren. *P* Lone Star. 1937 *Wild Horse Rodeo. R* George Sherman. *D* Bob Livingston, Ray Corrigan, Max Terhune. Rodeo-Abenteuer der Three Mesquiteers. *P* Republic. 1939 *Trouble in Texas. R* Robert N. Bradbury. *R* Tex Ritter. Schurken versuchen, sich Rodeo-Gewinne anzueignen. *P* Gran National. 1943 *A Lady Takes a Chance. R* William A. Seiter. *D* John Wayne, Jean Arthur. Im modernen Westen. Großstädterin aus dem Osten verliebt sich im Westen in Rodeo-Cowboy. *P* RKO. 1946 *Smoky. R* Louis King. *D* Fred McMurray. Die lange Suche eines Cowboys nach seinem gestohlenen Lieblingspferd; schließlich findet er es als herabgewirtschaftetes Rodeo-Pferd wieder. *P* 20th Century-Fox. 1948 *Northwest-Stampede. R* Albert Rogell. *D* James Craig. Rodeo-Star übernimmt die elterliche Ranch. *P* Eagle Lion. 1949 *Tucson. R* William Claxton. *D* Jimmy Lydon. Musical um die amerikanischen Universitäts-Rodeo-Meisterschaften in Tucson, Arizona. *P* 20th Century-Fox. 1952 *The Lusty Men. R* Nicholas Ray. *D* Robert Mitchum. Desillusionierter Rodeo-Veteran wird Lehrmeister eines Cowboys und findet seinen Tod in der Rodeo-Arena. *P* RKO. 1952 *Bronco Buster. R* Budd Boetticher. *D* Chill Wills. *P* Universal. 1953 *Arena. R* Richard Fleischer. *D* Gig Young. Eifersuchts-Melodram unter modernen Rodeo-Cowboys. *P* MGM. 1964 *The Rounders. R* Burt Kennedy. *D* Glenn Ford, Henry Fonda. Heitere Rodeo-Abenteuer moderner Cowboys. *P* MGM. 1971 *Honkers. R* Steve Ihnat. *D* James Coburn. Familienprobleme eines alternden Rodeo-Stars. *P* United Artists. 1971 *J. W. Coop. R* und *D* Cliff Robertson. Die letzten

Siege und Niederlagen eines alternden Rodeo-Stars. *P* Columbia. 1972 *Junior Bonner. R* Sam Peckinpah. *D* Steve McQueen. Berufs- und Familienprobleme eines alternden Rodeo-Stars. *P* Joe Wizan. 1972 *When the Legends Die. R* Stuart Millar. *D* Richard Widmark. Alternder Rodeo-Star wird zum Lehrmeister eines jungen Indianers. *P* Stuart Millar.

Die erste Billy the Kid-Biographie. Im Verlag der New Mexico Printing Company in Santa Fé erscheint die erste Billy the Kid-Biographie: *The Authentic Life of Billy the Kid, The Noted Desperado of the Southwest, Whose deeds of Daring has Made his Name a Terror in New Mexico, Arizona and Northern Mexico.* Als Verfasser genannt wird der Mann, der Billy erschossen hat, Patrick Floyd Garrett. Der wirkliche Verfasser ist ein Freund Garretts, Ashmun (»Ash«) Upton, ein Journalist aus der Schule des New Yorker *Herald,* der nach New Mexico gegangen ist und sich dort als Zeitungsverleger, Eisenbahnschaffner, Ladeninhaber und Postmeister betätigt hat. Sein Buch, geschrieben im blumigen Jargon eines Mannes, der die Exzesse seiner Phantasie selbstironisch genießt, ist eine wahre Freundestat. Das Versprechen des Titels, der Billy den »Schrecken von Neu-Mexiko, Arizona und dem nördlichen Mexiko« nennt, wird eingelöst durch eine rückhaltlose Glorifizierung des Mannes, der diese Landstriche von ihrem Schrecken befreit hat: Das Buch dient offensichtlich dem Zweck, Garrett vor der Öffentlichkeit, die ihm für die Liquidierung seines ehemaligen Freundes nicht nur Beifall zollt, und vor seinem eigenen Gewissen reinzuwaschen. Folgerichtig wird Billy in den finstersten Farben gemalt, während Garrett als ein Ordnungshüter von ganz besonderem Format erscheint. Als Biographie ist das Buch nicht nur wegen seiner Parteilichkeit unzuverlässig, sondern weil der Verfasser sich nicht viel Mühe mit Recherchen über die Kinderjahre Billys gemacht hat. Seine Behauptung, alles aus erster Quelle zu wissen, da er in Santa Fé wie in Silver City Logiergast von Mrs. Antrim, Billys

Mutter gewesen sei, ist jedenfalls die pure Hochstapelei (egal ob man Garrett oder Upton für den Verfasser hält). Für den Zeitgenossen ist das indessen fürs erste nicht nachprüfbar, und die Billy-Biographie von Garrett-Upton etabliert für lange Zeit die populäre Vorstellung von Billy wie von Pat Garrett.

O. Henry im Westen. William Sidney Porter kommt seiner angegriffenen Lunge wegen als 20jähriger aus South Carolina nach Texas, wo er zunächst auf einer Schaf-Ranch lebt und es lernt, zu schießen und wilde Pferde zuzureiten. Dann arbeitet er bei einer Bank in Austin; diese Tätigkeit nimmt 1894 ein schlimmes Ende. Später wird er unter dem Namen O. Henry ein Short Stories-Autor, der unter anderem »gerne von Cowboys, Texas Rangern, Ranchern, Schafzüchtern und Outlaws erzählt, und deren Milieu in seinen Geschichten schildert« (Joe Frantz, *The American Cowboy*); vor allem erfindet er 1904 in der Erzählung *The Caballero's Way* die Figur des Cisco Kid.

Geboren: Thomas Harper Ince, in Newport, New York, als Sohn eines Schauspieler-Ehepaars; wird 1899 Bühnenschauspieler, 1906 Filmschauspieler, 1910 Filmregisseur; ab 1911 als Produzent und Regisseur einer der wesentlichen Pioniere des Western.

Gilbert M. Anderson, als Max Aronson, in Little Rock, Arkansas; wird Handelsreisender, dann Fotomodell in New York; Filmdebüt in *The Messenger Boy's Mistake,* 1903; Westerndebüt in *The Great Train Robbery,* 1903.

1883

Premiere der Wild-West-Show. Am 19. Mai 1883 erlebt Buffalo Bills erste Wild-West-Show auf dem Gelände des Jahrmarkts von Omaha seine Premiere. Der volle Titel der Show lautet *The Wild West – Hon. W. F. Cody and Doc. W. F. Carver's Rocky*

Mountain and Prairie Exhibition. Codys Partner William Franklin Carver (den Doktor-Titel führt er seit einer Dentisten-Tätigkeit) ist ein bekannter Scharfschütze von nicht ganz einwandfreiem Ruf; seinen Beinamen »The Evil Spirit of the Plains« verdankt er angeblich dem Häuptling Spotted Tail. Die Partnerschaft währt nur eine Saison. Buffalo Bills Wild-West-Show erzählt in zirkusmäßiger Manier Abenteuer des Westens. Die Geschichten, die erzählt werden, werden im Bewußtsein des Publikums zu den Standard-Situationen des Westens. Indianer überfallen eine Siedlung, einen Wagentreck, eine Postkutsche; Buffalo Bill und seine Leute reiten in letzter Minute zur Rettung. Aber auch berühmte Episoden, bei denen, wie jeder weiß, die Rettung in letzter Minute ausblieb, werden in Schaubildern und dramatischen Szenen vorgeführt. Eine der größten Attraktionen von Buffalo Bills Wild-West-Show bleibt immer Custers letzte Schlacht. Buffalo Bill trifft nach dem Gemetzel auf dem Schlachtfeld am Little Big Horn ein. Die Arena ist übersät von toten Soldaten und Indianern. Eine Leuchtschrift leuchtet auf: »TOO LATE!« Buffalo Bill erweist Custer die letzte Ehre. Dann tritt Buffalo Bill, der Rächer, in Aktion. Er spürt die Cheyenne auf und stürzt sich mit dem Schlachtruf »Der erste Skalp für Custer!« auf Yellow Hand. Buffalo Bills Wild-West-Show wird vom Start weg »le spectacle américain par excellence« (Jack Rennert, *Cent Affiches de Buffalo Bill's Wild West*).

General Crook und Geronimo. Die Apachen unter Geronimo setzen von Mexiko aus ihre Überfälle auf amerikanisches Gebiet fort, bis es General Crook endlich gelingt, mit dem Häuptling der Chiricahuas in Kontakt zu kommen. Er versucht, Geronimo von seinem guten Willen zu überzeugen und zur Rückkehr in die Reservation zu bewegen. Geronimo willigt schließlich ein. Im Februar 1884 geht er mit seinen Leuten zurück in die San Carlos-Reservation.

Sitting Bull frei. Sitting Bull wird aus der Gefangenschaft entlassen und in die Reservation Standing Rock gebracht. Wiederholt versuchen Abgesandte der Regierung, ihn und seine Sioux zu überreden, ihnen einen Großteil der Reservation zu überlassen. Als Sitting Bull zur Eröffnung der in diesem Jahr fertiggestellten Northern Pacific Railroad eingeladen und zu einer Festrede gedrängt wird, hält er in der Sprache seines Volkes eine Ansprache voller Beleidigungen für die anwesenden Weißen, die ihn aber nicht verstehen können und ihm applaudieren.

Butch Cassidys erster Arrest. Der 17jährige Robert LeRoy Parker alias Butch Cassidy gerät durch den Diebstahl eines Sattels zum erstenmal mit dem Gesetz in Konflikt. Er wird festgenommen, kann aber noch vor der Gerichtsverhandlung entfliehen. Mit einigen Freunden geht er nach Colorado und bereitet seine Banditenlaufbahn vor.

Belle Starr im Gefängnis. Belle Starr und ihr Mann Sam werden wegen Pferdediebstahls verhaftet und in Fort Smith vom »Hanging Judge« Parker zu einem Jahr Gefängnisstrafe verurteilt, die sie in einer Strafanstalt in Detroit absitzen.

Frederic Remington malt den Westen. Nach einem Universitätsstudium in Yale geht der 22jährige Frederic Remington nach Kansas, wo er Rancher und Pferdehändler wird und das Leben der Cowboys studiert. Er beginnt, Szenen aus dem Cowboy-Leben zu zeichnen und zu malen und schickt einige seiner Werke an *Harper's Weekly*. In dieser Zeitschrift erscheint dann auch seine Zeichnung »Cowboys of Arizona Roused by a Scout«, allerdings mit dem Namen eines der festen Mitarbeiter des Blattes gezeichnet, der Remingtons Arbeit einfach kopiert hat. Nach diesem frustrierenden Beginn wird Remington in den kommenden Jahren zu dem Mann, dessen Bilder die Vorstellung der Zeitgenossen und aller kommenden Generationen vom amerikanischen Westen prägen und der als »der Mann, der John Wayne erfand« (Robert H. Andrews) auch die Bilderwelt des Western entscheidend beeinflußt. Später schreibt Owen Wister, der als Autor des Klassikers *The Virginian* als Autorität gilt, über Remington:

»Wie sehr sind wir doch mit Remingtons Sergeanten, mit Remingtons Rekruten vertraut! Wie ist doch unser Blick an Remington geschult, den Unterschied zwischen dem Kavalleristen und dem Infanteristen zu erkennen! Denn Remington hat mit seinem unbestechlichen und dabei doch phantasievollen Auge das Bild des modernen amerikanischen Soldaten festgehalten und so klar auf unsere Vorstellung geprägt wie die Münze das Bild des amerikanischen Adlers auf unsere Geldstücke prägt. [...] Er hat den roten Mann so im Bild festgehalten, wie es meines Wissens kein anderer getan hat. Er hat uns die ganze Tragödie dieses roten Mannes erzählt. Er hat jedes Entwicklungsstadium dieser ›niederen‹ Rasse, die unsere ›erobernde‹ Rasse enteignet hat, festgehalten, beginnend mit ihrer ursprünglichen Größe und endend mit der Degeneration, die sie unter dem Einfluß unserer zivilisierten Rasse erlitten hat. Und während er in dieser Weise das Bild des roten Mannes fixierte, fixierte er auch den Weißen, der dem Roten begegnete, und auch ihn in jedem Entwicklungsstadium von der Würde bis zur völligen Verkommenheit. Pioniere, Trapper, Cowboys, Prospektoren, Spieler und Banditen – das ganze Aufgebot ging unauslöschlich in Remingtons Seiten ein. Und schließlich hat er auch die Natur nicht vergessen. Das Geheimnis der unberührten Ebenen und die Größe der Bergesgipfel sind von ihm nicht nur wahrheitsgemäß, sondern auch mit potentem Gefühl und mit Imagination festgehalten worden. Remington ist mehr als ein Künstler; er gehört zu unserem Nationalschatz.«

Westernregisseure haben immer wieder bekannt, Remington sei die Hauptquelle ihrer optischen Inspiration; das Bemühen um einen Remington-Kamerastil spürt man zwar häufig, aber außer einigen Sequenzen in John Fords *She Wore a Yellow Ribbon,* die sich bewußt und gekonnt am Remington anlehnen, findet man nur wenig, was annähernd an Stil und Format des Meisters heranreicht. Interessanterweise sind es am ehesten neuere, am Dokumentarischen orientierte Cowboy-Western, die Remington gerecht werden. »Ganze Sequenzen von *The Culpepper Cattle Company* (1972) und *Monte Walsh* (1970) sehen wie animierter Remington aus« (Philip French, *The Western*).

Geboren: Douglas Fairbanks, in Denver, Colorado, als Sohn eines Rechtsanwalts; wird nach Harvard-Studium und Europareisen zunächst Anwalt und Börsenmakler, geht dann zur Bühne, kommt 1915 nach Hollywood und gibt sein Filmdebüt in dem Western *The Lamb.*

1884

Ende des Cowboy-Booms. Die große Zeit des amerikanischen Cowboys geht zu Ende. »Die Glanzzeit des amerikanischen Cowboys währte kaum eine Generation, vom Ende des Bürgerkriegs bis in die Mitte der achtziger Jahre, als Wetterkatastrophen, schlechtes Range-Management und eine verheerende Entwicklung der Viehmarktpreise der sorgenlosen Zeit ein Ende machten. In der kurzen Zeitspanne überstieg die Zahl der Cowboys, die die Herden über die großen Ebenen trieben, insgesamt nicht 40 000« (*The Old West: The Cowboy*).

Banditen-Stützpunkt Hole in the Wall. Eine schwer zugängliche Felsgegend in Wyoming, genannt Hole in the Wall, wird zum bevorzugten Stützpunkt aller möglichen Banditen. Die ungesetzlichen Elemente, die hier verkehren, rekrutieren sich auch zunehmend aus den Kreisen der arbeitslos gewordenen Cowboys. Die bekanntesten Gangs, die in den kommenden Jahren in

Hole in the Wall ihr Hauptquartier aufschlagen, sind die Butch Cassidy Gang, die Black Jack Ketchum Gang und die Laughing Sam Carey Gang.

Elfego Baca, der Unverwundbare. Der 19jährige Elfego Baca, ein Amerikaner mexikanischer Abstammung, steckt sich ohne amtliche Bestellung einen Deputy-Sheriff-Stern an die Brust und verhaftet einen schießwütigen Cowboy, der die Bevölkerung von Francisco, New Mexico, terrorisiert. Als die Freunde des Ruhestörers ihn befreien wollen, kommt es zu einer Schießerei, und Baca tötet einen seiner Angreifer. Daraufhin verurteilen die Cowboys aus eigener Machtvollkommenheit Baca zum Tod. Baca zieht sich in seine Hütte zurück und wird dort eine Nacht und den folgenden Tag von den Cowboys belagert und beschossen. In dieser Zeit werden angeblich über 4000 Schüsse auf die Hütte gefeuert; allein in der Tür werden über 300 Einschüsse gezählt. Baca bleibt unverletzt und trifft seinerseits 8 Feinde, drei davon tödlich. Er wird dann von seinen Freunden befreit. Das Gericht spricht ihn frei. Elfego Baca wird seiner offenbaren Unverletzbarkeit wegen zur Legende; er bewährt sich in seinem weiteren Leben als Sheriff und dann als Rechtsanwalt. Er stirbt 1949.

Fernsehserie: 1958–1959 *The Nine Lives of Elfego Baca. R* Christian Nyby, Norman Foster u. a. *D* Robert Loggia (Baca). *P* Disney. Aus einzelnen Episoden dieser Serie wurden zwei Kinofilme zusammengeschnitten: *The Nine Lives of Elfego Baca* und *Six Gun Law.*

Buffalo Bills zweite Show-Saison. Buffalo Bill trennt sich von Doc Carver, sein neuer Partner wird Nate Salsbury, ein erfahrener Theatermann, der bis zu seinem Tod 1902 Codys wichtigste Stütze bleibt. Die Show firmiert jetzt als *Buffalo Bill's Wild West – America's National Entertainment,* ein stolzer, aber durchaus legitimer Titel. In der Saison 1884 unternimmt die Show eine Tournee durch 15 amerikanische Städte. Auf Salsburys Anregung nehmen die Kavalleriespiele einen immer stärkeren Rang in den Darbietungen ein.

Ramona. Helen Hunt Jackson veröffentlicht ihren Roman *Ramona,* eines der wirkungsvollsten Werke des »Noble-Red-Man«-Genres und ein Long- und Bestseller der Sentimentalität. »Ramona ist die Geschichte eines halbblütigen Mädchens reinen Herzens, die geliebt wird von Allessandro, einem offenherzigen und vollblütigen Indianer von sauberem Gemüt und großherziger Seele, von leidenschaftlichem Herzen und repressierter Natur, den die Heimsuchungen durch ruchlose amerikanische Siedler vorübergehend in den Wahnsinn treiben und der schließlich durch die Hand elender Schurken ein tragisches Ende findet« (Albert Kreiser, *The Indian in American Literature*). Der Roman beruht auf der folgenden wahren Geschichte: Die Indianerin Ramona lebt bei San Jacinto, Kalifornien, und ist verheiratet mit dem Coahuilla-Indianer Juan Diego; Juan, ein Pferdedieb und Trunkenbold, wird am 23. März 1883 beim Versuch, einen schwarzen Hengst zu stehlen, vom Besitzer dieses Pferdes, dem Weißen Samuel Temple, erschossen. Temple bekommt Notwehr zugesprochen, weil der ertappte Juan gegen ihn ein Messer gezückt haben soll. Bald nach Juans Tod stirbt Ramonas Kind an Pocken. Nachdem die Autorin Jackson die Indianerin als ihr Modell identifiziert hat, genießt sie einen kurzen Ruhm. Später wird sie Prostituierte in San Diego.

Verfilmungen: 1910 *Ramona. R* D. W. Griffith. *D* Mary Pickford, Henry B. Walthall. *P* Biograph. 1916 *Ramona. R* Donald Crisp. *D* Adda Gleason, Monroe Salisbury. *P* W. H. Clune. 1928 *Ramona. R* Edwin Carewe. *D* Dolores Del Rio, Warner Baxter. Aus dieser Fassung stammt der bekannte Schlager »Ramona«. *P* Inspiration/UA. 1936 *Ramona. R* Henry King. *D* Loretta Young, Don Ameche. *P* 20th Century-Fox.

Ben Thompson live und als Literatur. Ben Thompson, zuletzt Marshal in Austin, Texas, gibt diesen Posten auf, bleibt aber in

Plakat zur dritten *Ramona*-Verfilmung, 1928, von Edwin Carewe mit Warner Baxter und Dolores Del Rio.

der Stadt und leistet sich wilde Eskapaden. Im Theater schießt er auf einen Darsteller; als er deswegen vor Gericht geladen wird, erscheint er hoch zu Roß vor dem Richtertisch. Am 11. März 1884 besucht er mit seinem Freund, dem Terroristen und Bandenführer King Fisher, das Vaudeville Theatre in San Antonio; dort wird er unter nie geklärten Umständen erschossen. Kurz darauf erscheint seine erste Biographie: *Life and Adventures of Ben Thompson, the Famous Texan* von William Walton. Der Biograph Walton ist ein Richter aus Austin, der Thompson von Kindesbeinen an gekannt hat.

Film: 1955 *Wichita. R* Jacques Tourneur. *D* Joel McCrea (Wyatt Earp), Robert J. Wilke (Thompson). Thompson als Nebenfigur. *P* Allied Artists.

Geboren: James Cruze, als Jens Cruz Bosen, Sohn eines dänischen Einwanderers, in Ogden, Utah; wird Bühnen-, dann Filmschauspieler, inszeniert 1918 seinen ersten Film, *Too Many Millions,* 1919 seinen ersten Western, *The Valley of the Giants.*

Walter Huston, in Toronto, Kanada; wird zuerst Ingenieur, dann in New York Bühnenschauspieler, dreht 1929 seinen ersten Film, *Gentlemen of the Press,* und im selben Jahr seinen ersten Western: in *The Virginian* spielt er den Schurken Trampas.

1885

Buffalo Bills neue Attraktionen: Sitting Bull und Annie Oakley. Mit behördlicher Genehmigung gewinnt Buffalo Bill den Sioux Sitting Bull für seine Wild-West-Show; Bull geht mit der Show auf Tournee durch die USA und Kanada. Zur gleichen Zeit stoßen Annie Oakley und ihr Mann Frank Butler zu Buffalo Bill. Annie Oakley und Sitting Bull werden Freunde, und die Kunstschützin wird von den Sioux adoptiert. »Sitting Bull verschenkte fast sein ganzes Geld an den Haufen von zerlump-

Frank Kaquitts als Sitting Bull, Will Sampson als Dolmetscher und Paul Newman als Buffalo Bill in *Buffalo Bill and the Indians* von Robert Altman, 1976.

ten, hungrigen Kindern, die ihn überall umringten, wo er ging. Er sagte einmal zu Annie Oakley, er könne nicht verstehen, wie der weiße Mann so gedankenlos mit seinen eigenen Armen umgehe. ›Der weiße Mann weiß, wie man alles macht‹, sagte er, ›aber er weiß nicht, wie man es verteilt‹« (Dee Brown, *Bury My Heart at Wounded Knee*).

Geronimo reitet wieder. Geronimos Apachen, die sich in die San Carlos-Reservation haben bringen lassen, finden dort schlechte Lebensbedingungen vor und werden zudem die Opfer von Kompetenz-Streitigkeiten zwischen Armee und Indian Bureau. Im Mai bricht Geronimo mit einer Gruppe seiner Krieger aus der Reservation aus und geht auf Kriegszug beiderseits der mexikanisch-amerikanischen Grenzen, gejagt von den Armeen beider Länder.

Riels Rebellion. Die bereits seit Jahrzehnten andauernden Auseinandersetzungen zwischen den Métis und der kanadischen Regierung münden in einer offenen Rebellion. Die Métis sind Abkommen der frühen französischen und schottischen Trapper und Händler und ihrer indianischen Frauen im Tal des Saskatchewan River. Sie werden zunehmend von landhungrigen weißen Zuwanderern bedrängt, ihre Nöte und ihre verbrieften Rechte werden von der kanadischen Regierung ignoriert. Unter der Führung des 41jährigen Louis Riel, der sie schon bei früheren Aufständen geleitet hat, wagen sie im März 1885 den bewaffneten Aufstand, stürmen die Stadt St. Laurent, rufen eine eigene Regierung aus, finden die Unterstützung der Indianer und schlagen das gegen sie ausgesandte Aufgebot von rund 100 Männern der Mounted Police. Die Regierung macht daraufhin ein größeres Truppen-Kontingent gegen die Métis mobil. Die Aufständischen werden im Mai geschlagen, ihr Anführer Riel gefangengenommen, zum Tode verurteilt und erhängt.
Film: 1940 *North West Mounted Police. R* Cecil B. DeMille. *D* Gary

Cooper, Preston Foster. Abenteuer eines Texas Ranger, der in die Kämpfe der Riel-Rebellion verstrickt wird. *P* Cecil B. DeMille/Paramount.

Calamity Jane live und in der Literatur. Calamity Jane, nach eigener Aussage die Witwe von Wild Bill Hickok, geht eine neue Ehe ein, mit einem gewissen Charles Burke. Am 16. September ziert sie zum erstenmal die Titelseite eines Groschenheftes von Beadle's Pocket Library. »Man sieht sie als furchterregende Amazone, angetan mit bis über die Knie reichenden Reitstiefeln und einem verwegenen Hut. In den Händen hält sie zwei Revolver, mit denen sie einen bärtigen Mann bedroht, der ein großes Messer trägt« (Hans C. Blumenberg, *Wanted*).

Geboren: Allan Dwan, als Joseph Aloysius Dwan, in Toronto, Kanada; kommt als Kind mit seiner Familie nach Chicago, studiert Elektrotechnik, kommt als Experte für die Entwicklung von Beleuchtungsanlagen 1909 zu den Essanay-Studios, beginnt dort Drehbücher zu schreiben, dreht 1911 seinen ersten Film, den Western *Brandishing a Bad Man.*

Joe Hamman, als Jean Hamman, in Paris, studiert in London und Paris die schönen Künste, bereist den amerikanischen Westen, kehrt nach Frankreich zurück und dreht dort 1908 die ersten europäischen Western.

Gestorben: Doc Holliday, 35, in einem Sanatorium in Glenwood Springs, Colorado, an Lungentuberkulose. Manche Quellen zitieren als seine letzten Worte: »Well, I'll be damned«, andere »This is funny!« (Nach einigen Quellen stirbt Doc Holliday erst 1887; daß das Datum überhaupt umstritten sein kann, zeigt an, in welche Obskurität der Held in seinen letzten Jahren gefallen ist.)

Filmographie siehe 1881, ›Gunfight at the OK Corral‹.

Plakat zu *Calamity Jane* von David Butler mit Doris Day in der Titelrolle, 1953.

1886

Das Ende der Apachen-Kriege. Der von der amerikanischen wie der mexikanischen Armee gejagte Geronimo trifft sich im März mit General Crook zu Kapitulationsverhandlungen. Nachdem er sich bereits ergeben hat, flieht er wieder; 27 seiner Anhänger werden als Gefangene nach Fort Bowie gebracht. Crook wird wegen dieses Vorfalls und seiner bekannten Indianerfreundlichkeit durch General Nelson A. Miles abgelöst. Die auf Geronimo und die wenigen ihm verbliebenen Krieger angesetzten Streitkräfte werden auf 5000 Mann erhöht. Nachdem diese Armee vier Monate lang keinen einzigen Apachen fängt oder tötet, ergibt sich Geronimo im September; bei ihm sind noch 24 Krieger und 14 Frauen und Kinder. Die feindlichen Apachen (das heißt diejenigen, die bis zuletzt für ihre Freiheit gekämpft haben) wie die freundlichen Apachen (die sich als Hilfskräfte für die amerikanische Armee hatten anwerben lassen) werden als Kriegsgefangene nach Florida gebracht.

Apachen-Filme: 1910 *Apache Gold.* 950 Fuß. *P* Lubin. 1910 *The Sacred Turqois of the Zuni.* 960 Fuß. *P* Kalem. 1911 *The Curse of the Red Man. R* Frank Boggs. *D* Tom Santschi. *P* Selig. 1912 *The Apache Renegade. D* Carlyle Blackwell. 1000 Fuß. *P* Kalem. 1912 *Young Wild West Cornerd by Apaches. P* Nestor. 1912 *The Massacre of the Forth Cavalry. D* Mona Darkfeather. *P* Bison. 1912 *On the Warpath. D* Reginald Barker. Zweiakter. *P* Bison. 1912 *The Trade Gun Bullet. D* Hobart Boswarth. 1000 Fuß. *P* Selig. 1912 *The Tribal Law. R* Otis Turner. *D* Margarita Fischer. Zweiakter. *P* Bison. 1912 *A Wasted Sacrifice. D* Robert Thornby. 1000 Fuß. *P* Vitagraph. 1913 *An Apache Father's Vengeance. D* Mona Darkfeather. *P* Bison. 1913 *The Apache Kid. D* Dollie Larkin. 1000 Fuß. *P* Lubin. 1913 *Apache Love. P* Nestor. 1913 *An Apache's Gratitude. R* William Duncan. *D* William Duncan, Tom Mix. 1000 Fuß. *P* Selig. 1913 *A Prisoner of the Apaches.* 1913 *The Indian's Secret.* Zweiakter. *P* Bison. 1914 *A Romance of the Pueblo. P* Biograph. 1914 *The Fight of Deadwood Trail. D* Mona Darkfeather. 1000 Fuß. *P* Kalem. 1919 *Riders of Vengeance. R* John Ford. *D* Harry Carey sr.

Mario Adorf in *Major Dundee* von Sam Peckinpah, 1964.
Kavallerie und Apachen in *A Distant Trumpet* von Raoul Walsh, 1963.

P Universal. 1925 *The Golden Strain. R* Victor Schertzinger. *D* Hobart Bosworth. *P* Fox. 1925 *Tonio, Son of the Sierras. R* Ben Wilson. *D* Ben Wilson. *P* Davis. 1939 *Bad Lands. R* Lew Landers. *P* RKO. 1939 *Stagecoach. R* John Ford. *D* John Wayne. *P* Walter Wanger/UA. 1941 *The Round Up. R* Lesley Selander. *D* Richard Dix. *P* Harry Sherman/Paramount. 1942 *Apache Trail. R* Richard Thorpe. *D* Chill Wills. *P* MGM. 1942 *Valley of the Sun. R* George Marshall. *D* Dean Jagger. *P* RKO. 1948 *Fury at Furnace Creek. R* Bruce Humberstone. *D* Victor Mature. *P* 20th Century-Fox. 1949 *Apache Chief. R* Frank McDonald. *D* Alan Curtis. *P* Lippert. 1950 *Ambush. R* Sam Wood. *D* Robert Taylor. *P* MGM. 1951 *Apache Drums. R* Hugo Fregonese. *D* Stephen McNally. *P* Universal. 1951 *Only the Valiant. R* Gordon Douglas. *D* Gregory Peck. *P* Warner Bros. 1952 *Apache War Smoke. R* Harold Kress. *D* Gene Lockhart. *P* MGM. 1952 *The Battle at Apache Pass. R* George Sherman. *D* Jeff Chandler. *P* Universal. 1952 *Apache Country. R* George Archainbaud. *D* Gene Autry. *P* Gene Autry. 1953 *The Stand at Apache River. R* Lee Sholem. *D* Stephen McNally. *P* Universal. 1953 *Arrowhead. R* Charles Marquis Warren. *D* Jack Palance. *P* Paramount. 1953 *Ambush at Tomahawk Gap. R* Fred F. Sears. *D* John Hodiak. *P* Columbia. 1953 *Hondo. R* John Farrow. *D* John Wayne. *P* Batjac. 1954 *Apache. R* Robert Aldrich. *D* Burt Lancaster. *P* Hecht-Lancaster. 1954 *Four Guns to the Border. R* Richard Carlson. *D* Rory Calhoun. *P* Universal. 1954 *Arrow in the Dust. R* Lesley Selander. *D* Sterling Hayden. *P* Allied Artists. 1954 *Massacre Canyon. P* Columbia. 1955 *Apache Ambush. R* Fred F. Sears. *D* Richard Jaeckel. *P* Columbia. 1955 *Apache Woman. R* Roger Corman. *D* Joan Taylor. *P* Golden State. 1955 *Foxfire. R* Joseph Pevney. *D* Jeff Chandler. *P* Universal. 1955 *Fort Yuma. R* Lesley Selander. *D* Peter Graves. *P* Bel-Air. 1955 *The Man from Laramie. R* Anthony Mann. *D* James Stewart. *P* William Goetz/Columbia. 1956 *Backlash. R* John Sturges. *D* Robert Taylor, Richard Widmark. *P* Universal. 1956 *The Last Wagon. R* Delmer Daves. *D* Richard Widmark. *P* 20th Century-Fox. 1957 *Apache Warrior. R* Kurt Neumann. *D* Jim Davis. *P* Regal/20th Century-Fox. 1957 *Quantez. R* Harry Keller. *D* Fred McMurray. *P* Universal. 1957 *Dragoon Wells Massacre. R* Harold Schuster. *D* Barry Sullivan. *P* Lindsley Parsons/Allied Artists. 1958 *Apache Territory. R* Ray Nazzaro. *D* Rory Calhoun. *P* Columbia. 1958 *Escape From Red Rock. R* Edward Bernds. *D* Brian Donlevy. *P* Regal/20th Century-Fox.

1958 *Fort Massacre. R* Joseph Newman. *D* Joel McCrea. *P* Mirisch/UA. 1958 *Fort Bowie. R* Howard W. Koch. *D* Ben Johnson. *P* Bel Air/UA. 1959 *Ride Lonesome. R* Budd Boetticher. *D* Randolph Scott. *P* Ranwon. 1961 *A Thunder of Drums. R* Joseph M. Newman. *D* Richard Boone. *P* Robert J. Enders/MGM. 1961 *The Purple Hills. R* Maury Dexter. *D* Gene Nelson. *P* Associated Producers/20th Century-Fox. 1962 *Six Black Horses. R* Harry Keller. *D* Audie Murphy. *P* Universal. 1962 *Young Guns of Texas. R* Maury Dexter. *D* James Mitchum. *P* Associated Proders/20th Century-Fox. 1962 *The Deadly Companions. R* Sam Peckinpah. *D* Brian Keith. *P* Carousel. 1962 *Der Schatz im Silbersee. R* Harald Reinl. *D* Lex Barker, Pierre Brice. *P* Rialto-Jadran. 1962 *Rider on a Dead Horse. R* Herbert L. Strock. *D* John Vivyan. *P* Phoenix. 1963 *Savage Sam. R* Norman Tokar. *D* Brian Keith. *P* Disney. 1964 *A Distant Trumpet. R* Raoul Walsh. *D* Troy Donahue. *P* Warner Bros. 1964 *Blood on the Arrow. R* Sidney Salkow. *D* Dale Robertson. *P* Leon Fromkess/ Allied Artists. 1964 *Bullet for a Badman. R* R. G. Springsteen. *D* Audie Murphy. *P* Gordon Kay & Associates/Universal. 1964 *Taggart. R* R. G. Springsteen. *D* Tony Young. *P* Gordon Kay & Associates/Universal. 1964 *Old Shatterhand/Old Seterhand/La battaglia di Fort Apache/Les cavaliers rouges. R* Hugo Fregonese. *D* Lex Barker, Pierre Brice. *P* CCC-Avala-Criterion-Serena. 1964 *Apache Rifles. R* William Witney. *D* Audie Murphy. *P* Admiral/20th Century-Fox. 1965 *Major Dundee. R* Sam Peckinpah. *D* Charlton Heston. *P* Jerry Bresler/Columbia. 1966 *Apache Uprising. R* R. G. Springsteen. *D* Rory Calhoun. *P* A. C. Lyles/Paramount. 1967 *Forty Guns to Apache Pass. R* William Witney. *D* Audie Murphy. *P* Admiral/Columbia. 1966 *Stagecoach* (II). *R* Gordon Douglas. *D* Alex Cord. *P* Columbia. 1966 *Duel at Diablo. R* Ralph Nelson. *D* James Garner, Sidney Poitier. *P* Rainbow-Brien/UA. 1966 *The Devil's Mistress. R* Orville Wanzer. *D* Joan Stapleton. *P* WGW. 1966 *Gunpoint. R* Earl Bellamy. *D* Audie Murphy. *P* Universal. 1966 *Frauen, die durch die Hölle gehen/Las siete magnificas/Donne alla frontiera. R* Rudolf Zehetgruber. *D* Anne Baxter, Maria Perschy. *P* Danubia-Danny-L. M. 1968 *Day of the Evil Gun. R* Jerry Thorpe. *D* Glenn Ford, Arthur Kennedy. *P* MGM. 1970 *The Land Raiders,* auch *Day of the Landgrabber. R* Nathan Juran. *D* Telly Savalas. *P* Morningside/Columbia. 1970 *Cry Blood, Apache. R* Jack Starrett. *D* Jody McCrea. *P* Jody McCrea. 1970 *El Condor. R* John Guillermin. *D* Jim Brown. *P* National

General-Carthy Continental. 1970 *Madron. R* Jerry Hopper. *D* Richard Boone. *P* Zev Braun-G. B. C.-Edric-Isracine.

Siehe auch ›Mangas Colorado‹ 1863, ›Cochise‹, 1874, ›Der Amerikaner zwischen Rot und Weiß‹, S. 113, ›Karl May‹, 1912, ›Geronimo‹, 1894.

Geboren: Victor McLaglen, in Tunbridge Wells, England, als ältester von acht Söhnen eines Pastors; geht früh nach Amerika, arbeitet in Kanada und in USA als Farmer, Boxer und Entertainer, macht in Australien den Kalgoorie-Goldrausch mit, kämpft im 1. Weltkrieg in Südafrika und im Mittleren Osten, nimmt in England seine Karriere als Boxer wieder auf, wird 1920 mit *The Call of the Road* für den Film entdeckt, geht 1924 nach Hollywood; der Titel seines ersten amerikanischen Films, des Western *The Beloved Brute* (1924), wird zu seinem Kosenamen.

1887

Der große Blizzard. Im Januar 1887 wird der Westen von einem dreitägigen verheerenden Blizzard heimgesucht. Am schlimmsten ist Wyoming betroffen. Cowboys erfrieren im Sattel, die Herden und Herrschaftsbereiche der Viehbarone werden zerstört. Nach der Katastrophe ist ein Heer von arbeitslos gewordenen Cowboys auf der Suche nach einer neuen Zukunft. Manche versuchen als Homesteader und Squatter Farmen aufzubauen, was bald zu erbitterten Konflikten mit den Großgrundbesitzern führt; der berühmteste dieser Konflikte ist der Johnson County War, eine Auseinandersetzung von bürgerkriegsähnlichen Dimensionen. Andere finden ihre Zukunft in der Illegalität; die Vieh-, Bank- und Eisenbahnräuber des Westens bekommen ungeheuren Zulauf.

Butch Cassidys erster Zugüberfall. Am 3. November beginnt Butch Cassidy seine Banditenkarriere, indem er mit den Brüdern Tom und Bill McCarty bei Grand Junction, Colorado, einen Zug der Denver and Rio Grande-Bahn überfällt. Als der Postschaffner sich weigert, den Safe zu öffnen, verzichten die Banditen auf die Beute; sie lassen den Mann am Leben, den Zug weiterfahren. Diese feine und lässige Art wird zu einem Markenzeichen Cassidys und begründet seine Popularität.

Die Daltons. In Arkansas haben die vier aus Missouri stammenden Brüder Frank, Emmett, Grat und Bob Dalton als Marshals und Sheriffs Arbeit gefunden. Frank ist der älteste und gilt als der anständigste der Brüder. Er wird am 27. November von einer Bande von Whiskyschmugglern erschossen. Seine drei Brüder legen kurz darauf ihre Ämter nieder, führen lebhafte Klagen über Korruption im Polizeiapparat (es ist nicht auszuschließen, daß sie sich an dieser Korruption beteiligt haben) und gehen nach Oklahoma, wo sie sich kleinere Vergehen zuschulden kommen lassen, dann nach Kalifornien, wo sie ab 1891 durch schlimmere kriminelle Taten von sich reden machen.

Buffalo Bills erste Europa-Tournee. Im März bricht Buffalo Bills Wild-West-Show zu ihrer ersten Europa-Tournee auf. Diese und die folgenden Tourneen machen den amerikanischen Westen in der Version, die Buffalo Bill davon liefert, in Europa populär. In London sieht sich auch Königin Victoria das Spektakel an. Nach dem ausgedehnten Londoner Gastspiel zieht die Show nach Birmingham, Manchester und Hull, wo sich die Truppe im Mai 1888 wieder nach New York einschifft.

Cowboy Buck Taylor als Groschenheft-Held. Nachdem der Cowboy als Rodeo- und Wild-West-Show-Attraktion aus der Obskurität seines Arbeitsmilieus aufgestiegen ist, wird er auch als Groschenheft-Held interessant. In der Beadle's Half Dime Library veröffentlicht Buffalo Bills Hausautor Prentiss Ingraham die angebliche Biographie von Codys Cowboy-Star Buck Taylor: *Buck Taylor, King of the Cowboys; or, The Raiders and the*

Rangers. A Story of the Wild and Thrilling Life of William L. Taylor. In dieser wie in folgenden Buck Taylor-Groschenheften wird der Held stets »King of the Cowboys« oder »The Saddle King« genannt, aber in seinen Taten wie in seinen Kostümen bietet er Attraktiveres als es ein richtiger Cowboy je tun könnte. Die erste Taylor-Story handelt davon, daß der Held zu den Texas Rangern kommt, sich mit mexikanischen Räubern herumschlägt und die Tochter seines Offiziers aus der Gefangenschaft der Indianer rettet. Eine anschauliche Beschreibung seines Kostüms findet sich in einem Groschenheft von 1891, *Buck Taylor, The Saddle King; or, The Lasso Rangers' League. A Romance of the Border Heroes of To-Day:* »Er war prachtvoll gekleidet, trug eine Uhr mit Kette, eine Diamantnadel an seinem schwarzen Schal, eine Spur-Miniatur darstellend, und den kleinen Finger seiner rechten Hand schmückte ein Ring mit einem Pferdehuf aus Rubin. Um seinen breitkrempigen, taubenfarbenen Sombrero war ein Miniaturlasso geschwungen, so daß also Sporen, Huf und Lasso schon seinen Berufsstand anzeigten.« Für Nash Smith zeigen diese und ähnliche Züge schon den Niedergang des Groschenheftes an: »Was immer die Meriten des Dime Novel-Cowboys sein mögen – mit Vieh hat er offensichtlich nichts zu tun. Die professionelle Pflicht des Cowboys ist es hier, gegen Indianer, Mexikaner und Outlaws zu kämpfen. Und die ganze Atmosphäre mit ihren typischen Zutaten wie Frauen, denen ein Unrecht getan wurde und die Rache an ihren ungetreuen Liebhabern suchen, mexikanische Mädchen in Männerkleidern und Armee-Offiziere in Secret Service-Mission ist ganz und gar typisch für die dekadente Phase der Beadles-Fiktion« *(Virgin Land).*

Geboren: Raoul Walsh, in New York, der Vater ist irischer, die Mutter spanischer Herkunft; wächst in New York und auf der Familienranch in Texas auf, abenteuert durch Europa, Mexiko und den amerikanischen Westen, spielt als Schauspieler in Thomas Dixons *The Clansmen,* kommt 1910 als Stuntman und Kleindarsteller zum Film; 1912 ist er Mitregisseur und Darsteller des jungen Pancho Villa in dem Film *The Life of General Villa,* den Pancho Villa von Hollywood zu seiner eigenen Verherrlichung drehen läßt und in dem er selbst auftritt.

1888

Roy Bean und Lily Langtry. Für den 63jährigen Judge Roy Bean erfüllt sich der Traum seines Lebens: Sein Idol, die Schauspielerin Lily Langtry, gastiert in San Antonio und Bean kann ihren leibhaftigen Anblick und ihr göttliches Spiel von einem Platz in der ersten Reihe aus verfolgen. Leider findet sich keine Gelegenheit zu einer persönlichen Bekanntschaft.

Harvey Logan alias Kid Curry. Die vier aus Virginia stammenden Brüder Harvey, Louis, Johnny und Henry Logan legen sich in Landusky, Montana, eine Ranch zu. Ihren Viehbestand rekrutieren sie zumeist aus den Herden benachbarter Rancher. Der Anführer des Quartetts ist der 23jährige Harvey Logan, der dann 1894 seinen ersten Mord begeht und als »Kid Curry« in die Kriminalgeschichte des Westens eingeht.

Geboren: Michael Curtiz, als Michaly Kertesz, in Budapest, Ungarn; inszeniert nach Anfängen als Bühnenschauspieler und Wochenschau-Kameramann 1912 den ersten ungarischen Spielfilm, *Ma es holnap,* dreht Filme in Dänemark, Schweden, Österreich, Italien und Deutschland, geht 1926 nach Hollywood (erster US-Film *The Third Degree*), inszeniert 1930 seinen ersten Western, *Under a Texas Moon.*

Henry King, in Christianburg, Virginia; geht als Junge zum Zirkus, wird dann Bühnenschauspieler, kommt 1912 zum Film, inszeniert 1915 seinen ersten Film, das Serial *Who pays?,* 1919 seinen ersten Western, *Brass Buttons.*

1889

Oklahoma Land Rush. Ein bisher für die Besiedlung von Weißen gesperrtes, den Indianern vorbehaltenes Gebiet im nördlichen Oklahoma wird für die Landsuchenden freigegeben. Die Landnahme findet in Form eines Wettrennens um die auf je 160 Acres begrenzten Claims statt. Für die Beteiligung an diesem Land Rush ist eine Gebühr von 15 Dollar zu entrichten. Rund 10000 Menschen nehmen an dem Wettrennen teil. Das Zeichen zum Start wird am 22. April um 12 Uhr mittags durch einen Kanonenschuß gegeben. Zahlreiche Landgierige versuchen schon vor dem Startschuß in das Gebiet einzudringen, um sich die besten Claims zu sichern; diese Elemente werden »Sooners« (etwa »die Voreiligen«) genannt; dieser Ausdruck wird dann zu einem Spitznamen für die Einwohner von Oklahoma. Später werden noch andere Teile des Territoriums auf ähnliche Weise freigegeben und in Besitz genommen, so 1893 der Cherokee Strip.

Filme über den Oklahoma Land Rush und andere Land Rushes: 1925 *Ace of Spades. R* Henry McRae. *D* William Desmond. Oklahoma 1889. Serial. *P* Universal. 1925 *Wild West. R* Robert F. Hill. *D* Jack Mulhall. Cherokee Strip 1893. Serial. *P* Pathé. 1925 *Tumbleweeds. R* King Baggot. *D* William S. Hart. Oklahoma 1889. *P* William S. Hart/UA. 1925 *The Cherokee Strip. D* Herbert Bethew. Cherokee Strip 1893. *P* Miller Brothers 101 Ranch. 1926 *Three Bad Men. R* John Ford. *D* George O'Brien. Dakota Land Rush 1876. *P* Fox. 1931 *Cimarron. R* Wesley Ruggles. *D* Richard Dix. Oklahoma 1889. *P* RKO. 1935 *The New Frontier. R* Carl Pierson. *D* John Wayne. Oklahoma 1889. *P* Republic. 1937 *The Cherokee Strip* (II). *R* Noel Smith. *D* Dick Foran. Cherokee Strip 1893. *P* First National/Warner Bros. 1939 *The Oklahoma Kid. R* Lloyd Bacon. *D* James Cagney, Humphrey Bogart. *P* Warner Bros. 1940 *Cherokee Strip* (III). *R* Lesley Selander. *D* Richard Dix. *P* Harry Sherman/Paramount. 1960 *Cimarron* (II). *R* Anthony Mann. *D* Glenn Ford. Oklahoma 1889. *P* MGM.

Das Ende von Belle Starr. Unterwegs zwischen Fort Smith und ihrem Schlupfwinkel Younger's Bend wird die 41jährige Belle Starr von einem Unbekannten vom Pferd geschossen und erliegt noch am Tatort ihren Wunden. Der Fall wird nie geklärt, aber vielleicht gibt Belles Lebenswandel in den letzten Jahren Aufschluß: 1882–1883 hat sie gemeinsam mit ihrem Mann Sam Starr eine Gefängnisstrafe abgesessen. Dann verliert sie zusehends das Interesse an Sam. 1884 nimmt sie sich den 23jährigen Blue Duck als Liebhaber. Als Duck 1886 ins Zuchthaus kommt, tritt der gesuchte Mörder John Middleton seine Nachfolge an. Bald darauf wird Middleton erschossen aufgefunden. 1886 wird Sam Starr, mit dem Belle immer noch verheiratet ist, im Verlauf einer Saloon-Auseinandersetzung erschossen. Belle nimmt sich einen neuen Liebhaber, ebenfalls einen gesuchten Verbrecher, Jim July. Möglicherweise hat dieser Jim seine Geliebte umgebracht, weil sie ihn dazu bringen wollte, sich dem Gericht zu stellen.

Belle Starr-Filmographie: 1928 *Court-Martial. R* George B. Seitz. *D* Jack Holt, Betty Compson (Belle). Nach dem Bürgerkrieg: Belle Starr, Anführerin einer Südstaaten-Guerillabande, verliebt sich in Nordstaaten-Offizier, der sie unschädlich machen soll; der Offizier verschont sie und soll deshalb hingerichtet werden; Belle rettet ihn und wird deshalb von ihren eigenen Gefolgsleuten getötet. *P* Columbia. 1938 *The Heart of Texas. R* Lesley Selander. *D* William Boyd, Natalie Moorhead (Belle). Hopalong Cassidy reinigt die Ehre Belles von dem Verdacht, eine vorbestrafte Banditin zu sein. *P* Harry Sherman/Paramount. 1941 *Belle Starr. R* Irving Cummings. *D* Gene Tierney (Belle). Fiktive Belle-Biographie. *P* 20th Century-Fox. 1946 *Badman's Territory. R* Tim Whelan. *D* Randolph Scott, Isabell Jewell (Belle). Belle Starr als Nebenfigur einer Multi-Banditen-Story. *P* RKO. 1948 *Belle Starr's Daughter. R* Lesley Selander. *D* Ruth Roman (Rose Starr), Isabell Jewell (Belle Starr). Rose, eine fiktive Belle-Tochter, rächt den Tod ihrer Mutter. *P* Alson/20th Century-Fox. 1952 *Montana Belle. R* Allan Dwan. *D* Jane Russell (Belle). Belle läßt sich von der Polizei als Geheimagentin gegen die Dalton Brothers einsetzen (denen sie im Leben nie begegnet ist). *P* RKO.

1965 *The Outlaws Is Coming. R* Norman Maurer. *D* The Three Stooges, Sally Starr (Belle). All-Banditen-Burleske. *P* Normandy. 1967 *Il mio corpo per un poker. R* Nathan Wich. *D* Elsa Martinelli (Belle). Belles verruchtes Leben als Komödie. *P* Mercurfin.

Butch Cassidy raubt zwei Banken aus. Mit zwei Komplizen raubt Butch Cassidy am 30. März die First National Bank in Denver, am 24. Juni die San Miguel Bank in Telluride, Colorado, aus. Die Beute des ersten Überfalls ist nicht bekannt, in Telluride erbeuten die Verbrecher zwischen 10000 und 20000 Dollar. Nach diesen Raubzügen wird Cassidy vorübergehend bürgerlich und arbeitet zur vollen Zufriedenheit seiner Chefs als Vormann auf Ranchen in Wyoming. Erst 1892 kollidiert er wieder mit dem Gesetz.

Die Sioux werden um ihre Reservation gebracht. Eine Kommission unter General Crook setzt die bisher vergeblichen amtlichen Bemühungen fort, die Sioux zur Aufgabe des größten Teils ihrer Reservation zu überreden. Nachdem es durch einen Trick gelingt, Sitting Bull von den Verhandlungen auszuschließen, lassen die anderen Sioux-Führer sich zur Unterschrift auf einer Verzichtserklärung überreden. Die große Sioux-Reservation wird aufgeteilt.

Buffalo Bills zweite Europa-Tournee. Buffalo Bills Wild-West-Show bricht zu ihrer zweiten Europa-Tournee auf. Die Tourneeroute führt nach Paris, Orléans, Mâcon, Lyon, Saint-Etienne, Valence, Arlés und Marseille; dort schifft die Truppe sich nach Barcelona ein, von dort nach Neapel; in Italien führt sie ihr Weg nach Rom (Papst Leo XIII. empfängt die Showleute, die ihr Lager im Kolosseum aufschlagen), Florenz, Bologna, Mailand, Turin, Verona, Padua und Venedig. Im Frühjahr 1890 zieht die Show über Innsbruck nach München, und dann weiter nach Wien, Prag, Dresden, Leipzig, Magdeburg, Braunschweig, Hannover, Berlin (wo sich angeblich Kronprinz Wilhelm von Annie Oakley eine Zigarette aus dem Mund schießen läßt!), Hamburg, Bremen, Köln, Frankfurt und Stuttgart. Von Stuttgart geht die Truppe nach Elsaß-Lothringen und bezieht dort Winterquartier; die europäische Mammut-Tournee ist damit aber noch nicht zu Ende. In der Winterpause fährt Buffalo Bill nach Amerika, um neue Attraktionen einzukaufen, vor allem neue Indianer. Schon im bisherigen Verlauf der Tournee hat Cody berühmte Vertreter der roten Rasse vorzeigen können, so Red Shirt, Rocky Bear, Flat Iron, Tall Horse und den großen Medizinmann Black Elk, der später in dem von John G. Neihardt herausgegebenen Buch *Black Elk Speaks* seinen schlechten Eindruck von den Europäern schildert: »Sie nehmen sich gegenseitig weg, was sie nur können, und während es solche gibt, die von allem mehr haben, als sie brauchen, gibt es Mengen von Leuten, die nichts haben und vielleicht am Verhungern sind. Sie haben vergessen, daß die Erde ihre Mutter ist.« Cody hatte auch Sitting Bull zu der Tournee eingeladen, aber der Sioux hatte mit einer prophetischen Bemerkung abgesagt: »Ich werde hier gebraucht. Man spricht wieder davon, uns das Land zu nehmen.« Während seiner amerikanischen Winterreise wird Buffalo Bill Cody dann in die Ereignisse verstrickt, die zur Ermordung von Sitting Bull führen.

1890

Ghost Dance.

1889 hörten die Oglalas sagen
der Sohn Gottes sei gekommen im Westen
und es tanzten die Oglalas.
Hand in Hand.
Von Stamm zu Stamm ging der Tanz.

Pazifismus, Sit-ins, Non-Violence
»Wir wollen mit den Weißen leben wie Brüder«
Im Trance des Tanzes sahen sie die Welt der Geister
alle Zelte aus neuem Büffelleder
Die Geister zu Pferde kehrten zurück von der Büffeljagd
im Mondschein, beladen mit Büffelfleisch
und die tausend und abertausend Büffel auf der Prärie.
Der Tanz des Geistes wurde ohne Waffen getanzt.
Und einige, die im Reich der Indianer-Geister waren, sagten:
»Das Volk der toten Indianer kehrt zurück, es kehrt zurück
und es kehrt zurück zu seinen Indianern Rothäuten
DER GROSSE GEIST.«

Ernesto Cardenal, *Der Tanz des Geistes*

Die letzte verzweifelte Überlebenshoffnung der Indianer äußert sich in der Bewegung des Ghost Dance, die ein Prophet der Paiutes, Wovoka, auf der Basis christlicher Erlösungsvorstellungen initiiert. Nach der Lehre Wovokas hat Gott Christus auf die Erde gesandt, um die Menschen zu lehren, aber da die Weißen ihn schlecht aufgenommen und seinem Körper Narben zugefügt haben, ist er in den Himmel zurückgekehrt; er wird als Indianer wiederkehren, und mit ihm werden die Heere der erschlagenen Indianer wiederkehren und die Büffelherden des Westens; die Indianer, die den Tanz des Geistes tanzen, werden in die Luft erhoben werden, und dann wird sich unter ihnen eine Welle neuen Landes ausbreiten, in dem das süße Gras sprießt und das Wasser fließt und neue Bäume wachsen; und alles wird neu und gut sein auf einer neuen Erde, auf der Rot und Weiß friedlich vereint sind. Außerdem sagt Wovoka, daß die Indianer, die das heilige Hemd des Messias tragen, nicht getötet werden können, auch nicht von den Kugeln der weißen Soldaten. Die Ghost Dance-Bewegung breitet sich schnell unter den Indianern aus und wird von den Weißen sofort als eine aufrührerische Bewegung begriffen. Die Maßnahmen, die zu ihrer Unterdrükkung ergriffen werden, führen zum Tod von Sitting Bull, zum Massaker von Wounded Knee und damit zum Ende der Sioux-Kriege und aller Indianerkriege des amerikanischen Westens.

Das Ende von Sitting Bull. Sitting Bull wird von Regierung und Armee fälschlicherweise für einen der Anführer der Ghost Dance-Bewegung gehalten. General Miles, nach seinem Endsieg über die Apachen wieder im Norden aktiv, leitet Maßnahmen zur Festsetzung des Sioux ein. Er versichert sich dabei der Hilfe von Sitting Bulls Freund Buffalo Bill Cody, der sich bereit erklärt, Bull aufzusuchen und zu einer Reise nach Chicago zu bewegen. Der zuständige Agent der Standing Rock-Reservation, James McLaughlin, der die Sioux schon zu dem Verzicht ihrer Gebietsansprüche getrieben und bei der Auflösung der großen Sioux-Reservation mitgewirkt hat, verzichtet aber auf Codys Hilfe. Am 15. Dezember kommen 43 seiner Indianer-Polizisten, gedeckt von einer Schwadron Kavallerie, zu Sitting Bull, um den Häuptling festzunehmen. Einer von Sitting Bulls Freunden feuert auf die Polizisten. Die Polizisten feuern zurück und töten Sitting Bull. Auf die Schüsse hin beginnt ein Pferd, das Sitting Bull nach seinem Gastspiel bei der Wild-West-Show von Buffalo Bill geschenkt bekommen hat, zu tanzen: Ein Pistolenschuß war für das Pferd das Stichwort bei seinem Auftritt in der Arena.

Sitting Bull-Filmographie: 1914 *Sitting Bull – The Hostile Sioux Indian Chief.* Fünfakter. *P* American Rotograph. 1926 *Hands Up! R* Clarence Badger. *D* Raymond Griffith, Noble Johnson (Sitting Bull). Bull als Nebenfigur in den burlesken Abenteuern eines konföderierten Spions. *P* Famous Players-Lasky. 1926 *The Flaming Frontier. R* Edward Sedgwick. *D* Hoot Gibson, Noble Johnson (Sitting Bull). Bull als Nebenfigur in den Abenteuern eines Offiziers des Custer-Kommandos. *P* Universal. 1927 *Sitting Bull at the Spirit Lake Massacre. R* Robert N. Bradbury. *D* Bryant Washburn, Chief Yowlachie (Sitting Bull). Bulls Machtträume, eingerahmt von der Liebesgeschichte eines Scouts und einer Pastorentochter. *P* Sunset. 1935 *Annie Oakley. R* George Stevens.

D Barbara Stanwyck (Annie Oakley), Chief Thunderbird (Sitting Bull). Bull als Nebenfigur einer Oakley-Story. *P* RKO. 1936 *Custer's Last Stand.* *R* Elmer Clifton. *D* Rex Lease, Howling Wolf (Sitting Bull). Bull als Randfigur einer Little Big Horn-Geschichte. Serial. *P* Stage and Screen. 1950 *Annie Get Your Gun.* *R* George Sidney. *D* Betty Hutton (Annie Oakley), Carrol Naish (Sitting Bull). Bull als Nebenfigur eines Oakley-Musicals. *P* MGM. 1953 *Fort Vengeance.* *R* Lesley Selander. *D* Michael Granger (Sitting Bull). Bull als Randfigur einer Kavallerie- und Indianerstory. *P* Allied Artists. 1954 *Sitting Bull.* *R* Sidney Salkow. *D* J. Carrol Naish (Sitting Bull). Bull am Little Big Horn. 1963 *Gold, Glory and Custer.* *R* George Waggner. *D* Francis McDiandl (Sitting Bull). Bull als Nebenfigur einer Little Big Horn-Story. 1965 *The Great Sioux Massacre.* *R* Sidney Salkow. *D* Joseph Cotten, Michael Pate (Sitting Bull). Bull als Nebenfigur einer Little Big Horn-Story. *P* F&F/Columbia. 1976 *Buffalo Bill and the Indians.* *R* Robert Altman. *D* Paul Newman (Buffalo Bill), Frank Kaquitts (Sitting Bull). Bulls Gastspiel bei der Wild-West-Show. *P* Dino de Laurentiis.

Wounded Knee. Die Ermordung Sitting Bulls löst eine Panik unter den Indianern aus. Unter denen, die versuchen, beim letzten der großen freien Häuptlinge, Red Cloud, in dessen Reservation Pine Ridge Schutz zu finden, ist der todkranke alte Sioux-Häuptling Big Foot mit einer Gefolgschaft von 120 Kriegern, 230 Frauen und Kindern. Sie werden von einem Kavallerie-Aufgebot am Wounded Knee gestellt und, nachdem sie sich bereits ergeben haben, unter Einsatz schwerer Waffen niedergemacht. Knapp 50 Sioux überleben das Massaker, das das Ende der Sioux-Kriege darstellt.

Sioux-Filme: 1894 *Sioux Ghost Dance.* Eine Wild-West-Show-Rekonstruktion des Ghost Dance. *P* Edison. 1909 *Comata, the Sioux.* *R* D. W. Griffith. *D* James Kirkwood. Sioux-Prinzessin liebt Cowboy. *P* Biograph. 1909 *The Mended Lute.* *R* D. W. Griffith. *D* James Kirkwood, Florence Lawrence. Liebesgeschichte unter Sioux. *P* Biograph. 1910 *A Sioux's Reward.* *R* Bison. 1911 *A Sioux Lover's Strategy.* 899 Fuß. *P* Pathé. 1911 *A Sioux Spy.* *P* Bison. 1911 *Ogallalah.* *P* Powers. 1912 *The Sioux's Cave of Death.* *P* Pathé. 1912 *The Buffalo Hunt.* 1000 Fuß. *P* 101 Bison. 1912

An Indian Idyl. P Pathé. 1912 *The Invaders. R* Thomas H. Ince, Francis Ford. *D* Francis Ford. 3 Akte. *P* KB. 1912 *The Battle of the Red Men. R* Thomas H. Ince. Zweiakter. *P* Bison. 1913 *The Land of Dead Things. R* Frank Morty. *D* Walter Edwards. Zweiakter. *P* Broncho. 1914 *The Word of His People. R* Thomas H. Ince. *D* Charles Ray. Zweiakter. *P* KB. 1925 *Warrior Gap. R* Alvin J. Neitz. *D* Ben Wilson. *P* Davis. 1926 *The Frontier Trail. R* Scott R. Dunlap. *D* Harry Carey sr. *P* Charles R. Rogers. 1927 *The Red Raiders. R* Albert Rogell. *D* Ken Maynard, Chief Yowlachie. *P* Charles R. Rogers. 1934 *Massacre. R* Alan Crosland. *D* Richard Barthelmess. *P* First National. 1936 *The Plainsman. R* Cecil B. DeMille. *D* Gary Cooper. *P* Paramount. 1941 *Badlands of Dakota. R* Alfred E. Green. *D* Broderick Crawford. *P* Universal. 1951 *Oh Susannah. R* Joe Kane. *D* Rod Cameron. *P* Republic. 1951 *Warpath. R* Byron Haskin. *D* Edmond O'Brien. *P* Paramount. 1951 *Tomahawk. R* George Sherman. *D* Preston Foster. *P* Universal. 1952 *Bugles in the Afternoon. R* Roy Rowland. *D* Ray Milland. *P* Universal. 1953 *The Pony Express. R* Jerry Hopper. *D* Charlton Heston. *P* Paramount. 1954 *The Black Dakotas. R* Ray Nazzaro. *D* Jay Silverheels. *P* Columbia. 1956 *The Last Frontier. R* Anthony Mann. *D* Victor Mature. *P* Columbia. 1958 *Tonka. R* Lewis R. Foster. *D* Slim Pickens. *P* Disney. 1962 *The Wild Westerners. R* Oscar Rudolph. *D* James Philbrook. *P* Four Leaf. 1965 *The Hallelujah Trail. R* John Sturges. *D* Burt Lancaster, Martin Landau. *P* Kappa-Mirisch/UA. 1967 *Red Tomahawk. R* R. G. Springsteen. *D* Howard Keel. *P* A. C. Lyles/Paramount.

Siehe auch ›Crazy Horse‹, 1877, ›Sitting Bull‹, 1890, ›Der Amerikaner zwischen Rot und Weiß‹, S. 113, ›Little Big Horn‹, 1876.

John Slaughter in Tombstone. Der 39jährige John Slaughter, Veteran des Bürgerkriegs und Rancher, der sich schon häufig als Banditenjäger qualifiziert hat, kommt nach Tombstone, wo er später für vier Amtsperioden hintereinander zum Sheriff gewählt wird; in dieser Zeit säubert er die Stadt von ihren verbliebenen ungesetzlichen Elementen. Slaughter stirbt 1922, mit 81 Jahren.
Fernsehserie: 1958–1959 *Texas John Slaughter. R* James Neilson, Harry Keller u. a. *D* Tom Tryon (Slaughter). *P* Disney. (Aus einzelnen Episoden dieser Serie wurden die Kinofilme *Geronimo's Revenge* und *A Holster Full of Law* zusammengeschnitten.)

Geboren: Fritz Lang, in Wien; studiert zuerst Architektur, dann Malerei, wird schließlich in Berlin Drehbuchautor, Regiedebüt 1918 mit *Halbblut,* geht 1933 nach Frankreich, 1936 nach Amerika, dreht 1936 seinen ersten Hollywood-Film, *Fury,* 1940 seinen ersten Western, *The Return of Frank James.*

Gestorben: General George Crook, der Veteran vieler Indianer-Kampagnen, den seine Erfahrungen gelehrt haben, seinen Gegner zu achten, mit 52 Jahren.

1891

Buffalo Bill und die Indianer. Nach dem Wounded Knee-Massaker nimmt General Miles im Januar 1891 25 echte und vermeintliche Führer der Ghost Dance-Bewegung fest, um sie in Fort Sheridan, Illinois, einzukerkern. Buffalo Bill, der zur Anwerbung neuer Attraktionen seiner gerade im Elsaß sich erholenden Show nach Amerika gekommen ist und marginal in die Ereignisse um den Tod Sitting Bulls und Wounded Knee verwickelt wurde, ersucht die Militärs, ihm die Gefangenen zu überlassen. Die Armee willigt ein, aber der Kommissar für indianische Angelegenheiten protestiert, weil er das Zirkusleben als für die Indianer demoralisierend empfindet. Cody kann den Gouverneur von Nebraska für seinen Plan gewinnen und darf seine Sache in Washington vortragen, begleitet von den Indianerführern Rocky Bear und Red Dog, die für die Wild-West-Show optieren. »Wenn sie die Wild-West-Show, Buffalo Bill und die zweifelhaften Wohltaten, die sie von ihm empfingen, priesen, so geschah das aus dem Wissen, daß es die einzige Alternative zum langsamen Dahinsterben in den elenden Reservationen war« (Ralph und Natasha Friar, *The Only Good Indian...*). Die gefangenen Indianerführer werden zusammen mit anderen Indianern, die Cody in der Pine Ridge-Reservation rekrutiert hat, für die Show nach Europa eingeschifft. Die Buffalo Bill-Truppe bricht zu einer neuen Tournee auf, die sie nach Karlsruhe, Mannheim, Brüssel, Gent und Antwerpen führt, dann über den Kanal nach Liverpool, Manchester, Sheffields, Stoke, Nottingham, Leicester, Birmingham, Cardiff, Bristol, Portsmouth, Brighton, Croydon und Glasgow, wo sie ins Winterquartier geht.

Cripple Creek-Goldrausch. Ein Cowboy findet in Cripple Creek, Colorado, eine Goldmine, verkauft aber seinen Claim für 500 Dollar. Der Claim bringt in den nächsten Jahren mehr als 5 Millionen in Gold. Tausende strömen in die Region. Cripple Creek wird vorübergehend der zweitgrößte Goldproduzent der Welt (nach Witwaterstrand, Südafrika), »und wieder kam es zu einer Periode des Verbrechens, der Desorganisation und Rechtlosigkeit, gefolgt von der schließlichen Einführung von Recht und Ordnung« *(Collier's)*.

Filme: 1898 *Cripple Creek Bar-Room Scene.* Komische Kurzszene. *P* Edison. 1898 *Cripple Creek Floats.* Dokumentarszene. *P* Edison. 1947 *Marshal of Cripple Creek. R* R. G. Springsteen. 1951 *Cripple Creek. R* Ray Nazzaro. *D* George Montgomery. *P* Columbia.

Die Daltons schlagen zu. Am 6. Februar begehen die Gebrüder Robert, Emmett und Grattan Dalton ihren ersten Eisenbahnraub. Sie halten am Alila-Depot den San Francisco–Los Angeles-Expreß an, erschießen den Heizer, müssen aber unverrichteter Dinge das Weite suchen, da es ihnen nicht gelingt, den Safe des Expreß-Wagens zu öffnen. Die Daltons verstärken ihre Bande nun um die Banditen George Newcomb, Charlie Bryant, Charley Pierce und Bill Doolin. Im Mai plündert die Bande bei Wharton im Cherokee Strip einen Zug der Santa Fé Limited aus; die Beute beträgt 14 000 Dollar. Wenige Wochen später erbeutet die Dalton-Gang (ohne Charlie Bryant, der bei einem Gunfight umkam) beim Überfall auf einen Zug der Missouri, Kansas und

Texas-Bahn 19000 Dollar. Danach ziehen sich die Daltons für ein Jahr ins bürgerliche Leben zurück und gründen mit der Schwester des erschossenen Bryant einen Hausstand in Hennessey.

Die weitere Karriere von Bat Masterson. Der Ex-Marshal von Dodge City wird 1891 in Denver, Colorado, der Manager einer Girltruppe, die in Vaudevilles und Varietes auftritt. Im Herbst des Jahres heiratet er eine der Tänzerinnen, Emma Walters. Nach einem Zwischenspiel als Saloon-Manager geht er 1902 nach New York, wo Präsident Theodore Roosevelt, ein Verehrer der Männer des Westens, ihn zum US-Marshal des südlichen Distriks des Staates New York ernennt. 1907 gibt Masterson dieses Amt auf und geht zur Zeitung; er wird Sport-Redakteur des *Morning Telegraph.* Am 25. Oktober 1921 stirbt er an seinem Schreibtisch, während er gerade an seiner ständigen Kolumne schreibt.

Bat Masterson-Filmographie: 1923 *Wild Bill Hickok.* *R* Clifford S. Smith. *D* William S. Hart (Hickok), Jack Gardner (Masterson). Masterson als Nebenfigur, in seiner Rolle als Marshal von Dodge City. *P* Famous Players-Lasky. 1943 *The Woman of the Town.* *R* George Archainbaud. *D* Barry Sullivan, Albert Dekker (Masterson). *P* Harry Sherman/UA. 1947 *Trail Street.* *R* Ray Enright. *D* Randolph Scott (Masterson). Kansas 1880. Masterson vermittelt zwischen Cowboys und Farmern. *P* RKO. 1949 *Prince of the Plains.* *R* Philip Ford. *D* Monte Hale (Masterson). Masterson-Biographie. *P* Republic. 1950 *Winchester '73.* *R* Anthony Mann. *D* James Stewart, Steve Darrell (Masterson). Masterson als Randfigur. *P* Universal. 1954 *Masterson of Kansas.* *R* William Castle. *D* George Montgomery (Masterson). Masterson rettet einen Indianerfreund, den das Militär hinrichten will. *P* Columbia. 1955 *Wichita.* *R* Jacques Tourneur. *D* Joel McCrea (Wyatt Earp), Keith Larsen (Masterson). Masterson als Randfigur. *P* Allied Artists. 1957 *Gunfight at the OK Corral.* *R* John Sturges. *D* Burt Lancaster (Wyatt Earp), Kenneth Tobey (Masterson). Masterson als Randfigur. *P* Paramount. 1958 *Badman's Country.* *R* Fred F. Sears. *D* George Montgomery (Pat

Garrett), Gregory Walcott (Masterson). Masterson als Nebenfigur. *P* Perless/Warner Bros. 1965 *The Outlaws Is Coming. R* Norman Maurer. *D* The Three Stooges, E. T. Donnell (Masterson). All-Banditen-Burleske. *P* Normandy.

Geboren: George Marshall, in Chicago; studiert an der Militärakademie von Wisconsin, wird 1914 Kleindarsteller in Hollywood, kämpft mit dem amerikanischen Expeditionskorps in Frankreich, inszeniert 1921 seinen ersten Film, den Tom Mix-Western *After Your Own Heart.*

Spencer G. Bennet, beginnt beim Film als Stuntman und Darsteller, wird Regieassistent bei George B. Seitz, dreht 1923 sein erstes Serial, *Play Ball,* 1928 seinen ersten Western, *Hawk of the Hills.*

Tim McCoy, als Timothy McCoy, in Saginaw, Michigan, kommt als Fachmann für indianische Angelegenheiten nach Hollywood, wo er zum Erfolg von *The Covered Wagon* (1923) beiträgt, debütiert als Schauspieler 1925 in dem Western *Thundering Herd.*

1892

Aufbruch der Populisten. Die ausgebeutete Landbevölkerung des Westens (»Bei uns wachsen Getreide, Frachtgebühren und Bankzinsen«), die zum Schutz gegen den Druck der Eisenbahnen und Banken die Selbsthilfe-Organisation »Patrons of the Husbandry«, volkstümlich »The Grange« genannt, gegründet hat, formiert sich jetzt mit der Gründung einer neuen Partei, der »People's Party of America«, volkstümlich die »Populisten« genannt, als politische Kraft. Die Populisten werden als Revolutionäre und Kommunisten diffamiert, bekommen aber bei den Präsidentschaftswahlen 2 Millionen Stimmen (was nicht zur Erlangung einer wirklichen politischen Macht reicht, den Ansprüchen der Farmer aber wirkungsvollen Nachdruck verleiht). Der Populismus wird dann auch als Geisteshaltung einer der bewegenden Kräfte des amerikanischen Lebens. Er beruht hauptsächlich auf dem Glauben an das Durchsetzungsvermögen der einfachen Leute, so wie es in John Fords *Grapes of Wrath* formuliert wird: »Rich fellows come up. They die. Their kid's ain't no good. And they die out. But we keep a comin'. We're the people that live. They can't lick us. We'll go on forever. 'Cause we're the people.«

Die Daltons in Coffeyville. Im Juni erbeuten die Daltons bei einem Überfall auf einen Zug der Sante Fé-Bahn 2000 Dollar, im Juli beim Überfall auf die Missouri, Kansas and Texas-Bahn 17 000 Dollar (dabei kommt ein Mann ums Leben, drei werden schwer verletzt). Dann holen die Daltons zu ihrem größten Schlag aus. Am 5. Oktober kommen die drei Daltons mit ihren Komplizen Bill Doolin, Dick Broadwell und Bill Powers nach Coffeyville, Kansas, um dort beide Banken des Ortes auszurauben. Sie werden rechtzeitig von einem aufmerksamen Bürger erkannt, binnen Minuten ist die ganze Stadt alarmiert und es kommt zu einer chaotischen, fünfminütigen Schießerei. Bis auf Emmett Dalton, der schwer angeschossen vom Pferd stürzt, kommt die ganze Bande um, vier Bürger der Stadt, darunter der Marshal, werden getötet. Emmett Dalton wird, nachdem seine Wunden verheilt sind, zu lebenslänglichem Zuchthaus verurteilt. 1907 wird er begnadigt. Er geht nach Hollywood, wo er als Bauunternehmer arbeitet, aber auch die Familien-Memoiren schreibt, *When the Daltons Rode.* Das Buch wird später verfilmt. Emmett Dalton wird als Experte oft zu Drehbuch- und Dreharbeiten herangezogen und spielt gelegentlich auch kleine Rollen. Er stirbt 1937.

Daltons-Filmographie: 1918 *Beyond the Law. R* Theodore Marston. *D* Emmett Dalton (Emmett Dalton). »Based on the Wide World Magazine Serial Story by Emmett Dalton.« 1940 *When the Daltons Rode. R* George Marshall. *D* Brian Donlevy (Grat) Broderick Crawford (Bob), Stuart Erwin (Ben), Frank Albertson (Emmett). Daltons-Biographie. *P* Universal. 1945 *The Daltons Ride Again. R* Ray Taylor. *D* Kent Taylor (Bob), Alan Curtis (Emmett), Lon Chaney jr. (Grat). Verschiedene

Daltons-Abenteuer. *P* Universal. 1946 *Badman's Territory. R* Tim Whelan. *D* Randolph Scott, Steve Brodie (Bob), Phil Warren (Grat). Daltons als Nebenfiguren einer Sheriff-Story. *P* RKO. 1949 *The Dalton Gang. R* Ford Beebe. *D* Don Barry, Robert Lowery (Bob). Marshal jagt die Daltons, die im Auftrag einer Land-Erschließungs-Gesellschaft Farmer terrorisieren und sich dabei als Indianer tarnen. *P* Lippert. 1950 *The Dalton's Women. R* Thomas Carr. *D* Al La Rue. Weibergeschichten eines fiktiven Clint Dalton. *P* PRC. 1950 *Dalton Boys Gang.* 15 Minuten. *P* Russell W. Kurtz. 1951 *The Cimarron Kid. R* Budd Boetticher. *D* Noah Beery jr. (Bob), Rand Brooks (Emmett), Palmer Lee (Grat). Geschichte des Coffeyville-Überfalls. *P* Universal. 1952 *Montana Belle. R* Allan Dwan. *D* Jane Russell (Belle Starr), Scott Brady (Bob), Ray Teal (Emmett). Belle Starr wird als Polizei-Geheimagentin auf die Daltons angesetzt. *P* RKO. 1953 *Jesse James vs. the Daltons. R* William Castle. *D* Brett King, James Griffith (Bob), William Tannen (Emmett), John Cliff (Grat). Ein Mann, der sich für den Sohn von Jesse James hält, macht erst mit den Daltons gemeinsame Sache, dann verrät er ihren Coffeyville-Plan. *P* Columbia. 1957 *The Dalton Girls. R* Reginald LeBorg. *D* Merry Anders. Die Daltons werden von ihren fiktiven Schwestern gerächt. *P* Bel-Air. 1971 *Lucky Luke. R* René Goscinny. Zeichentrickfilm. *P* Dargaud-Raymond Leblanc. 1978 *La Ballade des Daltons. R* René Goscinny. Der 2. Lucky Luke-Zeichentrickfilm. *P* Dargaud-René Goscinny-Idefix.

Bildung der Doolin-Gang. Drei ehemalige Mitglieder der Dalton-Gang, Bill Doolin, George (»Bitter Creek«) Newcomb und Charley Pierce gründen in Ingalls, Oklahoma, eine neue Bande. Die weiteren Mitglieder sind »Tulsa Jack« Blake, Oliver »Crescent Sam« Yountis, Richard »Little Dick« West, Roy »Arkansas Tom« Daugherty, Dan Clifton, George »Red Buck« Waightman und William (Bill) Dalton, ein Bruder der Coffeyville-Daltons, der seinen Brüdern nur gelegentliche Hilfestellungen geleistet hatte. Die erste Tat der Doolin-Gang ist das Ausrauben eines Zuges des Pacific Express.

Butch Cassidy und Sundance Kid. Der 26jährige Harry Longbaugh, genannt Sundance Kid, der als Minderjähriger wegen Pferdediebstahls eine Gefängnisstrafe von 18 Monaten abgesessen hat (in Sundance, Wyoming, daher der Name), dann ehrlicher Cowboy wurde und seit Beginn der großen Cowboy-Arbeitslosenzeit als Viehdieb tätig ist, raubt mit zwei anderen arbeitslosen Cowboys bei Malta, Montana, einen Zug aus. Bald darauf lernt er Butch Cassidy kennen, dem er für den Rest seiner Karriere und seines Lebens verbunden bleibt.

Geboren: Warner Baxter, in Columbia, Ohio; versucht sich in verschiedenen Berufen, geht 1914 zum Theater, 1918 zum Film, spielt seine erste Starrolle in der dritten Verfilmung von *Ramona,* 1928.

1893

Tod und Wiedergeburt des Westens. »In einem kürzlich erschienenen Bulletin des Superintendenten der Volkszählung von 1890 kann man folgende bedeutungsvollen Worte lesen: ›Bis einschließlich 1880 hatte das Land eine Besiedlungsgrenze (frontier of settlement), heute aber ist das unbesiedelte Gebiet durch isolierte Besiedlungskörper so aufgebrochen worden, daß man kaum noch von einer Grenzlinie (frontier line) sprechen kann. Die Diskussion über die Ausdehnung dieser Grenze, ihre Westwärts-Bewegung etc. kann daher nicht länger einen Platz in den Zensusberichten haben.‹ Dieses kurze offizielle Statement markiert das Ende einer großen historischen Bewegung. Bis auf den heutigen Tag war die amerikanische Geschichte zu einem großen Teil die Geschichte der Kolonialisation des Großen Westens. Die Existenz eines Areals von freiem Land, dessen fortwährender Rückgang und die westwärts fortschreitende amerikanische Besiedlung erklärt die Entwicklung Amerikas.«

Paul Newman als Butch Cassidy und Robert Redford als Sundance Kid in *Butch Cassidy and the Sundance Kid* von George Roy Hill, 1969.

Mit diesen Sätzen beginnt der Vortrag *The Significance of the Frontier in American History,* den Frederic Jackson Turner, ein 42jähriger Historiker aus Wisconsin, vor der American Historical Association anläßlich der Weltausstellung in Chicago hält. Als Todesanzeige des Westens und als national-ideologische Unabhängigkeitserklärung bleibt Turners Referat für Jahrzehnte das für das amerikanische Selbst- und Geschichtsverständnis und für die nationale Geschichtsschreibung einflußreichste Werk.

Turner sagt, daß die Entwicklung der USA nicht einfach als die einfache Vorwärtsbewegung einer einzigen Frontlinie begriffen werden darf. »Sie ist vielmehr eine Rückkehr zu primitiven Konditionen an einer sich kontinuierlich vorwärtsbewegenden Grenzlinie und der darauffolgenden neuen Entwicklung in diesem Gebiet. Die gesellschaftliche Entwicklung Amerikas beginnt an der Grenze ständig von neuem. Diese ewige Wiedergeburt, dieser Fluß des amerikanischen Lebens, diese Westwärts-Expansion mit ihren neuen Möglichkeiten, sein fortwährender Kontakt mit der Einfachheit einer primitiven Gesellschaft bestimmen die Kräfte, die den amerikanischen Charakter beherrschen. Die wahre Perspektive in der Geschichte dieser Nation ist nicht die Atlantikküste, sondern der Große Westen.«

Turner kommt immer wieder darauf zurück, daß die Grenze Amerikas mit keiner anderen Grenze der Welt, schon gar nicht einer europäischen, zu vergleichen ist. »Die amerikanische Grenze unterscheidet sich scharf von der europäischen Grenze, einer befestigten Frontlinie zwischen dicht besiedelten Gebieten. Die signifikanteste Eigenart der amerikanischen Grenze ist, daß sie an freies Land grenzt.« An dieser Grenze findet ein Land und eine Gesellschaft zu sich selbst und wird Amerika. »Die Grenze ist die Linie der rapidesten und effektivsten Amerikanisierung. [...] Der Mensch verwandelt nach und nach die Wildnis, aber das Ergebnis ist nicht das alte Europa, nicht einfach eine Weiterentwicklung germanischer Anlagen. [...] Die Wahrheit ist, daß wir es hier mit einem neuen Produkt zu tun haben, dieses Produkt ist

Amerika.« Unter Berufung auf den italienischen Wissenschaftler Loria meint Turner, daß dieses Phänomen aber auch die Erkenntnismöglichkeiten des europäischen Geistes fördert. »Koloniale Besiedlung ist für den Nationalökonomen das, was die Berge für die Geologie sind, sie bringen primitive Entwicklungsformen zum Vorschein. ›Amerika‹, sagt er (Loria), ›gibt uns den Schlüssel zu dem historischen Rätsel, den Europa jahrhundertelang vergeblich gesucht hat.‹« Turners Resümee: »Aus alldem sehen wir, daß der amerikanische Geist der Grenze seine bestimmenden Charakteristika verdankt. Das Rauhe und Kräftige kombiniert mit dem Genauen und Wißbegierigen; die praktische, einfallsreiche geistige Beweglichkeit, immer zum Aufspüren neuer Lösungen bereit; die meisterhafte Beherrschung der materiellen Dinge, oft nicht sehr sublim, aber zur kräftigen Bewältigung großer Probleme fähig; die ruhelose, nervöse Energie; der dominierende Individualismus, der sich für das Gute oder für das Böse einsetzt, und dabei immer dieses Temperament und diese Überschwenglichkeit, die mit der Freiheit einhergeht – dies sind die Züge der Grenze, oder Züge, die ohne die Existenz der Grenze nicht vorhanden und wirksam wären.« Turners Schluß: »Und nun, vier Jahrhunderte nach der Entdeckung Amerikas und am Ende der ersten hundert Jahre eines Lebens unter der Verfassung, ist die Grenze verschwunden, und mit ihr schließt die erste Periode der amerikanischen Geschichte.«

In Wirklichkeit ist, was Turner noch nicht übersehen kann, was aber in der Perspektive seiner Überlegungen liegt, der Westen nicht verschwunden; er hat sich vielmehr verwandelt zu den vielen Erscheinungsformen des Western. Bret Harte war wahrscheinlich der erste, der, als er eine eigene »Western literature« forderte, das Adjektiv »western« anders als im geographischen Sinn benutzte. Wie wir wissen, bleibt es nicht bei der Literatur des Westens; es bildet sich eine eigene Kultur des Western-Lebensgefühls, der Western-Legende, des Western-Mythos, des

Western-Kostüm, der Western-Show, des Western-Witz, des inneren und äußeren Western-Habitus, der Western-Philosopie und so fort und schließlich auch der Western-Film. Dort, wo das Adjektiv »western« besonders häufig gebraucht wird, also in der Literatur und beim Film, wird das Adjektiv zum Substantiv, und es heißt nicht mehr »western-novel« und »western-movie«, sondern einfach Western (eine Entwicklung, die einfach vergessen wird, was es möglich macht, daß man das eigentliche Adjektiv mit anderen Adjektiven näher spezifiziert, wie in »existentialistischer Western« oder »bayrischer Western«). Ebensogut kann man die Gesamtheit aller Erscheinungen und Produkte, in denen der Western fortlebt, als Western bezeichnen. Dieser Western ist ein Spiegelbild des Westens, das in immer neue Facetten aufgebrochen wird, und dieser Spiegel braucht schließlich nicht mehr das Objekt, das er spiegelt, den wirklichen Westen. Er führt ein Eigenleben, als ein Bild, das stärker wird als sein Gegenstand und ihn schließlich überwindet. Oder wie ein umgekehrtes Dorian Gray-Bildnis, das ewig jung und vital bleibt, während sein Modell altert und stirbt.

Die Schlacht von Ingalls und die Rose von Cimarron. Ein Aufgebot von 13 US-Deputy-Marshals stellt im September die Doolin-Bande in ihrem Schlupfwinkel in Ingalls, Oklahoma. Es kommt zu einer erbitterten Schießerei, die als »Battle of Ingalls« in die Legende des Westens eingeht und für die Seite des Rechts sehr ungünstig ausgeht: drei der Marshals werden getötet. Das einzige positive Resultat ist die Festnahme von Arkansas Tom. Eine ewig ungeklärte Rolle spielt bei der Auseinandersetzung die »Rose von Cimarron«, ein junges Mädchen, dessen Identität und wahres Alter zur Zeit dieses Vorfalls nie eindeutig festgestellt werden konnte. Bürgerlich heißt sie möglicherweise Rosa Dunn oder Rosa O'Leary, die Altersangaben schwanken zwischen 14 und 17 Jahren. Diese Rose von Cimarron ist die Freundin von George »Bitter Creek« Newcomb und bringt ihn, wie es heißt,

Mala Powers als Rose of Cimarron und Bill Williams als Bitter Creek Newcomb in *Rose of Cimarron* von Harry Keller, 1952.

unter Einsatz ihres Lebens in Sicherheit, als er einen Schuß in das Bein bekommt.

Filmographie der Rose von Cimarron und ihrer Freunde: 1949 *The Doolins of Oklahoma. R* Gordon Douglas. *D* Randolph Scott (Bill Doolin), Louise Allbritton (Rose), John Ireland (Bitter Creek Newcomb). Rose als Nebenfigur einer Doolins-Geschichte. *P* Producers Actors/Columbia. 1951 *The Cimarron Kid. R* Budd Boetticher. *D* Audie Murphy, James Best (Bitter Creek Newcomb), Yvette Dugay (Rose). Rose als Nebenfigur einer Doolins-Geschichte. *P* Universal. 1952 *Rose of Cimarron. R* Harry Keller. *D* Mala Powers (Rose), Bill Williams (Bitter Creek Newcomb). Rose als Banditenbraut des Bitter Creek Newcomb, in dem sie aber schließlich den Mörder ihrer Pflegeeltern entdeckt und deshalb dem Marshal ausliefert. *P* Alco/20th Century-Fox.

1894

Die Geburt des Films als Western. Im ersten Filmstudio der Welt, Thomas A. Edisons Kinetograph Theatre in West Orange, New Jersey (allgemein »Black Maria« genannt), hat der bei Edison für die Filmexperimente zuständige Engländer W. K. L. Dickson die Entwicklung eines Aufnahme- und eines Wiedergabegeräts, des Kinetographen und des Kinetoscope abgeschlossen und dreht die ersten Filme, rund 15 Meter lange, in der Vorführung rund 30 Sekunden lange Streifen mit beliebten Show-Attraktionen der Zeit. Da die prominentesten dieser Attraktionen die Nummern von Buffalo Bills gerade aus Europa zurückgekehrter Wild-West-Show sind, beginnt also die Filmgeschichte mit diesen Zirkus-Versionen von Western-Sujets, vorgeführt von den authentischen Figuren des Westens. Ebenso bemerkenswert wie makaber ist es, daß zu den von Dickson gefilmten Tableaus auch der Ghost Dance gehört, der erst vier Jahre zuvor die Tragik der Sioux besiegelt hat. Unter den insgesamt 53 Titeln, die der

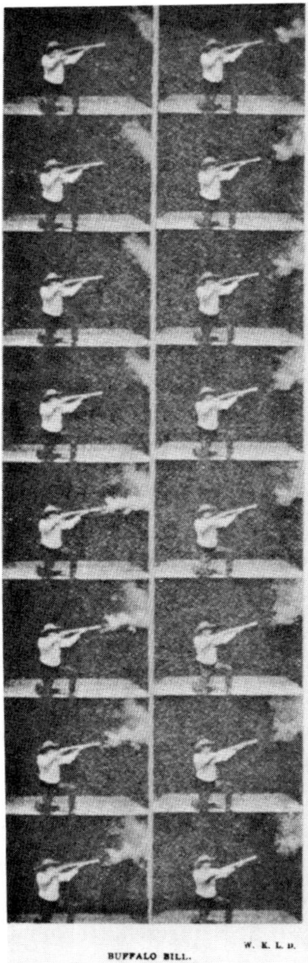

medieval pirate-craft or the air-ship of some swart Afrite, and the uncanny effect is not lessened, when, at an imperceptible signal, the great building swings slowly around upon a graphited centre, presenting any given angle to the rays of the sun and rendering the apparatus independent of diurnal variations. The movable principle of this building is identical with that of our river swinging bridges, the ends being suspended by iron rods from raised centre-posts. This remarkable structure is known as the Kinetographic Theatre, or the "Black Maria," according to the mental cast of its sponsors. Entering, we are confronted by a system of lights and shades so sharply differentiated as to pain the eye, accustomed to the uniform radiance of the outer air.

As we peer into the illusive depths we seem transported to one of those cheerful banqueting halls of old, where the feudal chief made merry with human terrors, draping the walls with portentous black, and

Buffalo Bill in *Buffalo Bill, the Noted Proprietor of the ›Wild West‹* von W. K. L. Dickson, 1894 (aus W. K. L. Dickson, *History of the Kinetograph, Kinetoscope & Kinetophonograph,* New York 1895)

Edison-Katalog für 1894 dann aufführt, sind sieben Wildwest-Sujets:

Buffalo Bill, the noted proprietor of the ›Wild West‹.

Annie Oakley, the ›Little Sure Shot‹ of the ›Wild West‹, exhibition of Rifle Shooting at Glass Balls, etc.

Bucking Broncho, an out-of-door scene. The men and horse of this subject are from ›Buffalo Bill's Wild West‹.

Indian War Council, showing seventeen different persons – Indian warriors and white men – in Council.

Pedro Esquirel and Dionecio Gonzales, Mexican Duel. (Full of action, exciting and interesting.)

Sioux Ghost Dance, a very interesting subject, full of action and true to life.

Vincente Ore Passo, Champion Lasso Thrower. (This shows the wonderful skill attained by the subject, and is exceedingly interesting and popular.)

Einen farbigen und in seiner eleganten Preziosität unwiderstehlichen Augenzeugenbericht von Buffalo Bills Filmdebüt gibt W. K. L. Dickson selbst in einem 1895 bei Albert Bunn, New York, erscheinenden (von seiner Schwester Antonia Dickson mitverfaßten) Buch *History of the Kinetograph, Kinetoscope & Kinetophonograph:* »In the suggestion of unguessed planes of virility, Buffalo Bill and his motley suite have materially assisted. Nothing more stimulating can be imagined than these unconventional Types of humanity, these riotous Texan cow-boys and Mexicans, these Moors, Arabs and Indians, riding, lassoing, shooting, juggling and sparring with the swiftness and ease born of untrammeled physical conditions. Unique in interest also is the Omaha war dance, the Sioux ghost dance and Indian war council, features of aboriginal life which may be historically valuable long after our polished continent has parted with the last traces of her historic past.«

Der Kinetoscope, mit dessen Hilfe man sich diese Filme ansieht, ist ein Guckkastenapparat, in dem die zu einer Schleife zusammengeklebten Filme in einer Endlosprojektion abgespielt werden.

Das weitere Leben Buffalo Bills. Buffalo Bill bereichert seine Wild-West-Show ständig um neue Attraktionen und unternimmt ausgedehnte Tourneen; allein 1895 legt er mit seinem Unternehmen 14000 Kilometer zurück und gastiert in 131 Städten der USA. Zu seinem letzten großen Erfolg wird eine Europa-Tournee 1903–1906. Dann gerät er zusehends in finanzielle Schwierigkeiten. 1908 muß er sich mit dem Konkurrenz-Unternehmen von Gordon William Lillie alias Pawnee Bill zusammenschließen; das Unternehmen firmiert jetzt als »Buffalo Bill's Wild West & Pawnee Bill's Far East«. Ab 1910 kündigt er alle seine Auftritte als »Farewell Exhibitions« an. 1913 macht die vereinigte Buffalo Bill/Pawnee Bill-Show bankrott. Im gleichen Jahr versucht Cody vergeblich sein Glück als Filmproduzent, mit der Gründung der William F. Cody Historical Picture Company und der Produktion des Films *The Indian Wars.* Seine letzten Auftritte in der Arena absolviert er als Gast-Star des Sells-Floto Circus. Am 10. Januar 1917 stirbt William Frederick »Buffalo Bill« Cody; er wird auf dem Lookout Mountain, Colorado, begraben.

Buffalo Bill's
defunct
who used to
ride a watersmooth-silver stallion
and break onetwothreefourfive
pigeonsjustlikethat
Jesus
he was a handsome man
and what i want to know is
how do you like your blueeyed boy
Mister Death

e. e. cummings

Paul Newman als Buffalo Bill und Joel Grey als Nate Salsbury in *Buffalo Bill and the Indians* von Robert Altman, 1976.

Filmographie Buffalo Bills und seiner Mitarbeiter Ned Buntline (gestorben 1886), Nate Salsbury (gestorben 1902), Annie Oakley und Frank Butler (beide gestorben 1926) und Prentiss Ingraham (gestorben 1904): 1894 *Buffalo Bill, the noted proprietor of the ›Wild West‹. R* W. K. L. Dickson. *D* Buffalo Bill. *P* Edison. 1894 *Annie Oakley, the ›Little Sure Shot‹ of the ›Wild West‹, exhibition of Rifle Shooting at Glass Balls, etc. R* W. K. L. Dickson. *D.* Annie Oakley. *P* Edison. 1897 *Buffalo Bill and Escort.* Dokumentaraufnahmen anläßlich der Amtseinführung des Präsidenten McKinley. *P* Edison. 1898 *Parade of Buffalo Bill's Wild West Show (No. 1).* Dokumentarfilm. »Part of a parade can be seen as it passes the single camera position. Covered wagons, men dressed as cavalrymen, and Indians in full-feathered war bonnets approach and pass the camera.« (Motion Pictures From the Library of Congress Paper Print Collection 1894–1912). *P* Edison. 1898 *Parade of Buffalo Bill's Wild West Show (No. 2).* Dokumentarfilm. »The camera was positioned above the heads of a crowd of people lining the street of an unidentified city. They are watching a parade of people in various costumes mounted on horseback. However, the camera is in such a distance from the parade that identification of any individual is practically impossible« (Motion Pictures From the Library of Congress Paper Prints Collection 1894–1912). *P* Edison. 1902 *Buffalo Bill's Wild West Parade.* Dokumentarfilm. »The film, photographed from a single camera position, shows a parade down what seems to be the main street of a small city, judging from the crowds that followed the participants in the parade (Indians etc). There were no photographs of Buffalo Bill« (Motion Pictures From the Library of Congress Paper Prints Collection 1894–1912). *P* American Mutoscope & Biograph. 1910 *Buffalo Bill's Wild West and Pawnee Bill's Far East, Parts 1–3.* Dokumentarfilm. *P* Buffalo Bill and Pawnee Bill Film Co. 1910 *The Life of Buffalo Bill, 3 Parts. R* Paul Panzer. *D* Buffalo Bill. *P* Buffalo Bill & Pawnee Bill Film Co. 1913 *The Indian Wars. R* Theodore Wharton. Halbdokumentarischer Film mit Buffalo Bill und General Nelson A. Miles in ihren eigenen Rollen. *P* William F. Cody Historical Picture Co. 1914 *Sitting Bull – The Hostile Sioux Indian Chief.* Halbdokumentarischer Film mit BB in seiner eigenen Rolle. *P* American Rotograph. 1915 *Patsy of the Circus,* auch *The Circus Girl's Romance. R* Henry McRae. *D* Marie Walcamp, Buffalo Bill in seiner eigenen Rolle. Zweiakter. *P* Bison. 1917 *The Adventures of Buffalo Bill*

(Col. Wm. F. Cody). Neubearbeitung von *The Indian Wars* anläßlich Codys Tod. 5 Akte. *P* Essanay. 1922 *In the Days of Buffalo Bill. R* Edward Laemmle. *D* Art Acord (Buffalo Bill). BB beim Bau der Union Pacific Railroad. Serial. *P* Universal. 1924 *The Iron Horse. R* John Ford. *D* George O'Brien, George Waggner (Buffalo Bill). BB als Randfigur einer Union Pacific-Geschichte. *P* Fox. 1925 *The Pony Express. R* James Cruze. *D* Ricardo Cortez, John Fox jr. (Buffalo Bill). BB als Randfigur einer Pony Express-Geschichte. *P* Famous Players-Lasky. 1926 *Buffalo Bill in the U.P. Trail. R* Frank S. Mattison. *D* Roy Stewart (Buffalo Bill). BB beim Bau der Union Pacific. *P* Sunset. 1926 *The Last Frontier. R* George B. Seitz. *D* William Boyd, Jack Hoxie (Buffalo Bill). BB als Nebenfigur einer Custer-Geschichte. *P* Metropolitan. 1926 *Fighting With Buffalo Bill. R* Ray Taylor. *D* Wallace MacDonald, Edmund Cobb (Buffalo Bill). BB als Nebenfigur einer Wagentreck-Geschichte. Serial. *P* Universal. 1928 *Wyoming. R* W. S. Van Dyke. *D* Tim McCoy, William Fairbanks (Buffalo Bill). BB als Randfigur einer Indianer- und Kavallerie-Geschichte. *P* MGM. 1930 *The Indians Are Coming. R* Henry McRae. *D* Tim McCoy. Nach der gleichnamigen, angeblich von William F. Cody verfaßten Erzählung; Geschichte eines Wagentrecks. Serial. *P* Universal. 1931 *Battling With Buffalo Bill. R* Ray Taylor. *D* Tom Tyler (Buffalo Bill). BB gegen Indianer und Banditen. Serial. *P* Universal. 1933 *The World Changes. R* Mervyn LeRoy. *D* Douglas Dumbrille (Buffalo Bill). BB als Randfigur eines Films mit Western-Elementen. *P* First National. 1935 *The Miracle Rider. R* Armand Schaefer, B. Reeves Eason. *D* Tom Mix, Earl Dwire (Buffalo Bill). BB als Randfigur einer Geschichte, in der Texas Ranger den Indianern gegen ausbeuterische Weiße beistehen. Serial. *P* Mascot. 1935 *Annie Oakley. R* George Stevens. *D* Barbara Stanwyck (Annie Oakley), Moroni Olson (Buffalo Bill). Annies Erlebnisse als Star von Buffalo Bill's Wild West. *P* RKO. 1936 *Custer's Last Stand. R* Elmer Clifton. *D* Rex Lease, Ted Adams (Buffalo Bill). BB als Randfigur einer Armee-Scout-Geschichte. Serial. *P* Stage and Screen. 1937 *The Plainsman. R* Cecil B. DeMille. *D* Gary Cooper (Wild Bill Hickok), James Ellison (Buffalo Bill). Cody-und-Hikkok-Geschichte vom Ende des Bürgerkriegs bis zu Hickoks Tod. *P* Cecil B. DeMille-Paramount. 1938 *Outlaw Express. R* George Waggner. *D* Carlyle Moore (Buffalo Bill). *P* Universal. 1938 *Flaming Frontiers. R* Ray Taylor, Alan James. *D* Johnny Mack Brown, John Rutherford

(Buffalo Bill). BB als Randfigur eines Streits um eine Goldmine. Serial. *P* Universal. 1940 *Young Buffalo Bill. R* Joe Kane. *D* Roy Rogers (Buffalo Bill). Jugendabenteuer Buffalo Bills. *P* Republic. 1942 *Overland Mail. R* Ford Beebe, John Rawlins. *D* Lon Chaney jr., Bob Baker (Buffalo Bill). Der junge BB als Randfigur einer Postkutschenräuber-Geschichte. Serial. *P* Universal. 1944 *Buffalo Bill. R* William A. Wellman. *D* Joel McCrea (Buffalo Bill), Thomas Mitchell (Ned Buntline), Anthony Quinn (Yellow Hand). BB-Biographie von den siebziger Jahren bis zu seinem Abschied von der Arena. *P* 20th Century-Fox. 1947 *Buffalo Bill Rides Again. R* Bernard B Ray. *D* Richard Arlen (Buffalo Bill). BB gegen Banditen, die den Farmern das ölhaltige Land abjagen wollen. *P* Jack Schwarz. 1949 *Law of the Golden West. R* Philip Ford. *D* Monte Hale (Buffalo Bill). Kansas bei Ausbruch des Bürgerkrieges: BB organisiert die Miliz zum Kampf gegen Guerillas. *P* Republic. 1950 *Annie Get Your Gun. R* George Sidney. *D* Betty Hutton (Annie Oakley), Howard Keel (Frank Butler), Louis Calhern (Buffalo Bill), Carrol Naish (Sitting Bull). Wild West Show-Musical. *P* MGM. 1950 *King of the Bullwhip. R* Ron Ormond. *D* Al »Lash« La Rue, Al »Fuzzy« St. John, Tex Cooper (Buffalo Bill). BB als Randfigur einer Fuzzy-Komödie. *P* Western Adventure. 1950 *Cody of the Pony Express. R* Spencer G. Bennet. *D* Dickie Moore (Buffalo Bill). BBs Abenteuer als junger Pony Express-Reiter. Serial. *P* Columia. 1952 *Buffalo Bill in Tomahawk Territory. R* Bernard B. Ray. *D* Clayton Moore (Buffalo Bill). BB als Indianerkämpfer. *P* Jack Schwarz/UA. 1953 *Pony Express. R* Jerry Hopper. *D* Charlton Heston (Buffalo Bill), Forrest Tucker (Wild Bill Hickok). 1860: BB und Hickok helfen bei der Einrichtung des Pony Express. *P* Paramount. 1954 *Riding With Buffalo Bill. R* Spencer G. Bennet. *D* Marshall Reed (Buffalo Bill). BB steht Farmern gegen landhungrige Banditen bei. Serial. *P* Columbia. 1958 *Badman's Country. R* Fred F. Sears. *D* George Montgomery (Pat Garrett), Malcolm Atterbury (Buffalo Bill), Neville Brand (Butch Cassidy). BB steht Garrett gegen Butch Cassidy bei. *P* Peerless/Warner Bros. 1964 *The Raiders. R* Herschel Daugherty. *D* Robert Culp (Wild Bill Hickok), James McMullan (Buffalo Bill). Als Armee-Scouts helfen BB und Hickok, den Eisenbahnbau nach Abilene durchzusetzen. *P* Universal. 1964 *Buffalo Bill, l'eroe del Far West/Das war Buffalo Bill/Buffalo Bill, le heros du Far West. R* J. W. Fordson (Mario Costa). *D* Gordon Scott

(Buffalo Bill). BB gegen aufständische Indianer und weiße Waffenhändler. *P* Filmes-Gloria-Corona. 1964 *Sette ore di fuoco/Die letzte Kugel traf den Besten. R* Joaquin Romero Marchent. *D* Clyde Rogers (Buffalo Bill), Adrian Hoven (Wild Bill Hickok). BB und Hickok helfen Armee und Siedlern gegen Indianer. *P* Centauro/PEA/Constantin. 1965 *Willie McBean and His Magic Machine. R* Arthur Rankin. Science Fiction-Puppen-Film: Mit Hilfe einer Zeitmaschine verfolgt einer den Ehrgeiz, der Mann zu werden, der den Steinzeitmenschen das Feuer und das Rad brachte, Amerika entdeckte, König Arthur entmachtete und Buffalo Bill beim Showdown besiegte. *P* Dentsu-Videocraft. 1965 *The Outlaws Is Coming. R* Norman Maurer. *D* The Three Stooges, Nancy Kovack (Annie Oakley). Burleske mit vielen Helden des Westens. *P* Normandy. 1966 *Carry On Cowboy. R* Gerald Thomas. *D* Sidney James, Angela Douglas (Annie Oakley). Annie Oakley als Randfigur einer Western-Burleske. *P* Adder. 1966 *The Plainsman* (II). *R* David Lowell Rich. *D* Don Murray (Wild Bill Hickok), Guy Stockwell (Buffalo Bill). Remake des gleichnamigen Films von 1937. *P* Universal. 1974 *Touche pas la femme blanche. R* Marco Ferreri. *D* Michel Piccoli (Buffalo Bill). In den Ruinen der Pariser Markthallen gedrehte Farce über Custers letzte Schlacht. *P* Jean-Pierre Rassam. 1976 *Buffalo Bill and The Indians. R* Robert Altman. *D* Paul Newman (Buffalo Bill), Burt Lancaster (Ned Buntline), Joel Grey (Nate Salsbury), Geraldine Chaplin (Annie Oakley), Kevin McCarthy (John Burke), Frank Kaquitts (Sitting Bull), John Considine (Frank Butler). Sitting Bulls Gastspiel bei Buffalo Bills Wild West. *P* Dino De Laurentiis.

Fernsehserien: 1950 *The Buffalo Bill Show.* P. William J. Garlow. 1953–1958 *Annie Oakley. D* Gail Davis (Annie Oakley). *P* Flying A. 1955–1956 *Buffalo Bill jr. D* Dick Jones. *P* Flying A.

Butch Cassidy kommt ins Gefängnis. Butch Cassidy wird wegen Pferdediebstahls festgenommen und zu zwei Jahren Gefängnis verurteilt. Nachdem er 18 Monate im State Penitentiary in Laramie abgesessen hat, wird er im Januar 1896 begnadigt.

Die weiteren Abenteuer von Butch Cassidy und Sundance Kid. Nach seiner Haftentlassung 1896 wird Butch Cassidy Chef einer nur lose organisierten Bande, die unter dem Namen Wild Bunch bekannt wird und ihr Hauptquartier in dem Felsenversteck Hole in The Wall, Wyoming, hat. Zu den prominentesten Mitgliedern dieser Bande gehören Harry Longbough alias Sundance Kid, Elzy Lay und Harvey Logan. Nach einer jahrelangen Serie von Bank- und Zugüberfällen entziehen sich Butch Cassidy und Sundance Kid, begleitet von ihrer Freundin Etta Place, den immer intensiver werdenden Nachstellungen der staatlichen und privaten Ordnungsmächte, vor allem der Pinkerton-Detektive, indem sie nach New York und von dort nach Südamerika gehen. Dort arbeiten sie gelegentlich als Rancher und Cowboys, setzen aber bald in Argentinien, Bolivien und Peru ihre Banditen-Laufbahn fort. Etta Place kehrt 1907 nach Amerika zurück. Butch Cassidy und Sundance Kid werden 1909, nach dem Raub von Lohngeldern einer Mine in Alpoca, Bolivien, von einer Militäreinheit gestellt und erschossen. Ihre amerikanischen Verwandten behaupten später, bei dieser Gelegenheit seien in Wirklichkeit andere amerikanische Banditen erschossen worden; Butch Cassidy und Sundance Kid aber wären heimgekehrt und erst 1937 (Butch) und 1957 (Sundance) gestorben. Diese Version wird von den Historikern nicht ernst genommen.

Filmographie Butch Cassidy und Sundance Kid: 1947 *Cheyenne,* auch *The Wyoming Kid. R* Raoul Walsh. *D* Dennis Morgan, Arthur Kennedy (Sundance Kid). Sundance als Nebenfigur einer Banditen-Jäger-Geschichte. *P* Warner Bros. 1948 *Return of the Badmen. R* Ray Enright. *D* Randolph Scott, Robert Ryan (Sundance Kid). Oklahoma 1889: Marshal jagt Sundance. *P* RKO. 1951 *The Texas Rangers. R* Phil Karlson. *D* George Montgomery, Ian MacDonald (Sundance Kid), John Doucette (Butch). Texas Ranger jagen Butch, Cassidy und andere Banditen. *P* Columbia. 1955 *Wyoming Renegades. R* Fred F. Sears. *D* Phil Carey, Gene Evans (Butch), William Bishop (Sundance). Butch und Sundance als Nebenfiguren einer Banditengeschichte. *P* Columbia. 1956 *The Three Outlaws. R* Sam Newfield. *D* Neville Brand (Butch), Alan Hale jr. (Sundance). *P* Associate Film. 1956 *The Maverick Queen. R* Joe Kane. *D* Barbara Stanwyck, Scott Brady (Sundance), Howard Petrie (Butch). Butch und Sundance als Nebenfiguren der Geschichte einer habgierigen

Hoteliersfrau. *P* Republic. 1958 *Badman's Country. R* Fred F. Sears. *D* George Montgomery (Pat Garrett), Neville Brand (Butch), Russell Johnson (Sundance). Butch und Sundance gegen Pat Garrett und andere berühmte Rechtswahrer. *P* Peerless/Warner Bros. 1966 *Return of the Gunfighter. R* James Neilson. *D* Robert Taylor, John Davis Chandler (Sundance). Sundance als Randfigur einer Rache-Geschichte. 1965 *Cat Ballou. R* Elliot Silverstein. *D* Jane Fonda, Arthur Hunnicutt (Butch). Butch als Randfigur in der Geschichte einer Lehrerin, die zum Outlaw wird. *P* Columbia. 1969 *Butch Cassidy and the Sundance Kid. R* George Roy Hill. *D* Paul Newman (Butch), Robert Redford (Sundance), Ted Cassidy (Harvey Logan), Katharine Ross (Etta Place). Butch & Sundance-Biographie von ihrer Hole in the Wall-Zeit bis zu ihrem Tod. *P* 20th Century Fox.

Die letzten Tage von John Wesley Hardin. Nach 16 Jahren Haft im State Prison von Huntsville wird der 41jährige John Wesley Hardin am 17. Februar 1894 entlassen. Er setzt das in der Haft begonnene Jura-Studium fort. Im Winter 1894 läßt er sich in Gonzales, Texas, als Anwalt nieder, 1895 zieht er nach El Paso, Texas, um. Er fängt ein Verhältnis mit einer Klientin an, einer Mrs. MacRose, deren Mann, ein gesuchter Krimineller, um diese Zeit am Rio Grande erschossen wird. Als diese Frau während seiner Abwesenheit von dem Polizisten John Selman jr. wegen ungebührlichen Benehmens mit einer 50-Dollar-Strafe belegt wird, erklärt Hardin dem Vater des Polizisten, John Selman sr., Chief Constable von El Paso, er habe einen feigen Hurensohn gezeugt. Der Polizeichef rächt sich für diese Schmach, indem er Hardin am 19. August 1895 im Acme Saloon erschießt.

All across the telegraph
His Name it did resound,
But no charge against him
Could they prove,
And there was no man around
Who could track or chain him down,

He was never known
To make a foolish move.
Bob Dylan, *John Wesley Harding,* 1968

Filmographie John Wesley Hardin: 1951 *The Texas Rangers. R* Phil Karlson. *D* George Montgomery, John Dehner (Hardin). Hardin als Nebenfigur einer Texas Rangers gegen Banditen-Geschichte. *P* Columbia. 1952 *The Lawless Breed. R* Raoul Walsh, *D* Rock Hudson (Hardin), John McIntire (Hardins Vater). Hardin-Biographie von seinen Jugendjahren bis zu seiner Haftentlassung. *P* Universal. 1970 *Dirty Dingus Magee. R* Burt Kennedy. *D* Frank Sinatra, Jack Elam (Hardin). Hardin als Nebenfigur einer Banditen-Komödie. *P* MGM

Die weiteren Abenteuer von Calamity Jane. Nach einer kurzen Ehe mit einem gewissen Charles oder Clinton Burke (sie verläßt ihren Mann bald wieder, nennt sich aber von nun an Mrs. Burke) und einem kurzen Gastspiel bei Buffalo Bills Wild-West-Show (sie wird wegen ständiger Trunkenheit entlassen) zieht Calamity Jane mit der Palace Museum Show durch die Lande und schreibt, vermutlich mit Hilfe eines weiblichen Ghostwriters, ihre Memoiren, *Live and Adventures of Calamity Jane* (1895). Das schmale Bändchen enthält fast ausschließlich die üblichen wilden Erfindungen; Jane bringt es, um ihr Leben zu fristen, eigenhändig an den Mann, als sie nach ihrer Entlassung von der Show (wieder wegen Trunkenheit und ungebührlichen Betragens) durch den Westen vagabundiert. Gelegentlich wird sie in einem Bordell gesehen, öfters aus Städten gejagt, deren Saloons sie trinkend, fluchend und schießend heimgesucht hat. Am 2. August 1903 stirbt sie, wahrscheinlich 51jährig, in einem Hotelzimmer in Terry, in der Nähe von Deadwood.

Filmographie Calamity Jane: 1922 *My Old Kentucky Home. R* Ray C. Smallwood. *D* Monte Blue, Lucy Fox (Jane). Jane als Nebenfigur einer Kentucky Derby-Geschichte. *P* Pyramid. 1923 *Wild Bill Hickok. R* Clifford S. Smith. *D* William S. Hart (Hickok), Ethel Grey Terry (Jane). Hickok und Jane in Dodge City. *P* Famous Players-Lasky. 1929 *Courtin' Wildcats. R* Jerome Storm. *D* Hoot Gibson, Eugenia Gilbert

(Jane). Jane als Kunst-Reiterin bei der Wild-West-Show. *P* Universal. 1938 *Caught.* *R* Edward Sloman. *D* Richard Arlen, Louise Dresser (Jane). Jane als Nebenfigur einer Banditen-Geschichte. *P* Paramount. 1936 *Custer's Last Stand.* *R* Elmer Clifton. *D* Rex Lease, Helen Gibson (Jane). Jane als Randfigur. Serial. *P* Stage and Screen. 1937 *The Plainsman.* *R* Cecil B. DeMille. *D* Gary Cooper (Hickok), Jean Arthur (Jane). Jane liebt Hickok vom Bürgerkriegs-Ende bis zu seinem Tod. *P* Paramount. 1940 *Deadwood Dick.* *R* James W. Horne. *D* Don Douglas, Marin Sais (Jane). Jane als Randfigur. Serial. *P* Columbia. 1940 *Young Bill Hickok.* *R* Joe Kane. *D* Roy Rogers (Hickok), Sally Payne (Jane). Jane als Nebenfigur. *P* Republic. 1941 *Badlands of Dakota.* *R* Alfred E. Green. *D* Robert Stack, Frances Farmer (Jane). Jane als Randfigur einer Banditen-Geschichte. *P* Universal. 1948 *The Paleface.* *R* Norman Z. McLeod. *D.* Bob Hope, Jane Russell (Jane). Als Regierungsagentin jagt Jane eine Schmugglerbande. *P* Paramount. 1949 *Calamity Jane and Sam Bass.* *R* George Sherman. *D* Yvonne DeCarlo (Jane), Howard Duff (Sam Bass). Jane als Banditenbraut von Bass. *P* Universal. 1950 *The Texan Meets Calamity Jane.* *R* Ande Lamb. *D* Evelyn Ankers (Jane). *P* Columbia. 1953 *Calamity Jane.* *R* David Butler. *D* Doris Day (Jane), Howard Keel (Hickok). Jane. Hickok und das Showbusiness von Deadwood. *P* Warner Bros. 1963 *The Raiders.* *R* Herschel Daugherty. *D* Robert Culp (Hickok), Judi Meredith (Jane). Jane als Nebenfigur einer Hickok-Geschichte. *P* Revue-Universal. 1964 *Sette ore di fuoco.* *R* José Romero Marchent. *D* Adrian Hoven (Hickok), Gloria Milland (Jane). Hickok, Jane und Freunde in den Indianerkriegen. *P* Constantin-Centauro-PEA. 1966 *The Plainsman* (II). *R* David Lowell Rich. *D* Don Murray (Hickok), Abby Dalton (Jane). Remake des Films von 1937. *P* Universal.

Al Jennings und O. Henry. Alphonse J. (Al) Jennings und seine drei Brüder John, Frank und Ed sind Söhne eines Richters und sämtlich Anwälte. Eine Auseinandersetzung zwischen Ed Jennings und dem Staatsanwalt Temple Houston über einen Rechtsfall führt am 7. Oktober 1894 in einem Saloon in El Reno, Oklahoma, zu einer Schießerei, bei der Ed Jennings von Houston getötet wird. Houston wird freigesprochen. Die verbitterten

Brüder Al und Frank Jennings geben ihr bürgerliches Leben auf und werden Eisenbahnräuber. Im Dezember 1894 wird in Austin, Texas, ein anderer Mann aus seiner bürgerlichen Karriere gerissen, der Bankbeamte und Hobby-Journalist William Sidney Porter. Er wird der Unterschlagung einer Summe von wenig mehr als 1000 Dollar verdächtigt und entzieht sich den Nachforschungen durch die Flucht nach Honduras. Hier freundet er sich mit zwei anderen Amerikanern an, die es für richtig gefunden haben, der amerikanischen Justiz für eine Weile aus dem Weg zu gehen: Al und Frank Jennings. Als die Freunde einen Ausflug zum Karneval von Mexico City unternehmen, kommt es zu einem Zwischenfall. Porter wird von einem Mexikaner, dessen Mädchen er sich genähert hat, mit einem Messer angegriffen; Al Jennings erschießt den Mexikaner. Die Brüder Jennings flüchten zurück in die USA. Porter kehrt im Januar 1897 zu seiner sterbenden Frau nach Austin zurück. Im Februar 1898 wird er wegen der Unterschlagung angeklagt und zu fünf Jahren Zuchthaus verurteilt. Am 1. Oktober 1897 überfallen die Brüder Jennings den Rock Island Train in Oklahoma. Sie werden gejagt, gefaßt und abgeurteilt. Al Jennings kommt ins Zuchthaus des Staates Ohio und trifft dort seinen Freund William S. Porter wieder. Aus dem Namen des Gefängnis-Wärters Orrin Henry macht Porter dann das Schriftsteller-Pseudonym, unter dem er berühmt wird: O. Henry. Als O. Henry nach drei Jahren und drei Monaten begnadigt wird, kommt es zu einem schmerzlichen Abschied der Zellengenossen, die inzwischen viel voneinander gelernt haben: O. Henry das Verständnis für die Underdogs, Jennings die Fähigkeit, sich auszudrücken. Al Jennings kommt nach fünf Jahren frei. Er wird wieder Anwalt, bleibt O. Henry bis zu dessen Tod 1910 verbunden und wird später in Kalifornien Schriftsteller und Filmproduzent. Er stirbt 1961, als 97jähriger.

Das weitere Leben von Judge Roy Bean. 1896 verliert Richter Bean sein Amt als Alleinherrscher von Langtry, nachdem sich bei einer Wahl herausgestellt hat, daß für ihn mehr Stimmen abgegeben worden sind, als der Ort Einwohner hat. Noch im selben Jahr veranstaltet er als Box-Promoter einen Kampf zwischen Bob Fitzsimmons und Peter Maher. Der Fight findet auf einer Sandbank im Rio Grande statt und wird für den Kinetoscope gefilmt. Bean stirbt 1902. Wenig später kommt sein Idol Jersey Lili Langtry tatsächlich nach Langtry und besichtigt des Richters Kneipen-Gerichtshof.

Roy Bean-Filmographie: 1940 *The Westerner. R* William Wyler. *D* Gary Cooper, Walter Brennan (Bean), Lilian Bond (Lily Langtry). *P* Sam Goldwyn. 1969 *A Time for Dying. R* Budd Boetticher. *D* Richard Lapp, Victor Jory (Bean). Bean als Nebenfigur einer Banditengeschichte. *P* Fipco. 1972 *The Life and Times of Judge Roy Bean. R* John Huston. *D* Paul Newman (Bean), Ava Gardner (Lily Langtry). *P* John Foreman/ National General.

Fernsehserie: 1956–1957 *Judge Roy Bean. D* Edgar Buchanan (Bean). *P* Quintet.

Das weitere Leben von Pat Garrett. Ein halbes Jahr nach der Erschießung von Billy the Kid 1881 endet Pat Garretts Amtszeit. Er wird abwechselnd Rancher, Texas Ranger und Angestellter einer Detektei. 1897 wird er zum Sheriff von Dona Ana County, New Mexico, gewählt, 1900 von Präsident Theodore Roosevelt zum Steuereinnehmer von El Paso, Texas, ernannt. Fünf Jahre später verliert er das Amt wieder und wird erneut Rancher. Am 29. Februar 1908 wird er von einem Mann, der Land von ihm gepachtet hat, Wayne Brazel, im Verlauf einer Auseinandersetzung getötet; das Gericht billigt Brazel Notwehr zu.

Filmographie Pat Garrett (ohne die Billy the Kid-Filme): 1948 *Four Faces West. R* Alfred E. Green. *D* Joel McCrea, Charles Bickford (Garrett). Garrett jagt einen Banditen. *P* Harry Sherman. 1955 *Last of the Desperados. R* Sam Newfield. *D* James Craig (Garrett). Garrett verliebt sich in eine Frau, die, wie sich zu seinem Schrecken herausstellt, die Witwe Billy the Kids ist! *P* Sigmund Neufeld. 1958 *Badman's Country. R* Fred F. Sears. *D* George Montgomery (Garrett), Garrett und Kollegen jagen Butch Cassidy und Komplizen. *P* Peerless/Warner Bros. 1964 *Las pistolas no sicuten/Die letzten Zwei vom Rio Bravo. R* Mario Caiano. *D* Rod Cameron (Garrett). Garrett gegen ein Banditen-Brüderpaar. *P* Constantin/Trio/Jolly.

Die letzten Tage Geronimos. Geronimo, nach seiner Gefangennahme zuerst in Florida, dann in Alabama inhaftiert, wird 1894 nach Fort Sill, Oklahoma, gebracht. 1898 wird er bei der Trans-Mississippi-Ausstellung in Omaha vorgezeigt, 1903 bei der Internationalen Ausstellung St. Louis, wo er für 25 Cent pro Stück Fotos von sich verkauft. 1904 tritt er in Pawnee Bill's Wild West Show auf; ein Plakat mit seinem Bild trägt den Text »Geronimo – General Miles says ›The Worst Indian That Ever Lived‹ – Costs the United States Government over a Million Dollars to Capture Him.« Am 17. Februar 1909 stirbt der 75jährige Geronimo in Fort Sill an Lungenentzündung.

Geronimo-Filmographie: 1912 *Geronimo's Last Raid. R* G. P. Hamilton. Zweiakter. *P* American. 1939 *Stagecoach. R* John Ford. *D* John Wayne, Chief White Horse (Geronimo). Geronimo als Randfigur. *P* Walter Wanger/UA. 1939 *Geronimo. R* Paul H. Sloane. *D* Preston Foster, Chief Thunder Cloud (Geronimo). Geronimo als Nebenfigur einer Apachen- und Kavallerie-Geschichte. *P* Paramount. 1942 *Valley of the Sun. R* George Marshall. *D* James Craig, Tom Tyler (Geronimo). Geronimo als Randfigur einer Apachen- und Kavallerie-Geschichte. *P* RKO. 1950 *I Killed Geronimo. R* John Hoffman. *D* James Ellison, Chief Thunder Cloud. *P* Eagle Lion. 1950 *Broken Arrow. R* Delmer Daves. *D* James Stewart (Thomas Jeffords), Jeff Chandler (Cochise), Jay Silverheels (Geronimo). Geronimo als Gegner der Annäherung von Jeffords-Cochise. *P* 20th Century-Fox. 1951 *The Last Outpost. R* Lewis R. Foster. *D* Ronald Reagan, John War Eagle (Geronimo). Geronimo als Randfigur einer Bürgerkriegs-Kavallerie-Geschichte. *P* Paramount. 1951 *Indian Uprising. R* Ray Nazzaro. *D* George Montgomery, Miguel Inclan (Geronimo). Friedensbemühungen zwischen Geronimo und verständnisvollem Kavallerie-Offizier. *P* Edward Small-Columbia. 1951 *The Battle at Apache Pass. R* George Sherman. *D* John Lund, Jeff Chandler (Cochise), Jay Silverheels (Geronimo). Geronimo als Feind der Friedensbemühungen zwischen Cochise und Kavallerie. *P* Universal. 1952 *Son of Geronimo.* *R* Spencer G. Bennet. *D* Clayton Moore, Rodd Redwing, Chief Yowlachie (Geronimo). Apache gibt sich als Sohn Geronimos aus, um seinen Friedensbemühungen bei Rot und Weiß mehr Nachdruck zu verleihen. Serial. *P* Columbia. 1954 *Taza, Son of Cochise.* *R* Douglas Sirk. *D* Rock Hudson (Taza), Jeff Chandler (Cochise), Ian McDonald (Geronimo). Geronimo stört die Friedensbeziehungen zwischen Rot und Weiß und wird schließlich Gefangener der Kavallerie. *P* Universal. 1954 *Apache.* *R* Robert Aldrich. *D* Burt Lancaster, Monte Blue (Geronimo). Geronimo als Randfigur bei der Deportation der Apachen nach Florida. *P* Hecht-Hill-Lancaster. 1956 *Walk the Proud Land.* *R* Jesse Hibbs. *D* Audie Murphy (John Philip Clum), Jay Silverheels (Geronimo). Geronimo stört die Friedensbemühungen des Apachen-Agenten Clum und wird von ihm gefangengesetzt. *P* Universal. 1961 *Geronimo* (II). *R* Arnold Laven. *D* Chuck Connors (Geronimo). Geronimo führt die Apachen zum Aufstand und ergibt sich schließlich unter der Bedingung, daß fortan die Rechte der Apachen respektiert werden. *P* Arnold Laven/UA. 1962 *Geronimo's Revenge.* *R* James Neilson, Harry Keller. *D* Tom Tryon (John Slaughter), Pat Hogan (Geronimo). Kino-Fassung von zwei Folgen der Fernsehserie *Texas John Slaughter.* *P* Disney.

Geboren: John Ford, als Sean Aloysius O'Feeney, in Cape Elizabeth, Maine, als 13. Sohn eines irischen Einwanderers; geht nach dem High School-Besuch in Portland, Maine, 1913 nach Hollywood, wo sein älterer Bruder Francis (der sich als erster den Namen Ford zugelegt hat) als Drehbuchautor, Regisseur und Schauspieler für die Universal arbeitet; wird zuerst Requisiteur, dann Regieassistent, dreht 1914 seinen ersten eigenen Film, *Lucille, the Waitress,* 1917 seinen ersten Western, *The Tornado.* (Als Geburtsjahr Fords ist bis zu seinem Tod immer und überall 1895 angegeben worden; was offensichtlich zu revidieren war, nachdem bei seiner Beerdigung an seinem Sarg die Lebensdaten 1894–1973 standen.)

Richard Dix, als Ernest Carlton Brimmer, in St. Paul, Minnesota; studiert Medizin, entschließt sich nach Erfolgen an einer Studentenbühne Schauspieler zu werden, Filmdebüt 1921 *Not Guilty,* Western-Debüt 1923 *To the Last Man.*

Walter Brennan, in Swampscott, Massachussets; arbeitet als Laufjunge, Holzfäller und Banklehrling, geht als Finanzreporter zur Zeitung und schließlich als Immobilienmakler nach Hollywood, was ihn mit dem Film in Berührung bringt, spielt 1927 in seinem ersten Film, dem Western *Ridin' Rowdy*.

Buck Jones, als Charles Gebhart in Vincennes, Indiana; dient mit der 6. Kavallerie auf den Philippinen, geht zum Rodeo und dann zur Miller Brothers 101 Ranch Wild West Show, kommt als Stuntman zum Film, kämpft im 1. Weltkrieg in Frankreich und beginnt 1918 seine Western-Starkarriere mit *True Blue*.

Anhang

Verzeichnis der benutzten Literatur

Adams, Les, und Rainey, Buck: *Shoot-Em-Ups – The Complete Reference Guide to Westerns of the Sound Era.* Arlington House. New Rochelle, N. Y. 1978.

Adams, Raman F.: *Burs Under the Saddle – A Second Look at Books and Histories of the West.* University of Oklahoma Press. Norman 1964.

Agel, Henri (Hrsg.): *Le Western.* Etudes Cinematographiques. Paris 1961.

Agel, Henri, und Gili, Jean A. (Hrsg.): *Le Western.* Etudes Cinematographiques. Minard. Paris 1969.

Anderson, Charles D. (Hrsg.): *Outlaws of the Old West.* Mankind Publishing Co. Los Angeles 1973.

Astre, Georges-Albert, und Hoarau, Albert-Patrick: *Univers du Western.* Reihe Cinema Club der Editions Seghers. Paris 1973.

Barbour, Alan G.: *The Thrill of It All – A Pictorial History of the B-Western.* Collier Books. New York 1971.

Bellour, Raymond (Hrsg.): *Le Western – Sources, Thèmes, Mythologies, Auteurs, Acteurs, Filmographies.* Reihe Le Monde en 10/18, Union Generale d'Editions. Paris 1966.

Belton, John: *The Hollywood Professionals – Howard Hawks, Frank Borzage, Edgar G. Ulmer.* The Tantivy Press. London 1974.

Betenson, Lula Parker (as told to Dora Flack): *Butch Cassidy, My Brother.* Vorwort von Robert Redford. Brigham Young University Press. Provo, Utah 1975.

Block, Eugene B.: *Great Train Robberies of the West.* Avon Book – The Hearst Corporation. New York 1959.

Blumenberg, Hans C.: *Wanted – Steckbriefe aus dem Westen.* L. Schwann. Düsseldorf 1970.

Bogdanovich, Peter: *Allan Dwan – The Last Pioneer.* Studio Vista. London 1971.

Bogdanovich, Peter: *John Ford.* Studio Vista. London 1968.

Boussinot, Roger: *L'Encyclopedie du Cinema.* Bordas. Paris 1967.

Bowser, Eileen (Hrsg.): *Film Notes.* The Museum of Modern Art. New York 1969.

Brown, Dee: *Bury My Heart At Wounded Knee.* Holt, Rinehart & Winston, New York 1971.

Brown, Dee: *The Fetterman Massacre.* Barrie & Jenkins. London 1972.

Brown, Dee: *The Gentle Tamers.* Barrie & Jenkins. London 1973.

Brown, Dee, und Schmitt, Martin F.: *The Settlers' West.* Ballantine Books. New York 1974.

Brown, Dee, und Schmitt, Martin F.: *Trail Driving Days.* Ballantine Books. New York 1952.

Calder, Jennie: *There Must Be a Lone Ranger – The Myth and Reality of the American West.* Hamish Hamilton. London 1974.

Canham, Kingsley: *The Hollywood Professionals – Michael Curtiz, Raoul Walsh, Henry Hathaway.* The Tantivy Press. London 1973.

Cartier, Raymond: *Europa erobert Amerika.* Deutscher Taschenbuch Verlag. München 1962

Clapham, Walter C.: *Western Movies – The Story of the West on the Screen.* Octopus Books. London 1974.

Copyright Office – The Library of Congress: *Motion Pictures 1894–1912.* Washington 1953.

Copyright Office – The Library of Congress: *Motion Pictures 1912–1939.* Washington 1951.

Copyright Office – The Library of Congress: *Motion Pictures 1940–1949.* Washington 1953.

Copyright Office – The Library of Congress: *Motion Pictures 1950–1959.* Washington 1960.

Copyright Office – The Library of Congress: *Motion Pictures 1960–1969.* Washington 1971.

Cousins, Norman (Hrsg.): *Great American Essays.* Dell Publishing Co. New York 1967.

Denton, Clive, Canham, Kingsley, und Thomas, Tony: *The Hollywood Professionals – Henry King, Lewis Milestone, Sam Wood.* Tantivy Press. London 1974.

DeVoto, Bernard: *Across the Wide Missouri.* Houghton & Mifflin. Boston 1947.

Downey, Fairfax: *Indian-Fighting Army.* Charles Scribner's Sons. New York 1941.

Everson, William K.: *A Pictorial History of the Western Film.* The Citadel Press. Secaucus 1969.

Everson, William K., und Fenin, George F.: *The Western – From Silents to the Seventies.* Grossman Publishers. New York 1973.

Eyles, Allen: *John Wayne and the Movies.* A. S. Barnes und Co. South Brunswick und New York 1976.

Eyles, Allen: *The Western – An Illustrated Guide.* A. Zwemmer. London 1967.

Fiedler, Leslie: *The Return of the Vanishing American.* Stein and Day. New York 1968.

Ford, Charles: *Histoire du Western.* Edition Pierre Horay. Paris 1964.

Frantz, Joe B., und Choate, Ernest jr.: *The American Cowboy – The Myth and the Reality.* University of Oklahoma Press. Norman 1955.

French, Philip: *Westerns.* Secker & Warburg, in Association with the British Film Institute. London 1973.

Frenzel, Herbert (Hrsg.): *Western-Saga – Klassische Wildwestgeschichten.* Kiepenheuer & Witsch. Köln 1964.

Friar, Ralph E. und Natasha A.: *The Only Good Indian... The Hollywood Gospel.* Drama Book Specialists. New York 1972.

Fussell, Edwin: *Frontier – American Literature and the American West.* Princeton University Press. Princeton 1965.

Hagen, Christopher S. (H. J. Stammel): *Sheriffs, Outlaws und Banditen.* Wilhelm Goldmann. O. D.

Halliwell, Leslie: *The Filmgoer's Companion.* Avon Books. New York 1970.

Hampton, Benjamin H.: *A History of the Movies.* Covici & Friede. New York 1931.

Hansen, Harry (Hrsg.): *The Pocket Book of O. Henry Stories.* Pocket Books – Simon & Schuster. New York 1948.

Heffner, Richard D. (Hrsg.): *A Documentary History of the United States.* Mentor Books. New York 1952.

Hentig, Hans von: *Der Desperado – Ein Beitrag zur Psychologie des regressiven Menschen.* Springer Verlag. Berlin, Göttingen, Heidelberg 1956.

Hoig, Stan: *The Battle of the Washita – The Sheridan-Custer Indian Campaign of 1867–69.* Doubleday & Co. Garden City, N. Y. 1976.

Holloway, David: *Lewis & Clark and the Crossing of North America.* Weidenfeld and Nicolson. London 1974.

Jackson, Marta (Hrsg.): *The Illustrations of Frederic Remington – With a commentary by Owen Wister.* Crown Publishers. New York 1970.

Horan, James D.: *Authentic Faces and Voices of the Wild West – The Gunfighters.* Crown Publishers. New York 1976.

Horan, James D., und Sann, Paul: *Pictorial History of the Wild West.* Spring Books. New York, Sidney, Toronto 1961.

Katholische Filmkommission für Deutschland: *6000 Filme – Kritische Notizen aus den Kinojahren 1945–1958.* Verlag Haus Altenberg. Düsseldorf 1960.

Katholische Filmkommission für Deutschland: *Filme 1959–61.* Verlag Haus Altenberg. Düsseldorf 1962.

Katholische Filmkommission für Deutschland: *Filme 1962–64.* Verlag Haus Altenberg. Düsseldorf 1965.

Katholische Filmkommission für Deutschland: *Filme 1965–70,* 2 Bände. Verlag J. P. Bachem. Köln 1971.

Katholische Filmkommission für Deutschland: *Filme 1971–76.* Verlag J. P. Bachem. Köln 1977.

Kezich, Tullio: *Il Western maggiorenne – Saggi e documenti sul film storico americano.* Floriano Zigiotto. Triest 1953.

Kitses, Jim (Hrsg.): *Budd Boetticher – The Western.* A British Film Institute Education Department Dossier. London o. D.

Kitses, Jim: *Horizons West – Anthony Mann, Budd Boetticher, Sam Peckinpah: Studies of Authorship within the Western.* Thames and Hudson in Association with the British Fim Institute. London 1969.

Krafsur, Richard P. (Hrsg.): *The American Film Institute Catalog of Motion Pictures – Feature Films 1961–1970.* R. R. Bowker & Co. New York und London 1976.

Lahue, Kalton C.: *Continued Next Week – A History of the Moving Picture Serial.* University of Oklahoma Press. Norman 1964.

Lauritzen, Einar, und Lundquist, Gunnar: *American Film Index 1908–1915 – 23.000 Titles From the Forgotten Years of the American Film.* Film-Index. Stockholm 1976.

Lawrence, David Herbert: *Studies in Classic American Literature.* William Heinemann. London 1924.

Locke, Raymond Friday (Hrsg.): *The American West.* Mankind Publishing Co. Los Angeles 1971.

McClure, Arthur F., und Jones, Ken D.: *Western Films – Heroes, Heavies and Sagebrush of the B Genre.* A. S. Barnes and Co. South Brunswick and New York 1972.

McLoughlin, Denis: *Wild and Wooly* (englische Ausgabe: *The Encyclopedia of the Wild West*) Routledge & Kegan. London und Henley 1977.

Miller, Don: *Hollywood Corral – A Stirring and Nostalgic Tribute to the Sagebrush Sagas That Made Cinema History – the B-Western.* Popular Library. New York 1976.

Monaghan, Jay (Hrsg.): *The Book of the American West.* Bonanza Books. New York 1973.

Moore, Geoffrey (Hrsg.): *The Penguin Book of American Verse.* Penguin Books, Harmondsworth, Middlesex 1977.

Munden, Kenneth W. (Hrsg.): *The American Film Institute Catalog of Motion Pictures Produced in the United States – Feature Films 1921–1930.* R. R. Bowker & Co. New York und London 1971.

Nachbar, Jack (Hrsg.): *Focus on the Western.* Prentice Hall, Englewood Cliffs, N. J. 1974.

Nevins, Allan: *Geschichte der USA.* Carl Schünemann Verlag. Bremen 1967.

Nevins, Allan, und Commager, Henry Steele: *A Pocket History of the United States.* Washington Square Press. New York 1942.

Niver, Kemp R. (Hrsg.): *Motion Pictures From the Library of Congress Paper Print Collection 1894–1912.* University of California Press. Berkely und Los Angeles 1967.

Parish, James Robert, und Pitts, Michael R.: *The Great Western Pictures.* The Scarecrow Press. Metuchen, N. Y. 1976.

Place, J. A.: *The Western Films of John Ford.* The Citadel Press. Secausus 1974.

Raeithel, Gert: *Opfer der Gesellschaft – Armut in den USA.* Kiepenheuer & Witsch. Köln und Berlin 1971.

Ramsaye, Terry: *A Million and One Nights.* Simon & Schuster. New York 1926.

Rennert, Jack: *Cent Affiches de Buffalo Bill's Wild West.* Henry Veyerier – Anagramme. Paris 1976.

Rieupeyrout, Jean-Louis: *La grande aventure du Western – Du Far West a Hollywood* (1894–1963). Les Editions du Cerf. Paris 1964.

Schlesinger, Arthur M. jr.: *The Age of Jackson.* Mentor Books. New York 1949.

Seeger, Pete: *American Favorite Ballads.* Oak Publications. London 1961.

Seeßlen, Georg, und Kling, Bernt: *Romantik und Gewalt – Ein Lexikon der Unterhaltungsindustrie.* Manz Verlag. München 1973.

Silver, Charles: *The Western Film.* Pyramid Publications. New York 1976.

Slide, Anthony: *Early American Cinema.* A. Zwemmer. London 1970.

Smith, Henry Nash: *Virgin Land – The American West as Symbol and Myth.* Harvard University Press. Cambridge 1950.

Spears, Jack: *Hollywood – The Golden Era.* A. S. Barnes & Co. South Brunswick und New York. 1971.

Stammel, H. J.: *Das waren noch Männer – Die Cowboys und ihre Welt.* Econ. Düsseldorf und Wien 1970.

Stammel, H. J.: *Solange Gras wächst und Wasser fließt – Die Sioux und das Massaker am Little Big Horn.* Deutsche Verlags Anstalt. Stuttgart 1976.

Stammel, H. J.: *Der Cowboy – Legende und Wirklichkeit von A–Z – Ein Lexikon der amerikanischen Pioniergeschichte.* Bertelsmann Lexikon Verlag. Gütersloh 1972.

Tuska, Jon: *The Filming of the West.* Doubleday and Co. Garden City, N.Y. 1976.

Weiss, Ken, und Goodgold, Ed: *To Be Continued ... A Complete Guide to Motion Picture Serials.* Bonanza Books. New York 1972.

Whitman, Walt: *Leaves of Grass.* Airmont Publishing Company. New York 1965.

Wohlrabe, Raymond A.: *High Desert and Canyon Country.* The World Publishing Co. New York und Cleveland 1969.

Wollschläger, Hans: *Karl May in Selbstzeugnissen und Bilddokumenten.* Rowohlt Taschenbuch Verlag. Reinbek bei Hamburg 1965.

Wright, Will: *Sixguns and Society – A Structural Study of the Western.* University of California Press. Berkely und Los Angeles 1975.

Register der Filmographien

Register der Filmtitel

Zahlen werden als Wörter gelesen, Filmtitel wie *1776* finden sich also unter *S (Seventeen hundred and seventy six).*

Namenregister

Aufgeführt werden historische Personen (H), Regisseure (R) und Darsteller (D) sowie Autoren (A).